FAUQUIER COUNTY VIRGINIA

Marriage Register 1883-1906

Patricia B. Duncan

HERITAGE BOOKS
2008

HERITAGE BOOKS
AN IMPRINT OF HERITAGE BOOKS, INC.

Books, CDs, and more—Worldwide

For our listing of thousands of titles see our website
at
www.HeritageBooks.com

Published 2008 by
HERITAGE BOOKS, INC.
Publishing Division
100 Railroad Ave. #104
Westminster, Maryland 21157

Copyright © 2008 Patricia B. Duncan

All rights reserved. No part of this book may be reproduced or transmitted in any form or by any means, electronic or mechanical, including photocopying, recording or by any information storage and retrieval system without written permission from the author, except for the inclusion of brief quotations in a review.

International Standard Book Number: 978-0-7884-4188-2

Introduction

The county marriage registers were based on an act passed by the Virginia General Assembly on April 11, 1853. This act took effect on the first day of July eighteen hundred and fifty-three.

Chapter 25 – an ACT concerning the registration of births, marriages and deaths.

1. Be it enacted by the general assembly, that from and after the first day of January eighteen hundred and fifty-four, the clerk of every county and corporation court shall keep three books, to be called, respectively, the register of marriages, the register of births, and the register of deaths.

This is a two volume series of transcriptions of microfilm No. 68, Bureau of Vital Statistics, Marriage Register, Vol. 7, 1854 - 1906, available through the Library of Virginia Interlibrary Loan Service. The microfilm is of the handwritten original Fauquier Co. Marriage Register, 1854-1906. Volume I of this series contains records from 1854 to 1882. Volume II contains records from 1883 to 1906.

The marriage register consists of the following information and is presented here in the following order:

Name of groom; Name of parents if given; Groom's age; Groom's marital status; Groom's age; Groom's occupation; Groom's place of birth; Groom's place of residence; Marriage date and place; Name of bride; Name of parents if given; Bride's age; Bride's marital status; Bride's place of birth; Bride's place of residence; Date of license; Name of official performing the ceremony; Additional remarks; Page and line

Abbreviations used in this book are as follows.

(col) - colored
d/o – daughter of
s/o – son of
sgl – single
wid – widow
div – divorced
(lic) – license
(off) – official performing the service
res. – residence
pg:ln – page:line
AlbmVA – Albemarle Co., Virginia

AlexVA – Alexandria, Virginia
AugVA – Augusta Co., Virginia
BaltMD – Baltimore, Maryland
ClrkVA – Clarke Co., Virginia
CulpVA – Culpeper Co., Virginia
FfxVA – Fairfax Co., Virginia
Fqr – Fauquier Co., Virginia
FredMd – Frederick Co., Maryland
FredVA – Frederick Co., Virginia
JeffVA and JeffWV –Jefferson Co., Virginia/West Virginia
KGeoVA – King George Co., Virginia
LdnVA – Loudoun Co., Virginia
MadVA – Madison Co., Virginia
MontMD – Montgomery Co., Maryland
MontVA – Montgomery Co., Virginia
OrngVA – Orange Co., Virginia
PhilPA – Philadelphia, Pennsylvania
PrGMD – Prince George Co., Maryland
PrGVA – Pringe George Co., Virginia
PrWmVA – Prince William Co., Virginia
RappVA – Rappahannock Co., Virginia
RockVA – Rockingham Co., Virginia
ShenVA –Shenandoah Co., Virginia
SpotVA – Spotsylvania Co., Virginia
StafVA – Stafford Co., Virginia
WrnVa – Warren Co., Virginia
WashMD – Washington Co., Maryland
WashDC – Washington, DC
WstmVA – Westmoreland Co., Virginia

As with any transcriptions, it is advisable to obtain a copy of the original document to verify the accuracy. Handwriting is often difficult to read, and although every effort is made to transcribe accurately, mistakes are inevitable.

Special thanks to the Library of Virginia and the Special Collections Library in Albuquerque, New Mexico for their help with this project.

FAUQUIER COUNTY, VIRGINIA
MARRIAGE REGISTER
January 1883- July 1906

ABEL, James R.; s/o Benj. F. & Julia J.; 37y; sgl; farmer; b. PrWmVA; res. StafVA; m. 19 Oct 1897 in Fqr to McLEAREN, Ida M.; d/o A. S. & Martha; 33y; sgl; b. & res. Fqr; (lic) 18 Oct 1897; (off) J. S. GARDNER; Pg:Ln 260:23

ABELL, Milton; s/o Wm. & Ann Eliza; 21y; sgl; carpenter; b. & res. LdnVA; m. 28 Dec 1904 in Fqr to PAYNE, Sarah C.; d/o Bernard & Sarah C.; 20y; sgl; b. & res. Fqr; (lic) 27 Dec 1904; (off) Frank P. BERKLEY; consent of father filed; Pg:Ln 307:12

ADAMS, Aubray G.; s/o Joseph A. & Lydia V.; 28y; sgl; miller; b. & res. LdnVA; m. 17 Oct 1900 in Fqr to RAWLINGS, Mary E.; d/o Jno. W. & Elvira; 24y; sgl; b. & res. Fqr; (lic) 16 Oct 1900; (off) Isaac N. CAMPBELL; Pg:Ln 281:10

ADAMS, J. G.; s/o Jos. T. & Kate; 30y; sgl; blacksmith; b. WrnVA; res. Madison Co. IN; m. 30 Dec 1890 in Fqr to REID, Jennie L.; d/o Geo. W. & Mamy; 19y; sgl; b. RappVA; res. Fqr; (lic) 27 Dec 1890; (off) S. M. ATHEY; consent of father sworn to by Geo. REID & filed; Pg:Ln 221:17

ADAMS, Jas. E. (col); s/o Sidney B. & Maria; 28y; sgl; laborer; b. & res. Fqr; m. 1 Aug 1895 in Fqr to FORRESTER, Mary Ann (col); d/o Richard & Narcissa; 33y; sgl; b. Henrico Co. VA; res. Fqr; (lic) 30 Jul 1895; (off) T. W. BROOKS; Pg:Ln 247:17

ADAMS, Jno. A. (col); s/o John & Caroline; 22y; sgl; laborer; b. AlexVA; res. Fqr; m. 28 Dec 1893 in Fqr to NICKINS, Martha (col); d/o James & Frances; 22y; sgl; b. & res. Fqr; (lic) 25 Dec 1893; (off) G. C. BANISTER; Pg:Ln 238:24

ADAMS, John (col); s/o Jas. & Emily; 27y; sgl; laborer; b. & res. Fqr; m. 20 Dec 1883 in Fqr to GAINES, Ann (col); d/o ___ & Nancy; 28y; wid; b. & res. Fqr; (lic) 19 Dec 1883; (off) R. P. DAWSON; Pg:Ln 184:07

ADAMS, Robt. (col); s/o Sidney & Maria; 22y; sgl; farmer; b. & res. Fqr; m. 28 Dec 1893 in Fqr to SMITH, Mollie (col); d/o Wm. & Mary; 21y; sgl; b. & res. Fqr; (lic) 26 Dec 1893; (off) G. C. BANISTER; Pg:Ln 239:05

ADAMS, W. H.; s/o Clinton & Elizabeth; 23y; sgl; merchant; b. LdnVA; res. Fqr; m. 28 Feb 1894 in Fqr to PIERCE, Clara; d/o A. C. & Delia; 25y; sgl; b. & res. Fqr; (lic) 20 Feb 1894; (off) L. H. CRENSHAW; Pg:Ln 240:16

ADAMS, Walter E. (col); s/o Moses H. & Alice; 24y; sgl; laborer; b. MontMD; res. PrGMD; m. 27 Aug 1903 in Fqr to ROBINSON, Hattie M. (col); d/o Harrison & Bettie; 24y; sgl; b. & res. Fqr; (lic) 26 Aug 1903; (off) T. W. BROOKE; Pg:Ln 298:24

ADDISON, Archie (col); s/o Stepney & Malvina; 28y; sgl; laborer; b. & res. Fqr; m. 1 Dec 1892 in Fqr to TAPSCOTT, Annie (col); d/o ___ & Annie; 21y; sgl; b. & res. Fqr; (lic) 30 Nov 1892; (off) M. A. RUSSELL; consent of mother filed; Pg:Ln 232:19

ADDISON, Jno. B. (col); s/o Stepney & Malvina; 28y; sgl; laborer; b. & res. Fqr; m. 23 Apr 1896 in Fqr to GREEN, Jane (col); d/o Thos. & Clara; 21y; sgl; b. & res. Fqr; (lic) 23 Apr 1896; (off) M. A. RUSSELL; Pg:Ln 253:02

ADDISON, Thos. (col); s/o Stepp & Malvinia; 23y; sgl; laborer; b. & res. Fqr; m. 30 Oct 1890 in Fqr to CORNES, Mamie (col); d/o Dal & Henrietta; 17y; sgl; b. & res. Fqr; (lic) 30 Oct 1890; (off) M. A. RUSSELL; consent of mother sworn to by brother & filed; Pg:Ln 220:09

ALEXANDER, Chas. L.; s/o Geo. & Sarah V.; 25y; sgl; farmer; b. & res. Fqr; m. 20 Dec 1883 in Fqr to YOWELL, Mollie; d/o Jas. P. & ___; 21y; sgl; b. & res. Fqr; (lic) 19 Dec 1883; (off) I. B. LAKE; Pg:Ln 184:09

ALEXANDER, George; s/o Geo. & Sarah; 22y; sgl; laborer; b. LdnVA; res. Fqr; m. 29 Sep 1892 in Fqr to LUNSFORD, Minnie; d/o John & Jane; 22y; sgl; b. & res. Fqr; (lic) 23 Sep 1892; (off) Caldwell C. CALVERT; ages sworn to & filed; Pg:Ln 231:22

ALEXANDER, Harry (col); s/o Harry & Sepora; 21y; sgl; jockey; b. WashDC; res. Fqr; m. 23 May 1904 in Fqr to BROWN, Mary H. (col); d/o Cary & Eli; 19y; sgl; b. & res. Fqr; (lic) 23 May 1904; (off) not given; consent of mother in person; Pg:Ln 303:02

ALEXANDER, Jno. A.; s/o Geo. T. & Annie E.; 19y; sgl; farmer; b. & res. Fqr; m. 21 Jan 1894 in Fqr to JETT, Laura V.; d/o Peter & Eliz'th; 17y; sgl; b. & res. Fqr; (lic) 20 Jan 1894; (off) J. K. BOOTEN; consent of father in person & consent filed; Pg:Ln 239:21

ALEXANDER, Peter M.; s/o Geo. T. & Eliza; 19y; sgl; farmer; b. & res. Fqr; m. 2 Feb 1888 in Fqr to THOMPSON, Cora; d/o Jno. L. & Eliz'th; 18y; sgl; b. & res. Fqr; (lic) 30 Jan 1888; (off) W. A. SITES; consent of father in person; Pg:Ln 206:09

ALEXANDER, Rich'd. M.; s/o Wm. & Eliz'th; 34y; sgl; farmer; b. LdnVA; res. Fqr; m. 12 Jan 1893 in Fqr to LUNSFORD, Tiny M.; d/o Chilton & Harriet; 23y; sgl; b. & res. Fqr; (lic) 9 Jan 1893; (off) W. F. DUNAWAY; Pg:Ln 234:05

ALEXANDER, Wm.; s/o George & Sarah; 29y; sgl; laborer; b. & res. Fqr; m. 27 Dec 1905 in Fqr to FEWELL, Bertha E.; d/o Benj. & Anna; 19y; sgl; b. & res. Fqr; (lic) 26 Dec 1905; (off) J. L. KIBLER; consent filed; Pg:Ln 312:15

ALEXANDER, Wm. (col); s/o Wallace & Eliza; 22y; sgl; laborer; b. & res. Fqr; m. 30 May 1889 in Fqr to McINTYRE, Eliza (col); d/o Robt. & Ann M.; 18y; sgl; b. & res. Fqr; (lic) 28 May 1889; (off) Chas. W. MARK; oath; Pg:Ln 212:10

ALEXANDER, Wm. T.; s/o George T. & Ann E.; 23y; sgl; farmer; b. & res. Fqr; m. 19 Dec 1888 in Fqr to JETT, Lucy C.; d/o Peter & Eliz'th a.; 15y; sgl; b. & res. Fqr; (lic) 17 Dec 1888; (off) Wm. C. LATANE; consent of father in person; Pg:Ln 209:03

ALLEN Edward (col); s/o Edward & Eliza; 23y; sgl; laborer; b. & res. Fqr; m. 26 Sep 1901 in Fqr to HELM, Bessie (col)|; d/o Nuck & Mary F.;

23y; sgl; b. & res. Fqr; (lic) 26 Sep 1901; (off) N. A. MARRIOTT; Pg:Ln 287:04
ALLEN, Chas. (col); s/o ___ & Martha; 45y; sgl; laborer; b. & res. Fqr; m. 30 Oct 1892 in Fqr to TAYLOR, Evelina (col); d/o Wilford & Rose; 22y; sgl; b. & res. Fqr; (lic) 29 Oct 1892; (off) C. M. TYLER; Pg:Ln 232:11
ALLEN, Chas. K.; s/o Jas. A. & Julia A.; 26y; sgl; letter carrier; b. MontMD; res. WashDC; m. 3 Dec 1884 in Fqr to RISDON, Cora C.; d/o Wm. J. & Mary; 25y; sgl; b. & res. Fqr; (lic) 3 Dec 1884; (off) Isaac W. CANTER; Pg:Ln 189:08
ALLEN, Eugene W.; s/o Nehemiah & Mary; 27y; sgl; farmer; b. Brooklyn NY; res. Fqr; m. 20 Dec 1899 in Fqr to THORNTON, Lucy E.; d/o Thos. C. & Victoria H.; 27y; sgl; b. Caroline Co. Va; res. Fqr; (lic) 18 Dec 1899; (off) Geo. W. NELSON; Pg:Ln 276:06
ALLEN, John W.; s/o R. E. & Lou; 27y; sgl; painter; b. ShenVA; res. Fqr; m. 7 Nov 1905 in Fqr to WILLIAMS, Elizabeth V.; d/o Silas & Mary L.; 21y; sgl; b. Floyd Co. Va; res. Fqr; (lic) 1 Nov 1905; (off) Wm. T. GOVER; age sworn to; Pg:Ln 311:02
ALLEN, Joseph H. (col); s/o Henry & Lou; 25y; sgl; laborer; b. Fqr; res. RappVA; m. 8 Aug 1901 in Fqr to JASPER, Lina (col); d/o Nathan Parker & Cassie Sheppord; 23y; sgl; b. RappVA; res. Fqr; (lic) 7 Aug 1901; (off) Lewis BROWN; Pg:Ln 286:02
ALLEN, William (col); s/o Buck & Prissie; 75y; wid; laborer; b. Petersburg, VA; res. Fqr; m. 29 Jun 1889 in Fqr to WILLIAMS, Sarah (col); d/o not given; 60y; sgl; b. Miss.; res. Fqr; (lic) 26 Jun 1889; (off) F. R. BOSTON; Pg:Ln 212:21
ALLEN, Wm. H. (col); s/o Wm. & Maria; 25y; sgl; farmer; b. & res. Fqr; m. 28 Nov 1900 in Fqr to JOHNSON, Virgie V. (col); d/o Melvin & Ada; 20y; sgl; b. & res. Fqr; (lic) 28 Nov 1900; (off) Natus WASHINGTON; consent of father sworn to; Pg:Ln 282:06
ALLISON, Bailey O.; s/o Bailey & Cath. E.; 19y; sgl; farmer; b. & res. Fqr; m. 19 Dec 1889 in Fqr to FLETCHER, Mary A.; d/o Frank & Lirvenia; 18y; sgl; b. & res. Fqr; (lic) 19 Dec 1889; (off) S. M. ATHEY; consent of mother of husband sworn to by W. C. SWANN & filed, consent of Guardian of wife in person; Pg:Ln 215:18
ALLISON, Benjamin; s/o ___ & Cath. C.; 22y; sgl; farmer; b. & res. Fqr; m. 22 Apr 1886 in Fqr to WYSER, Alice L.; d/o Joseph & Eliza; 16y; sgl; b. & res. Fqr; (lic) 21 Apr 1886; (off) S. M. ATHEY; consent of mother sworn to by Wm. F. REID & filed; Pg:Ln 196:07
ALLISON, Frank; s/o Henry & Julia; 22y; sgl; farmer; b. & res. Fqr; m. 20 Dec 1883 in Fqr to ROBINSON, Alice Lee; d/o Henry D. & Susan F.; 20y; sgl; b. & res. Fqr; (lic) 19 Dec 1883; (off) I. B. LAKE; consent of father proved by oath of Chas. ALEXANDER; Pg:Ln 184:08
ALLISON, Gilbert W.; s/o Jno. T. & Artemisia; 25y; sgl; farmer; b. & res. Fqr; m. 11 Aug 1904 in Fqr to MILLS, Lillie B.; d/o James & Roberta; 20y; sgl; b. & res. Fqr; (lic) 10 Aug 1904; (off) B. D. HARRISON; consent of father filed; Pg:Ln 303:23

ALLISON, Henry; s/o ___ & Hannah; 45y; wid; farmer; b. & res. Fqr; m. 17 Feb 1892 in Fqr to CAMPBELL, Catherine; d/o ___ & Ann; 26y; sgl; b. & res. Fqr; (lic) 17 Feb 1892; (off) Jas. W. GRUBB; Pg:Ln 228:24

ALLISON, J. W.; s/o William & Frances; 45y; wid; carpenter; b. & res. Fqr; m. 16 Apr 1885 in Fqr to PEARSON, Sarah; d/o John & Elizabeth; 34y; sgl; b. & res. Fqr; (lic) 16 Apr 1885; (off) J. A. KERR; Pg:Ln 191:23

ALLISON, Jas. B.; s/o Wm. & Mary A.; 23y; sgl; farmer; b. & res. Fqr; m. 22 Mar 1893 in Fqr to THARPE, Ida; d/o R. H. & Texana; 18y; sgl; b. & res. Fqr; (lic) 22 Mar 1893; (off) F. R. BOSTON; consent of father in person; Pg:Ln 235:02

ALLISON, Jas. E.; s/o Bailey A. & Clemmy A.; 22y; sgl; farmer; b. & res. Fqr; m. 30 Dec 1886 in Fqr to EDWARDS, Mary J.; d/o W. W. & Annie; 20y; sgl; b. & res. Fqr; (lic) [page torn]; (off) not given; Pg:Ln 200:01

ALLISON, L. M.; s/o Robt. & M. H.; 32y; sgl; trav. salesman; b. Orange Co. VA; res. NY City; m. 10 Jan 1883 in Fqr to JENNINGS, A. C.; d/o Jos. L. & Mary E.; 27y; sgl; b. & res. Fqr; (lic) 6 Jan 1883; (off) Jno. B. TURPIN; Pg:Ln 179:03

ALLISON, Lee T.; s/o John & Mary; 22y; sgl; farmer; b. & res. Fqr; m. 26 Nov 1902 in Fqr to GREY, Mildred F.; d/o John S. & Rebecca; 17y; sgl; b. & res. Fqr; (lic) 26 Nov 1902; (off) W. P. C. COE; consent of father in person; Pg:Ln 295:01

ALLISON, Richard A.; s/o Richard & Virginia; 19y; sgl; farmer; b. & res. Fqr; m. 26 Dec 1889 in Fqr to HANBACK, Julie A.; d/o Thomas & Elizabeth; 19y; sgl; b. & res. Fqr; (lic) 24 Dec 1889; (off) Jno. F. POULTON; consent of both parties filed; Pg:Ln 216:07

ALLISON, William; s/o Jno. P. & Virginia M.; 21y; sgl; carpenter; b. & res. Fqr; m. 7 Jan 1885 in Fqr to SCOTT, Annie; d/o Robert & Mary; 21y; sgl; b. & res. Fqr; (lic) 5 Jan 1885; (off) Jno. F. POULTON; Pg:Ln 190:15

ALLISON, William C.; s/o William & Mary A.; 22y; sgl; farmer; b. & res. Fqr; m. 27 Aug 1902 in Fqr to FURR, Georgie Belle; d/o George S. & Rachael J.; 18y; sgl; b. & res. Fqr; (lic) 27 Aug 1902; (off) W. P. C. COE; consent of father in person; Pg:Ln 293:15

ALLISON, Wm.; s/o Henry & M.; 22y; sgl; farmer; b. & res. Fqr; m. 24 Dec 1891 in Fqr to CAMPBELL, Patsey; d/o Jno. W. & Mary; 26y; sgl; b. & res. Fqr; (lic) 24 Dec 1891; (off) I. B. LAKE; Pg:Ln 227:21

ALLISON, Wm. F.; s/o ___ & Catharine; 26y; sgl; farmer; b. & res. Fqr; m. 27 Dec 1894 in Fqr to THARPE, Minnie; d/o Frank & Aggie; 22y; sgl; b. & res. Fqr; (lic) 22 Dec 1894; (off) H. M. STRICKLER; consent sworn to; Pg:Ln 244:21

ALLPORT, S. M.; s/o J. C. & M. J.; 22y; sgl; farmer; b. Centre Co. PA; res. Fqr; m. 1 Jan 1889 in Fqr to CAMPBELL, Virg'a B.; d/o B. M. & E. J.; 22y; sgl; b. & res. Fqr; (lic) 31 Dec 1888; (off) A. A. McDONOUGH; Pg:Ln 210:07

AMES, Willis C.; s/o Jesse & Cornelia; 35y; sgl; civil engineer; b. & res. Broome Co. NY; m. 16 Oct 1889 in Fqr to JENNINGS, Tallulah; d/o

Wm. H. & A. M.; 32y; sgl; b. & res. Fqr; (lic) 16 Oct 1889; (off) Geo. W. NELSON; Pg:Ln 214:05
AMOS, Gilbert (col); s/o Thomas & Indiana; 26y; sgl; laborer; b. & res. Fqr; m. 16 Dec 1901 in Fqr to ANDERSON, Ruth (col); d/o Arthur & Evalina; 22y; sgl; b. AlexVA; res. Fqr; (lic) 14 Dec 1901; (off) N. A. MARRIOTT; Pg:Ln 289:04
ANDERSON, A. G.; s/o E. C. & Adeline; 23y; sgl; farmer; b. & res. Fqr; m. 26 Dec 1897 in Fqr to McCORMICK, Kate L.; d/o Robt. & Jennie; 17y; sgl; b. & res. Fqr; (lic) 24 Dec 1897; (off) M. R. GRIMSLEY; consent of father in person; Pg:Ln 262:24
ANDERSON, Alonzo (col); s/o Tony & Rose; 31y; sgl; laborer; b. WashDC; res. Fqr; m. 25 Jun 1885 in Fqr to SHELTON, Silva (col); d/o George & ___; 30y; sgl; b. CulpVA; res. Fqr; (lic) 22 Jun 1885; (off) Cornelius GADDIS; Pg:Ln 192:12
ANDERSON, Benj. H.; s/o Jas. M.& Eliza J.; 27y; sgl; farmer; b. & res. Fqr; m. 30 Nov 1887 in Fqr to ANNS, Olive E.; d/o Andrew & Mary J.; 21y; sgl; b. PA; res. Fqr; (lic) 28 Nov 1887; (off) D. Frank ENTSLER; oath; Pg:Ln 204:11
ANDERSON, Carroll J.; s/o Wm. M. & Loula E.; 24y; sgl; mason; b. & res. Fqr; m. 8 Feb 1903 in Fqr to FRANKLIN, Annie L.; d/o Wallace & Bessie; 21y; sgl; b. & res. Fqr; (lic) 4 Feb 1903; (off) C. W. BROOKS; Pg:Ln 296:24
ANDERSON, Chas. H.; s/o Chas. & Adeline; 23y; sgl; laborer; b. & res. Fqr; m. 13 Oct 1887 in Fqr to BALTIMORE, Charlotte; d/o Nero & Milly; 21y; sgl; b. & res. Fqr; (lic) 11 Oct 1887; (off) W. L. ATHEY; oath; Pg:Ln 203:08
ANDERSON, Chetister L. (col); s/o Chas. & Adelaide; 24y; sgl; laborer; b. & res. Fqr; m. 9 Nov 1904 in Fqr to NELSON, Carah E. (col); d/o Wm. Ramey & Easter NELSON; 20y; sgl; b. & res. Fqr; (lic) 8 Nov 1904; (off) Eld. M. A. RUSSELL; consent of mother filed; Pg:Ln 305:20
ANDERSON, Edgar S.; s/o Elijah & Elizabeth; 45y; wid; farmer; b. & res. Fqr; m. 4 Mar 1886 in Fqr to HOWDERSHELL, Hattie M.; d/o W. C. & Maggie; 21y; sgl; b. & res. Fqr; (lic) 2 Mar 1886; (off) W. F. DUNAWAY; Pg:Ln 195:21
ANDERSON, Edward F.; s/o Isaac & Virginia; 28y; sgl; farmer; b. & res. LdnVA; m. 7 Jan 1902 in Fqr to HALEY, Mamie M.; d/o R. D. & Ida E.; 30y; sgl; b. & res. Fqr; (lic) 31 Dec 1901; (off) I. B. LAKE; see letter of H. P. REID & Co.; Pg:Ln 290:11
ANDERSON, Jno. E.; s/o A. C. L. & Elizabeth; 24y; sgl; farmer; b. & res. Fqr; m. 12 Apr 1892 in Fqr to ANDERSON, Eluetta; d/o W. C. & Lucy D.; 23y; sgl; b. & res. Fqr; (lic) 8 Apr 1892; (off) T. G. NEVITT; Pg:Ln 229:19
ANDERSON, John A.; s/o Harrison & Cath.; 33y; sgl; farmer; b. & res. Fqr; m. 6 Jan 1886 in Fqr to ANDERSON, Kate; d/o John & Ann; 22y; sgl; b. & res. Fqr; (lic) 5 Jan 1886; (off) J. H. WAUGH; Pg:Ln 194:20
ANDERSON, Joseph B.; s/o Elijah & Adeline; 28y; sgl; farmer; b. Fqr; res. CulpVA; m. 23 Nov 1898 in Fqr to CREEL, Elizabeth E.; d/o Wm. H. &

Josephine; 19y; sgl; b. & res. Fqr; (lic) 21 Nov 1898; (off) S. M. ATHEY; consent of father filed; Pg:Ln 268:20

ANDERSON, Joseph E.; s/o John W. & E. F.; 24y; sgl; farmer; b. & res. ClrkVA; m. 2 Sep 1903 in Fqr to STROTHER, Lena M.; d/o James M. & Eliza C.; 23y; sgl; b. & res. Fqr; (lic) 1 Sep 1903; (off) W. P. C. COE; Pg:Ln 299:02

ANDERSON, Judson B.; s/o R. R. & Bettie; 21y; sgl; postmaster; b. Fqr; res. CulpVA; m. 30 Dec 1898 in Fqr to EVANS, Maude E.; d/o John & Grace; 21y; sgl; b. & res. Fqr; (lic) 22 Dec 1898; (off) Jno. C. SEDWICK; Pg:Ln 269:23

ANDERSON, Kerfoot K.; s/o C. G. M. & Chloe Ann; 24y; sgl; blacksmith; b. & res. Fqr; m. 17 Sep 1896 in Fqr to MATTHEW, M. F.; d/o J. W. & Effie; 24y; sgl; b. & res. Fqr; (lic) 14 Sep 1896; (off) Frank P. BERKLEY; Pg:Ln 254:09

ANDERSON, Lewis (col); s/o John & Harriet; 46y; wid; laborer; b. & res. Fqr; m. 18 Sep 1886 in Fqr to BUTLER, Susan (col); d/o Thornton & Sukie; 35y; sgl; b. & res. Fqr; (lic) 16 Sep 1886; (off) M. A. RUSSELL; Pg:Ln 197:23

ANDERSON, O. C.; s/o Elijah & Adeline; 27y; sgl; farmer; b. & res. Fqr; m. 21 Dec 1904 in Fqr to CREEL, Elizabeth; d/o Elias & Margaret; 24y; sgl; b. & res. Fqr; (lic) 19 Dec 1904; (off) S. M. ATHEY; Pg:Ln 306:21

ANDERSON, Robt.; s/o Jno. & Annie; 28y; sgl; farmer; b. & res. Fqr; m. 5 Jun 1898 in Fqr to KINES, Nannie; d/o ___ & Tenie; 21y; sgl; b. & res. Fqr; (lic) 4 Jun 1898; (off) W. T. EATON; Pg:Ln 265:16

ANDERSON, Thos.; s/o Jno. & Anna; 22y; sgl; laborer; b. WashDC; res. RappVA; m. 14 Jan 1886 in Fqr to JOHNSON, Della; d/o Albert & Lucy; 18y; sgl; b. RappVA; res. Fqr; (lic) 8 Jan 1886; (off) Thornton HILL; consent of father in person; Pg:Ln 194:22

ANDERSON, Thos. G.; s/o E. T. & E. G.; 32y; sgl; clerk; b. RappVA; res. Roanoke Co. VA; m. 26 Oct 1892 in Fqr to NELSON, Lena S.; d/o Jos. H. & Mary G.; 22y; sgl; b. & res. Fqr; (lic) 25 Oct 1892; (off) W. E. MILLER; Pg:Ln 232:09

ANDERSON, Titus B.; s/o Jno. & Mary C.; 27y; sgl; clerk; b. Greenville, SC; res. Charleston, SC; m. 20 Sep 1892 in Fqr to TURNER, Ellen L.; d/o Jno. R. & Sallie A.; 23y; sgl; b. CulpVA; res. Fqr; (lic) 20 Sep 1892; (off) C. P. SCOTT; Pg:Ln 231:21

ANDERSON, Wm. B.; s/o Elijah & Adeline; 34y; sgl; farmer; b. & res. Fqr; m. 4 Jan 1900 in Fqr to GRIFFETH, Sarah A.; d/o Elijah & Jane; 35y; sgl; b. & res. Fqr; (lic) 30 Dec 1899; (off) S. M. ATHEY; Pg:Ln 277:07

ANDERSON, Wm. L.; s/o Wm. C. & Lucy D.; 21y; sgl; miller; b. & res. Fqr; m. 15 May 1895 in Fqr to HALL, Mary E.; d/o J. J. & Catherine; 22y; sgl; b. & res. Fqr; (lic) 14 May 1895; (off) H. M. STRICKLER; Pg:Ln 246:23

ANDREWS, M. H.; s/o Lewis H. & Alice B.; 37y; sgl; printing pressman; b. Henrico Co. Va; res. WashDC; m. 25 Oct 1905 in Fqr to GAINES, Elizth. D.; d/o Basil & Annie M.; 28y; sgl; b. & res. Fqr; (lic) 20 Oct 1905; (off) V. H. COUNCILL; Pg:Ln 310:22

ANNS, Lawrence B.; s/o Andrew & Mary; 27y; sgl; laborer; b. Allegheny Co. PA; res. Fqr; m. 22 Dec 1887 in Fqr to MANUEL, Emma J.; d/o Wm. & Sarah; 20y; sgl; b. PrWmVA; res. Fqr; (lic) 19 Dec 1887; (off) D. Frank ENTSLER; consent of father in writing; Pg:Ln 205:01
ANNS, Saml. K.; s/o Andrew & Mary; 28y; sgl; farmer; b. Lawrence Co. PA; res. Fqr; m. 25 May 1891 in Fqr to KERNS, Mary C.; d/o Wm. & Mary; 24y; sgl; b. & res. Fqr; (lic) 25 May 1891; (off) John O. TASKETT; Pg:Ln 224:08
AREY, R. S. L.; s/o Wm. & Elizabeth; 26y; sgl; carpenter; b. & res. AugVA; m. 21 Apr 1891 in Fqr to LIGHTNER, Mary E.; d/o W. S. & Mary M.; 18y; sgl; b. Highland Co. VA; res. Fqr; (lic) 20 Apr 1891; (off) Walter H. ROBERTSON; consent of father in person; Pg:Ln 223:21
ARMSTRONG, G. H.; s/o Oliver & E. Jane; 22y; sgl; farmer; b. Highland Co. VA; res. Fqr; m. 12 Jan 1893 in Fqr to O'ROARK, M. A.; d/o Timothy & Catharine; 23y; sgl; b. RockVA; res. Fqr; (lic) 10 Jan 1893; (off) C. J. B. BEANS; Pg:Ln 234:08
ARMSTRONG, Geo. G.; s/o Saml. S. & Amelia C.; 36y; sgl; physician; b. Norfolk Co. Va; res. Buffalo NY; m. 16 Jun 1906 in Fqr to JOHNSON, Janet D.; d/o Thos. S. & Cora Va.; 32y; sgl; b. & res. Fqr; (lic) 15 Jun 1906; (off) Wm. H. LAIRD; Pg:Ln 314:15
ARMSTRONG, Robt. H.; s/o Armstead A. & Jane S.; 30y; sgl; farmer; b. StafVA; res. Fqr; m. 3 Mar 1886 in Fqr to CARRICO, Ella G.; d/o Jno. W. & Martha V.; 19y; sgl; b. & res. Fqr; (lic) 1 Mar 1886; (off) D. Frank ENTSLER; consent proved by oath of Chas. N. ARMSTRONG; Pg:Ln 195:20
ARMSTRONG, Saml M.; s/o Saml. & Mary; 21y; sgl; farmer; b. & res. Fqr; m. 23 Apr 1891 in Fqr to PEARSON, Susan A.; d/o Jno. M. & Leonia; 22y; sgl; b. & res. Fqr; (lic) 22 Apr 1891; (off) Jacob HEDRICK; Pg:Ln 223:23
ARMSTRONG, W. A.; s/o C. N. & Phenie; 21y; sgl; farmer; b. & res. Fqr; m. 24 Dec 1902 in Fqr to GUM, Ida B.; d/o Geo. W. & Amanda C.; 24y; sgl; b. & res. Fqr; (lic) 23 Dec 1902; (off) W. H. BALLINGEE; Pg:Ln 295:17
ARNOLD, Milton (col); s/o Thornton & Ada; 23y; sgl; laborer; b. & res. Fqr; m. 7 Apr 1897 in Fqr to WHITE, Lily (col); d/o Thornton & Lucy; 23y; sgl; b. & res. Fqr; (lic) 5 Apr 1897; (off) C. M. TYLER; Pg:Ln 258:09
ARUNDALE, Samuel; s/o John & Sarah; 26y; sgl; printer; b. Youkshire, England; res. AlbmVA; m. 18 Apr 1900 in Fqr to GARNER, Lelia Gertrude; d/o William A. & Susie M.; 21y; sgl; b. AlbmVA; res. Fqr; (lic) 18 Apr 1900; (off) F. R. BOSTON; Pg:Ln 278:22
ASH, Henry (col); s/o Albert & Kitty; 21y; sgl; laborer; b. & res. Fqr; m. 25 Sep 1901 in Fqr to GANT, Catharine (col); d/o ___ & Sidney; 26y; sgl; b. ShenVA; res. Fqr; (lic) 25 Sep 1901; (off) A. R. PINKETT; consent of father in person; Pg:Ln 287:01
ASH, John (col); s/o Wm. & Emily; 24y; sgl; laborer; b. & res. Fqr; m. 3 Aug 1893 in Fqr to O'NEAL, Maggie (col); d/o Geo. & Addie; 18y; sgl; b. & res. Fqr; (lic) 2 Aug 1893; (off) R. P. DAWSON; consent of father in person; Pg:Ln 236:02

ASHBY, Jas. E.; s/o N. T. & Mary V.; 24y; sgl; farmer; b. & res. Fqr; m. 2
Apr 1895 in Fqr to THARPE, Nettie; d/o Thos. & Eliza; 24y; sgl; b. &
res. Fqr; (lic) 1 Apr 1895; (off) S. M. ATHEY; Pg:Ln 246:16

ASHBY, N. T. Jr.; s/o R. R. & Elizabeth; 22y; sgl; farmer; b. & res. Fqr; m.
25 Oct 1898 in Fqr to HEDINGER, Mattie V.; d/o Peter & Elizabeth;
23y; sgl; b. & res. Fqr; (lic) 22 Oct 1898; (off) M. R. GRIMSLEY; Pg:Ln
268:06

ASHBY, Presley W.; s/o Richd. R. & Eliz'th; 25y; sgl; farming; b. & res.
Fqr; m. 24 Feb 1897 in Fqr to HEDINGER, Mary C.; d/o Peter &
Eliz'th.; 23y; sgl; b. & res. Fqr; (lic) 23 Feb 1897; (off) E. W.
WINFREY; Pg:Ln 257:24

ASHBY, Robert C.; s/o N. T. & Mary Va.; 20y; sgl; farmer; b. & res. Fqr;
m. 16 Dec 1902 in Fqr to MOFFETT, A. Blanche; d/o L. V. & Mary A.;
21y; sgl; b. & res. Fqr; (lic) 14 Dec 1902; (off) S. M. ATHEY; consent
sworn to & filed; Pg:Ln 295:07

ASHBY, Thomas (col); s/o Thomas & Amanda; 30y; sgl; laborer; b. & res.
Fqr; m. 17 Jul 1890 in Fqr to HENDERSON, Sarah (col); d/o William &
Margaret; 21y; sgl; b. & res. Fqr; (lic) 16 Jul 1890; (off) Chas. T.
HERNDON; consent of father in person; Pg:Ln 219:07

ASHBY, Thomas (col); s/o Thomas & Mandy; 30y; sgl; laborer; b. & res.
Fqr; m. __ Nov 1901 in Fqr to JOHNSTON, Edith (col); d/o Henry &
Jane; 22y; sgl; b. & res. Fqr; (lic) 9 Nov 1901; (off) G. C. BANISTER;
Pg:Ln 288:01

ASHE, Turner A.; s/o N. B. & Bessie; 30y; sgl; farmer; b. LdnVA; res. Fqr;
m. 8 Nov 1903 in Fqr to GRANT, Mary Ann; d/o Newton & Ann; 30y;
sgl; b. WrnVA; res. Fqr; (lic) 7 Nov 1903; (off) L. BUTT; Pg:Ln 300:02

ASHTON, Henry (col); s/o Lee & Emily; 21y; sgl; laborer; b. & res. LdnVA;
m. 30 Dec 1890 in Fqr to MOORE, Gertrude (col); d/o Frank & Holly;
20y; sgl; b. & res. Fqr; (lic) 29 Dec 1890; (off) R. P. DAWSON;
consent of father sworn to by Geo. SMITH & filed; Pg:Ln 221:19

ATHEY, Julian R.; s/o Winfield S. & Alberta A.; 26y; sgl; farmer; b. & res.
Fqr; m. 8 Sep 1901 in Fqr to BARRON, Minnie; d/o Wm. & Belle; 23y;
sgl; b. & res. Fqr; (lic) 6 Sep 1901; (off) J. K. BOSTON; Pg:Ln 286:11

ATKINS, Peter Wilson; s/o George & Emily; 26y; sgl; barrister at law; b. &
res. Birkenhead, England; m. 10 Sep 1885 in Fqr to KEYSER, Nelly
Everett; d/o Wm. H. & Harriet S.; 27y; sgl; b. Colchester, CT; res. Fqr;
(lic) 10 Sep 1885; (off) Geo. W. NELSON; Pg:Ln 193:08

ATLEE, J. M. W.; s/o Walter F. & Louisa; 29y; sgl; farmer; b. PhilPA; res.
Fqr; m. 2? Apr 1887 [ink blotch] in Fqr to COATES, Mabel; d/o J. P. &
Susan; 19y; sgl; b. BaltMD; res. Fqr; (lic) 18 Apr 1887; (off) P.
DONAHUE; consent filed; Pg:Ln 201:24

ATLEE, J. Maximelian; s/o Walter F. & Louisa; 22y; sgl; farmer; b. PhilPA;
res. Fqr; m. 1 Jun 1887 in Fqr to COATES, Sarah P.; d/o J. P. &
Susan; 22y; sgl; b. BaltMD; res. Fqr; (lic) 30 May 1887; (off) Patrick
DONAHUE; Pg:Ln 202:07

AUSTIN, William (col); s/o William & Martha; 30y; sgl; laborer; b. & res.
Fqr; m. 30 Nov 1898 in Fqr to GREEN, Lucinda (col); d/o Charles &

Ann; 30y; sgl; b. & res. Fqr; (lic) 26 Nov 1898; (off) P. W. AUSTIN; Pg:Ln 268:22

AYLMER, James R.; s/o Robt. R. & Margaret A.; 42y; wid; farmer; b. WashDC; res. Fqr; m. 13 Sep 1899 in Fqr to SCOTT, Margaret D.; d/o Turner D. & Elmirinda; 22y; sgl; b. & res. Fqr; (lic) 9 Sep 1899; (off) W. S. JACKSON; Pg:Ln 274:07

AYLOR, J. L.; s/o Staunton & Malinda; 37y; sgl; miner; b. Madison Co. VA; res. Jasper Co. MO; m. 19 Feb 1884 in Fqr to SUTTON, Nannie; d/o Wm. L. & Jane M.; 32y; sgl; b. & res. Fqr; (lic) 16 Feb 1884; (off) J. Calvin STEWART; Pg:Ln 186:13

AYLOR, S. B.; s/o Staunton & Malinda; 44y; sgl; farmer; b. CulpVA; res. Fqr; m. 1 Jan 1902 in Fqr to LAWRENCE, Sallie J.; d/o Thos. F. & Lavinia O.; 32y; sgl; b. & res. Fqr; (lic) 23 Dec 1901; (off) Frank P. BERKLEY; Pg:Ln 289:16

AYSCLOUGH, L. B. Perry; s/o George & Emma; 24y; sgl; farmer; b. Kent, England; res. Fqr; m. 12 Sep 1892 in Fqr to PENDLETON, E. S.; d/o Wm. H. & Henrietta R.; 29y; sgl; b. Bedford Co. VA; res. Fqr; (lic) 10 Sep 1892; (off) Edwin S. HINKS; Pg:Ln 231:17

BADGER, Jos. N.; s/o Jno. A. & Rebecca; 46y; wid; minister; b. Somerset Co. ME; res. LdnVA; m. 7 May 1884 in Fqr to HUNTON, Margaret C.; d/o Thos. E. & Jane C.; 29y; sgl; b. & res. Fqr; (lic) 5 May 1884; (off) Wm. M. SMOOT; Pg:Ln 187:05

BAILEY, Charles (col); s/o Saml. & Mildred; 27y; sgl; laborer; b. & res. Fqr; m. 15 Dec 1904 in Fqr to LAWSON, Elizabeth (col); d/o ___ & Fannie; 24y; sgl; b. RappVA; res. Fqr; (lic) 15 Dec 1904; (off) D. W. JONES; Pg:Ln 306:15

BAILEY, Frank R. (col); s/o Saml. & Mildred; 24y; sgl; laborer; b. & res. CulpVA; m. 24 Dec 1902 in Fqr to TAYLOR, Betsey (col); d/o Moses & Sophia; 20y; sgl; b. & res. Fqr; (lic) 24 Dec 1902; (off) J. C. COLBERT; consent of father sworn to & filed; Pg:Ln 296:02

BAILEY, Geo. (col); s/o Simon & Dicey; 47y; sgl; laborer; b. & res. Fqr; m. 7 Jul 1886 in Fqr to HAWKINS, Judith (col); d/o Follin & Jennie; 25y; sgl; b. & res. Fqr; (lic) 7 Jul 1886; (off) Robt. L. RUFFIN; Pg:Ln 197:03

BAILEY, Geo. W.; s/o Wm. & Louisa; 32y; wid; farmer; b. & res. Fqr; m. 24 Feb 1904 in Fqr to PAYNE, Mildred; d/o Wm. H. & Jennie; 24y; sgl; b. & res. Fqr; (lic) 24 Feb 1904; (off) F. R. BOSTON; Pg:Ln 302:05

BAILEY, Henry C. (col); s/o ___ & Nancy; 56y; wid; laborer; b. Fqr; res. Windham Co. CT; m. 25 Dec 1892 in Fqr to BLACKWELL, Fanny (col); d/o Rich'd & ___; 25y; sgl; b. AlexVA; res. Fqr; (lic) 22 Dec 1892; (off) C. M. TYLER; Pg:Ln 233:10

BAILEY, James (col); s/o Henry & Harriet; 39y; sgl; farmer; b. & res. Fqr; m. 31 Dec 1885 in Fqr to BAILEY, Mary Susan (col); d/o Ashby & Susan; 21y; sgl; b. & res. Fqr; (lic) 24 Dec 1885; (off) Wormley HUGHES; Pg:Ln 194:09

BAILEY, Jas. M.; s/o Wm. & Louisa; 26y; sgl; farmer; b. & res. Fqr; m. 31 Oct 1895 in Fqr to READ, Minnie; d/o Wesley & Sarah; 23y; sgl; b. & res. Fqr; (lic) 30 Oct 1895; (off) A. B. CARRINGTON; Pg:Ln 249:11

BAILEY, Lawrence; s/o James & Susan; 25y; sgl; farmer; b. Ohio Co., Ind.; res. Fqr; m. 25 Apr 1901 in Fqr to JENKINS, Lula M.; d/o Henry & Jennie; 24y; sgl; b. & res. Fqr; (lic) 25 Apr 1901; (off) Walter H. ROBERTSON; Pg:Ln 284:17

BAILEY, Samuel (col); s/o Samuel & Mildred; 24y; sgl; laborer; b. & res. Fqr; m. 17 Sep 1895 in Fqr to FITZHUGH, Carrie (col); d/o Jesse & Lydia; 25y; sgl; b. & res. Fqr; (lic) 17 Sep 1895; (off) J. C. COLBERT; Pg:Ln 248:15

BAILEY, Wm. H.; s/o Wm. & Louisa; 23y; sgl; farmer; b. & res. Fqr; m. 20 Dec 1899 in Fqr to BAILEY, Mary; d/o Saml. & Sarah Ella; 25y; sgl; b. & res. Fqr; (lic) 18 Dec 1899; (off) J. Howard WELLS; Pg:Ln 276:04

BAILEY, Wm. H. (col); s/o Caesar & Harriet; 29y; sgl; laborer; b. & res. Fqr; m. 25 Dec 1901 in Fqr to FERGUSON, Rebecca F. (col); d/o Turner & Malvina; 19y; sgl; b. & res. Fqr; (lic) 24 Dec 1901; (off) A. R. PINKETT; consent of father sworn to & filed; Pg:Ln 290:04

BAKER, Beverly (col); s/o Jeffrey & Sarah; 40y; sgl; farmer; b. RappVA; res. Fqr; m. 25 Mar 1894 in Fqr to CHRISTIAN, Mary F. (col); d/o Lewis & Lucy; 17y; sgl; b. & res. Fqr; (lic) 24 Mar 1894; (off) F. P. BERKELEY; consent of father in person; Pg:Ln 240:21

BAKER, Chas. (col); s/o Isaac & Hannah; 54y; wid; farmer; b. & res. Fqr; m. 29 Aug 1895 in Fqr to LAMBERT, Susan (col); d/o Robt. & Ellen; 48y; div; b. & res. Fqr; (lic) 26 Aug 1895; (off) M. A. RUSSELL; Pg:Ln 247:24

BAKER, Jno. M.; s/o Wm. A. & Lucy A.; 21y; sgl; laborer; b. & res. Fqr; m. 10 Jan 1883 in Fqr to ALLISON, Mary E.; d/o ___ & Catherine E.; 17y; sgl; b. & res. Fqr; (lic) 9 Jan 1883; (off) S. M. ATHEY; consent of mother proved by oath of H. J. ALLISON; Pg:Ln 179:04

BAKER, Nelson (col); s/o Henry & Lucy; 30y; sgl; laborer; b. AlexVA; res. Fqr; m. 21 Dec 1898 in Fqr to DADE, Nannie (col); d/o Welby & Sally; 28y; sgl; b. & res. Fqr; (lic) 19 Dec 1898; (off) Geo. W. HORNER; Pg:Ln 269:14

BAKER, Samuel L.; s/o Wm. A. & Annie E.; 21y; sgl; farmer; b. Fqr; res. CulpVA; m. 18 Dec 1902 in Fqr to GERMANS, Ethel R.; d/o George & Amelia; 19y; sgl; b. & res. Fqr; (lic) 17 Dec 1902; (off) S. M. ATHEY; consent of father in person; Pg:Ln 295:12

BAKER, William F.; s/o Wm. A. Phoenix; 33y; sgl; sawyer; b. Fqr; res. Culpeper Co.; m. 10 Feb 1903 in Fqr to ALLISON, Lizzie; d/o John T. & Mary J.; 16y; sgl; b. & res. Fqr; (lic) 7 Feb 1903; (off) S. M. ATHEY; consent of father in person; Pg:Ln 297:01

BALDWIN, Jos. A.; s/o Wm. & Annie; 30y; sgl; farmer; b. & res. Fqr; m. 24 Feb 1887 in Fqr to LOGAN, Annie D.; d/o not given; 23y; sgl; b. LdnVA; res. Fqr; (lic) 22 Feb 1887; (off) not given; Pg:Ln 201:04

BALL, Benj. F.; s/o Jas. F. & Mary Jane; 32y; sgl; farmer; b. & res. Fqr; m. 27 Jan 1904 in Fqr to RAMEY, Mary E.; d/o Daniel W. & Gertrude; 30y; sgl; b. & res. Fqr; (lic) 23 Jan 1904; (off) J. B. McINTURFF; Pg:Ln 301:18

BALL, Chas. F.; s/o G. W. & Mary B.; 42y; sgl; fertilizer agt.; b. Fqr; res. Chicago, IL; m. 24 Jun 1896 in Fqr to SCOTT, Eliz'th; d/o Jno. M. &

___; 28y; sgl; b. & res. Fqr; (lic) 22 Jun 1896; (off) Robt. K. MASSIE; Pg:Ln 253:16
BALL, Chas. H.; s/o Jno. W. & Sarah; 24y; sgl; farmer; b. & res. Fqr; m. 15 Jan 1889 in Fqr to KINSELL, Annie F.; d/o Jno. Wm. & Eliz'th; 20y; sgl; b. & res. Fqr; (lic) 14 Jan 1889; (off) W. F. DUNAWAY; Pg:Ln 210:15
BALL, Chas. H.; s/o Wm. J. & Sarah; 23y; sgl; farmer; b. RappVA; res. Fqr; m. 16 Dec 1896 in Fqr to MOFFETT, Mary F.; d/o Robt. F. & Susannah B.; 19y; sgl; b. & res. Fqr; (lic) 14 Dec 1896; (off) S. M. ATHEY; consent of father in person; Pg:Ln 256:02
BALL, Chas. H.; s/o Wm. J. & Sarah E.; 31y; sgl; laborer; b. & res. Fqr; m. 7 Dec 1904 in Fqr to PAYNE, Ires S.; d/o Wm. E. & Ella; 22y; sgl; b. & res. Fqr; (lic) 5 Dec 1904; (off) S. M. ATHEY; Pg:Ln 306:12
BALL, Elijah A. (col); s/o Elias & Margaret; 24y; sgl; laborer; b. & res. Fqr; m. 11 Mar 1896 in Fqr to BLUE, Anne M. (col); d/o Robt. M. & Emily F.; 20y; sgl; b. & res. Fqr; (lic) 10 Mar 1896; (off) Chas. H. LEE Jr.; consent of judge filed; Pg:Ln 252:16
BALL, H. M.; s/o Wm. E. & Sarah M.; 26y; sgl; farmer; b. & res. Fqr; m. 13 Dec 1893 in Fqr to LUNSFORD, Lillian H.; d/o E. C. & H. E.; 22y; sgl; b. & res. Fqr; (lic) 11 Dec 1893; (off) W. F. DUNAWAY; Pg:Ln 238:11
BALL, Jno. W.; s/o James T. & Mary J.; 38y; sgl; farmer; b. & res. Fqr; m. 30 Mar 1904 in Fqr to RECTOR, Dellie F.; d/o Bush & Lucy F.; 22y; sgl; b. & res. Fqr; (lic) 19 Mar 1904; (off) Wm. CHINN; Pg:Ln 302:07
BALL, John J. (col); s/o Elias & Margaret; 22y; sgl; laborer; b. & res. Fqr; m. 25 Dec 1884 in Fqr to BROOKS, Catharine (col); d/o Nelson & Nancy; 19y; sgl; b. & res. Fqr; (lic) 24 Dec 1884; (off) Cornelius GADDIS; consent of father in person; Pg:Ln 190:06
BALL, John W.; s/o W. J. & Sarah E.; 34y; sgl; farmer; b. & res. Fqr; m. 15 Oct 1890 in Fqr to CARTER, Lucy B.; d/o Geo. H. & Bell; 19y; sgl; b. & res. Fqr; (lic) 14 Oct 1890; (off) A. M. GRIMSLEY; consent of father in person; Pg:Ln 220:04
BALL, Walter (col); s/o Henry & Amanda Lewis; 23y; sgl; laborer; b. PrWmVA; res. Fqr; m. 15 Apr 1905 in Fqr to HUDLEY, Lydia (col); d/o John & Helen; 21y; sgl; b. PrWmVA; res. Fqr; (lic) 15 Apr 1905; (off) Wm. CHINN; age sworn to; Pg:Ln 308:24
BALL, Wm. (col); s/o Chas. & Caroline; 21y; sgl; laborer; b. & res. Fqr; m. 11 Jan 1883 in Fqr to MURRAY, Sallie (col); d/o Edw'd. & Eliza; 18y; sgl; b. & res. Fqr; (lic) 10 Jan 1883; (off) Geo. W. HORNER; consent of father proved by oath of Henry YANCY; Pg:Ln 179:06
BALL, Wm. H.; s/o Wm. C. & Hannah; 22y; sgl; farmer; b. RockVA; res. Fqr; m. 10 Mar 1887 in Fqr to ABBOTT, Bettie C.; d/o Wm. K. & Catharine; 24y; sgl; b. RockVA; res. Fqr; (lic) 8 Mar 1887; (off) Jacob HEDRICK; Pg:Ln 201:07
BALL, Wm. H.; s/o Wm. C. & Hannah C.; 28y; wid; farmer; b. RockVA; res. Fqr; m. 16 Nov 1893 in Fqr to SMITH, Virginia; d/o Dudley & Rebecca; 28y; sgl; b. & res. Fqr; (lic) 15 Nov 1893; (off) M. G. EARLY; Pg:Ln 237:20

BALL, Wm. J.; s/o John & Nancy; 65y; wid; farmer; b. & res. Fqr; m. 29 Nov 1894 in Fqr to CLEGG, Elenora; d/o James & Ann; 40y; wid; b. & res. Fqr; (lic) 26 Nov 1894; (off) H. M. STRICKLER; Pg:Ln 243:24

BALL, Wm. S.; s/o Albin & Narcissa; 20y; sgl; laborer; b. & res. Fqr; m. 29 Dec 1897 in Fqr to DOWNS, Eliza E.; d/o R. W. & Elizth. J.; 20y; sgl; b. & res. Fqr; (lic) 27 Dec 1897; (off) W. F. DUNAWAY; consent of mother filed, consent of father filed; Pg:Ln 263:05

BALLARD, Albert; s/o Johnathan & Mary A.; 49y; sgl; stone mason; b. & res. Fqr; m. 22 Mar 1887 in Fqr to SMITH, Fannie; d/o Jeptha & Mary; 44y; sgl; b. & res. Fqr; (lic) 15 Mar 1887; (off) W. D. WHITE; Pg:Ln 201:11

BALLARD, Geo. J.; s/o ___ & Susan E.; 25y; sgl; r. r. hand; b. & res. Fqr; m. 21 Dec 1904 in Fqr to PEARSON, Eva May; d/o James E. & Molly N.; 21y; sgl; b. & res. Fqr; (lic) 17 Dec 1904; (off) I. N. CAMPBELL; Pg:Ln 306:19

BALLARD, James. E.; s/o Joseph & Maria; 21y; sgl; farmer; b. & res. Fqr; m. 18 Jul 1889 in Fqr to LEONARD, Sarah E.; d/o Joseph & Eldevinia; 22y; sgl; b. & res. Fqr; (lic) 17 Jul 1889; (off) W. D. WHITE; Pg:Ln 213:04

BALLARD, Jas. A.; s/o Jno. T. & Elizabeth; 33y; sgl; stone mason; b. & res. Fqr; m. 13 Nov 1897 in Fqr to EDMONDS, Mariah; d/o Jno. & Susan; 33y; sgl; b. & res. Fqr; (lic) 12 Nov 1897; (off) W. S. JACKSON; Pg:Ln 261:16

BALTIMORE, Daniel (col); s/o Oscar & Maria; 21y; sgl; laborer; b. & res. Fqr; m. 8 Nov 1900 in Fqr to GASKINS, Eliza (col); d/o ___ & Susan; 22y; sgl; b. & res. Fqr; (lic) 8 Nov 1900; (off) Vincent LACY; age of female sworn to; Pg:Ln 281:21

BALTIMORE, Henry H. (col); s/o Nelson & Amanda; 28y; sgl; laborer; b. & res. Fqr; m. 27 Dec 1900 in Fqr to ROBISON, Susan E. (col); d/o Zachariah & Ann; 21y; sgl; b. & res. Fqr; (lic) 24 Dec 1900; (off) A. R. PINKETT; Pg:Ln 283:10

BALTIMORE, Henry W. (col); s/o Peter & Alcie; 23y; sgl; farmer; b. & res. Fqr; m. 17 Feb 1897 in Fqr to JEFFRIES, Mary B. (col); d/o Henry & Martha; 21y; sgl; b. & res. Fqr; (lic) 9 Feb 1897; (off) T. W. BROOKE; Pg:Ln 257:22

BALTIMORE, Jacob; s/o Oscar & Maria; 21y; sgl; laborer; b. AlexVA; res. Fqr; m. 7 Dec 1887 in Fqr to BALTIMORE, Angeline; d/o Nelson & Mandy; 18y; sgl; b. & res. Fqr; (lic) 6 Dec 1887; (off) Cornelius GADDIS; oath; Pg:Ln 204:19

BALTIMORE, Jno. (col); s/o Nelson & Amanda; 35y; sgl; laborer; b. & res. Fqr; m. 26 Jul 1888 in Fqr to BROWN, Marietta (col); d/o Reuben & Ellen; 37y; wid; b. & res. Fqr; (lic) 25 Jul 1888; (off) Cornelius GADDIS; Pg:Ln 207:15

BALTIMORE, Nero (col); s/o Nelson & Mandy; 35y; sgl; laborer; b. & res. Fqr; m. 5 Oct 1890 in Fqr to LANE, Millie (col); d/o William & Eliza; 35y; sgl; b. & res. Fqr; (lic) 3 Oct 1890; (off) Cornelius GADDIS; Pg:Ln 220:01

BALTIMORE, Robert (col); s/o Gash & Maria; 32y; sgl; laborer; b. & res. Fqr; m. 11 Oct 1900 in Fqr to GASKINS, Susan (col); d/o Thomas & Ann; 39y; sgl; b. & res. Fqr; (lic) 10 Oct 1900; (off) G. C. BANISTER; Pg:Ln 281:07
BALTIMORE, Samson (col); s/o Oscar & Maria; 22y; sgl; laborer; b. & res. Fqr; m. 21 Apr 1895 in Fqr to MUDD, Kitura (col); d/o Peter & Celia; 20y; sgl; b. & res. Fqr; (lic) 17 Apr 1895; (off) G. C. BANISTER; consent filed; Pg:Ln 246:18
BALTIMORE, Sizz (col); s/o Oscar & Maria; 24y; sgl; laborer; b. & res. Fqr; m. 18 Aug 1895 in Fqr to LACY, Carrie (col); d/o ___ & Harriet; 20y; sgl; b. & res. Fqr; (lic) 17 Aug 1895; (off) G. C. BANISTER; consent filed; Pg:Ln 247:21
BANION, Lemuel R. (col); s/o Enoch & Eliza; 30y; sgl; laborer; b. & res. Fqr; m. 17 Dec 1905 in Fqr to HENDERSON, Amanda (col); d/o Robert & Ada; 21y; sgl; b. & res. Fqr; (lic) 16 Dec 1905; (off) R. P. DAWSON; Pg:Ln 312:01
BANNION, Clayton (col); s/o Enoch & Eliza; 32y; wid; laborer; b. & res. Fqr; m. 5 Dec 1900 in Fqr to WILLIAMS Eliza (col); d/o Simon & Martha; 22y; sgl; b. & res. Fqr; (lic) 5 Dec 1900; (off) N. A. MARRIOTT; Pg:Ln 282:09
BANYON, Clayton (col); s/o Enoch & Elizabeth; 22y; sgl; laborer; b. & res. Fqr; m. 25 Aug 1889 in Fqr to GAINES, Lillie (col); d/o George & Julia; 21y; sgl; b. & res. Fqr; (lic) 21 Aug 1889; (off) not given; Pg:Ln 213:13
BARBER, Edward (col); s/o Philip & Dicie; 48y; sgl; laborer; b. Page Co. Va; res. Fqr; m. 14 Nov 1901 in Fqr to DOWDY, Nannie (col); d/o Robert & Susan; 35y; sgl; b. & res. Fqr; (lic) 7 Nov 1901; (off) N. A. MARRIETT; Pg:Ln 288:18
BARBOUR, Daniel (col); s/o Jas. & Maria; 20y; sgl; laborer; b. & res. Fqr; m. 24 Jan 1892 in Fqr to TAYLOR, Florence (col); d/o Fenton & Catharine; 20y; sgl; b. & res. Fqr; (lic) 22 Jan 1892; (off) Thos. EDWARDS; consent of both parents sworn to by Scott HAILSTOCK & filed; Pg:Ln 228:18
BARBOUR, Sonnie (col); s/o Albert & Rose; 21y; sgl; laborer; b. & res. Fqr; m. 23 Nov 1905 in Fqr to STROTHER, Mazie (col); d/o Ben & Sarah; 18y; sgl; b. & res. Fqr; (lic) 23 Nov 1905; (off) L. L. MARSHALL; consent of mother in person; Pg:Ln 311:09
BARNARD, E. A.; s/o Hayward G. & Jeannette W.; 35y; sgl; clerk; b. & res. WashDC; m. 28 Aug 1890 in Fqr to HARRY, Laura L.; d/o R. P. & Rose; 29y; sgl; b. & res. Fqr; (lic) 27 Aug 1890; (off) T. G. NEVITT; Pg:Ln 219:10
BARNES, John A.; s/o Wm. E. & Eliza J.; 42y; sgl; farmer; b. Burke Co. GA; res. Fqr; m. 15 Dec 1892 in Fqr to FRANKLIN, Mary F.; d/o Wm. E. & Lucy B.; 35y; sgl; b. & res. Fqr; (lic) 13 Dec 1892; (off) Walter H. ROBERTSON; Pg:Ln 233:01
BARNETT, Horace E. (col); s/o Jeremiah A. E. & Eliza E.; 29y; sgl; teacher; b. Nassau, Bahamas; res. Fqr; m. 11 Oct 1883 in Fqr to HARRIS, Alice W. (col); d/o Braxton & Catharine; 20y; sgl; b.

Richmond, VA; res. Fqr; (lic) 10 Oct 1883; (off) not given; consent of
Jos. CHILTON step father in person; Pg:Ln 182:08
BARRON, John; s/o R. H. & Amelia; 26y; sgl; farmer; b. & res. Fqr; m. 26
Dec 1898 in Fqr to ROUTT, Chloe; d/o Alphonso & Martha; 20y; sgl;
b. & res. Fqr; (lic) 24 Dec 1898; (off) Walter H. ROBERTSON; consent
of father in person; Pg:Ln 270:04
BARRON, Marion H.; s/o Robt.& Amelia; 21y; sgl; merchant; b. Fqr; res.
CulpVA; m. 20 Oct 1892 in Fqr to REID, Margaret E.; d/o ___ &
Lucretia A.; 18y; sgl; b. & res. Fqr; (lic) 17 Oct 1892; (off) Walter H.
ROBERTSON; consent of mother sworn to by D. J. MOFFETT & filed;
Pg:Ln 232:06
BARRON, P. F.; s/o Robt. H. & Amelia; 28y; sgl; farmer; b. Fqr; res.
CulpVA; m. 3 Oct 1895 in Fqr to KEARNS, Alacton; d/o Thos. L. &
Alberta; 16y; sgl; b. & res. Fqr; (lic) 30 Sep 1895; (off) F. R. BOSTON;
consent of father in person; Pg:Ln 248:19
BARRON, Wm. A.; s/o James E. & Lucy J.; 28y; sgl; conductor; b.
RappVA; res. WashDC; m. 6 Nov 1895 in Fqr to LAWS, Lucy J.; d/o
Joseph A. & India; 25y; sgl; b. & res. Fqr; (lic) 5 Nov 1895; (off) S. B.
Dolly; Pg:Ln 249:13
BARRON, Wm. A.; s/o James E. & Lucy J.; 37y; div; dairyman; b.
RappVA; res. Fqr; m. 21 Sep 1904 in Fqr to HALL, Ida L.; d/o Bush H.
& Lucy F. RECTOR; 37y; wid; b. & res. Fqr; (lic) 19 Sep 1904; (off) I.
N. CAMPBELL; cerf. of divorce filed; Pg:Ln 304:16
BARRON, Wm. H.; s/o R. H. & Amelia; 26y; sgl; farmer; b. Fqr; res.
CulpVA; m. 12 Dec 1888 in Fqr to ODEN, Nancy V.; d/o Robert &
Eliz'th; 20y; sgl; b. RappVA; res. Fqr; (lic) 10 Dec 1888; (off) Jno. F.
POULTON; consent of father in person; Pg:Ln 208:22
BASHAW, R. M.; s/o R. H. & Virginia C.; 31y; sgl; farmer; b. Fqr; res.
Grandy Co. IL; m. 20 Jan 1886 in Fqr to LAKE, Anna Maud; d/o R. E.
& Annie E.; 27y; sgl; b. & res. Fqr; (lic) 18 Jan 1886; (off) I. B. LAKE;
Pg:Ln 195:04
BAXLEY, Claude; s/o Henry H. & Annabella; 52y; wid; physician; b. Balto.
Co. MD; res. Fqr; m. 15 Apr 1891 in Fqr to NEWTON, Mary
Willoughly; d/o Willoughly & Betsy L.; 24y; sgl; b. WstmVA; res. Fqr;
(lic) 7 Apr 1891; (off) Rich'd. H. G. OSBORNE; Pg:Ln 223:17
BAYLEY, H. Clay; s/o S. P. & Frances C.; 46y; wid; farmer; b. & res. Fqr;
m. 21 Nov 1894 in Fqr to CURLETTE, Susan E.; d/o B. E. & Nettie;
34y; sgl; b. & res. Fqr; (lic) 20 Nov 1894; (off) E. S. HINKS; Pg:Ln
243:21
BAYNE, Rich'd. R.; s/o Thos. & Sarah; 44y; wid; farmer; b. Fqr; res.
AlexVA; m. 19 Sep 1888 in Fqr to MARA, Emma; d/o John & Kate;
28y; sgl; b. Culpeper; res. Fqr; (lic) 19 Sep 1888; (off) J. J. BOWLER;
Pg:Ln 207:24
BEACH, Geo. F.; s/o Francis & Lydia; 33y; wid; farmer; b. FfxVA; res. Fqr;
m. 21 Jan 1884 in Fqr to THARPE, Albena; d/o John & Louisa; 32y;
sgl; b. & res. Fqr; (lic) 21 Jan 1884; (off) J. H. WAUGH; Pg:Ln 185:22
BEACH, Walter C.; s/o William & Delila Ann; 23y; sgl; farmer; b. Fqr; res.
StafVA; m. 17 Dec 1899 in StafVA to GUY, Roberta; d/o John &

Susan; 21y; sgl; b. & res. Fqr; (lic) 9 Dec 1899; (off) James W.
HEFLIN; Pg:Ln 275:20
BEALE, Berkley (col); s/o Israel & Mary; 54y; wid; laborer; b. & res. Fqr;
m. 31 Dec 1891 in Fqr to CASON, Delilah (col); d/o Harrison & ___;
25y; sgl; b. CulpVA; res. Fqr; (lic) 30 Dec 1891; (off) not given; Pg:Ln
228:05
BEALE, Jno. G. Jr.; s/o Jno. G. & Sus; 26y; sgl; telegraph operator; b.
OrngVA; res. Fqr; m. 28 Oct 1896 in Fqr to TURNER, Sallie L.; d/o
Nathaniel & Alice; 26y; sgl; b. Louisa Co. VA; res. Fqr; (lic) 26 Oct
1896; (off) G. O. MEADE; Pg:Ln 255:09
BEALL, Admiral C.; s/o Bazil & Delinda; 39y; wid; painter; b. & res.
WashDC; m. 8 Dec 1891 in Fqr to WINES, Josephine; d/o Willis &
Caroline; 21y; sgl; b. & res. Fqr; (lic) 5 Dec 1891; (off) W. S. ATHEY;
consent of father in person; Pg:Ln 227:07
BEALL, Lewis N.; s/o Bazil M. & Virlinda; 29y; wid; farmer; b. MontMD;
res. Fqr; m. 27 Dec 1887 in Fqr to WINES, Catherine; d/o Edw'd. &
Frances; 20y; sgl; b. & res. Fqr; (lic) 26 Dec 1887; (off) S. M. ATHEY;
oath; Pg:Ln 205:09
BEALTON, W. A.; s/o A. S. & Mary M.; 26y; sgl; lawyer; b. Bath Co. VA;
res. Pocahontas Co. WV; m. 9 Sep 1896 to COLOGNE, Fannie B.; d/o
J. C. & Fannie G.; 22y; sgl; b. & res. Fqr; (lic) 3 Sep 1896; (off) Isaac
N. CAMPBELL; Pg:Ln 254:05
BEARD, Jas. G.; s/o Jno. J. & M. I.; 27y; sgl; laborer; b. CulpVA; res. Fqr;
m. 26 Mar 1896 in Fqr to HEFLIN, Clara L.; d/o Jas. E. & Catharine;
19y; sgl; b. & res. Fqr; (lic) 23 Mar 1896; (off) James W. HEFLIN;
consent of father in person; Pg:Ln 252:18
BEAVERS, Edward E.; s/o Richard F. & Martha Ann; 27y; sgl; farmer; b.
ClrkVA; res. Fqr; m. 10 May 1905 in Fqr to GRAY, Mary F.; d/o J. T. &
Margt. R.; 25y; sgl; b. & res. Fqr; (lic) 8 May 1905; (off) V. H.
COUNCILL; Pg:Ln 309:02
BEAZLEY, Wm. A.; s/o William & Julia; 26y; sgl; coachmaker; b. Fqr; res.
BaltMD; m. 30 Jun 1885 in Fqr to McCONCHIE, Fanny S.; d/o Benj. T.
& Mary A.; 25y; sgl; b. & res. Fqr; (lic) 30 Jun 1885; (off) J. A. KERN;
Pg:Ln 192:15
BEDINGER, Danl. L.; s/o E. W. & Sallie; 26y; sgl; lawyer; b. Boone Co.
KY; res. WashDC; m. 1 Nov 1888 in Fqr to CAMPBELL, Eleanor G.;
d/o B. M. & E. J.; 23y; sgl; b. Carroll Co. MD; res. Fqr; (lic) 31 Oct
1888; (off) E. W. BEDINGER; oath; Pg:Ln 208:07
BELL, Alexander; s/o Thos. & Maria; 36y; wid; farmer; b. Henrico Co. Va;
res. Fqr; m. 12 Oct 1898 in Fqr to WHITE, Mary E.; d/o Thornton &
Lucy; 23y; sgl; b. & res. Fqr; (lic) 11 Oct 1898; (off) C. M. TYLER;
Pg:Ln 267:22
BELL, Alexander (col); s/o Madison & Susan; 25y; sgl; laborer; b. & res.
Fqr; m. 27 Dec 1899 in Fqr to WILLIAMS, Jessie (col); d/o ___ &
Laura; 23y; sgl; b. & res. Fqr; (lic) 26 Dec 1899; (off) John O.
TACKETT; Pg:Ln 276:23
BELL, Baynton R.; s/o Thomas & Maria; 34y; sgl; farmer; b. Powhatan
Co. VA; res. Fqr; m. 18 Dec 1890 in Fqr to SMITH, Catharine D.; d/o

___ & Eve; 18y; sgl; b. & res. Fqr; (lic) 17 Dec 1890; (off) not given; consent of father; Pg:Ln 221:04
BELL, Frank E.; s/o W. J. & Mary A.; 19y; sgl; farmer; b. AugVA; res. PrWmVA; m. 9 Mar 1901 in Fqr to PAYNE, Rosie E.; d/o Wallace J. & Lucy E.; 16y; sgl; b. & res. Fqr; (lic) 7 Mar 1901; (off) J. K. BOOTON; consent of father in person, consent of father sworn to; Pg:Ln 284:07
BELL, Henry K. (col); s/o Madison & Susan; 23y; sgl; laborer; b. & res. Fqr; m. 26 Dec 1897 in Fqr to LONG, Kate R. (col); d/o Willis & Rebecca; 22y; sgl; b. & res. Fqr; (lic) 23 Dec 1897; (off) Jno. O. TACKETT; Pg:Ln 262:21
BELL, James A.; s/o Dr. Wm. J. & Mary A.; 28y; sgl; carpenter; b. AugVA; res. WashDC; m. 10 Dec 1902 in Fqr to RUFFNER, Mary L.; d/o J. A. J. & Emma; 23y; sgl; b. & res. Fqr; (lic) 9 Dec 1902; (off) Wm. T. GOVER; Pg:Ln 295:05
BELL, Jno. W.; s/o Isaac N. & Sarah; 24y; sgl; farmer; b. PrWm; res. Fqr; m. 16 Mar 1884 in Fqr to GHEEN, Rosella Frances; d/o Wm. Thos. & Sarah; 21y; sgl; b. LdnVA; res. Fqr; (lic) 11 Mar 1884; (off) J. E. JACKSON; Pg:Ln 186:19
BELL, Madison (col); s/o Daniel & Harriet; 51y; wid; laborer; b. CulpVA; res. Fqr; m. 26 May 1901 in Fqr to GIBSON, Lucy (col); d/o ___ & Mahala; 40y; wid; b. & res. Fqr; (lic) 23 May 1901; (off) John O. TACKETT; Pg:Ln 284:22
BELL, Madison (col); s/o Daniel & Harriet; 58y; wid; laborer; b. CulpVA; res. Fqr; m. 4 Feb 1906 in Fqr to WIGGINTON, Columbia (col); d/o Newton & Susan; 45y; wid; b. CulpVA; res. Fqr; (lic) 31 Jan 1906; (off) J. O. TACKETT; Pg:Ln 313:05
BELL, Saml.; s/o Geo. & Mary J.; 30y; sgl; farmer; b. & res. Fqr; m. 11 Sep 1895 in Fqr to HAWES, Mary E.; d/o Thos. & Martha; 35y; sgl; b. & res. Fqr; (lic) 11 Sep 1895; (off) F. R. BOSTON; Pg:Ln 248:10
BELL, Sandy (col); s/o John & Ann; 23y; sgl; laborer; b. & res. Fqr; m. 27 Dec 1896 in Fqr to COLSTON, Sarah (col); d/o & Amanda; 29y; wid; b. & res. Fqr; (lic) 23 Dec 1896; (off) G. C. BANISTER; Pg:Ln 256:15
BELL, Wilbur C.; s/o S. H. & Nellie; 24y; sgl; minister; b. AugVA; res. Accomac Co. Va; m. 21 Jun 1905 in Fqr to LAIRD, Anne L.; d/o Wm. H. & ___; 29y; sgl; b. MontMD; res. Fqr; (lic) 19 Jun 1905; (off) Wm. H. LAIRD; Pg:Ln 309:12
BELT, John W.; s/o Philip & Evelyn; 38y; sgl; merchant; b. PrGMD; res. WashDC; m. 6 Jan 1886 in Fqr to HORNER, Emma B.; d/o G. R. B. & Mary A. T.; 25y; sgl; b. Pen., FL; res. Fqr; (lic) 6 Jan 1886; (off) Patrick DONAHUE; Pg:Ln 194:21
BELT, T. A.; s/o Joseph W. & Maria; 58y; wid; farmer; b. & res. Fqr; m. 7 Nov 1900 in Fqr to HAWS, Ida; d/o H. S. & Emma; 23y; sgl; b. & res. Fqr; (lic) 30 Oct 1900; (off) W. F. DUNAWAY; Pg:Ln 281:18
BENN, Robt. S.; s/o John & Ann; 31y; sgl; painter; b. WrnVA; res. Fqr; m. 18 Jun 1890 in Fqr to LEWIS, Lilly S.; d/o John H. & Eliza; 24y; sgl; b. & res. Fqr; (lic) 18 Jun 1890; (off) C. P. SCOTT; Pg:Ln 218:21
BENNETT, W. H.; s/o S. C. & Minerva; 40y; wid; farmer; b. & res. Fqr; m. 21 Nov 1900 in Fqr to FRENCH, Nann[i]e S.; d/o G. L. & Martha; 29y;

sgl; b. & res. Fqr; (lic) 17 Nov 1900; (off) J. W. NEWMAN; Pg:Ln 282:02
BERKELEY, Wm. M.; s/o Dr. Carter & Ann B.; 45y; sgl; teacher & printer; b. Hanover, Co. VA; res. Staunton, VA; m. 23 Aug 1883 in Fqr to DOWELL, Ida L.; d/o F. H. & Mary I.; 25y; sgl; b. & res. Fqr; (lic) 22 Aug 1883; (off) John AMBLER; Pg:Ln 181:10
BERKEY, Edw'd. J.; s/o Joshua & Christina; 22y; sgl; missionary; b. & res. Eckhart Co Ind.; m. 27 Jan 1897 in Fqr to RHODES, Mary E.; d/o Henry L. & Delilah; 28y; sgl; b. RockVA; res. Fqr; (lic) 25 Jan 1897; (off) D. Z. YODER; Pg:Ln 257:15
BERKLEY, Chas. B.; s/o Thomas & Sally; 55y; sgl; wheel maker; b. & res. LdnVA; m. 5 Feb 1885 in LdnVA to EDWARDS, Susan E.; d/o William G. & Lucy; 29y; sgl; b. & res. Fqr; (lic) 27 Jan 1885; (off) Jas. H. WOLFF; Pg:Ln 191:04
BERRY, Douglas (col); s/o Jno. & Marg't.; 26y; sgl; laborer; b. & res. Fqr; m. 8 Jan 1884 in Fqr to WEBB, Ella (col); d/o ___ & Mary; 22y; sgl; b. & res. Fqr; (lic) 4 Jan 1884; (off) John M. BEAN; Pg:Ln 185:14
BERRYMAN, Chas. M.; s/o Toliver & Elizabeth; 40y; sgl; farmer; b. & res. Fqr; m. 12 Mar 1889 in Fqr to SPEER, Harriet C.; d/o James A. & Mary A.; 27y; sgl; b. RockVA; res. Fqr; (lic) 12 Mar 1889; (off) Walter H. ROBERTSON; consent filed; Pg:Ln 211:12
BETTIS, Cumberland; s/o Thos. & Sarah; 25y; sgl; farmer; b. & res. StafVA; m. 20 Sep 1892 in Fqr to FREEMAN, Carrie; d/o Samuel & Julia; 22y; sgl; b. & res. Fqr; (lic) 19 Sep 1892; (off) T. W. NEWMAN; Pg:Ln 231:20
BETTIS, David; s/o Thos. J. & Sarah J.; 27y; sgl; farmer; b. & res. StafVA; m. 24 Sep 1902 in Fqr to HEFLIN, Roberta A.; d/o Oscar L. & Bettie; 18y; sgl; b. & res. Fqr; (lic) 20 Sep 1902; (off) James W. HEFLIN; consent of mother sworn to & filed; Pg:Ln 293:24
BETTIS, James D.; s/o Walker & Eliza; 21y; sgl; farmer; b. RappVA; res. Fqr; m. 7 Aug 1884 in Fqr to MUNROE, Susan J.; d/o John & Ann; 21y; sgl; b. & res. Fqr; (lic) 5 Aug 1884; (off) J. H. WAUGH; Pg:Ln 187:20
BETTIS, Murray D.; s/o Thos. J. & Sarah; 22y; sgl; mechanic; b. & res. StafVA; m. 8 Jul 1884 in Fqr to CORBIN, Annie R.; d/o Louis J. & Mary Jane; 21y; sgl; b. & res. Fqr; (lic) 5 Jul 1884; (off) T. W. NEWMAN; Pg:Ln 187:15
BETTIS, Philip A.; s/o Thos. J. & Sarah J.; 22y; sgl; farmer; b. & res. StafVA; m. 8 Sep 1886 in Fqr to FREEMAN, Jane M.; d/o ___ & Willy Ann; 22y; sgl; b. & res. Fqr; (lic) 3 Sep 1886; (off) Lemuel W. HASLUP; Pg:Ln 197:19
BEVERLEY, J. Brad; s/o Robt & Jane E.; 37y; wid; farmer; b. & res. Fqr; m. 9 Nov 1898 in Fqr to CLARK, Amanda M.; d/o E. P. & Judith A.; 28y; sgl; b. & res. Fqr; (lic) 5 Nov 1898; (off) J. J. NORWOOD; Pg:Ln 268:13
BEVERLEY, Wm.; s/o Robt. & Jane E.; 41y; wid; farmer; b. & res. Fqr; m. 4 Oct 1893 in Fqr to CARTER, Fannie S.; d/o Josiah & J. B.; 26y; sgl; b. & res. Fqr; (lic) 28 Sep 1893; (off) J. J. NORWOOD; Pg:Ln 236:15

BEYDLER, Lewis N.; s/o Martin & E. A.; 23y; sgl; farmer; b. Clinton Co Ind.; res. Fqr; m. 24 Dec 1901 in Fqr to BEACH, Mable V.; d/o J. T. & Maggie; 18y; sgl; b. StafVA; res. Fqr; (lic) 23 Dec 1901; (off) W. T. GOVER; consent of father in person; Pg:Ln 289:17

BILLINGSLY, E. G.; s/o Jno. D. & Bettie F.; 31y; sgl; farmer; b. SpotVA; res. CulpVA; m. 8 Dec 1887 in Fqr to HALE, Mary V.; d/o P. H. & Bettie; 21y; sgl; b. & res. Fqr; (lic) 3 Dec 1887; (off) F. H. JAMES; consent filed; Pg:Ln 204:17

BISHOP, Ernest; s/o Hezekiah & Martha; 25y; sgl; butcher; b. & res. Fqr; m. 21 Aug 1894 in Fqr to SCHWAB, Lena; d/o Anton & Susan; 20y; sgl; b. & res. Fqr; (lic) 20 Aug 1894; (off) W. H. ROBINSON; consent sworn to; Pg:Ln 242:04

BLACK, James (col); s/o Chas. & Emeline; 23y; sgl; laborer; b. & res. Fqr; m. 23 Dec 1896 in Fqr to BUTLER, Carrie (col); d/o Charles & Sarah; 18y; sgl; b. & res. Fqr; (lic) 21 Dec 1896; (off) M. B. STROTHER; consent of father in person; Pg:Ln 256:14

BLACK, Jas. E. (col); s/o Nelson & Catharine; 42y; wid; laborer; b. Campbell Co. VA; res. Fqr; m. 11 Jan 1893 in Fqr to BUSHROD, Winnie (col); d/o James & Louisa; 24y; sgl; b. & res. Fqr; (lic) 9 Jan 1893; (off) C. H. MINOR; Pg:Ln 234:06

BLACKBURN, Horace (col); s/o Wellington & Delphy; 24y; sgl; laborer; b. Fqr; res. PrWmVA; m. 12 Apr 1883 in Fqr to MOORE, Georgeanna (col); d/o ___ & Roberta; 21y; sgl; b. & res. Fqr; (lic) 9 Apr 1883; (off) Josiah THOMAS; Pg:Ln 180:04

BLACKMORE, Evered H.; s/o Saml. O. & Maria L.; 29y; sgl; farmer; b. & res. Fqr; m. 25 Feb 1885 in Fqr to BAYLY, Nannie; d/o Jas. P. & Arietta J.; 28y; sgl; b. & res. Fqr; (lic) 24 Feb 1885; (off) Augustine DAVISON; Pg:Ln 191:11

BLACKWELL, Henry; s/o Jos. & Fanny; 24y; sgl; farmer; b. & res. Fqr; m. 26 Dec 1894 in Fqr to BARRON, Lucy; d/o Wm. & Isabelle; 21y; sgl; b. & res. Fqr; (lic) 24 Dec 1894; (off) S. M. ATHEY; Pg:Ln 244:23

BLACKWELL, Henry (col); s/o Robert & Levy; 37y; sgl; laborer; b. PrWmVA; res. Fqr; m. 6 Jan 1901 in Fqr to BURGESS, Dolly (col); d/o Beverly & Martha; 22y; sgl; b. PrWmVA; res. Fqr; (lic) 5 Jan 1901; (off) C. M. TYLER; Pg:Ln 283:20

BLACKWELL, Jas. W. (col); s/o N. B. & Ellea; 27y; sgl; farmer; b. & res. Fqr; m. 11 Jun 1895 in Fqr to ROBINSON, Delilah (col); d/o Alex'r & Matilda; 28y; sgl; b. & res. Fqr; (lic) 11 Jun 1895; (off) C. M. TYLER; Pg:Ln 247:05

BLACKWELL, Leroy N.; s/o Wm. S. & Julia T.; 27y; sgl; farmer; b. PrWmVA; res. Fqr; m. 5 Oct 1892 in Fqr to JONES, Caroline L.; d/o C. P. & Caroline G.; 23y; sgl; b. Petersburg, VA; res. Fqr; (lic) 30 Sep 1892; (off) J. J. NORWOOD; Pg:Ln 232:01

BLACKWELL, Rich'd. (col); s/o Elijah & Maria; 41y; sgl; laborer; b. & res. Fqr; m. 9 Mar 1884 in Fqr to BLACKWELL, Matilda (col); d/o ___ & Caroline; 30y; sgl; b. & res. Fqr; (lic) 7 Mar 1884; (off) William MILLER; Pg:Ln 186:18

BLACKWELL, T. J.; s/o James & Maria; 53y; sgl; farmer; b. & res. Fqr; m.
27 Dec 1898 in Fqr to WEAVER, Eliza Ellen; d/o Wm. & Nancy; 30y;
sgl; b. & res. Fqr; (lic) 19 Dec 1898; (off) M. R. GRIMSLEY; Pg:Ln
269:12
BLACKWELL, Wm. M.; s/o Wm. S. & Julia T.; 32y; sgl; farmer; b. & res.
PrWmVA; m. 5 Sep 1894 in Fqr to LEE, Olivia T.; d/o H. H. & Olivia;
21y; sgl; b. & res. Fqr; (lic) 4 Sep 1894; (off) W. H. ROBERTSON;
Pg:Ln 242:09
BLAND, Albert (col); s/o Caleb & Maria; 29y; sgl; laborer; b. & res. Fqr; m.
4 Aug 1895 in Fqr to MOORE, Fanny (col); d/o ___ & Martha; 24y; sgl;
b. & res. Fqr; (lic) 3 Aug 1895; (off) M. D. WILLIAMS; Pg:Ln 247:18
BLAND, Broadus (col); s/o Shack & Emily; 22y; sgl; laborer; b. & res. Fqr;
m. 29 Dec 1896 in Fqr to BUTLER, Nannie (col); d/o Charles & Sarah;
21y; sgl; b. & res. Fqr; (lic) 28 Dec 1896; (off) A. R. PICKETT; Pg:Ln
257:01
BLAND, Cornelius (col); s/o Ned & Elnora; 21y; sgl; farmer; b. & res. Fqr;
m. 6 Jul 1905 in Fqr to STRIBLING, Annie (col); d/o Jake & Martha;
35y; wid; b. & res. Fqr; (lic) 6 Jul 1905; (off) Julius F. WARD; Pg:Ln
309:19
BLAND, Daniel (col); s/o Daniel & Charlotte; 58y; wid; laborer; b. & res.
Fqr; m. 8 Oct 1893 in Fqr to KILPATRICK, Maria (col); d/o not given;
40y; wid; b. & res. Fqr; (lic) 6 Oct 1893; (off) C. H. MINOR; Pg:Ln
236:19
BLAND, Daniel (col); s/o Shack & Elmly [Emily]; 25y; sgl; laborer; b. & res.
Fqr; m. 29 Dec 1904 in Fqr to WILLIAMS, Lula (col); d/o Edwd & ___;
22y; sgl; b. & res. Fqr; (lic) 28 Dec 1904; (off) L. L. MARSHALL; Pg:Ln
307:14
BLAND, Elijah (col); s/o Daniel & ___; 22y; sgl; laborer; b. & res. Fqr; m.
26 Dec 1895 in Fqr to WILLIAMS, Lucy (col); d/o not given; 21y; sgl;
b. & res. Fqr; (lic) 23 Dec 1895; (off) M. B. STROTHER; Pg:Ln 251:02
BLAND, Frank (col); s/o Edward & Elizabeth; 24y; sgl; laborer; b. & res.
Fqr; m. 21 Dec 1884 in Fqr to GIBSON, Josephine (col); d/o ___ &
Judy; 23y; sgl; b. & res. Fqr; (lic) 20 Dec 1884; (off) J. W. WEBB;
Pg:Ln 189:24
BLAND, George (col); s/o Edward & Elenora; 21y; sgl; laborer; b. & res.
Fqr; m. 17 Aug 1899 in Fqr to GREEN, Amanda (col); d/o Henry &
Eveline; 22y; sgl; b. & res. Fqr; (lic) 17 Aug 1899; (off) T. W.
BROOKE; Pg:Ln 273:21
BLAND, H. B. (col); s/o Arthur & Marg't.; 26y; wid; laborer; b. & res. Fqr;
m. 26 Dec 1888 in Fqr to BROOK, L. V. (col); d/o George & Roxana;
18y; sgl; b. & res. Fqr; (lic) 26 Dec 1888; (off) Geo. W. HORNER;
consent of father in person; Pg:Ln 209:24
BLAND, Henry (col); s/o Edward & Eliza; 33y; sgl; laborer; b. & res. Fqr;
m. 25 Sep 1890 in Fqr to GREEN, Maria (col); d/o Henry & Eviline;
22y; sgl; b. & res. Fqr; (lic) 24 Sep 1890; (off) Cornelius GADDIS;
Pg:Ln 219:18
BLAND, Henry (col); s/o Add & Sallie; 50y; wid; laborer; b. & res. Fqr; m.
17 Aug 1903 in Fqr to ELLIOTT, Daisy (col); d/o Hasslett & Charley;

28y; sgl; b. & res. Fqr; (lic) 13 Aug 1903; (off) G. C. BANISTER; Pg:Ln 298:18

BLAND, Jos. (col); s/o Danl. & Lucy; 26y; sgl; laborer; b. & res. Fqr; m. 6 Apr 1894 in Fqr to WILLIS, Lou (col); d/o Jno. & Mary J.; 21y; sgl; b. & res. Fqr; (lic) 6 Apr 1894; (off) not given; Pg:Ln 241:01

BLAND, Jos. (col); s/o Danl. & Maria; 26y; sgl; laborer; b. & res. Fqr; m. 31 Jan 1895 in Fqr to BRAXTON, Mary (col); d/o Alex'r & Sallie; 20y; sgl; b. & res. Fqr; (lic) 31 Jan 1895; (off) A. R. PINKETT; consent of father in person; Pg:Ln 245:20

BLAND, Phillip (col); s/o John & Nancy; 23y; sgl; laborer; b. & res. Fqr; m. 18 Jan 1890 in Fqr to MONROE, Fannie (col); d/o Shirley & Eliza; 22y; sgl; b. & res. Fqr; (lic) 17 Jan 1890; (off) G. C. BANISTER; Pg:Ln 217:02

BLAND, Shadrack (col); s/o Shook & Emily; 37y; wid; laborer; b. & res. Fqr; m. 29 Nov 1904 in Fqr to FOREMAN, Bessie (col); d/o Aleck & ___; 17y; sgl; b. & res. Fqr; (lic) 28 Nov 1904; (off) D. W. JONES; consent of Judge filed; Pg:Ln 306:11

BLAND, Shedrach (col); s/o Shadrach & Emily; 23y; sgl; laborer; b. & res. Fqr; m. 4 Nov 1891 in Fqr to FITZHUGH, Nannie (col); d/o Jesse & Lydia; 23y; sgl; b. & res. Fqr; (lic) 4 Nov 1891; (off) Vincent LACY; Pg:Ln 226:18

BLAND, Toler (col); s/o Henry & Charlotte; 23y; sgl; laborer; b. & res. Fqr; m. 26 Dec 1901 in Fqr to HOLMES, Jane (col); d/o Edmond & Bettie; 22y; sgl; b. & res. Fqr; (lic) 26 Dec 1901; (off) P. W. AUSTIN; Pg:Ln 290:06

BLODGETT, Edw'd. Wilkinson; s/o Wm. W. & Salome Kinsley; 29y; sgl; lawyer; b. & res. Pawtucket, RI; m. 17 Feb 1887 in Fqr to MORGAN, Caroline Alden; d/o Thos. M. & Caroline J.; 23y; sgl; b. Phila., PA; res. Pawtucket, RI; (lic) 17 Feb 1887; (off) Geo. W. NELSON; Pg:Ln 200:23

BLOXTON, C. P.; s/o A. E. & E. H.; 24y; sgl; farmer; b. & res. StafVA; m. 5 Sep 1894 in Fqr to STANFORD, G. B.; d/o Jno. C. & Isabella; 19y; sgl; b. & res. Fqr; (lic) 23 Aug 1894; (off) J. L. GRANT; consent of father in person; Pg:Ln 242:05

BLUE, Thomas (col); s/o Daniel & Nancy; 62y; wid; laborer; b. & res. Fqr; m. 5 Oct 1884 in Fqr to FAIRFAX, Delia Thomas (col); d/o not given; 38y; wid; b. & res. Fqr; (lic) 29 Sep 1884; (off) S. M. ATHEY; Pg:Ln 188:07

BLYTHE, William H.; s/o F. & V. E.; 30y; sgl; photographer; b. Washington Co Texas; res. ShenVA; m. 8 Jan 1902 in Fqr to GALLAWAY, Ida M.; d/o C. F. & S. J; 23y; sgl; b. & res. Fqr; (lic) 7 Jan 1902; (off) H. C. COE; Pg:Ln 290:14

BODMER, Geo. W.; s/o Jacob & Mary; 34y; wid; wheelwright; b. CulpVA; res. LdnVA; m. 16 May 1888 in Fqr to DOWNS, Lula V.; d/o Chas. M. & Emily; 26y; sgl; b. & res. Fqr; (lic) 14 May 1888; (off) Chas. M. BROWN; oath; Pg:Ln 207:07

BOLEN, W. H.; s/o Sanford & Sarah C.; 29y; sgl; printing; b. CulpVA; res. Roanoke Co. VA; m. 3 Oct 1894 in Fqr to McILHANY, Madge S.; d/o

Jno. W. & Margaret B.; 27y; sgl; b. & res. Fqr; (lic) 3 Oct 1894; (off) W.
H. ROBERTSON; Pg:Ln 242:23
BOLEY, Jas. B.; s/o C. B. & Mary C.; 20y; sgl; division lineman; b.
PrWmVA; res. Pittsylvania Co. Va; m. 4 May 1904 in Fqr to
CUBBAGE, Bertha S.; d/o J. W. & M. E.; 19y; sgl; b. & res. Fqr; (lic) 3
May 1904; (off) W. S. JACKSON; consent of her mother fiiled, consent
of his father filed; Pg:Ln 302:21
BOLEY, John W.; s/o Jno. W. & Mary F.; 27y; sgl; farmer; b. & res.
PrWmVA; m. 21 Mar 1906 in Fqr to HURST, Laura A.; d/o Geo. W. &
Cordelia A.; 29y; sgl; b. & res. Fqr; (lic) 20 Mar 1906; (off) John H.
CHAPMAN; Pg:Ln 313:17
BOLLING, Jos. (col); s/o Jesse & Roberta; 29y; sgl; laborer; b. & res. Fqr;
m. 31 Dec 1893 in Fqr to RUSSELL, Laura (col); d/o Jas. & Lucy; 26y;
sgl; b. & res. Fqr; (lic) 30 Dec 1893; (off) R. B. WHITE; Pg:Ln 239:13
BOLTON, Wm. H.; s/o Jonah & Eliz'th; 32y; sgl; blacksmith; b. WrnVA;
res. Fqr; m. 29 Nov 1893 in Fqr to TATE, Roberta; d/o Thos. &
Maggie; 24y; sgl; b. & res. Fqr; (lic) 20 Nov 1893; (off) Walter H.
ROBERTSON; Pg:Ln 238:02
BOODY, Lewis W.; s/o Daniel & Sarah A.; 29y; div; clerk; b. Cumberland
Co NJ; res. WashDC; m. 4 Jun 1901 in Fqr to LAWS, Alice G.; d/o
Ebin T. & Emma D.; 25y; sgl; b. & res. Fqr; (lic) 30 May 1901; (off) W.
T. GOVER; cerf. of divorce exhibited; Pg:Ln 285:01
BOOKER, Joseph P. (col); s/o Henry & Rachel; 27y; sgl; laborer; b.
PrWmVA; res. LdnVA; m. 7 Aug 1901 in Fqr to TEBBS, Mary E. (col);
d/o Peter & Ann Maria; 21y; sgl; b. & res. Fqr; (lic) 6 Aug 1901; (off)
not given; Pg:Ln 286:01
BOOKER, Muskee; s/o Peter & Malinda; 32y; sgl; laborer; b. Essex Co.
Va; res. Fqr; m. 16 Nov 1897 in Fqr to WILLIS, Nancy; d/o Geo. &
Nancy; 25y; sgl; b. & res. Fqr; (lic) 12 Nov 1897; (off) G. C.
BANNISTER; Pg:Ln 261:17
BOSTON, Francis Ryland; s/o S. C. & Mary A.; 39y; wid; minister; b.
Somerset Co. MD; res. Fqr; m. 10 Nov 1886 in Fqr to SPILMAN, Mary
Armistead; d/o Jno. A. & Susan R.; 37y; sgl; b. & res. Fqr; (lic) 9 Nov
1886; (off) F. R. BOSTON; Pg:Ln 198:15
BOSTWICK, Wm. J.; s/o Joseph & Hester; 22y; sgl; laborer; b. BaltMD;
res. Fqr; m. 5 Jan 1887 in Fqr to LEACH, Elizabeth; d/o Wm. M. &
Mary A.; 21y; sgl; b. & res. Fqr; (lic) 1 Jan 1887; (off) Jno. F.
POULTON; Pg:Ln 200:02
BOTELER, R. E.; s/o W. H. & Elizabeth; 30y; sgl; farmer; b. & res. Fqr; m.
15 Oct 1890 in Fqr to JAMES, M. T.; d/o Edwin & Mary; 23y; sgl; b.
CulpVA; res. Fqr; (lic) 27 Sep 1890; (off) T. W. NEWTON; Pg:Ln
219:20
BOTELER, Stephen J.; s/o Wm. H. & Elizabeth; 31y; sgl; farmer; b. & res.
Fqr; m. 28 Nov 1883 in Fqr to PETERS, Susan; d/o Isaac & Frances;
21y; sgl; b. & res. Fqr; (lic) 20 Nov 1883; (off) T. W. NEWMAN; Pg:Ln
183:06
BOTTS, T. B.; s/o Thornton & Virginia; 32y; sgl; farmer; b. & res. Fqr; m.
26 Dec 1889 in Fqr to TANNEHILL, Aurelia C.; d/o Anson J. & Jane

C.; 22y; sgl; b. & res. Fqr; (lic) 23 Dec 1889; (off) N. N. HALL; Pg:Ln 216:04
BOWEN, Malcomm; s/o Wm. & Bettie; 20y; sgl; farmer; b. & res. Fqr; m. 22 Dec 1898 in Fqr to STRICKLER, Clara; d/o L. W. & M. J.; 19y; sgl; b. Page Co. Va; res. Fqr; (lic) 20 Dec 1898; (off) Walter H. ROBERTSON; consent of father in person, consent of father in person; Pg:Ln 269:15
BOWEN, Marvin R.; s/o James & Mary; 24y; sgl; farmer; b. & res. Fqr; m. 21 Dec 1904 in Fqr to CASKIE, Fannie D.; d/o J. M. & O. T.; 20y; sgl; b. & res. Fqr; (lic) 19 Dec 1904; (off) J. J. CLOPTON; consent sworn to; Pg:Ln 306:23
BOWERSETT, Robt S.; s/o Simon & Jane S.; 36y; sgl; farmer; b. & res. RappVA; m. 16 Nov 1904 in Fqr to SKINNER, Blanche S.; d/o Benj. & Landonia; 35y; sgl; b. & res. Fqr; (lic) 10 Nov 1904; (off) I. B. LAKE; Pg:Ln 305:22
BOWERSETT, S. L.; s/o Simon & Summerville; 39y; sgl; farmer; b. & res. Fqr; m. 30 Oct 1901 in Fqr to HUME, Anna Harrison; d/o William & Nannie; 35y; sgl; b. & res. Fqr; (lic) 26 Oct 1901; (off) Jefferson R. TAYLOR; see letter filed; Pg:Ln 287:18
BOWIE, Wm. Love; s/o Duncan M. & Mary J.; 22y; sgl; gov. clerk; b. Wilmington NC; res. WashDC; m. 1 Jan 1902 in Fqr to ZIRKLE, Maud O.; d/o C. J. & Fannie a.; 22y; sgl; b. RockVA; res. Fqr; (lic) 1 Jan 1902; (off) W. T. EATON; Pg:Ln 290:12
BOWMAN, Charles (col); s/o Dennis & Thursday; 50y; sgl; laborer; b. FredMD; res. Fqr; m. 12 Jul 1890 in Fqr to WASHINGTON, Louisa (col); d/o ___ & Mary Jane; 40y; wid; b. & res. Fqr; (lic) 7 Jul 1890; (off) Caldwell C. CALVERT; Pg:Ln 219:01
BRADFORD, Chas.; s/o Thos. & Nancy; 25y; sgl; laborer; b. & res. Fqr; m. 26 Jan 1893 in Fqr to BLAND, Malvina; d/o Shack & Emily; 17y; sgl; b. & res. Fqr; (lic) 26 Jan 1893; (off) Rev. Vincent LACY; consent of father sworn to by Shadrach BLAND son & filed; Pg:Ln 234:15
BRADFORD, Geo. A.; s/o Geo. B. & Mary M.; 32y; wid; farmer; b. & res. Fqr; m. 2 Aug 1891 in Fqr to WINCE, Mary; d/o Jacob & Eliza; 33y; sgl; b. & res. Fqr; (lic) 31 Jul 1891; (off) Rich'd. H. G. OSBORNE; Pg:Ln 225:02
BRADFORD, James (col); s/o T. J. & Jennie; 23y; sgl; laborer; b. & res. Fqr; m. 27 Dec 1900 in Fqr to JACKSON, Laura (col); d/o Henry & Mildred; 21y; sgl; b. & res. Fqr; (lic) 27 Dec 1900; (off) Vincent LACY; Pg:Ln 283:17
BRADFORD, John P.; s/o Geo. & Mary; 22y; sgl; farmer; b. & res. Fqr; m. 23 Aug 1883 in Fqr to THARPE, Anna; d/o Jno. N. & Frances A.; 20y; sgl; b. & res. Fqr; (lic) 22 Aug 1883; (off) S. M. ATHEY; consent of father in person; Pg:Ln 181:11
BRADFORD, Sanford (col); s/o Alfred & Matilda; 25y; sgl; farmer; b. & res. Fqr; m. 17 Oct 1895 in Fqr to VOWLES, Martha (col); d/o Scott & Sarah; 19y; sgl; b. & res. Fqr; (lic) 16 Oct 1895; (off) M. D. WILLIAMS; consent of father in person; Pg:Ln 249:02

BRADLEY, H. S.; s/o G. W. & Sarah; 21y; sgl; fencer; b. & res. Fqr; m. 24 Nov 1885 in Fqr to WILLIAMS, Mary G.; d/o John & E. A.; 16y; sgl; b. & res. Fqr; (lic) 23 Nov 1885; (off) James GRAMMER; consent sworn to by Henry HOLLIDAY & filed; Pg:Ln 193:22
BRADY, Edward P.; s/o Thos. & Sarah; 40y; wid; clerk; b. & res. PrWmVA; m. 7 Mar 1886 in Fqr to PETTY, Elizabeth A.; d/o Lemuel & Elizabeth; 25y; sgl; b. PrWmVA; res. Fqr; (lic) 4 Mar 1886; (off) L. W. HASLUP; Pg:Ln 195:22
BRADY, H. M.; s/o Wm. H. & Evelina; 25y; sgl; farmer; b. PrWmVA; res. Fqr; m. 4 Jan 1888 in Fqr to RILEY, Lucy C.; d/o Willis & Sallie; 27y; sgl; b. & res. Fqr; (lic) 3 Jan 1888; (off) Wm. K. MARSHALL; oath; Pg:Ln 205:23
BRAWNER, Lloyd C.; s/o Chas. & Fanny; 22y; sgl; farmer; b. & res. PrWmVA; m. 22 Dec 1897 in Fqr to ATHEY, Ida L.; d/o W. S. & Amelia; 24y; sgl; b. & res. Fqr; (lic) 21 Dec 1897; (off) W. T. EATON; Pg:Ln 262:16
BRAXTON, Alex (col); s/o Henry & Mary; 22y; sgl; laborer; b. & res. Fqr; m. 21 Dec 1892 in Fqr to THOMPSON, Dolly (col); d/o James & Eliza; 21y; sgl; b. & res. Fqr; (lic) 19 Dec 1892; (off) P. W. AUSTIN; Pg:Ln 233:06
BRAXTON, Henry (col); s/o Reuben & Sallie; 70y; sgl; farmer; b. FredVA; res. Fqr; m. 6 Sep 1894 in Fqr to YOUNG, Amanda (col); d/o Littleton & Allie; 44y; sgl; b. & res. Fqr; (lic) 3 Sep 1894; (off) S. M. ATHEY; Pg:Ln 242:08
BRAXTON, Jno. (col); s/o John & Fanny; 35y; wid; farmer; b. OrngVA; res. Fqr; m. 29 Dec 1887 in Fqr to BLACKWELL, Ada (col); d/o Alfred & Silvia; 20y; sgl; b. & res. Fqr; (lic) 28 Dec 1887; (off) Leland WARRING; consent of father in person; Pg:Ln 205:19
BRAXTON, John (col); s/o ___ & Fanny; 48y; sgl; laborer; b. OrngVA; res. Fqr; m. 16 Apr 1906 in Fqr to CARTER, Alice (col); d/o Robert & Jennie; 46y; sgl; b. & res. Fqr; (lic) 16 Apr 1906; (off) T. T. HEDGMAN; Pg:Ln 313:24
BRAXTON, William (col); s/o Alex & Sallie; 22y; sgl; laborer; b. & res. Fqr; m. 21 May 1902 in Fqr to WOODFORK, Ada (col); d/o Henry & Emily; 22y; sgl; b. & res. Fqr; (lic) 20 May 1902; (off) Geo. W. HORNER; Pg:Ln 292:05
BRAY, Thomas J.; s/o Chas. & Elizabeth; 23y; sgl; soldier; b. Cornwell, England; res. Ft. Myer, VA; m. 10 Feb 1891 in Fqr to MANN, Jennie F.; d/o Wm. & Helen; 19y; sgl; b. Richmondville, NY; res. Fqr; (lic) 10 Feb 1891; (off) J. W. GRUBB; consent of father sworn to & filed; Pg:Ln 223:01
BRENT, John (col); s/o Wm. & Lucy; 56y; sgl; laborer; b. & res. Fqr; m. 2 Sep 1894 in Fqr to FOUKES, Louberta (col); d/o not given; 32y; sgl; b. & res. Fqr; (lic) 30 Aug 1894; (off) C. M. TYLER; Pg:Ln 242:06
BRENT, John (col); s/o Gusty & Maria; 24y; sgl; laborer; b. StafVA; res. PrWmVA; m. 18 Dec 1898 in Fqr to MOORE, Irena L. (col); d/o Smith & Louisa; 19y; sgl; b. & res. Fqr; (lic) 17 Dec 1898; (off) J. D. HOWE; consent of father sworn to & filed; Pg:Ln 269:11

BRENT, Lawrence D.; s/o Lafayette & Juliet P.; 41y; sgl; civil engineer; b. & res. Fqr; m. 11 Dec 1889 in Fqr to MURRAY, Lila G.; d/o E. M. & Virginia; 28y; sgl; b. & res. Fqr; (lic) 9 Dec 1889; (off) W. F. DUNAWAY; Pg:Ln 215:08

BREWER, Ambrose (col); s/o Chas. & Lucy; 32y; sgl; laborer; b. & res. Fqr; m. 25 Dec 1883 in Fqr to BRENT, Kitty (col); d/o not given; 25y; div; b. AlbmVA; res. Fqr; (lic) 24 Dec 1883; (off) J. F. HINES; Pg:Ln 184:20

BREWER, Henry (col); s/o ___ & Ann; 24y; sgl; laborer; b. & res. Fqr; m. 14 May 1891 in Fqr to WALKER, Margaret (col); d/o Alex'r & Margaret; 24y; sgl; b. & res. Fqr; (lic) 14 May 1891; (off) Geo. W. HORNER; Pg:Ln 224:05

BRIDGET, Elias (col); s/o Elias & Lucy; 23y; sgl; laborer; b. & res. Fqr; m. 18 Feb 1892 in Fqr to THOMPSON, Georgianna (col); d/o George & Judy; 18y; sgl; b. & res. Fqr; (lic) 15 Feb 1892; (off) A. R. PINKETT; consent of father sworn to by Douglas Ford & filed; Pg:Ln 228:23

BRIDWELL, McDuff; s/o C. W. & Polina; 23y; sgl; farmer; b. & res. StafVA; m. 3 Aug 1898 in Fqr to DUFFEY, Cora; d/o Wm. & Betty; 25y; sgl; b. StafVA; res. Fqr; (lic) 1 Aug 1898; (off) A. J. CUMMINGS; Pg:Ln 266:14

BRIGGS, Edw'd. J.; s/o Wm. P. & Lucy B.; 34y; sgl; farmer; b. & res. ClrkVA; m. 14 Oct 1891 in Fqr to KLIPSTEIN, Lucelia H.; d/o John H. & Lucelia; 32y; sgl; b. & res. Fqr; (lic) 13 Oct 1891; (off) T. G. NEVITT; Pg:Ln 226:05

BRIGGS, Emanuel S. (col); s/o Eli & Frances; 31y; sgl; farmer; b. & res. Fqr; m. 3 Feb 1904 in Fqr to RANDALL, Mamie A. (col); d/o ___ & ___; 22y; sgl; b. Pittsburg Pa; res. Fqr; (lic) 1 Feb 1904; (off) D. W. JONES; Pg:Ln 301:21

BRIGGS, Thompson S.; s/o Jas. M. & Louisa L.; 26y; sgl; farmer; b. StafVA; res. ClrkVA; m. 10 Nov 1886 in Fqr to ROSE, Sally F.; d/o F. W. & Betty; 27y; sgl; b. StafVA; res. Fqr; (lic) 6 Nov 1886; (off) C. H. SHIELD; Pg:Ln 198:14

BRITTLEBANK, J.; s/o Julius & Martha J.; 30y; sgl; grain business; b. Indiana Co. of Vigo; res. Charleston, SC; m. 22 Jan 1890 in Fqr to SIMPSON, N. A.; d/o Chas. Wm. & ___; 32y; sgl; b. & res. Fqr; (lic) 22 Jan 1890; (off) Wm. A. WADE; Pg:Ln 217:05

BROOKE, Nicholas; s/o John & Margrete; 30y; sgl; farmer; b. PrGMD; res. MD; m. 27 Apr 1899 in Fqr to OLIVER, Minneapolis; d/o Nathan & Lucinda; 26y; sgl; b. & res. Fqr; (lic) 24 Apr 1899; (off) J. J. CLOPTON; Pg:Ln 272:09

BROOKE, Robert S.; s/o John L. & Lucy; 48y; sgl; farmer; b. CulpVA; res. Fqr; m. 26 Dec 1901 in Fqr to ATHEY, Madge; d/o Samuel & ___; 24y; sgl; b. & res. Fqr; (lic) 23 Dec 1901; (off) T. H. Athey; Pg:Ln 289:18

BROOKFIELD, Jno.; s/o Jno. A. & Jane; 37y; sgl; merchant; b. Newbern, NC; res. Charlotte, NC; m. 25 Jun 1884 in Fqr to SMITH, Mary Q.; d/o Wm. R. & Caroline R.; 22y; sgl; b. & res. Fqr; (lic) 25 Jun 1884; (off) Isaac W. CANTER; Pg:Ln 187:13

BROOKFIELD, John W.; s/o Rayner & Mollie; 25y; sgl; merchant; b. Fqr; res. Wetzel Co. W Va; m. 11 Sep 1901 in Fqr to SMITH, Eugenie L.; d/o Wm. W. & Lucy; 23y; sgl; b. & res. Fqr; (lic) 10 Sep 1901; (off) Henry F. KLOMAN; Pg:Ln 286:14
BROOKS, Alonzo H.; s/o Henry M. & Martha E.; 24y; sgl; farmer; b. & res. Fqr; m. 7 Mar 1906 in PrWmVA to EMBREY, Lula M.; d/o Wallace W. & Callie D.; 23y; sgl; b. & res. Fqr; (lic) 6 Mar 1906; (off) Selwyn K. COCKRELL; Pg:Ln 313:13
BROOKS, Clay (col); s/o Peter & May; 25y; sgl; laborer; b. & res. Fqr; m. 16 Jul 1899 in Fqr to ROOTS, Alice (col); d/o Oscar & Alice; 22y; sgl; b. RappVA; res. Fqr; (lic) 15 Jul 1899; (off) D. W. JONES; Pg:Ln 273:10
BROOKS, Dillie L.; s/o Thos. A. & Mary J.; 30y; sgl; farmer; b. & res. Fqr; m. 18 Dec 1900 in Fqr to SMITH, Cora F.; d/o J. D. & ___; 19y; sgl; b. & res. Fqr; (lic) 12 Dec 1900; (off) C. W. BROOKS; consent of father filed; Pg:Ln 282:15
BROOKS, Geo. G. (col); s/o Geo. & Roxline; 23y; sgl; laborer; b. RappVA; res. Fqr; m. 30 Dec 1885 in Fqr to JOHNSON, Mary E. (col); d/o Jos. Lewis & Nancy; 20y; sgl; b. & res. Fqr; (lic) 24 Dec 1885; (off) Wormley HUGHES; consent proved by Denas MILES; Pg:Ln 194:08
BROOKS, Jas. (col); s/o Horace & Mary; 21y; sgl; horse training; b. WashDC; res. Fqr; m. 6 Jan 1897 in Fqr to PINKARD, Susan (col); d/o Sidney & Virginia; 21y; sgl; b. & res. Fqr; (lic) 4 Jan 1897; (off) G. C. BANISTER; Pg:Ln 257:08
BROOKS, Jas. H. (col); s/o Nelson & Nancy; 23y; sgl; laborer; b. & res. Fqr; m. 2 Jun 1898 in Fqr to BROWN, Sallie (col); d/o John & Marietta; 19y; sgl; b. & res. Fqr; (lic) 2 Jun 1898; (off) D. W. JONES; consent of father in person; Pg:Ln 265:15
BROOKS, L. B.; s/o T. A. & Mary J.; 31y; sgl; farmer; b. & res. Fqr; m. 5 Jan 1893 in Fqr to HOLMES, Dora J.; d/o S. M. & Roberta; 23y; sgl; b. & res. Fqr; (lic) 4 Jan 1893; (off) J. Q. TACKETT; Pg:Ln 234:03
BROOKS, L. E. (col); s/o Geo. & R. L.; 30y; sgl; laborer; b. RappVA; res. Fqr; m. 29 Jan 1891 in Fqr to JAMES, Lucinda (col); d/o Jos. & Ellen; 23y; sgl; b. PrWmVA; res. Fqr; (lic) 28 Jan 1891; (off) not given; Pg:Ln 222:18
BROOKS, L. J.; s/o T. A. & Mary J.; 35y; sgl; farmer; b. & res. Fqr; m. 10 Oct 1898 in Fqr to HEWETT, Angeler; d/o Geo. & Sarah A.; 28y; sgl; b. & res. Fqr; (lic) 1 Oct 1898; (off) Rev. Decateur EDWARDS; Pg:Ln 267:17
BROOKS, Robert (col); s/o & Heland; 37y; wid; laborer; b. & res. CulpVA; m. 12 Jul 1891 in Fqr to MORTON, Nancy (col); d/o ___ & Rachel; 40y; wid; b. & res. RappVA; (lic) 9 Jul 1891; (off) A. R. PINKETT; Pg:Ln 224:22
BROOKS, Roddy (col); s/o Bernard & Kate; 20y; sgl; laborer; b. & res. Fqr; m. 26 Aug 1903 in Fqr to PAGE, Laura (col); d/o Wesley & Rebecca; 18y; sgl; b. & res. Fqr; (lic) 25 Aug 1903; (off) R. P. DAWSON; consent of her father in person and consent of Court; Pg:Ln 298:22

BROOKS, Turner (col); s/o Chas. & Flora; 22y; sgl; laborer; b. & res. Fqr; m. 20 Dec 1883 in Fqr to ASH, Sidney (col); d/o Wm. & Emily; 18y; sgl; b. & res. Fqr; (lic) 19 Dec 1883; (off) R. P. DAWSON; consent of father proved by oath of Peter ELLIOTT (col); Pg:Ln 184:06

BROOKS, Wesley; s/o ___ & Priscilla; 26y; sgl; laborer; b. & res. Fqr; m. 10 Jan 1892 in Fqr to SMITH, Anna E.; d/o Arthur & Mary F.; 21y; sgl; b. & res. Fqr; (lic) 8 Jan 1892; (off) Wm. MILLER; Pg:Ln 228:09

BROOKS, Wm. (col); s/o Thos. & Sallie; 28y; sgl; laborer; b. CulpVA; res. Fqr; m. 27 Jul 1897 in Fqr to ROE, Hattie (col); d/o Willie & Mary Ellen; 17y; sgl; b. & res. Fqr; (lic) 27 Jul 1897; (off) R. L. RUFFIN; Pg:Ln 259:19

BROOKS, Wm. Nelson (col); s/o Nelson & Nancy; 24y; sgl; laborer; b. & res. Fqr; m. 2 Jan 1896 in Fqr to DOW, Amanda (col); d/o Albert & Mary; 22y; sgl; b. & res. Fqr; (lic) 1 Jan 1896; (off) Chas. H. LEE Jr.; Pg:Ln 251:16

BROOKS, Wm. Thos.; s/o ___ & Louisa; 20y; sgl; laborer; b. & res. Fqr; m. 16 Jun 1892 in Fqr to EMBREY, Martha E.; d/o Bazel & Virginia; 18y; sgl; b. & res. Fqr; (lic) 13 Jun 1892; (off) A. J. CUMMINGS; consent of Louisa BROOKS, mother & Bazil EMBREY father sworn to by D. P. KELLY & filed; Pg:Ln 230:19

BROWN, Andrew (col); s/o Jeff & Elmira; 27y; wid; ship rigger; b. & res. Fqr; m. 30 Oct 1901 in Fqr to BUTLER, Kate D. (col); d/o Welford & Martha; 20y; sgl; b. & res. Fqr; (lic) 29 Oct 1901; (off) C. M. TYLER; consent of father in person; Pg:Ln 287:20

BROWN, Chas. A.; s/o Geo. W. & Martha; 24y; sgl; farmer; b. & res. Fqr; m. 5 Jul 1894 in Fqr to BROWN, Matilda; d/o D. F. & Frances; 21y; sgl; b. & res. Fqr; (lic) 3 Jul 1894; (off) Frank P. BERKLEY; Pg:Ln 241:18

BROWN, Chas. H. (col); s/o Thornton & Cely; 33y; sgl; laborer; b. RappVA; res. Fqr; m. 17 Apr 1887 in Fqr to JOHNSON, Fanny (col); d/o Geo. & Ellen; 20y; sgl; b. & res. Fqr; (lic) 11 Apr 1887; (off) R. L. RUFFIN; living together & 2 children born, says A. D. SMITH; Pg:Ln 201:22

BROWN, Dudley D.; s/o Robert A. & Mary V.; 25y; sgl; butcher; b. FredVA; res. WashDC; m. 30 Apr 1902 in Fqr to SLACK, Amanda B.; d/o John T. & A. C.; 22y; sgl; b. & res. Fqr; (lic) 29 Apr 1902; (off) J. T. KIBLER; Pg:Ln 291:19

BROWN, Ernest J.; s/o Joseph & Mary Ann; 39y; sgl; painter; b. London England; res. Fqr; m. 18 Sep 1901 in Fqr to SEELBACH, Annie L.; d/o Peter & Helen; 27y; sgl; b. & res. Fqr; (lic) 18 Sep 1901; (off) F. R. BOSTON; Pg:Ln 286:19

BROWN, Everett W.; s/o Wm. D. & Louisa H.; 29y; sgl; farmer; b. Fqr; res. StafVA; m. 9 Nov 1887 in Fqr to SHANNON, Mary; d/o Geo. T. & Annie E.; 19y; sgl; b. Cecil Co. MD; res. Fqr; (lic) 9 Nov 1887; (off) Walker H. ROBERTSON; consent of father sworn to by son Geo. SHANNON & filed; Pg:Ln 203:22

BROWN, Geo. (col); s/o Elias & Betty; 20y; sgl; laborer; b. & res. Fqr; m. 10 Mar 1887 in Fqr to WALKER, Mattie (col); d/o Alex & Margaret;

18y; sgl; b. & res. Fqr; (lic) 10 Mar 1887; (off) Geo. W. HORNER; consent of father of each in person; Pg:Ln 201:09
BROWN, Geo. W. H. (col); s/o George & Marie; 21y; sgl; laborer; b. & res. Fqr; m. 29 Mar 1885 in Fqr to FORD, Emma (col); d/o ___ & Sarah; 21y; sgl; b. & res. Fqr; (lic) 28 Mar 1885; (off) J. T. SKINNER; Pg:Ln 191:20
BROWN, George; s/o ___ & Eliza; 23y; sgl; laborer; b. & res. Fqr; m. 29 Nov 1905 in Fqr to REDMOND, Mary; d/o Elisha & Rosy; 18y; sgl; b. PhilPA; res. Fqr; (lic) 29 Nov 1905; (off) Jas. M. HAWLEY; consent of father in person; Pg:Ln 311:15
BROWN, Gilbert (col); s/o Wm. & Franky; 30y; wid; farmer; b. & res. Fqr; m. 29 Dec 1884 in Fqr to RUSSELL, Mollie (col); d/o Henderson & Bettie; 20y; sgl; b. RappVA; res. Fqr; (lic) 27 Dec 1884; (off) H. B. LEE; consent of mother proved by Alexander RUSSEL son of mother; Pg:Ln 190:10
BROWN, Henry (col); s/o Chas. & Fanny; 23y; sgl; laborer; b. & res. PrWmVA; m. 4 Mar [Apr] 1894 in Fqr to GRIGGSBY, Eva (col); d/o ___ & Roxanna; 17y; sgl; b. & res. Fqr; (lic) 2 Apr 1894; (off) A. B. CARRINGTON; consent sworn to & filed; Pg:Ln 240:23
BROWN, Henry H.; s/o Jesse & Eliza; 34y; sgl; farmer; b. & res. Fqr; m. 27 Dec 1896 in Fqr to BROOKS, Elizabeth A.; d/o James A. & Mary; 26y; sgl; b. & res. Fqr; (lic) 26 Dec 1896; (off) T. W. NEWMAN; Pg:Ln 256:20
BROWN, Horace (col); s/o Nelson & Jane; 29y; sgl; laborer; b. AlbmVA; res. Fqr; m. 9 May 1883 in Fqr to JACKSON, Lizzie (col); d/o Andrew & Catherine; 23y; sgl; b. & res. Fqr; (lic) 9 May 1883; (off) not given; Pg:Ln 180:11
BROWN, Isaiah (col); s/o Ogdon & Delilah; 24y; sgl; laborer; b. StafVA; res. Fqr; m. 24 Mar 1897 in Fqr to GROOMS, Mary; d/o ___ & Harriet; 21y; sgl; b. & res. Fqr; (lic) 22 Mar 1897; (off) M. A. RUSSELL; Pg:Ln 258:04
BROWN, Jacob Lewis; s/o John S. & Sarah A.; 27y; sgl; carpenter; b. & res. Fqr; m. 20 Mar 1901 in Fqr to YATES, Bessie Thomas; d/o Benjamin & Susan; 25y; sgl; b. CulpVA; res. Fqr; (lic) 18 Mar 1901; (off) Chas. B. SUTTON; Pg:Ln 284:08
BROWN, James (col); s/o Elias & Bettie; 30y; sgl; laborer; b. & res. Fqr; m. 28 Sep 1899 in Fqr to GROOMES, Lottie (col); d/o Samuel & Bell; 20y; sgl; b. & res. Fqr; (lic) 28 Sep 1899; (off) Horace CRUTCHER; consent of mother filed; Pg:Ln 274:18
BROWN, James W.; s/o George Washington & Martha; 24y; sgl; farmer; b. & res. Fqr; m. 8 Apr 1891 in Fqr to EDWARDS, Willie Jane; d/o J. A. & Annie M.; 17y; sgl; b. & res. Fqr; (lic) 7 Apr 1891; (off) James GRAMMER; consent of father in person; Pg:Ln 223:16
BROWN, Jas. H. (col); s/o Taylor & Nannie; 24y; sgl; farmer; b. & res. Fqr; m. 16 Sep 1896 in Fqr to EMBREY, Celia A. (col); d/o Jos. & Mary; 21y; sgl; b. & res. Fqr; (lic) 16 Sep 1896; (off) R. L. RUFFIN; Pg:Ln 254:10

BROWN, Jno. H.; s/o Alex'r A. & Emily J.; 21y; sgl; farmer; b. Lewis Co. WV; res. Fqr; m. 28 Nov 1888 in Fqr to HANBACK, Lucy E.; d/o Jno. A. & Marg't.; 24y; sgl; b. & res. Fqr; (lic) 27 Nov 1888; (off) F. R. BOSTON; oath; Pg:Ln 208:15

BROWN, John (col); s/o John & Betsy; 49y; wid; farmer; b. & res. Fqr; m. 12 Mar 1900 in Fqr to GREEN, Helen (col); d/o Zack Smith & Helen Marshall; 26y; sgl; b. & res. Fqr; (lic) 10 Mar 1900; (off) D. W. JONES; Pg:Ln 278:06

BROWN, John B. (col); s/o ___ & Fanny; 34y; sgl; laborer; b. & res. Fqr; m. 3 Jan 1906 in Fqr to PRESTON, Martha C. (col); d/o Geo. & Lucy; 24y; sgl; b. Staunton Va; res. Fqr; (lic) 2 Jan 1906; (off) D. W. JONES; Pg:Ln 312:21

BROWN, Leonard S.; s/o Wm. H. & Ellen O.; 27y; sgl; farmer; b. WrnVA; res. Fqr; m. 19 Oct 1904 in Fqr to FEWELL, Ida Bell; d/o C. W. & Martha; 19y; sgl; b. & res. Fqr; (lic) 17 Oct 1904; (off) L. BUTT; consent of father filed; Pg:Ln 305:10

BROWN, Lewis A.; s/o A. P. & Catharine; 28y; sgl; druggist; b. Fqr; res. AlbmVA; m. 6 Nov 1895 in Fqr to WOOD, Bessie; d/o Pollard & Columbia; 25y; sgl; b. CulpVA; res. Fqr; (lic) 6 Nov 1895; (off) F. A. BOSTON; Pg:Ln 249:15

BROWN, Lewis W. (col); s/o Lewis & Mary; 46y; sgl; minister; b. & res. RappVA; m. 17 May 1906 in Fqr to WILLIAMS, Ire Lee (col); d/o Charles L.& Edmonia; 23y; sgl; b. & res. Fqr; (lic) 15 May 1906; (off) M. A. RUSSELL; Pg:Ln 314:08

BROWN, Littleton P.; s/o Aurelius P. & Cath. M.; 29y; sgl; teacher; b. WrnVA; res. LdnVA; m. 2 Jul 1889 in Fqr to HARRY, Florence L.; d/o P. R. & Rosa; 24y; sgl; b. & res. Fqr; (lic) 29 Jun 1889; (off) James GRAMMAR; Pg:Ln 212:22

BROWN, M. M.; s/o Staley & Sarah E.; 26y; sgl; clerk; b. Detroit, MI; res. Fqr; m. 20 Dec 1893 in Fqr to LAWS, Isabel E.; d/o Eben T. & Emma D.; 22y; sgl; b. & res. Fqr; (lic) 13 Dec 1893; (off) W. E. MILLS; Pg:Ln 238:13

BROWN, Marshall (col); s/o Geo. & Fanny; 21y; sgl; laborer; b. & res. Fqr; m. 26 Dec 1895 in Fqr to MATTHEWS, Sophia (col); d/o George & Lizzie; 19y; sgl; b. & res. Fqr; (lic) 26 Dec 1895; (off) R. L. RUFFIN; consent filed; Pg:Ln 251:09

BROWN, Nimrod (col); s/o Abram & Rachel; 29y; sgl; farmer; b. & res. Fqr; m. 29 Dec 1897 in Fqr to LAWSON, Fanny (col); d/o Charles & Mary; 53y; sgl; b. RappVA; res. Fqr; (lic) 27 Dec 1897; (off) G. W. HORNER; Pg:Ln 263:07

BROWN, Philip J.; s/o Welford & Julia; 21y; sgl; farmer; b. OrngVA; res. Fqr; m. 15 Aug 1886 in Fqr to BROWN, Emma F.; d/o Flem & ___; 19y; sgl; b. & res. Fqr; (lic) 14 Aug 1886; (off) Lemuel W. HASLUP; affidavit filed; Pg:Ln 197:14

BROWN, Robt. (col); s/o Arthur & Adaline; 29y; sgl; laborer; b. & res. Fqr; m. 18 Dec 1895 in Fqr to NASH, Catharine (col); d/o Marshall & Almira CRAIG; 35y; div; b. & res. Fqr; (lic) 18 Dec 1895; (off) Geo. W. HORNER; Pg:Ln 250:17

BROWN, Sandy; s/o Fenton & Scilla; 35y; sgl; laborer; b. & res. Fqr; m. 22 Jul 1886 in Fqr to QUEEN, Mary; d/o Phil & Mary; 34y; wid; b. & res. Fqr; (lic) 22 Jul 1886; (off) Thomas EDMONDS; Pg:Ln 197:04
BROWN, Stephen (col); s/o Saml. & Margie; 70y; wid; laborer; b. & res. Fqr; m. 27 Aug 1891 in Fqr to BLACKWOOD, Winney (col); d/o ___ & Bettie; 70y; wid; b. & res. Fqr; (lic) 26 Aug 1891; (off) Horace CRUTCHER; Pg:Ln 225:12
BROWN, T. B.; s/o Jno. S. & Sarah; 25y; sgl; farmer; b. & res. Fqr; m. 2 Sep 1896 in Fqr to FOX, S. G.; d/o George & Belle; 21y; sgl; b. & res. Fqr; (lic) 2 Sep 1896; (off) F. R. BOSTON; Pg:Ln 254:04
BROWN, Walter (col); s/o Walter & Jinnie; 23y; sgl; laborer; b. Beverly, MD; res. Fqr; m. 14 May 1885 in Fqr to WALKER, Lottie (col); d/o Saml. & Quintinia; 26y; sgl; b. & res. Fqr; (lic) 13 May 1885; (off) M. Anthony RUBELL; Pg:Ln 192:03
BROWN, Walter Scott (col); s/o Archie & Nancy; 28y; sgl; laborer; b. ClrkVA; res. Fqr; m. 20 Nov 1887 in Fqr to SCOTT, Betty (col); d/o James & Edmonia; 28y; sgl; b. & res. Fqr; (lic) 12 Oct 1887; (off) J. T. MOLEN; oath; Pg:Ln 203:09
BROWN, William; s/o Lud & Lucy; 21y; sgl; laborer; b. & res. Fqr; m. 26 Oct 1887 in Fqr to PAYNES, Mary Eliz'th; d/o Addison & Maria; 18y; sgl; b. & res. Fqr; (lic) 22 Oct 1887; (off) G. C. BANISTER; consent of father in person; Pg:Ln 203:12
BROWN, Wilmore (col); s/o ___ & Emily; 21y; sgl; laborer; b. PrWmVA; res. Fqr; m. 26 Oct 1893 in Fqr to FORD, Priscilla (col); d/o Taylor & Kitty; 23y; sgl; b. & res. Fqr; (lic) 25 Oct 1893; (off) M. B. STROTHER; Pg:Ln 237:08
BROWN, Wm.; s/o Nath'l. & Rosie; 35y; sgl; farmer; b. Fqr; res. PrWmVA; m. 29 Mar 1888 in Fqr to REELS, Ella; d/o Philip & Maria; 21y; sgl; b. & res. Fqr; (lic) 28 Mar 1888; (off) M. P. WILLIAMS; oath; Pg:Ln 206:23
BROWN, Wm. (col); s/o John & Betsey; 32y; sgl; laborer; b. & res. Fqr; m. 31 Dec 1884 in Fqr to RUSSELL, Martha A. (col); d/o Mark A. & Mary F.; 21y; sgl; b. & res. Fqr; (lic) 31 Dec 1884; (off) Jno. F. POULTON; Pg:Ln 190:14
BRUCE, Thos. C.; s/o Jacob & Mary; 34y; wid; engineer; b. CulpVA; res. AlexVA; m. 29 Jun 1897 in Fqr to SHEPPARD, Lizzie; d/o Wm. & Elizth; 33y; sgl; b. & res. Fqr; (lic) 28 Jun 1897; (off) Geo. W. NELSON; Pg:Ln 259:11
BRUMBRAY, Herter (col); s/o Aaron & Martha A.; 23y; sgl; laborer; b. & res. Fqr; m. 8 Feb 1905 in Fqr to WEBSTER, Rosie (col); d/o ___ & Ella; 21y; sgl; b. & res. Fqr; (lic) 7 Feb 1905; (off) T. T. HEDGMAN; Pg:Ln 308:04
BRYANT, Henry T.; s/o John & Mary; 22y; sgl; farmer; b. StafVA; res. Fqr; m. 15 Mar 1888 in Fqr to JAMES, Sarah C.; d/o Benj. & Mary; 24y; sgl; b. & res. Fqr; (lic) 13 Mar 1888; (off) Jacob HEDRICK; oath; Pg:Ln 206:21
BRYANT, Solon L.; s/o Albert & Lydia; 25y; sgl; farmer; b. & res. Southampton Co. VA; m. 4 Oct 1893 in Fqr to GALLAWAY, Virgie G.;

d/o C. F. & Sue J.; 24y; sgl; b. LdnVA; res. Fqr; (lic) 4 Oct 1893; (off) not given; Pg:Ln 236:17

BUCHANAN, F. B.; s/o C. & Elizabeth; 30y; sgl; farmer; b. Ashland Co. OH; res. Fqr; m. 2 Jan 1884 in Fqr to WISE, Alice A.; d/o Wm. & A. B.; 25y; sgl; b. AugVA; res. Fqr; (lic) 28 Dec 1883; (off) H. H. WYER; Pg:Ln 185:06

BUCHANON, J. B.; s/o C. & Elizabeth; 29y; sgl; farmer; b. Marshall Co. WV; res. Fqr; m. 15 Sep 1886 in Fqr to DENEALE, Nannie G.; d/o Geo. E. & Martha E.; 21y; sgl; b. RappVA; res. Fqr; (lic) 13 Sep 1886; (off) A. M. GRIGSBY; consent of father in person; Pg:Ln 197:21

BUCK, Chas. Sr.; s/o Jno. & Sarah Jane; 68y; wid; farmer; b. ShenVA; res. WrnVA; m. 31 Oct 1883 in Fqr to SMITH, Carrie R.; d/o Joshua & ___; 48y; wid; b. & res. Fqr; (lic) 30 Oct 1883; (off) Jno. F. POULTON; Pg:Ln 182:17

BUCKNER, Charles E.; s/o Jesse A. & Eva T.; 28y; sgl; farmer; b. WashVA; res. Fqr; m. 5 Sep 1894 in Fqr to ROBINSON, Marie A.; d/o Wm. & Elizabeth; 22y; sgl; b. ClrkVA; res. Fqr; (lic) 3 Sep 1894; (off) Geo. T. TYLER; Pg:Ln 242:07

BUMBREY, Aaron (col); s/o Wm. & Roberta; 22y; sgl; laborer; b. & res. Fqr; m. 23 Dec 1903 in Fqr to BUMBREY, Ella (col); d/o Alfred & Barbara; 23y; sgl; b. & res. Fqr; (lic) 22 Dec 1903; (off) T. J. HEDGMAN; Pg:Ln 300:18

BUMBREY, Monroe (col); s/o Aaron & Martha A.; 23y; sgl; farmer; b. & res. Fqr; m. 18 May 1893 in Fqr to HEDGMAN, Eliza (col); d/o Geo. & Emily; 21y; sgl; b. & res. Fqr; (lic) 17 May 1893; (off) J. D. HOWE; Pg:Ln 235:13

BUMBREY, Robt E. (col); s/o ___ & Fanny; 27y; sgl; famer; b. & res. Fqr; m. 18 Oct 1899 in Fqr to PAYNE, Lucinda R. (col); d/o James & Margaret; 26y; sgl; b. StafVA; res. Fqr; (lic) 16 Oct 1899; (off) A. F. GOFNEY; Pg:Ln 274:24

BUNDY, John Robert (col); s/o James & Ida; 21y; sgl; laborer; b. & res. Fqr; m. 20 Sep 1900 in Fqr to WALDEN, Eliza Jane (col); d/o James & Nancy; 21y; sgl; b. & res. Fqr; (lic) 19 Sep 1900; (off) G. C. BANISTER; Pg:Ln 280:18

BUNTING, Jno. S.; s/o Jeremiah & Mary; 32y; sgl; clergyman; b. Henrico Co Va; res. PhilPA; m. 7 Jun 1898 in Fqr to HORNER, Mary B.; d/o Fred'k. & Maria; 22y; sgl; b. & res. Fqr; (lic) 6 Jun 1898; (off) O. S. BUNTING; Pg:Ln 265:19

BURGESS, Addison S. (col); s/o Alex & Ellen; 38y; wid; butler; b. AugVA; res. WashDC; m. 19 Apr 1900 in Fqr to JACKSON, Mary Susan (col); d/o Littleton & Lucy F.; 35y; sgl; b. & res. Fqr; (lic) 19 Apr 1900; (off) M. A. RUSSELL; Pg:Ln 278:23

BURGESS, Dawson J.; s/o Dawson & Marg't. V.; 25y; sgl; farmer; b. & res. Fqr; m. 6 Jan 1892 in Fqr to MEEKS, Ann A.; d/o Chas. H. & Susan F.; 24y; sgl; b. & res. Fqr; (lic) 6 Jan 1892; (off) Frank P. BERKELEY; Pg:Ln 228:07

BURGESS, Edwd.; s/o Dawson & Margaret; 20y; sgl; farmer; b. & res. Fqr; m. 10 May 1897 in Fqr to WINES, Kate; d/o W. T. & Caroline;

16y; sgl; b. & res. Fqr; (lic) 10 May 1897; (off) J. S. GARDNER; consent of Mrs. BURGESS filed, consent of father in person; Pg:Ln 258:19

BURGESS, Geo. L.; s/o Stephen V. & Sarah J.; 22y; sgl; clerk; b. & res. Greenbrier Co W Va; m. 21 Dec 1904 in Fqr to COCKRILL, Laura L.; d/o John T. & Edmonia; 19y; sgl; b. & res. Fqr; (lic) 20 Dec 1904; (off) W. H. BALLANGEE; consent sworn to; Pg:Ln 307:02

BURGESS, H. T.; s/o Horace P. & Elizabeth; 26y; sgl; farmer; b. & res. Fqr; m. 21 Nov 1888 in Fqr to SMITH, Bettie A.; d/o Henry H. & S. E.; 23y; sgl; b. & res. Fqr; (lic) 19 Nov 1888; (off) I. B. LAKE; Pg:Ln 208:13

BURGESS, Jno. W. Jr.; s/o Jno. W. & Jane; 25y; sgl; farmer; b. & res. Fqr; m. 9 Aug 1883 in Fqr to HEFLIN, Mary E.; d/o Jno. R. & Susan M.; 23y; sgl; b. & res. Fqr; (lic) 8 Aug 1883; (off) W. G. WOODBRIDGE; Pg:Ln 181:03

BURGESS, Littleton; s/o Dawson & Margaret; 21y; sgl; farmer; b. & res. Fqr; m. 26 Dec 1883 in Fqr to ALLISON, Minnie E.; d/o John W. & Virginia M.; 17y; sgl; b. & res. Fqr; (lic) 24 Dec 1883; (off) Jno. F. POULTON; consent of father in person; Pg:Ln 184:18

BURGESS, M. F.; s/o Moses & Caroline; 40y; wid; farmer; b. & res. PrWmVA; m. 20 May 1891 in Fqr to HANBACK, Alice; d/o Silas & Catharine __; 28y; sgl; b. & res. Fqr; (lic) 14 May 1891; (off) B. P. DULIN; Pg:Ln 224:04

BURGESS, Winter R.; s/o Horace & Eliz'th; 25y; sgl; farmer; b. & res. Fqr; m. 25 Nov 1886 in Fqr to FIELDS, Louisa; d/o Saml. & Virginia; 24y; sgl; b. & res. Fqr; (lic) 23 Nov 1886; (off) W. F. DUNAWAY; Pg:Ln 198:25

BURKE, Darius B.; s/o Jno. T. & Cordelia; 23y; sgl; farmer; b. & res. Fqr; m. 2 Jan 1883 in Fqr to THARPE, Emma; d/o Thos. & Eliza; 19y; sgl; b. & res. Fqr; (lic) 1 Jan 1883; (off) S. M. ATHEY; consent of father proved by oath of Jas. THARPE; Pg:Ln 179:02

BURKE, Geo. W.; s/o Geo. W. & Eliza; 29y; sgl; baggage master; b. Caroline Co. VA; res. AlexVA; m. 19 Dec 1888 in Fqr to GLASCOCK, Isabella H.; d/o Thos. J. & Frances; 23y; sgl; b. & res. Fqr; (lic) 20 Nov 1888; (off) Chas. T. HERNDON; Pg:Ln 208:14

BURKE, Nimrod T.; s/o Jno. T. & Susan F.; 23y; sgl; farmer; b. & res. Fqr; m. 27 Nov 1883 in Fqr to WEAVER, Susanna; d/o Jos. S. & Susanna; 16y; sgl; b. & res. Fqr; (lic) 27 Nov 1883; (off) H. H. WYER; consent of father in person; Pg:Ln 183:16

BURNER, Charles W.; s/o Caspar & Zora; 25y; sgl; farmer; b. Page Co Va; res. WrnVA; m. 9 Nov 1898 in Fqr to CONNER, Essieline; d/o Thos. D. & Lina; 20y; sgl; b. & res. Fqr; (lic) 7 Nov 1898; (off) Charles L. YATES; consent of father sworn to & filed; Pg:Ln 268:17

BURNER, Geo. C.; s/o Wm. L. & Barbara; 58y; wid; farmer; b. RockVA; res. Fqr; m. 28 Dec 1886 in Fqr to BRIDGES, Nancy C.; d/o Edmond & Eliz'th; 39y; sgl; b. RockVA; res. Fqr; (lic) 27 Dec 1886; (off) Harris WERNER; Pg:Ln 199:20

BURNS, William (col); s/o James & Hannah; 24y; sgl; laborer; b. & res. Fqr; m. 17 Jul 1890 in Fqr to ROBERTS, Lucie (col); d/o Wm. & Lucie; 23y; sgl; b. & res. Fqr; (lic) 16 Jul 1890; (off) Cornelius GADDIS; Pg:Ln 219:05

BURREL, Frank; s/o Ples? & Eliza; 25y; sgl; laborer; b. & res. Fqr; m; 30 May 1886 in Fqr to HALEY, Lula; d/o ___ & Susan; 22y; sgl; b. & res. Fqr; (lic) 29 May 1886; (off) G. C. BANISTER; Pg:Ln 196:17

BURROUGHS, Jack (col); s/o Tom & Mandy; 40y; wid; laborer; b. RappVA; res. Fqr; m. 25 Dec 1890 in Fqr to WASHINGTON, Kity (col); d/o Wm. & Felitia; 30y; wid; b. & res. Fqr; (lic) 24 Dec 1890; (off) S. W. BROWN; Pg:Ln 221:16

BUSHROD, C. Henry (col); s/o James & Louisa; 23y; sgl; laborer; b. & res. Fqr; m. 4 Jun 1902 in Fqr to BRADFORD, Dora (col); d/o George & Bert; 21y; sgl; b. & res. Fqr; (lic) 3 Jun 1902; (off) T. W. BROOKE; Pg:Ln 292:14

BUSSELL, Chas. (col); s/o John & Fanny; 21y; sgl; laborer; b. & res. Fqr; m. 20 Apr 1898 in Fqr to WILLIAMS, Annie (col); d/o ___ & Martha; 22y; sgl; b. & res. Fqr; (lic) 20 Apr 1898; (off) F. R. BOSTON; Pg:Ln 264:23

BUTLER, A. F.; s/o Hiram & Susan; 37y; sgl; engineer; b. CulpVA; res. Fqr; m. 13 Apr 1886 in Fqr to REILEY, Annie; d/o Alex'r. & Arabella; 26y; sgl; b. RappVA; res. Fqr; (lic) 10 Apr 1886; (off) S. M. ATHEY; Pg:Ln 196:03

BUTLER, Armistead H.; s/o Carter & Elizabeth; 46y; wid; farmer; b. & res. Fqr; m. 15 Feb 1885 in Fqr to BUTLER, Agnes; d/o Robert & Virginia; 26y; sgl; b. & res. Fqr; (lic) 10 Feb 1885; (off) Jas. H. WOLFF; Pg:Ln 191:08

BUTLER, Arthur (col); s/o Arthur & Abbie; 22y; sgl; laborer; b. & res. Fqr; m. 11 Oct 1894 in Fqr to BROWN, Minnie (col); d/o Chas. & Mary; 18y; sgl; b. & res. Fqr; (lic) 10 Oct 1894; (off) V. LACY; consent sworn to & filed; Pg:Ln 243:02

BUTLER, Cassius; s/o James & Matilda; 26y; sgl; farmer; b. & res. Fqr; m. 29 Nov 1905 in Fqr to EDWARDS, Katy L.; d/o J. M. & Annie M.; 14; sgl; b. & res. Fqr; (lic) 28 Nov 1905; (off) V. H. COUNCILL; consent of father in person; Pg:Ln 311:14

BUTLER, Decatur (col); s/o George & Amelia; 28y; sgl; laborer; b. & res. Fqr; m. 26 Nov 1899 in Fqr to LACY, Harriet (col); d/o John & Helen; 19y; sgl; b. & res. Fqr; (lic) 25 Nov 1899; (off) Vincent LACY; consent of father in person; Pg:Ln 275:15

BUTLER, Edw'd. (col); s/o Jesse & Amanda; 20y; sgl; laborer; b. & res. Fqr; m. 7 Jan 1894 in Fqr to ROBINSON, Eliz'th (col); d/o Alfred & Susan; 16y; sgl; b. & res. Fqr; (lic) 6 Jan 1894; (off) M. D. WILLIAMS; consent of father in person; Pg:Ln 239:18

BUTLER, F. F.; s/o Edw'd. & Amanda F. ___; 24y; sgl; farmer; b. CulpVA; res. Fqr; m. 28 Nov 1895 in Fqr to CARTER, M. N.; d/o Hezekiah & Amarilla; 20y; sgl; b. & res. Fqr; (lic) 26 Nov 1895; (off) S. M. ATHEY; consent of father in person; Pg:Ln 250:02

BUTLER, Frank (col); s/o Jesse & Amanda; 21y; sgl; laborer; b. & res. Fqr; m. 29 Dec 1892 in Fqr to ROBERSON, Elsie (col); d/o Alfred & Susan; 17y; sgl; b. & res. Fqr; (lic) 28 Dec 1892; (off) Vincent LACY; consent of Alfred ROBERTSON father in person; Pg:Ln 233:24

BUTLER, Geo. L.; s/o Hiram & Susan; 28y; sgl; farmer; b. & res. Fqr; m. 1 Dec 1887 in Fqr to BARBER, Anna L.; d/o Wm. & Bettie; 20y; sgl; b. & res. Fqr; (lic) 28 Nov 1887; (off) S. M. ATHEY; oath; Pg:Ln 204:12

BUTLER, Hannibal (col); s/o Arthur & Abbie; 25y; sgl; farmer; b. & res. Fqr; m. 27 Dec 1894 in Fqr to PETERS, Mary (col); d/o John & Susan; 24y; sgl; b. PrWmVA; res. Fqr; (lic) 24 Dec 1894; (off) V. LACY; Pg:Ln 244:24

BUTLER, Henry (col); s/o Saml. & Lucy; 35y; sgl; laborer; b. PrWmVA; res. Fqr; m. 20 Dec 1883 in Fqr to ROY, Letty (col); d/o Thornton & Hannah; 30y; sgl; b. & res. Fqr; (lic) 20 Dec 1883; (off) J. F. HINES; Pg:Ln 184:12

BUTLER, Henry R. (col); s/o Maylon & Ophelia; 23y; sgl; laborer; b. & res. FfxVA; m. 19 Jan 1892 in Fqr to WILLIAMS, Mary A. (col); d/o Henry & Meta; 19y; sgl; b. & res. Fqr; (lic) 18 Jan 1892; (off) Alfred A. WILLIAMS; consent sworn to by Alfred A. WILLIAMS & filed; Pg:Ln 228:15

BUTLER, J. L.; s/o J. T. & Harriet; 25y; sgl; farmer; b. & res. Fqr; m. 23 Dec 1895 in Fqr to MONROE, F. G.; d/o James & Jane; 22y; sgl; b. & res. Fqr; (lic) 21 Dec 1895; (off) H. H. WYER; Pg:Ln 250:21

BUTLER, Jacob (col); s/o John & Peggy; 64y; wid; laborer; b. & res. Fqr; m. 2 Jan 1889 in Fqr to JOHNSON, Henrietta (col); d/o Henry & ___; 19y; sgl; b. & res. Fqr; (lic) 3 Jan 1889; (off) R. L. RUFFIN; Pg:Ln 210:10

BUTLER, James; s/o James & Matilda; 21y; sgl; farmer; b. & res. Fqr; m. 9 Nov 1893 in Fqr to DAWSON, Annie; d/o B. F. & Jane; 24y; sgl; b. & res. Fqr; (lic) 6 Nov 1893; (off) H. H. WYER; Pg:Ln 237:14

BUTLER, James H. (col); s/o Joseph & Lucretia; 39y; sgl; soldier; b. Fqr; res. WashDC; m. 10 Aug 1899 in Fqr to BROOKS, Mary F. (col); d/o Peter & ___; 25y; sgl; b. & res. Fqr; (lic) 9 Aug 1899; (off) Geo. W. HORNER; Pg:Ln 273:17

BUTLER, James W.; s/o Jno. T. & Harriet; 26y; sgl; farmer; b. & res. Fqr; m. 24 Dec 1894 in Fqr to SMITH, Marcie J.; d/o Dudley & Rebecca; 27y; sgl; b. & res. Fqr; (lic) 22 Dec 1894; (off) C. W. BROOKS; Pg:Ln 244:20

BUTLER, Jno. B. (col); s/o Jno. & Tamar; 47y; wid; farmer; b. & res. Fqr; m. 11 Oct 1893 in Fqr to THOMPSON, Emma (col); d/o Geo. & Maria; 37y; wid; b. & res. Fqr; (lic) 9 Oct 1893; (off) C. M. TYLER; Pg:Ln 236:24

BUTLER, John (col); s/o Jacob & Eliza; 29y; sgl; laborer; b. & res. Fqr; m. 29 Nov 1883 in Fqr to BUTLER, Susan (col); d/o ___ & Susan; 21y; sgl; b. & res. Fqr; (lic) 29 Nov 1883; (off) not given; Pg:Ln 183:19

BUTLER, Jos. M.; s/o Hiram & Susan; 40y; sgl; sawyer; b. CulpVA; res. Fqr; m. 17 Aug 1898 in Fqr to THARP, Tacie; d/o W. H. & Luvinia;

23y; div; b. & res. Fqr; (lic) 17 Aug 1898; (off) W. H. ROBERTSON; Pg:Ln 266:22

BUTLER, Madison (col); s/o Staunton & Roxanna; 22y; sgl; laborer; b. & res. Fqr; m. 3 Jan 1884 in Fqr to GRAYSON, Mary (col); d/o Wm. & Margaret; 19y; sgl; b. & res. Fqr; (lic) 31 Dec 1883; (off) Jno. S. TRONE; consent of mother sworn to by Archy GRAYSON & filed.; Pg:Ln 185:10

BUTLER, Ormond; s/o Wm. & Mary; 28y; sgl; civil engineer; b. AugVA; res. Page Co. VA; m. 15 Apr 1891 in Fqr to HUME, Mary M.; d/o Wm. & Nannie; 28y; sgl; b. & res. Fqr; (lic) 14 Apr 1891; (off) Edwin S. HINKS; Pg:Ln 223:19

BUTLER, Silas V.; s/o Silas & Ann; 35y; sgl; farmer; b. & res. PrWmVA; m. 30 Dec 1885 in Fqr to REID, Capitola; d/o Wesley & Sarah; 21y; sgl; b. PrWmVA; res. Fqr; (lic) 23 Dec 1885; (off) T. W. NEWMAN; age of Capitola REID sworn to by Charles H. REID & filed; Pg:Ln 194:06

BUTLER, Simon (col); s/o Chas. & Lucretia; 60y; wid; farmer; b. & res. Fqr; m. 27 Dec 1883 in Fqr to HARRIS, Susan (col); d/o Rich'd. ___; 50y; wid; b. & res. Fqr; (lic) 25 Dec 1883; (off) Geo. W. HORNER; Pg:Ln 184:22

BUTLER, W. H.; s/o Jas. & Matilda; 28y; sgl; farmer; b. & res. Fqr; m. 19 Dec 1893 in Fqr to FINKS, Sallie; d/o John & Harriet; 29y; wid; b. & res. Fqr; (lic) 18 Dec 1893; (off) H. H. WYER; Pg:Ln 238:17

BUTLER, W. P.; s/o John T. & Harriet; 30y; sgl; farmer; b. & res. Fqr; m. 23 Dec 1884 in Fqr to SPEER, Amelia; d/o Jas. H. & Mollie; 21y; sgl; b. AugVA; res. Fqr; (lic) 20 Dec 1884; (off) Jas. H. WOOLF; consent of father filed; Pg:Ln 189:23

BUTLER, Welford (col); s/o Jno. & Tamar; 40y; wid; laborer; b. & res. Fqr; m. 7 Feb 1884 in Fqr to CARTER, Martha (col); d/o Simon & Sinah; 30y; sgl; b. & res. Fqr; (lic) 5 Feb 1884; (off) T. W. NEWMAN; Pg:Ln 186:10

BUTLER, Wm. F.; s/o Daniel & Sarah; 21y; sgl; farmer; b. & res. Fqr; m. 16 Dec 1903 in Fqr to RANDALL, Garnett V.; d/o Charles & Selma; 21y; sgl; b. PrWmVA; res. Fqr; (lic) 12 Dec 1903; (off) F. R. BOSTON; Pg:Ln 300:14

BUTLER, Wm. H. (col); s/o Sandy & Laura; 26y; sgl; laborer; b. & res. Fqr; m. 28 Dec 1892 in Fqr to CARTER, Elizabeth (col); d/o ___ & Mary; 21y; sgl; b. OrngVA; res. Fqr; (lic) 28 Dec 1892; (off) Vincent LACY; Pg:Ln 233:23

BUTTON, W. R.; s/o Jos. W. & Jane H.; 28y; sgl; farmer; b. & res. CulpVA; m. 24 Oct 1889 in Fqr to JAMES, Mary J.; d/o T. F. & Lucy; 19y; sgl; b. CulpVA; res. Fqr; (lic) 22 Oct 1889; (off) M. R. GRIMSLEY; Pg:Ln 214:07

BYRD, Thomas (col); s/o Thomas & Margaret; 40y; sgl; laborer; b. & res. Fqr; m. 21 Sep 1901 in Fqr to DOUGLAS, Sue (col); d/o ___ & Jane; 46y; div; b. Charlottesville, Va; res. Fqr; (lic) 20 Sep 1901; (off) N. A. MARRIOTT; cerf of divorce in circ. ct.; Pg:Ln 286:21

BYRNE, George Maurice; s/o H. M. & Elizabeth; 26y; sgl; merchant; b. Fqr; res. WashDC; m. 12 Nov 1902 in LdnVA to RECTOR, Ida May; d/o Wm. A. & S. J.; 23y; sgl; b. & res. Fqr; (lic) 11 Nov 1902; (off) J. H. KUHLMAN; Pg:Ln 294:16
CABLE, G. S.; s/o Alfred & Mary; 28y; sgl; merchant; b. & res. Fqr; m. 8 Sep 1886 in Fqr to ANDERSON, Lulah; d/o Thomas E. & Martha A.; 25y; sgl; b. & res. Fqr; (lic) 1 Sep 1886; (off) Augustus DAVISSON; Pg:Ln 197:17
CABLE, Geo. S.; s/o Alfred & Mary; 36y; wid; merchant; b. Fqr; res. PrWmVA; m. 20 Jun 1895 in Fqr to GREEN, Katie R.; d/o Jas. R. & Annie R.; 24y; sgl; b. & res. Fqr; (lic) 15 Jun 1895; (off) David BUSH; Pg:Ln 247:06
CAILLOUE, Jean L.; s/o John N. & Alice G.; 25y; sgl; sugar planter; b. Lafourche Co. La; res. Terrebonne Co. La; m. 16 Sep 1903 in Fqr to SMITH, Mary T.; d/o A. M. & Mary B. M.; 21y; sgl; b. FredVA; res. Fqr; (lic) 11 Sep 1903; (off) J. R. TAYLOR; Pg:Ln 299:08
CALDWELL, Milton P.; s/o John E. & Elizabeth; 56y; wid; real estate agent; b. GA; res. WashDC; m. 17 Jun 1890 in Fqr to YOST, Lizzie F.; d/o ___ & Mary; 39y; wid; b. WashDC; res. Fqr; (lic) 17 Jun 1890; (off) Walker H. ROBERTSON; Pg:Ln 218:20
CAMERON, Acie; s/o Madison & Susan; 26y; sgl; laborer; b. RappVA; res. Fqr; m. 14 Jul 1900 in Fqr to WELCH, Melvilla; d/o J. W. & Melvilla; 21y; sgl; b. & res. Fqr; (lic) 14 Jul 1900; (off) H. S. COE; Pg:Ln 280:03
CAMERON, Lafayette M.; s/o Madison & Susan; 23y; sgl; farmer; b. RappVA; res. Fqr; m. 7 Jan 1903 in Fqr to HOLMES, Ida M.; d/o William & Lucy; 24y; sgl; b. & res. Fqr; (lic) 30 Dec 1902; (off) F. R. BOSTON; Pg:Ln 296:11
CAMPBELL, H. T.; s/o Alex & Mary A. T.; 28y; sgl; farmer; b. & res. Fqr; m. 2 Jan 1888 in Fqr to MULLER, Florence; d/o Wm. & Susan; 25y; sgl; b. England; res. Fqr; (lic) 2 Jan 1888; (off) Geo. W. NELSON; Pg:Ln 205:22
CAMPBELL, Hamilton (col); s/o ___ & Molly; 25y; sgl; laborer; b. & res. Fqr; m. 9 Mar 1904 in Fqr to SMITH, Mary L. (col); d/o ___ & Sarah; 23y; sgl; b. & res. Fqr; (lic) 8 Mar 1904; (off) D. W. JONES; Pg:Ln 302:06
CAMPBELL, Henry (col); s/o Arthur & Rachael; 23y; sgl; farmer; b. & res. Fqr; m. 7 Oct 1896 in Fqr to MATTHEWS, Susan (col); d/o Geo. & Lizzie; 22y; sgl; b. & res. Fqr; (lic) 7 Oct 1896; (off) W. H. ROBERTSON; Pg:Ln 255:03
CAMPBELL, Jackson; s/o ___ & Elizabeth; 21y; sgl; laborer; b. & res. Fqr; m. 4 Jun 1884 in Fqr to GLASCOCK, Eliz'a; d/o ___ & Mary M.; 17y; sgl; b. & res. Fqr; (lic) 4 Jun 1884; (off) Jno. F. POULTON; on oath of J. M. JEFFRIES; Pg:Ln 187:11
CAMPBELL, Jas. (col); s/o Lewis & Delia; 40y; sgl; laborer; b. CulpVA; res. Fqr; m. 7 Jul 1892 in Fqr to PAYNE, Caroline (col); d/o ___ & Maria; 40y; wid; b. & res. Fqr; (lic) 7 Jul 1892; (off) R. P. DAWSON; Pg:Ln 230:25

CAMPBELL, Jno. Henry (col); s/o Jack & Mary Ellen; 25y; sgl; laborer; b. & res. Fqr; m. 20 Sep 1883 in Fqr to HOLMES, Sydna (col); d/o ___ & Lucy; 29y; sgl; b. & res. Fqr; (lic) 19 Sep 1883; (off) Jas. BANISTER; Pg:Ln 181:22

CAMPBELL, Jno. W.; s/o Jno. M. & Miriam; 28y; sgl; farmer; b. & res. Fqr; m. 19 Feb 1890 in Fqr to GERMANS, Jane; d/o Marshall & Delila; 19y; sgl; b. & res. Fqr; (lic) 17 Feb 1890; (off) I. B. LAKE; consent of father in person; Pg:Ln 217:16

CAMPBELL, Lewis; s/o ___ & Annie; 57y; wid; laborer; b. & res. Fqr; m. 28 May 1902 in Fqr to KERNS, Mary; d/o ___ & Minnie; 18y; sgl; b. & res. Fqr; (lic) 22 May 1902; (off) J. H. KUHLMAN; consent of Judge filed; Pg:Ln 292:08

CAMPBELL, Robt. (col); s/o Frank & Phoebe; 26y; wid; laborer; b. & res. Fqr; m. 21 Sep 1893 in Fqr to SIMS, Lucy (col); d/o John & Martha; 23y; sgl; b. RappVA; res. Fqr; (lic) 21 Sep 1893; (off) R. L. RUFFIN; Pg:Ln 236:13

CAMPBELL, Wallace; s/o Arthur & Adeline; 23y; sgl; laborer; b. & res. Fqr; m. 10 Mar 1887 in Fqr to WALKER, Agnes; d/o Randall & Agnes; 23y; sgl; b. & res. Fqr; (lic) 10 Mar 1887; (off) Jno. F. POULTON; Pg:Ln 201:08

CAMPBELL, Wm. H.; s/o A. S. & Mary A. H.; 52y; sgl; broker; b. & res. Fqr; m. 9 Jul 1902 in Fqr to HUGHES, Caroline L.; d/o Jas. S. & Caroline A. LOVE; 36y; wid; b. PhilPA; res. Fqr; (lic) 8 Jul 1902; (off) John S. LIGHTNOUR; Pg:Ln 292:22

CANARD, H. Clarence; s/o J. W. & Julia; 29y; sgl; laborer; b. & res. Fqr; m. 15 Jun 1904 in Fqr to FLETCHER, Josephine; d/o Townsend & Martha A.; 24y; sgl; b. & res. Fqr; (lic) 15 Jun 1904; (off) V. H. COUNCILL; Pg:Ln 303:08

CANARD, Henry L.; s/o J. W. & Julia; 23y; sgl; farmer; b. & res. Fqr; m. 7 Sep 1898 in Fqr to JEFFRIES, Elizabeth; d/o John & Virginia; 22y; sgl; b. & res. Fqr; (lic) 7 Sep 1898; (off) J. S. GARDNER; Pg:Ln 267:06

CANARD, J. W.; s/o Jas. Wm. & Julia F.; 23y; sgl; farmer; b. & res. Fqr; m. 29 Sep 1892 in Fqr to MATTHEWS, Julia P.; d/o Jas. Wm. & Effrie; 24y; sgl; b. & res. Fqr; (lic) 29 Sep 1892; (off) W. D. WHITE; Pg:Ln 231:24

CANARD, Jno. T.; s/o J. W. & Julia F.; 25y; sgl; farmer; b. & res. Fqr; m. 12 Feb 1896 in Fqr to ALLISON, Mary Frances; d/o Jno. T. & Meesie; 23y; sgl; b. & res. Fqr; (lic) 11 Feb 1896; (off) Frank P. BERKLEY; Pg:Ln 252:05

CANARD, Jno. T.; s/o Geo. W. & Lucinda; 35y; sgl; farmer; b. & res. Fqr; m. 26 Dec 1901 in Fqr to JEFFRIES, Mary A.; d/o Enoch J. & Mary C.; 30y; sgl; b. & res. Fqr; (lic) 26 Dec 1901; (off) F. R. BOSTON; Pg:Ln 290:05

CANARD, Moses; s/o Geo. W. & Lucy; 24y; sgl; farmer; b. & res. Fqr; m. 8 Mar 1905 in Fqr to FLETCHER, Lula; d/o Wm. & Laura; 17y; sgl; b. & res. Fqr; (lic) 7 Mar 1905; (off) F. R. BOSTON; consent of father in person; Pg:Ln 308:13

CANARD, Wm. W.; s/o Geo. W. & Lucy; 23y; sgl; farmer; b. & res. Fqr; m. 18 May 1898 in Fqr to JARMANS, Ophelia B.; d/o Jas. W. & Ella L.; 19y; sgl; b. & res. Fqr; (lic) 16 May 1898; (off) Frank P. BERKLEY; consent of father in person; Pg:Ln 265:08

CANNARD, Geo. W.; s/o Geo. & Lucy; 33y; sgl; laborer; b. & res. Fqr; m. 6 Dec 1905 in Fqr to JARMANS, Malissa; d/o James W. & Ella; 22y; sgl; b. & res. Fqr; (lic) 5 Dec 1905; (off) V. H. COUNCILL; Pg:Ln 311:18

CANNARD, Milton; s/o Wm. & Julia; 23y; sgl; farmer; b. & res. Fqr; m. 28 Dec 1904 in Fqr to FLETCHER, Annie L.; d/o Townsend & Martha Ann; 22y; sgl; b. & res. Fqr; (lic) 28 Dec 1904; (off) V. H. COUNCILL; Pg:Ln 307:13

CANTEY, James Willis; s/o John & Meta; 25y; sgl; professor; b. & res. Kershaw Co. SC; m. 21 Sep 1898 in Fqr to BLACKWELL, Richard Henry [Richardetta?]; d/o M. C. & Sarah F.; 29y; sgl; b. & res. Fqr; (lic) 19 Sep 1898; (off) Geo. W. NELSON; Pg:Ln 267:12

CAPERTON, G. H.; s/o Dr. G. H. & M. E.; 23y; sgl; manager of F. C. C & C. Co's store; b. Lynchburg, VA; res. Firecreek, WV; m. 7 Nov 1883 in Fqr to CHAMBLIN, Anna P.; d/o Dr. J. A. & Mary; 20y; sgl; b. Richmond, VA; res. Fqr; (lic) 7 Nov 1883; (off) J. A. CHAMBLER; consent of father proved by oath of Norborne BERKELEY; Pg:Ln 182:23

CARDER, David; s/o J. W. & Margaret; 24y; sgl; farmer; b. RappVA; res. Fqr; m. 2 Jul 1900 in Fqr to HUNT, Frenchie T.; d/o S. B. & Betty E.; 23y; sgl; b. CulpVA; res. Fqr; (lic) 2 Jul 1900; (off) F. R. BOSTON; Pg:Ln 279:23

CAREY, Robt. (col); s/o Robt. & Caroline; 21y; sgl; laborer; b. & res. Fqr; m. 10 Aug 1893 in Fqr to BUTLER, Cath. (col); d/o Jesse & Amanda; 21y; sgl; b. & res. Fqr; (lic) 10 Aug 1893; (off) R. L. RUFFIN; Pg:Ln 236:05

CARNEAL, Virgil; s/o Virgil & Lizzie; 27y; sgl; farmer; b. & res. Fqr; m. 15 Feb 1900 in Fqr to NALLES, Lena; d/o Morgan & Kittie; 21y; sgl; b. & res. Fqr; (lic) 12 Feb 1900; (off) W. F. DUNAWAY; Pg:Ln 277:21

CARPENTER, Dan (col); s/o Ras. & Frances; 30y; sgl; laborer; b. & res. Fqr; m. 16 Jan 1902 in Fqr to MUDD, Martha (col); d/o ___ & ___; 37y; sgl; b. & res. Fqr; (lic) 13 Jan 1902; (off) T. T. HEDGMAN; Pg:Ln 290:16

CARPER, Wm. D.; s/o J. M. & Ida A.; 24y; sgl; railroading; b. Fqr; res. WashDC; m. 18 May 1902 in Fqr to RECTOR, Mary A.; d/o C. H. & Julia; 24y; sgl; b. & res. Fqr; (lic) 17 May 1902; (off) W. T. EATON; Pg:Ln 291:24

CARR, Herbert H.; s/o Wm. & Elizabeth; 30y; sgl; Gentleman; b. England; res. Fqr; m. 10 Jan 1898 in Fqr to PAYNE, Alice Dixon; d/o Alexr. D. & Ann M.; 27y; sgl; b. & res. Fqr; (lic) 10 Jan 1898; (off) Geo. W. NELSON; Pg:Ln 263:20

CARRICO, Francis M.; s/o Jno. W. & Martha; 22y; sgl; farmer; b. & res. Fqr; m. 20 Feb 1884 in Fqr to OLIVER, Virg'a Peyton; d/o Peyton &

Ellen; 21y; sgl; b. & res. Fqr; (lic) 12 Feb 1884; (off) Jas. H. WOLFF; Pg:Ln 186:12

CARRICO, Geo. W.; s/o Jno. R. & Emily; 44y; wid; farming; b. & res. Fqr; m. 24 Feb 1897 in Fqr to COLIN, Laura V.; d/o Jno. W. & Martha; 44y; wid; b. & res. Fqr; (lic) 24 Feb 1897; (off) F. R. BOSTON; Pg:Ln 257:25

CARRICO, Silas B.; s/o Jno. & Emily; 27y; sgl; farmer; b. & res. Fqr; m. 31 Jul 1884 in Fqr to SHAVER, Dora F.; d/o Geo. H. & Sarah; 22y; sgl; b. ShenVA; res. Fqr; (lic) 28 Jul 1884; (off) Saml. A. SHAVER; Pg:Ln 187:19

CARROLL, W. H.; s/o James & Susan; 39y; wid; shoemaker; b. OrngVA; res. Fqr; m. 4 Jan 1898 in Fqr to RECTOR, Alice J.; d/o C. P. & Sarah; 26y; sgl; b. & res. Fqr; (lic) 4 Jan 1898; (off) F. R. BOSTON; (copied & sent and Pat. accts. 157 names? 1471 Jan 10 1898); Pg:Ln 263:18

CARTER, Arthur E. (col); s/o Edward & Emma; 29y; sgl; laborer; b. & res. Fqr; m. 27 Jul 1902 in Fqr to LEE, Annie C. (col); d/o ___ & Betty; 22y; sgl; b. & res. Fqr; (lic) 22 Jul 1902; (off) D. J. SHOPOFF; Pg:Ln 293:02

CARTER, Ashby; s/o John & Eliza; 30y; sgl; farmer; b. & res. Fqr; m. 27 Dec 1899 in Fqr to SISK, Sally; d/o James & Betsy Jane; 19y; sgl; b. & res. Fqr; (lic) 26 Dec 1899; (off) C. SYDENSTRICKER; consent of father in person; Pg:Ln 276:16

CARTER, Ashton G.; s/o Alfred & Jane; 29y; sgl; farmer; b. & res. Fqr; m. 20 Mar 1901 in PrWmVA to GRAHAM, Ella; d/o James H. & Ella D.; 28y; sgl; b. & res. Fqr; (lic) 19 Mar 1901; (off) J. W. BAIN; Pg:Ln 284:09

CARTER, C. Shirley; s/o M. F. & Lucy B.; 36y; sgl; physician; b. & res. Fqr; m. 3 Jun 1891 in Fqr to BOORMAN, Mary C.; d/o R. H. & Elizabeth D.; 24y; sgl; b. Elizabeth City, NJ; res. Fqr; (lic) 3 Jun 1891; (off) Charles R. STRONG; Pg:Ln 224:10

CARTER, Carroll; s/o James & Jinnie; 21y; sgl; laborer; b. & res. Fqr; m. 2 Jan 1903 in Fqr to ALEXANDER, Ida M.; d/o George & Ann Eliza; 19y; sgl; b. & res. Fqr; (lic) 1 Jan 1903; (off) Jefferson R. TAYLOR; consent of father filed; Pg:Ln 296:12

CARTER, Cash; s/o James & Virginia; 22y; sgl; farmer; b. & res. Fqr; m. 30 Dec 1902 in Fqr to LATHAM, Alice M.; d/o Wm. M. & Virgina; 19y; sgl; b. & res. Fqr; (lic) 30 Dec 1902; (off) W. H. BALLINGEE`; consent of father in person; Pg:Ln 296:09

CARTER, Charles; s/o Hezekiah & Amerilla; 24y; sgl; laborer; b. & res. Fqr; m. 4 Dec 1898 in Fqr to DAWSON, Annie; d/o Benj. D. & Robella; 20y; sgl; b. & res. Fqr; (lic) 2 Dec 1898; (off) S. M. ATHEY; consent of mother filed; Pg:Ln 269:02

CARTER, Chas. (col); s/o Thornton & Susan; 32y; wid; laborer; b. & res. Fqr; m. 26 Feb 1885 in Fqr to PHILIPS, Susan (col); d/o not given; 22y; sgl; b. & res. Fqr; (lic) 25 Feb 1885; (off) Geo. W. HORNER; Pg:Ln 191:13

CARTER, Chas. (col); s/o ___ & Ellen; 23y; sgl; laborer; b. & res. RappVA; m. 20 Dec 1888 in Fqr to BROWN, Lilie (col); d/o Arthur &

Adeline; 21y; sgl; b. & res. Fqr; (lic) 19 Dec 1888; (off) W.
DAVENPORT; oath; Pg:Ln 209:05
CARTER, Edward; s/o Jas. F. & Mahala; 29y; sgl; farmer; b. & res. Fqr;
m. 30 Dec 1896 in Fqr to CARTER, Effie F.; d/o Wm. H. & Eliz'th; 18y;
sgl; b. & res. Fqr; (lic) 29 Dec 1896; (off) H. M. STRICKLER; consent
of father in person; Pg:Ln 257:06
CARTER, Edward (col); s/o Wm. CARTER & Allice; 23y; sgl; farmer; b. &
res. Fqr; m. 26 Dec 1889 in Fqr to PORTER, Mildred (col); d/o ___ &
Tildy; 18y; sgl; b. & res. Fqr; (lic) 21 Dec 1889; (off) R. L. RUFFIN;
proved by oath of John WILKINS filed; Pg:Ln 215:20
CARTER, Edw'd.; s/o Johnson & Jennie; 23y; sgl; farmer; b. RappVA;
res. Fqr; m. 23 Oct 1895 in Fqr to HOPP, Mary; d/o ___ & Rovilla;
26y; sgl; b. WrnVA; res. Fqr; (lic) 22 Oct 1895; (off) J. L. SHIPLEY;
Pg:Ln 249:06
CARTER, Francis Scott; s/o Cassius & Fannie S.; 33y; sgl; farmer; b.
PrWmVA; res. Fqr; m. 8 Oct 1902 in Fqr to HICKS, Mary R.; d/o R. J.
& Nannie R.; 33y; sgl; b. Durham Co. NC; res. Fqr; (lic) 8 Oct 1902;
(off) Geo. W. NELSON; Pg:Ln 294:05
CARTER, Geo. W. (col); s/o Wm. & Julia; 35y; wid; waiter; b. PrWmVA;
res. WashDC; m. 24 Dec 1888 in Fqr to JACKSON, Lucy C. V. (col);
d/o Lyttleton & Lucy F.; 23y; sgl; b. AlexVA; res. Fqr; (lic) 24 Dec
1888; (off) Cornelius GADDIS; Pg:Ln 209:18
CARTER, Gilmore; s/o Jas. F. & Mahala; 23y; sgl; farmer; b. & res. Fqr;
m. 8 Dec 1897 in Fqr to CARTER, Lizzie; d/o Nathaniel & Elizth.; 21y;
sgl; b. & res. Fqr; (lic) 6 Dec 1897; (off) H. M. STRICKLER; Pg:Ln
262:05
CARTER, Henry (col); s/o Gabriel & Letty; 22y; sgl; laborer; b. & res. Fqr;
m. 26 Dec 1899 in Fqr to LAMBERT, Lillie (col); d/o ___ & Betty; 21y;
sgl; b. & res. Fqr; (lic) 26 Dec 1899; (off) D. W. JONES; Pg:Ln 276:24
CARTER, Hezekiah; s/o Gilmore & Mildred Jane; 52y; div; farmer; b. &
res. Fqr; m. 23 Sep 1902 in Fqr to WILLIAMS, Annie; d/o John & Mary
Elizabeth ELKINS; 30y; wid; b. RappVA; res. Fqr; (lic) 17 Sep 1902;
(off) L. BUTT; Pg:Ln 293:22
CARTER, James H. (col); s/o Samuel J. & Lina; 24y; sgl; laborer; b. Fqr;
res. Robesonia, Penn.; m. 24 Sep 1902 in Fqr to BANISTER, Fannie
V. (col); d/o G. C. & Annie; 24y; sgl; b. & res. Fqr; (lic) 22 Sep 1902;
(off) R. P. DAWSON; Pg:Ln 294:03
CARTER, James L. (col); s/o Henry & Jennie; 22y; sgl; laborer; b. & res.
Fqr; m. 22 Apr 1900 in Fqr to WALKER, Mary S. (col); d/o Chas. H. &
Georgianna; 21y; sgl; b. & res. Fqr; (lic) 21 Apr 1900; (off) M. A.
RUSSELL; Pg:Ln 278:24
CARTER, Jas. M.; s/o Jas. F. & Mahala; 23y; sgl; farmer; b. & res. Fqr; m.
14 Feb 1888 in Fqr to THARPE, Eliz'th; d/o Martin F. & Agnes; 17y;
sgl; b. & res. Fqr; (lic) 13 Feb 1888; (off) S. M. ATHEY; consent of
father in person; Pg:Ln 206:14
CARTER, Jno. Jr.; s/o F. M. & Marg't. A.; 34y; sgl; farmer; b. & res.
LdnVA; m. 22 Nov 1886 in Fqr to CARR, P. W.; d/o Wm. G. &

Charlotte M.; 27y; sgl; b. AlbmVA; res. Fqr; (lic) 16 Nov 1886; (off) James GRAMMER; Pg:Ln 198:18
CARTER, John; s/o Bushrod & Martha; 20y; sgl; laborer; b. & res. Fqr; m. 21 Oct 1886 in Fqr to SPINKS, Martha; d/o Charles & Mary; 21y; sgl; b. & res. Fqr; (lic) 21 Oct 1886; (off) not given; consent filed; Pg:Ln 198:11
CARTER, John; s/o James & Mary; 22y; sgl; farmer; b. & res. Fqr; m. 8 Nov 1899 in Fqr to MOCK, Rebecca; d/o John & Jennie; 21y; sgl; b. & res. Fqr; (lic) 8 Nov 1899; (off) F. R. BOSTON; Pg:Ln 275:05
CARTER, John (col); s/o Thornton & Susan; 60y; wid; laborer; b. & res. Fqr; m. 29 Jan 1902 in Fqr to MINOR, Susan (col); d/o Joshua & Martha; 28y; sgl; b. & res. Fqr; (lic) 28 Jan 1902; (off) James C. COLBERT; Pg:Ln 290:21
CARTER, John A. (col); s/o John & Rachel; 21y; sgl; laborer; b. & res. Fqr; m. 23 Nov 1890 in Fqr to CRYER, Roxianna (col); d/o John & Catharine; 20y; sgl; b. Norfolk, VA; res. Fqr; (lic) 22 Nov 1890; (off) R. L. RUFFIN; consent of mother sworn to by Peter PORTER & filed; Pg:Ln 220:18
CARTER, John Brooks (col); s/o Gabriel & Lettie; 21y; sgl; laborer; b. & res. Fqr; m. 13 Nov 1902 in Fqr to FRANY, Mary (col); d/o George & Mary; 19y; sgl; b. & res. Fqr; (lic) 12 Nov 1902; (off) Nathaniel A. MARRIOTT; consent of mother filed; Pg:Ln 294:17
CARTER, Lucius S.; s/o N. G. & Mildred J.; 28y; sgl; farmer; b. & res. Fqr; m. 17 Jun 1888 in Fqr to TARMAN, Emma J.; d/o Thos. & Mary; 16y; sgl; b. & res. Fqr; (lic) 14 Jun 1888; (off) C. A. JOYCE; oath; Pg:Ln 207:11
CARTER, Luther; s/o Benton & Catharine; 21y; sgl; farmer; b. & res. Fqr; m. 25 Dec 1883 in Fqr to REEVES, Rosa; d/o Jehu & Jane; 19y; sgl; b. PrWmVA; res. Fqr; (lic) 24 Dec 1883; (off) L. H. CRENSHAW; sworn to by A. POWELL as to father; Pg:Ln 184:16
CARTER, Peter (col); s/o Thornton & Susan; 40y; sgl; laborer; b. & res. Fqr; m. 26 Sep 1901 in Fqr to MARSHALL, Charlotte (col); d/o Robert & Sally; 48y; sgl; b. CulpVA; res. Fqr; (lic) 21 Sep 1901; (off) Thornton HILL; Pg:Ln 286:23
CARTER, Peter (col); s/o Peter & Charlotte; 22y; sgl; laborer; b. & res. Fqr; m. 8 Oct 1903 in Fqr to PINN, Daisy (col); d/o Thomas & Nancy; 21y; sgl; b. & res. Fqr; (lic) 7 Oct 1903; (off) D. W. JONES; Pg:Ln 299:19
CARTER, Robt. F.; s/o N. G. & Mildred J.; 22y; sgl; farmer; b. & res. Fqr; m. 8 Feb 1888 in Fqr to THARPE, Rebecca; d/o John & Louisa; 21y; sgl; b. & res. Fqr; (lic) 6 Feb 1888; (off) S. M. ATHEY; oath; Pg:Ln 206:12
CARTER, Robt. L.; s/o Geo. & Maria; 21y; sgl; farmer; b. & res. Fqr; m. 19 Jan 1898 in Fqr to ALLISON, Lilly; d/o Jno. F. & Mary J.; 15y; sgl; b. & res. Fqr; (lic) 14 Jan 1898; (off) F. R. BOSTON; consent of father in person; Pg:Ln 263:24
CARTER, Saml. (col); s/o John & Rachel; 23y; sgl; laborer; b. & res. Fqr; m. 2 Oct 1898 in Fqr to LUCAS, Isabelle (col); d/o Nero & Charlotte;

21y; sgl; b. & res. Fqr; (lic) 1 Oct 1898; (off) Rev. Geo. W. HORNER; Pg:Ln 267:18
CARTER, W. Henry (col); s/o Peter & Charlotte; 22y; sgl; laborer; b. & res. Fqr; m. 30 Dec 1903 in Fqr to DADE, Mary F. (col); d/o Key & Ellen; 21y; sgl; b. & res. Fqr; (lic) 29 Dec 1903; (off) A. R. PICKETT; Pg:Ln 301:08
CARTER, W. W. Jr.; s/o W. W. & Martha E.; 39y; sgl; farmer; b. & res. Fqr; m. 2 Dec 1890 in Fqr to LAKE, Anna Lee; d/o Richard E. & Anna; 26y; sgl; b. & res. Fqr; (lic) 1 Dec 1890; (off) Walter H. ROBERTSON; Pg:Ln 220:21
CARTER, Wm. (col); s/o Arthur & Maria; 24y; sgl; laborer; b. & res. Fqr; m. 23 Feb 1906 in Fqr to FORD, Alice (col); d/o Thos. & Maria; 24y; sgl; b. & res. Fqr; (lic) 23 Feb 1906; (off) T. W. BROOKS; Pg:Ln 313:10
CARTER, Wm. H. (col); s/o Shedrock & Maria; 29y; sgl; laborer; b. & res. Fqr; m. 31 Jul 1901 in Fqr to HELM, Maria (col); d/o Enoch & Caroline; 22y; sgl; b. & res. Fqr; (lic) 31 Jul 1901; (off) N. A. MARRIOTT; Pg:Ln 285:23
CARY, W. J.; s/o Edw'd & Ellen; 28y; sgl; cook; b. RappVA; res. WrnVA; m. 7 Nov 1887 in Fqr to PRITCHARD, Donna J.; d/o Washington & Thuresa; 27y; sgl; b. & res. Fqr; (lic) 27 Oct 1887; (off) Charles L. YATES; certificate filed; Pg:Ln 203:16
CARY, Wilson (col); s/o Wilson & Kitty; 23y; sgl; laborer; b. & res. Fqr; m. 21 Mar 1894 in Fqr to MILES, Ellen (col); d/o Dolphus & Donia; 21y; sgl; b. & res. Fqr; (lic) 15 Mar 1894; (off) P. W. AUSTIN; Pg:Ln 240:19
CASH, Humphrey (col); s/o Abram & Mary Ann; 25y; sgl; laborer; b. & res. Fqr; m. 11 Jan 1883 in Fqr to BROOKS, Martha Jane (col); d/o Danl. & Patsy; 26y; sgl; b. & res. Fqr; (lic) 10 Jan 1883; (off) Marshall D. WILLIAMS; Pg:Ln 179:05
CASON, Henry (col); s/o Harrison & Hester; 24y; sgl; laborer; b. Louisa Co. VA; res. Fqr; m. 30 Dec 1889 in Fqr to BERRY, Mary C. (col); d/o Edmond & Prisilla; 28y; sgl; b. RappVA; res. Fqr; (lic) 28 Dec 1889; (off) Thornton HILL; Pg:Ln 216:16
CASSELL, John F.; s/o Thos. M. & Josephine L.; 23y; sgl; R R agent; b. Fqr; res. Bedford Co. VA,; m. 14 Sep 1892 in Fqr to EUSTACE, Annie L.; d/o Jno. & Sarah S.; 21y; sgl; b. & res. Fqr; (lic) 5 Sep 1892; (off) C. W. BROOKS; by John EUSTACE father; Pg:Ln 231:14
CASSELL, Walter D.; s/o T. M. & Louisa J.; 21y; sgl; telegraph operator & ag't; b. WashDC; res. Fqr; m. 30 Jan 1884 in Fqr to KENDALL, Georgia W.; d/o Geo. W. & Josephine; 19y; sgl; b. & res. Fqr; (lic) 29 Jan 1884; (off) T. W. NEWMAN; consent of T. M. CASSELL Guard'n & step father in person; Pg:Ln 186:05
CASSELL, Wm. H.; s/o T. M. & Josephine; 29y; sgl; farmer; b. & res. Fqr; m. 18 Dec 1901 in Fqr to HICKEY, Sudie R.; d/o Joseph & Mary; 25y; sgl; b. Green Co Va; res. Fqr; (lic) 16 Dec 1901; (off) Wm. T. GOVER; Pg:Ln 289:06
CATLETT, Charles; s/o R. H. & Mollie P.; 25y; sgl; chemist; b. & res. Staunton, VA; m. 6 Nov 1890 in Fqr to HUNTON, Bessie M.; d/o

James J. & Matilda C.; 22y; sgl; b. & res. Fqr; (lic) 6 Nov 1890; (off) Geo. W. NELSON; Pg:Ln 220:16

CATLETT, Frank E.; s/o Wm. & Helen; 26y; sgl; merchant; b. Point Coupee, LA; res. Fqr; m. 3 Dec 1889 in Fqr to HARRY, Sallie R.; d/o P. R. & R. J.; 19y; sgl; b. & res. Fqr; (lic) 2 Dec 1889; (off) Lee M. LYLE; consent of father sworn to by W. B. DEATHERAGE & filed; Pg:Ln 215:03

CATON, Henry L.; s/o Jno. A. & Nancy Va; 23y; sgl; farmer; b. & res. Fqr; m. 29 Dec 1903 in Fqr to FOX, Mary V.; d/o H. C. & Sally M.; 21y; sgl; b. Madison Co. Va; res. Fqr; (lic) 29 Dec 1903; (off) F. R. BOSTON; Pg:Ln 301:07

CATON, James M.; s/o Jno. A. & Nancy V.; 24y; sgl; farmer; b. & res. Fqr; m. 30 Dec 1902 in Fqr to FOX, Bettie L.; d/o Henry C. & S. M.; 24y; sgl; b. & res. Fqr; (lic) 24 Dec 1902; (off) Walter H. ROBERTSON; Pg:Ln 295:24

CATTS, Edgar C.; s/o Jno. E. & Annie S.; 30y; sgl; merchant; b. PrWmVA; res. WashDC; m. 2 Aug 1892 in Fqr to WEBER, Mary C.; d/o Louis F. & Belle; 23y; sgl; b. & res. Fqr; (lic) 1 Aug 1892; (off) Jas. W. GRUBBS; Pg:Ln 231:05

CAVANAUGH, Thos. L.; s/o A. R. & Catharine; 27y; sgl; coach painter; b. & res. WashDC; m. 5 Nov 1885 in Fqr to TOBIN, Johanna M.; d/o Patrick & Ellen; 23y; sgl; b. WashDC; res. Fqr; (lic) 5 Nov 1885; (off) P. DONOHOE; Pg:Ln 193:20

CAYNOR, Wm. O.; s/o Jas. & Mary; 48y; sgl; farmer; b. RockVA; res. Fqr; m. 9 Nov 1897 in Fqr to BURGESS, Charlotte A.; d/o Jno. & Mary Jane; 35y; sgl; b. & res. Fqr; (lic) 6 Nov 1897; (off) F. R. BOSTON; Pg:Ln 261:10

CEPHAS, Abraham D. (col); s/o James & Julia; 28y; sgl; laborer; b. & res. Fqr; m. 11 Dec 1902 in Fqr to THOMPSON, Emily E. (col); d/o George & Lucinda; 28y; sgl; b. & res. Fqr; (lic) 11 Dec 1902; (off) D. W. JONES; Pg:Ln 295:06

CEPHAS, Samuel (col); s/o James & Julia; 21y; sgl; laborer; b. & res. Fqr; m. 29 Jun 1899 in Fqr to FORD, Mamie (col); d/o ___ & Belle; 21y; sgl; b. & res. Fqr; (lic) 28 Jun 1899; (off) D. W. JONES; Pg:Ln 273:02

CHADWELL, Luke; s/o Bryant & Margt.; 31y; sgl; mason & plaster; b. & res. Fqr; m. 4 Nov 1883 in Fqr to RANDALL, Eliza; d/o Benj. & Mollie; 28y; sgl; b. & res. Fqr; (lic) 31 Oct 1883; (off) Jno. F. POULTON; Pg:Ln 182:20

CHADWICK, George H.; s/o Jno. B. & Fannie; 40y; sgl; clerk; b. Monroe Co. Mo.; res. WashDC; m. 7 Sep 1898 in Fqr to HARVEY, Grace S.; d/o Geo. W. & ___; 22y; sgl; b. Lancaster Co. Va; res. WashDC; (lic) 7 Sep 1898; (off) Geo. W. NELSON; Pg:Ln 267:05

CHAMBERS, Harvey; s/o Ephraim & Barbry; 25y; sgl; farmer; b. Green Co Pa; res. Fqr; m. 1 Feb 1900 in Fqr to DOLBY, Alice M.; d/o Joseph & Mary E.; 16y; sgl; b. Northumberland Co Pa; res. Fqr; (lic) 1 Feb 1900; (off) Andrew CHAMBERS; consent of father in person; Pg:Ln 277:17

CHAMBERS, Peter (col); s/o Rich'd. & Bettie; 19y; sgl; farmer; b. & res. Fqr; m. 25 May 1892 in Fqr to LAMBERT, Louisa (col); d/o Robt. & Susan; 17y; sgl; b. & res. Fqr; (lic) 23 May 1892; (off) M. A. RUSSELL; consent of parents in person; Pg:Ln 230:09
CHAMBERS, W. Scott; s/o Andrew & Anna; 22y; sgl; tel operator; b. Marshall Co W Va; res. Fqr; m. 23 Feb 1902 in Fqr to HEDDINGS, Carrie S.; d/o J. S. & ___; 24y; sgl; b. Union Co Pa; res. Fqr; (lic) 22 Feb 1902; (off) A. CHAMBERS; Pg:Ln 291:02
CHAMP, Amos (col); s/o Wm. & Margaret; 25y; sgl; farmer; b. & res. Fqr; m. 7 Mar 1889 in Fqr to THORNLEY, Ary (col); d/o Nelson & Louisa; 18y; sgl; b. & res. Fqr; (lic) 4 Mar 1889; (off) Cornelius GADDIS; consent of step father in person; Pg:Ln 211:09
CHAMP, Geo.; s/o Wm. & Marg't.; 27y; sgl; laborer; b. & res. Fqr; m. 21 May 1889 in Fqr to SMITH, Eliz'th; d/o Jno. T. & Julia; 19y; sgl; b. & res. Fqr; (lic) 20 May 1889; (off) G. C. BANISTER; oath; Pg:Ln 212:04
CHAMP, Isaac M. (col); s/o Moses & Bettie; 31y; div; preacher; b. PrWmVA; res. Danville Va; m. 12 Apr 1905 in Fqr to THOMPSON, Margery L. (col); d/o Wallace & Julia; 28y; sgl; b. & res. Fqr; (lic) 28 Mar 1905; (off) E. D. TYLER; cerf. of divorce filed; Pg:Ln 308:18
CHAMP, Lee (col); s/o Wm. & Margt.; 22y; sgl; laborer; b. & res. Fqr; m. 31 Dec 1893 in Fqr to WEATHERS, Jennie (col); d/o Oscar & Lucinda; 18y; sgl; b. & res. Fqr; (lic) 26 Dec 1893; (off) R. S. DAWSON; consent filed; Pg:Ln 239:04
CHAMP, Lee (col); s/o Williams & Martha; 27y; sgl; laborer; b. & res. Fqr; m. 23 Apr 1898 in Fqr to DADE, Lulie (col); d/o Wm. & Martha; 21y; sgl; b. & res. Fqr; (lic) 23 Apr 1898; (off) A. R. PINKETT; Pg:Ln 264:24
CHANCELLOR, Geo. W.; s/o Saml. & Maria; 56y; wid; farmer; b. RappVA; res. Fqr; m. 10 Oct 1893 in Fqr to HERNDON, Julia K.; d/o Thaddeus & Louisa; 48y; sgl; b. & res. Fqr; (lic) 7 Oct 1893; (off) Chas. T. HERNDON; Pg:Ln 236:21
CHANDLER, Jno. (col); s/o Wm. & Polina; 24y; sgl; laborer; b. AlexVA; res. Fqr; m. 15 Nov 1888 in Fqr to RUSSELL, Agnes (col); d/o Thos. & Virginia; 16y; sgl; b. & res. Fqr; (lic) 15 Nov 1888; (off) B. P. DULIN; oath; Pg:Ln 208:10
CHANDLER, Jos. A.; s/o Saml. & Martha; 26y; sgl; miller; b. Rockingham Co. NC; res. Nelson Co. VA; m. 9 Jun 1886 in Fqr to RHINE, Edmonia; d/o Louis A. & Ann F.; 21y; sgl; b. & res. Fqr; (lic) 8 Jun 1886; (off) D. Frank ENTSLER; Pg:Ln 196:20
CHANDLER, Joseph A.; s/o Samuel & Martha E.; 38y; wid; miller; b. RockVA; res. Fqr; m. 26 Oct 1898 in Fqr to CURTIS, Susie F.; d/o Henry B. & Harriet; 36y; sgl; b. & res. Fqr; (lic) 21 Oct 1898; (off) T. W. NEWMAN; Jno. L. CRITTENDEN letter; Pg:Ln 268:04
CHAPIN, Geo. C.; s/o Wm. T. & Mattie A.; 25y; sgl; merchant; b. WrnVA; res. Newport News Va; m. 7 Oct 1903 in Fqr to KERFOOT, Susie Elgin; d/o Wm. F. & Margaret D.; 24y; sgl; b. & res. Fqr; (lic) 6 Oct 1903; (off) I. B. LAKE; Pg:Ln 299:18
CHAPMAN, Andrew (col); s/o Albert & Siney; 29y; sgl; farmer; b. & res. Fqr; m. 2 Jun 1892 in Fqr to PARKER, Lillie (col); d/o Chas. &

Emeline; 25y; sgl; b. & res. Fqr; (lic) 1 Jun 1892; (off) C. M. TYLER; Pg:Ln 230:13

CHAPMAN, Horace (col); s/o Albert & Selena; 24y; sgl; laborer; b. & res. Fqr; m. 5 Mar 1890 in Fqr to FRANEY, Frances (col); d/o John & Martha; 20y; sgl; b. & res. Fqr; (lic) 4 Mar 1890; (off) R. L. RUFFIN; consent of Betsy GASKINS Grandmother in person; Pg:Ln 217:24

CHAPMAN, Mark (col); s/o Albert & Lena; 30y; wid; farmer; b. & res. Fqr; m. 12 Feb 1890 in Fqr to FORD, Phillis (col); d/o Simon & Mary; 23y; sgl; b. & res. Fqr; (lic) 10 Feb 1890; (off) Geo. W. NELSON; Pg:Ln 217:13

CHAPMAN, Philip P.; s/o Jno. & Martha; 26y; sgl; farmer; b. & res. PrWmVA; m. 8 Jun 1887 in Fqr to PEAKE, Eva W.; d/o Jos. & Mary; 25y; sgl; b. & res. Fqr; (lic) 7 Jun 1887; (off) James GRAMMER; Pg:Ln 202:09

CHAPMAN, Sandy (col); s/o Mark & Nancy; 24y; sgl; laborer; b. & res. Fqr; m. 12 Apr 1883 in Fqr to MUNROE, Emma Jane (col); d/o James & Mary; 15y; sgl; b. & res. Fqr; (lic) 11 Apr 1883; (off) Rev. Jas. MILES; consent of father in person; Pg:Ln 180:05

CHAPMAN, Sandy (col); s/o Mark & Nancy; 45y; wid; laborer; b. & res. Fqr; m. 21 May 1902 in Fqr to WANSER, Maria (col); d/o James & Anna; 51y; wid; b. Petersburg Va; res. Fqr; (lic) 20 May 1902; (off) C. M. TYLER; Pg:Ln 292:04

CHAPPELLE, A. M.; s/o James W. & Jane E.; 30y; sgl; clerk; b. & res. Fqr; m. 15 Nov 1900 in Fqr to FEWELL, M. F.; d/o John W. & Mary F. RUSSELL; 40y; wid; b. & res. Fqr; (lic) 13 Nov 1900; (off) W. P. C. COE; Pg:Ln 282:01

CHAPPELLE, George E.; s/o J. W. & Jane E.; 22y; sgl; physician; b. & res. Fqr; m. 28 Aug 1901 in Fqr to PAYNE, Ethel Maria; d/o Daniel & Virginia; 22y; sgl; b. & res. Fqr; (lic) 28 Aug 1901; (off) F. R. BOSTON; Pg:Ln 286:06

CHAPTON, Milton (col); s/o Albert & Lena A.; 25y; sgl; farmer; b. & res. Fqr; m. 26 Dec 1889 in Fqr to HOPKINS, Lulah (col); d/o Moses & ___; 21y; sgl; b. & res. Fqr; (lic) 24 Dec 1889; (off) R. L. RUFFINs; consent sworn to by William ROY & filed; Pg:Ln 216:08

CHEEKS, Robert H.; s/o George & Betsy; 26y; sgl; miller; b. RappVA; res. Fqr; m. 25 Dec 1889 in Fqr to PEARSON, Sallie K.; d/o Richard E. & Susan; 18y; sgl; b. & res. Fqr; (lic) 16 Dec 1889; (off) Chas. T. HERNDON; cerf. of consent of R. E. PEARSON filed,; Pg:Ln 215:14

CHEW, Thos. J.; s/o Thomas J. & Jane B.; 45y; wid; farmer; b. Calbert [Calvert] Co. MD; res. PrWmVA; m. 30 Jul 1889 in Fqr to BEVERLY, Baynton C.; d/o Robt. & Jane; 39y; sgl; b. & res. Fqr; (lic) 27 Jul 1889; (off) B. T. Turner; Pg:Ln 213:05

CHICHESTER, Arthur (col); s/o Jack & Fannie; 29y; sgl; laborer; b. & res. Fqr; m. 21 Mar 1906 in Fqr to NICKENS, Ama? [or possibly Aura?] G. (col); d/o Mack & Kate; 19y; sgl; b. WashDC; res. Fqr; (lic) 21 Mar 1906; (off) M. A. RUSSELL; consent of father in person; Pg:Ln 313:18

CHICHESTER, Chas. R.; s/o Geo. B. & Cath. L.; 51y; wid; farmer; b. & res. Fqr; m. 6 Apr 1898 in Fqr to FIELDS, Alice; d/o Wm. & Ellen; 42y;

sgl; b. & res. Fqr; (lic) 30 Mar 1898; (off) Geo. W. NELSON; Pg:Ln 264:17
CHICHESTER, John; s/o Dick & Courtney; 30y; sgl; laborer; b. & res. Fqr; m. 14 Dec 1905 in Fqr to LAMBERT, Mary E.; d/o Martin & Susan; 18y; sgl; b. & res. Fqr; (lic) 14 Dec 1905; (off) Julius D. WARD; consent of mother in person; Pg:Ln 311:22
CHICHESTER, Randolph (col); s/o ___ & Jane; 27y; sgl; laborer; b. & res. Fqr; m. 2 Aug 1891 in Fqr to BROWN, Carrie (col); d/o ___ & Mary; 25y; sgl; b. & res. Fqr; (lic) 1 Aug 1891; (off) Geo. W. HORNER; Pg:Ln 225:05
CHICHESTER, Russell (col); s/o Jack & Fanny; 21y; sgl; laborer; b. & res. Fqr; m. 31 Dec 1895 in Fqr to ROBINSON, Saidie (col); d/o Robt. & Catharine; 18y; sgl; b. & res. Fqr; (lic) 31 Dec 1895; (off) R. L. RUFFIN; consent of fathe rin person; Pg:Ln 251:14
CHILDS, Wm. (col); s/o George & Marion; 26y; sgl; farmer; b. & res. CulpVA; m. 18 May 1905 in CulpVA to CLAY, Ricie (col); d/o John & Fanny; 23y; sgl; b. & res. Fqr; (lic) 17 May 1905; (off) J. Royall COOK; Pg:Ln 309:06
CHILTON, Charles B.; s/o Saml. B. & Eliza; 41y; sgl; farmer; b. & res. CulpVA; m. 12 Jul 1899 in Fqr to HAMILTON, Harriet G.; d/o George & Marianna; 28y; sgl; b. & res. Fqr; (lic) 6 Jul 1899; (off) J. J. CLOPTON; Pg:Ln 273:07
CHILTON, R. S.; s/o S. B. & Eliza Q.; 29y; sgl; farmer; b. Fluvanna Co. VA; res. CulpVA; m. 18 Oct 1893 in Fqr to JAMES, Susan; d/o Aldridge & Virginia J.; 26y; sgl; b. & res. Fqr; (lic) 14 Oct 1893; (off) Walter H. ROBERTSON; Pg:Ln 237:04
CHINN, William (col); s/o John & Eliza; 35y; sgl; laborer; b. & res. Fqr; m. 20 Dec 1896 in Fqr to FITZCHEW, Louisa (col); d/o Wesley FITZCHEW & Julia Fewell; 30y; sgl; b. & res. Fqr; (lic) 14 Dec 1896; (off) G. C. BANISTER; C. E. STROTHER ___; Pg:Ln 256:03
CHLOE, Jack (col); s/o Anthony & ___; 21y; sgl; laborer; b. & res. Fqr; m. 21 Dec 1905 in Fqr to WELLS, Lillie (col); d/o Edwd. & Florida; 20y; sgl; b. & res. Fqr; (lic) 18 Dec 1905; (off) G. C. BANISTER; consent filed; Pg:Ln 312:03
CHRISTIAN, Hamilton (col); s/o Lewis & Lucy; 24y; sgl; laborer; b. & res. Fqr; m. 26 Nov 1905 in Fqr to GASKINS, Bessie (col); d/o Henry & Delsy; 19y; sgl; b. PrWmVA; res. Fqr; (lic) 25 Nov 1905; (off) Horace CRUTCHER; consent of father in person; Pg:Ln 311:11
CHRISTIAN, Jas. (col); s/o Lewis & Lucy; 21y; sgl; laborer; b. & res. Fqr; m. 17 Dec 1885 in Fqr to WELLS, Annie (col); d/o Patrick & Agnes; 26y; sgl; b. & res. Fqr; (lic) 17 Dec 1885; (off) J. N. BADGER; Pg:Ln 194:03
CHRISTIAN, Lewis (col); s/o Lewis & Lucy; 26y; sgl; blacksmith; b. & res. Fqr; m. 19 Nov 1896 in Fqr to GASKINS, Mollie (col); d/o Henry H. & Delphi; 18y; sgl; b. PrWmVA; res. Fqr; (lic) 18 Nov 1896; (off) M. A. RUSSELL; consent of father in person; Pg:Ln 255:15
CHRISTIAN, Pendleton (col); s/o Lewis & Lucy; 22y; sgl; laborer; b. & res. Fqr; m. 20 Oct 1901 in Fqr to STROTHER, Lottie (col); d/o ___ &

Nannie; 20y; sgl; b. & res. Fqr; (lic) 19 Oct 1901; (off) C. M. TYLER; authority of Court filed; Pg:Ln 287:11
CHRISTIAN, Stephen G. (col); s/o Lewis & Lucy; 26y; sgl; laborer; b. & res. Fqr; m. 19 Feb 1893 in Fqr to MINOR, Isabella (col); d/o Samuel & Lucy; 36y; sgl; b. & res. Fqr; (lic) 18 Feb 1893; (off) F. R. BOSTON; Pg:Ln 234:22
CHRISTIAN, Thos. (col); s/o Lewis & Lucy; 24y; sgl; farmer; b. & res. Fqr; m. 6 Oct 1896 in Fqr to GASKINS, Arrana (col); d/o Henry H. & Delzie; 16y; sgl; b. PrWmVA; res. Fqr; (lic) 5 Oct 1896; (off) J. S. GARDNER; consent of father in person; Pg:Ln 254:24
CHUNN, Jas. (col); s/o Jas. & Kate; 66y; wid; laborer; b. & res. Fqr; m. 28 Sep 1890 in Fqr to CORBIN, Hannah (col); d/o Edmond & Fannie; 60y; wid; b. & res. Fqr; (lic) 24 Sep 1890; (off) Cornelius GADDIS; Pg:Ln 219:17
CIMBERS, John J.; s/o Chesley & Josephine; 29y; sgl; Curs? Fireman S. R. Co.; b. St. Joseph Co. Ind.; res. Fqr; m. 30 May 1904 in Fqr to BROWN, Verna R.; d/o Alex & Emily; 22y; sgl; b. Lewis Co. W. Va; res. Fqr; (lic) 30 May 1904; (off) G. A. GRILLBORTZER; Pg:Ln 303:04
CLAGGETT, Jno. W.; s/o I. N. & S. C.; 35y; sgl; farmer; b. Fqr; res. PrWmVA; m. 24 Oct 1893 in Fqr to SANFORD, Laura; d/o Meredith & Sarah; 32y; sgl; b. & res. Fqr; (lic) 24 Oct 1893; (off) F. R. BOSTON; Pg:Ln 237:06
CLARK, Augustus (col); s/o J. C. & Lucy; 21y; sgl; laborer; b. & res. Fqr; m. 6 Sep 1897 in Fqr to TILLEARY, Josephine (col); d/o Armstead & Charlotte; 20y; sgl; b. & res. Fqr; (lic) 6 Sep 1897; (off) Vincent LACY; consent of father in person; Pg:Ln 260:07
CLARK, F. A.; s/o A. J. & Sophia; 27y; sgl; farmer; b. WashDC; res. Pontotoc MS; m. 14 Nov 1888 in Fqr to MADDUX, Mary P.; d/o F. W. & Alice; 17y; sgl; b. & res. Fqr; (lic) 10 Nov 1888; (off) W. D. WHITE; oath; Pg:Ln 208:08
CLARK, Leland; s/o Isaac M. & Mary J.; 25y; sgl; lumberman; b. Grand Rapids, Michigan; res. ___ Miss; m. 14 Nov 1905 in Fqr to PEYTON, Marianne G.; d/o R. E. & Carrie G.; 23y; sgl; b. & res. Fqr; (lic) 14 Nov 1905; (off) J. J. NORWOOD; Pg:Ln 311:05
CLARK, Lewis (col); s/o Robert & Eliza; 29y; sgl; plasterer; b. & res. WashDC; m. 7 Jul 1897 in Fqr to WILLIAMS, Mary (col); d/o Jno. T. & Harriet; 24y; sgl; b. & res. Fqr; (lic) 6 Jul 1897; (off) A. R. PINKETT; Pg:Ln 259:13
CLARK, Otho C.; s/o George W. & Huldah C.; 29y; sgl; conductor; b. Fqr; res. WashDC; m. 9 Jun 1899 in Fqr to FINKS, Maud L.; d/o John J. & S. V.; 20y; sgl; b. & res. Fqr; (lic) 9 Jun 1899; (off) Walter H. ROBERTSON; consent of father filed; Pg:Ln 272:18
CLARK, Patrick; s/o Michael & Bridget; 55y; sgl; laborer; b. Sligo, Ireland; res. Fqr; m. 20 Aug 1883 in Fqr to BERRYMAN, Mary Ellen; d/o William & ___; 45y; sgl; b. & res. Fqr; (lic) 20 Aug 1883; (off) Jas. H. WOLFF; Pg:Ln 181:07
CLARKE, James W. (col); s/o William & Sarah; 31y; sgl; laborer; b. & res. Fqr; m. 5 Nov 1902 in Fqr to MINOR, Evalina (col); d/o Henry & Emily;

35y; wid; b. & res. Fqr; (lic) 4 Nov 1902; (off) C. M. TYLER; Pg:Ln 294:13
CLATTERBUCK, E. C.; s/o John & Sarah J.; 24y; sgl; farmer; b. Fqr; res. CulpVA; m. 1 Feb 1900 in Fqr to BURGESS, Ella; d/o Hez. & Sarah M.; 19y; sgl; b. & res. Fqr; (lic) 1 Feb 1900; (off) Walter H. ROBERTSON; consent of father in person; Pg:Ln 277:18
CLATTERBUCK, R. J.; s/o J. M. & Sarah J.; 21y; sgl; farmer; b. & res. Fqr; m. 22 Sep 1897 in Fqr to JACOBS, Annie; d/o Silas & Jennie; 16y; sgl; b. & res. Fqr; (lic) 22 Sep 1897; (off) F. R. BOSTON; consent of father in person; Pg:Ln 260:15
CLATTERBUCK, Thos. J.; s/o John M. & Sarah J.; 28y; sgl; farmer; b. & res. Fqr; m. 6 Nov 1901 in Fqr to JEFFRIES, Mildred F.; d/o B. B. & Rosalie; 23y; sgl; b. & res. Fqr; (lic) 6 Nov 1901; (off) H. S. COE; Pg:Ln 287:24
CLATTERBUCK, Wm. C.; s/o J. M. & Sarah; 20y; sgl; farmer; b. & res. Fqr; m. 3 Oct 1889 in Fqr to EDWARDS, Fanny B.; d/o W. W. & ___; 21y; sgl; b. & res. Fqr; (lic) 2 Oct 1889; (off) F. R. BOSTON; consent of father in person; Pg:Ln 213:24
CLAXTON, Jas. L.; s/o James & Edna; 30y; sgl; farmer; b. & res. Fqr; m. 30 Jan 1895 in Fqr to JACOBS, Virginia; d/o Alex'r & Mary S.; 28y; sgl; b. & res. Fqr; (lic) 28 Jan 1895; (off) C. W. BROOKS; Pg:Ln 245:19
CLAXTON, Thos.; s/o Henry & Sally; 26y; sgl; farmer; b. & res. Fqr; m. 20 Dec 1894 in Fqr to BROWN, Annie; d/o Jesse & Eliza J.; 25y; sgl; b. & res. Fqr; (lic) 18 Dec 1894; (off) C. W. BROOKS; Pg:Ln 244:13
CLAY, Henry (col); s/o Henry & Lucy; 28y; sgl; laborer; b. & res. Fqr; m. 30 Dec 1896 in Fqr to ROBERTS, Annie (col); d/o William & Lucy; 22y; sgl; b. & res. Fqr; (lic) 29 Dec 1896; (off) S. W. BROWN; Pg:Ln 257:07
CLAY, John (col); s/o Beverley & Winnie; 25y; sgl; laborer; b. & res. Fqr; m. 27 Jan 1895 in Fqr to BROOK, Bertie (col); d/o Nelson & Nancy; 26y; sgl; b. & res. Fqr; (lic) 26 Jan 1895; (off) M. A. RUSSELL; Pg:Ln 245:18
CLAY, Willie (col); s/o Robt. & Lucy; 21y; sgl; laborer; b. & res. Fqr; m. 1 Jan 1889 in Fqr to JOHNSON, Lucinda (col); d/o Thos. & Malvilla; 19y; sgl; b. & res. Fqr; (lic) 31 Dec 1888; (off) Cornelius GADDIS; consent of father in person; Pg:Ln 210:06
CLEGG, Sam; s/o Daniel & Ellen; 20y; sgl; laborer; b. & res. Fqr; m. 27 Dec 1894 in Fqr to BOLTON, Annie V.; d/o John & Jane; 22y; sgl; b. & res. Fqr; (lic) 26 Dec 1894; (off) F. R. BOSTON; consent of Judge SPILMAN filed; Pg:Ln 245:07
CLEMONS, Joseph M.; s/o Wm. J. & Catharine; 25y; sgl; farmer; b. & res. Fqr; m. 26 Dec 1900 in Fqr to RITENOUR, Elizabeth F.; d/o J. R. & Annie E. S.; 18y; sgl; b. ShenVA; res. Fqr; (lic) 26 Dec 1900; (off) F. R. BOSTON; consent of father in person; Pg:Ln 283:13
CLEMONS, Wm. H.; s/o James & Mildred; 36y; sgl; farmer; b. & res. Fqr; m. 17 Dec 1902 in Fqr to HOLLIDAY, Nannie; d/o Joseph & Margaret

F.; 27y; sgl; b. & res. Fqr; (lic) 15 Dec 1902; (off) Frank P. BERKELEY; Pg:Ln 295:08

CLOE, Jack (col); s/o John & Mary; 47y; wid; laborer; b. & res. Fqr; m. 6 Nov 1890 in Fqr to KING, Nelly (col); d/o not given; 35y; sgl; b. & res. Fqr; (lic) 4 Nov 1890; (off) Cornelius GADDIS; Pg:Ln 220:11

CLOPTON, N. V.; s/o Jno. S. & Susan; 43y; sgl; farmer; b. & res. Fqr; m. 26 Jul 1894 in Fqr to MARTIN, A. L.; d/o Robt. & Lucy; 33y; sgl; b. & res. Fqr; (lic) 23 Jul 1894; (off) C. W. BROOKS; Pg:Ln 242:01

CLOPTON, N. V.; s/o Jno. S. & Susan V.; 50y; wid; farmer; b. & res. Fqr; m. 5 Jun 1901 in Fqr to KEMPER, Mary V.; d/o R. W. & Mary; 22y; sgl; b. & res. Fqr; (lic) 3 Jun 1901; (off) T. W. NEWMAN; Pg:Ln 285:02

CLOW, Anthony (col); s/o John & Mary; 51y; sgl; farmer; b. & res. Fqr; m. 25 Sep 1904 in Fqr to STRIBLING, Sophie (col); d/o Horace & Sophie; 25y; sgl; b. & res. Fqr; (lic) 24 Sep 1904; (off) Eld. M. A. RUSSELL; Pg:Ln 304:20

COCHRAN, R. S.; s/o Geo. B. & Julia S.; 25y; sgl; merchant; b. San Antonio, TX; res. Fqr; m. 22 Nov 1893 in Fqr to COCHRAN, C. C.; d/o Jno. H. & Charlotte; 21y; sgl; b. LdnVA; res. Fqr; (lic) 20 Nov 1893; (off) T. M. DUDLEY; Pg:Ln 237:22

COCKERELL, Wm. E.; s/o John & Betty; 23y; sgl; farmer; b. & res. Fqr; m. 30 Dec 1884 in Fqr to SMITH, Rosa Lee; d/o Geo. H. & Eliza A.; 18y; sgl; b. & res. Fqr; (lic) 29 Dec 1884; (off) W. F. DUNAWAY; consent of father in person; Pg:Ln 190:12

COCKERILL, Geo. B.; s/o John & Mary E.; 23y; sgl; farmer; b. & res. Fqr; m. 1 Apr 1885 in Fqr to LOYD, Addy M.; d/o Jas. N. & Mary J.; 23y; sgl; b. & res. Fqr; (lic) 24 Mar 1885; (off) J. H. WAUGH; Pg:Ln 191:18

COCKERILL, R. T.; s/o Thos. & Letitia; 21y; sgl; farmer; b. & res. Fqr; m. 25 Feb 1886 in Fqr to RUSH, Cora J.; d/o R. H. & Sally; 22y; sgl; b. CulpVA; res. Fqr; (lic) 25 Feb 1886; (off) F. R. BOSTON; Pg:Ln 195:18

COCKERILLE, Edw'd.; s/o Wm. & Susan; 27y; sgl; farmer; b. & res. Fqr; m. 24 Feb 1891 in Fqr to HERRELL, Ella; d/o Jno. & Sarah E.; 29y; sgl; b. & res. Fqr; (lic) 23 Feb 1891; (off) T. G. NEVITT; Pg:Ln 223:05

COCKRELL, G. B.; s/o John & Mary; 36y; wid; mechanic; b. & res. Fqr; m. 1 Jun 1898 in Fqr to COSTELLO, Millie T.; d/o Thornton & Ennice E.; 23y; sgl; b. & res. Fqr; (lic) 1 Jun 1898; (off) Geo. T. TYLER; Pg:Ln 265:14

COCKRELL, James H.; s/o John & Mary E.; 27y; sgl; farmer; b. & res. Fqr; m. 18 Dec 1901 in Fqr to EMBREY, Mattie A.; d/o Aquilla & Mary P.; 22y; sgl; b. & res. Fqr; (lic) 17 Dec 1901; (off) Isaac N. CAMPBELL; Pg:Ln 289:07

COCKRELL, Joseph A.; s/o John & Mary; 24y; sgl; railroading; b. & res. Fqr; m. 22 Nov 1899 in Fqr to PEARSON, Maria N.; d/o James & Mollie N.; 20y; sgl; b. & res. Fqr; (lic) 21 Nov 1899; (off) Isaac N. CAMPBELL; consent of mother filed; Pg:Ln 275:11

COCKRILL, Jno. L.; s/o Jno. & Mary; 25y; sgl; railroading; b. & res. Fqr; m. 29 Dec 1896 in Fqr to PEARSON, Kate N.; d/o James & Mary; 20y;

sgl; b. & res. Fqr; (lic) 28 Dec 1896; (off) H. M. STRICKLER; nother consent filed; Pg:Ln 257:02
COCKRILL, John H.; s/o Jno. T. & Edmonia; 21y; sgl; farmer; b. & res. Fqr; m. 7 Sep 1904 in Fqr to BOBST, Evaline J.; d/o Joseph & Sarah; 19y; sgl; b. Lycoming Co. Pa; res. Fqr; (lic) 7 Sep 1904; (off) W. H. BALLENGEE; consent of father in person; Pg:Ln 304:08
COCKRILL, R. M.; s/o Robt. A. & Mary E.; 20y; sgl; merchant; b. & res. Fqr; m. 28 Jun 1905 in Ldn to LEONARD, Ada E.; d/o Wm. & Ada C.; 18y; sgl; b. & res. Fqr; (lic) 23 Jun 1905; (off) W. E. GIBSON; consent of his father in person, consent of Fatha? E. SQUIRES natural guard'n.; Pg:Ln 309:16
COCKRILLE, Landon J.; s/o Thos. & Lettie; 20y; sgl; farmer; b. & res. Fqr; m. 15 Dec 1888 in Fqr to UTTERBACK, Mary V.; d/o Wm. & Susan C.; 20y; sgl; b. & res. Fqr; (lic) 10 Dec 1888; (off) J. N. BADGER; oaths; Pg:Ln 208:21
COGRAVE, Jno. R.; s/o John & Evelyn; 23y; sgl; machinist; b. Pierce Co. Wis.; res. St. Paul Minn; m. 12 Sep 1904 in Fqr to MARTYN, Annette C.; d/o B. F. & Ester; 23y; div; b. & res. Fqr; (lic) 12 Sep 1904; (off) W. H. BALLENGEE; Pg:Ln 304:10
COLBERT, A. A.; s/o W. S. & Sarah; 42y; sgl; merchant; b. Doddridge Co. WV; res. Fred'burg, VA; m. 16 Nov 1886 in Fqr to JACKSON, A. R.; d/o Saml. & Caroline A.; 40y; wid; b. & res. Fqr; (lic) 15 Nov 1886; (off) D. Frank ENTSLER; Pg:Ln 198:20
COLBERT, Jos. [? - middle letter written over] A. (col); s/o James & Mary; 34y; sgl; carpenter; b. & res. Fqr; m. 13 Dec 1905 in Fqr to DADE, Ida (col); d/o Wm. & Jane; 23y; sgl; b. & res. Fqr; (lic) 12 Dec 1905; (off) A. B. CARRINGTON; Pg:Ln 311:20
COLBERT, Newton Morgan; s/o Geo. N. & Nellie B.; 24y; sgl; druggist; b. Saline Co. Mo; res. Washington Co Va; m. 9 Nov 1897 in Fqr to EMBREY, Mary Catherine; d/o C. O. & Samantha E.; 23y; sgl; b. & res. Fqr; (lic) 8 Nov 1897; (off) T. W. NEWMAN; Pg:Ln 261:13
COLE, Henry; s/o Peter & Caroline; 26y; wid; farmer; b. & res. Fqr; m. 30 May 1889 in Fqr to MILES, Lucy Ellen; d/o James & Jane; 22y; sgl; b. & res. Fqr; (lic) 24 May 1889; (off) James MILES; Pg:Ln 212:06
COLEMAN, Edward (col); s/o ___ & Violet; 25y; sgl; laborer; b. & res. Fqr; m. 11 May 1902 in Fqr to BROWN, Mary F. (col); d/o ___ & Lila; 16y; sgl; b. & res. Fqr; (lic) 10 May 1902; (off) A. R. PINKETT; consent of Judge filed; Pg:Ln 291:23
COLEMAN, Henry (col); s/o Stanton & Tamar; 60y; wid; farmer; b. Fqr; res. AlbmVA; m. 5 May 1897 in Fqr to TOLER, Susan (col); d/o ___ & ___; 50y; wid; b. FfxVA; res. Fqr; (lic) 1 May 1897; (off) M. A. RUSSELL; Pg:Ln 258:17
COLEMAN, W. C.; s/o Addison & Mary; 41y; wid; machinist; b. Caroline Co.; res. Fredericksburg, VA; m. 29 Mar 1887 in Fqr to CATLETT, Bettie G.; d/o Jas. M. & Laura; 26y; sgl; b. & res. Fqr; (lic) 28 Mar 1887; (off) D. Frank ENTSLER; Pg:Ln 201:18
COLES, Augusta J. (col); s/o T. H. & Ellen; 22y; sgl; laborer; b. & res. Fqr; m. 26 Feb 1903 in Fqr to SEDDEN, Alice D. (col); d/o Henry & Mary;

21y; sgl; b. & res. Fqr; (lic) 24 Feb 1903; (off) C. M. TYLER; letter of T. T. JONES; Pg:Ln 297:07

COLES, Chas. (col); s/o Peter & Caroline; 35y; sgl; laborer; b. & res. Fqr; m. 28 Oct 1883 in Fqr to NEVERDONE, Matilda (col); d/o Abram & Eliza; 45y; sgl; b. & res. Fqr; (lic) 26 Oct 1883; (off) James MILES; Pg:Ln 182:16

COLES, Chas. S. (col); s/o Peter & Caroline; 40y; wid; laborer; b. & res. Fqr; m. 4 Nov 1890 in Fqr to WEBSTER, Fanny (col); d/o Mason & Mary; 30y; sgl; b. & res. Fqr; (lic) 3 Nov 1890; (off) James MILES; Pg:Ln 220:10

COLES, Henry Carrington; s/o Walter Sr. & Lavenia C.; 32y; sgl; civil service com?; b. Pittsylvania Co. Va; res. Chatham Va; m. 14 Jun 1905 in Fqr to MARSHALL, Adelaide Taylor; d/o James M. & Alice B.; 27y; sgl; b. & res. Fqr; (lic) 8 Jun 1905; (off) P. D. THOMPSON; Pg:Ln 309:10

COLES, Hughes A. (col); s/o Allen & Sarah; 26y; sgl; waiter; b. JeffWV; res. WashDC; m. 10 Oct 1900 in Fqr to BROOKS, Ella M. (col); d/o Peter & Mary; 19y; sgl; b. & res. Fqr; (lic) 9 Oct 1900; (off) Geo. HORNER; consent of father in person; Pg:Ln 281:06

COLES, James (col); s/o ___ & Martha; 22y; sgl; laborer; b. & res. Fqr; m. 27 Jun 1886 in Fqr to WEST, Clara (col); d/o Rich'd & Caroline; 21y; sgl; b. & res. Fqr; (lic) 24 Jun 1886; (off) James MILES; Pg:Ln 197:01

COLES, M. Fred (col); s/o Welford & Catharine; 23y; sgl; school teacher; b. & res. Fqr; m. 17 Dec 1901 in Fqr to WHITE, Carrie V. (col); d/o William & Grace; 20y; sgl; b. & res. Fqr; (lic) 14 Dec 1901; (off) R. H. GOFREY; consent of father sworn to and filed; Pg:Ln 289:03

COLES, O. C. (col); s/o Thos. H. & Ellen; 28y; sgl; blacksmith; b. & res. Fqr; m. 23 Feb 1905 in Fqr to ROBERSON, Mary E. (col); d/o Frank & Dottie; 22y; sgl; b. & res. Fqr; (lic) 22 Feb 1905; (off) C. W. BROOKS; see letter of J. L. CRITTENDEN; Pg:Ln 308:08

COLES, T. H. (col); s/o Thos. H. & Ella; 24y; sgl; school teacher; b. & res. Fqr; m. 5 Mar 1893 in Fqr to TAYLOR, Mary E. (col); d/o G. W. & Sarah; 21y; sgl; b. & res. Fqr; (lic) 1 Mar 1893; (off) J. O. TACKETT; Pg:Ln 234:23

COLES, TUCKER S.; s/o John & Salina; 72y; wid; farmer; b. & res. AlbmVA; m. 18 Dec 1900 in Fqr to RIXEY, Fannie A.; d/o B. F. & Eleanna; 52y; sgl; b. & res. Fqr; (lic) 12 Dec 1900; (off) J. J. NORWOOD; Pg:Ln 282:16

COLSTON, J. M. (col); s/o Wat & Eliza; 42y; wid; laborer; b. & res. Fqr; m. 10 Jan 1899 in Fqr to JULIUS, Anna (col); d/o Harrison & ___; 36y; sgl; b. & res. Fqr; (lic) 10 Jan 1899; (off) P. W. AUSTIN; Pg:Ln 271:02

COLVIN, Geo. W. (col); s/o Jas. & Lethia; 30y; sgl; laborer; b. & res. Fqr; m. 17 Oct 1894 in Fqr to FREEMAN, Mary V. (col); d/o ___ & Nannie; 20y; sgl; b. & res. Fqr; (lic) 16 Oct 1894; (off) H. CRUTCHER; consent of Mary L. PRESTON sworn to & filed; Pg:Ln 243:06

COLVIN, George M.; s/o J. C. & Lily; 27y; sgl; stenographer; b. PrWmVA; res. Richmond Va; m. 6 Oct 1904 in Fqr to RUFFIN, Dora R.; d/o J. A.

J. & Emma; 27y; sgl; b. & res. Fqr; (lic) 5 Oct 1904; (off) C. W. MOORE; Pg:Ln 305:03

COLVIN, John W.; s/o Wm. & Laura; 20y; sgl; farmer; b. & res. Fqr; m. 11 Dec 1895 in Fqr to CARRICO, Hattie E.; d/o Geo. & Patience; 17y; sgl; b. & res. Fqr; (lic) 9 Dec 1895; (off) S. B. DOLLY; consent filed; Pg:Ln 250:10

COLVIN, Lamar; s/o Alfred & Mary; 21y; sgl; farmer; b. & res. Fqr; m. 14 Feb 1905 in Fqr to HEFLIN, Hettie; d/o Jerry & Emily; 23y; sgl; b. & res. Fqr; (lic) 14 Feb 1905; (off) W. H. BALLENGEE; Pg:Ln 308:06

COLVIN, Saml. N.; s/o James & Lethe Ann; 29y; sgl; farmer; b. & res. Fqr; m. 17 Jun 1886 in Fqr to TAPSCOTT, Ellen; d/o ___ & Amy; 40y; wid; b. LdnVA; res. Fqr; (lic) 14 Jun 1886; (off) Josiah THOMAS; Pg:Ln 196:24

COLVIN, Walter H.; s/o Wm. H. & Virginia C.; 28y; sgl; merchant; b. & res. Fqr; m. 25 Jan 1899 in Fqr to COX, Mary A.; d/o James & Alvernia T.; 26y; sgl; b. & res. Fqr; (lic) 23 Jan 1899; (off) D. J. SHOPOFF; Pg:Ln 271:10

COMBS, Jos. (col); s/o Robt. & Polly; 42y; sgl; laborer; b. & res. Fqr; m. 25 Feb 1891 in Fqr to SETTLE, Rosie (col); d/o Moses & Malinda; 21y; sgl; b. & res. Fqr; (lic) 23 Feb 1891; (off) Cornelius GADDIS; Pg:Ln 223:04

COMBS, Matthew (col); s/o Dennis & Jennie; 24y; sgl; laborer; b. & res. Fqr; m. 1 Jul 1904 in Fqr to GREEN, Maria (col); d/o ___ & Julia; 18y; sgl; b. & res. Fqr; (lic) 1 Jul 1904; (off) S. W. BROWN; consent of mother filed; Pg:Ln 303:12

COMBS, William (col); s/o Dennis & Jennie; 25y; sgl; laborer; b. & res. Fqr; m. 28 Nov 1889 in Fqr to WARNER, Mary L. (col); d/o Lomond & ___; 26y; sgl; b. & res. Fqr; (lic) 28 Nov 1889; (off) S. M. ATHEY; consent filed; Pg:Ln 214:24

COMPTON, Edgar; s/o Lawson & Alsindy; 50y; wid; farmer; b. RappVA; res. Fqr; m. 24 Sep 1901 in Fqr to THORN, Otelia; d/o Wesley & M. A.; 41y; wid; b. CulpVA; res. Fqr; (lic) 23 Sep 1901; (off) Thos. P. BROWN; Pg:Ln 286:24

COMPTON, Edmund; s/o Jno. T. & Mary S.; 21y; sgl; farmer; b. & res. PrGMD; m. 19 Sep 1888 in Fqr to CHICHESTER, Emily A.; d/o W. D. & Emily A.; 26y; sgl; b. & res. Fqr; (lic) 10 Sep 1888; (off) Chas. M. BROWN; oath of Geo. W. SUMMERS; Pg:Ln 207:22

COMPTON, Elias; s/o Stephen & Ellen; 62y; wid; farmer; b. RappVA; res. CulpVA; m. 29 Dec 1884 in Fqr to LAWRENCE, Alice; d/o ___ & Sallie S.; 35y; sgl; b. & res. Fqr; (lic) 27 Dec 1884; (off) J. C. STEWART; Pg:Ln 190:09

CONARD, Eppa Hunton; s/o E. J. & Virginia A.; 31y; sgl; merchant; b. & res. LdnVA; m. 4 Sep 1899 in Fqr to SHACKLEFORD, Ola Austin; d/o J. W. & Nannie C.; 20y; sgl; b. & res. Fqr; (lic) 21 Aug 1899; (off) E. H. HENRY; consent of father sworn to & filed; Pg:Ln 273:22

CONNER, Golder S.; s/o George & Margaret; 21y; sgl; railroad hand; b. & res. Fqr; m. 23 Feb 1898 in Fqr to CONNER, Celia B.; d/o Wm. B. & Edna J.; 18y; sgl; b. & res. Fqr; (lic) 22 Feb 1898; (off) J. B.

McINTURFF; consent of father & mother sw'n to by B. T. CONNER & filed; Pg:Ln 264:10

CONNER, Saml. T.; s/o Wm. B. & Janie; 22y; sgl; r. r. hand; b. & res. Fqr; m. 11 Aug 1904 in Fqr to HERRELL, Mary V.; d/o Rudolphus & Mary S.; 19y; sgl; b. & res. Fqr; (lic) 9 Aug 1904; (off) I. N. CAMPBELL; consent of father filed; Pg:Ln 303:21

COOK, Benj. F.; s/o John T. & Fanny; 22y; sgl; farmer; b. & res. Fqr; m. 24 Dec 1890 in Fqr to HANBACK, Mary T.; d/o Silas & Mary; 21y; sgl; b. & res. Fqr; (lic) 22 Dec 1890; (off) B. P. DULIN; Pg:Ln 221:12

COOK, Geo. A.; s/o Jno T. & Fannie; 26y; sgl; farmer; b. & res. Fqr; m. 30 Dec 1890 in Fqr to ELGIN, Carry M.; d/o Thos. & Lizzie; 23y; sgl; b. & res. Fqr; (lic) 29 Dec 1890; (off) B. P. DULIN; Pg:Ln 221:20

COOK, James (col); s/o Thornton & Louisa; 21y; sgl; laborer; b. CulpVA; res. Fqr; m. 22 Dec 1887 in Fqr to PERRY, Emma (col); d/o Arthur & Susan; 20y; sgl; b. & res. Fqr; (lic) 22 Dec 1887; (off) S. M. ATHEY; consent of father in person, oath; Pg:Ln 205:05

COOK, Richard W.; s/o J. G. & A. B.; 29y; sgl; real est agt.; b. BaltMD; res. Dallas Texas; m. 24 Feb 1904 in Fqr to FLETCHER, Omelene L.; d/o T. N. & G. O.; 28y; sgl; b. & res. Fqr; (lic) 24 Feb 1904; (off) F. R. BOSTON; Pg:Ln 302:04

COOK, Robert; s/o Thornton & Louisa; 21y; sgl; laborer; b. CulpVA; res. Fqr; m. 13 Feb 1898 in Fqr to MARSHALL, Mary Elizabeth; d/o Jospeh & Lucinda; 21y; sgl; b. & res. Fqr; (lic) 10 Feb 1898; (off) A. R. PINKETT; consent of father in person; Pg:Ln 264:06

COOKE, George; s/o John G. & Helen M.; 40y; sgl; mining; b. StafVA; res. Chloride, Arizona; m. 12 Dec 1899 in Fqr to CRITTENDEN, Frances L.; d/o John L. & Susan; 35y; sgl; b. & res. Fqr; (lic) 8 Dec 1899; (off) J. R. COOKE; Pg:Ln 275:19

COOLEY, Jas. D.; s/o John & Mary A.; 32y; sgl; farmer; b. & res. WrnVA; m. 12 Dec 1894 in Fqr to ANDERSON, Sallie; d/o John & Annie; 25y; sgl; b. & res. Fqr; (lic) 10 Dec 1894; (off) Isaac N. CAMPBELL; Pg:Ln 244:04

COONS, Warren E.; s/o Robertson & Eudoxa; 48y; sgl; Clerk Cir & Co. court Culpeper Co.; b. & res. CulpVA; m. 20 Oct 1897 in Charlottesville to THOMPSON, Ella Edwina; d/o Clark Henry & E. Edwina; 27y; sgl; b. Amherst Co. Va; res. Fqr; (lic) 18 Oct 1897; (off) E. W. WINFREY; Pg:Ln 260:22

COOPER, Charles; s/o David & Sarah C.; 27y; sgl; laborer; b. & res. Fqr; m. 1 Aug 1887 in Fqr to MELTON, Susan C.; d/o ___ & Judith B.; 19y; sgl; b. & res. Fqr; (lic) 1 Aug 1887; (off) G. MAUZEY; consent of mother sworn to by J. C. STANFORD & filed also cerf. of J. P. as to forced marriage; Pg:Ln 202:15

COOPER, E. Astley; s/o Luvick & Margaret; 46y; sgl; Gentleman; b. Gilling England; res. Fqr; m. 19 Feb 1903 in Fqr to CHARRINGTON, Mary H.; d/o Beverley & Mary C. RANDOLPH; 48y; wid; b. ClrkVA; res. Fqr; (lic) 18 Feb 1903; (off) W. H. K. PENDLETON; Pg:Ln 297:05

COOPER, Frank E.; s/o Jno. E. & Louisa; 21y; sgl; farmer; b. & res. Fqr; m. 21 Dec 1892 in Fqr to MASON, Florence; d/o Chas. & Mary E.;

16y; sgl; b. & res. Fqr; (lic) 17 Dec 1892; (off) Jas. W. HEFLIN; consent of father in person; Pg:Ln 233:05
COOPER, John R.; s/o S. R. & Virginia A.; 40y; wid; farmer; b. & res. StafVA; m. 19 Mar 1902 in Fqr to ELLICOTT, Virginia V.; d/o E. B. & M. V.; 26y; sgl; b. & res. Fqr; (lic) 17 Mar 1902; (off) Wm. A. SETES; Pg:Ln 291:05
COOPER, Reuben (col); s/o Willis & Dinah; 25y; sgl; farmer; b. OrngVA; res. Fqr; m. 24 Oct 1892 in Fqr to MINOR, Lizzie (col); d/o Nelson & Maria; 21y; sgl; b. OrngVA; res. Fqr; (lic) 24 Oct 1782; (off) R. L. RUFFIN; Pg:Ln 232:08
COOPER, Saml.; s/o Jno. E. & Louisa; 29y; sgl; farmer; b. StafVA; res. Fqr; m. 29 Jan 1891 in Fqr to MASON, Annie; d/o Chas, & Elizabeth; 17y; sgl; b. & res. Fqr; (lic) 24 Jan 1891; (off) James W. HEFLIN; consent of father sworn to by L. HUFFMAN & filed; Pg:Ln 222:13
COOPER, Walter; s/o Strother & Euphelia; 25y; sgl; farmer; b. StafVA; res. Fqr; m. 6 Sep 1903 in Fqr to HEFLIN, Ida; d/o Robt. & Eugenia; 24y; sgl; b. & res. Fqr; (lic) 5 Sep 1903; (off) James W. HEFLIN; Pg:Ln 299:05
COPPAGE, James W.; s/o Richard T. & Sarah; 28y; sgl; farmer; b. & res. Fqr; m. 10 Jan 1900 in Fqr to CAMPBELL, Theodosia; d/o George & Jane; 21y; sgl; b. & res. Fqr; (lic) 10 Jan 1900; (off) J. Howard WELLS; Pg:Ln 277:11
COPPAGE, M. B.; s/o L. J. & Louisa; 27y; sgl; farmer; b. StafVA; res. Fqr; m. 17 Nov 1895 in Fqr to COPPAGE, Sarah F.; d/o R. T. & Sarah S.; 18y; sgl; b. & res. Fqr; (lic) 11 Nov 1895; (off) James W. HEFLIN; consent of father in person; Pg:Ln 249:17
COPPAGE, Richard T.; s/o Edward & Harriet; 49y; wid; farmer; b. & res. Fqr; m. 9 May 1900 in Fqr to RECTOR, Susan J.; d/o Benj. F. & Rosa; 28y; sgl; b. & res. Fqr; (lic) 7 May 1900; (off) No Return; Pg:Ln 279:06
COPPAGE, Richard T.; s/o Edwd. & Harriet; 50y; wid; farmer; b. & res. Fqr; m. 17 Oct 1900 in Fqr to REID, Sarah Jane; d/o Coleman & Angeline; 44y; sgl; b. & res. Fqr; (lic) 17 Oct 1900; (off) F. R. BOSTON; Pg:Ln 281:11
COPPAGE, Richard V.; s/o Richard T. & Sarah S.; 19y; sgl; farmer; b. & res. Fqr; m. 14 Aug 1892 in Fqr to TIMMONS, Emma; d/o Alexander & Louisa; 22y; sgl; b. OrngVA; res. Fqr; (lic) 11 Aug 1892; (off) Walter H. ROBERTSON; consent of father in person; Pg:Ln 231:08
COPPAGE, Saml. C.; s/o James R. & Harriet A.; 30y; sgl; laborer; b. & res. Fqr; m. 24 Jul 1884 in Fqr to ANDERSON, Alice J.; d/o James M. & Eliza J.; 28y; sgl; b. & res. Fqr; (lic) 23 Jul 1884; (off) T. W. NEWMAN; Pg:Ln 187:18
COPPAGE, Thomas P.; s/o Lewis J. & Louisa; 24y; sgl; farmer; b. Fqr; res. StafVA; m. 31 Dec 1890 in Fqr to HEFLIN, Mary A.; d/o Wm. B. & Isabel; 20y; sgl; b. StafVA; res. Fqr; (lic) 30 Dec 1890; (off) A. J. CUMMINGS; consent of father in person; Pg:Ln 222:02
CORAM, Henry H. (col); s/o Thos. & Amanda; 26y; sgl; laborer; b. & res. Fqr; m. 20 Jun 1901 in Fqr to WEAVER, Landonia M. (col); d/o

Mortimer & Margaret; 21y; sgl; b. & res. Fqr; (lic) 18 Jun 1901; (off) N.
A. MARRIOTT; Pg:Ln 285:12
CORBETT, John; s/o Michael & Elizth.; 68y; wid; cotton yarn mer.; b.
Radford Eng.; res. Ridley Park Pa; m. 23 Feb 1905 in Fqr to
SHEPPARD, Amelia E.; d/o William & Elizth.; 44y; sgl; b. Bedford
Eng.; res. Fqr; (lic) 22 Feb 1905; (off) Wm. H. LAIRD; Pg:Ln 308:09
CORBIN, Albert; s/o Wilford A. & Harriot; 21y; sgl; farmer; b. & res. Fqr;
m. 5 Jul 1894 in Fqr to CANARD, Mary E.; d/o Jno. W. & Julia F.; 22y;
sgl; b. & res. Fqr; (lic) 5 Jul 1894; (off) H. M. STRICKLER; Pg:Ln
241:19
CORBIN, Anderson (col); s/o Aaron & Mahala; 45y; div; laborer; b. & res.
Fqr; m. 8 Mar 1898 in Fqr to WHEELER, Laura (col); d/o Erasmus &
Judy; 33y; wid; b. & res. Fqr; (lic) 7 Mar 1898; (off) Geo. W. HORNER;
Pg:Ln 264:13
CORBIN, Henry E. (col); s/o John & Louisa; 24y; sgl; laborer; b. & res.
Fqr; m. 18 Dec 1902 in Fqr to PAYTON, Mary J. (col); d/o John &
Hannah; 21y; sgl; b. RappVA; res. Fqr; (lic) 18 Dec 1902; (off) W. H.
BALLINGEE; Pg:Ln 295:14
CORBIN, Jno. R.; s/o Welford & Harriet; 21y; sgl; farmer; b. & res. Fqr; m.
6 Sep 1888 in Fqr to SOAPER, Eliz'th; d/o W. R. & Maria W.; 23y; sgl;
b. & res. Fqr; (lic) 3 Sep 1888; (off) not given; oath; Pg:Ln 207:21
CORBIN, Van D.; s/o Lewis & Mary; 26y; sgl; laborer; b. & res. Fqr; m. 4
Apr 1889 in Fqr to HUMPHREYS, Ella; d/o Chas. & Masy; 21y; sgl; b.
StafVA; res. Fqr; (lic) 28 Mar 1889; (off) T. W. NEWMAN; Pg:Ln
211:16
CORBIN, Welford A.; s/o Welford & Harriet; 21y; sgl; farmer; b. & res. Fqr;
m. 14 Oct 1886 in Fqr to LEACH, Martha; d/o Levis & Margaret A.;
19y; sgl; b. & res. Fqr; (lic) 11 Oct 1886; (off) C. A. JOYCE; consent of
father in person; Pg:Ln 198:03
CORDER, E. B.; s/o Franklin & C. Addie; 31y; wid; farmer; b. RappVA;
res. Fqr; m. 6 Dec 1883 in Fqr to RECTOR, Anna Dora; d/o Franklin &
Sarah M.; 20y; sgl; b. RappVA; res. Fqr; (lic) 26 Nov 1883; (off) S. M.
ATHEY; consent of father in person; Pg:Ln 183:15
CORDER, Edw'd., B. Jr.; s/o Booten & Annie; 21y; sgl; farmer; b.
RappVA; res. Fqr; m. 19 Dec 1893 in Fqr to RECTOR, Albenia W.; d/o
Albert & Annie; 22y; sgl; b. & res. Fqr; (lic) 14 Dec 1893; (off) J. K.
BOOTON; Pg:Ln 238:14
CORDER, John Martin; s/o Nathan & Elizabeth; 25y; sgl; farmer; b. & res.
Fqr; m. 15 Jan 1884 in Fqr to CORNWELL, Mary F.; d/o Jonas &
Lucinda; 21y; sgl; b. & res. Fqr; (lic) 10 Jan 1884; (off) Elder B.
CORNWELL; Pg:Ln 185:17
CORDER, Thos.; s/o Butler & Eliza; 23y; sgl; farmer; b. & res. Fqr; m. 8
Oct 1891 in Fqr to CLARKE, Fannie V.; d/o Geo. W. & Huldey C.; 17y;
sgl; b. & res. Fqr; (lic) 7 Oct 1891; (off) W. H. ROBERTSON; consent
of father in person; Pg:Ln 226:03
CORDER, William G.; s/o Nathan & Elizabeth; 32y; sgl; farmer; b. & res.
Fqr; m. 15 Nov 1891 in Fqr to CORNWELL, Alice V.; d/o Jonas &

Lucinda; 22y; sgl; b. & res. Fqr; (lic) 6 Nov 1891; (off) J. K. BOOTON;
Pg:Ln 226:19
CORLEY, Gabriel R.; s/o Gabriel & Elizabeth; 35y; sgl; farmer; b. Fqr; res.
LdnVA; m. 27 Dec 1899 in Fqr to CHAPPELLE, Lillian B.; d/o James &
Jane; 23y; sgl; b. & res. Fqr; (lic) 21 Dec 1899; (off) C.
SYDENSTRICKER; Pg:Ln 276:11
CORLEY, Wm. J.; s/o James & Edwina; 35y; sgl; merchant; b. & res.
PhilPA; m. 12 Sep 1901 in Fqr to JEFFRIES, Agnes M.; d/o James &
Mary M.; 36y; sgl; b. OrngVA; res. Fqr; (lic) 12 Sep 1901; (off) F. R.
BOSTON; Pg:Ln 286:15
CORNELIUS, Geo. W. (col); s/o Geo. W. & Amy; 46y; div; laborer; b.
Providence, RI; res. Fqr; m. 24 Oct 1894 in Fqr to ROSE, Sarah E. W.
(col); d/o Polk & Polly; 23y; sgl; b. & res. Fqr; (lic) 23 Oct 1894; (off) H.
H. WYER; Pg:Ln 243:11
CORNES, Charles (col); s/o Danl. & Henrietta; 23y; sgl; farmer; b. & res.
Fqr; m. 25 Jan 1894 in Fqr to BAKER, Mildred (col); d/o Robt. &
Mildred; 30y; wid; b. & res. Fqr; (lic) 24 Jan 1894; (off) M. A.
RUSSELL; Pg:Ln 240:01
CORNWELL, Frederick L.; s/o Jno. F. & Louisa; 29y; sgl; farmer; b. & res.
Fqr; m. 5 Apr 1899 in Fqr to PAYNE, Dixie M.; d/o Robt. W. & Jennie;
24y; sgl; b. & res. Fqr; (lic) 3 Apr 1899; (off) Walter H. ROBERTSON;
Pg:Ln 272:01
CORNWELL, Joseph A.; s/o Jonas & Lucinda; 33y; sgl; farmer; b. & res.
Fqr; m. 16 Jan 1898 in Fqr to PAYNE, May; d/o J. Rice & Alice; 25y;
sgl; b. & res. Fqr; (lic) 13 Jan 1898; (off) W. T. EATON; Pg:Ln 263:23
CORNWELL, Robt. M.; s/o Jno. F. & Louisa; 27y; sgl; farmer; b. & res.
Fqr; m. 4 Jan 1893 in Fqr to FREEMAN, Alice R.; d/o H. H. & Lutitia
F.; 21y; sgl; b. & res. Fqr; (lic) 26 Dec 1892; (off) M. R. GRIMSLEY;
Pg:Ln 233:18
CORNWELL, William; s/o John F. & Louisa A.; 30y; sgl; farmer; b. & res.
Fqr; m. 24 Sep 1902 in Fqr to SHAW, Roberta; d/o Jack & Josephine;
21y; sgl; b. & res. Fqr; (lic) 22 Sep 1902; (off) Walter H.
ROBERTSON; Pg:Ln 294:02
CORRON, Winfield A.; s/o Alfred & Mary E.; 34y; wid; merchant; b.
RappVA; res. WrnVA; m. 1 Dec 1886 in Fqr to CAMERON, Emma B.;
d/o H. B. & Martha D.___; 20y; sgl; b. Cecil Co. MD; res. Fqr; (lic) 30
Nov 1886; (off) Walter H. ROBERTSON; consent of father in person;
Pg:Ln 199:04
CORUM, Albert F.; s/o Wm. & Frances; 48y; wid; carpenter; b. & res. Fqr;
m. 24 Apr 1889 in Fqr to JEFFRIES, Laura F.; d/o ___ & Margaret;
25y; sgl; b. & res. Fqr; (lic) 23 Apr 1889; (off) J. N. BADGER; Pg:Ln
211:22
CORUM, Frank (col); s/o James & Ann; 21y; sgl; laborer; b. & res. Fqr; m.
1 Oct 1883 in Fqr to EDMUNDS, Georgiana (col); d/o Henry & Louisa;
20y; sgl; b. CulpVA; res. Fqr; (lic) 1 Oct 1883; (off) Geo. W. NELSON;
consent of nat. guardian in person; Pg:Ln 182:04
CORUM, James (col); s/o Benjamin & Lucy; 29y; sgl; farmer; b. & res.
Fqr; m. 8 Jan 1887 in Fqr to SALES, Mattie (col); d/o John & Emily;

19y; sgl; b. RappVA; res. Fqr; (lic) 8 Jan 1887; (off) Walter H.
ROBERTSON; Pg:Ln 200:06
CORUM, Rich'd. (col); s/o Rich'd. & Mary; 25y; sgl; laborer; b. & res. Fqr;
m. 17 Mar 1895 in Fqr to GASKINS, Estelle (col); d/o Robt. & Jane;
19y; sgl; b. & res. Fqr; (lic) 13 Mar 1895; (off) G. C. BANISTER;
consent filed; Pg:Ln 246:11
COSTELLO, Charles E.; s/o Thornton & Nancy; 24y; sgl; farmer; b. & res.
Fqr; m. 18 Mar 1891 in Fqr to PAYNE, Lilian L.; d/o Bernard & Sarah
C.; 21y; sgl; b. & res. Fqr; (lic) 17 Mar 1891; (off) Edwin S. HICKS;
consent of father in person; Pg:Ln 223:11
COSTELLO, Jasper; s/o Thornton & Nancy; 26y; sgl; farmer; b. & res.
Fqr; m. 18 Dec 1895 in Fqr to McCAULEY, Ida L.; d/o John & Ann;
26y; sgl; b. & res. Fqr; (lic) 16 Dec 1895; (off) Isaac A. CAMPBELL;
Pg:Ln 250:13
COSTELLO, Marshall E.; s/o Thornton & Nancy; 25y; sgl; laborer; b. &
res. Fqr; m. 4 Jun 1900 in Fqr to PEARSON, Lida; d/o Alexander &
Frances; 23y; sgl; b. LdnVA; res. Fqr; (lic) 2 Jun 1900; (off) L. H.
CRENSHAW; see letter E. S. EDMONDS; Pg:Ln 279:11
COSTELLO, Robt. C.; s/o Thornton & Nancy; 23y; sgl; carpenter; b. &
res. Fqr; m. 21 Jan 1885 in Fqr to WINE, Lea E.; d/o James & Sarah;
23y; sgl; b. & res. Fqr; (lic) 19 Jan 1885; (off) H. B. LEE; Pg:Ln 190:22
COURTNEY, E. H.; s/o Quimby & Octabia; 23y; sgl; farmer; b. & res. Fqr;
m. 30 Dec 1896 in Fqr to TAYLOR, Josephine; d/o Armistead &
Caroline E.; 24y; sgl; b. & res. Fqr; (lic) 29 Dec 1896; (off) Jno. F.
POULTON; Pg:Ln 257:03
COURTNEY, Floda H.; s/o Jas. D. & Katharine E.; 22y; sgl; farmer; b. &
res. Fqr; m. 27 Feb 1901 in Fqr to JACOBS, Susan L.; d/o James L. &
Maria; 21y; sgl; b. & res. Fqr; (lic) 23 Feb 1901; (off) C. W. BROOKS;
Pg:Ln 284:06
COURTNEY, J. T.; s/o Bazil & Susan; 22y; sgl; farmer; b. StafVA; res.
Fqr; m. 18 Jun 1885 in Fqr to PHILIPS, A. Elizabeth; d/o Joseph &
Catharine E.; 23y; sgl; b. & res. Fqr; (lic) 17 Jun 1885; (off) Jno. F.
POULTON; Pg:Ln 192:11
COURTNEY, J. T.; s/o B. G. & Susan; 31y; wid; farmer; b. & res. Fqr; m.
26 Dec 1898 in Fqr to COURTNEY, Josephine T.; d/o B. A. & M. C.;
19y; sgl; b. StafVA; res. Fqr; (lic) 23 Dec 1898; (off) C. W. BROOKE;
consent filed; Pg:Ln 270:07
COURTNEY, Jno. T.; s/o Quimby & Octavia; 22y; sgl; farmer; b. & res.
Fqr; m. 10 Jan 1893 in Fqr to RYAN, Minerva C.; d/o Lawrence &
Eliz'th; 28y; sgl; b. & res. Fqr; (lic) 9 Jan 1893; (off) Jas. W. GRUBB;
Pg:Ln 234:07
COURTNEY, Walter D.; s/o James D. & Catharine; 23y; sgl; farmer; b. &
res. Fqr; m. 26 Dec 1901 in Fqr to HOLMES, Mary C.; d/o R. S. &
Virginia; 20y; sgl; b. & res. Fqr; (lic) 24 Dec 1901; (off) C. W.
BROOKS; oath of father filed; Pg:Ln 289:24
COURTNEY, Wm F.; s/o M. F. & Emily; 25y; sgl; farmer; b. & res. Fqr; m.
30 Dec 1886 in Fqr to HEWITT, Susan A.; d/o Wm. & Eliza; 19y; wid;

b. & res. Fqr; (lic) 28 Dec 1886; (off) T. W. NEWMAN; consent filed; Pg:Ln 199:23
COVINGTON, W. G.; s/o T. R. & M. J.; 24y; sgl; dairyman; b. CulpVA; res. WashDC; m. 5 Nov 1896 in Fqr to HART, Meta R.; d/o Arthur M. & Bettie; 24y; sgl; b. & res. Fqr; (lic) 5 Nov 1896; (off) G. W. NELSON; Pg:Ln 255:11
COX, Fred L.; s/o Leonard & Mary J.; 28y; sgl; printer & publisher; b. Mass.; res. Charlotte Co. VA; m. 1 Feb 1887 in Charlotte Co. VA to HUNTON, Louisa; d/o Thos. E. & Jane; 35y; sgl; b. & res. Fqr; (lic) 24 Jan 1887; (off) Leonard COX; Pg:Ln 200:14
COX, James E.; s/o Jas. W. & Alverna; 24y; sgl; farmer; b. & res. Fqr; m. 19 Jan 1886 in Fqr to JONES, Louella T.; d/o Wm. A. & Elizabeth; 19y; sgl; b. & res. Fqr; (lic) 15 Jan 1886; (off) T. W. NEWMAN; written consent proved & sworn to by Benj. GEORGE; Pg:Ln 195:03
COX, Josefus (col); s/o ___ & ___; 22y; sgl; laborer; b. Grayson Co Va; res. Fqr; m. 15 Oct 1900 in Fqr to GILES, Nellie (col); d/o ___ & Ellen; 21y; sgl; b. LdnVA; res. Fqr; (lic) 15 Oct 1900; (off) not given; Pg:Ln 281:09
COX, R. D.; s/o J. W. & Alvernon T.; 31y; sgl; farmer; b. & res. Fqr; m. 17 Sep 1902 in Fqr to TULLOSS, Elizabeth; d/o J. D. & Mary Jane; 41y; sgl; b. & res. Fqr; (lic) 15 Sep 1902; (off) D. J. SHOPOFF; Pg:Ln 293:21
COX, Wm. Jr.; s/o Wm. & Frances; 26y; sgl; farmer; b. ClrkVA; res. WrnVA; m. 6 Dec 1883 in Fqr to WHITTINGTON, Blanche; d/o R. W. & ___; 14y; sgl; b. LdnVA; res. Fqr; (lic) 3 Dec 1883; (off) Chas. L. YATES; consent of father proved by oath of Luther HOLTZCLAW; Pg:Ln 183:20
COXTON, Wm. H. (col); s/o Mason & Martha; 24y; sgl; driver; b. & res. WashDC; m. 24 Oct 1895 in Fqr to PINN, Hattie F. (col); d/o Jas. & Lucy A.; 20y; sgl; b. & res. Fqr; (lic) 24 Oct 1895; (off) Robt. L. RUFFIN; consent of mother in person; Pg:Ln 249:08
CRAIG, Arthur T. (col); s/o Thompson & Eliza; 21y; sgl; laborer; b. & res. Fqr; m. 10 Nov 1892 in Fqr to RANGE, Mary H. (col); d/o Peter & Mary; 16y; sgl; b. & res. Fqr; (lic) 10 Nov 1892; (off) not given; consent of father in person; Pg:Ln 232:15
CRAIG, Chas. (col); s/o Nelson & Mary; 24y; sgl; laborer; b. & res. Fqr; m. 23 Jul 1891 in Fqr to WILLIAMS, Mollie (col); d/o Joseph & Nancy; 22y; sgl; b. & res. Fqr; (lic) 23 Jul 1891; (off) Armistead FURR; Pg:Ln 224:24
CRAIG, Edward (col); s/o Lawson & Alice; 25y; sgl; laborer; b. Fqr; res. BaltMD; m. 18 Dec 1901 in Fqr to CHILTON, Phoebe (col); d/o Joseph & Catharine; 20y; sgl; b. & res. Fqr; (lic) 17 Dec 1901; (off) N. A. MARRIOTT; consent of mother in person; Pg:Ln 289:09
CRAIG, Henry (col); s/o Lewis & Sarah; 22y; sgl; laborer; b. & res. Fqr; m. 11 Oct 1900 in Fqr to WARD, Lucy C. (col); d/o Edward & Milly; 21y; sgl; b. & res. Fqr; (lic) 11 Oct 1900; (off) D. W. JONES; Pg:Ln 281:08

CRAIG, James (col); s/o Nelson & Mary; 27y; sgl; laborer; b. & res. Fqr; m. 6 Mar 1898 in Fqr to LEWIS, Flora (col); d/o Ed & Martha; 24y; sgl; b. & res. Fqr; (lic) 1 Mar 1898; (off) T. W. BROOKS; Pg:Ln 264:11
CRAIG, Solomon; s/o Nelson & Josephine; 30y; sgl; laborer; b. AlexVA; res. Fqr; m. 9 Oct 1898 in Fqr to DAVIS, Roberta; d/o Henry & Eve; 18y; sgl; b. & res. Fqr; (lic) 8 Oct 1898; (off) C. M. TYLER; consent of father in person; Pg:Ln 267:21
CRAIG, Willie (col); s/o Samuel & Lucy; 21y; sgl; laborer; b. & res. Fqr; m. 7 Sep 1898 in Fqr to JONES, Emma (col); d/o ___ & Ida; 16y; sgl; b. & res. Fqr; (lic) 2 Sep 1898; (off) R. L. RUFFIN; consent of mother swon to & filed; Pg:Ln 267:02
CRAIG, Wm. (col); s/o Marshall & Elmira; 22y; sgl; laborer; b. & res. Fqr; m. 13 May 1891 in Fqr to PINN, Georgeanna (col); d/o Jacob & Lucy; 25y; sgl; b. & res. Fqr; (lic) 12 May 1891; (off) not given; Pg:Ln 224:02
CRAIG, Wm. L. (col); s/o Elmira & Marshall; 27y; div; laborer; b. & res. Fqr; m. 26 Jul 1898 in Fqr to JOHNSON, Matilda (col); d/o Robt. & Catharine; 22y; sgl; b. & res. Fqr; (lic) 25 Jul 1898; (off) G. C. BANNISTER; Pg:Ln 266:12
CRAUN, D. H.; s/o Danl. & Lucinda; 39y; sgl; machinist; b. AugVA; res. Fqr; m. 6 Jan 1887 in Fqr to WADDELL, Ida E.; d/o James W. & Mary M.; 21y; sgl; b. & res. Fqr; (lic) 5 Jan 1887; (off) Chas. M. BROWN; Pg:Ln 200:05
CRAUN, Saml. O. [written more like CRANN]; s/o Danl. & Lucinda; 25y; sgl; machinist; b. AugVA; res. Fqr; m. 20 Dec 1883 in Fqr to ALEXANDER, Hattie; d/o Geo. & Sarah V.; 22y; sgl; b. & res. Fqr; (lic) 19 Dec 1883; (off) I. B. LAKE; Pg:Ln 184:10
CREEL, A. F.; s/o Geo. H. & Cath. F.; 48y; sgl; farmer; b. & res. Fqr; m. 15 Feb 1893 in Fqr to MOORE, Martha F.; d/o W. A. & Lucy A.; 38y; wid; b. & res. Fqr; (lic) 13 Feb 1893; (off) S. M. ATHEY; Pg:Ln 234:20
CREEL, Albert M.; s/o Evan & Martha; 28y; sgl; farmer; b. & res. Fqr; m. 6 Dec 1888 in Fqr to BALL, Louisa A.; d/o Jos. & Lucy; 18y; sgl; b. & res. Fqr; (lic) 3 Dec 1888; (off) W. F. DUNAWAY; oath; Pg:Ln 208:19
CREEL, David H.; s/o Jas. A. & Louisa; 28y; sgl; teacher; b. Fqr; res. RappVA; m. 7 Oct 1905 in Fqr to JAMES, Daisey Lee; d/o Chas. W. & Ida; 22y; sgl; b. CulpVA; res. Fqr; (lic) 7 Oct 1905; (off) W. D. KEENE; affidavit filed; Pg:Ln 310:19
CREEL, Enoch; s/o William & Josephine; 26y; sgl; farmer; b. & res. Fqr; m. 14 Nov 1901 in Fqr to RUSSELL, Bessie; d/o Thos. N. & Annie; 21y; sgl; b. & res. Fqr; (lic) 11 Nov 1901; (off) W. C. P. COE; Pg:Ln 288:04
CREEL, George E.; s/o Evan & Martha; 23y; sgl; farmer; b. & res. Fqr; m. 12 Dec 1889 in Fqr to CREEL, Elizabeth P.; d/o William & Mildred; 21y; sgl; b. & res. Fqr; (lic) 4 Dec 1889; (off) A. M. GRIMSLEY; Pg:Ln 215:04
CREEL, Henry; s/o Wm. & Josephine; 23y; sgl; farmer; b. & res. Fqr; m. 20 Dec 1899 in Fqr to ANDERSON, Vera; d/o Elijah & Adeline; 24y; sgl; b. & res. Fqr; (lic) 18 Dec 1899; (off) S. M. ATHEY; Pg:Ln 276:03

CREEL, J. H.; s/o Harrison & Eliz'th; 32y; wid; laborer; b. & res. Fqr; m. 4 May 1886 in Fqr to BALL, Rosine; d/o James F. & Mary Jane; 26y; sgl; b. & res. Fqr; (lic) 26 Apr 1886; (off) Jno. A. KERN; Pg:Ln 196:09
CREEL, Jno. S.; s/o Harrison & Elizabeth; 27y; sgl; carpenter; b. & res. Fqr; m. 16 Dec 1884 in Fqr to GRIFFITH, Juliet H.; d/o Willliam & Harriet; 22y; sgl; b. & res. Fqr; (lic) 15 Dec 1884; (off) W. F. DUNAWAY; Pg:Ln 189:18
CREEL, Jos. H.; s/o Harrison & Elizabeth; 30y; sgl; carpenter; b. & res. Fqr; m. 16 Dec 1884 in Fqr to GRIFFITH, Martha V.; d/o Willliam & Harriet; 32y; sgl; b. & res. Fqr; (lic) 15 Dec 1884; (off) James GRAMMER; Pg:Ln 189:17
CREEL, Marshall D.; s/o William & Elizabeth; 25y; sgl; farmer; b. & res. Fqr; m. 11 Dec 1884 in Fqr to GAINES, Nettie A.; d/o Bazil & Elizabeth; 27y; sgl; b. & res. Fqr; (lic) 11 Dec 1884; (off) F. R. BOSTON; Pg:Ln 189:14
CREEL, Walter; s/o Wm. & Elizabeth; 25y; sgl; farmer; b. & res. Fqr; m. 8 Dec 1891 in Fqr to WHITE, Lulie; d/o J. W. & Mary E.; 21y; sgl; b. & res. Fqr; (lic) 7 Dec 1891; (off) L. H. CRENSHAW; consent of father in person; Pg:Ln 227:08
CRIGLER, A. M.; s/o W. G. & Mary E.; 23y; sgl; telegrapher; b. & res. CulpVA; m. 1 Feb 1893 in Fqr to BURROUGHS, E. A.; d/o Jno. B. & Mary E.; 18y; sgl; b. & res. Fqr; (lic) 31 Jan 1893; (off) F. H. JAMES; consent sworn to & filed; Pg:Ln 234:18
CRIGLER, Jas. W.; s/o Tobias & Elizth; 30y; sgl; laborer; b. & res. Fqr; m. 28 Aug 1898 in Fqr to JOHNSON, Angelina; d/o Presley & Edmonia; 20y; sgl; b. & res. Fqr; (lic) 27 Aug 1898; (off) M. R. GRIMSLEY; consent of father in person; Pg:Ln 266:24
CRITTENDEN, Geo. W.; s/o James & Adelaide; 32y; sgl; farmer; b. & res. Fqr; m. 12 Sep 1899 in Fqr to GEORGE, Sallie B.; d/o Starke & Ella; 23y; sgl; b. & res. Fqr; (lic) 6 Sep 1899; (off) Jno. C. SEDWICK; Pg:Ln 274:05
CROPP, Charles (col); s/o Wm. & Rebecca; 21y; sgl; laborer; b. & res. Fqr; m. 18 Dec 1901 in Fqr to ROBINSON, Florence (col); d/o ___ & Ada; 18y; sgl; b. & res. Fqr; (lic) 17 Dec 1901; (off) W. C. MARSH; consent of judge filed; Pg:Ln 289:11
CROPP, Francis M.; s/o Wm. T. & Julia A. J.; 38y; sgl; mechanic; b. StafVA; res. Leavenworth, KS; m. 28 Jan 1885 in Fqr to ENSOR, Ida J.; d/o Jno. H. & Jane; 21y; sgl; b. & res. Fqr; (lic) 17 Jan 1885; (off) Lee M. LYLE; Pg:Ln 190:21
CROPP, John S.; s/o O. C. & Virginia; 26y; sgl; clerk; b. & res. Fqr; m. 29 Dec 1904 in Fqr to BURGESS, Hettie G.; d/o H. & Sarah M.; 24y; sgl; b. & res. Fqr; (lic) 29 Dec 1904; (off) W. H. BALLENGEE; Pg:Ln 307:16
CROPP, Wm. T.; s/o Carter & Frances; 27y; sgl; farmer; b. & res. StafVA; m. 23 Dec 1896 in Fqr to HEWITT, Amanda B.; d/o Rich'd. & Susan F.; 24y; sgl; b. & res. Fqr; (lic) 17 Dec 1896; (off) T. W. NEWMAN; Pg:Ln 256:07

CROSON, Benj. R.; s/o Rice & Maria; 26y; sgl; farmer; b. LdnVA; res. FfxVA; m. 13 Sep 1892 in Fqr to RILEY, Mary E.; d/o Geo. T. & Sarah A; 20y; sgl; b. RappVA; res. Fqr; (lic) 13 Sep 1892; (off) Walter H. ROBERTSON; consent filed; Pg:Ln 231:18

CRUTCHER, Horace (col); s/o William & Ada; 66y; wid; minister; b. & res. StafVA; m. 2 Dec 1903 in StafVA to RIDGLEY, Susan C. (col); d/o Sandy & Sarah GREEN; 40y; wid; b. & res. Fqr; (lic) 24 Nov 1903; (off) A. J. CUMMINGS; Pg:Ln 300:07

CRUTCHFIELD, Charles M.; s/o Geo. & Virginia A.; 29y; sgl; lawyer; b. Henrico Co. VA; res. Missoula Co. MT; m. 11 Jan 1893 in Fqr to PAYNE, Lena R.; d/o Inman H. & Mary A.; 25y; sgl; b. & res. Fqr; (lic) 10 Jan 1893; (off) Geo. W. NELSON; Pg:Ln 234:09

CUBBAGE, William; s/o John & Mary E.; 20y; sgl; farmer; b. & res. Fqr; m. 5 Mar 1899 in Fqr to KLINE, Izella C.; d/o D. B. & Sally M.; 27y; sgl; b. & res. Fqr; (lic) 2 Mar 1899; (off) Dennis WEIMER; consent of father in person; Pg:Ln 271:17

CUNNINGHAM, Albert; s/o D. J. & Martha; 17y; sgl; farmer; b. CulpVA; res. Fqr; m. 10 Mar 1896 in Fqr to DOVEL, Alice V.; d/o James & Clara; 22y; sgl; b. Page Co. VA; res. Fqr; (lic) 10 Mar 1896; (off) Walter H. ROBERTSON; consent of father in person; Pg:Ln 252:15

CUNNINGHAM, Jas. E.; s/o D. J. & Martha; 24y; sgl; farmer; b. & res. Fqr; m. 28 Dec 1898 in Fqr to FLETCHER, Josie E.; d/o Sandy & Sarah; 18y; sgl; b. & res. Fqr; (lic) 28 Dec 1898; (off) Walter H. ROBERTSON; consent sworn to & filed; Pg:Ln 270:19

CUNNINGHAM, Wm. T.; s/o Robert & Ann; 33y; sgl; farmer; b. LdnVA; res. PrWmVA; m. 27 May 1884 in Fqr to HEFLIN, Fannie P.; d/o James & Mary; 23y; sgl; b. StafVA; res. Fqr; (lic) 27 May 1884; (off) Isaac W. CANTER; Pg:Ln 187:08

CURRY, John R.; s/o ___ & Nancy; 23y; wid; farmer; b. WrnVA; res. Fqr; m. 24 Dec 1901 in Fqr to SEALOCK, Frances C.; d/o Dorsey & Martha; 19y; sgl; b. & res. Fqr; (lic) 23 Dec 1901; (off) L. BUTT; consent of father in person; Pg:Ln 289:22

CURTIS, Arthur (col); s/o Frank & Agnes; 22y; sgl; laborer; b. & res. Fqr; m. 10 Aug 1897 in Fqr to CRAIG, Laura (col); d/o Lawson & ___; 21y; sgl; b. & res. Fqr; (lic) 10 Aug 1897; (off) D. W. JONES; Pg:Ln 259:23

CURTIS, Aubrey S.; s/o W. G. & M. E.; 23y; sgl; farmer; b. & res. Fqr; m. 15 Sep 1889 in Fqr to SMITH, Dallie P.; d/o Jos. H. & Alice A.; 23y; sgl; b. CulpVA; res. Fqr; (lic) 12 Sep 1889; (off) D. J. SHOPOFF; Pg:Ln 213:17

CURTIS, Clarence H.; s/o Henry & Sally; 23y; sgl; farmer; b. & res. Fqr; m. 12 Sep 1899 in Fqr to YOUNG, Florence B.; d/o Isaiah & Fanny; 22y; sgl; b. & res. Fqr; (lic) 12 Sep 1899; (off) F. R. BOSTON; Pg:Ln 274:10

CURTIS, Geo. T.; s/o William G. & Mary E.; 33y; sgl; farmer; b. Highland Co.W VA; res. Fqr; m. 10 Dec 1884 in Fqr to TAYLOR, Frances J.; d/o James E. & Ellen G.; 21y; sgl; b. & res. Fqr; (lic) 8 Dec 1884; (off) T. W. NEWMAN; consent filed; Pg:Ln 189:09

CURTIS, Geo. W.; s/o Henry B. & Harriot C.; 36y; sgl; carpenter; b. & res. Fqr; m. 31 Dec 1895 in Fqr to MILLS, Eleanore; d/o S. S. & Martha E.; 18y; sgl; b. & res. Fqr; (lic) 28 Dec 1895; (off) T. W. NEWMAN; consent filed; Pg:Ln 251:12
CURTIS, George; s/o John B. & Maria P.; 33y; sgl; farmer; b. OrngVA; res. Fqr; m. 14 Jun 1900 in Fqr to STEPHENS, Henrietta C.; d/o Richard & Elizabeth H.; 39y; sgl; b. Jackson Co. W Va; res. Fqr; (lic) 14 Jun 1900; (off) Richd. STEPHENS; Pg:Ln 279:18
CURTIS, J. E.; s/o F. F. & Mary V.; 33y; sgl; farmer; b. & res. Fqr; m. 24 May 1883 in Richmond, VA to GILPEN Virginia L.; d/o P. M. & Mary LEACH; 41y; wid; b. StafVA; res. Fqr; (lic) 10 May 1883; (off) Thos. S. BELTON; Pg:Ln 180:12
CURTIS, Jas. H.; s/o H. B. & H. C.; 36y; sgl; farmer; b. Fqr; res. CulpVA; m. 31 Mar 1892 in Fqr to KEMPER, Alice M.; d/o Jno. M. & Jane E.; 18y; sgl; b. & res. Fqr; (lic) 28 Mar 1892; (off) C. W. BROOKS; consent of father sworn to by R. D. EMBREY & filed; Pg:Ln 229:15
CURTIS, Jno. C.; s/o Henry B. & Harriet C.; 25y; sgl; farmer; b. & res. Fqr; m. 18 Dec 1893 in Fqr to EMBREY, Lizzie W.; d/o Sinclair A. & Louisa O.; 28y; sgl; b. & res. Fqr; (lic) 15 Dec 1893; (off) Thos. S. DUNAWAY; Pg:Ln 238:15
CURTIS, John (col); s/o Frank & Agnes; 23y; sgl; laborer; b. & res. Fqr; m. 26 Jun 1899 in Fqr to BROWN, Maria (col); d/o ___ & Fanny; 22y; sgl; b. & res. Fqr; (lic) 26 Jun 1899; (off) D. W. JONES; Pg:Ln 273:01
CURTIS, T. J.; s/o F. F. & Mary V.; 23y; sgl; farmer; b. Marion Co. OH; res. Fqr; m. 12 Sep 1886 in Fqr to ARMSTRONG, Jennie; d/o Jno. & Susan; 22y; sgl; b. StafVA; res. Fqr; (lic) 11 Sep 1886; (off) Beverly D. TUCKER; Pg:Ln 197:20
DADE, Hudson (col); s/o Wadman & Maria; 50y; wid; shoemaker; b. Madison Co. Va; res. Butler Co. Penn; m. 28 Dec 1904 in AlexVA to FERGUSON, Martha L. (col); d/o Henry M. & ___; 24y; sgl; b. & res. Fqr; (lic) 27 Dec 1904; (off) H. H. WARING; Pg:Ln 307:11
DADE, James (col); s/o Key & Ella; 20y; sgl; laborer; b. & res. Fqr; m. 28 Apr 1904 in Fqr to GREEN, Sadie (col); d/o Thos. & Patsey; 18y; sgl; b. & res. Fqr; (lic) 28 Apr 1904; (off) Lucius BROWN Jr.; consent of father in person, consent of father in person; Pg:Ln 302:19
DADE, Jno. D.; s/o James & Jane; 26y; sgl; laborer; b. & res. Fqr; m. 24 Feb 1887 in Fqr to PAYNE, Sarah; d/o Jno. & Susan; 21y; sgl; b. & res. Fqr; (lic) 21 Feb 1887; (off) Cornelius GADDIS; Pg:Ln 201:02
DALES, Chas. W. (col); s/o Chas. & Jane; 21y; sgl; laborer; b. & res. Fqr; m. 22 Aug 1883 in Fqr to THORNLEY, Lucy A. (col); d/o ___ & Alberta; 19y; sgl; b. & res. Fqr; (lic) 21 Aug 1883; (off) John M. BEAN; consent of Nelson THORNLEY Guardian in person; Pg:Ln 181:09
DANIEL, E. G.; s/o Chas. & Nancy; 29y; sgl; miller; b. Ontario Canada; res. Fqr; m. 24 Mar 1897 in Fqr to FOSTER, Lula M.; d/o Wm. F. & Mary R.; 20y; sgl; b. & res. Fqr; (lic) 23 Mar 1897; (off) M. R. GRIMSLEY; consent filed; Pg:Ln 258:06
DANIELL, Chas.; s/o R. A. C. & A. E.; 36y; sgl; farmer; b. Ireland; res. Fqr; m. 1 Mar 1892 in Fqr to HOOE, Eliza L.; d/o H. O. & Catharine;

39y; sgl; b. & res. Fqr; (lic) 22 Feb 1892; (off) Geo. W. NELSON; Pg:Ln 229:02
DANIELL, Chas.; s/o R. A. C. & A. E.; 41y; wid; farmer; b. Kings Co., Ireland; res. Fqr; m. 22 Dec 1896 in Fqr to PAYNE, Eliza R.; d/o A. D. & Annie M.; 22y; sgl; b. & res. Fqr; (lic) 18 Dec 1896; (off) G. W. NELSON; Pg:Ln 256:10
DARE, Howard Benj.; s/o Benj. & Elizabeth; 21y; sgl; farmer; b. PhilPA; res. Fqr; m. 8 Jan 1890 in Fqr to WAPLE, Carrie Grace; d/o J. W. & Clarrissa; 21y; sgl; b. Clearfleld Co. PA; res. Fqr; (lic) 8 Jan 1890; (off) D. SHOPOFF; Pg:Ln 216:20
DARNELL, Jno. Thos.; s/o Wm. & Sarah; 32y; sgl; railroader; b. RappVA; res. Fqr; m. 5 Jan 1887 in Fqr to HERRELL, Jane Cath.; d/o Jno. W. & Sarah E.; 21y; sgl; b. LdnVA; res. Fqr; (lic) 4 Jan 1887; (off) C. A. JOYCE; consent of father in person; Pg:Ln 200:03
DARNELL, William N.; s/o Wm. M. & Elizabeth; 29y; sgl; farmer; b. RappVA; res. Fqr; m. 26 Dec 1901 in Fqr to GRIFFITH, Laura E.; d/o Wm. E. & Mary H.; 31y; sgl; b. & res. Fqr; (lic) 23 Dec 1901; (off) C. B. SUTTON; Pg:Ln 289:19
DARR, Jas. W.; s/o Jas. C. & Lucy; 31y; sgl; merchant; b. RappVA; res. Fqr; m. 20 Apr 1898 in Fqr to JEFFRIES, Maude; d/o Enoch & Nannie; 21y; sgl; b. & res. Fqr; (lic) 18 Apr 1898; (off) F. P. BERKLEY; Pg:Ln 264:22
DAVENPORT, Jas. (col); s/o Enoch & Laura; 22y; sgl; laborer; b. & res. Fqr; m. 10 Apr 1896 in Fqr to THORNTON, Addie (col); d/o Louis & Evelina; 21y; sgl; b. & res. Fqr; (lic) 10 Apr 1896; (off) J. S. LOVING; Pg:Ln 252:24
DAVENPORT, Jno. R. (col); s/o ___ & Martha; 21y; sgl; laborer; b. RappVA; res. Fqr; m. 7 May 1903 in Fqr to GEORGE, Janie (col); d/o Samuel & ___; 22y; sgl; b. & res. Fqr; (lic) 7 May 1903; (off) D. W. JONES; Pg:Ln 297:18
DAVIS, Alfred (col); s/o Reuben & Lucy; 30y; sgl; laborer; b. RappVA; res. Fqr; m. 31 Dec 1890 in Fqr to BUTLER, Charlotte (col); d/o Sandy & Laura; 21y; sgl; b. & res. Fqr; (lic) 29 Dec 1890; (off) Vincent LACY; Pg:Ln 221:24
DAVIS, Alfred O. (col); s/o Gibson & Harriet; 31y; wid; laborer; b. RappVA; res. Fqr; m. 22 Sep 1898 in Fqr to ROBINSON, Roberta (col); d/o Edward & Fanny; 18y; sgl; b. & res. Fqr; (lic) 21 Sep 1898; (off) R. O. DAWSON; consent of father in person; Pg:Ln 267:13
DAVIS, Edw'd. S.; s/o Newman & Nancy; 50y; sgl; farmer; b. & res. PrWmVA; m. 11 Dec 1894 in Fqr to RECTOR, Josephine; d/o Franklin & Sarah M.; 30y; sgl; b. & res. Fqr; (lic) 10 Dec 1894; (off) J. K. BOOTON; Pg:Ln 244:05
DAVIS, Geo. L.; s/o Wm. H. & Julia E.; 32y; sgl; tobacconist; b. Fqr; res. Dunham NC; m. 27 Dec 1905 in Fqr to MURRAY, Evelyn L.; d/o E. Milton & Virginia; 29y; sgl; b. & res. Fqr; (lic) 26 Dec 1905; (off) F. R. BOSTON; Pg:Ln 312:17
DAVIS, Geo. R.; s/o Reubin & Lucy; 25y; sgl; laborer; b. Fqr; res. StafVA; m. 30 Dec 1890 in Fqr to BROWN, Julia; d/o Sandy & Mary; 23y; sgl;

b. StafVA; res. Fqr; (lic) 30 Dec 1890; (off) C. H. KENNEY; Pg:Ln 222:03
DAVIS, Glen (col); s/o William & Harriet; 23y; sgl; laborer; b. & res. Fqr; m. 15 Aug 1901 in Fqr to BANNISTER, Georgie (col); d/o James & Mary; 22y; sgl; b. & res. Fqr; (lic) 14 Aug 1901; (off) G. C. BANISTER; Pg:Ln 286:04
DAVIS, Henry (col); s/o Benj. & Margie Wash'n; 27y; wid; laborer; b. OrngVA; res. Fqr; m. 18 Aug 1887 in Fqr to FORD, Edie (col); d/o ___ & Sarah; 22y; sgl; b. & res. Fqr; (lic) 18 Aug 1887; (off) J. F. WILLIAMS; Pg:Ln 202:19
DAVIS, Henry (col); s/o John & Charlotte; 23y; sgl; laborer; b. & res. Fqr; m. 30 Mar 1904 in Fqr to FERGUSON, Ailsie (col); d/o Henry & Fanny; 20y; sgl; b. & res. Fqr; (lic) 30 Mar 1904; (off) Vincent LACY; consent of father filed; Pg:Ln 302:10
DAVIS, Jack (col); s/o Reuben & Lucy Ann; 26y; sgl; laborer; b. & res. Fqr; m. 13 Jan 1886 in Fqr to MINOR, Lucelia (col); d/o Samuel & Lucy; 19y; sgl; b. & res. Fqr; (lic) 11 Jan 1886; (off) Jno. A. KERN; consent of mother in person; Pg:Ln 194:23
DAVIS, Jeff; s/o Henry & Lucy; 23y; sgl; laborer; b. & res. Fqr; m. 14 Oct 1886 in Fqr to BLAND, Caroline; d/o Edw'd. & Elenora; 20y; sgl; b. & res. Fqr; (lic) 13 Oct 1886; (off) J. D. MARTIN; Pg:Ln 198:06
DAVIS, Jno. H.; s/o Henry & Mary; 45y; wid; farmer; b. PrWmVA; res. Fqr; m. 1 Jun 1897 in Fqr to GARRETT, Nannie; d/o Dora & Sidney Ann; 30y; sgl; b. ShenVA; res. Fqr; (lic) 1 Jun 1897; (off) F. R. BOSTON; Pg:Ln 259:03
DAVIS, John W. (col); s/o John & Eliza; 31y; sgl; farmer; b. & res. Fqr; m. 25 Sep 1904 in Fqr to SALLSBURY, Emma (col); d/o John & Lizzie; 31y; sgl; b. & res. Fqr; (lic) 24 Sep 1904; (off) John O. TACKETT; Pg:Ln 304:22
DAVIS, Peter S.; s/o J. F. & Harriet E.; 22y; sgl; farmer; b. & res. FfxVA; m. 30 Apr 1902 in PrWmVA to SMALLWOOD, Cassie R.; d/o G. W. & Elzabeth; 18y; sgl; b. PrWmVA; res. Fqr; (lic) 29 Apr 1902; (off) Frank P. BERKLEY; consent of father in person; Pg:Ln 291:18
DAVIS, Thomas (col); s/o James & Jane; 22y; sgl; laborer; b. & res. Fqr; m. 27 Oct 1901 in Fqr to MARLOW, Lizzie (col); d/o Samuel & Harriet; 20y; sgl; b. & res. Fqr; (lic) 25 Oct 1901; (off) P. W. AUSTIN; author. of Court filed; Pg:Ln 287:17
DAVIS, Wm. F.; s/o Hamilton & Lucy; 37y; sgl; laborer; b. & res. Fqr; m. 12 May 1886 in Fqr to JEFFRIES, Anna Lee; d/o Enoch & Nannie; 22y; sgl; b. RappVA; res. Fqr; (lic) 10 May 1886; (off) C. A. JOYCE; Pg:Ln 196:12
DAVIS, Wm. H.; s/o Jno. H. & Sarah M.; 23y; sgl; railroad hand; b. & res. Fqr; m. 30 Dec 1890 in Fqr to SMITH, Sarah F.; d/o R. T. & Sarah N.; 19y; sgl; b. & res. Fqr; (lic) 29 Dec 1890; (off) Jacob HEDRICK; consent of father in person; Pg:Ln 221:22
DAWSON, Chas. F.; s/o Jno. & Maria; 24y; sgl; photographer; b. ShenVA; res. WrnVA; m. 11 Sep 1894 in Fqr to SMALLWOOD, Sadie; d/o T. W.

& Eliz'th; 19y; sgl; b. PrWmVA; res. Fqr; (lic) 10 Sep 1894; (off) J. J. NORWOOD; consent of father in person; Pg:Ln 242:11

DAWSON, William H.; s/o John T. & Sarah C.; 21y; sgl; farmer; b. & res. LdnVA; m. 8 Mar 1900 in Fqr to KIRKPATRICK, Eliza H.; d/o Marcellus & Nancy A.; 22y; sgl; b. & res. Fqr; (lic) 8 Mar 1900; (off) F. R. BOSTON; Pg:Ln 278:05

DAWSON, Wm. Thos.; s/o Benj. & Rovilla; 22y; sgl; farmer; b. & res. Fqr; m. 4 Jun 1889 in Fqr to EDWARDS, Cora Lee; d/o J. T. & Mary; 14y; sgl; b. RappVA; res. Fqr; (lic) 3 Jun 1889; (off) Wm. C. LATANE; consent of father sworn to by A. C. ANDERSON & filed; Pg:Ln 212:11

DAY, L. W.; s/o H. C. & Ida J.; 26y; sgl; farmer; b. CulpVA; res. Fqr; m. 4 Jul 1905 in Fqr to COMER, M. F.; d/o G. A. & Bettie; 24y; sgl; b. Page Co. Va; res. Fqr; (lic) 3 Jul 1905; (off) C. W. BROOKS; Pg:Ln 309:18

DEAN, Geo. L. (col); s/o Jas. S. & Jane; 26y; wid; blacksmith; b. & res. Fqr; m. 4 Jun 1896 in Fqr to ELLIS, Sallie (col); d/o Joshua & Mary BROWN; 25y; wid; b. Chester Co. PA; res. Fqr; (lic) 4 Jun 1896; (off) not given; Pg:Ln 253:11

DEAN, Philip; s/o Fielding & Adaline; 22y; sgl; laborer; b. & res. Fqr; m. 29 Jan 1885 in Fqr to NASH, Jennie; d/o Jno. & Amanda; 18y; sgl; b. RappVA; res. Fqr; (lic) 29 Jan 1885; (off) J. F. HINES; consent of father in person; Pg:Ln 191:06

DEAN, Philip (col); s/o Fielding & Adeline; 29y; wid; laborer; b. & res. Fqr; m. 20 Feb 1890 in Fqr to STRIBLING, Roberta (col); d/o Horace & Sophia; 16y; sgl; b. & res. Fqr; (lic) 19 Feb 1890; (off) Cornelius GADDIS; consent of father in person; Pg:Ln 217:18

DEAN, Thomas (col); s/o Seymour & Eve; 26y; sgl; farmer; b. & res. Fqr; m. 19 Dec 1897 in Fqr to ROBINSON, Sarah (col); d/o Richd & Mintie; 23y; sgl; b. & res. Fqr; (lic) 18 Dec 1897; (off) C. M. TYLER; Pg:Ln 262:13

DeBUTTS, Dulany F.; s/o R. E. & S. M.; 35y; sgl; farmer; b. & res. Fqr; m. 9 Jan 1895 in Fqr to ASHBY, Emma V.; d/o H. S. & M. W.; 23y; sgl; b. & res. Fqr; (lic) 2 Jan 1895; (off) J. N. CAMPBELL; Pg:Ln 245:10

DeHAVEN, James C.; s/o Isaac N. & Jenne L.; 33y; sgl; salesman; b. Alleghany Co. Pa; res. Pittsburg Pa; m. 20 Jun 1906 in Fqr to SIMS, Virginia S.; d/o M. A. & M. L.; 28y; sgl; b. & res. Fqr; (lic) 20 Jun 1906; (off) W. D. KEENE; Pg:Ln 314:16

DELAPLANE, Geo. A.; s/o W. E. & M. A.; 28y; sgl; clerk; b. Pickaway Co. OH; res. Fqr; m. 2 Sep 1891 in Fqr to BERRY, Minnie T.; d/o Wilson & Alice R.; 27y; sgl; b. Henrico Co. VA; res. Fqr; (lic) 31 Aug 1891; (off) Chas. T. HERNDON; Pg:Ln 225:15

DELLA, Henry (col); s/o ___ & Dinah; 35y; sgl; shoemaker; b. & res. Fqr; m. 14 Jul 1893 in Fqr to BERRY, Eliza (col); d/o not given; 35y; sgl; b. & res. Fqr; (lic) 14 Jul 1893; (off) not given; Pg:Ln 235:23

DENEALE, James N.; s/o George & Martha; 34y; sgl; farmer; b. RappVA; res. Fqr; m. 24 Oct 1900 in Fqr to PAYNE, Ada G.; d/o Richard & Melissa; 23y; sgl; b. & res. Fqr; (lic) 22 Oct 1900; (off) L. R. THORNHILL; Pg:Ln 281:13

DENNIS, Frank; s/o Frank & Delilah; 27y; sgl; farmer; b. & res. Fqr; m. 24 Dec 1890 in Fqr to EMBREY, Octavia; d/o Wm. & Jenny; 21y; sgl; b. & res. Fqr; (lic) 18 Dec 1890; (off) Jno. F. POULTON; Pg:Ln 221:05
DENNIS, James E.; s/o Jackson & Delilah; 37y; sgl; farmer; b. & res. Fqr; m. 18 Jun 1901 in Fqr to McINTYRE, Mary; d/o James & Roxanna; 24y; sgl; b. & res. Fqr; (lic) 15 Jun 1901; (off) S. M. ATHEY; Pg:Ln 285:09
DENNIS, Jno. D.; s/o Jackson & Delilah; 28y; sgl; farmer; b. & res. Fqr; m. 26 Apr 1883 in Fqr to FEWELL, Eliza E.; d/o Wm. & Julia; 28y; sgl; b. & res. Fqr; (lic) 25 Apr 1883; (off) S. M. ATHEY; Pg:Ln 180:08
DENNIS, Park; s/o Frank & Delilah; 52y; sgl; farmer; b. & res. Fqr; m. 26 Apr 1899 in Fqr to HALL, Sally; d/o Newton & Isabelle; 34y; wid; b. & res. Fqr; (lic) 22 Apr 1899; (off) J. J. NORWOOD; Pg:Ln 272:07
DENNIS, Thos.; s/o Benj. & Catharine; 24y; sgl; farmer; b. & res. Fqr; m. 22 May 1897 in Fqr to BUTLER, Rosa; d/o J. W. & Mary; 17y; sgl; b. & res. Fqr; (lic) 22 May 1897; (off) J. J. NORWOOD; consent of father in person; Pg:Ln 258:23
DERRICK, Edward; s/o A. H. & Emma; 36y; sgl; merchant; b. & res. WashDC; m. 14 Nov 1883 in Fqr to COOPER, H. F.; d/o Richard & A. A.; 27y; sgl; b. & res. Fqr; (lic) 14 Nov 1883; (off) Geo. W. NELSON; Pg:Ln 183:03
DETTWEILER, R. S.; s/o Henry & Matilda; 34y; sgl; farmer; b. Elkhart Co. IN; res. Fqr; m. 26 Nov 1895 in Fqr to SWITZER, Sarah M.; d/o B. B. & Susan; 19y; sgl; b. Fulton Co. IL; res. Fqr; (lic) 22 Nov 1895; (off) M. G. EARLY; consent of father in person; Pg:Ln 249:23
DIGGES, Dudley H.; s/o Geo. W. & Mary F.; 38y; wid; farmer; b. & res. Fqr; m. 4 Mar 1903 in Fqr to GREEN, Susie M.; d/o Andrew & Susie; 16y; sgl; b. & res. Fqr; (lic) 2 Mar 1903; (off) Walter H. ROBERTSON; consent of her father in person; Pg:Ln 297:08
DIGGES, Ludwell L.; s/o Edw'd. & F. P.; 45y; sgl; farmer; b. & res. Fqr; m. 22 Dec 1891 in Fqr to HART, Nannie C.; d/o Jno. R. & Ann G.; 31y; sgl; b. & res. Fqr; (lic) 19 Dec 1891; (off) Geo. W. NELSON; Pg:Ln 227:15
DIGGES, Thos. D.; s/o G. W. & Mary F.; 25y; sgl; farmer; b. & res. Fqr; m. 26 Dec 1888 in Fqr to BOTTS, Helen; d/o Saml. H. & Virginia; 16y; sgl; b. & res. Fqr; (lic) 20 Dec 1888; (off) D. Frank ENTSLER; consent of Virginia BOTTS the mother sworn to by F. J. LOMAX & filed; Pg:Ln 209:07
DIGGS, Chas. (col); s/o Chas. & Viney; 23y; sgl; laborer; b. Nelson Co Va; res. Fqr; m. 29 Dec 1897 in Fqr to DOWDY, Sarah (col); d/o Robt. & Susan; 27y; sgl; b. & res. Fqr; (lic) 27 Dec 1897; (off) R. L. RUFFIN; Pg:Ln 263:11
DISNEY, Oregan; s/o Chas. T. & Annie E.; 28y; sgl; farmer; b. & res. Anne Arundel Co. MD; m. 28 Dec 1891 in Fqr to CASSELL, Mary J.; d/o T. M. & L. J.; 18y; sgl; b. & res. Fqr; (lic) 26 Dec 1891; (off) W. E. MILLER; consent of father in person; Pg:Ln 228:01
DIXON, Joseph (col); s/o Robert & Rosa; 25y; sgl; laborer; b. CulpVA; res. Fqr; m. 13 Apr 1884 in Fqr to WASHINGTON, Mary (col); d/o

Henry & Margaret; 28y; sgl; b. CulpVA; res. Fqr; (lic) 12 Apr 1884; (off) James ROBINSON; Pg:Ln 187:01

DIXON, Wm. (col); s/o Allen & Julia; 46y; wid; laborer; b. & res. Fqr; m. 30 Dec 1897 in Fqr to FRANKLIN, Adelaide (col); d/o Nelson & Amanda; 30y; wid; b. & res. Fqr; (lic) 27 Dec 1897; (off) A. R. PINKETT; Pg:Ln 263:03

DOCTOR, George (col); s/o Robert & Frances; 24y; sgl; butler; b. ClrkVA; res. Fqr; m. 23 Dec 1902 in Fqr to CHICHESTER, Pocahontas (col); d/o James & Grace; 18y; sgl; b. & res. Fqr; (lic) 23 Dec 1902; (off) N. A. MARRIOTT; consent of father in person; Pg:Ln 295:19

DODD, Chas. H.; s/o John & Eliza; 31y; sgl; engineer; b. & res. Fqr; m. 27 Mar 1897 in Fqr to HEWITT, Ida J.; d/o Rich'd & Susan; 22y; sgl; b. & res. Fqr; (lic) 24 Mar 1897; (off) A. T. LYNN; Pg:Ln 258:07

DODD, H. H.; s/o R. H. & Susan; 26y; sgl; farmer; b. & res. Fqr; m. 22 Jan 1895 in Fqr to HALL, Susanna V.; d/o Chas. E. & Sarah; 21y; sgl; b. & res. Fqr; (lic) 22 Jan 1895; (off) Walter H. ROBERTSON; Pg:Ln 245:15

DODD, James L.; s/o Marshall A. & Al?; 23y; sgl; farmer; b. & res. Fqr; m. 22 Apr 1903 in Fqr to HEFLIN, Florence O.; d/o Oscar L. & Bettie; 22y; sgl; b. & res. Fqr; (lic) 20 Apr 1903; (off) James W. HEFLIN; Pg:Ln 297:16

DODSON, R. T.; s/o Benj. & Sarah; 22y; sgl; farmer; b. Fqr; res. CulpVA; m. 3 Feb 1889 in Fqr to EDWARDS, Fanny; d/o Jas. A. & Mary; 21y; sgl; b. & res. Fqr; (lic) 31 Jan 1889; (off) F. H. JAMES; oath; Pg:Ln 210:21

DODSON, Randolph; s/o John & Ann; 28y; sgl; farmer; b. & res. Fqr; m. 2 Oct 1884 in Fqr to GAINES, Nannie; d/o Billy Roach & Ceilly; 21y; sgl; b. & res. Fqr; (lic) 1 Oct 1884; (off) J. H. WAUGH; age certified by bro. T. GAINES; Pg:Ln 188:08

DODSON, William (col); s/o John & Ann; 24y; sgl; laborer; b. & res. Fqr; m. 20 Nov 1884 in Fqr to BROWN, Fanny (col); d/o ___ & Emily; 18y; sgl; b. & res. Fqr; (lic) 19 Nov 1884; (off) Marshall D. WILLIAMS; consent filed & proved by Alfred MORE; Pg:Ln 189:05

DOGGETT, Basil; s/o David & Belle; 23y; sgl; farmer; b. & res. CulpVA; m. 17 Jun 1896 in Fqr to DOVEL, Sarah; d/o Jas. M. & Clara Va; 21y; sgl; b. Page Co. VA; res. Fqr; (lic) 17 Jun 1896; (off) Walter H. ROBERSTON; sworn; Pg:Ln 253:14

DOGGETTE, Wishard; s/o W. & Mitta; 23y; sgl; farmer; b. & res. CulpVA; m. 6 Apr 1891 in Fqr to DOVAL, Eliz'th; d/o Jas. & Clara V'a; 23y; sgl; b. Page Co. VA; res. Fqr; (lic) 6 Apr 1891; (off) Jacob HEDRICK; Pg:Ln 223:14

DOMAN, Samuel G. (col); s/o Joseph & Julia; 30y; sgl; laborer; b. Queen Anns Co. Md; res. Delaware Co. Pa; m. 15 Sep 1898 in Fqr to FORTUNE, Susie S. (col); d/o Andrew & Margaret; 27y; sgl; b. & res. Fqr; (lic) 15 Sep 1898; (off) R. P. DAWSON; Pg:Ln 267:09

DONTHAT, Robert Jr.; s/o Robert & Mary; 29y; sgl; farmer; b. Charles City Co. VA; res. Fqr; m. 27 Dec 1883 in Fqr to MARSHALL, Rebecca

P.; d/o J. A. & Rebecca; 24y; sgl; b. & res. Fqr; (lic) 22 Dec 1883; (off) H. B. LEE; Pg:Ln 184:13
DORSEY, Clement (col); s/o ___ & Charlotte; 39y; sgl; laborer; b. MontMD; res. WashDC; m. 8 Sep 1897 in Fqr to REED, Mary E. (col); d/o Cornelius & Henrietta; 25y; sgl; b. PrGMD; res. WashDC; (lic) 8 Sep 1897; (off) J. S. GARDNER; Pg:Ln 260:08
DOSE, Jesse; s/o Jas & Phenie; 25y; sgl; laborer; b. CulpVA; res. Fqr; m. 27 Dec 1905 in Fqr to HAM, Mintie; d/o Clayton & Bettie; 21y; sgl; b. & res. Fqr; (lic) 23 Dec 1905; (off) error; not issued - see below; Pg:Ln 312:14
DOSE, Jessie (col); s/o James & Phenie; 25y; sgl; laborer; b. CulpVA; res. Fqr; m. 27 Dec 1905 in Fqr to HAMM, Minnie (col); d/o Wm. C. & Betty; 21y; sgl; b. & res. Fqr; (lic) 26 Dec 1905; (off) D. W. JONES; consent of father in person; Pg:Ln 312:18
DOUGLAS, G. W.; s/o Geo. & Rhoda; 76y; wid; carpenter; b. OrngVA; res. Fqr; m. 7 Oct 1895 in Fqr to KEARNS, Annie; d/o Lee & ___; 21y; sgl; b. & res. Fqr; (lic) 7 Oct 1895; (off) H. H. WYER; Pg:Ln 248:22
DOUGLAS, Geo. E.; s/o Geo. W. & E. V.; 25y; sgl; blacksmith; b. Rockbridge Co. VA; res. Fqr; m. 30 Jan 1884 in Fqr to GARRISON, Lenora J.; d/o Wm. & Eliza J.; 25y; sgl; b. & res. Fqr; (lic) 28 Jan 1884; (off) not given; Pg:Ln 186:02
DOUGLAS, Jacob; s/o Jacob & Sarah; 49y; wid; laborer; b. & res. Fqr; m. 23 Mar 1886 in Fqr to McCONCHIE [written as McCHONCHIE], Louisa; d/o ___ & Judy; 30y; sgl; b. & res. Fqr; (lic) 22 Mar 1886; (off) G. C. BANNISTER; Pg:Ln 196:02
DOUGLAS, James S.; s/o Jacob D. & Mary Ann; 60y; wid; machinist; b. & res. Fqr; m. 10 Dec 1896 in Fqr to GASKINS, Sue V.; d/o James & Fannie; 37y; sgl; b. & res. Fqr; (lic) 7 Dec 1896; (off) J. L. GRANT; Pg:Ln 255:21
DOUGLAS, Morton G.; s/o James S. & Fanny L.; 31y; sgl; physician; b. Zanesville, Ohio; res. Fqr; m. 27 Jun 1900 in Fqr to PAYNE, Marion M.; d/o C. E. F. & Jeannie M.; 26y; sgl; b. & res. Fqr; (lic) 26 Jun 1900; (off) Walter H. ROBERTSON; Pg:Ln 279:21
DOUGLASS, Clinton T. (col); s/o George P. & Harriet B.; 35y; sgl; steward; b. AlexVA; res. New York NY; m. 27 Mar 1900 in Fqr to FRANEY, Mary (col); d/o John & Martha; 20y; sgl; b. & res. Fqr; (lic) 26 Mar 1900; (off) D. W. JONES; ans. of Court filed; Pg:Ln 278:12
DOVALL, L. B.; s/o James & Clara B.; 28y; sgl; farmer; b. RockVA; res. Fqr; m. 20 Sep 1896 in Fqr to CUNNINGHAM, Jennie; d/o D. J. & Martha; 25y; sgl; b. RappVA; res. Fqr; (lic) 19 Sep 1896; (off) M. R. GRIMSLEY; Pg:Ln 254:13
DOW, Albert (col); s/o Lorenzo & Malvina; 48y; wid; laborer; b. & res. Fqr; m. 25 Mar 1894 in Fqr to WASHINGTON, Amanda (col); d/o Benj. & Nancy; 31y; wid; b. RappVA; res. Fqr; (lic) 22 Mar 1894; (off) Cornelius GADDIS; Pg:Ln 240:20
DOWDELL, Jas. G.; s/o Thos. G. & Sarah; 36y; sgl; dentist; b. FfxVA; res. LdnVA; m. 20 Dec 1883 in Ldn to SMITH, Rosalie; d/o Alex. M. &

Martha; 21y; sgl; b. & res. Fqr; (lic) 14 Dec 1883; (off) W. F. DUNAWAY; Pg:Ln 184:02

DOWDY, Beverly (col); s/o Thomas & Susan; 21y; sgl; laborer; b. & res. Fqr; m. 10 Sep 1896 in Fqr to SHELTON, Mamie (col); d/o Bruin & Eveline; 18y; sgl; b. & res. Fqr; (lic) 10 Sep 1896; (off) J. F. POULTON; consent of father in person; Pg:Ln 254:07

DOWDY, Beverly (col); s/o Beverly & Susan; 25y; div; laborer; b. & res. Fqr; m. 6 Sep 1905 in Fqr to HURDER, Fanny (col); d/o French & __; 22y; sgl; b. & res. Fqr; (lic) 5 Sep 1905; (off) Vincent LACY; DOWDY vs DOWDY (decree); Pg:Ln 310:11

DOWDY, Frank (col); s/o Jim Barber & Milly DOWDY; 22y; sgl; laborer; b. & res. Fqr; m. 20 Jul 1901 in Fqr to HOLLINS, Maggie (col); d/o Jack HOLLINS & Annie Brent; 21y; sgl; b. StafVA; res. Fqr; (lic) 20 Jul 1901; (off) D. W. JONES; Pg:Ln 285:19

DOWDY, William (col); s/o Robert & Susan; 32y; sgl; laborer; b. & res. Fqr; m. 23 Sep 1901 in Fqr to FOUTZ, Sallie (col); d/o ___ & Annie; 28y; sgl; b. StafVA; res. Fqr; (lic) 21 Sep 1901; (off) Thornton HILL; Pg:Ln 286:22

DOWELL, Harold (col); s/o John C. & ann Maria; 22y; sgl; laborer; b. & res. Fqr; m. 25 Sep 1901 in Fqr to CHANCELLOR, Bertha (col); d/o Chas. & Kate; 20y; sgl; b. & res. Fqr; (lic) 25 Sep 1901; (off) N. A. MARRIOTT; consent of mother in person; Pg:Ln 287:03

DOWNELL, J. W. (col); s/o Silas & Disie; 20y; sgl; teacher; b. & res. Fqr; m. 28 Feb 1894 in Fqr to MANN, Emma (col); d/o Peter & Emma; 22y; sgl; b. & res. Fqr; (lic) 28 Feb 1894; (off) C. M. TYLER; consent of father in person; Pg:Ln 240:17

DOWNELL, Silas (col); s/o Willis & Charlotte; 43y; wid; farmer; b. & res. Fqr; m. 9 Jun 1889 in Fqr to WATKINS, Louisa (col); d/o Edward & Winnie; 35y; sgl; b. & res. Fqr; (lic) 7 Jun 1889; (off) Wm. MILLER; Pg:Ln 212:15

DOWNES, Saml. T.; s/o Chas. M. & Emily F.; 29y; sgl; farmer; b. & res. Fqr; m. 7 Mar 1888 in Fqr to DOWNES, Mary J.; d/o Geo. W. & Alice V.; 22y; sgl; b. & res. Fqr; (lic) 6 Mar 1888; (off) W. F. DUNAWAY; oath; Pg:Ln 206:19

DOWNNELL, Octavius (col); s/o Willis & Charlotte; 32y; sgl; laborer; b. & res. Fqr; m. 16 Apr 1893 in Fqr to WHITE, Ann E. (col); d/o Taylor & Maria; 23y; sgl; b. & res. Fqr; (lic) 15 Apr 1893; (off) C. M. TYLER; Pg:Ln 235:10

DOWNNELL, T. J. (col); s/o Willis & Charlotte; 35y; sgl; laborer; b. & res. Fqr; m. 10 Apr 1892 in Fqr to FITZHUGH, Queen (col); d/o Stephen & Sophia; 48y; wid; b. & res. Fqr; (lic) 9 Apr 1892; (off) Wm. Miller; Pg:Ln 229:20

DOWNS, J. B.; s/o William & Elender; 68y; wid; farmer; b. & res. Fqr; m. 18 Apr 1890 in Fqr to BENTON, Jennie; d/o Richard & Martha; 33y; sgl; b. & res. Fqr; (lic) 24 Mar 1890; (off) not given; Pg:Ln 218:06

DOWNS, J. B.; s/o Wm. & Ellen; 60y; wid; farmer; b. & res. Fqr; m. 14 Dec 1892 in Fqr to BENTON, Virginia; d/o Ric'rd. & Martha; 40y; sgl; b. & res. Fqr; (lic) 5 Dec 1892; (off) W. F. DUNAWAY; Pg:Ln 232:21

DOWNS, Oscar J.; s/o Rich'.d & Eliz'th; 23y; sgl; farmer; b. & res. Fqr; m.
22 Jan 1896 in Fqr to UTTERBACK, Tacey C.; d/o John & Eliz'th; 24y;
sgl; b. & res. Fqr; (lic) 20 Jan 1896; (off) H. Monroe STICKLER; Pg:Ln
251:22
DOWNS, R. W.; s/o James & Mary; 49y; wid; boiler maker; b. Fqr; res.
AlexVA; m. 20 Sep 1904 in Fqr to HOWDERSHELL, Baynton; d/o
Geo. & Virginia; 39y; sgl; b. & res. Fqr; (lic) 19 Sep 1904; (off) J. J.
NORWOOD; Pg:Ln 304:17
DOWNS, Rufus B.; s/o Robt. & Emily; 24y; sgl; farmer; b. & res. Fqr; m.
26 Feb 1884 in Fqr to KINSEL, Maggie W.; d/o Jno. W. & Elizabeth;
18y; sgl; b. & res. Fqr; (lic) 25 Feb 1884; (off) W. J. DUNAWAY;
consent of father in person; Pg:Ln 186:16
DOWNS, Saml.; s/o Joseph & Mary J.; 38y; div; farmer; b. & res. Fqr; m.
18 Apr 1906 in Fqr to EMBREY, Hattie; d/o John P. & Alice; 21y; sgl;
b. & res. Fqr; (lic) 18 Apr 1906; (off) D. F. ENSTLER; divorce Fauq.
Cir. Court; Pg:Ln 314:01
DOWNS, William H.; s/o Henry & Laura; 25y; sgl; farmer; b. & res. Fqr; m.
18 Jun 1902 in Fqr to DOWNS, Mary A.; d/o R. W. & Elizabeth; 27y;
sgl; b. & res. Fqr; (lic) 17 Jun 1902; (off) J. J. NORWOOD; Pg:Ln
292:16
DREWRY, James Lee; s/o Wm. K. & Carrie; 26y; sgl; occ. not given; b.
Fqr; res. Southampton Co. VA; m. 11 Dec 1889 in Fqr to RIXEY,
Matilda Blanche; d/o Benj. F. & Eleanora; 25y; sgl; b. & res. Fqr; (lic) 2
Dec 1889; (off) James GRAMMAR; Pg:Ln 215:02
DRONE, John M.; s/o John R. & Mary J.; 24y; sgl; farmer; b. Fqr; res.
CulpVA; m. 26 Dec 1901 in Fqr to RILEY, Florence V.; d/o Olonzo &
Mary A.; 20y; sgl; b. & res. Fqr; (lic) 23 Dec 1901; (off) W. H.
ROBERTSON; consent of Judge co. Ct. filed; Pg:Ln 289:20
DRYSDALE, Robert; s/o James & Margaret; 60y; wid; farmer; b. Fife
Scotland; res. Fqr; m. 25 Feb 1902 in Fqr to MALCOLM, Ellen; d/o
George & Jane; 35y; sgl; b. Scotland; res. Fqr; (lic) 25 Feb 1902; (off)
Walter H. ROBERTSON; (W. A. Thompson); Pg:Ln 291:03
DUFFEY, Oscar; s/o Wm. & Bettie; 25y; sgl; mechanic; b. StafVA; res.
Fqr; m. 26 Sep 1894 in Fqr to CLEMONS, Mary G.; d/o Jackson &
Catharine; 16y; sgl; b. & res. Fqr; (lic) 25 Sep 1894; (off) A. J.
CUMMINGS; consent sworn to; Pg:Ln 242:19
DULIN, Edward E.; s/o Jno. T. & Elmira; 26y; sgl; clerk; b. RappVA; res.
WashDC; m. 14 Dec 1892 in Fqr to EMBREY, Mollie T.; d/o Frank &
Harriet; 22y; sgl; b. & res. Fqr; (lic) 14 Dec 1892; (off) F. R. BOSTON;
Pg:Ln 233:02
DUNCAN, David T.; s/o Jas. A. & Sallie D.; 33y; sgl; stenographer; b.
Henrico Co. VA; res. NYC; m. 8 Sep 1891 in Fqr to GASKINS, Lucy
E.; d/o Jno. A. & Rose E.; 25y; sgl; b. & res. Fqr; (lic) 7 Sep 1891; (off)
Jas. A. DUNCAN; Pg:Ln 225:17
DUNCAN, F. H.; s/o Elzey & Emily; 29y; sgl; farmer; b. & res. Fqr; m. 15
Sep 1887 in Fqr to BURGESS, Melissa A.; d/o Horace & Eliz'th; 21y;
sgl; b. & res. Fqr; (lic) 14 Sep 1887; (off) Chas. M. BROWN; oath;
Pg:Ln 203:01

DUNN, James G.; s/o ___ & ___; 23y; sgl; clerk; b. Fqr; res. WashDC; m. 11 Sep 1899 in Fqr to TALBOT, Kate Hampton; d/o C. W. & M. C.; 22y; sgl; b. & res. Fqr; (lic) 7 Sep 1899; (off) Frank P. BERKLEY; Pg:Ln 274:06

DUVAL, R. W.; s/o Tanday & Mary; 22y; sgl; farmer; b. RockVA; res. Fqr; m. 2 Jul 1891 in Fqr to BAILY, Louisa; d/o James & Susan; 21y; sgl; b. Noble Co. IN; res. Fqr; (lic) 2 Jul 1891; (off) Walter H. ROBERTSON; Pg:Ln 224:19

DUVALL, Albert L.; s/o James & Roberta; 30y; sgl; farmer; b. Tazwell Co Ill; res. Jasper Co MD; m. 17 Jan 1897 in Fqr to GROVES, Edna E.; d/o W. A. & C. J.; 20y; sgl; b. CulpVA; res. Fqr; (lic) 14 Jan 1897; (off) M. R. GRIMSLEY; consent of father in person; Pg:Ln 257:13

DUVALL, Edw'd.; s/o Taudy [Tandy?] & Mary Ann; 21y; sgl; farmer; b. RockVA; res. Fqr; m. 17 Aug 1892 in Fqr to RYAN, Bettie; d/o Lawrence & Eliz'th; 18y; sgl; b. & res. Fqr; (lic) 15 Aug 1892; (off) J. J. BOWLER; consent of father sworn to by brother; Pg:Ln 231:09

DWIGHT, Edward S.; s/o John W. & Sophia; 48y; sgl; physician; b. New Haven Conn; res. Kent Co. Del.; m. 15 Oct 1902 in Fqr to MARSHALL, Maria W.; d/o Edward C. & Isabella; 35y; sgl; b. & res. Fqr; (lic) 13 Oct 1902; (off) Jefferson R. TAYLOR; Pg:Ln 294:06

DYE, Jas. W.; s/o Aldridge & Lorinda; 29y; wid; farmer; b. StafVA; res. Fqr; m. 20 May 1884 in Fqr to HUMPHREY, Mollie; d/o Chas. & Mary F.; 21y; sgl; b. StafVA; res. Fqr; (lic) 5 May 1884; (off) T. W. NEWMAN; Pg:Ln 187:06

DYE, Philmore; s/o Geo. W. & Julia E.; 33y; wid; laborer; b. StafVA; res. SpotVA; m. 22 Jan 1890 in Fqr to HEFLIN, Mary E.; d/o James E. & Catharine; 24y; sgl; b. & res. Fqr; (lic) 20 Jan 1890; (off) N. N. HALL; Pg:Ln 217:03

EDMONDS, Burgess; s/o John & Susan; 24y; sgl; laborer; b. & res. Fqr; m. 20 Dec 1900 in Fqr to RILEY, Amelia; d/o Wm. & Betsy; 40y; div; b. & res. Fqr; (lic) 19 Dec 1900; (off) F. R. BOSTON; decree of divorce exhibited; Pg:Ln 283:01

EDMONDS, David (col); s/o Thos. & Maria; 22y; sgl; laborer; b. & res. Fqr; m. 9 Sep 1891 in Fqr to BALL, Elizabeth (col); d/o Clayton & Harriet; 18y; sgl; b. & res. Fqr; (lic) 8 Sep 1891; (off) P. W. AUSTIN; Pg:Ln 225:18

EDMONDS, E. S.; s/o Wm. F. & Mary E.; 34y; sgl; teacher; b. & res. Fqr; m. 27 Jun 1883 in Fqr to CHUNN, A. B.; d/o A. J. & B. M.; 19y; sgl; b. & res. Fqr; (lic) 12 Jun 1883; (off) J. Calvin Stewart; consent of father proved by Dr. W. S. EDMONDS; Pg:Ln 180:18

EDMONDS, Henry; s/o Linton & Mary; 22y; sgl; laborer; b. & res. Fqr; m. 13 Jan 1897 in Fqr to RICHARD, Mary; d/o George & Jane; 19y; sgl; b. & res. Fqr; (lic) 13 Jan 1897; (off) Wm. MILLER; consent of father in peson; Pg:Ln 257:12

EDMONDS, Jno. Wm.; s/o John & Susan; 22y; sgl; farmer; b. & res. Fqr; m. 16 Jun 1889 in Fqr to RILEY, Elizabeth; d/o Joseph & Amelia; 17y; sgl; b. & res. Fqr; (lic) 15 Jun 1889; (off) W. D. WHITE; consent of step father in person; Pg:Ln 212:17

EDMONDS, Jos. A.; s/o Geo. S. & Lucinda; 47y; wid; merchant; b. St. Louis, MO; res. Lexington, MO; m. 19 Nov 1885 in Fqr to HICKS, Margaret S.; d/o Sydney & Margaret; 43y; wid; b. & res. Fqr; (lic) 16 Nov 1885; (off) A. A. P. NEEL; Pg:Ln 193:21
EDWARDS, Amm? [or Amin?]; s/o J. T. & Mildred J.; 19y; sgl; farmer; b. & res. Fqr; m. 8 Aug 1904 in Fqr to GRIMSLEY, Roberta; d/o Philip H. & Nannie M.; 21y; sgl; b. CulpVA; res. Fqr; (lic) 8 Aug 1904; (off) F. R. BOSTON; consent of father in person; Pg:Ln 303:19
EDWARDS, C. R. (col); s/o C. W. & Elizabeth; 24y; sgl; laborer; b. & res. Fqr; m. 29 Mar 1899 in Fqr to GORDON, Henrietta; d/o Marshall & Martha; 21y; sgl; b. & res. Fqr; (lic) 27 Mar 1899; (off) J. D. HOWE; Pg:Ln 271:19
EDWARDS, Charles F.; s/o Jno. T. & Mildred; 24y; sgl; farmer; b. & res. Fqr; m. 21 Jul 1898 in Fqr to ALLISON, Amy Tacie; d/o William & Mary; 21y; sgl; b. & res. Fqr; (lic) 19 Jul 1898; (off) S. M. ATHEY; Pg:Ln 266:10
EDWARDS, David (col); s/o James & Catherine; 24y; sgl; laborer; b. & res. Fqr; m. 19 Jul 1899 in Fqr to GIBSON, Mary F. (col); d/o Douglas & Louisa; 18y; sgl; b. & res. Fqr; (lic) 18 Jul 1899; (off) J. D. HOWE; consent of mother sworn to & filed; Pg:Ln 273:11
EDWARDS, E. B.; s/o Basil H. & Eliza; 42y; wid; farmer; b. & res. Fqr; m. 16 Sep 1891 in Fqr to OLIVER, Sarah C.; d/o Wm. R. & Virginia E.; 28y; sgl; b. & res. Fqr; (lic) 12 sep 1891; (off) T. W. NEWMAN; Pg:Ln 225:20
EDWARDS, Edw'd.; s/o Jno. & Sabie J.; 21y; sgl; farmer; b. & res. Fqr; m. 28 Dec 1892 in Fqr to SUDDUTH, Sallie; d/o Jos. & Kittie; 20y; sgl; b. & res. Fqr; (lic) 26 Dec 1892; (off) L. H. CRENSHAW; consent sworn to & filed; Pg:Ln 233:21
EDWARDS, Frank W.; s/o J. Arthur & Annie; 24y; sgl; farmer; b. & res. Fqr; m. 29 Jan 1903 in Fqr to LEACH, Jeanie C.; d/o Joshua J. & Susan; 27y; sgl; b. & res. Fqr; (lic) 29 Jan 1903; (off) F. R. BOSTON; Pg:Ln 296:22
EDWARDS, Franklin W.; s/o J. A. & Annie M.; 27y; wid; farmer; b. & res. Fqr; m. 14 May 1906 in Fqr to EDWARDS, Bertha R. T.; d/o Marcellus & Lucy F.; 23y; sgl; b. & res. Fqr; (lic) 14 May 1906; (off) F. R. BACON; Pg:Ln 314:07
EDWARDS, Geo. W.; s/o Jos. W. & Mary J.; 21y; sgl; farmer; b. & res. Fqr; m. 15 May 1889 in Fqr to GRAY, Ella L.; d/o Wm. & Maria; 21y; sgl; b. & res. Fqr; (lic) 11 May 1889; (off) C. A. JOYCE; Pg:Ln 211:24
EDWARDS, George (col); s/o Wilson & Louisa; 30y; wid; laborer; b. & res. Fqr; m. 19 Jan 1887 in Fqr to GIBSON, Fanny (col); d/o Allen & Harriet; 25y; sgl; b. & res. Fqr; (lic) 17 Jan 1887; (off) Jesse D. HOOE; Pg:Ln 200:11
EDWARDS, Granville H.; s/o Silas B. & Mary E.; 39y; wid; carpenter; b. Otisfield Maine; res. Cumberland Mills, Maine; m. 4 Jun 1902 in Fqr to HEFLIN, Beulah M.; d/o Jas. W. & Mary Fannie; 25y; sgl; b. & res. Fqr; (lic) 22 May 1902; (off) James M. HAWLEY; letters filed; Pg:Ln 292:06

EDWARDS, Henry C.; s/o French & Elizabeth; 25y; sgl; wheelwright; b. & res. CulpVA; m. 18 Dec 1884 in Fqr to JACOBS, Martha L.; d/o Alex'r. & Mary Catharine; 23y; sgl; b. & res. Fqr; (lic) 9 Dec 1884; (off) T. W. NEWMAN; Pg:Ln 189:12

EDWARDS, James A. G. (col); s/o John & Sarah; 21y; sgl; laborer; b. & res. Monongehela Co. W Va; m. 26 Dec 1900 in Fqr to DIXON, Lucy E. (col); d/o Wm. & Adelaide; 22y; sgl; b. & res. Fqr; (lic) 24 Dec 1900; (off) A. R. PINKETT; Pg:Ln 283:08

EDWARDS, James L.; s/o Chas. H. & Lucy F.; 28y; sgl; farmer; b. & res. Fqr; m. 14 Dec 1905 in Fqr to SINCLAIR, Bessie L.; d/o Chas. H. & Ann E.; 23y; sgl; b. & res. Fqr; (lic) 14 Dec 1905; (off) W. D. KEENE; Pg:Ln 311:21

EDWARDS, James T.; s/o James A. & Mary; 24y; sgl; farmer; b. & res. Fqr; m. 20 Mar 1900 in Fqr to JACOBS, Nannie J.; d/o Lawrence & Maria; 21y; sgl; b. & res. Fqr; (lic) 19 Mar 1900; (off) C. W. BROOKS; Pg:Ln 278:09

EDWARDS, Jno. T. (col); s/o Wilson & Maria; 30y; wid; farmer; b. & res. Fqr; m. 4 Jan 1905 in Fqr to CARTER, Laura L. (col); d/o ___ & Maria; 21y; sgl; b. & res. Fqr; (lic) 4 Jan 1905; (off) T. T. HEDGMAN; Pg:Ln 307:20

EDWARDS, John (col); s/o Wilson & Maria; 22y; sgl; laborer; b. & res. Fqr; m. 7 Nov 1893 in Fqr to BUMBREY, Noah [Norah?] (col); d/o Wm. & Fanny; 20y; sgl; b. & res. Fqr; (lic) 6 Nov 1893; (off) J. D. HOWE; consent of father in person; Pg:Ln 237:16

EDWARDS, Jos. M.; s/o Jos. W. & Mary; 23y; sgl; farmer; b. & res. Fqr; m. 7 Jun 1887 in Fqr to KIRKPATRICK, Alma F.; d/o Hugh F. & Mary C.; 18y; sgl; b. & res. Fqr; (lic) 4 Jun 1887; (off) L. H. CRENSHAW; consent of father in person; Pg:Ln 202:08

EDWARDS, Jos. W.; s/o Jas. H. & Arthur F.; 23y; sgl; farmer; b. & res. Fqr; m. 17 Jun 1897 in Fqr to EMBREY, Hattie F.; d/o Francis M. & Harriet S.; 22y; sgl; b. & res. Fqr; (lic) 14 Jun 1897; (off) C. W. BROOKS; Pg:Ln 259:06

EDWARDS, Lewis J. H.; s/o E. B. & Mollie D.; 18y; sgl; farmer; b. & res. Fqr; m. 19 Oct 1898 in Fqr to McMULLEN, Daisey B.; d/o Joseph & Lydia A.; 18y; sgl; b. RockVA; res. Fqr; (lic) 18 Oct 1898; (off) M. G. EARLY; consent of father in person, consent of father sworn to; Pg:Ln 268:01

EDWARDS, Mason; s/o J. W. & M.; 24y; sgl; railroading; b. & res. Fqr; m. 6 May 1902 in Fqr to DAYMUDE, Emma M.; d/o A. T. & Malvinia; 18y; sgl; b. & res. Fqr; (lic) 6 May 1902; (off) W. H. MARSH; consent filed; Pg:Ln 291:22

EDWARDS, Norman R.; s/o Inman R. & Mary J.; 23y; sgl; farmer; b. & res. Fqr; m. 21 Dec 1898 in Fqr to BROWN, Stella L.; d/o James & Mollie; 19y; sgl; b. & res. Fqr; (lic) 20 Dec 1898; (off) T. W. NEWMAN; consent sworn to & filed; Pg:Ln 269:18

EDWARDS, Robt. E.; s/o Charles & Lucy F.; 24y; sgl; laborer; b. & res. Fqr; m. 28 Dec 1899 in Fqr to JOHNSON, Sarah E.; d/o Presley &

Edmonia; 15y; sgl; b. & res. Fqr; (lic) 28 Dec 1899; (off) S. M. ATHEY; consent of father in person; Pg:Ln 277:05
EDWARDS, Robt. S.; s/o Wesley & Ann; 23y; sgl; farmer; b. & res. Fqr; m. 20 May 1885 in Fqr to ALLISON, Elizabeth; d/o John & Measey; 14y; sgl; b. & res. Fqr; (lic) 19 May 1885; (off) S. M. ATHEY; consent of father in person; Pg:Ln 192:07
EDWARDS, Samuel; s/o Joseph & Mary Jane; 22y; sgl; farmer; b. & res. Fqr; m. 16 Feb 1898 in Fqr to WINES, Lily C.; d/o W. T. & Caroline; 17y; sgl; b. & res. Fqr; (lic) 12 Feb 1898; (off) J. S. GARDNER; consent of father in person; Pg:Ln 264:08
EDWARDS, Samuel H.; s/o Isaac & Victoria; 30y; sgl; salesman; b. & res. Wayne Co. NC; m. 21 Jun 1899 in Fqr to ALLAN, Susie D.; d/o Joseph & Josephine; 21y; sgl; b. & res. Fqr; (lic) 20 Jun 1899; (off) William T. GROVES; Pg:Ln 272:22
EDWARDS, Thos. H.; s/o Alex & Mary C.; 24y; sgl; farmer; b. & res. Fqr; m. 6 Jan 1897 in Fqr to BURGESS, Lena; d/o Hezekiah & Sallie; 23y; sgl; b. & res. Fqr; (lic) 6 Jan 1897; (off) J. S. GARDNER; Pg:Ln 257:09
EDWARDS, Willie B.; s/o J. A. & Mary A.; 24y; sgl; farmer; b. & res. Fqr; m. 12 Jan 1895 in Fqr to HOLMES, Mary L.; d/o E. B. & Sarah; 16y; sgl; b. & res. Fqr; (lic) 12 Jan 1895; (off) C. W. BROOKS; consent of father sworn to before P. M. & filed; Pg:Ln 245:13
EDWARDS, Wm. T.; s/o John T. & Fanny L.; 25y; sgl; printer; b. CulpVA; res. Fqr; m. 29 Nov 1900 in Fqr to SHIPP, N. L.; d/o Wm. H. & P. A.; 17y; sgl; b. & res. Fqr; (lic) 26 Nov 1900; (off) J. W. NEWMAN; consent of father filed; Pg:Ln 282:05
ELGIN, Samuel; s/o Thos. & Elizabeth; 24y; sgl; farmer; b. FfxVA; res. Fqr; m. 12 Feb 1896 in Fqr to UTTERBACK, Lydia; d/o Wm. & Alice; 22y; sgl; b. & res. Fqr; (lic) 12 Feb 1896; (off) J. L. SHIPLEY; Pg:Ln 252:06
ELKINS, Jas. T.; s/o Jno. H. & Elizabeth; 29y; sgl; laborer; b. & res. Fqr; m. 18 Sep 1903 in Fqr to JOHNSON, Eliz'th.; d/o Jas. T. & Maria; 25y; sgl; b. & res. Fqr; (lic) 17 Sep 1903; (off) J. R. TAYLOR; Pg:Ln 299:10
ELLETT, A. L. Jr.; s/o A. L. & Nannie T.; 26y; sgl; merchant; b. & res. Richmond, VA; m. 9 Jan 1884 in Fqr to CHILTON, Lucie S.; d/o Jno. A. & Catharine M.; 20y; sgl; b. & res. Fqr; (lic) 8 Jan 1884; (off) Geo. W. NELSON; consent of father in person; Pg:Ln 185:15
ELLIOTT, Albert (col); s/o Geo. & Nancy; 23y; sgl; laborer; b. & res. Fqr; m. 13 Sep 1891 in Fqr to JACKSON, Roxie (col); d/o Wm. & Louisa; 21y; sgl; b. & res. Fqr; (lic) 11 Sep 1891; (off) A. R. PINKETT; Pg:Ln 225:19
ELLIOTT, Chas.; s/o Geo. & Nancy; 27y; sgl; laborer; b. & res. Fqr; m. 31 Mar 1887 in Fqr to WANSER, Harriet; d/o Wm. & Mary; 30y; sgl; b. & res. Fqr; (lic) 30 Mar 1887; (off) D. G. HENDERSON; Pg:Ln 201:20
ELLIOTT, Jno. R.; s/o Aldridge & Bettie; 26y; sgl; farmer; b. & res. Fqr; m. 1 Jan 1890 in Fqr to BEAHM, Lucy A.; d/o Edw'd. C. & Tabitha; 15y; sgl; b. RappVA; res. Fqr; (lic) 31 Dec 1889; (off) Walter H. ROBERTSON; consent of father in person; Pg:Ln 216:17

ELLIOTT, Jos.; s/o S. A. & Susan; 21y; sgl; farmer; b. RappVA; res. Fqr; m. 20 Feb 1892 in RappVA to KENNY, Elternoor; d/o W. D. & S. E.; 20y; sgl; b. & res. Fqr; (lic) 18 Mar 1892; (off) C. H. McGHEE; consent of father filed; Pg:Ln 229:12

ELLIOTT, Peter (col); s/o Geo. & Nancy; 25y; sgl; laborer; b. & res. Fqr; m. 20 Dec 1883 in Fqr to WHITING, Jane (col); d/o Jno. & Lou; 20y; sgl; b. Campbell Co. VA; res. Fqr; (lic) 19 Dec 1883; (off) R. P. DAWSON; consent of father proved by oath of Turner BROOKS; Pg:Ln 184:05

ELLIOTT, Peter (col); s/o George & Nancy; 43y; wid; laborer; b. & res. Fqr; m. 2 Jul 1903 in Fqr to DAVIS, Hester (col); d/o Abram & Lucinda; 27y; sgl; b. & res. Fqr; (lic) 1 Jul 1903; (off) R. P. DAWSON; Pg:Ln 298:12

ELLIS, Alpheus; s/o John L. & Caroline F.; 29y; sgl; farmer; b. PrWmVA; res. Fqr; m. 2 Jan 1890 in Fqr to HURST, Lucy A.; d/o Jno. W. & Mary A.; 18y; sgl; b. & res. Fqr; (lic) 23 Dec 1889; (off) I. C. DICE; consent filed; Pg:Ln 215:22

ELLIS, Benj. F.; s/o H. L. & Elizabeth Ellis; 23y; sgl; carpenter; b. PrWmVA; res. Fqr; m. 26 Jan 1887 in Fqr to SMITH, Mary V.; d/o John & Lavinia SMITH; 20y; sgl; b. & res. Fqr; (lic) 25 Jan 1887; (off) Jno. F. POULTON; Pg:Ln 200:19

ELLIS, Other T.; s/o L. W. & Georgiana; 19y; sgl; carpenter; b. & res. Fqr; m. 17 Apr 1904 in Fqr to ALEXANDER, Cora; d/o Lewis & ___; 31y; sgl; b. & res. Fqr; (lic) 14 Apr 1904; (off) J. L. KIBLER; consent of father in person; Pg:Ln 302:15

ELLIS, Robert L.; s/o Wm. H. & Amanda; 37y; sgl; miller; b. & res. PrWmVA; m. 30 Apr 1902 in Fqr to COOK, Elizabeth L.; d/o John & Fannie; 24y; sgl; b. & res. Fqr; (lic) 26 Apr 1902; (off) A. B. CARRINGTON; Pg:Ln 291:17

ELLISON, Walter K.; s/o Chas. E. & Emma; 24y; sgl; carpenter; b. Bath, England; res. Fqr; m. 29 Dec 1887 in Fqr to GRIMES, Elizabeth; d/o David C. & Elizabeth; 20y; sgl; b. & res. Fqr; (lic) 27 Dec 1887; (off) W. F. DUNAWAY; consent of father in writing sworn to by S. H. HERRINGTON & filed; Pg:Ln 205:13

EMBREY, A. A.; s/o R. D. & Mary; 38y; sgl; farmer; b. & res. Fqr; m. 2 Jun 1897 in Fqr to MILLS, Martha C.; d/o S. S. & Martha E.; 23y; sgl; b. & res. Fqr; (lic) 26 May 1897; (off) C. W. BROOKS; Pg:Ln 258:24

EMBREY, C. T.; s/o Edwin & Martha; 34y; sgl; merchant; b. & res. Fqr; m. 5 Dec 1893 in Fqr to STRIBLING, L. E.; d/o Geo. & Mary; 38y; sgl; b. & res. Fqr; (lic) 29 Nov 1893; (off) C. W. BROOKS; Pg:Ln 238:01

EMBREY, C. W.; s/o Chas. O. & S. E.; 35y; sgl; Gentleman; b. & res. Fqr; m. 6 Jun 1906 in PrWm to BRAWNER, Va. Harvey; d/o P. D & C. E.; 25y; sgl; b. & res. Fqr; (lic) 30 May 1906; (off) S. V. HILDEBRAND; Pg:Ln 314:10

EMBREY, Charlie; s/o John P. & Alice; 22y; sgl; laborer; b. & res. Fqr; m. 28 May 1902 in Fqr to CHINN, Daisy E.; d/o John & Elizabeth; 21y; sgl; b. & res. Fqr; (lic) 27 May 1902; (off) W. P. C. COE; Pg:Ln 292:10

EMBREY, Edwd. L.; s/o Meredith & Ann Va.; 34y; sgl; laborer; b. & res. Fqr; m. 18 Apr 1906 in Fqr to SISK, Minnie L.; d/o Chas. & Rosetta ROSE; 33y; wid; b. WrnVA; res. Fqr; (lic) 18 Apr 1906; (off) F. R. BOSTON; Pg:Ln 314:02
EMBREY, Edw'd. M.; s/o Wm. H. & Harriet E.; 24y; sgl; farmer; b. & res. Fqr; m. 25 May 1896 in Fqr to CLAXTON, Mary N.; d/o H. H. & Sarah; 23y; sgl; b. & res. Fqr; (lic) 12 May 1896; (off) C. W. BROOKS; Pg:Ln 253:06
EMBREY, Ewell J.; s/o Harrison & Harriett; 24y; sgl; laborer; b. & res. Fqr; m. 9 Sep 1885 in Fqr to CLAXTON, Hepsy A.; d/o Henry & Sally; 22y; sgl; b. & res. Fqr; (lic) 7 Sep 1885; (off) Lemuel W. HASLUP; Pg:Ln 193:06
EMBREY, Harvey C.; s/o Aquilla & Dolly; 21y; sgl; farmer; b. & res. Fqr; m. 16 Dec 1903 in Fqr to KIRBY, Maria B.; d/o J. R. & Emily J.; 21y; sgl; b. & res. Fqr; (lic) 14 Dec 1903; (off) J. L. KIBLER; Pg:Ln 300:15
EMBREY, J. Thomas L.; s/o Strother A. & Harriet; 36y; sgl; carpenter; b. & res. Fqr; m. 11 Nov 1901 in Fqr to LIMBRICK, Mildred; d/o Jefferson & Mary; 37y; sgl; b. & res. Fqr; (lic) 10 Nov 1901; (off) Walter H. ROBERTSON; Pg:Ln 288:22
EMBREY, James N.; s/o Nath'l. & Mary; 41y; wid; farmer; b. Fqr; res. StafVA; m. 28 Dec 1892 in Fqr to GROVES, Emma; d/o Wm. & Margaret; 27y; sgl; b. & res. Fqr; (lic) 27 Dec 1892; (off) T. W. NEWMAN; Pg:Ln 233:22
EMBREY, Jas.; s/o Meredith & Anna; 24y; sgl; stone mason; b. & res. Fqr; m. 27 Feb 1884 in Fqr to COSTELLO, Alice C.; d/o Thornton & Anne E.; 21y; sgl; b. & res. Fqr; (lic) 25 Feb 1884; (off) J. H. WANGLE; Pg:Ln 186:15
EMBREY, Jas. E.; s/o S. K. & Martha; 29y; sgl; laborer; b. & res. Fqr; m. 20 Jan 1892 in Fqr to COCKERILL, Laura H.; d/o Jno. & Mary J.; 22y; sgl; b. & res. Fqr; (lic) 19 Jan 1892; (off) T. G. NEVITT; Pg:Ln 228:17
EMBREY, Jas. T.; s/o James & Julia; 26y; sgl; farmer; b. & res. Fqr; m. 31 Dec 1888 in Fqr to PUTNAM, Ida; d/o Levi & Mary; 24y; sgl; b. & res. Fqr; (lic) 26 Dec 1888; (off) D. Frank ENTSLER; Pg:Ln 210:03
EMBREY, John; s/o Larkin & Annie; 22y; sgl; farmer; b. & res. Fqr; m. 31 Dec 1896 in Fqr to EMBREY, Carrie V.; d/o Robt. & Clara; 23y; sgl; b. & res. Fqr; (lic) 29 Dec 1896; (off) C. W. BROOKS; Pg:Ln 257:04
EMBREY, L. J.; s/o S. G. & Sarah E.; 22y; sgl; merchant; b. & res. Fqr; m. 2 Jan 1884 in Fqr to WISE, Mary C.; d/o Jno. A. & Delilah; 23y; sgl; b. RockVA; res. Fqr; (lic) 28 Dec 1883; (off) T. W. NEWMAN; Pg:Ln 185:07
EMBREY, M. E.; s/o Jas. & Ann; 25y; sgl; farmer; b. & res. Fqr; m. 4 Nov 1891 in Fqr to HERRELL, M. L.; d/o Jno. W. & Sarah E.; 24y; sgl; b. LdnVA; res. Fqr; (lic) 3 Nov 1891; (off) L. H. CRENSHAW; Pg:Ln 226:14
EMBREY, Melvin; s/o Harrison & Harriet; 27y; sgl; farmer; b. & res. Fqr; m. 10 Nov 1901 in Fqr to BROWN, Rosa; d/o Thomas & Queen V.; 20y; sgl; b. & res. Fqr; (lic) 9 Nov 1901; (off) C. W. BROOKS; consent of mother filed see letter J. L. CRITTENDEN; Pg:Ln 288:21

EMBREY, Richard T.; s/o Robt. E. & Clara; 21y; sgl; farmer; b. & res. Fqr; m. 21 Feb 1893 in Fqr to SMITH, Lucy T.; d/o Dudley & Rebecca; 22y; sgl; b. & res. Fqr; (lic) 17 Feb 1893; (off) C. W. BROOKS; Pg:Ln 234:21

EMBREY, Robt E.; s/o Robt. E. & Clara M.; 23y; sgl; farmer; b. & res. Fqr; m. 22 Dec 1898 in Fqr to EMBREY, Nelly M.; d/o Isham R. & Martha; 32y; sgl; b. & res. Fqr; (lic) 21 Dec 1898; (off) C. W. BROOKE; Pg:Ln 269:21

EMBREY, Robt. Calvin; s/o James W. & Mary E.; 23y; sgl; farmer; b. & res. Fqr; m. 10 Sep 1885 in Fqr to DEMSEY, Mary V.; d/o Jos. & Roberta; 25y; sgl; b. CulpVA; res. Fqr; (lic) 9 Sep 1885; (off) Lemuel W. HASLUP; Pg:Ln 193:07

EMBREY, S. D.; s/o S. G. & Mary D.; 48y; wid; farmer; b. CulpVA; res. Fqr; m. 4 Aug 1891 in Fqr to PAYNE, Sallie E.; d/o S. R. & Cornelia; 30y; wid; b. CulpVA; res. Fqr; (lic) 1 Aug 1891; (off) C. P. SCOTT; Pg:Ln 225:04

EMBREY, Sanford E.; s/o Wm. C. & Elizabeth; 58y; sgl; farmer; b. & res. Fqr; m. 15 May 1895 in Fqr to BROWN, Nancy A.; d/o Thomas & Nancy; 50y; sgl; b. & res. Fqr; (lic) 6 May 1895; (off) C. W. BROOKS; Pg:Ln 246:22

EMBREY, T. A.; s/o Wm. & Virginia; 22y; sgl; farmer; b. & res. Fqr; m. 7 Dec 1893 in Fqr to O'DONNELL, Mary; d/o not given; 22y; sgl; b. & res. Fqr; (lic) 1 Dec 1893; (off) Jno. F. POULTON; Pg:Ln 238:04

EMBREY, Wellington; s/o Garnett & Ann; 31y; sgl; farmer; b. & res. Fqr; m. 16 Jan 1890 in Fqr to SOUTTER, Fannie; d/o James R. & Sarah E.; 19y; sgl; b. CulpVA; res. Fqr; (lic) 14 Jan 1890; (off) C. W. BROOKS; consent of father by person; Pg:Ln 216:24

EMBREY, William H.; s/o Edwin & Martha; 24y; sgl; mechanic; b. & res. Fqr; m. 15 Dec 1889 in Fqr to PETTY, Sarah C.; d/o Lemuel & Ann; 24y; sgl; b. PrWmVA; res. Fqr; (lic) 11 Dec 1889; (off) T. W. NEWMAN; Pg:Ln 215:09

EMBREY, Wm.; s/o Isham & Cornelia; 24y; sgl; farmer; b. & res. Fqr; m. 13 May 1897 in Fqr to JACOBS, Ida; d/o John & Sallie; 21y; sgl; b. & res. Fqr; (lic) 12 May 1897; (off) C. W. BROOKS; Pg:Ln 258:20

EMBREY, Wm. F.; s/o Wm. H. & H. E.; 26y; sgl; farmer; b. & res. Fqr; m. 13 Jan 1892 in Fqr to JACOBS, Mary E.; d/o ___ & Kate; 30y; sgl; b. & res. Fqr; (lic) 9 Jan 1892; (off) C. W. BROOKS; Pg:Ln 228:10

EMBREY, Wm. J.; s/o Meredith & Ann; 34y; sgl; farmer; b. & res. Fqr; m. 3 Dec 1896 in Fqr to COSTELLO, Susan Carey; d/o Thornton & Ann E.; 22y; sgl; b. & res. Fqr; (lic) 3 Dec 1896; (off) H. M. STRICKLER; Pg:Ln 255:20

EMMONS, Robt. F.; s/o Fountain & Mary; 47y; wid; farmer; b. & res. Fqr; m. 2 Oct 1889 in Fqr to HOLMES, Mary F. V.; d/o Wm. & Catharine; 46y; wid; b. & res. Fqr; (lic) 30 Sep 1889; (off) D. SHOPOFF; Pg:Ln 213:22

ENNIS, Chas. B.; s/o Chas. & Catharine; 22y; sgl; farmer; b. & res. Fqr; m. 2 Apr 1884 in Fqr to GRAY, Sarah E. F.; d/o Thaddeus & Frances;

18y; sgl; b. & res. Fqr; (lic) 31 Mar 1884; (off) J. H. WAUGH; consent of father proved by oath of W. C. GRAY & filed; Pg:Ln 186:23
ENNIS, Luther; s/o Joseph & Fanny; 21y; sgl; farmer; b. & res. Fqr; m. 28 Sep 1904 in Fqr to HEFLIN, Eva; d/o Thomas & Fanny; 23y; sgl; b. & res. Fqr; (lic) 27 Sep 1904; (off) F. R. BOSTON; Pg:Ln 304:23
ENNIS, S. J.; s/o Elijah & Frances; 23y; sgl; railroading; b. Fqr; res. PhilPA; m. 25 Aug 1891 in Fqr to COURTNEY, Lizzie E.; d/o M. F. & Louisa; 21y; sgl; b. & res. Fqr; (lic) 24 Aug 1891; (off) B. P. DULIN; Pg:Ln 225:10
ENSOR, Geo. W.; s/o Jno. H. & Jane; 24y; sgl; farmer; b. & res. Fqr; m. 6 Feb 1884 in Fqr to OLIVER, Martha Ann; d/o Fleming & Ann E.; 30y; sgl; b. & res. Fqr; (lic) 4 Feb 1884; (off) T. W. NEWMAN; Pg:Ln 186:08
ENTWISLE, Henry; s/o Jas. & Emily M.; 24y; sgl; salesman; b. & res. AlexVa; m. 21 Mar 1897 in Fqr to JEFFRIES, May C.; d/o G. W. & ___; 24y; sgl; b. & res. Fqr; (lic) 19 Mar 1897; (off) W. F. DUNAWAY; Pg:Ln 258:12
ESKRIDGE, Oswald (col); s/o ___ & Eliza; 43y; wid; laborer; b. & res. Fqr; m. 30 Jul 1886 in Fqr to SMITH, Sarah (col); d/o ___ & Crissy; 24y; sgl; b. & res. Fqr; (lic) 30 Jul 1886; (off) J. F. POULTON; Pg:Ln 197:07
EUSTACE, Edwin D. (col); s/o Jas. B. & Louisa E.; 23y; sgl; laborer; b. F. W. S. S. Co.; res. Fqr; m. 28 Feb 1883 in Fqr to WASHINGTON, Annie D. (col); d/o Eli & Lucy; 22y; sgl; b. & res. Fqr; (lic) 23 Feb 1883; (off) T. W. NEWMAN, M. B. D.; Pg:Ln 179:15
EUSTACE, H. P.; s/o Philip & Judith; 30y; sgl; farmer; b. WashDC; res. Fqr; m. 2 Jan 1889 in Fqr to PETERS, Lillie F.; d/o Benj. & Susan; 27y; sgl; b. & res. Fqr; (lic) 24 Dec 1888; (off) C. W. BROOK; Pg:Ln 209:13
EUSTACE, James J.; s/o James J. & Sarah M.; 33y; sgl; farmer; b. StafVA; res. Fqr; m. 15 Mar 1899 in Fqr to REDD, Mary V.; d/o Peter W. & Virginia; 25y; sgl; b. & res. Fqr; (lic) 20 Feb 1899; (off) W. T. GOVER; Pg:Ln 271:13
EUSTACE, Jno. R.; s/o Jas. J. & Sallie M.; 32y; sgl; carpenter; b. StafVA; res. Fqr; m. 4 Jan 1894 in Fqr to EUSTACE, Mary L.; d/o W. S. & M. F.; 17y; sgl; b. & res. Fqr; (lic) 2 Jan 1894; (off) W. E. MILLER; consent filed; Pg:Ln 239:17
EUSTACE, Robt. L.; s/o W. S. & M. F.; 24y; wid; farmer; b. & res. Fqr; m. 16 Dec 1903 in Fqr to EUSTACE, Lula; d/o John & Fannie; 23y; sgl; b. & res. Fqr; (lic) 10 Dec 1903; (off) V. H. COUNCIL; Pg:Ln 300:13
EUSTACE, Thomas S.; s/o Wm. S. & Mary F.; 25y; sgl; well drilling; b. & res. Fqr; m. 5 Nov 1902 in Fqr to ROSS, Annie; d/o John & Adelaide; 25y; sgl; b. & res. Fqr; (lic) 30 Oct 1902; (off) V. H. COUNCILL; Pg:Ln 294:11
EUSTACE, William P.; s/o William & Fannie; 22y; sgl; farmer; b. & res. Fqr; m. 27 Mar 1902 in Fqr to DAY, Mary O.; d/o L. D. & J. G.; 18y; sgl; b. & res. Fqr; (lic) 20 Mar 1902; (off) William T. GROVE; consent of father sworn to & filed; Pg:Ln 291:08
EUSTACE, Wm. H.; s/o John & Frances; 31y; sgl; farmer; b. & res. Fqr; m. 14 Dec 1898 in Fqr to DAY, Annis M.; d/o L. D. & Annis M.; 20y;

sgl; b. & res. Fqr; (lic) 12 Dec 1898; (off) Jno. C. SEDWICK; consent of father in person; Pg:Ln 269:07

EVA, Rich'd. H.; s/o Saml. & Eliza; 38y; sgl; miner; b. Cornwell, England; res. Fqr; m. 28 Jun 1883 in Fqr to BROWN, Mary R.; d/o Wm. & Lucy A.; 24y; sgl; b. & res. Fqr; (lic) 21 Jun 1883; (off) J. S. HU[T]CHISON; Pg:Ln 180:19

EVANS, DeL.; s/o Thos. & Adelaide; 26y; sgl; merchant; b. Wilmington,. NC; res. Washington, NC; m. 16 Dec 1884 in Fqr to JORDAN, L. M.; d/o Warren H. & Eliza M.; 24y; sgl; b. Noxubee Co. MS; res. Fqr; (lic) 16 Dec 1884; (off) Geo. W. NELSON; Pg:Ln 189:21

EVANS, Frank (col); s/o John & Mary S.; 22y; sgl; hostler; b. Caroline Co Va; res. Fqr; m. 9 Jan 1902 in Fqr to JOHNSON, Belle (col); d/o Edmond & Rose; 25y; wid; b. CulpVA; res. Fqr; (lic) 9 Jan 1902; (off) N. A. MARRIOTT; Pg:Ln 290:15

EVANS, Henry; s/o Marshall & Patsey; 21y; sgl; drayman; b. & res. CulpVA; m. 13 Jul 1904 in Fqr to HACKLEY, Alice; d/o Taylor & Alice; 18y; sgl; b. & res. Fqr; (lic) 12 Jul 1904; (off) Robert JONES; consent of mother filed; Pg:Ln 303:14

EVERHART, Adam (col); s/o Ben & Pattie; 58y; wid; blacksmith; b. Marion Co. KY; res. Fqr; m. 8 Aug 1893 in Fqr to CORNWELL, Amelia (col); d/o not given; 27y; sgl; b. Louisa Co. VA; res. Fqr; (lic) 5 Aug 1893; (off) Wm. WHITMER; Pg:Ln 236:03

EVERHART, Adam (col); s/o Benj. & Pattie; 64y; wid; laborer; b. Marion Co. KY; res. Fqr; m. 16 Jan 1896 in Fqr to JACKSON, Annie (col); d/o ___ & Catharine; 21y; sgl; b. & res. Fqr; (lic) 9 Jan 1896; (off) D. JOHNSON; Pg:Ln 251:19

EVERHART, Lawrence (col); s/o Adam & Susan; 21y; sgl; laborer; b. & res. Fqr; m. 26 Mar 1900 in Fqr to SCOTT, Maggie; d/o Ned & Jane; 22y; sgl; b. & res. Fqr; (lic) 26 Mar 1900; (off) John O. TACKETT; Pg:Ln 278:11

EWELLS, Henry (col); s/o ___ & Mahalah; 22y; sgl; laborer; b. & res. Fqr; m. 3 May 1883 in Fqr to MONROE, Lucinda (col); d/o Reuben & Mary Frances; 23y; sgl; b. & res. Fqr; (lic) 2 May 1883; (off) Marshall D. WILLIAMS; Pg:Ln 180:10

FAIRFAX, Jno. (col); s/o Geo. & Eliza; 38y; sgl; coach driver; b. & res. Fqr; m. 17 Dec 1883 in Fqr to LUMPKINS, Lucy (col); d/o Jas. & Celia; 20y; sgl; b. & res. Fqr; (lic) 17 Dec 1883; (off) Jno. F. POULTON; consent of father proved by oath of W. H. H. PHOENIX (col); Pg:Ln 184:04

FANT, Wilton; s/o ___ & Ida B.; 21y; sgl; laborer; b. CulpVA; res. Fqr; m. 7 May 1895 in Fqr to COOPER, Nannie Nelson; d/o Jas. S. & Ophelia; 24y; sgl; b. StafVA; res. Fqr; (lic) 4 May 1895; (off) C. W. BROOKS; Pg:Ln 246:21

FARGO, Bunnell; s/o A. B. & H. K.; 26y; sgl; mechanic; b. Bradford Co. PA; res. Carroll Co. MD; m. 11 Aug 1886 in Fqr to KENDALL, Lulu A.; d/o G. W. & L. J.; 26y; sgl; b. & res. Fqr; (lic) 10 Aug 1886; (off) D. Frank ENTSLER; Pg:Ln 197:11

FAUNTLEROY, Richard (col); s/o John & Caroline; 26y; sgl; laborer; b. & res. LdnVA; m. 28 Dec 1899 in Fqr to THOMAS, Clara (col); d/o Ross & Blanche; 23y; sgl; b. & res. Fqr; (lic) 26 Dec 1899; (off) Wm. SMITH; Pg:Ln 276:22
FEAGANS, B. D.; s/o Wm. & Nancy; 30y; sgl; laborer; b. LdnVA; res. Fqr; m. 27 Jan 1892 in Fqr to RILEY, Lizzie; d/o Wm. E. & Lelia; 25y; sgl; b. & res. Fqr; (lic) 27 Jan 1892; (off) C. P. SCOTT; Pg:Ln 228:19
FEAGANS, Jos. B.; s/o Silas & Sarah; 24y; sgl; farmer; b. & res. JeffWV; m. 14 Oct 1886 in Fqr to KIRKPATRICK, Virg'a H.; d/o Hugh F. & Mary C.; 24y; sgl; b. LdnVA; res. Fqr; (lic) 14 Oct 1886; (off) H. H. WYER; Pg:Ln 198:07
FELLOWS, Henry A.; s/o Hobart D. & Delphina; 32y; sgl; clerk; b. Mobile Co. Ala.; res. WashDC; m. 22 Jun 1899 in Fqr to MURRAY, Alice N.; d/o E. M. & Virginia; 27y; sgl; b. & res. Fqr; (lic) 21 Jun 1899; (off) W. F. DUNAWAY; Pg:Ln 272:24
FERGUSON, E. P.; s/o J. W. & Maggie; 21y; sgl; farmer; b. & res. ClrkVA; m. 6 Oct 1897 in Fqr to RAMEY, Annie C.; d/o C. W. & Molly; 21y; sgl; b. & res. Fqr; (lic) 2 Oct 1897; (off) J. B. McINTURFF; Pg:Ln 260:18
FERGUSON, George W. (col); s/o Henry M. & Fanny; 24y; sgl; laborer; b. & res. Fqr; m. 29 Dec 1903 in Fqr to GREEN, Georgia (col); d/o Thomas & Patsey; 20y; sgl; b. & res. Fqr; (lic) 28 Dec 1903; (off) A. R. PICKETT; consent of father in person; Pg:Ln 301:05
FERGUSON, Turner (col); s/o Turner & Melvina; 23y; sgl; laborer; b. & res. Fqr; m. 24 Dec 1902 in Fqr to WILLIAMS, Alice E. (col); d/o Charles L. & Edmonia; 17y; sgl; b. & res. Fqr; (lic) 23 Dec 1902; (off) A. R. PINKETT; consent of father in person; Pg:Ln 295:18
FEWELL, A. D.; s/o Alec & Cordelia; 23y; sgl; farmer; b. & res. Fqr; m. 27 Dec 1887 in Fqr to CONNER, M. J.; d/o Geo. W. & Marg't.; 19y; sgl; b. & res. Fqr; (lic) 26 Dec 1887; (off) C. A. JOYCE; oath; Pg:Ln 205:10
FEWELL, A. J.; s/o Geo. M. & Saluda A.; 34y; sgl; carpenter; b. & res. Fqr; m. 23 Feb 1887 in Fqr to LUNCEFORD, Mary A.; d/o John & ___; 24y; sgl; b. & res. Fqr; (lic) 18 Feb 1887; (off) C. A. JOYCE; Pg:Ln 201:01
FEWELL, C. W.; s/o B. F. & Nancy J.; 24y; sgl; farmer; b. & res. Fqr; m. 6 Aug 1902 in Fqr to HOLLAWAY, Hattie F.; d/o Samuel & ___; 23y; sgl; b. Green Co. Va; res. Fqr; (lic) 6 Aug 1902; (off) F. R. BOSTON; Pg:Ln 293:07
FEWELL, Edward; s/o Jas. E. & Sarah; 28y; sgl; carpenter; b. & res. Fqr; m. 8 Apr 1884 in Fqr to BURKE, Sarah E.; d/o Jno. T. & Frances; 27y; sgl; b. & res. Fqr; (lic) 3 Apr 1884; (off) S. M. ATHEY; Pg:Ln 186:24
FEWELL, Elias H.; s/o Wm. F. & Judith F.; 21y; sgl; farmer; b. & res. Fqr; m. 13 Sep 1883 in Fqr to JEFFRIES, Ella B.; d/o W. A. & Lucy A.; 25y; sgl; b. & res. Fqr; (lic) 12 Sep 1883; (off) S. M. ATHEY; Pg:Ln 181:18
FEWELL, Elitheous; s/o Lemote & Mary J.; 32y; sgl; undertaker; b. & res. Fqr; m. 28 Mar 1889 in Fqr to HERRELL, Bertha A.; d/o Lewis & Catharine; 17y; sgl; b. Cecil Co. MD; res. Fqr.; (lic) 26 Mar 1889; (off) W. D. WHITE; consent of father in person; Pg:Ln 211:14

FEWELL, Ethelred; s/o Lemot[e] & Mary J.; 41y; wid; merchant; b. & res. Fqr; m. 22 Mar 1892 in Fqr to SQUIRES, Nannie C.; d/o W. H. & Harriet; 35y; sgl; b. & res. Fqr; (lic) 19 Mar 1892; (off) Frank BERKELEY; Pg:Ln 229:13

FEWELL, Francis M.; s/o Wm. & Frankie; 54y; sgl; ditcher; b. & res. Fqr; m. 18 Oct 1883 in Fqr to MOORE, Lucinda; d/o Willis & Sarah; 40y; sgl; b. & res. Fqr; (lic) 16 Oct 1883; (off) S. M. ATHEY; Pg:Ln 182:11

FEWELL, James; s/o Francis & Lucy; 24y; sgl; farmer; b. & res. Fqr; m. 2 Dec 1896 in Fqr to FRYE, Annie; d/o John & Martha; 21y; sgl; b. & res. Fqr; (lic) 1 Dec 1896; (off) S. M. ATHEY; Pg:Ln 255:18

FEWELL, W. B.; s/o Wm. & Juliette; 31y; sgl; carpenter; b. & res. Fqr; m. 4 Nov 1891 in Fqr to FEWELL, L. H.; d/o Lemote & Mary A.; 24y; sgl; b. & res. Fqr; (lic) 3 Nov 1891; (off) S. A. ATHEY; Pg:Ln 226:11

FICKLIN, Jas. W.; s/o Gustavus & Va. E.; 52y; div; farmer; b. & res. Fqr; m. 22 Mar 1905 in Fqr to JASPER, Lucy F.; d/o James & Mary F.; 33y; sgl; b. CulpVA; res. Fqr; (lic) 20 Mar 1905; (off) V. H. COUNCILL; see decree circuit court Fauquier County; Pg:Ln 308:15

FICKLIN, Wm. P.; s/o Wm. L. & Lucy S.; 26y; sgl; farmer; b. & res. Fqr; m. 3 Jan 1899 in Fqr to BROWN, Louise; d/o Wm. J. & Mary L.; 23y; sgl; b. & res. Fqr; (lic) 3 Jan 1899; (off) F. R. BOSTON; Pg:Ln 270:22

FIELDS, Andrew J. (col); s/o Thos. & Louisa; 22y; sgl; laborer; b. & res. Fqr; m. 7 Jan 1891 in Fqr to THOMPSON, Salin J. (col); d/o Wallace & Julia; 22y; sgl; b. & res. Fqr; (lic) 7 Jan 1891; (off) Vincent LACY; Pg:Ln 222:08

FIELDS, Chas. (col); s/o Porter & Amy; 22y; sgl; laborer; b. & res. Fqr; m. 8 Nov 1894 in Fqr to BROWN, Fanny (col); d/o Chas. & Mary; 23y; sgl; b. & res. Fqr; (lic) 8 Nov 1894; (off) V. LACY; Pg:Ln 243:15

FIELDS, E. C. E.; s/o Jno. H. & Mary E.; 29y; div; baker; b. Mexico; res. Fqr; m. 6 Apr 1892 in Fqr to EMBREY, Susan J.; d/o S. A. & Harriott; 18y; sgl; b. & res. Fqr; (lic) 6 Apr 1892; (off) Walter H. ROBERTSON; consent of J. F. EMBREY ackn'd. & filed; Pg:Ln 229:17

FIELDS, Jno. T.; s/o Wm. & Elizabeth E.; 36y; sgl; farmer; b. & res. Fqr; m. 15 Jan 1884 in Fqr to HEYL, Eliza A.; d/o Wm. & Mary A.; 20y; sgl; b. & res. Fqr; (lic) 14 Jan 1884; (off) S. M. ATHEY; consent of mother proved by oath of J. M. JEFFRIES; Pg:Ln 185:19

FIELDS, John (col); s/o Porter & Amey; 20y; sgl; laborer; b. & res. Fqr; m. 28 Apr 1888 in Fqr to BALL, Lizzie (col); d/o ___ & Harriet; 22y; sgl; b. LdnVA; res. Fqr; (lic) 26 Apr 1888; (off) B. T. TURNER; consent of father of husband given to clerk; Pg:Ln 207:04

FIELDS, N. B.; s/o Wm. & Elizabeth; 27y; sgl; farmer; b. & res. Fqr; m. 10 Feb 1886 in Fqr to JEFFRIES, A. V.; d/o Enoch & Nannie; 18y; sgl; b. & res. Fqr; (lic) 8 Feb 1886; (off) J. H. WAUGH; consent of father in person; Pg:Ln 195:10

FIELDS, P. D.; s/o Henry & Fanny; 23y; sgl; farmer; b. CulpVA; res. Fqr; m. 6 Nov 1892 in Fqr to MEEKS, Elnora; d/o Edw'd & Lucy E.; 18y; sgl; b. & res. Fqr; (lic) 4 Nov 1892; (off) Jas. F. BRANNIN; consent filed; Pg:Ln 232:12

FIELDS, Robert F. (col); s/o Porter & Amie; 34y; wid; laborer; b. AlexVA; res. Fqr; m. 11 Nov 1900 in Fqr to HALL, Jessie (col); d/o Henry & Ellen; 22y; sgl; b. & res. Fqr; (lic) 10 Nov 1900; (off) J. T. HAMILTON; Pg:Ln 281:23

FIELDS, Sandy A. (col); s/o Ad. Blackwell & Lucy FIELDS; 22y; sgl; laborer; b. & res. Fqr; m. 6 Sep 1901 in Fqr to CARTER, Mary L. (col); d/o Bernard Butler & Maria CARTER; 21y; sgl; b. & res. Fqr; (lic) 6 Sep 1901; (off) N. A. MARRIOTT; Pg:Ln 286:10

FIELDS, Wm.; s/o Warrick & Jane; 24y; sgl; farmer; b. Madison Co. VA; res. Fqr; m. 13 Nov 1886 in Fqr to BROADAS, Jane; d/o ___ & Jane; 25y; wid; b. & res. Fqr; (lic) 13 Nov 1886; (off) S. M. ATHEY; Pg:Ln 198:17

FIELDS, Wm. F.; s/o Thomas & Louisa FIELDS; 24y; sgl; shoemaker; b. AlexVA; res. Fqr; m. 12 Sep 1889 in Fqr to TACKETT, Sarah; d/o Eli & Maria TACKETT; 23y; sgl; b. & res. Fqr; (lic) 11 Sep 1889; (off) Jacob HEDRICK; Pg:Ln 213:15

FINCH, Lewis A.; s/o James & Jane; 28y; sgl; farmer; b. & res. Fqr; m. 13 Feb 1889 in Fqr to DOWNS, Nannie R.; d/o Rich'd & Eliz'th; 22y; sgl; b. & res. Fqr; (lic) 10 Feb 1889; (off) Chas. M. BROWN; Pg:Ln 210:24

FINKS, Robert S.; s/o Jas. S. & Margarett L.; 27y; sgl; farmer; b. CulpVA; res. Fqr; m. 4 Jun 1889 in Fqr to BUTLER, Sarah F.; d/o Jno. F. & Harriott; 25y; sgl; b. & res. Fqr; (lic) 4 Jun 1889; (off) Walter H. ROBERTSON; Pg:Ln 212:13

FINNALL, J. A.; s/o Jno. A. & Nancy; 35y; wid; farmer; b. ClrkVA; res. Fqr; m. 15 Oct 1895 in Fqr to BURKE, Mary E.; d/o R. A. & Fanny; 37y; sgl; b. CulpVA; res. Fqr; (lic) 14 Oct 1895; (off) Frank P. BERKLEY; Pg:Ln 248:24

FINNALL, Webb Smith; s/o Morgen L. & Mary Elizabeth; 35y; sgl; farmer; b. & res. Fqr; m. 12 Dec 1900 in Fqr to THOMPSON, Susan Emma; d/o Clark H. & Susan E.; 31y; sgl; b. Amherst Co. Va; res. Fqr; (lic) 8 Dec 1900; (off) C. W. BROOKS; Pg:Ln 282:10

FINNELL, H. E.; s/o Morgan & Bettie; 32y; sgl; farmer; b. & res. Fqr; m. 1 Nov 1905 in Fqr to PILCHER, Marie; d/o Julius A. & Fannie; 30y; sgl; b. & res. Fqr; (lic) 30 Oct 1905; (off) Wm. T. GOVER; Pg:Ln 311:01

FISHBACK, W. H.; s/o J. R. & Sally; 22y; sgl; farmer; b. & res. Fqr; m. 28 Dec 1898 in Fqr to PEARSON, Mary; d/o James & Elenora; 23y; sgl; b. & res. Fqr; (lic) 20 Dec 1898; (off) Geo. T. TYLER; Pg:Ln 269:17

FISHBACK, Wm. A.; s/o Albert & Agnes; 25y; sgl; farmer; b. & res. Fqr; m. 24 Jan 1888 in Fqr to WINE, Mary Ella; d/o A. L. & Mildred A.; 16y; sgl; b. & res. Fqr; (lic) 23 Jan 1888; (off) John AMBLER; consent of father in person; Pg:Ln 206:07

FISHBURNE, Pliny; s/o E. G. & Ella Va.; 26y; sgl; druggist; b. & res. AugVA; m. 4 Oct 1898 in Fqr to COLONNE, M. S.; d/o J. Cash & Fanny; 23y; sgl; b. & res. Fqr; (lic) 28 Sep 1898; (off) Isaac N. CAMPBELL; Pg:Ln 267:16

FISHER, Roley (col); s/o Martin & Betsy; 21y; sgl; laborer; b. & res. Fqr; m. 27 Dec 1899 in Fqr to BROOKS, Mamie; d/o William & Mollie; 21y;

sgl; b. & res. Fqr; (lic) 23 Dec 1899; (off) F. R. BOSTON; Pg:Ln 276:14

FITZHUGH, Albert (col); s/o Jesse & Lydia; 24y; sgl; laborer; b. & res. Fqr; m. 25 Dec 1901 in Fqr to WOODFORK, Lucy (col); d/o Henry & Emily; 24y; sgl; b. & res. Fqr; (lic) 23 Dec 1901; (off) Geo. W. HORNER; Pg:Ln 289:23

FITZHUGH, David (col); s/o ___ & Ellen; 21y; sgl; laborer; b. & res. Fqr; m. 7 Dec 1893 in Fqr to CARTER, Fannie (col); d/o ___ & Louisa; 21y; sgl; b. CulpVA; res. Fqr; (lic) 1 Dec 1893; (off) not given; Pg:Ln 238:03

FITZHUGH, Emanuel (col); s/o David & Ellen; 27y; sgl; laborer; b. PrWmVA; res. Fqr; m. 27 Dec 1905 in Fqr to RANDALL, Birdie (col); d/o Gus & Mollie; 22y; sgl; b. Pittsburg PA; res. Fqr; (lic) 21 Dec 1905; (off) D. W. JONES; Pg:Ln 312:09

FITZHUGH, Jesse (col); s/o Jesse & Lydia; 28y; sgl; laborer; b. & res. Fqr; m. 4 Feb 1901 in Fqr to MORGAN, Henrietta (col); d/o Augustus & Harriet; 25y; sgl; b. & res. Fqr; (lic) 4 Feb 1901; (off) Vincent LACY; Pg:Ln 284:02

FITZHUGH, Jos. (col); s/o Jesse & Lidia; 23y; sgl; laborer; b. & res. Fqr; m. 28 Apr [Mar?, see date of license] 1889 in Fqr to MORGAN, Anna (col); d/o ___ & Mary E.; 22y; sgl; b. & res. Fqr; (lic) 28 Mar 1889; (off) Cornelius GADDIS; Pg:Ln 211:17

FITZHUGH, Moses (col); s/o Jesse & Lydia; 25y; sgl; farmer; b. CulpVA; res. Fqr; m. 20 Sep 1900 in Fqr to WILLIAMS, Rena (col); d/o ___ & Martha JOHNSON; 22y; sgl; b. RappVA; res. Fqr; (lic) 17 Sep 1900; (off) Lewis BROWN; Pg:Ln 280:17

FLETCHER, Addison F.; s/o John & Betty; 22y; sgl; farmer; b. & res. Fqr; m. 6 Jun 1900 in Fqr to WINE, Lillie F.; d/o George & Jacaline; 21y; sgl; b. & res. Fqr; (lic) 4 Jun 1900; (off) W. S. JACKSON; Pg:Ln 279:13

FLETCHER, Albert Jr.; s/o Albert & Sarah; 27y; sgl; merchant; b. & res. Fqr; m. 14 Nov 1901 in Fqr to FORBES, Emely N.; d/o Murray & Emily K.; 25y; sgl; b. & res. Fqr; (lic) 14 Nov 1901; (off) G. W. NELSON; Pg:Ln 288:05

FLETCHER, Aldridge (col); s/o Jno. & Edmonia; 22y; sgl; laborer; b. & res. Fqr; m. 27 Dec 1883 in Fqr to DOUGLASS, Sarah (col); d/o Jacob & Sallie; 21y; sgl; b. & res. Fqr; (lic) 26 Dec 1883; (off) R. P. DAWSON; Pg:Ln 185:01

FLETCHER, Alexander C.; s/o Edwin & Julia A.; 25y; sgl; farmer; b. & res. Fqr; m. 30 Dec 1884 in Fqr to McSWEENEY, Maria; d/o Bryan & Ann; 21y; sgl; b. & res. Fqr; (lic) 29 Dec 1884; (off) Augustus DAVIDSON; Pg:Ln 190:11

FLETCHER, B. L.; s/o Elias & Catharine; 29y; sgl; merchant; b. & res. Fqr; m. 29 Jan 1884 in Fqr to SMITH, Annie Jackson; d/o Wm. & Mary; 26y; sgl; b. & res. Fqr; (lic) 22 Jan 1884; (off) L. H. CRENSHAW; Pg:Ln 185:24

FLETCHER, Basil M.; s/o Jas. H. & Marion; 23y; sgl; farmer; b. & res. Fqr; m. 26 Dec 1903 in Fqr to KING, Lola Lee; d/o Joseph & Sarah; 19y;

sgl; b. & res. Fqr; (lic) 26 Dec 1903; (off) F. R. BOSTON; consent of her father in person; Pg:Ln 300:23

FLETCHER, Bedford; s/o Jno. T. & Elizabeth; 20y; sgl; farmer; b. & res. Fqr; m. 18 Mar 1903 in Fqr to FLETCHER, Elizabeth; d/o G. W. & Nellie; 19y; sgl; b. & res. Fqr; (lic) 18 Mar 1903; (off) W. H. BALLANGEE; consent of parents filed; Pg:Ln 297:10

FLETCHER, Benj.; s/o Edward & Julia; 24y; sgl; farmer; b. & res. Fqr; m. 30 Dec 1885 in Markham, VA to KINES, Mary Ann; d/o Daniel J. & Sarah C.; 18y; sgl; b. WrnVA; res. Fqr; (lic) 29 Dec 1885; (off) J. D. MARTIN; Pg:Ln 194:15

FLETCHER, Benj.; s/o Edwin & Julia; 33y; wid; farmer; b. & res. Fqr; m. 26 Dec 1895 in Fqr to BUTLER, Maria L.; d/o Hiram & Susan; 30y; sgl; b. & res. Fqr; (lic) 23 Dec 1895; (off) H. M. STRICKLER; Pg:Ln 251:01

FLETCHER, Benton W.; s/o Benton F. & Mary W.; 26y; sgl; farmer; b. & res. Fqr; m. 30 Nov 1904 in Fqr to WINGFIELD, Claudia V.; d/o Wm. H. & Susie K.; 22y; sgl; b. & res. Fqr; (lic) 28 Nov 1904; (off) Geo. W. STAPLES; Pg:Ln 306:08

FLETCHER, Chas. D.; s/o C. W. & Mary; 22y; sgl; farmer; b. & res. Fqr; m. 20 Oct 1897 in Fqr to WINES, Annie; d/o ___ & Lucy; 22y; sgl; b. & res. Fqr; (lic) 20 Oct 1897; (off) Jno. F. POULTON; Pg:Ln 261:03

FLETCHER, Conway; s/o T. H. & Eliza J.; 22y; sgl; machinist; b. Harrison Co. WV; res. Fqr; m. 5 Mar 1889 in Fqr to REID, Mollie V.; d/o James & Julia; 24y; sgl; b. & res. Fqr; (lic) 4 Mar 1889; (off) Wm. C. LATANE; Pg:Ln 211:10

FLETCHER, E. M.; s/o E. W. & Susan B.; 26y; sgl; farmer; b. Fqr; res. LdnVA; m. 1 Mar 1888 in Fqr to GRIMES, Kate; d/o David & Bettie; 27y; sgl; b. & res. Fqr; (lic) 22 Feb 1888; (off) W. F. DUNAWAY; oath; Pg:Ln 206:15

FLETCHER, Edward H.; s/o Joseph & Rachel; 44y; wid; farmer; b. & res. Fqr; m. 21 Jul 1885 in Fqr to WALTERS, Dolly A.; d/o Lewellyn & Maria; 35y; sgl; b. & res. Fqr; (lic) 20 Jul 1885; (off) T. M. AMBLER; Pg:Ln 192:17

FLETCHER, H. M.; s/o B. T. & Agnes A.; 21y; sgl; farmer; b. & res. Fqr; m. 3 Feb 1891 in Fqr to SMITH, Susan M.; d/o Jno. & Lavinia; 22y; sgl; b. & res. Fqr; (lic) 2 Feb 1891; (off) Chas. T. HERNDON; Pg:Ln 222:19

FLETCHER, Henry C.; s/o Chas. W. & Mary C.; 19y; sgl; farmer; b. & res. Fqr; m. 2 Nov 1905 in Fqr to MOORE, Dora; d/o Jack & Addie; 19y; sgl; b. & res. Fqr; (lic) 2 Nov 1905; (off) W. D. KEENE; consent of his father and her mother in person; Pg:Ln 311:03

FLETCHER, James Richard; s/o Wm. & Frances; 22y; sgl; laborer; b. & res. Fqr; m. 14 Jun 1883 in Fqr to DENNIS, Virginia Elizabeth; d/o Frank & Delilah; 21y; sgl; b. & res. Fqr; (lic) 5 Jun 1883; (off) Isaac W. CANTER; Pg:Ln 180:16

FLETCHER, Jas. R. (col); s/o Wm. & Harriet F.; 37y; wid; laborer; b. & res. Fqr; m. 13 Jul 1898 in Fqr to FLETCHER, Susan E. (col); d/o Wm.

& Louisa; 35y; wid; b. & res. Fqr; (lic) 13 Jul 1898; (off) J. S.
GARDNER; Pg:Ln 266:08
FLETCHER, Jno. H.; s/o Wm. H. & Harriet F.; 29y; sgl; farmer; b. & res.
Fqr; m. 24 Dec 1885 in Fqr to KERNES, Alice; d/o Wm. H. & Louisa;
27y; sgl; b. & res. Fqr; (lic) 23 Dec 1885; (off) Jno. F. POULTON;
Pg:Ln 194:07
FLETCHER, Jno. H.; s/o W. H. & H. F.; 30y; wid; farmer; b. & res. Fqr; m.
27 Dec 1888 in Fqr to DENNIS, Susan; d/o Wm. & Louisa; 24y; wid; b.
& res. Fqr; (lic) 25 Dec 1888; (off) James GRAMMAR; Pg:Ln 209:23
FLETCHER, Jno. W. (col); s/o Jno. & Edmonia; 23y; sgl; laborer; b.
LdnVA; res. Fqr; m. 25 Dec 1889 in Fqr to POLLARD, Maggie L. (col);
d/o ___ & Juliet; 25y; sgl; b. & res. Fqr; (lic) 25 Dec 1889; (off) J. W.
WEBB; Pg:Ln 215:24
FLETCHER, Joshua; s/o Joshua & Eliza A.; 35y; sgl; farmer; b. & res.
LdnVA; m. 24 Feb 1886 in Fqr to FOSTER, Lucelia P.; d/o Thos. R. &
Mary Ann; 28y; sgl; b. & res. Fqr; (lic) 19 Feb 1886; (off) James
GRAMMER; Pg:Ln 195:13
FLETCHER, Lewis (col); s/o Wm. & Charlotte; 35y; sgl; laborer; b. & res.
Fqr; m. 17 Jun 1891 in Fqr to WELCH, Lou (col); d/o Henry &
Margaret; 18y; sgl; b. & res. Fqr; (lic) 8 Jun 1891; (off) T. G. NEVITT;
consent of father in person; Pg:Ln 224:13
FLETCHER, R. F.; s/o Geo. & Ann; 26y; sgl; farmer; b. CulpVA; res. Fqr;
m. 18 Nov 1891 in Fqr to HARRISON, Annie L.; d/o Jacob & ___; 23y;
sgl; b. RockVA; res. Fqr; (lic) 7 Nov 1891; (off) M. R. GRIMSLEY;
Pg:Ln 226:20
FLETCHER, Robt. (col); s/o John & Edmonia; 21y; sgl; farmer; b. LdnVA;
res. Fqr; m. 3 Mar 1890 in Fqr to SMITH, Mary (col); d/o Bill & Lizzie;
21y; sgl; b. & res. Fqr; (lic) 1 Mar 1890; (off) Zachariah C. REID; oath;
Pg:Ln 217:23
FLETCHER, Robt. F.; s/o Wm. & Harriet F.; 28y; sgl; farmer; b. & res. Fqr;
m. 27 Dec 1883 in Fqr to HALL, Lucy Jane; d/o E. A. & Elizabeth; 17y;
sgl; b. & res. Fqr; (lic) 24 Dec 1883; (off) S. M. ATHEY; consent of
father in person; Pg:Ln 184:19
FLETCHER, Robt. L.; s/o Jno. G. & Alice C.; 32y; sgl; farmer; b. RappVA;
res. Fqr; m. 17 Nov 1886 in Fqr to KINCHELOE, Mary A.; d/o C. B. &
Vidie; 23y; sgl; b. & res. Fqr; (lic) 15 Nov 1886; (off) I. B. LAKE; Pg:Ln
198:19
FLETCHER, Thos.; s/o Townsend & Martha Ann; 30y; sgl; farmer; b. &
res. Fqr; m. 30 Dec 1897 in Fqr to FLETCHER, Mildred A.; d/o Chas.
R. & Catherine; 22y; sgl; b. & res. Fqr; (lic) 30 Dec 1897; (off) F. R.
BOSTON; Pg:Ln 263:16
FLETCHER, Thos. (col); s/o Wm. & Charlotte; 56y; wid; laborer; b.
PrWmVA; res. LdnVA; m. 24 Apr 1904 in Fqr to TATE, Hattie (col); d/o
Nelson & Anna; 43y; sgl; b. & res. Fqr; (lic) 23 Apr 1904; (off) R. P.
DAWSON; Pg:Ln 302:16
FLETCHER, Westley W.; s/o John T. & Bettie; 22y; sgl; farmer; b. & res.
Fqr; m. 17 Dec 1902 in Fqr to BALEY, Lucinda; d/o N. B. & Nancy

Alice; 21y; sgl; b. & res. Fqr; (lic) 16 Dec 1902; (off) W. S. JACKSON; Pg:Ln 295:09

FLETCHER, Wm.; s/o Thos. & Catharine; 56y; wid; farmer; b. & res. Fqr; m. 14 Dec 1886 in Fqr to FREEMAN, Laura; d/o John & Sophronia; 21y; sgl; b. & res. Fqr; (lic) 14 Dec 1886; (off) I. C. C. NEWTON; Pg:Ln 199:07

FLORANCE, Chas. H.; s/o Newton & Eugenie; 26y; sgl; carpenter; b. & res. PrWmVA; m. 25 Dec 1883 in Fqr to BYRNE, Willie G.; d/o T. W. & C. A.; 26y; sgl; b. PrWmVA; res. Fqr; (lic) 24 Dec 1883; (off) J. E. JACKSON; Pg:Ln 184:21

FLORANCE, W. C.; s/o Robt. H. & Adaline; 27y; sgl; farmer; b. & res. Fqr; m. 5 Feb 1890 in Fqr to HARRISON, May S.; d/o J. C. & Eliz'th H.; 21y; sgl; b. RockVA; res. Fqr; (lic) 4 Feb 1890; (off) T. A. HALL; Pg:Ln 217:11

FLYNN, Clinton W.; s/o R. N. & Julia N.; 21y; sgl; farmer; b. & res. Fqr; m. 23 Dec 1890 in Fqr to SMITH, Etta K.; d/o Geo. & Eliza; 19y; sgl; b. & res. Fqr; (lic) 22 Dec 1890; (off) W. F. DUNAWAY; consent of father in person; Pg:Ln 221:11

FOGG, Wilbur G.; s/o Wm. G. & Mary; 33y; sgl; merchant; b. & res. RappVA; m. 1 Jan 1891 in Fqr to RUSSELL, Mary S.; d/o Thos. & Emma; 21y; sgl; b. & res. Fqr; (lic) 1 Jan 1891; (off) J. J. BOWLES; Pg:Ln 222:04

FOLEY Cuthbert; s/o Nick & Elizabeth; 42y; sgl; laborer; b. PrWmVA; res. Fqr; m. 19 Apr 1899 in Fqr to PROCTOR, Octavia; d/o ___ & ___; 40y; sgl; b. & res. Fqr; (lic) 15 Apr 1899; (off) not given; not issued; Pg:Ln 272:05

FOLLANSBEE, Robt.; s/o Thos. M. & Nellie Va.; 24y; sgl; civil engineer; b. Hennepin Co. Minn.; res. Ithica Co. NY; m. 6 Apr 1904 in Fqr to GOLD, Isabelle A.; d/o Lloyd O. & B. M.; 20y; sgl; b. & res. Fqr; (lic) 4 Apr 1904; (off) Jefferson R. TAYLOR; consent of mother filed; Pg:Ln 302:11

FOLLEN, Wm. F.; s/o Patrick & Margaret; 30y; sgl; marble engraver; b. & res. Fqr; m. 12 Mar 1892 in Fqr to COONS, Annie T.; d/o Robt. & Lucy; 24y; sgl; b. & res. Fqr; (lic) 12 Mar 1892; (off) J. J. BOWLER; Pg:Ln 229:11

FORBES, Alfred T.; s/o Murray & Sallie J.; 46y; wid; farmer; b. Falmouth, StafVA; res. Fqr; m. 29 Oct 1885 in Fqr to BASTABLE, Mary; d/o Gilbert M. & Caroline M.; 43y; sgl; b. & res. Fqr; (lic) 27 Oct 1885; (off) Jno. A. LINDSAY; Pg:Ln 193:16

FORD, Charles H. (col); s/o Asa & Annie; 23y; sgl; laborer; b. & res. Fqr; m. 27 Dec 1900 in Fqr to CRAWFORD, Mary B. (col); d/o Henry & Delphia; 18y; sgl; b. & res. Fqr; (lic) 26 Dec 1900; (off) Vincent LACY; consent of mother filed; Pg:Ln 283:15

FORD, Charles M. (col); s/o Daniel & Martha; 25y; sgl; laborer; b. & res. Fqr; m. 4 Oct 1900 in Fqr to CHARITY, Mary E. (col); d/o Paul & Mary; 23y; sgl; b. & res. Fqr; (lic) 4 Oct 1900; (off) G. C. BANISTER; Pg:Ln 281:01

FORD, Daniel (col); s/o Taylor & Kate; 22y; sgl; laborer; b. & res. Fqr; m. 11 Sep 1901 in Fqr to SHUMATE, Carrie (col); d/o Taylor & Nannie; 21y; sgl; b. & res. Fqr; (lic) 10 Sep 1901; (off) T. W. BROOKE; Pg:Ln 286:13

FORD, Doc. (col); s/o Thos. & Mary; 27y; sgl; laborer; b. & res. Fqr; m. 25 Feb 1886 in Fqr to BLAND, Charlotte (col); d/o Shack & Emily; 22y; sgl; b. & res. Fqr; (lic) 25 Feb 1886; (off) G. C. BANNISTER; Pg:Ln 195:19

FORD, Howard G.; s/o James N. & Mattie K.; 25y; sgl; school teacher; b. & res. Shelby Co. Tenn; m. 24 Jun 1897 in Fqr to STRIBLING, Mary D.; d/o Robt. M. & Agnes; 25y; sgl; b. & res. Fqr; (lic) 21 Jun 1897; (off) F. G. RIBBLE; Pg:Ln 259:09

FORD, Jesse (col); s/o Douglas & Ella; 26y; sgl; laborer; b. & res. Fqr; m. 10 Aug 1892 in Fqr to GRIGSBY, Lily (col); d/o Bristoe & Nancy; 18y; sgl; b. & res. Fqr; (lic) 4 Aug 1892; (off) A. R. PINKETT; consent of mother sworn to by Peter GRIGSBY & Douglas FORD & filed; Pg:Ln 231:06

FORD, Jos.; s/o Joseph & Angaman; 29y; wid; farmer; b. & res. Fqr; m. 8 Jan 1885 in Fqr to BROWN, Eliz.; d/o Wash & Martha; 29y; sgl; b. & res. Fqr; (lic) 7 Jan 1885; (off) J. H. WAUGH; Pg:Ln 190:18

FORD, Jos. (col); s/o Jos. & Evalina; 32y; sgl; farmer; b. Fqr; res. Centre Co. PA; m. 11 Feb 1893 in Fqr to REDD, Nannie (col); d/o Chas. H. & Mildred; 35y; sgl; b. & res. Fqr; (lic) 8 Feb 1893; (off) James ROBINSON; Pg:Ln 234:19

FORD, Morris W.; s/o Jas. & Maggie; 24y; sgl; farmer; b. & res. Bucks Co. PA; m. 30 Aug 1888 in Fqr to CORAM, Sallie F.; d/o Albert F. & Jane C.; 22y; sgl; b. PrWmVA; res. Fqr; (lic) 30 Aug 1888; (off) Wm. A. WADE; oath; Pg:Ln 207:20

FORD, Noble (col); s/o Littleton & Charlotte; 57y; wid; laborer; b. & res. Fqr; m. 29 Sep 1897 in Fqr to BREWER, Sarah J.; d/o ___ & ___; 48y; wid; b. & res. Fqr; (lic) 29 Sep 1897; (off) Geo. W. HORNER; Pg:Ln 260:17

FORD, Stephen (col); s/o Noble & Rebecca; 24y; sgl; laborer; b. & res. Fqr; m. 17 Apr 1889 in Fqr to PINN, Alice (col); d/o Jacob & Lucy; 27y; sgl; b. & res. Fqr; (lic) 16 Apr 1889; (off) M. D. WILLIAMS; Pg:Ln 211:21

FORD, Thos. E. (col); s/o Asa & Annie; 22y; sgl; laborer; b. & res. Fqr; m. 27 Aug 1904 in Fqr to CORUM, Caroline (col); d/o Jas. & Catherine; 23y; sgl; b. & res. Fqr; (lic) 27 Aug 1904; (off) F. R. BOSTON; Pg:Ln 304:05

FORDYCE, W. W.; s/o Lemuel & Permelia; 23y; sgl; farmer; b. Belmont Co. OH; res. Fqr; m. 10 Jan 1884 in Fqr to GARVER, Dora F.; d/o A. J. & E. R.; 22y; sgl; b. CulpVA; res. Fqr; (lic) 9 Jan 1884; (off) L. H. CRENSHAW; Pg:Ln 185:16

FOREMAN, Ivey; s/o Wm. & Annie; 29y; sgl; farmer; b. Pitt Co. NC; res. Wilmington, NC; m. 21 Feb 1895 in Fqr to SPILMAN, Mary W.; d/o E. M. & Eliza C.; 28y; sgl; b. & res. Fqr; (lic) 20 Feb 1895; (off) G. W. NELSON; Pg:Ln 246:04

Fauquier County, Virginia Marriage Register Jan 1883- Jul 1906   87

FOSTER, Chas. H. (col); s/o ___ & Sophie; 25y; sgl; laborer; b. & res. Fqr; m. 23 Aug 1904 in Fqr to GORDON, Mary E. (col); d/o Thomas & Jane; 23y; sgl; b. & res. Fqr; (lic) 22 Aug 1904; (off) D. W. JONES; Pg:Ln 304:01
FOSTER, Danl. W. (col); s/o Richd. & Lucy; 24y; sgl; cook; b. & res. Fqr; m. 29 Mar 1897 in Fqr to MARSHALL, Fannie; d/o James & Rosie; 21y; sgl; b. & res. Fqr; (lic) 28 Mar 1897; (off) V. LACY; Pg:Ln 258:16
FOSTER, J. D.; s/o D. W. & L. B.; 18y; sgl; farmer; b. Monroe Co. WV; res. Fqr; m. 20 Aug 1895 in Fqr to OLIVER, Mary M.; d/o L. F. & Mary E.; 21y; wid; b. & res. Fqr; (lic) 17 Aug 1895; (off) S. B. DOLLY; consent filed; Pg:Ln 247:20
FOSTER, James Leonard; s/o Frederick & Rowena; 21y; sgl; farmer; b. & res. Fqr; m. 13 Dec 1899 in Fqr to HOPKINS, Cath. K.; d/o D. N. & Ellen C.; 17y; sgl; b. & res. Fqr; (lic) 11 Dec 1899; (off) Walter H. ROBERTSON; consent sworn to & filed; Pg:Ln 275:21
FOSTER, Jas. R.; s/o Jas. W. & Lucelia; 44y; wid; farmer; b. & res. Fqr; m. 31 Jan 1894 in Fqr to CARTER, Mary DeButts; d/o Edw'd & Jeanie; 22y; sgl; b. & res. Fqr; (lic) 27 Jan 1894; (off) J. J. NORWOOD; Pg:Ln 240:02
FOSTER, Jas. W.; s/o D. W. & Malinda B.; 19y; sgl; farmer; b. Monroe Co. WV; res. Fqr; m. 25 Jan 1891 in Fqr to DANIEL, Minnie L.; d/o Wm. & Sarah M.; 19y; sgl; b. Bruce Co., Ontario, Canada; res. Fqr; (lic) 24 Jan 1891; (off) B. P. DULIN; consent of fathers sworn to & filed; Pg:Ln 222:14
FOSTER, Jno. M.; s/o R. C. & Noby; 20y; sgl; farmer; b. & res. Fqr; m. 4 Jan 1899 in Fqr to FREEMAN, Rose; d/o Henry & Letitia; 21y; sgl; b. & res. Fqr; (lic) 29 Dec 1898; (off) Walter H. ROBERTSON; consent of father filed; Pg:Ln 270:20
FOSTER, John; s/o Silas & Net; 31y; sgl; laborer; b. & res. Fqr; m. 10 Nov 1897 in Fqr to NICHOLSON, Ella; d/o Howard & Ella; 21y; sgl; b. & res. Fqr; (lic) 10 Nov 1897; (off) W. S. ATHEY; Pg:Ln 261:14
FOSTER, Robt. (col); s/o Robt. & Susan; 25y; sgl; laborer; b. & res. Fqr; m. 15 Dec 1896 in Fqr to HARRIS, Caroline (col); d/o Edw'd. & Annie; 24y; sgl; b. & res. Fqr; (lic) 12 Dec 1896; (off) W. H. ROBERTSON; Pg:Ln 256:01
FOSTER, William (col); s/o Robt. & Susan; 23y; sgl; laborer; b. & res. Fqr; m. 25 Dec 1895 in Fqr to HAMM, Mary J. (col); d/o Wm. & Bettie; 22y; sgl; b. & res. Fqr; (lic) 24 Dec 1895; (off) J. C. COLBERT; Pg:Ln 251:05
FOULKS, BASIL (col); s/o Dennis & Malinda; 45y; wid; farmer; b. & res. Fqr; m. 28 Dec 1893 in Fqr to RAYMOND, Louisa (col); d/o Ollie & Jane; 43y; wid; b. & res. Fqr; (lic) 27 Dec 1893; (off) J. D. HOWE; Pg:Ln 239:06
FOUTZ, Edward M.; s/o Aaron & Roberta; 32y; sgl; laborer; b. & res. Fqr; m. 11 Sep 1902 in Fqr to MORTON, Virginia E.; d/o Alexander & Isabella; 17y; sgl; b. & res. Fqr; (lic) 9 Sep 1902; (off) T. T. HEDGMAN; consent of father in person; Pg:Ln 293:20

FOUTZ, George (col); s/o ___ & Clarrissa; 28y; sgl; laborer; b. & res. Fqr; m. 2 Oct 1905 in Fqr to BROWN, Eliza (col); d/o Addison & America; 21y; sgl; b. & res. Fqr; (lic) 2 Oct 1905; (off) C. M. TYLER; Pg:Ln 310:18

FOWKS, Chas. (col); s/o Basil & Hannah; 60y; sgl; blacksmith; b. & res. Fqr; m. 18 Jul 1889 in Fqr to DARNELL, Amanda (col); d/o ___ & Eliza; 40y; sgl; b. & res. Fqr; (lic) 13 Jul 1889; (off) Wm. MILLER; Pg:Ln 213:03

FOX, Jesse B.; s/o Joseph & Mary; 42y; wid; teacher; b. Washington Co. Ill; res. WashDC; m. 16 Nov 1904 in Fqr to SULLIVAN, Cath. E.; d/o Dennis & Helen; 23y; sgl; b. & res. Fqr; (lic) 15 Nov 1904; (off) Patrick DONLON; Pg:Ln 306:01

FOX, Sydnor D.; s/o Richard C. & Martha E.; 26y; sgl; barber; b. & res. WrnVA; m. 12 Jun 1906 in Fqr to BALLARD, Fannie M.; d/o J. M. & M. F.; 19y; sgl; b. & res. Fqr; (lic) 8 Jun 1906; (off) O. W. LUSBY; consent of father in person; Pg:Ln 314:13

FRANCIS, Edgar; s/o Wm. & Fanny C.; 24y; sgl; farmer; b. & res. Fqr; m. 27 May 1891 in Fqr to SHAVER, Sallie L.; d/o Geo. H. & Sarah; 20y; sgl; b. ShenVA; res. Fqr; (lic) 26 May 1891; (off) B. P. DULIN; consent of father in person; Pg:Ln 224:09

FRANCIS, Jos. A.; s/o Wm. & Frances E.; 28y; sgl; farmer; b. & res. Fqr; m. 8 Dec 1886 in Fqr to McDONALD, Rosa; d/o Jno. & Lydia; 18y; sgl; b. & res. Fqr; (lic) 7 Dec 1886; (off) A. FLEET; Pg:Ln 199:05

FRANEY, Bernard (col); s/o John & Martha; 21y; sgl; laborer; b. & res. Fqr; m. 7 Aug 1902 in Fqr to GASKINS, Mary (col); d/o Henry & Delzi; 20y; sgl; b. PrWmVA; res. Fqr; (lic) 6 Aug 1902; (off) H. CRUTCHER; consent of father in person; Pg:Ln 293:08

FRANEY, Thos. (col); s/o Jno. & Martha; 21y; sgl; laborer; b. & res. Fqr; m. 13 Jan 1904 in Fqr to TOLBERT, Presse (col); d/o Jno. E. & Lou Emma; 20y; sgl; b. RappVA; res. Fqr; (lic) 6 Jan 1904; (off) D. W. JONES; consent of Judge filed; Pg:Ln 301:14

FRANK, Thos. E.; s/o Jas. E. & Georgie E.; 23y; sgl; printer; b. Essex Co. Va; res. Fqr; m. 27 Apr 1898 in Fqr to McINTOSH, S. Mattie; d/o Chas. R. & Sallie; 23y; sgl; b. & res. Fqr; (lic) 27 Apr 1898; (off) J. S. GARDNER; Pg:Ln 265:02

FRANKLIN, B. S.; s/o ___ & Jane; 29y; sgl; farmer; b. Lynchburg; res. Fqr; m. 26 Jun 1890 in Fqr to PUCKETT, Lizzie; d/o J. W. & ___; 23y; sgl; b. Camell Co. VA; res. Fqr; (lic) 24 Jun 1890; (off) S. M. ATHEY; Pg:Ln 218:22

FRANKLIN, Benj. (col); s/o ___ & Ellen; 24y; sgl; laborer; b. & res. RappVA; m. 8 Sep 1887 in Fqr to BALTIMORE, Adelaide (col); d/o Nelson & Manda; 24y; sgl; b. & res. Fqr; (lic) 6 Sep 1887; (off) Cornelius GADDIS; consent of father in person; Pg:Ln 202:22

FRANKLIN, Edward (col); s/o Robert & Susan; 23y; sgl; laborer; b. & res. Fqr; m. 23 Jun 1898 in Fqr to NICKENS, Catherine (col); d/o Lewis & Rebecca; 21y; sgl; b. & res. Fqr; (lic) 21 Jun 1898; (off) Isaac G. NICKENS; see letter of E. T. PHILIPS; Pg:Ln 265:23

FRANKLIN, James (col); s/o James & Ellen; 27y; sgl; farmer; b. RappVA; res. Fqr; m. 28 Nov 1889 in Fqr to ANDERSON, Roberta (col); d/o Chas. & Adlin; 18y; sgl; b. & res. Fqr; (lic) 20 Nov 1889; (off) Cornelius GADDIS; consent of father filed; Pg:Ln 214:22

FRASIER, Gibson F.; s/o Geo. & Emma; 29y; sgl; farmer; b. & res. Fqr; m. 3 Nov 1904 in Fqr to GULICK, Margaretta B.; d/o S. E. & A. W.; 24y; sgl; b. & res. Fqr; (lic) 27 Oct 1904; (off) Thomas C. DARST; see letter of P. S. GOCHNAUER; Pg:Ln 305:16

FRAZIER, Joseph J.; s/o Mordock & Mary; 41y; wid; charge of commissary; b. NC; res. Hazlehurst, Ga; m. 26 Oct 1898 in Fqr to COOKE, Mary H.; d/o Jno. G. & H. M.; 25y; sgl; b. & res. Fqr; (lic) 19 Oct 1898; (off) J. R. COOKE; Pg:Ln 268:02

FREEMAN, Eppa (col); s/o Baptist & Lucy; 21y; sgl; laborer; b. & res. Fqr; m. 26 Dec 1895 in Fqr to BLAND, Rosie (col); d/o Shack & Emily; 22y; sgl; b. & res. Fqr; (lic) 26 Dec 1895; (off) R. L. RUFFIN; Pg:Ln 251:10

FREEMAN, Geo.; s/o Thos. G. & Jane E.; 37y; sgl; furniture agent; b. Fqr; res. CulpVA; m. 17 Dec 1890 in Fqr to CREEL, Roberta J.; d/o Barnet G. & Alwilda B.; 21y; sgl; b. & res. Fqr; (lic) 15 Dec 1890; (off) S. M. ATHEY; Pg:Ln 221:02

FREEMAN, Geo. S.; s/o Saml. & Julia; 23y; sgl; farmer; b. & res. Fqr; m. 19 Jan 1905 in Fqr to BROWN, Elizabeth; d/o Thos. & Queen V.; 17y; sgl; b. & res. Fqr; (lic) 19 Jan 1905; (off) J. R. COOKE; consent filed; Pg:Ln 308:02

FREEMAN, George W. M. (col); s/o Baptist & Lucy; 23y; sgl; laborer; b. & res. Fqr; m. 7 Oct 1900 in Fqr to BROOKS, Maggie (col); d/o Charles & Priscilla; 21y; sgl; b. & res. Fqr; (lic) 5 Oct 1900; (off) Walter H. ROBERTSON; Pg:Ln 281:02

FREEMAN, James Thos.; s/o Saml. & Julia B.; 28y; sgl; farmer; b. & res. Fqr; m. 12 Feb 1896 in Fqr to HUMPHREYS, Carrie B.; d/o Chas. & Mary Frances; 27y; sgl; b. & res. Fqr; (lic) 12 Feb 1896; (off) Walter H. ROBERTSON; Pg:Ln 252:07

FREEMAN, John (col); s/o Baptist & Lucy; 21y; sgl; laborer; b. & res. Fqr; m. 21 Aug 1898 in Fqr to FORD, Lena (col); d/o Adolphus & Sarah; 20y; sgl; b. & res. Fqr; (lic) 20 Aug 1898; (off) Vincent LACY; consent of mother filed & sworn; Pg:Ln 266:23

FREEMAN, Joseph (col); s/o Steptoe & Charlotte; 23y; sgl; laborer; b. & res. Fqr; m. 25 Jan 1899 in Fqr to SNOW, Fanny W. (col); d/o Paul & Phillis; 23y; sgl; b. Pittsylvania Co. Va; res. Fqr; (lic) 25 Jan 1899; (off) Robt. L. RUFFIN; Pg:Ln 271:11

FREEMAN, W. W.; s/o F. M. & Elizabeth; 23y; sgl; farmer; b. & res. CulpVA; m. 18 May 1904 in Fqr to CREEL, Lucy; d/o W. H. & Josephine; 19y; sgl; b. & res. Fqr; (lic) 18 May 1904; (off) James M. HAWLEY; consent of father in person; Pg:Ln 303:01

FRENCH, Henry (col); s/o Henry & Bettie; 22y; sgl; laborer; b. & res. Fqr; m. 24 Oct 1900 in Fqr to COLLIN, Mary (col); d/o Henry & Amanda; 20y; sgl; b. & res. Fqr; (lic) 24 Oct 1900; (off) D. W. JONES; consent of mother in person; Pg:Ln 281:14

FROST, Henry P.; s/o Henry & Sabra J.; 26y; sgl; phsician; b.
Spartanburg Co., SC; res. Seneca Co. NY; m. 30 Oct 1894 in Fqr to
JOHNSON, Margaret S.; d/o Thos. S. & Cora V.; 24y; sgl; b. & res.
Fqr; (lic) 29 Oct 1894; (off) Geo. W. NELSON; Pg:Ln 243:14
FROST, Thomas L.; s/o Henry & Sabra; 27y; sgl; bookkeeper; b. Fqr; res.
New York NY; m. 16 Oct 1901 in Fqr to MURRAY, Elizabeth M.; d/o E.
M. & Virginia; 27y; sgl; b. & res. Fqr; (lic) 15 Oct 1901; (off) J. J.
NORWOOD; Pg:Ln 287:09
FRY, Albert (col); s/o Jno. W. & Violet; 48y; wid; merchant; b. Madison
Co. VA; res. Fqr; m. 20 Dec 1894 in Fqr to MERRITT, Mahala (col);
d/o John & Helen; 41y; sgl; b. & res. Fqr; (lic) 20 Dec 1894; (off) Geo.
W. HORNER; Pg:Ln 244:16
FRY, Sheridan (col); s/o Jno. & Josephine; 19y; sgl; laborer; b. & res. Fqr;
m. 11 Jun 1891 in Fqr to BROWN, Josephine A. (col); d/o Elias &
Bettie; 18y; sgl; b. & res. Fqr; (lic) 11 Jun 1891; (off) M. A. RUSSELL;
consent of Jno. FRY as to Sheridan FRY & Elias BROWN as to
Josephine BROWN in person; Pg:Ln 224:14
FUDD, Wm. (col); s/o Arthur Stewart & Susanna FUDD; 24y; sgl; laborer;
b. & res. Fqr; m. 20 Nov 1904 in Fqr to ANDERSON, Blanche (col);
d/o Lewis & Susan; 22y; sgl; b. & res. Fqr; (lic) 19 Nov 1904; (off) Eld.
M. A. RUSSELL; Pg:Ln 306:05
FUNKHOUSER, William M.; s/o Casper & Sarah; 25y; sgl; farmer; b.
ShenVA; res. Fqr; m. 7 Nov 1889 in Fqr to GORRELL, M. Virginia; d/o
J. L. & M. F.; 21y; sgl; b. Harford Co. MD; res. Fqr; (lic) 6 Nov 1889;
(off) Lee M. LYLE; Pg:Ln 214:13
FURCRON, A. W. C.; s/o A. S. & A. K.; 26y; sgl; farmer; b. Accmac Co.
Va; res. Fqr; m. 15 Jun 1898 in Fqr to HERSKELL, Louise May; d/o F.
L. & S. C.; 19y; sgl; b. Warren Co Va; res. Fqr; (lic) 7 Jun 1898; (off)
Isaac N. CAMPBELL; consent of father sworn to & filed; Pg:Ln 265:21
FURR, Alex'r.; s/o Chapman & Bettie; 24y; sgl; farmer; b. & res. Fqr; m. 6
Feb 1894 in Fqr to HOPP, Mary; d/o Turner & Renne; 22y; wid; b. &
res. Fqr; (lic) 3 Feb 1894; (off) T. G. NEVITT; Pg:Ln 240:04
FURR, Charles; s/o Chapman & Elizabeth; 25y; sgl; farmer; b. & res. Fqr;
m. 17 Apr 1901 in Fqr to FURR, Louisa; d/o Geo. S. & Rachel J.; 22y;
sgl; b. & res. Fqr; (lic) 17 Apr 1901; (off) W. P. C. COE; Pg:Ln 284:14
FURR, Harrison; s/o Newton & Sarah Jane; 33y; sgl; farmer; b. & res. Fqr;
m. 12 Jun 1884 in Fqr to BAILEY, Mary E.; d/o Joseph W. & Lucy S.;
16y; sgl; b. & res. Fqr; (lic) 11 Jun 1884; (off) S. M. ATHEY; consent
proved by oath of M. F. BAILEY; Pg:Ln 187:12
FURR, Harrison; s/o Newton & Sarah; 33y; wid; farmer; b. & res. Fqr; m.
31 Dec 1893 in Fqr to DUDLEY, Martha; d/o ___ & Jennie; 23y; sgl; b.
& res. Fqr; (lic) 30 Dec 1893; (off) T. G. NEVITT; Pg:Ln 239:12
FURR, Harry; s/o Chapman & Bettie; 24y; sgl; farmer; b. & res. Fqr; m. 18
Aug 1897 in Fqr to LEACH, Rachael; d/o Lewis & Margaret; 23y; sgl;
b. & res. Fqr; (lic) 18 Aug 1897; (off) Walter H. ROBERTSON; Pg:Ln
260:02
FURR, James M.; s/o Chapman & Elizabeth; 28y; sgl; plasterer; b. & res.
Fqr; m. 13 Feb 1887 in Fqr to HANSBROUGH, Susan; d/o P. C. &

Landonia; 18y; sgl; b. & res. Fqr; (lic) 11 Feb 1887; (off) W. D. WHITE; consent proved by oath of ___; Pg:Ln 200:20

FURR, Jas. T..; s/o Geo. & Catharine; 37y; wid; farmer; b. & res. Fqr; m. 29 Dec 1887 in Fqr to CLARKE, Cornelia J.; d/o Thos. & Mary E.; 30y; sgl; b. & res. Fqr; (lic) 29 Dec 1887; (off) James GRAMMER; oath; Pg:Ln 205:20

FURR, Jno. C.; s/o Chapman & Elizabeth; 28y; sgl; plasterer; b. & res. Fqr; m. 15 Jan 1884 in Fqr to WELCH, Maggie; d/o ___ & Eliza; 20y; sgl; b. & res. Fqr; (lic) 14 Jan 1884; (off) W. S. ATHEY; consent of mother proved by oath of Jas. FURR; Pg:Ln 185:20

FURR, John W.; s/o Newton & Sarah; 30y; sgl; farmer; b. & res. Fqr; m. 30 Dec 1884 in Fqr to JARMINS, Amelia; d/o Wm. J. & Eliz. P.; 31y; sgl; b. & res. Fqr; (lic) 30 Dec 1884; (off) H. H. WYER; Pg:Ln 190:13

FURR, Robert; s/o Newton & Sarah; 28y; sgl; farmer; b. & res. Fqr; m. 13 Sep 1899 in Fqr to SCOTT, Minnie; d/o Turner D. & Elmirinda; 24y; sgl; b. & res. Fqr; (lic) 9 Sep 1899; (off) W. S. JACKSON; Pg:Ln 274:08

FURR, Thos.; s/o Chap & Betty; 22y; sgl; farmer; b. & res. Fqr; m. 3 Jun 1886 in Fqr to REID, Anna; d/o James & Jucia?; 25y; sgl; b. & res. Fqr; (lic) 1 Jun 1886; (off) S. M. ATHEY; Pg:Ln 196:19

GADDESS, Eugene L.; s/o Jno. B. & Marion; 28y; sgl; clerk; b. Lynchburg Va; res. WashDC; m. 8 Jun 1898 in Fqr to NORRIS, E. Pepita; d/o Henry D. B. & Edna; 26y; sgl; b. LdnVA; res. Fqr; (lic) 6 Jun 1898; (off) J. J. NORWOOD; Pg:Ln 265:18

GAINES, Basil; s/o Basil & Elizabeth; 38y; wid; farmer; b. LdnVA; res. Fqr; m. 26 Aug 1885 in Fqr to VANHORN, Corrie B.; d/o B. W. & E. A.; 27y; sgl; b. & res. Fqr; (lic) 24 Aug 1885; (off) Jas. R. WOOLF; Pg:Ln 192:23

GAINES, Chas. W.; s/o Samuel & Belle; 30y; sgl; interior decorator; b. Lexington Ky; res. WashDC; m. 23 Aug 1905 in Fqr to MOUNTJOY, Florence; d/o John W. & Susan F.; 25y; sgl; b. & res. Fqr; (lic) 22 Aug 1905; (off) W. D. JACKSON; Pg:Ln 310:03

GAINES, Gustavus (col); s/o ___ & Nancy; 50y; sgl; laborer; b. & res. Fqr; m. 16 Aug 1888 in Fqr to GREEN, Kitty (col); d/o not given; 25y; sgl; b. RappVA; res. Fqr; (lic) 16 Aug 1888; (off) R. L. RUFFIN; oath; Pg:Ln 207:18

GAINES, Henry (col); s/o Charles & Mary; 24y; sgl; laborer; b. & res. Fqr; m. 30 Dec 1889 in Fqr to GREEN, Lucy (col); d/o Henry & Evelina; 22y; sgl; b. & res. Fqr; (lic) 27 Dec 1889; (off) Cornelius GADDIS; Pg:Ln 216:15

GAINES, Jas. T. (col); s/o Jno. & Elvira; 43y; wid; laborer; b. & res. Fqr; m. 24 Oct 1894 in Fqr to WILLIAMS, Maria (col); d/o Simon & Martha; 22y; sgl; b. & res. Fqr; (lic) 18 Oct 1894; (off) A. R. PINKETT; Pg:Ln 243:08

GAINES, Jno. J.; s/o Basil & Elizabeth; 37y; sgl; farmer; b. & res. Fqr; m. 14 Jan 1892 in LdnVA to HERRINGDON, Mary E.; d/o Jas. F. & Mary J.; 25y; sgl; b. & res. Fqr; (lic) 13 Jan 1892; (off) W. G. HAMMOND; Pg:Ln 228:13

GAINES, Turner (col); s/o Turner & Julia; 23y; sgl; laborer; b. & res. Fqr; m. 18 Oct 1894 in Fqr to TWYMAN, Rosa (col); d/o Simon & Catharine; 20y; sgl; b. OrngVA; res. Fqr; (lic) 18 Oct 1894; (off) A. R. PINKETT; Pg:Ln 243:12

GAINES, W. H; see GOINES, W. H.

GALLAWAY, Wm. E.; s/o C. F. & Susannah; 26y; sgl; miller; b. LdnVA; res. Fqr; m. 26 Jan 1897 in Fqr to EDWARDS, Cora E.; d/o Jno. E. & ___; 24y; sgl; b. & res. Fqr; (lic) 26 Jan 1897; (off) W. H. ROBERTSON; Pg:Ln 257:17

GALLOWAY, Thos. Fleetwood; s/o C. F. & Susan J.; 26y; sgl; mail carrier; b. & res. Fqr; m. 14 Nov 1900 in Fqr to RAWLINGS, Elizabeth Douglas; d/o J. W. & Elvira; 25y; sgl; b. & res. Fqr; (lic) 12 Nov 1900; (off) Jas. W. GRUBB; Pg:Ln 281:24

GANT, Peter (col); s/o Adam & Hannah; 27y; sgl; laborer; b. & res. Fqr; m. 1 Oct 1890 in Fqr to WASHINGTON, Sarah (col); d/o Philip & Marie; 28y; wid; b. & res. Fqr; (lic) 30 Sep 1890; (off) M. O. WILLIAMS; Pg:Ln 219:24

GARDNER, Jas. S.; s/o Wm. & Rachel M.; 65y; wid; minister; b. Anarundel Co. MD; res. Lexington, VA; m. 25 Apr 1895 in Fqr to ROGERS, Anne W.; d/o Wm. W. & Ann V.; 35y; sgl; b. & res. Fqr; (lic) 17 Apr 1895; (off) Geo. T. TYLER; Pg:Ln 246:19

GARNER, H. E.; s/o Richd. L. & Maggie E.; 25y; sgl; storage business; b. Covington, KY; res. Baltimore; m. 26 Jan 1898 in Fqr to CHAMBERLAIN, Eva H.; d/o Jas. L. & Helen A.; 24y; sgl; b. & res. Fqr; (lic) 24 Jan 1898; (off) Walter H. ROBERTSON; Pg:Ln 264:04

GARNETT, James (col); s/o ___ & Maria; 23y; sgl; laborer; b. Carolina Co. Va; res. Fqr; m. 15 Oct 1904 in Fqr to COLES, Ella (col); d/o Thomas & Ellen; 26y; sgl; b. & res. Fqr; (lic) 14 Oct 1904; (off) R. H. GOFREY; Pg:Ln 305:07

GARRETT, Henry; s/o Lewis & Ella; 22y; sgl; carpenter; b. & res. Fqr; m. 28 Dec 1897 in Fqr to CROPP, Lelia; d/o O. C. & Virginia; 16y; sgl; b. & res. Fqr; (lic) 28 Dec 1897; (off) J. S. GARDNER; consent of father in person; Pg:Ln 263:12

GARRETT, Isaac B.; s/o Wm. A. & Elizabeth; 20y; sgl; farmer; b. & res. Fqr; m. 16 Dec 1896 in Fqr to THARPE, Mary E.; d/o R. H. & Texana; 17y; sgl; b. & res. Fqr; (lic) 16 Dec 1896; (off) F. R. BOSTON; consent of both parents in person; Pg:Ln 256:06

GARRETT, Tucker; s/o Burr W. & Lucy; 26y; sgl; farmer; b. & res. LdnVA; m. 28 Jan 1886 in Fqr to KIRKPATRICK, Hannah E.; d/o Hugh F. & Mary Catharine; 31y; sgl; b. LdnVA; res. Fqr; (lic) 26 Jan 1886; (off) I. B. LAKE; Pg:Ln 195:07

GARRISON, Clinton L.; s/o T. N. & Susan; 23y; sgl; farmer; b. & res. Fqr; m. 6 Dec 1893 in Fqr to SMITH, Mattie A.; d/o Jas. W. & Luvenia; 21y; sgl; b. & res. Fqr; (lic) 5 Dec 1893; (off) Frank P. BERKELEY; Pg:Ln 238:06

GARRISON, George R.; s/o R. A. & Mary F.; 29y; sgl; farmer; b. & res. StafVA; m. 24 Jun 1903 in Fqr to McLEAREN, Mary M.; d/o K. M. & C.

A.; 25y; sgl; b. & res. Fqr; (lic) 22 Jun 1903; (off) William T. GOVER;
Pg:Ln 298:11
GASKINS, Herndon (col); s/o Thomas & Annie; 21y; sgl; laborer; b.
CulpVA; res. Fqr; m. 13 Aug 1905 in Fqr to BAILEY, Mary F. (col); d/o
James & Susan; 20y; sgl; b. & res. Fqr; (lic) 12 Aug 1905; (off) A. R.
PINKETT; consent of father filed; Pg:Ln 310:01
GASKINS, Hezekiah (col); s/o Hezekiah & Fanny; 29y; sgl; porter; b. Fqr;
res. PhilPA; m. 12 Oct 1886 in Fqr to WHITTINGHAM, Mary C. (col);
d/o Marshall & Mary C.; 23y; sgl; b. & res. Fqr; (lic) 9 Oct 1886; (off)
Wormley HUGHES; Pg:Ln 198:02
GASKINS, Robert (col); s/o ___ & Serena; 35y; wid; farmer; b. LdnVA;
res. Fqr; m. 20 Sep 1894 in Fqr to THOMAS, Eliza (col); d/o Joseph &
Lucretia; 25y; sgl; b. LdnVA; res. Fqr; (lic) 20 Sep 1894; (off) R. L.
RUFFIN; Pg:Ln 242:15
GASKINS, Robert P. (col); s/o Hezekiah & Fanny; 46y; wid; stone mason;
b. & res. Fqr; m. 2 Jan 1901 in Fqr to CLARKE, Elizabeth (col); d/o
___ & Lucy; 21y; sgl; b. Amherst Co Va; res. Fqr; (lic) 1 Jan 1901; (off)
D. W. JONES; Pg:Ln 283:19
GASKINS, Robt. (col); s/o Hezekiah & Fanny; 42y; wid; laborer; b. & res.
Fqr; m. 8 May 1898 in Fqr to FERGUSON, Anne (col); d/o Henry &
Louisa; 23y; sgl; b. & res. Fqr; (lic) 3 May 1898; (off) A. R. PINKETT;
Pg:Ln 265:03
GASKINS, Silas T. (col); s/o Thos. & Beccy; 26y; sgl; farmer; b. & res.
Fqr; m. 27 Mar 1905 in Fqr to PRESTON, Sarah E.; d/o Douglas &
Olivia; 17y; sgl; b. & res. Fqr; (lic) 27 Mar 1905; (off) Horace
CRUTCHER; consent sworn to; Pg:Ln 308:17
GASKINS, Thomas (col); s/o Moses & Georgeanna; 40y; wid; laborer; b.
& res. Fqr; m. 29 Dec 1885 in Fqr to PEMBERTON, Ella (col); d/o ___
& Eliza; 20y; sgl; b. & res. Fqr; (lic) 29 Dec 1885; (off) Chas. T.
HERNDON; consent proved by Chas. KING & filed; Pg:Ln 194:13
GEARY, John (col); s/o Leonard & Amanda; 34y; wid; laborer; b. & res.
Fqr; m. 8 May 1890 in Fqr to ROBERTS, Eliza (col); d/o Wm. & Lucy;
20y; sgl; b. & res. Fqr; (lic) 6 May 1890; (off) Cornelius GADDIS;
consent of father sworn to by James ROBERTS & filed; Pg:Ln 218:11
GEORGE, Edw'd. (col); s/o Edw'd. & Courtney; 24y; sgl; laborer; b.
CulpVA; res. Fqr; m. 19 Jan 1888 in Fqr to DOUGLASS, Mary (col);
d/o Nelson & Lucy; 23y; sgl; b. & res. Fqr; (lic) 11 Jan 1888; (off) G. C.
BANISTER; Pg:Ln 206:03
GEORGE, Turner (col); s/o Stephen & Lucy; 50y; wid; laborer; b. CulpVA;
res. Fqr; m. 5 Jan 1899 in Fqr to GASKINS, Margaret (col); d/o John &
Charity; 40y; div; b. & res. Fqr; (lic) 5 Jan 1899; (off) R. L. RUFFIN;
divorce sworn to & filed; Pg:Ln 270:23
GEORGE, Wm. H. (col); s/o Scott & Lucy A.; 26y; sgl; farmer; b. & res.
Fqr; m. 6 May 1894 in Fqr to HANSBROUGH, Lizzie (col); d/o Wm. &
Susan; 24y; sgl; b. & res. Fqr; (lic) 5 May 1894; (off) W. H.
ROBERTSON; Pg:Ln 241:05
GERMAN, Chas. L.; s/o Alfred & Marg't.; 21y; sgl; farmer; b. & res. Fqr;
m. 20 Mar 1884 in Fqr to LAWRANCE, Josephine; d/o Thos. &

Frances; 16y; sgl; b. & res. Fqr; (lic) 17 Mar 1884; (off) S. M. ATHEY; consent of father sworn to by Benj. ALLISON & filed; Pg:Ln 186:22

GERMAN, James H.; s/o Marshall & Lily; 22y; sgl; laborer; b. & res. Fqr; m. 12 Apr 1899 in Fqr to KERN, Katie; d/o Marshall & Hattie; 22y; sgl; b. & res. Fqr; (lic) 10 Apr 1899; (off) not given; Pg:Ln 272:04

GERMAN, John L.; s/o Marshall & Lelia; 25y; sgl; laborer; b. & res. Fqr; m. 1 Mar 1893 in Fqr to GARRETT, Bertie; d/o L. D. & Sidney N.; 18y; sgl; b. & res. Fqr; (lic) 1 Mar 1893; (off) Jas. W. GRUBB; consent of father in person; Pg:Ln 234:24

GERMAN, Sirevely S.; s/o James W. & Ella; 21y; sgl; laborer; b. & res. Fqr; m. 8 Mar 1906 in Fqr to TAVENER, Maude; d/o Henry & Annie; 21y; sgl; b. & res. Fqr; (lic) 28 Feb 1906; (off) James M. HAWLEY; ages sworn to; Pg:Ln 313:12

GERMANS, Alfred; s/o James & Nancy; 64y; wid; farmer; b. & res. Fqr; m. 30 Jan 1896 in Fqr to PAYNES, Ann; d/o not given; 46y; wid; b. & res. Fqr; (lic) 27 Jan 1896; (off) Frank B. BERKLEY; Pg:Ln 251:24

GERMANS, Alfred; s/o James & Nancy; 69y; wid; farmer; b. & res. Fqr; m. 28 Dec 1899 in Fqr to CORDER, Maria; d/o Gilmore & Betsy; 55y; sgl; b. & res. Fqr; (lic) 15 Dec 1899; (off) E. H. HENRY; Pg:Ln 276:01

GERMANS, G. W.; s/o Alfred & Margt.; 36y; wid; farmer; b. & res. Fqr; m. 1 Jun 1893 in Fqr to LAWRENCE, Jane; d/o Thos. & ___; 32y; sgl; b. & res. Fqr; (lic) 22 May 1893; (off) F. R. BOSTON; Pg:Ln 235:15

GIBBENS, Chas. H.; s/o S. H. & S. V.; 26y; sgl; farmer; b. LdnVA; res. Fqr; m. 9 Jun 1887 in Fqr to HERRELL, A. D.; d/o J. W. & S. E.; 24y; sgl; b. LdnVA; res. Fqr; (lic) 9 Jun 1887; (off) C. A. JOYCE; Pg:Ln 202:11

GIBBS, Wm. (col); s/o Edwd. & Louisa; 23y; sgl; laborer; b. & res. Fqr; m. 27 Dec 1905 in Fqr to CHLOE, Rebecca (col); d/o Anthony & ___; 18y; sgl; b. & res. Fqr; (lic) 18 Dec 1905; (off) M. A. RUSSELL; Pg:Ln 312:02

GIBSON, Armistead; s/o Joshua & Mary A.; 47y; sgl; farmer; b. & res. FfxVA; m. 5 Jul 1898 in Fqr to ROSS, M. A.; d/o R. H. & Abi; 44y; sgl; b. & res. Fqr; (lic) 5 Jul 1898; (off) W. H. ROBERTSON; Pg:Ln 266:07

GIBSON, Henry H.; s/o Joshua & Mary Ann; 51y; wid; farmer; b. & res. FfxVA; m. 8 Oct 1901 in Fqr to ROSS, Violet; d/o R. H. & Abi; 45y; sgl; b. & res. Fqr; (lic) 7 Oct 1901; (off) Walter H. ROBERTSON; Pg:Ln 287:08

GIBSON, Henry Lincoln (col); s/o ___ & Ellen; 22y; sgl; laborer; b. & res. Fqr; m. 25 Feb 1886 in Fqr to FLETCHER, Fannie (col); d/o ___ & Emma; 21y; sgl; b. & res. Fqr; (lic) 23 Feb 1886; (off) Wm. WHITMER; Pg:Ln 195:15

GIBSON, Jackson; s/o Phineas & Harriet; 40y; sgl; farmer; b. & res. Fqr; m. 21 Dec 1887 in Fqr to GREEN, Ann E.; d/o George & Nancy; 34y; sgl; b. & res. Fqr; (lic) 14 Dec 1887; (off) J. C. DICE; Pg:Ln 204:21

GIBSON, James (col); s/o Joseph & Maria; 27y; sgl; laborer; b. & res. Fqr; m. 4 Dec 1898 in Fqr to COLES, Jane (col); d/o Wm. & Katie; 26y; sgl; b. & res. Fqr; (lic) 3 Dec 1898; (off) C. M. TYLER; Pg:Ln 269:01

GIBSON, Jas. W. (col); s/o Allen & Harriet; 26y; sgl; farmer; b. & res. Fqr; m. 28 Mar 1897 in Fqr to WHITE, Jennie (col); d/o ___ & Patnia?; 20y; sgl; b. & res. Fqr; (lic) 27 Mar 1897; (off) C. M. TYLER; consent of Judge filed; Pg:Ln 258:13

GIBSON, John Thos. (col); s/o Allen & Harriet; 25y; sgl; laborer; b. & res. Fqr; m. 10 Jan 1889 in Fqr to DISHMAN, Mary (col); d/o Benj. & Paulina; 21y; sgl; b. & res. Fqr; (lic) 9 Jan 1889; (off) Jesse D. HOWE; oath; Pg:Ln 210:13

GIBSON, Jos. L. (col); s/o ___ & Ellen; 22y; sgl; laborer; b. & res. Fqr; m. 2 Aug 1885 in Fqr to SLAUGHTER, Harriet (col); d/o Robert & Mary Ann; 21y; sgl; b. & res. Fqr; (lic) 1 Aug 1885; (off) Leland WARRING; Pg:Ln 192:19

GIBSON, Lemuel; s/o William & Sally; 25y; sgl; laborer; b. & res. Fqr; m. 1 Oct 1884 in Fqr to WASHINGTON, Lucy M.; d/o Hayward J. & Milly; 21y; sgl; b. & res. Fqr; (lic) 25 Sep 1884; (off) J. D. HOWE; oath as to age of girl given by E. D. EUSTACE; Pg:Ln 188:06

GIBSON, Logan G.; s/o Douglas & Helen; 26y; sgl; farmer; b. & res. Fqr; m. 23 Sep 1897 in Fqr to GREEN, Annie E.; d/o Jas. R. & Annie R.; 24y; sgl; b. & res. Fqr; (lic) 18 Sep 1897; (off) J. C. JONES; Pg:Ln 260:14

GIBSON, Solomon (col); s/o Wm. & Sally; 33y; sgl; laborer; b. & res. Fqr; m. 12 Dec 1888 in Fqr to JACKSON, Maggie (col); d/o Adam & ___; 20y; sgl; b. WashDC; res. Fqr; (lic) 10 Dec 1888; (off) James MILES; oath; Pg:Ln 208:24

GIBSON, T. Catlett; s/o T. C. & Kate M.; 30y; sgl; physician; b. CulpVA; res. Wonton NC; m. 7 Dec 1897 in Fqr to FRENCH, Sallie M.; d/o Geo. L. & Martha M.; 26y; sgl; b. & res. Fqr; (lic) 24 Nov 1897; (off) F. R. BOSTON; Pg:Ln 261:24

GIBSON, Walter (col); s/o Joseph & Harriet; 21y; sgl; laborer; b. & res. Fqr; m. 28 Oct 1903 in Fqr to BALLS, Louisa (col); d/o John & Charlotte; 23y; sgl; b. & res. Fqr; (lic) 27 Oct 1903; (off) R. H. GAFNEY; Pg:Ln 299:24

GIBSON, Wm. F. (col); s/o Richard & Maria; 23y; sgl; laborer; b. & res. Fqr; m. 21 Oct 1898 in Fqr to RICHARDSON, Anna (col); d/o Bob & Mildred; 19y; sgl; b. & res. Fqr; (lic) 20 Oct 1898; (off) Rev. Robt. L. RUFFIN; consent of mother in person, father dead.; Pg:Ln 268:05

GIBSON, Wm. Y. (col); s/o Anthony & Frances; 33y; wid; farmer; b. & res. Fqr; m. 26 Sep 1894 in Fqr to RICHARDSON, Mildred (col); d/o ___ & Mildred; 34y; sgl; b. WashDC; res. Fqr; (lic) 26 Sep 1894; (off) F. P. BERKELEY; Pg:Ln 242:20

GIBSON, Wm. Young (col); s/o Anthony & Frances; 24y; sgl; laborer; b. & res. Fqr; m. 25 Dec 1884 in Fqr to JENKINS, Susan (col); d/o ___ & Amy; 19y; sgl; b. Wythe Co. VA; res. Fqr; (lic) 24 Dec 1884; (off) Wm. MILLER; consent of step father Lewis JENKINS in person; Pg:Ln 190:05

GILBERT, John O.; s/o Emanuel & Hetty; 26y; sgl; farmer; b. Snyder Co. Pa; res. Fqr; m. 3 Sep 1905 in Fqr to RECTOR, Allie W.; d/o Edwd. B.

& Lucy A.; 27y; sgl; b. & res. Fqr; (lic) 2 Sep 1905; (off) V. H.
COUNCILL; Pg:Ln 310:09
GILL, John W.; s/o Coleman & Matilda; 29y; wid; farmer; b. & res. Fqr; m.
29 Oct 1884 in Fqr to PROCTOR, Lucy; d/o Natha[n]iel H. & Susan;
26y; sgl; b. & res. Fqr; (lic) 27 Oct 1884; (off) W. T. DUNAWAY; Pg:Ln
188:15
GILL, William C.; s/o John W. & Rebecca; 26y; sgl; farmer; b. & res. Fqr;
m. 27 Dec 1899 in Fqr to EMBREY, Alice V.; d/o Wm. B. & Virginia;
21y; sgl; b. & res. Fqr; (lic) 26 Dec 1899; (off) J. F. POULTON; Pg:Ln
276:21
GILLESPIE, W. W.; s/o Reese & Linney; 23y; sgl; merchant; b. & res.
Tazwell Co. VA; m. 7 Jun 1892 in Fqr to HARRY, Carrie; d/o P. R. &
Rose; 22y; sgl; b. & res. Fqr; (lic) 4 Jun 1892; (off) T. G. NEWITT;
Pg:Ln 230:16
GILLISON, Rich'd. (col); s/o Wm. & Betsy; 37y; div; laborer; b. & res. Fqr;
m. 28 Sep 1894 in Fqr to BARBOUR, Kate (col); d/o Chas. & Maria;
24y; wid; b. & res. Fqr; (lic) 24 Sep 1894; (off) G. C. BANISTER;
Pg:Ln 242:16
GILLISS, W. W.; s/o James & Julia; 24y; sgl; clergyman; b. Cheyenne Co.
Wyming; res. New York NY; m. 7 Sep 1904 in Fqr to CARTER, Isabel
T.; d/o Josiah & Isabel; 28y; sgl; b. & res. Fqr; (lic) 5 Sep 1904; (off) J.
J. NORWOOD; Pg:Ln 304:07
GILLSON, W. C.; s/o T. M. & S. E.; 24y; sgl; farmer; b. Madison Co. VA;
res. Fqr; m. 1 Oct 1890 in Fqr to LEWIS, N. B.; d/o G. H. & C. V.; 20y;
sgl; b. SpotVA; res. Fqr; (lic) 30 Sep 1890; (off) C. W. BROOKS;
consent of father by Bro. P. B. LEWIS; Pg:Ln 219:23
GLASCO, Jefferson (col); s/o John & Easter; 24y; sgl; laborer; b. CulpVA;
res. Fqr; m. 12 Dec 1888 in Fqr to STRINGFELLOW, Rebecca (col);
d/o Thornton & Rebecca; 21y; sgl; b. & res. Fqr; (lic) 10 Dec 1888;
(off) R. P. DAWSON; Pg:Ln 209:01
GLASCOCK, Charles D.; s/o ___ & Mary M.; 22y; sgl; laborer; b. & res.
Fqr; m. 24 Apr 1902 in Fqr to DUDLEY, Luelen E.; d/o David &
Maggie; 15y; sgl; b. & res. Fqr; (lic) 24 Apr 1902; (off) F. R. BOSTON;
consent of mother filed; Pg:Ln 291:16
GLASCOCK, Charles H.; s/o Minor & Juliet C.; 27y; sgl; farmer; b. & res.
Fqr; m. 18 Dec 1889 in Fqr to TRIPLETT, Fannie A.; d/o Saml. P. &
Amanda M.; 21y; sgl; b. & res. Fqr; (lic) 16 Dec 1889; (off) I. B. LAKE;
Pg:Ln 215:11
GLASCOCK, Geo. F.; s/o Geo. F. & Maria L.; 29y; sgl; farmer; b. & res.
Fqr; m. 30 Jan 1884 in Fqr to WAUGH, Andrea; d/o J. H. & Anna; 21y;
sgl; b. Botetourt Co. VA; res. Fqr; (lic) 28 Jan 1884; (off) J. H.
WAUGH; Pg:Ln 186:03
GLASCOCK, George W.; s/o ___ & Mary; 28y; sgl; farmer; b. & res. Fqr;
m. 2 Apr 1902 in Fqr to DUDLEY, Maggie; d/o David & Jennie; 32y;
sgl; b. & res. Fqr; (lic) 2 Apr 1902; (off) F. R. BOSTON; Pg:Ln 291:10
GLASCOCK, Henry; s/o J. S. & Louisa; 36y; sgl; farmer; b. & res. Fqr; m.
15 Jan 1890 in Fqr to GLASCOCK, Nannie J.; d/o R. T. & Mary Ann;

36y; sgl; b. & res. Fqr; (lic) 13 Jan 1890; (off) James GRAMMAR; Pg:Ln 216:23
GLASCOCK, Jas.; s/o ___ & Lucy; 19y; sgl; farmer; b. & res. Fqr; m. 4 Jun 1892 in Fqr to HOPP, Cicie; d/o Henry & Rosilla; 22y; sgl; b. & res. Fqr; (lic) 4 Jun 1892; (off) Walter H. ROBERTSON; Pg:Ln 230:14
GLASCOCK, Jas.; s/o ___ & Lucy; 21y; sgl; laborer; b. & res. Fqr; m. 9 Apr 1896 in Fqr to GLASCOCK, Lucy C.; d/o___ & Mary; 17y; sgl; b. & res. Fqr; (lic) 9 Apr 1896; (off) F. R. BOSTON; consent of mother in person; Pg:Ln 252:23
GLASCOCK, Jno. T.; s/o E. Cook & Nannie; 27y; sgl; farmer; b. & res. Fqr; m. 4 Jul 1900 in Fqr to WHITE, Emma Allen; d/o James & ___; 23y; sgl; b. & res. Fqr; (lic) 3 Jul 1900; (off) Isaac N. CAMPBELL; Pg:Ln 279:24
GLASCOCK, John; s/o Jno. S. & Louisa; 24y; sgl; farmer; b. & res. Fqr; m. 4 Dec 1895 in Fqr to SMITH, Helen; d/o Henry & Sarah; 24y; sgl; b. & res. Fqr; (lic) 3 Dec 1895; (off) I. B. LAKE; Pg:Ln 250:06
GLASCOCK, Ludwell; s/o John S. & Louisa; 26y; sgl; farmer; b. & res. Fqr; m. 10 Dec 1884 in Fqr to GLASCOCK, Sallie; d/o Robert T. & Mary A.; 23y; sgl; b. & res. Fqr; (lic) 9 Dec 1884; (off) I. B. LAKE [note on side -Dr. Isaac Beverley LAKE]; Pg:Ln 189:13
GLASCOCK, Walter A.; s/o E. Cook & Nancy A.; 25y; sgl; railroad clerk; b. & res. Fqr; m. 20 Oct 1897 in Fqr to COCKRILL, Jennie M.; d/o Jno. T. & Edmonia; 19y; sgl; b. & res. Fqr; (lic) 18 Oct 1897; (off) H. M. STRICKLER; consent of father in person; Pg:Ln 260:24
GLENN, Jno. R. (col); s/o Robt. & Nellie; 30y; sgl; farmer; b. & res. Fqr; m. 20 Sep 1896 in Fqr to WANSER, Bettie (col); d/o Thornton & Jane BROWN; 24y; wid; b. & res. Fqr; (lic) 17 Sep 1896; (off) C. M. TYLER; Pg:Ln 254:12
GOCHNAUER, A. Clarence; s/o P. S. & Catherine F.; 29y; sgl; farmer; b. LdnVA; res. Fqr; m. 5 Nov 1898 in Fqr to ARMISTEAD, Mary M.; d/o Bowles E. & Elizabeth T.; 25y; sgl; b. & res. Fqr; (lic) 5 Nov 1898; (off) Edwin S. HINKS; Pg:Ln 268:15
GOCHNAUER, B. B.; s/o P. S. & Catherine; 28y; sgl; merchant; b. & res. Fqr; m. 10 Feb 1904 in Fqr to GIBSON, Virginia; d/o Jno. N. & Eliza N.; 26y; sgl; b. & res. Fqr; (lic) 3 Feb 1904; (off) J. L. KIBLER; Pg:Ln 301:22
GODFREY, Chas. M.; s/o Henry & Jane; 21y; sgl; farmer; b. & res. Fqr; m. 30 Apr 1885 in Fqr to TANNEHILL, Valeria; d/o Geo. & Margaret; 18y; sgl; b. & res. Fqr; (lic) 30 Apr 1885; (off) Jacob HEDRICK; consent of father sworn to by Jno. GODFREY & filed; Pg:Ln 192:02
GODFREY, Morgan; s/o Henry & Jane; 21y; sgl; laborer; b. & res. Fqr; m. 25 Feb 1886 in Fqr to CLAGGETT, Rosie; d/o Newton & Sallie; 16y; sgl; b. & res. Fqr; (lic) 24 Feb 1886; (off) Jacob HEDRICK; consent proved by oath fo John GODFREY; Pg:Ln 195:17
GOINES [GAINES?], W. H. (col); s/o Moses & Tilda; 21y; sgl; laborer; b. Fqr; res. LdnVA; m. 14 Jan 1891 in Fqr to DENNY, Bertie (col); d/o John & Jennie; 20y; sgl; b. & res. Fqr; (lic) 14 Jan 1891; (off) S. P.

Fisher; consent of father sworn to by Geo. MORTON & filed; Pg:Ln 222:09

GOLDTHORPE, Albert; s/o Wm. & Jane; 30y; sgl; farmer; b. Vanango Co. PA; res. Fqr; m. 22 Dec 1897 in Fqr to KEMPER, Janet B.; d/o Hugh T. & Sarah; 29y; sgl; b. & res. Fqr; (lic) 22 Dec 1897; (off) Walter H. ROBERTSON; Pg:Ln 262:20

GOLDTHORPE, Geo. H.; s/o Wm. & Jane; 32y; sgl; miller; b. Manchester England; res. Fqr; m. 28 Mar 1899 in Fqr to KEMPER, Grace; d/o Hugh & Sarah; 28y; sgl; b. & res. Fqr; (lic) 28 Mar 1899; (off) Walter H. ROBERTSON; Pg:Ln 271:20

GOODE, Edw. B.; s/o Patrick & Ellen; 25y; sgl; blacksmith; b. St. Mary's Co. MD; res. LdnVA; m. 29 Sep 1887 in Fqr to ELLISON, Elizabeth G.; d/o Chas. & Emma; 27y; sgl; b. England; res. Fqr; (lic) 24 Sep 1887; (off) W. F. DUNAWAY; consent of father in person; Pg:Ln 203:03

GOODLOE, Edwin S.; s/o ___ & ___; 25y; sgl; railroading; b. & res. Henrico Co Va; m. 27 Feb 1906 in Fqr to SHUMATE, Willie S.; d/o W. B. G. & Ida; 23y; sgl; b. & res. Fqr; (lic) 20 Feb 1906; (off) Wm. T. GOVER; Pg:Ln 313:08

GORDON, Basil (col); s/o Wellington & Mary; 28y; wid; hostler; b. Caroline Co. Va; res. WashDC; m. 15 Sep 1901 in Fqr to NELSON, Tacie (col); d/o William & Easter; 21y; sgl; b. & res. Fqr; (lic) 14 Sep 1901; (off) M. A. RUSSELL; Pg:Ln 286:17

GORDON, Charles H.; s/o Wm. F. & Elizabeth L.; 64y; wid; farmer; b. AlbmVA; res. Fqr; m. 22 Nov 1893 in Fqr to BOSWELL, Mary J.; d/o Wm. S. & Matilda E.; 28y; sgl; b. Fluvanna Co. VA; res. Fqr; (lic) 16 Nov 1893; (off) J. Frank RIBBLE; Pg:Ln 237:21

GORDON, Clarence; s/o Jefferson & Mary; 24y; sgl; farmer; b. WrnVA; res. Fqr; m. 24 Sep 1891 in Fqr to HALL, Minnie M.; d/o E. J. & M. E.; 18y; sgl; b. & res. Fqr; (lic) 23 Sep 1891; (off) Rich'd. H. G. OSBORNE; Pg:Ln 225:23

GORDON, Dallas P.; s/o Alex & Ann E.; 39y; sgl; Depty Comm; b. & res. Fqr; m. 21 Feb 1884 in Fqr to REDD, Martha M.; d/o D. P. & Susan W.; 28y; sgl; b. & res. Fqr; (lic) 20 Feb 1884; (off) Gilson MAUZEY; Pg:Ln 186:14

GORDON, Frank (col); s/o Marshall & Martha; 23y; sgl; laborer; b. & res. Fqr; m. 26 Mar 1902 in Fqr to ASHBY, Marrissa R. (col); d/o Charles & Laura; 17y; sgl; b. & res. Fqr; (lic) 25 Mar 1902; (off) Jesse D. HOWE; consent of father in person; Pg:Ln 291:09

GORDON, Geo. W.; s/o Jefferson & Mary; 29y; wid; farmer; b. WrnVA; res. Fqr; m. 3 Jan 1884 in Fqr to HALL, Elizabeth L.; d/o Elijah & Maria; 20y; sgl; b. & res. Fqr; (lic) 1 Jan 1884; (off) Chas. L. YATES; consent of father sworn to by Jno. K. HALL & filed; Pg:Ln 185:11

GORDON, Thomas N.; s/o Marshall & Martha; 25y; sgl; laborer; b. & res. Fqr; m. 5 Oct 1901 in Fqr to MORTON, Susie E.; d/o Alexander & Isabella; 19y; sgl; b. & res. Fqr; (lic) 4 Oct 1901; (off) J. D. HOWE; consent of father filed; Pg:Ln 287:07

Fauquier County, Virginia Marriage Register Jan 1883- Jul 1906   99

GORE, Joshua T.; s/o Craven O. & Sarah; 50y; sgl; farmer; b. WrnVA; res. Fqr; m. 26 Apr 1898 in Fqr to CORNWELL, Susan; d/o Jonas & Lucinda; 33y; sgl; b. & res. Fqr; (lic) 23 Apr 1898; (off) W. T. EATON; Pg:Ln 265:01

GOUCHER, Henry; s/o Henry & Ellen; 31y; sgl; clerk; b. Louth Co. Ireland; res. Lynchburg, VA; m. 10 Aug 1891 in Fqr to GILLESPIE, Isabel D.; d/o John & ___; 27y; sgl; b. LdnVA; res. Fqr; (lic) 7 Aug 1891; (off) Edwin S. HINKS; Pg:Ln 225:06

GOUGH, John W.; s/o Richard R. & Lucy; 24y; sgl; farmer; b. PrWmVA; res. Fqr; m. 6 Nov 1889 in Fqr to BELL, Laura E.; d/o Isaac & Sarah; 21y; sgl; b. & res. Fqr; (lic) 6 Nov 1889; (off) Wm. A. WADE; Pg:Ln 214:14

GOUGH, Levi H.; s/o James R. & Susan; 32y; sgl; mechanic; b. & res. Fqr; m. 4 Oct 1883 in Fqr to MINTER, Virg'a W.; d/o Wm. J. & Malinda; 26y; sgl; b. & res. Fqr; (lic) 4 Oct 1883; (off) H. H. WYER; Pg:Ln 182:05

GOUGH, Richard; s/o Jno. B. & Jane; 53y; wid; farmer; b. Fqr; res. PrWmVA; m. 6 Apr 1887 in Fqr to CLEWES, Mary; d/o John & Mildred B.; 19y; sgl; b. & res. Fqr; (lic) 4 Apr 1887; (off) F. R. BOSTON; consent of grandfather & Gdn. sworn to by B. B. NALLS & filed; Pg:Ln 201:21

GOUGH, Richard M.; s/o Richard R. & Lucinda; 26y; sgl; farmer; b. & res. PrWmVA; m. 26 Feb 1890 in Fqr to JEFFRIES, Mollie; d/o John & ___; 22y; sgl; b. & res. Fqr; (lic) 25 Feb 1890; (off) Wm. A. WADE; Pg:Ln 217:21

GOUGH, Rich'd.; s/o Richd' & Lucinda; 30y; wid; farmer; b. & res. PrWmVA; m. 28 Jun 1892 in Fqr to JEFFRIES, Estelle; d/o Jno. E. & Virginia; 17y; sgl; b. & res. Fqr; (lic) 28 Jun 1892; (off) C. P. SCOTT; Pg:Ln 230:23

GRAHAM, Jas. M.; s/o John & Flora; 38y; sgl; carpenter; b. LdnVA; res. Warrenton; m. 16 Sep 1884 in Warrenton to FRENCH, Joyce Barbour; d/o Daniel J. & Caroline F.; 33y; sgl; b. PrWmVA; res. Warrenton; (lic) 15 Sep 1884; (off) John L. CARROLL; Pg:Ln 188:02

GRAHAM, Saml. R.; s/o Herbert N. & Sallie J.; 22y; sgl; printer; b. & res. Fqr; m. 24 May 1905 in Fqr to ROBINSON, Lillie S.; d/o Samuel & Laura; 21y; sgl; b. & res. Fqr; (lic) 24 May 1905; (off) W. D. KEENE; Pg:Ln 309:08

GRANDISON, Thos. T. (col); s/o Fred'k. & Polly; 26y; sgl; laborer; b. CulpVA; res. Fqr; m. 7 Oct 1883 in Fqr to BROWN, Ellen (col); d/o Wm. & Agnes; 30y; wid; b. & res. Fqr; (lic) 6 Oct 1883; (off) Arthur WHITE; Pg:Ln 182:06

GRANT, Geo.T.; s/o Jno. A. & Lucy Ann; 23y; sgl; carpenter; b. & res. Fqr; m. 14 Dec 1887 in Fqr to SULLIVAN, Mary Jane; d/o Jno. F. & Mary E.; 27y; sgl; b. & res. Fqr; (lic) 12 Dec 1887; (off) R. P. DULIN; oath; Pg:Ln 204:20

GRANT, J. W. T.; s/o Jno. R. & Annie; 24y; sgl; r. r. hand; b. Fqr; res. AlexVA; m. 26 Oct 1904 in Fqr to FOLEY, Grace Lee; d/o R. E. & ___;

24y; sgl; b. & res. Fqr; (lic) 26 Oct 1904; (off) F. R. BOSTON; Pg:Ln 305:15
GRANT, James S. (col); s/o Edwd. & Mattie; 23y; sgl; laborer; b. & res. Fqr; m. 16 Feb 1905 in Fqr to ASH, Fanny (col); d/o Albert & Kitty; 21y; sgl; b. & res. Fqr; (lic) 16 Feb 1905; (off) A. PINKETT; Pg:Ln 308:07
GRANT, Jno.; s/o Peter & Maria; 35y; sgl; farmer; b. & res. Fqr; m. 26 Jan 1887 in Fqr to MOORE, Lou C.; d/o not given; 26y; sgl; b. & res. Fqr; (lic) 24 Jan 1887; (off) C. H. KENNEY; Pg:Ln 200:16
GRANT, Jno. R.; s/o Jno. T. & Frances R.; 30y; sgl; farmer; b. & res. WrnVA; m. 17 Jun 1886 in Fqr to MOORE, Cora A.; d/o Geo. & Frances; 23y; sgl; b. & res. Fqr; (lic) 12 Jun 1886; (off) C. A. JOYCE; Pg:Ln 196:23
GRANT, John Lee; s/o John Lee & Sarah; 28y; sgl; minister; b. & res. FredMD; m. 12 Jul 1893 in Fqr to SMITH, Ellen S.; d/o Thos. & Elizabeth E.; 18y; sgl; b. & res. Fqr; (lic) 10 Jul 1893; (off) Jas. W. GRUBB; consent of mother sworn to & filed; Pg:Ln 235:22
GRANT, John Thomas (col); s/o Alex & Martha; 21y; sgl; laborer; b. & res. Fqr; m. 26 Dec 1902 in Fqr to CRAIG, Martha (col); d/o ___ & Josia; 21y; sgl; b. & res. Fqr; (lic) 26 Dec 1902; (off) N. A. MARRIOTT; Pg:Ln 296:06
GRANT, Russell (col); s/o Saml. & Lucretia; 21y; sgl; laborer; b. & res. Fqr; m. 20 Mar 1898 in Fqr to COLES, Cassie (col); d/o Saml. & Fanny; 21y; sgl; b. & res. Fqr; (lic) 19 Mar 1898; (off) Rev. Robt. L. RUFFIN; Pg:Ln 264:16
GRANT, Saml.; s/o ___ & Martha; 33y; wid; farmer; b. CulpVA; res. Fqr; m. 10 Jan 1887 in Fqr to COOPER, Mary Ella; d/o ___ & Roberta; 30y; sgl; b. OrngVA; res. Fqr; (lic) 10 Jan 1887; (off) Ben L. WARRING; Pg:Ln 200:07
GRAY, B. F.; s/o James & Jane; 21y; sgl; farmer; b. & res. Fqr; m. 22 Mar 1887 in Fqr to CARTER, Lucy; d/o ___ & Margaret; 21y; sgl; b. & res. Fqr; (lic) 21 Mar 1887; (off) W. A. SITES; consent proved by Isaiah CARTER; Pg:Ln 201:14
GRAY, Caleb E.; s/o Caleb & Mary Jane; 21y; sgl; farmer; b. Pickaway Co. OH; res. Fqr; m. 8 Oct 1896 in Fqr to SOAPER, Rachel J.; d/o R. W. & Mary E.; 18y; sgl; b. & res. Fqr; (lic) 6 Oct 1896; (off) F. P. BERKELEY; consent of father in person; Pg:Ln 255:01
GRAY, Cleveland; s/o Wm. & Cath; 21y; sgl; farmer; b. & res. Fqr; m. 25 Jul 1906 in Fqr to BELL, Mary; d/o Lewis & Bridget; 20y; sgl; b. & res. Fqr; (lic) 24 Jul 1906; (off) F. R. BOSTON; consent of Judge filed; Pg:Ln 314:24
GRAY, Edward H.; s/o Geo. E. & Lavinia A.; 36y; wid; laborer; b. & res. Fqr; m. 19 Nov 1902 in Fqr to HOLTZCLAW, Alice J.; d/o John & Elizabeth H. BELLARD; 36y; wid; b. & res. Fqr; (lic) 19 Nov 1902; (off) F. R. BOSTON; Pg:Ln 294:21
GRAY, J. M.; s/o Jas. B. & Virginia; 20y; sgl; farmer; b. & res. Fqr; m. 29 Sep 1898 in Fqr to LEACH, Va. B.; d/o Saml. & N. C.; 19y; sgl; b. &

res. Fqr; (lic) 26 Sep 1898; (off) J. S. GARDNER; consent of father in person, consent of father in person; Pg:Ln 267:14
GRAY, J. T.; s/o J. T. & Isabella; 25y; sgl; farmer; b. & res. Fqr; m. 29 Mar 1892 in Fqr to BROWN, L. L.; d/o F. M. & Louisa; 22y; sgl; b. & res. Fqr; (lic) 29 Mar 1892; (off) C. P. SCOTT; Pg:Ln 229:16
GRAY, James E.; s/o Jas. W. & Catharine; 21y; sgl; farmer; b. & res. Fqr; m. 29 Oct 1903 in Fqr to NOLAND, Mary L.; d/o James & Mary; 21y; sgl; b. & res. Fqr; (lic) 28 Oct 1903; (off) W. H. BALLANGEE; Pg:Ln 300:01
GRAY, Oscar; s/o C. H. & Roxey Ann; 26y; sgl; farmer; b. & res. Fqr; m. 29 Dec 1897 in Fqr to JARMANS, Jeneva; d/o Jas. W. & Ella Lewis; 19y; sgl; b. & res. Fqr; (lic) 27 Dec 1897; (off) F. P. BERKELEY; consent of father in person; Pg:Ln 263:09
GRAY, Richd. H.; s/o Wm. & Catharine; 22y; sgl; farmer; b. & res. Fqr; m. 14 Dec 1898 in Fqr to KEARNES, Maggie L.; d/o Vincent & Ephalonia; 18y; sgl; b. & res. Fqr; (lic) 14 Dec 1898; (off) Jno. F. POULTON; consent of father in person; Pg:Ln 269:09
GRAY, Silas; s/o Charles & Roxy; 26y; sgl; farmer; b. & res. Fqr; m. 7 Sep 1899 in Fqr to SOPER, Julia F.; d/o Craven & ___; 40y; wid; b. & res. Fqr; (lic) 6 Sep 1899; (off) W. S. JACKSON; Pg:Ln 274:03
GRAY, Turner A.; s/o Wm. & Maria; 21y; sgl; farmer; b. & res. Fqr; m. 20 Sep 1883 in Fqr to LEACH, Elizabeth; d/o Lewis & Margaret; 26y; sgl; b. & res. Fqr; (lic) 19 Sep 1883; (off) Isaac W. CANTER; Pg:Ln 181:23
GRAY, William; s/o C. H. & Roxey Annie; 25y; wid; farmer; b. & res. Fqr; m. 29 Dec 1903 in Fqr to OWENS, Irene; d/o James & Olive; 21y; sgl; b. & res. Fqr; (lic) 24 Dec 1903; (off) J. J. NORWOOD; Pg:Ln 300:19
GRAY, Wm. H.; s/o J. H. & Catharine; 21y; sgl; farmer; b. & res. Fqr; m. 26 Dec 1895 in Fqr to O'BRIAN, Lena; d/o Pat & Jennie; 19y; sgl; b. & res. Fqr; (lic) 23 Dec 1895; (off) John P. POULTON; consent filed; Pg:Ln 251:04
GRAY, Wm. Lewis; s/o Turner A. & Lizzie; 19y; sgl; farmer; b. & res. Fqr; m. 3 Sep 1903 in Fqr to FLETCHER, Martha Ann; d/o C. W. & Mary C.; 18y; sgl; b. & res. Fqr; (lic) 3 Sep 1903; (off) F. R. BOSTON; consent of her father in person, consent of his father in person; Pg:Ln 299:04
GRAY, Wm. T.; s/o Chas. & Roxana; 29y; sgl; farmer; b. & res. Fqr; m. 28 Dec 1898 in Fqr to GRAY, Lucy C.; d/o Thaddeus N. & Frances; 31y; sgl; b. & res. Fqr; (lic) 27 Dec 1898; (off) Geo. T. TYLER; consent of father in person; Pg:Ln 270:14
GRAYSON, A. L. (col); s/o T. M. & Mary; 31y; wid; laborer; b. & res. Fqr; m. 15 Jun 1894 in Fqr to SEAY, Kate (col); d/o I. D. & Betsey; 22y; sgl; b. & res. Fqr; (lic) 15 Jun 1894; (off) J. F. POULTON; Pg:Ln 241:14
GRAYSON, G. B.; s/o G. W. & Mary E.; 29y; sgl; merchant; b. & res. Fqr; m. 22 Jan 1898 in Fqr to FLYNN, Margaret G.; d/o J. B. & R. P.; 28y; sgl; b. & res. Fqr; (lic) 22 Jan 1898; (off) F. R. BOSTON; Pg:Ln 264:03
GRAYSON, Henry (col); s/o Wm. & Catherine; 27y; sgl; laborer; b. CulpVA; res. Fqr; m. 9 Feb 1896 in Fqr to EWELL, Elizabeth (col); d/o

not given; 26y; sgl; b. & res. Fqr; (lic) 8 Feb 1896; (off) A. R. PINKETT; Pg:Ln 252:04
GRAYSON, Thos. (col); s/o Thos. M. & Mary; 30y; sgl; blacksmith; b. & res. Fqr; m. 12 Jan 1888 to PIERCE, Annie (col); d/o Wm. & Jennie; 18y; sgl; b. & res. Fqr; (lic) 12 Jan 1888; (off) Robt. L. RUFFIN; consent of mother in person; Pg:Ln 206:04
GREEN, A. F.; s/o Moses & Harriet; 65y; wid; farmer; b. & res. RappVa; m. 19 Sep 1897 in Fqr to CUNNINGHAM, Lizzie; d/o D. J. & ___; 30y; sgl; b. RappVA; res. Fqr; (lic) 17 Sep 1897; (off) M. R. GRIMSLEY; Pg:Ln 260:13
GREEN, A. G.; s/o James R. & Annie R.; 25y; sgl; farmer; b. & res. Fqr; m. 3 Jun 1903 in Fqr to HATCHER, Meta; d/o Maj. D. C. & Meta; 20y; sgl; b. & res. Fqr; (lic) 29 May 1903; (off) Jefferson R. TAYLOR; consent of her father sworn to & filed; Pg:Ln 297:24
GREEN, Alfred K.; s/o Geo. W. & Nancy; 30y; sgl; farmer; b. Fqr; res. ClrkVA; m. 27 Oct 1886 in Fqr to RICE, Bettie S.; d/o Jas. M. & Mary J.; 22y; sgl; b. & res. Fqr; (lic) 22 Oct 1886; (off) A. A. P. NEEL; Pg:Ln 198:12
GREEN, Charles G. (col); s/o Silas & Lucy; 22y; sgl; laborer; b. & res. Fqr; m. 30 Apr 1902 in Fqr to SMITH, Hattie (col); d/o Carter & Lettie; 19y; sgl; b. PrWmVA; res. Fqr; (lic) 30 Apr 1902; (off) Horace CRUTCHER; consent of Judge filed; Pg:Ln 291:20
GREEN, Chas. (col); s/o Richard & Sallie; 22y; sgl; laborer; b. Fredericksburg, VA; res. Fqr; m. 28 Mar 1883 in Fqr to SMITH, Jane (col); d/o John & Eliza; 19y; sgl; b. OrngVA; res. Fqr; (lic) 28 Mar 1883; (off) Rev. Phillip HUGER; consent of the father in person; Pg:Ln 180:01
GREEN, Danl.; s/o Amos & Margaretta; 31y; sgl; farmer; b. Perry Co. OH; res. Fqr; m. 17 Oct 1894 in Fqr to WOODZELL, Annie S.; d/o Geo. & Martha; 22y; sgl; b. Bath Co. VA; res. Fqr; (lic) 17 Oct 1894; (off) J. L. SHIPLEY; Pg:Ln 243:07
GREEN, David (col); s/o Thomas & Patsey; 23y; sgl; waiter; b. RappVA; res. Fqr; m. 23 Jan 1902 in Fqr to WALDEN, Mary (col); d/o William & Maria; 21y; sgl; b. & res. Fqr; (lic) 22 Jan 1902; (off) N. A. MARRIOTT; Pg:Ln 290:18
GREEN, Edson (col); s/o Thos. & Clara; 21y; sgl; groome; b. & res. Fqr; m. 15 Dec 1904 in Fqr to JACKSON, Mary L (col); d/o George & Annie; 21y; sgl; b. & res. Fqr; (lic) 15 Dec 1904; (off) C. M. TYLER; consent of Amanda COLLINGS in person; Pg:Ln 306:16
GREEN, Geo. W.; s/o Jas. F. & Kate; 22y; sgl; farmer; b. & res. ClrkVA; m. 12 Dec 1888 in Fqr to STROTHER, Florence E.; d/o Jas. & Bettie; 21y; sgl; b. & res. Fqr; (lic) 10 Dec 1888; (off) J. C. DICE; Pg:Ln 208:23
GREEN, George (col); s/o Beverly & Jane; 28y; sgl; laborer; b. & res. Fqr; m. 26 Dec 1888 in Fqr to WOODSON, Annie (col); d/o Wm. & Mary; 19y; sgl; b. & res. Fqr; (lic) 22 Dec 1888; (off) Thomas EDMONDS; consent of mother sworn to by Edgar MOSS & filed; Pg:Ln 209:12

GREEN, George E. (col); s/o Isaac & Mary Jane; 24y; sgl; laborer; b. RappVA; res. Fqr; m. 29 Dec 1887 in Fqr to NELSON, Betty (col); d/o ___ & Easter; 19y; sgl; b. & res. Fqr; (lic) 27 Dec 1887; (off) Cornelius GADDIS; consent of mother sworn to by J. W. BROOKS & filed; Pg:Ln 205:15
GREEN, J. L.; s/o Morgan & Emily; 29y; sgl; painter; b. FredVA; res. Fqr; m. 29 Dec 1886 in Fqr to WALKER, Kitty B.; d/o A. D. & Elizabeth; 16y; sgl; b. & res. Fqr; (lic) 27 Dec 1886; (off) Jefferson D. MARTIN; consent of father in writing & filed; Pg:Ln 199:19
GREEN, J. M.; s/o Richd. & Mary; 50y; wid; farmer; b. & res. Fqr; m. 20 Jul 1904 in Fqr to SCOTT, Dora; d/o Turner D. & Mary; 23y; sgl; b. & res. Fqr; (lic) 20 Jul 1904; (off) I. N. CAMPBELL; Pg:Ln 303:16
GREEN, Jas. (col); s/o ___ & Georganna; 24y; sgl; laborer; b. & res. Fqr; m. 4 Mar [Apr] 1894 in Fqr to GIBSON, Sallie (col); d/o Allen & Hester; 24y; sgl; b. & res. Fqr; (lic) 3 Apr 1894; (off) Jessie D. HOWE; Pg:Ln 240:24
GREEN, Jas. M.; s/o Rich'd. & Mary; 40y; wid; farmer; b. WrnVA; res. Warrenton; m. 5 Oct 1893 in Fqr to McDONALD, Jennie; d/o Jefferson & Mary; 35y; wid; b. & res. Fqr; (lic) 25 Sep 1893; (off) J. L. SHIPLEY; Pg:Ln 236:14
GREEN, John (col); s/o Thos. & Clara; 25y; sgl; laborer; b. RappVA; res. Fqr; m. 6 Jun 1889 in Fqr to BUTLER, Maggie (col); d/o Stanton & Roxanna; 20y; sgl; b. & res. Fqr; (lic) 6 Jun 1889; (off) A. B. CARRINGTON; oath; Pg:Ln 212:14
GREEN, John R.; s/o Russell & Martha; 27y; sgl; farmer; b. & res. Fqr; m. 31 Oct 1900 in Fqr to McDONALD, Loolah; d/o Ozias & Fanny; 21y; sgl; b. LdnVA; res. Fqr; (lic) 26 Oct 1900; (off) Jefferson R. TAYLOR; Pg:Ln 281:17
GREEN, Jos. (col); s/o Silas & Lucy; 21y; sgl; laborer; b. & res. Fqr; m. 1 Dec 1895 in Fqr to WANSER, Hester A. (col); d/o Marshall & Maria; 22y; sgl; b. & res. Fqr; (lic) 29 Nov 1895; (off) C. M. TYLER; Pg:Ln 250:04
GREEN, Landon C. (col); s/o Sandy & Sarah; 23y; sgl; teacher; b. & res. PrWmVA; m. 23 Oct 1884 in Fqr to SMITH, Ada (col); d/o Randall & Eliza; 23y; sgl; b. & res. Fqr; (lic) 23 Oct 1884; (off) J. T. HINES; Pg:Ln 188:14
GREEN, Wm. (col); s/o Jno. & ___; 23y; sgl; laborer; b. & res. Fqr; m. 23 Apr 1891 in Fqr to DALES, Adelaid (col); d/o Charles & ___; 21y; sgl; b. & res. Fqr; (lic) 21 Apr 1891; (off) W. H. GAINES; Pg:Ln 223:22
GREEN, Wm. N.; s/o A. G. & Ann R.; 49y; wid; farmer; b. & res. Fqr; m. 24 Oct 1891 in Fqr to MILLER, Cora A.; d/o Jno. W. & ___; 45y; sgl; b. RappVA; res. Fqr; (lic) 21 Oct 1891; (off) M. R. GRIMSLEY; Pg:Ln 226:06
GREENE, Thomas (col); s/o Fielding & Betsy; 42y; wid; laborer; b. & res. Fqr; m. 1 Jun 1885 in Fqr to LARSON, Patsy (col); d/o John & Mary; 27y; sgl; b. RappVA; res. Fqr; (lic) 15 May 1885; (off) S. M. ATHEY; Pg:Ln 192:06

GREGG, Aldridge (col); s/o Aldridge & Maria; 27y; sgl; laborer; b. LdnVA; res. Fqr; m. 13 Oct 1892 in Fqr to HOWARD, Sarah (col); d/o John & Betsy; 23y; wid; b. & res. Fqr; (lic) 12 Oct 1892; (off) G. C. BANISTER; Pg:Ln 232:02

GREGG, John Harvey; s/o John & Catharine; 37y; sgl; mail carrier; b. & res. Fqr; m. 13 Aug 1903 in Fqr to RECTOR, Laura B.; d/o Bushrod & Lucy; 28y; sgl; b. & res. Fqr; (lic) 13 Aug 1903; (off) not given; Pg:Ln 298:19

GREGG, Thos. C.; s/o H. M. & Elzora; 21y; sgl; carpenter; b. & res. Fqr; m. 29 Mar 1899 in Fqr to ALLISON, Laura; d/o Henry & Darmule; 18y; sgl; b. LdnVA; res. Fqr; (lic) 28 Mar 1899; (off) W. F. DUNAWAY; An. of Court filed; Pg:Ln 271:21

GREGG, Walter P.; s/o Harlan M. & Elsora B.; 27y; sgl; wheelwright; b. & res. Fqr; m. 28 Aug 1895 in Fqr to PAYNE, Lucy L.; d/o A. S. & Matilda S.; 21y; sgl; b. & res. Fqr; (lic) 27 Aug 1895; (off) S. M. ATHEY; Pg:Ln 248:01

GREY, John T.; s/o Wm. & Maria; 42y; wid; farmer; b. & res. Fqr; m. 25 Sep 1889 in Fqr to WALKER, Mary Ellen; d/o Lorenzo D. & Eliz'th A.; 38y; sgl; b. & res. Fqr; (lic) 21 Sep 1889; (off) C. A. JOYCE; Pg:Ln 213:20

GRIFFITH, Andrew V.; s/o Edward & Mary L.; 22y; sgl; tailor; b. Fqr; res. CulpVA; m. 28 Jan 1903 in Fqr to HALEY, Nannie R.; d/o R. D. & Ida HALEY; 23y; sgl; b. LdnVA; res. Fqr; (lic) 27 Jan 1903; (off) J. L. KIBLER; Pg:Ln 296:19

GRIFFITH, Clarence F.; s/o Edwd. & Lucelia; 21y; sgl; farmer; b. & res. Fqr; m. 4 Apr 1905 in Fqr to ANDERSON, Mollie A.; d/o Elijah & Adeline; 26y; sgl; b. & res. Fqr; (lic) 1 Apr 1905; (off) S. M. ATHEY; Pg:Ln 308:19

GRIFFITH, Frederick W.; s/o William & Mary; 30y; sgl; farmer; b. & res. Fqr; m. 6 Nov 1901 in Fqr to KINSEL, Permelia B.; d/o John & Elizabeth; 27y; sgl; b. & res. Fqr; (lic) 4 Nov 1901; (off) W. P. C. COE; Pg:Ln 287:21

GRIFFITH, Herbert A.; s/o John & Ann; 23y; sgl; railivery conductor; b. Fqr; res. AlexVA; m. 24 Jun 1895 in Fqr to SCANLON, Hannah C.; d/o John & Julia; 18y; sgl; b. County Kerry, Ireland; res. Fqr; (lic) 21 Jun 1895; (off) not given; consent of father in person; Pg:Ln 247:09

GRIFFITH, W. S.; s/o J. T. & H. A.; 23y; sgl; farmer; b. Fqr; res. LdnVA; m. 28 Dec 1898 in Fqr to DOWNS, R. E.; d/o Jas. T. & Mary H.; 20y; sgl; b. & res. Fqr; (lic) 26 Dec 1898; (off) W. F. DUNAWAY; consent filed; Pg:Ln 270:12

GRIFFITH, Wm. M.; s/o Abner & Judith F.; 37y; sgl; farmer; b. & res. Fqr; m. 29 May 1889 in Fqr to PIERSON, Annie E.; d/o Jno. C. & Sarah E.; 40y; sgl; b. & res. Fqr; (lic) 27 May 1889; (off) W. F. DUNAWAY; Pg:Ln 212:08

GRIGG, Anderson (col); s/o A[l]dridge & Maria; 23y; sgl; laborer; b. LdnVA; res. Fqr; m. 29 Dec 1887 in Fqr to EWELL, Mary (col); d/o William & Milly; 22y; sgl; b. & res. Fqr; (lic) 27 Dec 1887; (off) J. T. MOLEN; G. B. GIBSON vouches; Pg:Ln 205:14

GRIGGS, Albert B.; s/o Geo. K. & Eliz'th; 21y; sgl; R R agt.; b. Pittsylvania Co. VA; res. Danville, VA; m. 9 Nov 1887 in Fqr to DAVIS, Bertha B.; d/o Wm. H. & Julia; 20y; sgl; b. & res. Fqr; (lic) 8 Nov 1887; (off) Walter H. ROBERTSON; consent of father in person; Pg:Ln 203:21
GRIGGS, J. H.; s/o G. K. & S. B.; 24y; sgl; railroad business; b. Pittsylvania Co. VA; res. Danville, VA; m. 25 Nov 1891 in Fqr to DAVIS, S. B.; d/o W. H. & J. E.; 23y; sgl; b. & res. Fqr; (lic) 24 Nov 1891; (off) Walter H. ROBERTSON; Pg:Ln 227:03
GRIGSBY, Alfred (col); s/o Fleming & Jennie; 30y; sgl; laborer; b. Fqr; res. LdnVA; m. 27 Dec 1883 in Fqr to ASHTON, Mildred (col); d/o Lee & Julia; 22y; sgl; b. LdnVA; res. Fqr; (lic) 22 Dec 1883; (off) John M. BEAN; Pg:Ln 184:14
GRIGSBY, Clay (col); s/o Robinson & Mary Ann; 29y; wid; laborer; b. & res. Fqr; m. 7 Mar 1883 in Fqr to PRIEST, Elizabeth (col); d/o Wanzer Massie & Elizabeth; 25y; wid; b. & res. Fqr; (lic) 6 Mar 1883; (off) Cornelius GADDIS; Pg:Ln 179:16
GRIGSBY, Geo. (col); s/o Clay & Lizzie; 22y; sgl; laborer; b. & res. Fqr; m. 28 Dec 1898 in Fqr to GREEN, Hattie (col); d/o Geo. & Nancy; 21y; sgl; b. & res. Fqr; (lic) 28 Dec 1898; (off) G. C. BANISTER; Pg:Ln 270:16
GRIGSBY, Jake; s/o Robert & Roxa; 26y; sgl; laborer; b. & res. Fqr; m. 4 Jul 1889 in Fqr to CORNES, Hattie; d/o Daniel & Henrietta; 18y; sgl; b. & res. Fqr; (lic) 4 Jul 1889; (off) B. P. DULIN; consent of mother filed; Pg:Ln 212:24
GRIGSBY, Jas. W.; s/o Elijah & Mary; 23y; sgl; farmer; b. & res. RappVA; m. 23 Dec 1896 in Fqr to ANDERSON, Estelle; d/o Wm. C. & Lucy; 21y; sgl; b. & res. Fqr; (lic) 21 Dec 1896; (off) H. M. STRICKLER; Pg:Ln 256:13
GRIGSBY, Robt. (col); s/o Robt. & Josephine; 24y; sgl; laborer; b. & res. Fqr; m. 1 Dec 1904 in Fqr to HALEY, Lena (col); d/o James & Jane; 24y; sgl; b. & res. Fqr; (lic) 28 Nov 1904; (off) G. c. BANISTER; Pg:Ln 306:10
GRIGSBY, Saml. (col); s/o Robt. & Roxana; 35y; wid; farmer; b. & res. Fqr; m. 8 Sep 1895 in Fqr to DADE, Louisa (col); d/o ___ & Jane; 26y; sgl; b. & res. Fqr; (lic) 7 Sep 1895; (off) A. P. CARRINGTON; Pg:Ln 248:08
GRIGSBY, Silas (col); s/o Robt. & Ellen; 30y; sgl; farmer; b. & res. Fqr; m. 27 Dec 1888 in Fqr to MERCER, Maggie (col); d/o Geo. & Hannah; 23y; sgl; b. & res. Fqr; (lic) 21 Dec 1888; (off) C. H. KENNEY; Pg:Ln 209:08
GRIGSBY, Thos. N. (col); s/o Daniel & Eliza; 21y; sgl; laborer; b. & res. Fqr; m. 5 Apr 1905 in Fqr to BRAXTON, Annie (col); d/o Alex & Sallie; 19y; sgl; b. & res. Fqr; (lic) 4 Apr 1905; (off) G. C. BANISTER; consent of mother filed; Pg:Ln 308:20
GRIGSBY, Wm. (col); s/o Robt. & Dollie; 26y; sgl; laborer; b. & res. Fqr; m. 25 Dec 1897 in Fqr to GREEN, Julia (col); d/o Levi & Maria; 30y; sgl; b. & res. Fqr; (lic) 24 Dec 1897; (off) G. C. BANISTER; Pg:Ln 262:23

GRIM, Carl W.; s/o Theophilus & Carrie; 21y; sgl; telegraph operator; b. ShenVA; res. Strasburg Va; m. 28 Mar 1897 in Fqr to COMBS, Laura V.; d/o Seth B. & Eleann A.; 18y; sgl; b. StafVA; res. Fqr; (lic) 27 Mar 1897; (off) Jno. L. GRANT; consent of mother filed; Pg:Ln 258:14

GRIMES, Edward L.; s/o Samuel A. & Sallie A.; 39y; sgl; farmer; b. & res. CulpVA; m. 27 Aug 1902 in Fqr to OLIVER, Susan R.; d/o Bernard A. & ___; 31y; sgl; b. & res. Fqr; (lic) 27 Aug 1902; (off) W. H. BALLENGEE; Pg:Ln 293:14

GRIMES, Geo. F.; s/o Wm. & Lucy; 23y; sgl; laborer; b. & res. Fqr; m. 29 Mar 1899 in Fqr to SUTPHIN, Maude B.; d/o John & Hattie; 18y; sgl; b. & res. Fqr; (lic) 25 Mar 1899; (off) J. G. MICHAEL; Pg:Ln 271:18

GRIMES, Geo. Johnston; s/o James & Mary; 21y; sgl; laborer; b. ClrkVA; res. Fqr; m. 21 Dec 1887 in Fqr to LEACH, Alice Virginia; d/o Robt. & Mildred; 21y; sgl; b. & res. Fqr; (lic) 16 Dec 1887; (off) J. C. DICE; G. B. GIBSON vouched; Pg:Ln 204:23

GRIMES, Hallie W.; s/o Samuel & Delia; 22y; sgl; farmer; b. & res. LdnVA; m. 20 Mar 1901 in Fqr to WINES, Etta B.; d/o John W. & Cordelia J.; 23y; sgl; b. & res. Fqr; (lic) 20 Mar 1901; (off) J. J. CLOPTON; Pg:Ln 284:10

GRIMES, Jas. E.; s/o James & Mary J.; 23y; sgl; laborer; b. & res. Fqr; m. 14 Dec 1898 in Fqr to LEACH, Elizabeth E.; d/o Robert M. & Mildred; 23y; sgl; b. ClrkVA; res. Fqr; (lic) 7 Dec 1898; (off) L. H. CRENSHAW; see letter G. B. GIBSON; Pg:Ln 269:05

GRIMSLEY, Clifford; s/o Jno. S. & Mary E.; 26y; sgl; farmer; b. & res. RappVA; m. 12 Apr 1904 in Fqr to GRIMSLEY, Virginia; d/o Phillip & Nannie; 19y; sgl; b. & res. Fqr; (lic) 12 Apr 1904; (off) F. R. BOSTON; consent of father filed; Pg:Ln 302:13

GRIMSLEY, Henry W.; s/o Philip & Nannie; 22y; sgl; farmer; b. RappVA.; res. Fqr; m. 5 Sep 1900 in Fqr to GRIMSLEY, Annie; d/o Chilton & Eliza Ann; 22y; sgl; b. RappVA; res. Fqr; (lic) 5 Sep 1900; (off) Geo. W. NELSON; Pg:Ln 280:13

GROHS, Henry C.; s/o Adam & Elizabeth; 30y; sgl; farmer; b. New York City; res. Fqr; m. 17 Feb 1903 in Fqr to ARMSTRONG, Lucy O.; d/o Oliver & E. J.; 22y; sgl; b. Highland Co. Va; res. Fqr; (lic) 12 Feb 1903; (off) W. T. GOVER; Pg:Ln 297:02

GROVES, Edward; s/o Sanford & Lucy; 21y; sgl; farmer; b. & res. Fqr; m. 11 Jan 1900 in Fqr to ALEXANDER, Lucy C.; d/o Peter & Elizabeth JETT; 26y; wid; b. & res. Fqr; (lic) 10 Jan 1900; (off) Jefferson R. TAYLOR; Pg:Ln 277:12

GROVES, Fielding; s/o Wm. & Catharine; 26y; sgl; laborer; b. & res. Fqr; m. 27 Dec 1883 in Fqr to LUNCEFORD, Sarah Ann; d/o Jas. W. & Harriet; 26y; sgl; b. & res. Fqr; (lic) 26 Dec 1883; (off) S. M. ATHEY; Pg:Ln 185:03

GROVES, Fielding; s/o Wm. & Kitty Catharine; 30y; wid; farmer; b. & res. Fqr; m. 1 Sep 1886 in Fqr to LUNSFORD, Harriet E.; d/o Jas. W. & Harriet; 24y; sgl; b. & res. Fqr; (lic) 30 Aug 1886; (off) Jno. F. POULTON; Pg:Ln 197:16

GROVES, J. F.; s/o E. M. & L. P.; 25y; sgl; farmer; b. & res. Fqr; m. 10 Oct 1894 in Fqr to SUTHARD, Annie B.; d/o P. G. & Kate; 19y; sgl; b. PrWmVA; res. Fqr; (lic) 10 Oct 1894; (off) F. R. BOSTON; consent sworn to & filed; Pg:Ln 243:03
GROVES, Jas. H.; s/o Thos. & Julia Ann; 48y; wid; farmer; b. & res. StafVA; m. 24 Aug 1904 in Fqr to GROVES, Mary; d/o William & ___; 35y; sgl; b. & res. Fqr; (lic) 24 Aug 1904; (off) F. R. BOSTON; Pg:Ln 304:03
GROVES, Jno. M.; s/o Edw'd M. & Lucy P.; 26y; sgl; farmer; b. & res. Fqr; m. 27 Dec 1888 in Fqr to RECTOR, Martha D.; d/o E. B. & Lucy A.; 24y; sgl; b. & res. Fqr; (lic) 24 Dec 1888; (off) T. W. NEWMAN; Pg:Ln 209:15
GROVES, John W.; s/o Amos F. & Mary F.; 21y; sgl; farmer; b. & res. Fqr; m. 2 Nov 1898 in Fqr to DONALD, Jane Lee; d/o Wm. & Elizabeth; 18y; sgl; b. & res. Fqr; (lic) 2 Nov 1898; (off) Isaac N. CAMPBELL; consent of father sworn to & filed; Pg:Ln 268:09
GROVES, Joseph R.; s/o John J. & Virginia C.; 26y; sgl; railroading; b. & res. Fqr; m. 23 May 1906 in Fqr to WILLINGHAM, Elizth. O.; d/o Richd. & Ada V.; 26y; sgl; b. & res. Fqr; (lic) 22 May 1906; (off) F. R. BOSTON; Pg:Ln 314:09
GROVES, Marian H.; s/o W. B. & Amanda; 24y; sgl; farmer; b. & res. Fqr; m. 20 Jun 1888 in Fqr to CLAGGETT, Emma J.; d/o Newton & Sallie C.; 22y; sgl; b. & res. Fqr; (lic) 20 Jun 1888; (off) John F. POULTON; oath; Pg:Ln 207:13
GROVES, Wm. M.; s/o Edwin M. & Lucy P.; 28y; sgl; farmer; b. & res. Fqr; m. 31 May 1893 in Fqr to GROVES, Emma Forda; d/o Wm. A. & Cynthia J.; 16y; sgl; b. & res. Fqr; (lic) 30 May 1893; (off) F. R. BOSTON; consent of father sworn to & filed; Pg:Ln 235:16
GUM, James F.; s/o Geo. W. & Amanda C.; 22y; sgl; farmer; b. RockVA.; res. Fqr; m. 25 Aug 1903 in Fqr to RHODES, Luella; d/o Henry L. & Telilah; 26y; sgl; b. RockVA; res. Fqr; (lic) 24 Aug 1903; (off) W. H. BALLANGEE; Pg:Ln 298:21
GUM, John W.; s/o George & Amanda; 26y; sgl; farmer; b. & res. Fqr; m. 25 Jun 1902 in Fqr to LINCEFORD [LUNCEFORD], Rebecca J.; d/o Evan O. & M. C.; 30y; sgl; b. & res. Fqr; (lic) 23 Jun 1902; (off) F. R. BOSTON; Pg:Ln 292:19
GUTHRIE, Harry R.; s/o John G. & Adeline B.; 33y; sgl; planter; b. AugVA; res. Point Pleasant La; m. 19 Nov 1901 in Fqr to GILKERSON, Carrie B.; d/o James W. & M. F.; 32y; sgl; b. Rockbridge Co. Va; res. Fqr; (lic) 18 Nov 1901; (off) W. H. ROBERTSON; Pg:Ln 288:06
GUY, John H.; s/o Henry & Mildred; 21y; sgl; farmer; b. & res. Fqr; m. 24 Dec 1897 in Fqr to WHITMER, Lorena K.; d/o Wm. & Mary A.; 19y; sgl; b. & res. Fqr; (lic) 22 Dec 1897; (off) J. S. GARDNER; consent of father in person; Pg:Ln 262:19
HACKLEY, Charles F. (col); s/o ___ & Bettie; 29y; sgl; laborer; b. RappVA; res. Fqr; m. 23 Nov 1899 in Fqr to TURNER, Mary (col); d/o

Steve & Evelina; 27y; sgl; b. RappVA; res. Fqr; (lic) 21 Nov 1899; (off) Lewis BROWN; Pg:Ln 275:12

HACKLEY, George; s/o Frank & Sallie; 21y; sgl; carpenter; b. & res. Fqr; m. 1 Sep 1905 in Fqr to WILLINGHAM, Maude P.; d/o James & Lucetta; 22y; sgl; b. & res. Fqr; (lic) 1 Sep 1905; (off) W. D. KEENE; Pg:Ln 310:08

HACKLEY, Howard S.; s/o Thos. & Susan; 38y; sgl; merchant; b. & res. RappVA; m. 8 Mar 1898 in Fqr to ARMSTRONG, Mary H.; d/o Thos. & Louisa; 23y; sgl; b. & res. Fqr; (lic) 7 Mar 1898; (off) J. S. GARDNER; Pg:Ln 264:14

HACKLEY, Jno. C.; s/o Jno. C. & Mary Ann; 52y; wid; farmer; b. RappVA; res. Fqr; m. 21 Nov 1899 in Fqr to TAYLOR, Elizabeth; d/o Daniel & Martha; 22y; sgl; b. & res. Fqr; (lic) 20 Nov 1899; (off) W. S. JACKSON; Pg:Ln 275:10

HACKLEY, John C.; s/o Walter & Chloe; 65y; wid; farmer; b. CulpVA; res. Fqr; m. 28 Sep 1884 in Fqr to PAYNE, Lucy A.; d/o Tellas & Lucy; 53y; wid; b. & res. Fqr; (lic) 23 Sep 1884; (off) S. M. ATHEY; Pg:Ln 188:04

HACKLEY, Wm. H.; s/o B. F. & S. M.; 22y; sgl; employee in ins. asylum; b. & res. Fqr; m. 9 Jul 1901 in Fqr to RANDALL, Fannie G.; d/o ___ & Maria; 23y; sgl; b. PrGMD; res. Fqr; (lic) 9 Jul 1901; (off) Walter N. ROBERTSON; Pg:Ln 285:14

HAILSTOLK, R. H. (col); s/o Broadus & Maria; 25y; sgl; farmer; b. & res. Fqr; m. 29 Dec 1886 in Fqr to FRANEY, Sarah E. (col); d/o Jno. & Martha; 19y; wid; b. & res. Fqr; (lic) 27 Dec 1886; (off) Robt. L. RUFFIN; Pg:Ln 199:22

HALDER, Jno. Jr.; s/o Jno. & Mary F.; 31y; sgl; farmer; b. & res. Fqr; m. 23 Dec 1891 in Fqr to O'ROURK, Cora A.; d/o Timothy & Catharine; 25y; sgl; b. RockVA; res. Fqr; (lic) 22 Dec 1891; (off) O. C. PEYTON; Pg:Ln 227:18

HALE, Wm. F.; s/o Daniel & Susannah; 21y; sgl; blacksmith; b. AugVA; res. Fqr; m. 14 Nov 1883 in Fqr to GARBAR, Fannie; d/o Joel & Annie; 17y; sgl; b. RockVA; res. Fqr; (lic) 13 Nov 1883; (off) Jacob HEDRICK; consent of father in person; Pg:Ln 183:01

HALEY, Ashton (col); s/o Jack & Caroline; 25y; sgl; laborer; b. & res. Fqr; m. 20 Feb 1895 in Fqr to WELLS, Mary (col); d/o Robt. & Rebecca; 21y; sgl; b. & res. Fqr; (lic) 19 Feb 1895; (off) G. C. BANISTER; Pg:Ln 246:03

HALEY, Bost (col); s/o Archie & Roxie; 27y; wid; r. r. hand; b. Jefferson Co Tenn; res. Fqr; m. 21 Sep 1904 in Fqr to WANSER, Agnes (col); d/o Marshall & Maria; 22y; sgl; b. & res. Fqr; (lic) 20 Sep 1904; (off) C. M. TYLER; Pg:Ln 304:19

HALEY, Daniel; s/o James & Sallie; 27y; sgl; farmer; b. & res. Fqr; m. 12 Nov 1901 in Fqr to JACKSON, Ella; d/o Andrew & Jennie; 25y; sgl; b. & res. Fqr; (lic) 11 Nov 1901; (off) F. R. BOSTON; Pg:Ln 288:23

HALEY, Geo. (col); s/o Nelson & Cloe; 29y; sgl; laborer; b. & res. Fqr; m. 20 Nov 1886 in Fqr to FURR, Anna (col); d/o ___ & Anna; 22y; sgl; b. & res. Fqr; (lic) 18 Nov 1886; (off) J. D. MARTIN; Pg:Ln 198:23

HALEY, George (col); s/o Lewis & Sally; 23y; sgl; laborer; b. & res. Fqr; m. 24 Oct 1900 in Fqr to TACKET, Nannie (col); d/o James & Mary Jane; 17y; sgl; b. & res. Fqr; (lic) 24 Oct 1900; (off) N. A. MARRIOTT; consent of father in person; Pg:Ln 281:15
HALEY, Henry (col); s/o Lewis & Sally; 24y; sgl; laborer; b. & res. Fqr; m. 3 Sep 1895 in Fqr to FISHER, Emma (col); d/o Martin & Patsy; 22y; sgl; b. & res. Fqr; (lic) 3 Sep 1895; (off) Walter H. ROBERTSON; Pg:Ln 248:04
HALEY, James (col); s/o George & Anna; 24y; sgl; laborer; b. & res. Fqr; m. 15 Oct 1903 in Fqr to DAVENPORT, Eliza (col); d/o ___ & ___; 25y; wid; b. & res. Fqr; (lic) 10 Oct 1903; (off) g. C. BANISTER; Pg:Ln 299:20
HALEY, James H.; s/o James W. & Virginia; 20y; sgl; farmer; b. & res. Fqr; m. 20 Feb 1890 in Fqr to GARRETT, Ida; d/o L. D. & Sidner A.; 18y; sgl; b. & res. Fqr; (lic) 20 Feb 1890; (off) Walter H. ROBERTSON; consent of James W. HALEY & L. D. GARRETT in person; Pg:Ln 217:19
HALEY, James W.; s/o Mark & Harriet; 48y; wid; farmer; b. & res. Fqr; m. 23 Aug 1885 in Fqr to EMBREY, Mary E.; d/o George & Mary; 50y; wid; b. & res. Fqr; (lic) 21 Aug 1885; (off) J. A. KERN; Pg:Ln 192:22
HALEY, John (col); s/o Addison & Celia; 24y; sgl; laborer; b. Smythe Co. VA; res. Fqr; m. 24 Dec 1891 in Fqr to WALKER, Lizzie (col); d/o ___ & Louisa; 22y; sgl; b. & res. Fqr; (lic) 24 Dec 1891; (off) Robt. L. RUFFIN; Pg:Ln 227:22
HALEY, Robt.; s/o Jas. & Jennie; 21y; sgl; farmer; b. & res. Fqr; m. 28 Sep 1898 in Fqr to HALL, Emma; d/o E. J. & Georgianna; 16y; sgl; b. & res. Fqr; (lic) 27 Sep 1898; (off) Walter H. ROBERTSON; consent of father in person; Pg:Ln 267:15
HALEY, William (col); s/o Henry & Charlotte [note: bride's parents]; 22y; sgl; laborer; b. & res. Fqr; m. 8 Aug 1889 in Fqr to JULIUS, Charlotte (col); d/o James & Jane [groom's parents]; 17y; sgl; b. & res. Fqr; (lic) 5 Aug 1889; (off) Cornelius GADDIS; consent of father in person; Pg:Ln 213:07
HALEY, William (col); s/o James & Jane; 28y; wid; laborer; b. & res. Fqr; m. 26 Dec 1895 in Fqr to GASKINS, Eliza J. (col); d/o Robt. & Eliza J.; 18y; sgl; b. & res. Fqr; (lic) 20 Dec 1895; (off) G. C. BANISTER; consent filed; Pg:Ln 250:20
HALEY, William (col); s/o James & Jane; 35y; wid; laborer; b. & res. Fqr; m. 27 Apr 1902 in Fqr to HOCKLEY, Eliza (col); d/o William & Maria; 22y; sgl; b. & res. Fqr; (lic) 23 Apr 1902; (off) L. BUTT; see letter E. T. PHILLIPS; Pg:Ln 291:15
HALEY, Wm. J.; s/o Jas. W. & Virginia; 26y; sgl; farmer; b. & res. Fqr; m. 8 Sep 1887 in Fqr to FAYER, Mary J.; d/o John & Sarah Jane; 16y; sgl; b. & res. Fqr; (lic) 3 Sep 1887; (off) T. W. NEWTON; consent of father in person; Pg:Ln 202:21
HALL, Charles H.; s/o Chas. E. & Sarah; 25y; sgl; farmer; b. & res. Fqr; m. 20 Dec 1900 in Fqr to FLETCHER, Sarah C.; d/o James H. &

Marion; 21y; sgl; b. & res. Fqr; (lic) 19 Dec 1900; (off) F. R. BOSTON; Pg:Ln 282:21

HALL, Edward J.; s/o Addison & Elizabeth; 23y; sgl; laborer; b. RappVA; res. Fqr; m. 14 Aug 1884 in Fqr to FLETCHER, Georgianna; d/o ___ & Mary Elizabeth; 23y; sgl; b. & res. Fqr; (lic) 12 Aug 1884; (off) S. M. ATHEY; Pg:Ln 187:21

HALL, Edw'd. J.; s/o Addison & Bettie; 26y; wid; laborer; b. & res. Fqr; m. 22 Nov 1888 in Fqr to HALEY, Bettie; d/o ___ & Huldah Ann; 20y; sgl; b. & res. Fqr; (lic) 19 Nov 1888; (off) F. S. BOSTON; oath; Pg:Ln 208:11

HALL, Henry; s/o Spencer & Bettie; 24y; sgl; farmer; b. & res. Fqr; m. 26 Dec 1895 in Fqr to BOLTON, Laura F.; d/o Lorenzo & Mary J.; 22y; sgl; b. & res. Fqr; (lic) 26 Dec 1895; (off) L. H. CRENSHAW; Pg:Ln 251:08

HALL, J. L.; s/o J. N. & S. A.; 20y; sgl; farmer; b. & res. FfxVA; m. 12 Sep 1895 in Fqr to MAYHEW, Stella; d/o Geo. & Jennie; 16y; sgl; b. & res. Fqr; (lic) 12 Sep 1895; (off) A. B. CARRINGTON; consent of parents filed; Pg:Ln 248:13

HALL, James R.; s/o Wm. & Elsie; 28y; sgl; farmer; b. Fqr; res. CulpVA; m. 10 Jan 1893 in Fqr to McDONALD, Mary F.; d/o M. M. & James Anna; 20y; sgl; b. & res. Fqr; (lic) 7 Jan 1893; (off) Jas. F. BRANNIN; consent of father in person; Pg:Ln 234:04

HALL, James S.; s/o James & Margaret; 33y; sgl; farmer; b. & res. Fqr; m. 9 Oct 1889 in Fqr to BAGGETT, Alice Lee; d/o Thomas & Catharine; 17y; sgl; b. & res. Fqr; (lic) 4 Oct 1889; (off) T. B. SHEPHERD; consent of father in person; Pg:Ln 214:01

HALL, Jno. H.; s/o Elish & Elizabeth; 35y; wid; farmer; b. & res. Fqr; m. 31 Mar 1887 in Fqr to FURR, Sallie; d/o Newton & Sarah; 22y; sgl; b. & res. Fqr; (lic) 28 Mar 1887; (off) S. M. ATHEY; Pg:Ln 201:18

HALL, Jno. R.; s/o John & Virginia K.; 63y; wid; farmer; b. & res. Fqr; m. 21 Jun 1899 in Fqr to RECTOR, Ida Lee; d/o Bushrod & Lucy; 33y; div; b. & res. Fqr; (lic) 15 Jun 1899; (off) J. Howard WELLS; Pg:Ln 272:21

HALL, Joshua (col); s/o Spencer & Betsy; 30y; div; laborer; b. & res. Fqr; m. 3 Nov 1889 in Fqr to BARBER, Easter M. (col); d/o J. M. & Maria; 21y; sgl; b. & res. Fqr; (lic) 2 Nov 1889; (off) M. D. WILLIAMS; Pg:Ln 214:12

HALL, Robt. J.; s/o Joseph & Mary; 35y; sgl; stone cutter; b. Gates Co. NC; res. Fqr; m. 28 Mar 1897 in Fqr to JOLLEY, Anna D.; d/o Bushrod & Lucinda; 36y; sgl; b. & res. Fqr; (lic) 27 Mar 1897; (off) T. R. BOSTON; Pg:Ln 258:15

HALL, Spencer; s/o Wm. & Serepta; 42y; wid; farmer; b. & res. Fqr; m. 9 Jun 1892 in Fqr to TINSMAN, Cath.; d/o Jno. & Sarah; 20y; sgl; b. & res. Fqr; (lic) 9 Jun 1892; (off) L. H. CRENSHAW; consent of Guardian Jas. EMBREY in person; Pg:Ln 230:18

HALL, Taylor A.; s/o Jno. H. & Susan; 22y; sgl; farmer; b. & res. Fqr; m. 3 Apr 1899 in Fqr to HEFLIN, Minnie E.; d/o Robt. E. & Besie; 26y; sgl; b. & res. Fqr; (lic) 3 Apr 1899; (off) F. R. BOSTON; Pg:Ln 271:23

HALL, W. J.; s/o Alfred & Amanda; 25y; sgl; laborer; b. & res. Fqr; m. 4 Jan 1888 in Fqr to HALL, Annie L.; d/o Jeff & Catharine; 21y; sgl; b. & res. Fqr; (lic) 2 Jan 1888; (off) Wm. K. MARSHALL; oath; Pg:Ln 205:21
HALLEY, Wade H.; s/o Samuel H. & Ann; 23y; sgl; farmer; b. & res. Fqr; m. 20 Nov 1895 in Fqr to SUDDUTH, Mary Ellen; d/o James & Martha B.; 22y; sgl; b. & res. Fqr; (lic) 20 Nov 1895; (off) Frank P. BERKLEY; Pg:Ln 249:22
HAMILTON, A. S.; s/o Geo. S. & Mary Anna; 34y; sgl; farmer; b. PrWmVA; res. Fqr; m. 26 Oct 1892 in Fqr to CHAMBERLAIN, Grace; d/o Jas. L. & Helen L.; 21y; sgl; b. & res. Fqr; (lic) 26 Oct 1892; (off) Walter H. ROBERTSON; Pg:Ln 232:10
HAMILTON, John D.; s/o George & Lavinia; 27y; sgl; farmer; b. & res. CulpVA; m. 25 Nov 1884 in Fqr to HAMILTON, Janet S.; d/o George S. & Marianna; 24y; sgl; b. & res. Fqr; (lic) 19 Nov 1884; (off) Jno. McGILL; Pg:Ln 189:04
HAMMOND, Jack (col); s/o Lemuel & Harriet; 38y; wid; laborer; b. & res. Fqr; m. 25 Dec 1902 in Fqr to HEDGMAN, Harriet; d/o ___ & ___; 37y; div; b. & res. Fqr; (lic) 24 Dec 1902; (off) Geo. W. HORNER; Pg:Ln 295:23
HAMMONDS, Lewel [Lemuel?] (col); s/o Jas. Buckner & Lizzie; 68y; sgl; horse carrier; b. CulpVA; res. Fqr; m. 9 Oct 1884 in Fqr to DAVIS, Fannie (col); d/o Wm. & Susan; 26y; wid; b. AlbmVA; res. Fqr; (lic) 6 Oct 1884; (off) Jno. S. TRONE; Pg:Ln 188:09
HANBACK, J. D.; s/o Jno. A. & Margaret A.; 27y; sgl; carpenter; b. Lewis Co. WV; res. Fqr; m. 2 Feb 1890 in Fqr to THOMASSON, Emily V.; d/o T. A. & Susan; 19y; sgl; b. Page Co. VA; res. Fqr; (lic) 31 Jan 1890; (off) Lee M. LYLE; consent of father ack'd. before E. B. TRENIS & filed; Pg:Ln 217:08
HANBACK, Jno. T.; s/o Jas. H. & Martha A.; 31y; sgl; farmer; b. & res. Fqr; m. 28 Feb 1895 in Fqr to GUY, Mamie A.; d/o John & Mary E.; 25y; sgl; b. & res. Fqr; (lic) 28 Feb 1895; (off) F. R. BOSTON; Pg:Ln 246:06
HANBACK, Thos. M.; s/o Jno. A. & Margaret; 27y; sgl; farmer; b. RappVA; res. Fqr; m. 23 Dec 1884 in Fqr to HEFLIN, Annie E.; d/o George & ___; 24y; sgl; b. & res. Fqr; (lic) 17 Dec 1884; (off) Lee M. LYLE; Pg:Ln 189:22
HANBACK, Wm. F.; s/o Silas B. & Mary C.; 22y; sgl; carpenter; b. & res. Fqr; m. 12 Jun 1890 in Fqr to JAMES, S. N. M.; d/o Duncan & Virginia; 16y; sgl; b. & res. Fqr; (lic) 11 Jun 1890; (off) B. P. DULIN; consent of father in person; Pg:Ln 218:18
HANCHEW, Thos. M.; s/o Mirror & M. F.; 64y; wid; plumber; b. AlbmVA; res. Fqr; m. 25 Oct 1905 in Fqr to KEMPER, Nannie; d/o Hugh & Sallie; 43y; sgl; b. & res. Fqr; (lic) 25 Oct 1905; (off) F. R. BOSTON; Pg:Ln 310:23
HANSBROUGH, Early; s/o P. C. & Landonia V.; 19y; sgl; farmer; b. & res. Fqr; m. 21 Dec 1886 in Fqr to McSWEENEY, Verns; d/o Bryant & Ann; 21y; sgl; b. & res. Fqr; (lic) 20 Dec 1886; (off) C. A. JOYCE;

consent of father swn. to by Jas. COCKERILLE by telephone & filed; Pg:Ln 199:11

HANSBROUGH, Joshua; s/o John J. & Sarah; 23y; sgl; harness maker; b. & res. Fqr; m. 20 Nov 1901 in Fqr to WALL, Nettie V.; d/o Charles & Jeannie; 16y; sgl; b. & res. Fqr; (lic) 19 Nov 1901; (off) W. H. ROBERTSON; consent of mother filed; Pg:Ln 288:07

HARDAWAY, Almonte E.; s/o Jake & Martha; 30y; sgl; farmer; b. & res. Nottoway Co. Va; m. 21 Dec 1898 in Fqr to LOW, Jennie W.; d/o Andrew & Bettie; 23y; sgl; b. & res. Fqr; (lic) 19 Dec 1898; (off) J. Louis McCLUNG; Pg:Ln 269:13

HARDIN, Bernard L.; s/o Mark B. & Mary M.; 31y; sgl; physician; b. Rockbridge Co Va; res. WashDC; m. 10 Apr 1901 in Fqr to SCOTT, Rosalie T.; d/o R. T. & Fannie C.; 29y; sgl; b. & res. Fqr; (lic) 10 Apr 1901; (off) Geo. W. NELSON; Pg:Ln 284:13

HARMS, Henry L.; s/o Henry & Francis; 22y; sgl; butcher; b. Warren Co. Ind; res. Marion Co. Ind; m. 14 Sep 1904 in Fqr to EDWARDS, Mary E.; d/o Marcellus & Lucy; 23y; sgl; b. & res. Fqr; (lic) 13 Sep 1904; (off) F. R. BOSTON; Pg:Ln 304:12

HARPER, C. L.; s/o James P. & Emma B.; 35y; sgl; salesman; b. ___ Miss; res. Kansas City Mo; m. 29 Jun 1905 in Fqr to OWENS, Bessie J.; d/o J. S. & M. M.; 31y; sgl; b. & res. Fqr; (lic) 19 Jun 1905; (off) J. J. NORWOOD; Pg:Ln 309:13

HARPER, Landon G.; s/o Wm. F. & Mary L.; 24y; sgl; farmer; b. Boxer Co. Texas; res. Fqr; m. 19 Oct 1904 in Fqr to SULLIVAN, Mary E.; d/o Dennis & Ellen; 20y; sgl; b. & res. Fqr; (lic) 15 Oct 1904; (off) Patrick DONLON; consent of father in person; Pg:Ln 305:08

HARRINGTON, Walter; s/o Daniel & Jennie; 22y; sgl; farmer; b. & res. Fqr; m. 30 Dec 1896 in Fqr to DODSON, Summer V.; d/o Mark & Rebecca; 25y; sgl; b. RappVA; res. Fqr; (lic) 28 Dec 1896; (off) Fred A. GAINES; Pg:Ln 256:22

HARRIS, Edward (col); s/o Geo. & Dinah; 53y; div; laborer; b. Fqr; res. PrWmVA; m. 28 Apr 1901 in PrWmVA to DADE, Mary J. (col); d/o Welby & Jane; 20y; sgl; b. & res. Fqr; (lic) 27 Apr 1901; (off) H. CRUTCHER; consent of father in person, divorce decree exhibited; Pg:Ln 284:18

HARRIS, Henry A.; s/o Henry T. & Arabella; 25y; sgl; carpenter; b. CulpVA; res. WashDC; m. 18 Mar 1888 in Fqr to HANBACK, Ida J.; d/o Wm. H. & Lucy; 20y; sgl; b. & res. Fqr; (lic) 15 Mar 1888; (off) M. R. GRIMSLEY; oath; Pg:Ln 206:22

HARRIS, Meredith (col); s/o Rich'd & ___; 21y; sgl; fireman; b. & res. PrWmVA; m. 2 Apr 1896 in Fqr to HALL, Lizzie (col); d/o Jno. W. & Emily; 17y; sgl; b. & res. Fqr; (lic) 30 Mar 1896; (off) M. D. WILLIAMS; consent of father in person; Pg:Ln 252:19

HARRIS, Moses (col); s/o Nathan'l. & Henrietta; 36y; sgl; laborer; b. PrWmVA; res. Fqr; m. 22 Feb 1883 in Fqr to GRIGG, Kezia (col); d/o ___ & Wilhelmina; 36y; sgl; b. & res. Fqr; (lic) 21 Feb 1883; (off) James GRAMMER (P. L. C.); Pg:Ln 179:14

HARRIS, Moses C. (col); s/o Nath'l. & Henrietta; 48y; wid; laborer; b. PrWmVA; res. Fqr; m. 12 Jun 1895 in PrWmVA to WARD, Maria R. (col); d/o Henry & Mary Jane; 29y; sgl; b. LdnVA; res. Fqr; (lic) 10 Jun 1895; (off) M. D. WILLIAMS; Pg:Ln 247:04
HARRIS, Saml. O.; s/o F. C. & Mary; 29y; sgl; carpenter; b. & res. Fqr; m. 22 Mar 1904 in Fqr to BURKE, Myrtle G.; d/o Henry C. & Kizzie; 17y; sgl; b. & res. Fqr; (lic) 22 Mar 1904; (off) F. R. BOSTON; consent of her father filed; Pg:Ln 302:08
HARRISON, Herbert; s/o Geo. & Lizzie; 23y; sgl; farmer; b. & res. Fqr; m. 2 Oct 1895 in Fqr to HALEY, Mary J.; d/o John & Sarah; 24y; wid; b. & res. Fqr; (lic) 2 Oct 1895; (off) H. M. STICKLER; Pg:Ln 248:20
HARRISON, Israel; s/o G. W. & Mary E.; 26y; sgl; laborer; b. & res. Fqr; m. 27 Dec 1905 in Fqr to HALL, Annie G.; d/o John & Sally; 16y; sgl; b. & res. Fqr; (lic) 22 Dec 1905; (off) W. D. KEENE; consent filed; Pg:Ln 312:10
HARRISON, N. H.; s/o J. C. & Eliz'th; 20y; sgl; farmer; b. RockVA; res. CulpVA; m. 8 Feb 1888 in Fqr to FRANCIS, Sarah A.; d/o Wm. & Frances; 23y; sgl; b. & res. Fqr; (lic) 6 Feb 1888; (off) J. C. C. NEWTON; oath; Pg:Ln 206:13
HARRISON, Robt H.; s/o Henry & Marianne; 39y; div; physician; b. County Cork, Ireland; res. Tacoma Wash; m. 20 Nov 1897 in Fqr to MULLER, Kate; d/o Wm. & Susan; 32y; sgl; b. Devenshire, Eng.; res. Fqr; (lic) 19 Nov 1897; (off) Geo. W. NELSON; Pg:Ln 261:22
HATCHER, John (col); s/o Henry & Rebecca; 22y; sgl; laborer; b. LdnVA; res. Fqr; m. 30 Dec 1897 in Fqr to JACKSON, Mary (col); d/o Geo. & Courtney; 23y; sgl; b. PrWmVA; res. Fqr; (lic) 24 Dec 1897; (off) R. P. DAWSON; Pg:Ln 262:22
HATCHER, Randolph (col); s/o Henry & Rebecca; 26y; sgl; laborer; b. LdnVA; res. Fqr; m. 30 Sep 1897 in Fqr to JACKSON, Dolly (col); d/o George & Mollie; 23y; sgl; b. LdnVA; res. Fqr; (lic) 29 Sep 1897; (off) G. C. BANNISTER; Pg:Ln 260:16
HATHAWAY, Perry (col); s/o Wm. & Matt; 23y; sgl; laborer; b. & res. Fqr; m. 10 Mar 1892 to CARTER, Mary (col); d/o not given; 38y; wid; b. CulpVA; res. Fqr; (lic) 10 Mar 1892; (off) R. L. RUFFIN; Pg:Ln 229:10
HATTER, Tucker (col); s/o Frank & Maria; 60y; sgl; bricklayer; b. AlbmVA; res. Fqr; m. 15 Jan 1889 in Fqr to JACKSON, Betsy (col); d/o not given; 50y; wid; b. & res. Fqr; (lic) 4 Jan 1889; (off) R. L. RUFFIN; Pg:Ln 210:11
HAWES, Jas. W.; s/o Thos. & Martha; 37y; sgl; farmer; b. & res. Fqr; m. 22 Dec 1886 in Fqr to ALEXANDER, Mary C.; d/o Wm. & Betsy; 25y; sgl; b. & res. Fqr; (lic) 20 Dec 1886; (off) N. F. DUNAWAY; Pg:Ln 199:10
HAWS, James W.; s/o Thomas & Martha J.; 36y; sgl; farmer; b. & res. Fqr; m. 17 Dec 1884 in Fqr to CREEL, Martha J.; d/o Thomas & Lucretia; 35y; sgl; b. & res. Fqr; (lic) 15 Dec 1884; (off) not given; Pg:Ln 189:19
HAYNES, John R.; s/o John H. & Margaret A.; 35y; sgl; bricklayer; b. & res. AlexVA; m. 28 Jan 1903 in Fqr to BENNETT, Mary A.; d/o

Charles & Mary A.; 34y; sgl; b. & res. WashDC; (lic) 28 Jan 1903; (off) F. R. BOSTON; see section 22.6 of supplement of code; Pg:Ln 296:21
HAYWOOD, Jno. K.; s/o Edwd. & Margt.; 24y; sgl; chemist; b. Raleigh NC; res. WashDC; m. 12 Feb 1898 in Fqr to TAVENNER, Orra H.; d/o John & ___; 26y; wid; b. LdnVA; res. WashDC; (lic) 12 Feb 1898; (off) Geo. W. NELSON; Pg:Ln 264:07
HEDGEMAN, Marshall (col); s/o Jerry & Nellie; 49y; wid; laborer; b. & res. Fqr; m. 17 Nov 1895 in Fqr to FITZHUGH, Minnie (col); d/o Lucius & Louisa; 24y; sgl; b. & res. Fqr; (lic) 15 Nov 1895; (off) C. M. TYLER; Pg:Ln 249:20
HEDGMAN, Henry; s/o ___ & Jane; 22y; sgl; laborer; b. & res. Fqr; m. 1 Oct 1885 in Fqr to WANSER, Maria; d/o Henry & Jane; 21y; sgl; b. & res. Fqr; (lic) 28 Sep 1885; (off) G. MAUZEY; Pg:Ln 193:10
HEFLIN, Arthur L.; s/o Mortimer & Fannie; 21y; sgl; farmer; b. & res. StafVA; m. 11 Feb 1902 in StafVA to HEFLIN, Estelle A.; d/o W. B. & Isabelle; 16y; sgl; b. & res. Fqr; (lic) 10 Feb 1902; (off) A. J. CUMMINGS; consent of father in person; Pg:Ln 290:24
HEFLIN, Bushrod; s/o Chas. & Milly; 61y; wid; farmer; b. Fqr; res. RappVA; m. 24 Jan 1888 in Fqr to RILEY, Josephine V.; d/o James & Patsy; 23y; sgl; b. & res. Fqr; (lic) 16 Jan 1888; (off) S. M. ATHEY; Pg:Ln 206:05
HEFLIN, Cassius H.; s/o J. T. & Alice; 24y; sgl; farmer; b. & res. Fqr; m. 13 Aug 1902 in Fqr to BETTIS, Ella; d/o Thomas & Sarah; 26y; sgl; b. StafVA; res. Fqr; (lic) 12 Aug 1902; (off) D. J. SHOPOFF; Pg:Ln 293:10
HEFLIN, David B.; s/o W. B. & Isabel; 22y; sgl; farmer; b. & res. Fqr; m. 27 Dec 1900 in Fqr to BEARD, Cora M.; d/o Jno. J. & M. L.; 24y; sgl; b. StafVA; res. Fqr; (lic) 26 Dec 1900; (off) A. J. CUMMINGS; Pg:Ln 283:11
HEFLIN, Elias W.; s/o Jas. R. & Mary; 21y; sgl; RR hand; b. RappVA; res. PrWmVA; m. 30 Aug 1883 in Fqr to COCKRELL, Eleanor M.; d/o Jas. R. & Cath. L.; 17y; sgl; b. LdnVA; res. Fqr; (lic) 30 Aug 1883; (off) W. G. WOODBRIDGE; consent of father in person; Pg:Ln 181:14
HEFLIN, Geo. W.; s/o Wm. B. & Isabel; 20y; sgl; farmer; b. StafVA; res. Fqr; m. 26 Mar 1893 in Fqr to SMITH, Mary E.; d/o Chas. W. & Mary E.; 19y; sgl; b. & res. Fqr; (lic) 24 Mar 1893; (off) A. J. CUMMINGS; consent of parents sworn to by F. P. COPPAGE & filed; Pg:Ln 235:03
HEFLIN, J. C.; s/o Jno. R. & Susan; 25y; sgl; farmer; b. & res. Fqr; m. 27 Dec 1883 in Fqr to THAYER, Mattie; d/o Geo. W. & Fannie; 16y; sgl; b. & res. Fqr; (lic) 26 Dec 1883; (off) S. W. HADDAWAY; consent proved by oath of J. L. HEFLIN; Pg:Ln 184:25
HEFLIN, J. R.; s/o W. B. & Isabell; 20y; sgl; farmer; b. & res. StafVA; m. 27 Feb 1890 in Fqr to HOFFMAN, S. A.; d/o Ludwell & Mandy; 22y; sgl; b. StafVA; res. Fqr; (lic) 26 Feb 1890; (off) H. N. HALL; consent of father in person; Pg:Ln 217:22
HEFLIN, James L.; s/o L. A. & Agnes; 23y; sgl; farmer; b. & res. Fqr; m. 27 Jan 1885 in Fqr to HEFLIN, Sarah M.; d/o Jno. R. & Susan; 20y;

sgl; b. & res. Fqr; (lic) 26 Jan 1885; (off) Isaac W. CANTER; consent of father; Pg:Ln 191:03
HEFLIN, James L.; s/o James E. & Cath.; 31y; wid; farmer; b. & res. Fqr; m. 13 Sep 1904 in Fqr to JAMES, Sarah E.; d/o Charles & Elizabeth; 28y; sgl; b. & res. Fqr; (lic) 13 Sep 1904; (off) James W. HEFLIN; Pg:Ln 304:11
HEFLIN, James T.; s/o James L. & Elizabeth M.; 47y; wid; farmer; b. StafVA; res. Fqr; m. 11 Jan 1906 in Fqr to COLVIN, Lillie B.; d/o George W. & Diadama; 37y; wid; b. PrWmVA; res. Fqr; (lic) 11 Jan 1906; (off) W. D. KEENE; Pg:Ln 312:24
HEFLIN, James W.; s/o John & Mary; 35y; wid; farmer; b. & res. Fqr; m. 19 Apr 1888 in Fqr to KANE, Angeline; d/o Ambrose & Matilda; 25y; sgl; b. LdnVA; res. Fqr; (lic) 19 Apr 1888; (off) H. H. WYER; oath; Pg:Ln 207:03
HEFLIN, Jas. M.; s/o G. W. J. & Hannah; 21y; sgl; farmer; b. & res. Fqr; m. 5 Dec 1883 in Fqr to HANBACK, Agnes E. A.; d/o Bennett & Tabitha; 19y; sgl; b. Lewis Co. WV; res. Fqr; (lic) 4 Dec 1883; (off) S. M. ATHEY; consent of A. F. HEFLIN guardian in person; Pg:Ln 183:21
HEFLIN, Jno. R.; s/o Wm. & Lucy; 50y; wid; farmer; b. & res. Fqr; m. 24 May 1887 in Fqr to BURGESS, Ester; d/o Jno. W. & Virginia; 35y; sgl; b. & res. Fqr; (lic) 24 May 1887; (off) H. H. WYER; Pg:Ln 202:06
HEFLIN, Jno. W.; s/o Jno. F. & Eliza Ann; 21y; sgl; farmer; b. & res. Fqr; m. 23 Dec 1889 in Fqr to WINE, Bertie H.; d/o James & Sarah C.; 22y; sgl; b. Madison Co. VA; res. Fqr; (lic) 23 Dec 1889; (off) C. W. MARK; father present; Pg:Ln 215:23
HEFLIN, John R.; s/o Geo. W. & Cath. E.; 48y; sgl; nurseryman; b. & res. Fqr; m. 17 Aug 1898 in Fqr to SMITH, Janet L.; d/o R. W. & Nannie E.; 20y; sgl; b. & res. Fqr; (lic) 15 Aug 1898; (off) James W. HEFLIN; consent of father in person; Pg:Ln 266:20
HEFLIN, Joseph S.; s/o Thomas & Eliza; 23y; sgl; farmer; b. & res. Fqr; m. 5 Sep 1901 in Fqr to KINES, Virginia B.; d/o Daniel & Catharine; 28y; sgl; b. & res. Fqr; (lic) 4 Sep 1901; (off) L. BUTT; Pg:Ln 286:08
HEFLIN, Luther; s/o Edward & Catherine; 25y; sgl; farmer; b. & res. Fqr; m. 18 Oct 1892 in Fqr to WAPLE, Lily; d/o Jno. W. & Curlissa; 22y; sgl; b. Philipsburg, PA; res. Fqr; (lic) 17 Oct 1892; (off) T. W. NEWMAN; Pg:Ln 232:05
HEFLIN, Milton J.; s/o Lawson A. & Agnes A.; 38y; sgl; teacher; b. & res. Fqr; m. 11 Jul 1906 in Fqr to WHITE, Olive A.; d/o John J. & Sarah C.; 24y; sgl; b. & res. Fqr; (lic) 9 Jul 1906; (off) Wm. H. LAIRD; Pg:Ln 314:23
HEFLIN, Rich'd.; s/o Jackson & Hannah; 20y; sgl; farmer; b. Fqr; res. PrWmVA; m. 28 Dec 1892 in Fqr to HANBACK, Selina; d/o Silas & Catharine; 17y; sgl; b. & res. Fqr; (lic) 26 Dec 1892; (off) B. P. DULIN; consent sworn to by M. F. BURGESS & filed; Pg:Ln 233:15
HEFLIN, Robt. J.; s/o Jno. T. & Ann Eliza; 28y; sgl; farmer; b. & res. Fqr; m. 30 Jul 1902 in Fqr to UTTERBACK,. Mamie M.; d/o John & Maria; 23y; sgl; b. & res. Fqr; (lic) 28 Jul 1902; (off) S. M. ATHEY; Pg:Ln 293:05

HEFLIN, Stephen A.; s/o G. W. J. & Hannah; 23y; sgl; farmer; b. & res. Fqr; m. 16 Jan 1887 in Fqr to ELLIOTT, Virg. E.; d/o Saml. & Susan F.; 17y; sgl; b. RappVA; res. Fqr; (lic) 15 Jan 1887; (off) J. D. MARTIN; Pg:Ln 200:09

HEFLIN, Willie M.; s/o Robt. F. & Tabitha; 22y; sgl; engineer; b. & res. Fqr; m. 28 Sep 1890 in Fqr to REID, Virginia A.; d/o Jos. M. & Lucretia A.; 18y; sgl; b. & res. Fqr; (lic) 27 Sep 1890; (off) A. M. GRIMSLEY; consent of mother sworn to by Jos. E. ASHBY, Wm. F. REID & H. E. PAYNE & filed; Pg:Ln 219:21

HEINE, Frederick W.; s/o Wm. & Mary; 22y; sgl; gardner; b. not given; res. WashDC; m. 12 Feb 1891 in Fqr to SIMPERS, Emma J.; d/o Henry & Hester A.; 22y; sgl; b. & res. Fqr; (lic) 9 Feb 1891; (off) Edwin A. HINKS; Pg:Ln 222:21

HEINEKEN, C. A. Jr.; s/o C. A. & Mary; 24y; sgl; farmer; b. PrWmVA; res. Fqr; m. 2 Jan 1896 in Fqr to CARTER, Nina T.; d/o Edw'd & Jeanie P.; 21y; sgl; b. & res. Fqr; (lic) 27 Dec 1895; (off) J. J. NORWOOD; Pg:Ln 251:11

HELLUMS, Mack (col); s/o Enoch & Caroline; 24y; sgl; laborer; b. & res. Fqr; m. 3 Sep 1893 in Fqr to HOLMES, Lula (col); d/o ___ & Henrietta; 20y; sgl; b. & res. Fqr; (lic) 29 Aug 1893; (off) R. B. CLARKE; consent filed; Pg:Ln 236:08

HELM, Frank (col); s/o Frank & Fanny; 23y; sgl; laborer; b. & res. Fqr; m. 22 Jan 1896 in Fqr to MORAN, Mary (col); d/o John & Annie; 20y; sgl; b. & res. Fqr; (lic) 22 Jan 1896; (off) M. A. RUSSELL; consent filed; Pg:Ln 251:23

HENDERSON, Lindsay (col); s/o Lindsay & Mildred; 23y; sgl; laborer; b. OrngVA; res. Fqr; m. 1 Jul 1900 in Fqr to WRIGHT, Charlotte (col); d/o John & Ada; 28y; sgl; b. OrngVA; res. Fqr; (lic) 29 Jun 1900; (off) W. J. MADDEN; Pg:Ln 279:22

HENDRICKS, Arthur; s/o Nelson & Caroline; 32y; sgl; clerk; b. Verrien Co. Mich.; res. Fqr; m. 16 Jul 1901 in Fqr to SHOBE, Ethel; d/o Wm. & Martha; 18y; sgl; b. Grant Co. W Va; res. Fqr; (lic) 16 Jul 1901; (off) F. R. BOSTON; consent of judge co. ct.; Pg:Ln 285:18

HENRY, J. Edward; s/o Antony & Marie; 55y; wid; carpenter; b. Switzerland; res. Fqr; m. 15 Apr 1886 in Fqr to ELLISON, Nannie; d/o Chas. E. & Emma; 27y; sgl; b. England; res. Fqr; (lic) 14 Apr 1886; (off) W. F. DUNAWAY; Pg:Ln 196:04

HENRY, James B. (col); s/o Moses & Elizabeth; 45y; wid; blacksmith; b. & res. Fqr; m. 29 Jul 1886 in Fqr to WASHINGTON, Mary F. (col); d/o Arthur Smith & Mary F.; 23y; wid; b. & res. Fqr; (lic) 29 Jul 1886; (off) F. R. BOSTON; Pg:Ln 197:06

HENRY, Wm. W. Jr.; s/o W. W. & L. G.; 34y; sgl; real est. agt; b. Charlotte Co. VA; res. Duluth, MN; m. 10 Jul 1894 in PrWmVA to DULANY, Annea Lee; d/o B. T. & Jane M.; 23y; sgl; b. & res. Fqr; (lic) 7 Jul 1894; (off) G. S. SOMERVILLE; Pg:Ln 241:20

HENRY, Wm. Wirt Jr.; s/o W. W. & Lucy G.; 43y; wid; farmer; b. & res. Charlotte Co. Va; m. 17 Jun 1903 in Fqr to DULANY, Mary Bladen;

Fauquier County, Virginia Marriage Register Jan 1883- Jul 1906 117

d/o Bladen T. & Jane T.; 42y; sgl; b. & res. Fqr; (lic) 15 Jun 1903; (off)
Henry F. KLOMAN; Pg:Ln 298:08
HENSLEY, Wesley A.; s/o James & Elizabeth; 70y; wid; farmer; b.
RockVA; res. PrWmVA; m. 21 Aug 1900 in Fqr to LUCKETT, Martha
E.; d/o ___ & ___; 60y; wid; b. & res. Fqr; (lic) 21 Aug 1900; (off) Robt.
SMITH; Pg:Ln 280:07
HENSON, Jos. W.; s/o James & Nancy; 21y; sgl; farmer; b. & res. Fqr; m.
20 Apr 1886 in Fqr to BALL, Roberta; d/o Jas. F. & Mary Jane; 20y;
sgl; b. & res. Fqr; (lic) 19 Apr 1886; (off) Jno. A. KERN; consent of
father in person; Pg:Ln 196:06
HENSON, Lewis; s/o Geo. W. & Catherine; 35y; sgl; farmer; b. & res. Fqr;
m. 21 Dec 1905 in Fqr to YOUNG, Gertrude; d/o Isaiah & Fannie; 24y;
sgl; b. & res. Fqr; (lic) 21 Dec 1905; (off) F. R. BOSTON; Pg:Ln
312:08
HERDER, James (col); s/o French & Eliza; 23y; sgl; laborer; b. & res. Fqr;
m. 5 Jul 1904 in Fqr to BUTLER, Sarah (col); d/o Charles & Sally; 21y;
sgl; b. & res. Fqr; (lic) 5 Jul 1904; (off) D. W. JONES; consent of
mother filed; Pg:Ln 303:13
HERRALL, Saunders; s/o Lewis & Catharine; 22y; sgl; farmer; b. & res.
Fqr; m. 15 May 1889 in Fqr to FEWELL, Adelaide J.; d/o Benj. &
Nancy; 22y; sgl; b. & res. Fqr; (lic) 13 May 1889; (off) C. A. JOYCE;
Pg:Ln 212:02
HERRELL, Bennett F.; s/o Lewis S. & Cath; 25y; sgl; clerk; b. & res. Fqr;
m. 28 Sep 1905 in Fqr to BALLARD, Bessie; d/o J. M. & Mary F.; 22y;
sgl; b. & res. Fqr; (lic) 27 Sep 1905; (off) Geo. W. STAPLES; Pg:Ln
310:17
HERRELL, Henry S.; s/o Jno. & Sarah; 24y; sgl; farmer; b. & res. Fqr; m.
24 Jan 1894 in Fqr to HERRELL, Ida L.; d/o B. E. & Fannie; 21y; sgl;
b. & res. Fqr; (lic) 23 Jan 1894; (off) T. G. NEVITT; Pg:Ln 239:23
HERRELL, Strother; s/o Lewis S. & Sarah C.; 24y; sgl; farmer; b. & res.
Fqr; m. 1 Feb 1893 in Fqr to FEWELL, Saluda A.; d/o Lemote & Mary
J.; 24y; sgl; b. & res. Fqr; (lic) 30 Jan 1893; (off) T. G. NAVITT; Pg:Ln
234:16
HERRELL, Wm. E.; s/o Adolphus R. & Mary S.; 21y; sgl; farmer; b. & res.
Fqr; m. 25 Sep 1901 in Fqr to SINCLAIR, Minnie J.; d/o Chas. H. &
Ann E.; 22y; sgl; b. & res. Fqr; (lic) 25 Sep 1901; (off) H. S. COE;
Pg:Ln 287:02
HERSHEY, M. K.; s/o A. M. & E. L.; 33y; sgl; farmer; b. & res. PrWmVA;
m. 18 Apr 1894 in Fqr to CORDER, Achsa; d/o Philip & Martha A.;
24y; sgl; b. RappVA; res. Fqr; (lic) 17 Apr 1894; (off) W. H.
ROBERTSON; Pg:Ln 241:03
HEWETT, Richard H.; s/o Richd. & Susan A.; 19y; sgl; farmer; b. & res.
Fqr; m. 7 Oct 1900 in Fqr to DODD, Ida Belle; d/o Wesley & Susan A.;
19y; sgl; b. & res. Fqr; (lic) 2 Oct 1900; (off) James W. HEFLIN;
consent of father in person to wife & cert. filed; Pg:Ln 281:03
HEWETT, Wm. A.; s/o Richard & Susan A.; 22y; sgl; farmer; b. & res. Fqr.
m. 1 Feb 1903 in Fqr to DODD, Rosena; d/o Jno. W. & Susan A.; 18y;

sgl; b. & res. Fqr; (lic) 31 Jan 1903; (off) James W. HEFLIN; consent of father sworn to; Pg:Ln 296:23

HEWITT, Thee O.; s/o Wm. & Eliza; 34y; sgl; farmer; b. & res. Fqr; m. 16 Aug 1899 in Fqr to THARPE, Alice M.; d/o Smith H. & Narcissus; 29y; sgl; b. & res. Fqr; (lic) 15 Aug 1899; (off) S. W. NEWMAN; consent of father in person; Pg:Ln 273:20

HEYL, Henry H.; s/o Wm. & Mary A.; 28y; sgl; horticulturist; b. & res. Fqr; m. 27 Dec 1888 in Fqr to MONROE, Harriet E.; d/o M. J. & Elizabeth; 21y; sgl; b. & res. Fqr; (lic) 24 Dec 1888; (off) S. M. ATHEY; Pg:Ln 209:14

HIBBS, John W.; s/o John & Martha; 21y; sgl; blacksmith; b. CulpVA; res. Fqr; m. 13 Sep 1892 in Fqr to WEAVER, Rosa O.; d/o Mason A. & Ella J.; 18y; sgl; b. & res. Fqr; (lic) 13 Sep 1892; (off) Jno. F. POULTON; consent of father sworn to by W. T. WEAVER & A. A. WEAVER & filed; Pg:Ln 231:19

HICKERSON, H. Clifton; s/o Henry C. & Elizabeth F.; 27y; sgl; merchant; b. MontMD; res. Fqr; m. 27 Nov 1889 in Fqr to BURROUGHS, Nannie; d/o J. B. & Mary E.; 24y; sgl; b. & res. Fqr; (lic) 19 Nov 1889; (off) F. H. JAMES; Pg:Ln 214:20

HICKEY, Charles F.; s/o Joseph & Mary; 30y; sgl; merchant; b. Green Co Va; res. Fqr; m. 5 Jun 1901 in Fqr to SULLIVAN, Margaret M.; d/o Jerry & Johanna; 26y; sgl; b. & res. Fqr; (lic) 4 Jun 1901; (off) Patrick DONLON; Pg:Ln 285:03

HICKS, Wm. H. (col); s/o Jordan & Ann; 38y; sgl; barber; b. & res. Fqr; m. 28 Sep 1904 in Fqr to BUTLER, Luella (col); d/o Sandy & Laura; 25y; sgl; b. & res. Fqr; (lic) 28 Sep 1904; (off) N. A. MARRIOTT; Pg:Ln 305:01

HILL, Henry; s/o Henry & Jane; 28y; sgl; farmer; b. AlexVA; res. Fqr; m. 23 Feb 1891 in Fqr to HOMES, Cora B.; d/o Edword & Elizabeth; 20y; sgl; b. & res. Fqr; (lic) 23 Feb 1891; (off) P. W. AUSTIN; consent of father in writing sworn to by D. GRIGSBY; Pg:Ln 223:06

HILL, Rich'd.; s/o Henry & Jennie; 21y; sgl; laborer; b. & res. Fqr; m. 23 Oct 1890 in Fqr to AUSTIN, Hattie; d/o William & Martha; 18y; sgl; b. & res. Fqr; (lic) 22 Oct 1890; (off) G. C. BANISTER; consent of mother sworn to & filed; Pg:Ln 220:08

HILL, Scott (col); s/o Thornton & Emily; 24y; sgl; laborer; b. RappVA; res. Fqr; m. 27 Dec 1887 in Fqr to VALENTINE, Elizabeth (col); d/o ___ & Julia; 22y; sgl; b. LdnVA; res. Fqr; (lic) 24 Dec 1887; (off) J. F. MOTEN; oath; Pg:Ln 205:08

HILL, Thos. G.; s/o Thos. & Elizabeth G.; 31y; sgl; clergyman; b. Allegany Co. Md; res. Cumberland Md; m. 20 Jun 1905 in Fqr to GREEN, Eliz'th T.; d/o H. R. & Kath; 32y; sgl; b. & res. Fqr; (lic) 20 Jun 1905; (off) Thos. C. DARST; Pg:Ln 309:14

HINEGARDNER, John; s/o Abraham & Susanna; 22y; sgl; farmer; b. RockVA; res. Fqr; m. 15 Dec 1895 in Fqr to HEDRICK, Eva E.; d/o Jacob & Emma; 18y; sgl; b. RockVA; res. Fqr; (lic) 14 Dec 1895; (off) Andrew CHAMBERS; consent of mother in person; Pg:Ln 250:11

HINER, Sidney M.; s/o Eskridge & Obelia; 23y; sgl; lumber business; b. & res. Fqr; m. 6 Apr 1899 in Fqr to HEWITTE, Anna F.; d/o Richard & Susan; 21y; sgl; b. & res. Fqr; (lic) 4 Apr 1899; (off) T. W. NEWMAN; Pg:Ln 272:02
HINTON, Wm.; s/o George & Mary Ann; 28y; sgl; farmer; b. Lewisport, NC; res. CulpVA; m. 23 Apr 1890 in Fqr to EDWARDS, Mary Ella; d/o Henry F. & Ricey C.; 19y; sgl; b. & res. Fqr; (lic) 21 Apr 1890; (off) C. W. BROOKS; consent of father filed; Pg:Ln 218:08
HITT, Alpheus M.; s/o Charles & Eliza; 31y; sgl; carpenter; b. & res. CulpVA; m. 22 Apr 1890 in Fqr to BROWN, Nancy J.; d/o J. S. & Sarah Ann; 27y; sgl; b. RappVA; res. Fqr; (lic) 21 Apr 1890; (off) T. G. NEVITT; Pg:Ln 218:09
HITT, Steptoe J.; s/o Steptoe & Julia Ann; 24y; sgl; farmer; b. & res. RappVA; m. 25 Jan 1887 in Fqr to PUTMAN, Roberta Ann; d/o J. B. & Eliz'th Ann; 20y; sgl; b. & res. Fqr; (lic) 24 Jan 1887; (off) A. M GRIGSBY; consent of father in person; Pg:Ln 200:15
HIXSON, Leonard E.; s/o Levi & Rachel; 25y; sgl; clerk; b. PrWmVA; res. WashDC; m. 4 Sep 1899 in Fqr to SHACKLEFORD, Mary Gay; d/o J. W. & Annie C.; 25y; sgl; b. & res. Fqr; (lic) 15 Aug 1899; (off) E. H. HENRY; Pg:Ln 273:19
HODGSON, Jno. T.; s/o W. H. & Melvilla; 24y; sgl; farmer; b. & res. Fqr; m. 21 Dec 1887 in Fqr to SMALLWOOD, Edith E.; d/o Chas. T. & Mary E.; 17y; sgl; b. & res. Fqr; (lic) 21 Dec 1887; (off) H. H. WYER; consent of father in person; Pg:Ln 205:03
HOFFMAN, George F. (col); s/o Thos. & Mahala; 28y; sgl; farmer; b. & res. Fqr; m. 30 Jul 1885 in Fqr to CORAM, Belle (col); d/o ___ & Susan; 25y; sgl; b. & res. Fqr; (lic) 30 Jul 1885; (off) J. A. KERN; Pg:Ln 192:18
HOGAN, Rone L.; s/o Edgar & Ester; 28y; sgl; dentist; b. Kentville N. S.; res. WashDC; m. 31 Dec 1904 in Fqr to BROWN, Bertha A.; d/o George & Ruth; 22y; sgl; b. Erie Pa; res. Fqr; (lic) 31 Dec 1904; (off) Wm. H. LAIRD; Pg:Ln 307:18
HOGE, A. S.; s/o Daniel S. & Elizth. J.; 30y; sgl; minister; b. Wise Co. Va; res. PhilPA; m. 22 Dec 1897 in Fqr to SHACKLETT, Lilian M.; d/o Edwd & Olive M. S.; 24y; sgl; b. & res. Fqr; (lic) 20 Dec 1897; (off) H. M. STRICKLER; Pg:Ln 262:14
HOLLADAY, G. Jackson; s/o Saml. J. & Mary H.; 26y; sgl; farmer; b. OrngVA; res. Fqr; m. 5 Aug 1894 in Fqr to JAMES, Sallie J.; d/o Duncan & Virginia; 17y; sgl; b. & res. Fqr; (lic) 2 Aug 1894; (off) B. P. DULIN; consent of father in person; Pg:Ln 242:02
HOLLAND, Jno. S.; s/o Jno. R. & Marg't. N.; 36y; wid; teamster; b. Fqr; res. CO; m. 13 Jan 1886 in Fqr to McARTOR, Mary R.; d/o Robt. C. & Sarah; 37y; sgl; b. & res. Fqr; (lic) 13 Jan 1886; (off) A. A. P. NEEL; Pg:Ln 195:01
HOLLER, Jacob B.; s/o Augustine & Polly; 37y; wid; farmer; b. RockVA; res. Fqr; m. 5 Mar 1885 in Fqr to KINES, Fannie E.; d/o Thos. H. & Patsy A.; 25y; sgl; b. & res. Fqr; (lic) 2 Mar 1885; (off) J. F. BRANNIN; Pg:Ln 191:14

HOLLIDAY, Walter J.; s/o Joseph H. & Margaret F.; 24y; sgl; laborer; b. & res. Fqr; m. 27 Dec 1905 in Fqr to PEARSON, Corrie E.; d/o James S. & Elmira; 21y; sgl; b. & res. Fqr; (lic) 20 Dec 1905; (off) Thomas COOPER; Pg:Ln 312:07

HOLLYDAY, Arthur H.; s/o Henry & Mary; 24y; sgl; farmer; b. & res. LdnVA; m. 17 Jan 1889 in Fqr to LEONARD, Elizabeth; d/o ___ & Georgianna; 21y; sgl; b. PrWmVA; res. LdnVA; (lic) 17 Jan 1889; (off) J. N. BADGER; Pg:Ln 210:17

HOLMES, Ashton P.; s/o Jno. E. & Sophia; 21y; sgl; farmer; b. & res. Fqr; m. 15 Oct 1899 in Fqr to EDWARDS, Lucy F.; d/o James & Frances; 39y; wid; b. & res. Fqr; (lic) 14 Oct 1899; (off) J. Howard WELLS; Pg:Ln 274:23

HOLMES, Columbus O.; s/o ___ & Sophia E.; 27y; sgl; carpenter; b. & res. Fqr; m. 29 Apr 1906 in Fqr to HOLMES, Gussie W.; d/o E. B. & Sallie L.; 26y; sgl; b. & res. Fqr; (lic) 24 Apr 1906; (off) James F. BRANNIN; see letter; Pg:Ln 314:05

HOLMES, Irvey A.; s/o ___ & Mollie C.; 21y; sgl; farmer; b. StafVA; res. Fqr; m. 13 May 1903 in Fqr to RINES, Sarah A.; d/o Mortimer & Alice; 22y; sgl; b. & res. Fqr; (lic) 17 Apr 1903; (off) A. J. CUMMINGS; Pg:Ln 297:15

HOLMES, J. C.; s/o Jno. & Catherine; 38y; sgl; ordinary keeper; b. & res. Fqr; m. 6 Jun 1888 in Fqr to SIMS, Lula; d/o M. A. & Maria T.; 18y; sgl; b. & res. Fqr; (lic) 6 Jun 1888; (off) Wm. A. WADE; consent of father in person; Pg:Ln 207:09

HOLMES, Jacob (col); s/o Nathan & Ellen; 39y; wid; laborer; b. OrngVA; res. WashDC; m. 14 Jul 1889 in Fqr to JACKSON, Emma (col); d/o ___ & Amanda; 20y; wid; b. LdnVA; res. Fqr; (lic) 13 Jul 1889; (off) Wm. MILLER; Pg:Ln 213:02

HOLMES, Jno. E.; s/o Jno. H. & Virginia; 30y; sgl; farmer; b. & res. CulpVA; m. 7 Jun 1894 in Fqr to WEAVER, Lucy A.; d/o W. S. & Nancy A.; 22y; sgl; b. & res. Fqr; (lic) 7 Jun 1894; (off) J. L. SHIPLEY; Pg:Ln 241:10

HOLMES, Jno. T. (col); s/o Edmond & Bettie; 24y; sgl; laborer; b. & res. Fqr; m. 29 Jan 1904 in Fqr to PEYTON, Eva (col); d/o ___ & Emily; 18y; sgl; b. & res. Fqr; (lic) 28 Jan 1904; (off) G. C. BANISTER; consent of mother filed; Pg:Ln 301:19

HOLMES, Lee L.; s/o James & Mary; 23y; sgl; farmer; b. & res. Fqr; m. 27 Nov 1886 in Fqr to HOLMES, Lily S.; d/o Silas M. & Roberta H.; 25y; sgl; b. & res. Fqr; (lic) 27 Nov 1886; (off) F. R. BOSTON; Pg:Ln 199:01

HOLMES, Turner A.; s/o N. C. & Elizabeth; 26y; sgl; carpenter; b. & res. Fqr; m. 20 Feb 1890 in Fqr to McBEE, Susan E.; d/o Jno. R. & Ellen; 28y; sgl; b. & res. Fqr; (lic) 18 Feb 1890; (off) S. M. ATHEY; Pg:Ln 217:17

HOLMES, Wm. J.; s/o Jas. E. & Mary W.; 23y; sgl; farmer; b. & res. Fqr; m. 27 Dec 1891 in Fqr to CROPP, Lula B.; d/o Eugene & Maria; 22y; sgl; b. StafVA; res. Fqr; (lic) 19 Dec 1891; (off) C. W. BROOKS; Pg:Ln 227:13

HOLMES, Wm. T.; s/o Enoch J. & Mary; 50y; wid; carpenter; b. RappVA; res. Fqr; m. 14 Apr 1906 in Fqr to WOOD, Sophia Ann; d/o Pollard & West Columbia; 40y; sgl; b. CulpVA; res. Fqr; (lic) 14 Apr 1906; (off) W. D. KEENE; Pg:Ln 313:23
HOLT, James A.; s/o Samuel & Mary M.; 24y; sgl; farmer; b. & res. Fqr; m. 25 Nov 1901 in Fqr to HARDWICK, Mary H.; d/o Wm. H. & Marshall Frances; 22y; sgl; b. & res. Fqr; (lic) 25 Nov 1901; (off) H. S. COE; Pg:Ln 288:11
HOLTZCLAW, C. T.; s/o Geo. W. & Eliz'th; 45y; wid; contractor; b. & res. Fqr; m. 4 Oct 1893 in Fqr to JOHNSON, Ada B.; d/o Thos. & Fannie; 24y; sgl; b. & res. Fqr; (lic) 29 Sep 1893; (off) W. E. MILLER; Pg:Ln 236:16
HOLTZCLAW, Chas. B.; s/o A. J. & Fannie; 27y; sgl; farmer; b. & res. Fqr; m. 25 Jan 1888 in Fqr to PAYNE, Roberta E.; d/o Lafayette & Marg't.; 17y; sgl; b. & res. Fqr; (lic) 23 Jan 1888; (off) A. M. GRIMSLEY; consent of father in person; Pg:Ln 206:08
HOLTZCLAW, Murray; s/o G. W. & Elizabeth; 30y; sgl; farmer; b. & res. Fqr; m. 22 Mar 1887 in Fqr to JOHNSON, Lucy L.; d/o Thos. & Fannie; 25y; sgl; b. & res. Fqr; (lic) 21 Mar 1887; (off) A. FLEET; Pg:Ln 201:13
HOLTZCLAW, Wm.; s/o Wm. & Sarah; 56y; wid; farmer; b. ClrkVA; res. Fqr; m. 27 Feb 1887 in Fqr to BELLARD, Alice; d/o Jno. & Elizabeth; 21y; sgl; b. & res. Fqr; (lic) 23 Feb 1887; (off) S. M. ATHEY; consent filed; Pg:Ln 201:05
HONEY, Emmett M.; s/o Wesley & Frances A.; 27y; sgl; farmer; b. & res. StafVA; m. 25 Aug 1891 in Fqr to RAMEY, Mary; d/o Anton & Susan; 22y; wid; b. & res. Fqr; (lic) 25 Aug 1891; (off) Walter H. ROBERTSON; Pg:Ln 225:11
HOOE, Robert E.; s/o Hansen & Mary; 28y; sgl; gardener; b. PrWmVA; res. DC; m. 30 Oct 1889 in Fqr to HUTTON, Ida E.; d/o Jno. S. & Marg't. T.; 26y; sgl; b. FfxVA; res. Fqr; (lic) 30 Oct 1889; (off) F. R. BOSTON; Pg:Ln 214:10
HOOE, Robt. V.; s/o Robt. H. & Bettie; 23y; sgl; farmer; b. & res. PrWmVA; m. 30 Oct 1895 in Fqr to MOUNTJOY, Annie E.; d/o Jno. W. & Susan F.; 22y; sgl; b. & res. Fqr; (lic) 28 Oct 1895; (off) A. B. CARRINGTON; Pg:Ln 249:10
HOOKE, J. W.; s/o Wm. W. & Maria J.; 32y; sgl; carpenter; b. & res. RockVA; m. 27 Dec 1885 in Fqr to ARMENTROUT, Maggie H. F.; d/o A. D. & Sallie; 26y; sgl; b. RockVA; res. Fqr; (lic) 26 Dec 1885; (off) D. F. ENTSLER; Pg:Ln 194:11
HOON, Edgar S.; s/o Stacy & Lydia G.; 31y; sgl; farmer; b. Bedford Co. PA; res. New Paris PA; m. 20 May 1903 in Fqr to DANIEL, Ida N.; d/o Charles & Hannah E.; 22y; sgl; b. & res. Fqr; (lic) 9 May 1903; (off) W. T. GOVER; Pg:Ln 297:19
HOPP, Thos. W.; s/o Henry & Rewilla; 23y; sgl; engineer; b. & res. Fqr; m. 21 Apr 1887 in Fqr to SCOTT, Mary; d/o T. D. & Alcinda; 21y; sgl; b. & res. Fqr; (lic) 21 Apr 1887; (off) S. M. ATHEY; consent proved by Geo. A. GRAY; Pg:Ln 202:01

HORD, Ruble A.; s/o James R. & Virginia E.; 27y; sgl; merchant; b. & res. Fqr; m. 18 Dec 1901 in Fqr to GOFF, Jessie C.; d/o G. W. & Annie E.; 16y; sgl; b. & res. Fqr; (lic) 17 Dec 1901; (off) F. R. BOSTON; consent of father in person; Pg:Ln 289:10

HORNE, Alexander W.; s/o James & Annie; 27y; sgl; coachman; b. Falkirk, Scotland; res. WashDC; m. 6 Jun 1900 in Fqr to JONES, Annie M.; d/o R. B. & Dora; 20y; sgl; b. & res. Fqr; (lic) 5 Jun 1900; (off) Patrick DONLON; consent of father filed; Pg:Ln 279:14

HORNER, Leonard Sherman; s/o Frederick & Elizabeth M.; 27y; sgl; electrical engineer; b. Fqr; res. East Orange NJ; m. 8 Nov 1902 in Fqr to BARRY, Julia Stuyvesant; d/o Robert P. & Julia K.; 28y; sgl; b. & res. Fqr; (lic) 6 Nov 1902; (off) John S. BUNTING; Pg:Ln 294:15

HORNER, Rich'd. R. (col); s/o Geo. & Eliz'a J.; 26y; sgl; lawyer; b. & res. Fqr; m. 24 Jan 1894 in Fqr to PAYNES, Rowena (col); d/o Danl. & Eliz'th; 16y; sgl; b. & res. Fqr; (lic) 23 Jan 1894; (off) R. L. RUFFIN; consent of Guardian in person; Pg:Ln 239:22

HOTCHKINS, Edwd. J. Jr.; s/o E. J. & M. E.; 29y; sgl; lawyer; b. & res. Fqr; m. 3 Nov 1897 in Fqr to FLETCHER, Nellie L.; d/o Lemuel & Louise; 25y; sgl; b. & res. Fqr; (lic) 2 Nov 1897; (off) F. A. STROTHER; Pg:Ln 261:09

HOUGH, Frank P. W.; s/o Thos. E. & Agnes B.; 21y; sgl; student; b. LdnVA; res. FfxVA; m. 1 Sep 1905 in Fqr to MOORE, Mabelle C. F.; d/o Charles H. & Mary; 24y; sgl; b. OrngVA; res. Fqr; (lic) 1 Sep 1905; (off) Wm. H. LAIRD; Pg:Ln 310:07

HOUGHTON, Brown; s/o Tom & Martha; 21y; sgl; farmer; b. RappVA; res. Fqr; m. 22 Dec 1897 in Fqr to ATHEY, Beulah A.; d/o W. S. & Amelia; 16y; sgl; b. & res. Fqr; (lic) 21 Dec 1897; (off) W. T. EATON; consent of father in person; Pg:Ln 262:17

HOWARD, Geo. (col); s/o ___ & Levenia; 23y; sgl; laborer; b. & res. Fqr; m. 7 Feb 1889 in Fqr to PROCTER, Sarah Jane (col); d/o John & Betsy; 20y; sgl; b. LdnVA; res. Fqr; (lic) 28 Jan 1889; (off) J. T. MOTEN; Pg:Ln 210:20

HOWARD, R. W. (col); s/o Dudley & Annie; 22y; sgl; coachman; b. OrngVA; res. WashDC; m. 8 Oct 1891 in Fqr to BLAND, Sarah (col); d/o Daniel & Charlotte; 21y; sgl; b. & res. Fqr; (lic) 8 Oct 1891; (off) R. C. RUFFIN; consent of father in person; Pg:Ln 226:04

HOWARD, Taylor (col); s/o Abram & Mary; 44y; wid; laborer; b. & res. Fqr; m. 31 Dec 1891 in Fqr to HALL, Mary Jane (col); d/o David & Isabella; 35y; sgl; b. CulpVA; res. Fqr; (lic) 16 Dec 1891; (off) Jno. O. TACKETT; Pg:Ln 227:11

HOWDERSHELL, J. W.; s/o W. C. & Marg't.; 28y; sgl; farmer; b. & res. Fqr; m. 1 Jan 1889 in Fqr to BELT, Beulah B.; d/o T. A. & Eugenia; 19y; sgl; b. & res. Fqr; (lic) 26 Dec 1888; (off) W. F. DUNAWAY; consent of father in person; Pg:Ln 210:01

HOWDERSHELL, Wm. M.; s/o J. T. & Alice A.; 26y; sgl; farmer; b. & res. Fqr; m. 23 Sep 1891 in Fqr to OWENS, Lottie E.; d/o Jas. M. & Malinda; 21y; sgl; b. & res. Fqr; (lic) 21 Sep 1891; (off) W. F. DUNAWAY; Pg:Ln 225:21

Fauquier County, Virginia Marriage Register Jan 1883- Jul 1906   123

HOWE, Edw'd D. (col); s/o Jesse & Maria; 32y; sgl; teacher; b. Campbell Co. VA; res. Fqr; m. 18 Nov 1896 in Fqr to WEBSTER, Rosa L. (col); d/o Wm. & Louisa; 22y; sgl; b. & res. Fqr; (lic) 14 Nov 1896; (off) C. M. TYLER; Pg:Ln 255:13
HOWE, Lewis (col); s/o Lewis & Lydia; 28y; sgl; laborer; b. & res. Fqr; m. 25 Dec 1902 in Fqr to LEE, Elizabeth (col); d/o Henry & Elizabeth; 23y; sgl; b. & res. Fqr; (lic) 22 Dec 1902; (off) N. A. MARRIOTT; Pg:Ln 295:16
HUDNALL, Henry H. (col); s/o John & Eve; 47y; sgl; farmer; b. & res. Fqr; m. 1 Oct 1899 in Fqr to SHUMATE, Mary J. (col); d/o James & ___; 47y; sgl; b. & res. Fqr; (lic) 30 Sep 1899; (off) R. L. RUFFIN; Pg:Ln 274:19
HUDSON, Benj. R.; s/o Reuben & Mary; 60y; wid; miller; b. Fqr; res. CulpVA; m. 20 Jul 1895 in Fqr to RUCKER, Mary T.; d/o Wm. A. & Annie C.; 29y; sgl; b. & res. Fqr; (lic) 18 Jul 1895; (off) I. B. LAKE; Pg:Ln 247:14
HUFF, James L.; s/o James & Elizabeth; 27y; sgl; laborer; b. Fqr; res. PrWmVA; m. 21 Aug 1884 in Fqr to FIELD, Mary F.; d/o ___ & Mary Ann; 33y; sgl; b. LdnVA; res. Fqr; (lic) 20 Aug 1884; (off) W. J. DUNAWAY; Pg:Ln 187:22
HUFF, Robert L.; s/o James G. & Nancy; 26y; sgl; laborer; b. Fqr; res. LdnVA; m. 25 Oct 1898 in Fqr to ROSE, Mary; d/o Charles & Rozeler; 18y; sgl; b. WrnVA; res. Fqr; (lic) 24 Oct 1898; (off) Christopher SYDENSTRICKER; consent of father sworn to & filed; Pg:Ln 268:07
HUFFMAN, Edgar D.; s/o Ludwell & Mary; 25y; sgl; farmer; b. & res. Fqr; m. 25 Nov 1897 in Fqr to HEFLIN, Mary; d/o Alexander & Amelia; 19y; sgl; b. & res. Fqr; (lic) 25 Nov 1897; (off) Jno. L. GRANT; consent of father in person; Pg:Ln 261:25
HUFFMAN, Franklin H.; s/o L. W. & Martha R.; 22y; sgl; farmer; b. & res. Fqr; m. 2 Jul 1899 in Fqr to SUTHARD, Bertha; d/o P. G. & Katie; 22y; sgl; b. & res. Fqr; (lic) 1 Jul 1899; (off) Jno. C. SEDWICK; Pg:Ln 273:03
HUFFMAN, Lemuel T.; s/o Marshall A. & Lucy Ellen; 32y; sgl; farmer; b. & res. StafVA; m. 22 May 1900 in Fqr to COPPAGE, Malvina; d/o Lemuel F. & Mary E.; 22y; sgl; b. & res. Fqr; (lic) 22 May 1900; (off) T. W. NEWMAN; Pg:Ln 279:08
HUFFMAN, Lewis; s/o Jas. S. & Lucy; 23y; sgl; laborer; b. & res. Fqr; m. 13 Nov 1895 in Fqr to COPPAGE, Emma J.; d/o R. T. & Sarah S.; 16y; sgl; b. & res. Fqr; (lic) 11 Nov 1895; (off) James W. HEFLIN; consent of father in person; Pg:Ln 249:18
HUGHES, Edw'd. (col); s/o Henry & Eliza; 23y; sgl; laborer; b. & res. Fqr; m. 27 Feb 1896 in Fqr to ROSS, Lucy (col); d/o Rich'd. & Clara; 21y; sgl; b. & res. Fqr; (lic) 24 Feb 1896; (off) not given; Pg:Ln 252:09
HUGHES, Geo. L. (col); s/o Philip & Susan M.; 21y; sgl; farmer; b. WashDC; res. Fqr; m. 24 Dec 1884 in Fqr to ROBINSON, Mary Frances (col); d/o Wm. & Mary; 16y; sgl; b. & res. Fqr; (lic) 23 Dec 1884; (off) B. P. DULIN; consent of mother sworn to by John MARRS & filed; Pg:Ln 190:03

HUGHES, William (col); s/o William & Perlina; 34y; sgl; laborer; b. & res. Fqr; m. 16 Oct 1901 in Fqr to BIRD, Lucy (col); d/o William & Sarah; 18y; sgl; b. & res. Fqr; (lic) 16 Oct 1901; (off) N. A. MARRIOTT; authority of Court filed; Pg:Ln 287:10

HULFISH, George A.; s/o Garrett & Susan J.; 40y; sgl; merchant; b. & res. PrWmVA; m. 25 Dec 1884 in Fqr to CLARK, Anna L.; d/o Erastus J. T. & Ann V.; 25y; sgl; b. PrWmVA; res. Fqr; (lic) 25 Dec 1884; (off) J. C. STEWART; Pg:Ln 190:07

HULL, George (col); s/o Strother & Clara; 26y; sgl; farmer; b. & res. Fqr; m. 12 Nov 1896 in Fqr to ROBINSON, Bettie (col); d/o Wm. & Judie; 27y; sgl; b. & res. Fqr; (lic) 10 Nov 1896; (off) F. H. JAMES; Pg:Ln 255:12

HUME, E. Silas; s/o Edward & Elizabeth; 22y; sgl; farmer; b. & res. Fqr; m. 16 Nov 1901 in Fqr to PAYNE, Nettie; d/o John C. & Minerva; 22y; sgl; b. & res. Fqr; (lic) 12 Nov 1901; (off) F. R. BOSTON; Pg:Ln 288:25

HUME, William R.; s/o R. Fisher & Annie E.; 21y; sgl; carpenter; b. & res. Fqr; m. 24 Dec 1902 in Fqr to SHEPHERD, Mary A.; d/o J. F. & Alice S.; 18y; sgl; b. AlbmVA; res. Fqr; (lic) 20 Dec 1902; (off) W. H. MARSH; consent of father in person; Pg:Ln 295:15

HUMMER, N. B.; s/o Jno. W. & Mary E.; 25y; sgl; butcher; b. FfxVA; res. WashDC; m. 24 Aug 1904 in Fqr to GROHS, Martha M.; d/o Adam & Elizabeth; 19y; sgl; b. & res. Fqr; (lic) 22 Aug 1904; (off) A. V. Vonder SMITH; consent of mother filed; Pg:Ln 304:02

HUMPHREY, Alonzo; s/o John & Annette; 25y; sgl; farmer; b. & res. Fqr; m. 17 Nov 1901 in Fqr to BROWN, Lula; d/o Jesse & Eliza J.; 22y; sgl; b. & res. Fqr; (lic) 12 Nov 1901; (off) C. W. BROOKS; see letter of J. L. CRITTENDEN; Pg:Ln 288:24

HUMPHREY, James T.; s/o Charles & Mary F.; 24y; sgl; farmer; b. & res. Fqr; m. 7 Aug 1902 in Fqr to MARSTELLER, Mary A.; d/o A. A. L. & Fanny; 23y; sgl; b. & res. Fqr; (lic) 2 Aug 1902; (off) C. W. BROOKE; Pg:Ln 293:06

HUMPHREY, Telden; s/o Charles & Mary; 23y; sgl; farmer; b. & res. Fqr; m. 22 Oct 1901 in Fqr to HEWITT, Dallie; d/o Richard & Susan; 22y; sgl; b. & res. Fqr; (lic) 21 Oct 1901; (off) C. W. BROOKS; Pg:Ln 287:13

HUMPHREY, Wm. J.; s/o James H. & Jone E.; 37y; sgl; farmer; b. & res. Fqr; m. 27 Jun 1906 in Fqr to EDWARDS, Nora B.; d/o J. H. & Annie E.; 26y; sgl; b. & res. Fqr; (lic) 23 Jun 1906; (off) D. J. SHOPOFF; Pg:Ln 314:17

HUMPHREYS, A. C.; s/o D. & Mary C.; 42y; sgl; man. ins. co.; b. JeffWV; res. Norfolk VA; m. 12 Apr 1905 in Fqr to CARTER, Jeane L.; d/o Cassius & Fanny L.; 26y; sgl; b. & res. Fqr; (lic) 11 Apr 1905; (off) E. T. LAWRENCE; Pg:Ln 308:21

HUNTON, Eppa Jr.; s/o Eppa & Lucy C.; 29y; sgl; lawyer; b. PrWmVA; res. Fqr; m. 18 Nov 1884 in Fqr to PAYNE, Erva Winston; d/o Wm. H. & Mary E.; 23y; sgl; b. & res. Fqr; (lic) 18 Nov 1884; (off) Geo. W. NELSON; Pg:Ln 189:02

Fauquier County, Virginia Marriage Register Jan 1883- Jul 1906 125

HUNTON, Eppa Jr.; s/o Eppa & Lucy C.; 46y; wid; attorney; b. PrWmVA; res. Fqr; m. 24 Apr 1901 in Fqr to PAYNE, Virginia S.; d/o Wm. H. & Mary E.; 34y; sgl; b. & res. Fqr; (lic) 24 Apr 1901; (off) Geo. W. NELSON; Pg:Ln 284:16

HUNTON, George W.; s/o Eppa & Elizabeth M.; 50y; wid; physician; b. & res. Fqr; m. 19 Nov 1884 in Fqr to ADAMS, Rebecca A.; d/o John A. & Mary; 35y; sgl; b. & res. Fqr; (lic) 18 Nov 1884; (off) Geo. W. NELSON; Pg:Ln 189:03

HURLEY, Abraham (col); s/o Stephen & Milly; 36y; sgl; farmer; b. CulpVA; res. Newport, RI; m. 11 Oct 1888 in Fqr to BRIGGS, Georgianna F. (col); d/o Eli & Frances; 28y; sgl; b. & res. Fqr; (lic) 9 Oct 1888; (off) R. L. RUFFIN; oath; Pg:Ln 208:04

HURLEY, Lewis A. (col); s/o Armistead & Lucinda; 40y; wid; blacksmith; b. & res. Fqr; m. 20 Dec 1883 in Fqr to TANNER, Isabella (col); d/o Gabriel & Evalina; 33y; sgl; b. & res. Fqr; (lic) 19 Dec 1883; (off) J. F. HINES; Pg:Ln 184:11

HURST, Jno. Thos.; s/o Jno. W. & Mary; 22y; sgl; farmer; b. & res. Fqr; m. 15 Sep 1897 in Fqr to CHINN, Mary Champ; d/o Jno. & Margaret; 21y; sgl; b. & res. Fqr; (lic) 15 Sep 1897; (off) F. R. BOSTON; Pg:Ln 260:10

HURST, G. M.; s/o J. D. & J. M.; 38y; wid; farmer; b. & res. Fqr; m. 24 Nov 1895 in Fqr to SUTPHIN, Connie; d/o R. L. & M. J.; 21y; sgl; b. & res. Fqr; (lic) 23 Nov 1895; (off) H. M. STRICKLER; Pg:Ln 249:24

HURST, G. W.; s/o Christian & Lydia; 28y; sgl; jeweller; b. Lancaster Co. PA; res. Fqr; m. 27 Oct 1891 in Fqr to McCONCHIE, Rosalie; d/o B. F. & Mary A.; 25y; sgl; b. & res. Fqr; (lic) 24 Oct 1891; (off) Jas. W. GRUBB; Pg:Ln 226:07

HURST, George W.; s/o Christian & Lydia; 39y; wid; jeweller; b. Lancaster Co. Pa; res. Fqr; m. 5 Nov 1902 in Fqr to HOLDER, Dallie F.; d/o Toliver & Virginia; 22y; sgl; b. & res. Fqr; (lic) 1 Nov 1902; (off) Walter H. ROBERTSON; Pg:Ln 294:12

HURST, Jas. W.; s/o Jno. W. & Mary Ann; 22y; sgl; laborer; b. & res. Fqr; m. 24 Jan 1884 in Fqr to FORREST, Mary F.; d/o Thos. & Frances Ellen; 22y; sgl; b. & res. Fqr; (lic) 21 Jan 1884; (off) J. B. LAKE; Pg:Ln 185:21

HURST, Nathan; s/o B. F. & Malinda; 23y; sgl; farme; b. & res. Fqr; m. 28 May 1902 in Fqr to GRIFFITH, Emily J.; d/o Abner & Judith F.; 30y; sgl; b. & res. Fqr; (lic) 27 May 1902; (off) Frank P. BERKLEY; Pg:Ln 292:11

HURST, Otis; s/o Jno. W. & Mary; 24y; sgl; farmer; b. & res. Fqr; m. 7 Dec 1892 in Fqr to COSTELLO, Lula; d/o Thornton & Nancy; 24y; sgl; b. & res. Fqr; (lic) 6 Dec 1892; (off) Edwin S. HINKS; Pg:Ln 232:22

HURST, Otis; s/o Jno. H. & Mary A.; 26y; wid; farmer; b. & res. Fqr; m. 4 Mar 1896 in Fqr to KIRBY, Alice; d/o J. R. & Emma J.; 21y; sgl; b. & res. Fqr; (lic) 3 Mar 1896; (off) H. M. STRICKLER; Pg:Ln 252:13

HUTCHISON, Fred'k.; s/o Beverly & Mary P.; 30y; sgl; physician; b. & res. LdnVA; m. 31 Oct 1883 in Fqr to SETTLE, Mary Turner; d/o Thos. L. &

Lou. H.; 21y; sgl; b. & res. Fqr; (lic) 30 Oct 1883; (off) Arthur S.
JOHNS; Pg:Ln 182:18
HUTTON, J. Sidney Jr.; s/o J. S. & Margt. T.; 33y; sgl; merchant; b. & res.
Fqr; m. 2 Jan 1894 in Fqr to ARMSTRONG, Cora L.; d/o S. D. &
Sallie; 28y; sgl; b. & res. Fqr; (lic) 1 Jan 1894; (off) F. R. BOSTON;
Pg:Ln 239:14
HYDE, John F.; s/o Philip & Ellen; 24y; sgl; railroad; b. Fqr; res. AlexVA;
m. 3 Feb 1897 in AlexVA to WHITE, Daisy F.; d/o Hugh & Elizabeth;
21y; sgl; b. & res. Fqr; (lic) 1 Feb 1897; (off) J. J. BOWLES; age sworn
to; Pg:Ln 257:20
HYNSON, R. S.; s/o C. L. & Anna; 23y; sgl; merchant; b. PrWmVA; res.
Gloucester Co. VA; m. 11 Sep 1890 in Fqr to GIBSON, Estelle; d/o
John N. & Eliza; 19y; sgl; b. & res. Fqr; (lic) 30 Aug 1890; (off) J. C.
DICE; consent filed; Pg:Ln 219:11
INGLE, Julian; s/o Wm. P. & Eliza C.; 24y; sgl; farmer; b. BaltMD; res.
Charles Co. MD; m. 30 Dec 1886 in Fqr to McGUIRE, Melville B.; d/o
Robt. L. & Agnes H.; 23y; sgl; b. & res. Fqr; (lic) 13 Dec 1886; (off)
Arthur S. JOHNS; Pg:Ln 199:06
INGRAM, Max; s/o Jno. R. & R. R.; 26y; sgl; druggist; b. Sa. Georgia; res.
Fqr; m. 19 Jul 1905 in Fqr to DONNELLY, Clara J.; d/o W. P. & W.
Dixon; 24y; wid; b. Savannah Georgia; res. Fqr; (lic) 19 Jul 1905; (off)
W. D. KEENE; Pg:Ln 309:21
IVEY, Harry; s/o J. K. & Elizabeth; 32y; sgl; post master; b. Cornwell,
England; res. Fqr; m. 25 Jan 1893 in Fqr to KEYS, Minnie M.; d/o
Chas. W. & Julia; 20y; sgl; b. & res. Fqr; (lic) 23 Jan 1893; (off) W. E.
MILLS; consent sworn to by brother; Pg:Ln 234:13
IVEY, Wm. J.; s/o John & Elizabeth; 32y; sgl; farmer; b. Cornwall
England; res. Fqr; m. 1 Jun 1898 in Fqr to LAWLER, Agnes A.; d/o
Wm. & Martha; 27y; sgl; b. & res. Fqr; (lic) 30 May 1898; (off) E. J.
WOLSH; Pg:Ln 265:12
JACKSON, Andrew; s/o Andrew & Sallie; 27y; sgl; farmer; b. & res. Fqr;
m. 17 Aug 1905 in Fqr to LEACH, Susie; d/o Joshua & ___; 21y; sgl;
b. & res. Fqr; (lic) 17 Aug 1905; (off) W. D. KEENE; Pg:Ln 310:02
JACKSON, B. H. (col); s/o Fred'k. & Matilda; 26y; sgl; laborer; b. & res.
Fqr; m. 19 Apr 1883 in Fqr to WALKER, Victoria (col); d/o Frank &
Ellen; 20y; sgl; b. & res. Fqr; (lic) 19 Apr 1883; (off) Rev. Ellzey
ROBINSON; consent of father proved by oath of Jno. DOUGLASS;
Pg:Ln 180:07
JACKSON, Calvin (col); s/o John & Milly; 25y; sgl; laborer; b. & res. Fqr;
m. 25 Dec 1888 in Fqr to TAYLOR, Marg't. (col); d/o Arthur & Rose;
18y; sgl; b. & res. Fqr; (lic) 24 Dec 1888; (off) R. L. RUFFIN; oath;
Pg:Ln 209:20
JACKSON, Chas. J. (col); s/o Jos. & Mary; 21y; sgl; laborer; b. & res. Fqr;
m. 21 Sep 1896 in Fqr to SMITH, Eliza (col); d/o Elijah & Amanda;
21y; sgl; b. & res. Fqr; (lic) 19 Sep 1896; (off) G. C. BANISTER; Pg:Ln
254:14
JACKSON, Edw'.d (col); s/o James & Jane; 23y; sgl; laborer; b. & res.
Fqr; m. 30 Sep 1896 in Fqr to TOLIVER, Mary J. (col); d/o Robt. &

Clara; 22y; sgl; b. & res. Fqr; (lic) 30 Sep 1896; (off) F. R. BOSTON; Pg:Ln 254:22
JACKSON, Geo. (col); s/o ___ & Harriet; 35y; sgl; laborer; b. MO; res. Fqr; m. 7 Apr 1883 in Fqr to GRAYSON, Laura (col); d/o ___ & Matilda; 35y; sgl; b. CulpVA; res. Fqr; (lic) 7 Apr 1883; (off) Jno. F. POULTON; Pg:Ln 180:03
JACKSON, Geo. (col); s/o Buck & Mandy; 28y; sgl; laborer; b. Lynchburg, VA; res. Fqr; m. 18 Dec 1890 in Fqr to ALLEN, Lou (col); d/o Wm. & Maria; 20y; sgl; b. & res. Fqr; (lic) 18 Dec 1890; (off) not given; consent of father in person; Pg:Ln 221:07
JACKSON, Geo. W. (col); s/o Reuben & Mary; 38y; wid; farmer; b. & res. FfxVA; m. 3 Nov 1887 in Fqr to PEYTON, Jane (col); d/o Isaac & Susannah; 32y; sgl; b. & res. Fqr; (lic) 3 Nov 1887; (off) M. D. WILLIAMS; oath; Pg:Ln 203:19
JACKSON, George (col); s/o Henry & Fannie; 35y; sgl; laborer; b. & res. Fqr; m. 29 Dec 1903 in Fqr to LANE, Mary C. (col); d/o Nelson & Nancy; 41y; div; b. & res. Fqr; (lic) 29 Dec 1903; (off) Vincent LACEY; decree of divorce in Cir. Ct.; Pg:Ln 301:06
JACKSON, Henry (col); s/o George & Sarah; 21y; sgl; laborer; b. & res. Fqr; m. 29 Dec 1901 in Fqr to COLEMAN, Beatrice (col); d/o Mark & Mary F.; 21y; sgl; b. & res. Fqr; (lic) 27 Dec 1901; (off) Silas DOWNELL; Pg:Ln 290:08
JACKSON, Henry (col); s/o Andrew & Cath; 27y; sgl; laborer; b. & res. Fqr; m. 17 Aug 1904 in Fqr to MINER, Alice (col); d/o Saml. & Evelina; 25y; sgl; b. & res. Fqr; (lic) 13 Aug 1904; (off) Rev. CRUTHER; Pg:Ln 303:24
JACKSON, James; s/o Geo. E. & Elmira; 23y; sgl; farmer; b. & res. Fqr; m. 29 Dec 1896 in Fqr to CARTER, Katie; d/o ___ & Eliza; 18y; sgl; b. & res. Fqr; (lic) 26 Dec 1896; (off) I. B. LAKE; consent sworn to & filed; Pg:Ln 256:21
JACKSON, Jas.; s/o Geo. & Elmira; 19y; sgl; farmer; b. & res. Fqr; m. 31 May 1892 in Fqr to CARTER, Lula M.; d/o Jas. & Mary; 24y; sgl; b. & res. Fqr; (lic) 30 May 1892; (off) J. L. SHIRLEY; consent of mother in writing filed; Pg:Ln 230:10
JACKSON, John (col); s/o John & Bettie; 26y; sgl; laborer; b. & res. Fqr; m. 10 Oct 1889 in Fqr to TURNER, Julia (col); d/o Warner & ___; 30y; wid; b. AlbmVA; res. Fqr; (lic) 10 Oct 1889; (off) Robt. L. RUFFIN; Pg:Ln 214:03
JACKSON, John (col); s/o Armistead & Fanny; 23y; sgl; laborer; b. & res. Fqr; m. 5 Apr 1900 in Fqr to HOLMES, Dora (col); d/o ___ & Henrietta; 18y; sgl; b. & res. Fqr; (lic) 3 Apr 1900; (off) Geo. W. HOUSER; ans. of Court filed; Pg:Ln 278:15
JACKSON, Jos. (col); s/o Jos. & Ann; 24y; sgl; laborer; b. & res. Fqr; m. 25 Nov 1894 in Fqr to WASHINGTON, Louisa (col); d/o Philip & Mary; 22y; sgl; b. & res. Fqr; (lic) 24 Nov 1894; (off) C. H. LEE Jr.; Pg:Ln 243:23
JACKSON, Jos. H. (col); s/o Geo. & Bettie; 23y; sgl; laborer; b. & res. Fqr; m. 28 Nov 1888 in Fqr to CHICHESTER, Jennie V. (col); d/o Rich'd &

Lucy; 19y; sgl; b. & res. Fqr; (lic) 28 Nov 1888; (off) Robt. L. RUFFIN; oath; Pg:Ln 208:16

JACKSON, Lee (col); s/o Henry & Fanny; 25y; sgl; laborer; b. & res. Fqr; m. 27 Jul 1904 in Fqr to HEDGMAN, Florence (col); d/o ___ & Lucy; 23y; sgl; b. & res. Fqr; (lic) 27 Jul 1904; (off) Vincent LACY; Pg:Ln 303:18

JACKSON, Nelson B. (col); s/o L. A. & Martha; 24y; sgl; merchant; b. & res. Fqr; m. 24 May 1883 in Fqr to TAYLOR, Ida E. W. (col); d/o Wm. B. & Sarah C.; 19y; sgl; b. PrWmVA; res. Fqr; (lic) 24 May 1883; (off) Rev. Geo. H. HORNER; Pg:Ln 180:14

JACKSON, Norman (col); s/o Frank & Ella; 25y; sgl; laborer; b. & res. Fqr; m. 28 Dec 1905 in Fqr to VALENTINE, Fleecy (col); d/o ___ & Lucy; 24y; sgl; b. LdnVA; res. Fqr; (lic) 19 Dec 1905; (off) G. C. BANISTER; Pg:Ln 312:06

JACKSON, Peter (col); s/o Benjamin & Bettie; 43y; sgl; carpenter; b. Lunenberg Co. Va; res. Fqr; m. 28 Aug 1902 in Fqr to JOHNSON, Hattie (col); d/o Peter & Georgiana BRECKENRIDGE; 34y; wid; b. & res. Fqr; (lic) 27 Aug 1902; (off) Geo. W. HORNER; Pg:Ln 293:16

JACKSON, Robert A. (col); s/o Wm. & Maria; 46y; sgl; merchant; b. & res. Fqr; m. 19 Oct 1902 in Fqr to ROSS, Roberta A. (col); d/o ___ & Ara; 21y; sgl; b. & res. Fqr; (lic) 16 Oct 1902; (off) G. G. BANISTER; see letter filed; Pg:Ln 294:07

JACKSON, Robt. (col); s/o Frank & Elvie; 22y; sgl; laborer; b. & res. Fqr; m. 2 Apr 1893 in Fqr to WHITE, Georgie (col); d/o Geo. & Winnie; 20y; sgl; b. & res. Fqr; (lic) 1 Apr 1893; (off) P. W. MARTIN; consent sworn to ___; Pg:Ln 235:06

JACKSON, S. F.; s/o Strother & Hannah; 34y; sgl; silversmith; b. & res. Harden Co. KY; m. 3 Sep 1896 in Fqr to FREEMAN, Fannie M.; d/o Martin & Ury; 30y; sgl; b. & res. Fqr; (lic) 3 Sep 1896; (off) F. R. BOSTON; Pg:Ln 254:06

JACKSON, Thos. (col); s/o Elzey & Mary; 32y; wid; laborer; b. JeffWV; res. Fqr; m. 29 Dec 1886 in Fqr to TRAVIS, Susan J. (col); d/o Stephen & Susan; 23y; sgl; b. WrnVA; res. Fqr; (lic) 21 Dec 1886; (off) J. T. MOTEN; Pg:Ln 199:12

JACKSON, Warren (col); s/o Charles & Fanny; 25y; sgl; laborer; b. & res. Fqr; m. 24 Apr 1905 in Fqr to GIBSON, Rose (col); d/o Joseph & Harriet; 18y; sgl; b. & res. Fqr; (lic) 24 Apr 1905; (off) D. W. JONES; consent sworn to & filed; Pg:Ln 309:01

JACKSON, William A. (col); s/o ___ & Laura; 27y; sgl; laborer; b. & res. Fqr; m. 23 Sep 1902 in Fqr to BRAXTON, Lucy A. (col); d/o Simon & Betsy; 28y; sgl; b. & res. Fqr; (lic) 22 Sep 1902; (off) R. H. GOFREY; Pg:Ln 294:01

JACKSON, William H. (col); s/o ___ & Catharine; 32y; wid; laborer; b. & res. Fqr; m. 10 Dec 1899 in Fqr to WASHINGTON, Millie A. (col); d/o George & Cornelia; 21y; sgl; b. & res. Fqr; (lic) 27 Nov 1899; (off) William MILLER; Pg:Ln 275:16

JACKSON, William W.; s/o Wm. W. & Josephine V.; 26y; sgl; merchant; b. PhilPA; res. WashDC; m. 14 Feb 1903 in Fqr to FLORINE, Annie

L.; d/o John & Martha; 22y; sgl; b. St. Louis Mo; res. WashDC; (lic) 14 Feb 1903; (off) F. R. BOSTON; Pg:Ln 297:03
JACKSON, Wm. (col); s/o Jas. & Catharine; 25y; sgl; laborer; b. & res. Fqr; m. 4 Dec 1892 in Fqr to SMITH, Alice (col); d/o Arthur & Mary; 21y; sgl; b. & res. Fqr; (lic) 1 Dec 1892; (off) C. M. TYLER; Pg:Ln 232:20
JACOBS, E. C.; s/o Spencer & Sarah A.; 22y; sgl; farmer; b. & res. Fqr; m. 29 Dec 1891 in Fqr to HEFLIN, Laura A.; d/o ___ & Mary F.; 20y; sgl; b. & res. Fqr; (lic) 26 Dec 1891; (off) C. W. BROOKS; consent sworn to by H. M. HANSBROUGH & filed; Pg:Ln 227:24
JACOBS, J. W.; s/o Aquila & Sarah E.; 24y; sgl; farmer; b. & res. Fqr; m. 18 Dec 1892 in Fqr to EDWARDS, Margaret R.; d/o Henry C. & Josephine A.; 16y; sgl; b. & res. Fqr; (lic) 16 Dec 1892; (off) J. Q. TACKETT; consent of mother sworn to by W. D. KERNS & filed; Pg:Ln 233:04
JACOBS, Jacob H.; s/o E. A. & Mary E.; 26y; sgl; farmer; b. & res. Fqr; m. 4 Feb 1892 in Fqr to CLAXTON, Susan J.; d/o Henry K. & Sarah A.; 22y; sgl; b. & res. Fqr; (lic) 2 Feb 1892; (off) C. W. BROOKS; Pg:Ln 228:20
JACOBS, James L.; s/o Ephraim A. & Susan; 34y; wid; farmer; b. & res. Fqr; m. 29 Nov 1883 in Fqr to BROWN, Josephine; d/o Fleming & Eliza; 22y; sgl; b. & res. Fqr; (lic) 26 Nov 1883; (off) T. W. NEWMAN; Pg:Ln 183:13
JACOBS, James L.; s/o E. A. & Susan; 52y; wid; farmer; b. & res. Fqr; m. 20 Dec 1900 in Fqr to BROOKS, Virginia; d/o Thomas A. & Mary J.; 42y; sgl; b. & res. Fqr; (lic) 20 Dec 1900; (off) C. W. BROOKE; Pg:Ln 283:02
JACOBS, James S.; s/o Aquilla & Ellen; 26y; sgl; farmer; b. Fqr; res. CulpVA; m. 22 Aug 1897 in Fqr to HEWITT, Cis; d/o Richard & Susan; 23y; sgl; b. & res. Fqr; (lic) 21 Aug 1897; (off) T. W. NEWMAN; Pg:Ln 260:03
JACOBS, Jas. W.; s/o Silas & Jennie; 20y; sgl; farmer; b. & res. Fqr; m. 24 Jul 1895 in Fqr to HANBACK, Mollie; d/o Jno. & Margaret; 24y; sgl; b. & res. Fqr; (lic) 23 Jul 1895; (off) Walter H. ROBERTSON; consent of father in person; Pg:Ln 247:16
JACOBS, Jas. W.; s/o Silas & Jennie; 22y; wid; farmer; b. & res. Fqr; m. 20 Oct 1897 in Fqr to GOFF, Rosie M.; d/o Geo. W. & Annie; 18y; sgl; b. Lewis Co. W. Va; res. Fqr; (lic) 19 Oct 1897; (off) F. R. BOSTON; consent of father in person; Pg:Ln 261:01
JACOBS, John W.; s/o Aquilla & Ellen; 35y; wid; miner; b. & res. Fqr; m. 31 May 1903 in Fqr to RECTOR, Mary J.; d/o Wm. H. & Josephin A.; 31y; sgl; b. & res. Fqr; (lic) 29 May 1903; (off) C. W. BROOKS; Pg:Ln 298:01
JACOBS, Lemuel E.; s/o Morris & Jerlina; 27y; sgl; farmer; b. & res. Fqr; m. 22 Dec 1898 in Fqr to EMBREY, Mary L.; d/o Bazel & Virginia C.; 22y; sgl; b. & res. Fqr; (lic) 21 Dec 1898; (off) C. W. BROOKE; Pg:Ln 269:20

JACOBS, S. D.; s/o M. M. & Pauline E.; 29y; sgl; farmer; b. & res. Fqr; m.
6 May 1891 in Fqr to EMBREY, Susan E.; d/o E. & Susan E.; 27y; sgl;
b. & res. Fqr; (lic) 5 May 1891; (off) John O. TACKETT; Pg:Ln 224:01
JACOBS, Wm. A.; s/o E. A. & Mary; 30y; sgl; farmer; b. & res. Fqr; m. 21
Feb 1895 in Fqr to BROOKS, Alice; d/o Thos. A. & Mollie; 26y; sgl; b.
& res. Fqr; (lic) 18 Feb 1895; (off) C. W. BROOK; Pg:Ln 246:01
JACOBS, Wm. T.; s/o Geo. & Gertrude; 23y; sgl; blacksmith; b. LdnVA;
res. Fqr; m. 26 May 1885 in Fqr to JOHNSON, Amanda; d/o ___ &
Bettie; 22y; sgl; b. & res. Fqr; (lic) 25 May 1885; (off) S. M. ATHEY;
Pg:Ln 192:08
JAMES, Curtis L.; s/o Geo. & Carrie A.; 24y; sgl; farmer; b. & res. Fqr; m.
14 Apr 1904 in Fqr to HALDEMAN, Almira R.; d/o J. D. & Ida W.; 18y;
sgl; b. & res. Fqr; (lic) 14 Apr 1904; (off) C. W. BROOKE; consent of
father in person; Pg:Ln 302:14
JAMES, Duff; s/o Benj. & Mary; 24y; sgl; farmer; b. & res. Fqr; m. 1 Sep
1891 in Fqr to HEWITT, Isabella; d/o Geo. & Sarah; 24y; sgl; b. & res.
Fqr; (lic) 29 Aug 1891; (off) H. H. WYER; Pg:Ln 225:14
JAMES, Duncan; s/o Duncan & Virginia; 21y; sgl; farmer; b. & res. Fqr; m.
5 May 1891 in Fqr to HANBACK, Cora; d/o Silas B. & Catharine; 19y;
sgl; b. & res. Fqr; (lic) 4 May 1891; (off) B. P. DULIN; consent of father
sworn to by W. F. HANBACK & filed; Pg:Ln 223:24
JAMES, E. M.; s/o Edward & Mary; 28y; sgl; farmer; b. & res. Fqr; m. 16
Nov 1893 in Fqr to JONES, Alberta B.; d/o Andrew & Susan; 24y; sgl;
b. & res. Fqr; (lic) 13 Nov 1893; (off) A. J. CUMMINGS; Pg:Ln 237:18
JAMES, Edw'd, A.; s/o John & Patsy; 24y; sgl; carpenter; b. & res.
CulpVA; m. 16 Mar 1893 in Fqr to BLACKWELL, Nettie M.; d/o Joseph
& Fanny; 24y; sgl; b. CulpVA; res. Fqr; (lic) 14 Mar 1893; (off) S. M.
ATHEY; Pg:Ln 235:01
JAMES, Emanuel (col); s/o Lovelace & Phoebe; 48y; wid; farmer; b. &
res. Fqr; m. 18 Dec 1887 in Fqr to WHITING, Ellen (col); d/o not given;
40y; wid; b. PrWmVA; res. Fqr; (lic) 16 Dec 1887; (off) Newton P.
REID; Pg:Ln 204:22
JAMES, Ephraim (col); s/o Joseph & Ellen; 26y; sgl; laborer; b. Fqr; res.
Dawson Co. PA; m. 28 Dec 1886 in Fqr to JACKSON, Evelina (col);
d/o Littleton & Lucy F.; 19y; sgl; b. AlexVA; res. Fqr; (lic) 27 Dec 1886;
(off) Thornton HILL; consent of father in person; Pg:Ln 199:18
JAMES, Geo. C.; s/o C. H. & Mary E.; 26y; sgl; carpenter; b. & res. Fqr;
m. 26 Aug 1896 in Fqr to COPPAGE, Lydia M.; d/o L. J. & Louisa;
21y; sgl; b. & res. Fqr; (lic) 22 Aug 1896; (off) James W. HEFLIN;
Pg:Ln 254:01
JAMES, Hugh H.; s/o Jno. T.? & Martha; 23y; sgl; farmer; b. CulpVA; res.
Fqr; m. 25 Dec 1898 in Fqr to BURKE, Effie G.; d/o Jno. S. & Marys
[Mary?]; 20y; sgl; b. & res. Fqr; (lic) 22 Dec 1898; (off) M. R.
GRIMSLEY; consent of father in person; Pg:Ln 269:24
JAMES, Jesse (col); s/o ___ & Agnes; 21y; sgl; laborer; b. & res. Fqr; m.
18 Aug 1895 in Fqr to TAYLOR, Mary (col); d/o Fenley & Catharine;
21y; sgl; b. & res. Fqr; (lic) 17 Aug 1895; (off) Wm. SMITH; consent
sworn to by Henry TAYLOR & filed; Pg:Ln 247:22

JAMES, John M.; s/o Aldrich & Virginia; 34y; sgl; farmer; b. & res. Fqr; m. 27 Jun 1906 in Fqr to CLOPTON, Sadie S.; d/o Nathaniel A. & M. L.; 26y; sgl; b. & res. Fqr; (lic) 25 Jun 1906; (off) John J. CLOPTON; Pg:Ln 314:19
JAMES, John Wm.; s/o Aaron & Mandy; 30y; wid; laborer; b. & res. Fqr; m. 31 Dec 1885 in Fqr to WITHERS, Ella; d/o Isaac & Ann; 21y; sgl; b. & res. Fqr; (lic) 30 Dec 1885; (off) Leeland WARRING; Pg:Ln 194:16
JAMES, Robert; s/o Tarleton F. & Lucy; 23y; sgl; farmer; b. & res. Fqr; m. 22 Dec 1898 in Fqr to KING, Jessie; d/o W. A. & Sally; 20y; sgl; b. Allegheny Co Va; res. Fqr; (lic) 20 Dec 1898; (off) Walter H. ROBERTSON; consent sworn to & filed; Pg:Ln 269:19
JAMES, Wm. (col); s/o Fred'k & Letty Ann; 21y; sgl; laborer; b. FredVA; res. Fqr; m. 4 Sep 1895 in Fqr to CARTER, Annie (col); d/o Shirley & Haley; 20y; sgl; b. & res. WrnVA; (lic) 4 Sep 1895; (off) G. C. BANISTER; consent filed; Pg:Ln 248:06
JAMES, Wm. (col); s/o Aaron & Amanda; 48y; wid; laborer; b. & res. Fqr; m. 27 Dec 1896 in Fqr to SMITH, Marie (col); d/o Henry & Janie; 21y; sgl; b. & res. Fqr; (lic) 19 Dec 1896; (off) R. L. RUFFIN; Pg:Ln 256:12
JAMESON, Wm C.; s/o W. C. & Mary S.; 23y; sgl; farmer; b. & res. CulpVA; m. 3 Dec 1885 in Fqr to HARRIS, Sallie E.; d/o A. J. & Eliza J.; 21y; sgl; b. CulpVA; res. Fqr; (lic) 3 Dec 1885; (off) D. Frank ENTSLER; father's consent in person; Pg:Ln 193:23
JAMISON, Lewis Curtis; s/o Lewis F. & Angeline; 24y; sgl; farmer; b. & res. Franklin Co. Va; m. 14 Aug 1902 in Fqr to HOLMES, Delma Byrd; d/o ___ & Elizabeth; 21y; sgl; b. & res. Fqr; (lic) 12 Aug 1902; (off) William T. GOVER; Pg:Ln 293:09
JANNEY, Tyson; s/o J. T. & E. H.; 27y; sgl; merchant; b. & res. PrWmVA; m. 15 Feb 1894 in Fqr to GIBSON, Helen M.; d/o Douglas & Helen; 21y; sgl; b. & res. Fqr; (lic) 14 Feb 1894; (off) J. C. JONES; Pg:Ln 240:11
JASPER, Aubrey; s/o Jones & Mary; 23y; sgl; farmer; b. CulpVA; res. Fqr; m. 25 Nov 1903 in Fqr to OLINGER, Clara E.; d/o J. P. & Rebecca; 22y; sgl; b. & res. Fqr; (lic) 24 Nov 1903; (off) L. H. SHUCK; Pg:Ln 300:06
JASPER, Walter; s/o J. H. & Mary F.; 27y; sgl; farmer; b. CulpVA; res. Fqr; m. 27 Nov 1901 in Fqr to HUME, Mary; d/o R. F. & A. J.; 21y; sgl; b. & res. Fqr; (lic) 26 Nov 1901; (off) W. H. MARSH; Pg:Ln 288:12
JEFFERSON, Wilson (col); s/o Julius & Sukie; 58y; wid; laborer; b. New Kent Va; res. Fqr; m. 1 Aug 1897 in Fqr to STEWART, Mary (col); d/o Henry & Mary; 25y; sgl; b. & res. Fqr; (lic) 31 Jul 1897; (off) R. L. RUFFIN; Pg:Ln 259:21
JEFFRIES, Charles E. (col); s/o Robert & Catharine; 21y; sgl; laborer; b. RappVA; res. Fqr; m. 7 Nov 1889 in Fqr to BROWN, Lizzie B. (col); d/o ___ & Nellie; 22y; sgl; b. & res. Fqr; (lic) 7 Nov 1889; (off) Robt. L. RUFFIN; Pg:Ln 214:16
JEFFRIES, Chas. (col); s/o Jno. & Mary; 26y; wid; laborer; b. CulpVA; res. Fqr; m. 17 Apr 1892 in Fqr to BLACK, Evelina (col); d/o ___ & Mary;

52y; wid; b. Amherst Co. VA; res. Fqr; (lic) 16 Apr 1892; (off) R. P. DAWSON; Pg:Ln 229:23

JEFFRIES, E. G.; s/o E. J. & Mary E.; 24y; sgl; farmer; b. & res. Fqr; m. 20 Feb 1901 in Fqr to FEWELL, Mary E.; d/o Jas. W. & Agnes; 21y; sgl; b. & res. Fqr; (lic) 18 Feb 1901; (off) J. E. RAYMOND; consent of father in person; Pg:Ln 284:04

JEFFRIES, Geo. A.; s/o Geo. A. & Sallie; 40y; sgl; farmer; b. & res. Fqr; m. 23 Feb 1887 in Fqr to FEWELL, Sarah F.; d/o Jas. W. & Sallie; 25y; sgl; b. & res. Fqr; (lic) 22 Feb 1887; (off) S. M. ATHEY; Pg:Ln 201:03

JEFFRIES, Geo. J.; s/o Enoch & Mary; 30y; sgl; farmer; b. & res. Fqr; m. 18 May 1898 in Fqr to OWENS, Minnie C.; d/o James & Malinda; 22y; sgl; b. & res. Fqr; (lic) 10 May 1898; (off) Frank P. BERKLEY; Pg:Ln 265:05

JEFFRIES, Henry S.; s/o Jno. & Virginia; 24y; sgl; farmer; b. Fqr; res. PrWmVA; m. 25 May 1892 in PrWmVA to GRAHAM, Ella; d/o Jas. H. & Ella; 22y; sgl; b. & res. Fqr; (lic) 21 May 1892; (off) B. P. DULIN; Pg:Ln 230:07

JEFFRIES, J. W.; s/o Enoch & Nannie; 27y; sgl; carpenter; b. & res. Fqr; m. 7 Feb 1888 in Fqr to FEWELL, Gertrude; d/o Lemote & Mary Jane; 25y; sgl; b. & res. Fqr; (lic) 4 Feb 1888; (off) Y. B. SHEPHERD; oath; Pg:Ln 206:11

JEFFRIES, Jas. W.; s/o E. J. & M. C.; 26y; sgl; farmer; b. & res. Fqr; m. 25 Nov 1896 in Fqr to FEWELL, M. E.; d/o Benj. F. & Nancy J.; 23y; sgl; b. & res. Fqr; (lic) 25 Nov 1896; (off) H. M. STRICKLER; Pg:Ln 255:17

JEFFRIES, Jno. A.; s/o Enoch & Mary; 23y; sgl; laborer; b. & res. Fqr; m. 28 Dec 1898 in Fqr to SINCLAIR, Jennie M.; d/o Evan & Juliet; 18y; sgl; b. & res. Fqr; (lic) 26 Dec 1898; (off) S. M. ATHEY; consent of father in person; Pg:Ln 270:09

JEFFRIES, Jno. E.; s/o Jno. & Catharine; 40y; wid; farmer; b. & res. Fqr; m. 22 Oct 1884 in Fqr to MARTIN, Georganna; d/o Alexander & Catherine; 24y; sgl; b. & res. Fqr; (lic) 22 Oct 1884; (off) H. H. WYER; consent of father of wife in person; Pg:Ln 188:13

JENKINS, Benjamin H.; s/o John W. & Catharine; 31y; sgl; musician; b. Amite Co. Miss; res. Fairfield Co. Conn; m. 31 Oct 1900 in Fqr to BURKE, Rose Elizabeth; d/o Geo. W. & Ida R.; 21y; sgl; b. & res. Fqr; (lic) 31 Oct 1900; (off) Thos. P. BROWN; Pg:Ln 281:19

JENKINS, Beverley (col); s/o Beverley & Milly; 31y; sgl; laborer; b. & res. Fqr; m. 7 Sep 1890 in Fqr to HANSBROUGH, Mittie (col); d/o ___ & Susan; 23y; sgl; b. & res. Fqr; (lic) 6 Sep 1890; (off) R. P. DAWSON; Pg:Ln 219:12

JENKINS, Louis T.; s/o Joseph & Delphi; 22y; sgl; farmer; b. RappVA; res. Fqr; m. 12 Mar 1890 in Fqr to JOHN, Ida; d/o Albert & Frances; 26y; sgl; b. & res. Fqr; (lic) 12 Mar 1890; (off) Walker H. ROBERTSON; Pg:Ln 218:01

JENKINS, W. E.; s/o John & Frances; 26y; sgl; merchant; b. WrnVA; res. Tazewell Co. VA; m. 29 Apr 1890 in Fqr to HARRY, Maggie; d/o P. R.

& Rose; 26y; sgl; b. & res. Fqr; (lic) 28 Apr 1890; (off) James GRAMMER; Pg:Ln 218:10
JENKINS, Wm. B.; s/o Enoch & Martha; 33y; sgl; cabinett maker; b. Page Co. VA; res. Fqr; m. 28 Nov 1883 in Fqr to CREEL, Maria C.; d/o Geo. H. & Cath.; 33y; sgl; b. & res. Fqr; (lic) 23 Nov 1833; (off) Chas. L. YATES; Pg:Ln 183:12
JENNEY, J. H.; s/o Saml. & Catharine; 24y; sgl; farmer; b. & res. MontMD; m. 11 Nov 1891 in Fqr to TURNER, Sallie R.; d/o Edw'd. & Mary R.; 22y; sgl; b. & res. Fqr; (lic) 3 Nov 1891; (off) Jas. GRAMMER (P. E. C.); Pg:Ln 226:15
JENNINGS, A. G.; s/o A. C. & Fentress; 27y; sgl; loco. engineer; b. CulpVA; res. Pass del Norte, Old Mexico; m. 29 Oct 1891 in Fqr to BOWEN, M. M.; d/o Jas. & Mary; 26y; sgl; b. & res. Fqr; (lic) 27 Oct 1891; (off) M. R. GRIMSLEY; Pg:Ln 226:08
JENNINGS, Larkin (col); s/o Joseph & Matilda; 21y; sgl; laborer; b. & res. Fqr; m. 12 Jun 1901 in Fqr to WILLIAMS, Mary (col); d/o ___ & Carrie; 18y; sgl; b. CulpVA; res. Fqr; (lic) 12 Jun 1901; (off) N. A. MARRIOTT; consent of co. ct. filed; Pg:Ln 285:08
JENNINGS, Saml. (col); s/o Jos. & Matilda; 25y; sgl; laborer; b. & res. Fqr; m. 9 Mar 1895 in Fqr to FERRIS, Anna (col); d/o unknown; 23y; sgl; b. CulpVA; res. Fqr; (lic) 9 Mar 1895; (off) Robt. L. RUFFIN; Pg:Ln 246:10
JETT, Armistead (col); s/o James & Lucy; 25y; sgl; laborer; b. & res. Fqr; m. 27 Dec 1896 in Fqr to EVERHART, Mary (col); d/o Adam & Mary; 24y; sgl; b. OrngVA; res. Fqr; (lic) 26 Dec 1896; (off) R. L. RUFFIN; Pg:Ln 256:19
JETT, James (col); s/o James & Lucy; 23y; sgl; laborer; b. & res. Fqr; m. 8 Aug 1899 in Fqr to PINN, Elizabeth (col); d/o ___ & ___; 21y; sgl; b. & res. Fqr; (lic) 7 Aug 1899; (off) John O. TACKETT; Pg:Ln 273:15
JOHNS, A. R.; s/o A. R. & Frances; 33y; sgl; farmer; b. WrnVA; res. Fqr; m. 15 Nov 1893 in Fqr to HERRINGTON, Sophia A.; d/o Daniel & Jennie; 24y; sgl; b. & res. Fqr; (lic) 15 Nov 1893; (off) Chas. H. LEE Jr.; Pg:Ln 237:19
JOHNS, Edward Lovell; s/o Edward W. & Sarah A. P.; 33y; sgl; teacher; b. Henrico Co. Va; res. Fqr; m. 29 Dec 1897 in Fqr to SCOTT, Mary Ellen; d/o John & H. Augusta; 28y; sgl; b. & res. Fqr; (lic) 14 Dec 1897; (off) Geo. W. NELSON; Pg:Ln 262:09
JOHNS, Jno. W. (col); s/o ___ & Mary; 26y; sgl; laborer; b. & res. Fqr; m. 24 Dec 1903 in Fqr to TURNER, Lula (col); d/o ___ & Mary; 22y; sgl; b. & res. Fqr; (lic) 24 Dec 1903; (off) L. W. JONES; Pg:Ln 300:22
JOHNSON, Alfred C. (col); s/o Jas. L. & Nancy; 32y; sgl; laborer; b. RappVA; res. Fqr; m. 25 Feb 1892 in Fqr to BERRY, Rosa Ann (col); d/o Edmond & Harriet; 22y; sgl; b. & res. Fqr; (lic) 23 Feb 1892; (off) A. R. PINKETT; Pg:Ln 229:03
JOHNSON, Alfred M.; s/o Thomas & Fannie; 25y; sgl; farmer; b. & res. Fqr; m. 21 Apr 1906 in Fqr to WILLIS, Flora O.; d/o Brown & Fannie; 24y; sgl; b. & res. Fqr; (lic) 20 Apr 1906; (off) B. D. HARRISON; Pg:Ln 314:03

JOHNSON, Blair; s/o Rich'd. P. & Mary; 21y; sgl; farmer; b. OrngVA; res. Fqr; m. 20 Jun 1894 in Fqr to FLYNN, S. Janie; d/o J. B. & Rachael; 23y; sgl; b. & res. Fqr; (lic) 19 Jun 1894; (off) F. R. BOSTON; Pg:Ln 241:15

JOHNSON, Cornelius (col); s/o Albert & Lucy; 27y; sgl; laborer; b. RappVA; res. Fqr; m. 10 Jan 1895 in Fqr to PENDLETON, Julia (col); d/o Lewis & Matilda; 19y; sgl; b. & res. Fqr; (lic) 10 Jan 1895; (off) R. H. CAREY; consent of Judge SPILMAN filed; Pg:Ln 245:11

JOHNSON, Edw'd. (col); s/o Edw'd. & Betsy; 29y; wid; laborer; b. & res. Fqr; m. 21 Feb 1889 in Fqr to FORD, Minnie (col); d/o ___ & Maria; 20y; sgl; b. & res. Fqr; (lic) 20 Feb 1889; (off) R. L. RUFFIN; Pg:Ln 211:08

JOHNSON, Esthill; s/o Esthill & Anne; 39y; sgl; merchant; b. Yorkshire, England; res. Campbell Co. VA; m. 8 Oct 1888 in Fqr to CLEIGH, Annie E.; d/o Saml. & Annie; 19y; sgl; b. & res. Fqr; (lic) 8 Oct 1888; (off) Wm. A. WADE; consent of Frank GESCHKY her natural Gdn in person; Pg:Ln 208:03

JOHNSON, Flavius (col); s/o Moses & Lizzie; 24y; sgl; laborer; b. & res. Fqr; m. 4 Nov 1891 in Fqr to STEWART, Jane (col); d/o Albert & Mary; 18y; sgl; b. & res. Fqr; (lic) 3 Nov 1891; (off) G. C. BANISTER; Pg:Ln 226:13

JOHNSON, Frazier (col); s/o Alex & Georgiana; 25y; sgl; laborer; b. Warwick Co. Va; res. Fqr; m. 20 Oct 1904 in Fqr to BROWN, Fannie (col); d/o Thornton & Jane; 21y; sgl; b. & res. Fqr; (lic) 20 Oct 1904; (off) C. M. TYLER; Pg:Ln 305:12

JOHNSON, Henry (col); s/o Larry & Sophia; 50y; wid; laborer; b. Johnston Co. NC; res. Fqr; m. 27 Sep 1896 in Fqr to YOUNG, Lucy (col); d/o not given; 47y; wid; b. Montgomery Co. MD; res. Fqr; (lic) 24 Sep 1896; (off) Horace CRUTCHER; Pg:Ln 254:17

JOHNSON, Herbert A. (col); s/o Henry & Laura; 22y; sgl; laborer; b. & res. Fqr; m. 19 May 1901 in Fqr to WASHINGTON, Margaret (col); d/o ___ & Agnes; 21y; sgl; b. & res. Fqr; (lic) 14 May 1901; (off) T. W. BROOKE; Pg:Ln 284:20

JOHNSON, Herbert G.; s/o Chas. K. & Bettie T.; 26y; sgl; farmer; b. CulpVA; res. Fqr; m. 15 Jun 1903 in Fqr to ARMSTRONG, Annie A.; d/o Oliver & Jane; 25y; sgl; b. Highland Co. Va; res. Fqr; (lic) 11 Jun 1903; (off) William T. GOVER; Pg:Ln 298:15

JOHNSON, Hezekiah (col); s/o Welby & Courtney; 23y; sgl; laborer; b. & res. Fqr; m. 23 May 1894 in Fqr to NICKENS, Bessie (col); d/o Thornton & Frances; 22y; sgl; b. & res. Fqr; (lic) 19 May 1894; (off) G. C. BANISTER; see letter of G. B. GIBSON; Pg:Ln 241:08

JOHNSON, Hezekiah (col); s/o Welby & Courtney; 30y; div; laborer; b. & res. Fqr; m. 10 Nov 1901 in Fqr to HOLMES, Lucy F. (col); d/o Edmond & Bettie L.; 23y; sgl; b. & res. Fqr; (lic) 9 Nov 1901; (off) P. W. AUSTIN; dec. of divorce in cir. ct. April 3, 1900; Pg:Ln 288:03

JOHNSON, Howard; s/o Thos. & Fannie E.; 26y; sgl; farmer; b. & res. Fqr; m. 7 Sep 1898 in Fqr to SHUMATE, Alice; d/o John W. & Mary;

23y; sgl; b. & res. Fqr; (lic) 6 Sep 1898; (off) Geo. W. NELSON; Pg:Ln 267:04
JOHNSON, Isaac J.; s/o John J. & Susan E.; 22y; sgl; farmer; b. & res. Fqr; m. 6 Apr 1896 in Fqr to THORNHILL, Martha J.; d/o Jno. D. & Lucy; 15y; sgl; b. RappVA; res. Fqr; (lic) 6 Apr 1896; (off) F. R. BOSTON; consent of father in person; Pg:Ln 252:22
JOHNSON, Jacob K. (col); s/o Jos. L. & Nancy; 26y; sgl; laborer; b. RappVA; res. Fqr; m. 28 Aug 1884 in Fqr to WILLIAMS, Mary (col); d/o ___ & Sophia; 18y; sgl; b. & res. Fqr; (lic) 25 Aug 1884; (off) S. M. ATHEY; consent of guardian Moses GRANT in person; Pg:Ln 187:23
JOHNSON, James; s/o Prestley & Edmonia; 23y; sgl; farmer; b. & res. Fqr; m. 8 Jul 1905 in Fqr to MAHORNEY, Eliz'th.; d/o R. A. & Cally; 15y; sgl; b. & res. Fqr; (lic) 8 Jul 1905; (off) not given; consent of father sworn to; Pg:Ln 309:20
JOHNSON, John (col); s/o Jack & Patsey; 22y; sgl; laborer; b. CulpVA; res. Fqr; m. 1 Oct 1891 in Fqr to RAYMOND, Mary (col); d/o Arthur & Annie; 22y; sgl; b. & res. Fqr; (lic) 1 Oct 1891; (off) C. M. TYLER; Pg:Ln 226:01
JOHNSON, John (col); s/o William & Lucinda; 27y; sgl; laborer; b. PrWmVA; res. Fqr; m. 11 Aug 1901 in Fqr to WIGGINGTON, Carrie (col); d/o Columbus & Weeding; 24y; sgl; b. Madison Co Va; res. Fqr; (lic) 8 Aug 1901; (off) J. O. TACKETT; Pg:Ln 286:03
JOHNSON, Lewis (col); s/o Major & Jane; 23y; sgl; laborer; b. & res. Fqr; m. 19 Aug 1890 in Fqr to TURNER, Susan (col); d/o John & Sarah; 20y; sgl; b. & res. Fqr; (lic) 18 Aug 1890; (off) W. H. GAINES; consent of father sworn to by James HOWARD and filed; Pg:Ln 219:08
JOHNSON, Lewis R. (col); s/o Charles & Julia; 24y; sgl; laborer; b. & res. Fqr; m. 16 Dec 1899 in Fqr to BARBER, Kate (col); d/o Ed & Nannie; 29y; sgl; b. & res. Fqr; (lic) 12 Dec 1899; (off) Geo. W. NELSON; consent of father in person; Pg:Ln 275:22
JOHNSON, Nathan (col); s/o Ben & Maria; 25y; sgl; laborer; b. WrnVA; res. Fqr; m. 17 May 1885 in Fqr to WELLS, Julia (col); d/o Robt. & Rebecca; 21y; sgl; b. & res. Fqr; (lic) 15 May 1885; (off) J. W. WEBB; consent filed; Pg:Ln 192:05
JOHNSON, Oscar (col); s/o ___ & Mary; 36y; sgl; laborer; b. PrWmVA; res. Fqr; m. 19 Mar 1891 in Fqr to REDD, Georgie (col); d/o ___ & Nancy; 21y; sgl; b. & res. Fqr; (lic) 19 Mar 1891; (off) not given; Pg:Ln 223:12
JOHNSON, P. Brooke; s/o Perry M. & Lavinia; 26y; sgl; merchant; b. & res. Fqr; m. 12 Sep 1903 in Fqr to BLACKWELL, Estelle F.; d/o Elias E. & Fanny G.; 20y; sgl; b. & res. Fqr; (lic) 10 Sep 1903; (off) F. R. BOSTON; consent of her father in person; Pg:Ln 299:07
JOHNSON, Philip L.; s/o Abram & Bettie; 35y; wid; laborer; b. & res. Fqr; m. 2 Oct 1885 in Fqr to CAMPBELL, Mollie; d/o Frank & Eliza; 28y; wid; b. CulpVA; res. Fqr; (lic) 2 Oct 1885; (off) Robt. L. RUFFIN; Pg:Ln 193:11
JOHNSON, Robert; s/o Presley & Edmonia; 22y; sgl; laborer; b. & res. Fqr; m. 15 Jan 1903 in Fqr to REILEY, Mollie; d/o Thomas & Mary;

21y; sgl; b. & res. Fqr; (lic) 15 Jan 1903; (off) S. M. ATHEY; Pg:Ln 296:16
JOHNSON, Robert (col); s/o Robt. & Catharine; 24y; sgl; laborer; b. & res. Fqr; m. 28 Dec 1898 in Fqr to TRAVIS, Mary (col); d/o Stephen & Harriet; 24y; sgl; b. & res. Fqr; (lic) 26 Dec 1898; (off) J. C. LOVE; Pg:Ln 270:10
JOHNSON, Robt.; s/o Thos. & Mary; 23y; sgl; railroading; b. Nelson Co.; res. Fqr; m. 28 Jul 1898 in Fqr to BOLTON, Ida; d/o Jno. R. & Mittie; 18y; sgl; b. & res. Fqr; (lic) 26 Jul 1898; (off) John O. TACKETT; consent of father in person; Pg:Ln 266:13
JOHNSON, Robt. (col); s/o Wyett & Rose; 23y; sgl; farmer; b. StafVA; res. Fqr; m. 20 Jan 1898 in Fqr to GARNER, Katie (col); d/o ___ & Lucy; 21y; sgl; b. AugVA; res. Fqr; (lic) 20 Jan 1898; (off) L. W. JONES; Pg:Ln 264:02
JOHNSON, Robt. B. (col); s/o Robt. & Emma; 24y; sgl; laborer; b. & res. Fqr; m. 14 Feb 1889 in Fqr to BLAND, Martha (col); d/o Edw'd. & Elmira; 16y; sgl; b. & res. Fqr; (lic) 12 Feb 1889; (off) Cornelius GADDIS; consent of father in person; Pg:Ln 211:04
JOHNSON, Robt. F.; s/o Moses & Susan A.; 48y; sgl; farmer; b. & res. Fqr; m. 10 Jan 1888 in Fqr to FISHER, Annie E.; d/o John & Eliz'th; 38y; sgl; b. & res. Fqr; (lic) 9 Jan 1888; (off) F. R. BOSTON; Pg:Ln 206:01
JOHNSON, Tazwell F.; s/o Perry M. & Lavenia; 25y; sgl; farmer; b. RappVA; res. Fqr; m. 24 Oct 1894 in Fqr to PAYNE, Ida M.; d/o Marshall & Mittie; 25y; sgl; b. & res. Fqr; (lic) 23 Oct 1894; (off) F. R. BOSTON; Pg:Ln 243:10
JOHNSON, Thomas (col); s/o Major & Jane; 29y; wid; laborer; b. & res. Fqr; m. 11 Nov 1894 in Fqr to DAVENPORT, Martha (col); d/o John & Isidore; 30y; sgl; b. RappVA; res. Fqr; (lic) 10 Nov 1894; (off) A. R. PINKETT; Pg:Ln 243:17
JOHNSON, Thornton (col); s/o Alec & Mahala; 22y; sgl; laborer; b. & res. Fqr; m. 27 Dec 1888 in Fqr to CAREY, Minnie (col); d/o Robt. & Ellen __; 22y; sgl; b. & res. Fqr; (lic) 26 Dec 1888; (off) P. W. AUSTIN; Pg:Ln 210:02
JOHNSON, Thos. (col); s/o Major & Jane; 26y; sgl; laborer; b. & res. Fqr; m. 5 Jul 1891 in Fqr to BERRY, Julie (col); d/o Edwin & Polly; 24y; sgl; b. & res. Fqr; (lic) 3 Jul 1891; (off) A. R. PINKETT; Pg:Ln 224:20
JOHNSON, Walker W.; s/o John & Mary; 25y; sgl; merchant; b. WrnVA; res. WashDC; m. 18 Jun 1902 in Fqr to ANDERSON, Maggie; d/o John & Mildred; 25y; sgl; b. & res. Fqr; (lic) 17 Jun 1902; (off) Isaac N. CAMPBELL; Pg:Ln 292:17
JOHNSON, Walter (col); s/o Wm. & Catharine; 24y; sgl; laborer; b. Louisa Co. VA; res. Fqr; m. 16 Dec 1886 in Fqr to TURNER, Mary (col); d/o Washington & Summer; 23y; sgl; b. & res. Fqr; (lic) 16 Dec 1886; (off) L. WARRING; Pg:Ln 199:08
JOHNSON, William (col); s/o Henry & Delsey; 22y; sgl; laborer; b. & res. Fqr; m. 17 Sep 1889 in Fqr to SINCLAIR, Lizzie (col); d/o Archey &

Catharine; 20y; sgl; b. & res. Fqr; (lic) 17 Sep 1889; (off) A. A.
McDONOUGH; consent of father in person; Pg:Ln 213:19
JOHNSON, Wm. (col); s/o Isaac & Carrie; 22y; sgl; laborer; b. & res. Fqr;
m. 30 Jun 1904 in Fqr to HENDERSON, Emma (col); d/o Robert &
Ada; 21y; sgl; b. & res. Fqr; (lic) 29 Jun 1904; (off) not given; see
license; Pg:Ln 303:11
JOHNSON, Wm. H. (col); s/o Robt. & ___; 25y; sgl; laborer; b. & res. Fqr;
m. 1 Aug 1889 in Fqr to WANSER, Columbia (col); d/o Charles &
Celia; 35y; sgl; b. PrWmVA; res. Fqr; (lic) 1 Aug 1889; (off) T. R.
BOSTON; Pg:Ln 213:06
JOHNSON, Wm. H. (col); s/o Henry & Laura; 24y; sgl; laborer; b. & res.
Fqr; m. 12 May 1904 in Fqr to ROBERTS, Ella (col); d/o Billy & Lucy;
23y; sgl; b. & res. Fqr; (lic) 10 May 1904; (off) G. C. BANISTER; Pg:Ln
302:23
JOHNSTON, Sterling P.; s/o Jno. W. & Susan F.; 34y; sgl; farmer; b. &
res. Halifax Co NC; m. 27 Jan 1897 in Fqr to TURNER, Rebecca H.;
d/o B. B. & Rose D.; 20y; sgl; b. & res. Fqr; (lic) 26 Jan 1897; (off) J. J.
NORWOOD; Pg:Ln 257:18
JOHNSTON, Wm. S. (col); s/o Jos. L. & Nancy; 27y; sgl; laborer; b.
RappVA; res. Fqr; m. 28 Dec 1884 in Fqr to SHELTON, Martha (col);
d/o Thornton & Delia WATERS; 28y; wid; b. RappVA; res. Fqr; (lic) 27
Dec 1884; (off) Cornelius GADDIS; Pg:Ln 190:08
JOLLEY, Clarence V.; s/o Bushrod & Lucinda J.; 25y; sgl; painter; b. &
res. Fqr; m. 3 Jun 1891 in Fqr to POWERS, Sarah R.; d/o Saml. C. &
___; 23y; sgl; b. & res. Fqr; (lic) 3 Jun 1891; (off) Jno. T. POULTON;
Pg:Ln 224:11
JONES, Albert T. A. (col); s/o Anthony & Mary Agnes; 24y; sgl; cook; b.
LdnVA; res. Fqr; m. 10 Jun 1886 in Fqr to ROBINSON, Maggie (col);
d/o Spencer & Maggie; 21y; sgl; b. & res. Fqr; (lic) 9 Jun 1886; (off) R.
P. DAWSON; Pg:Ln 196:22
JONES, Andrew T.; s/o Jno. W. & Roberta J.; 21y; sgl; farmer; b. & res.
Fqr; m. 3 Jun 1903 in Fqr to CLATTERBUCK, Mary A.; d/o Jno. M. &
Sarah J.; 18y; sgl; b. PrWmVA; res. Fqr; (lic) 1 Jun 1903; (off) Walter
H. ROBERTSON; consent of father in person; Pg:Ln 298:02
JONES, David W. (col); s/o Parker & Kitty; 48y; wid; minister; b.
Nansemond Co. Va; res. Fqr; m. 30 Nov 1905 in Fqr to PAYNE, Eliza
(col); d/o Henry & Ellen; 32y; sgl; b. & res. Fqr; (lic) 29 Nov 1905; (off)
Julius WARD; Pg:Ln 311:16
JONES, H. W.; s/o Jno. W. & Roberta; 24y; sgl; farmer; b. & res. Fqr; m. 6
Feb 1895 in Fqr to EMBREY, S. L.; d/o Frank M. & Harriet; 22y; sgl; b.
& res. Fqr; (lic) 4 Feb 1895; (off) C. W. BROOKS; Pg:Ln 245:21
JONES, Hackley J.; s/o H. B. & Margaret A.; 32y; sgl; carpenter; b. & res.
Fqr; m. 7 Apr 1903 in Fqr to HOLMES, Dosia E.; d/o William & Sophia;
28y; sgl; b. & res. Fqr; (lic) 3 Apr 1903; (off) C. W. BROOKS; Pg:Ln
297:11
JONES, J. W. (col); s/o Durey & Margaret Ann; 29y; wid; cook; b.
OrngVA; res. Fqr; m. 19 Dec 1900 in Fqr to POLES, Mary K. (col); d/o

Robert & Hester; 22y; sgl; b. & res. Fqr; (lic) 15 Dec 1900; (off) Jefferson R. TAYLOR; Pg:Ln 282:17

JONES, James C.; s/o H. B. & Margaret A.; 31y; sgl; farmer; b. & res. Fqr; m. 2 Jul 1899 in Fqr to HOLMES, Musie J.; d/o Wm. F. & Sophia E.; 21y; sgl; b. & res. Fqr; (lic) 13 Jun 1899; (off) W. S. ATHEY; see letter of H. B. JONES; Pg:Ln 272:20

JONES, James T.; s/o Wm. & Mary; 33y; sgl; farmer; b. & res. StafVA; m. 25 Jan 1900 in Fqr to EDWARDS, Susan J.; d/o Joseph & Ann E.; 32y; sgl; b. & res. Fqr; (lic) 30 Dec 1899; (off) D. J. SHOPOFF; Pg:Ln 277:06

JONES, Jas. W.; s/o Jno. W. & Roberta; 23y; sgl; farmer; b. & res. Fqr; m. 30 Dec 1891 in Fqr to NEALE, Alverta C.; d/o Silas C. & Bettie H.; 21y; sgl; b. & res. Fqr; (lic) 28 Dec 1891; (off) C. W. BROOKS; Pg:Ln 228:04

JONES, Jno. C.; s/o John & Febie; 36y; sgl; minister; b. Pendleton Co. VA; res. WashDC; m. 28 Nov 1889 in Fqr to GIBSON, Ada W.; d/o Douglas & Hellen; 23y; sgl; b. & res. Fqr; (lic) 27 Nov 1889; (off) J. C. DICE; Pg:Ln 214:23

JONES, Jno. E. (col); s/o Jno. H. & Cath.; 22y; sgl; laborer; b. & res. AlexVA; m. 19 Oct 1890 in Fqr to McINTYRE, Nannie (col); d/o Robert & ___; 20y; sgl; b. & res. Fqr; (lic) 18 Oct 1890; (off) C. W. MARK; consent of father sworn to & filed; Pg:Ln 220:05

JONES, L. R.; s/o Wm. A. & Mary C.; 25y; sgl; farmer; b. Fqr; res. Platte Co. MO; m. 12 Feb 1884 in Fqr to MOXLEY, Valonia; d/o S. R. & Eliza A.; 22y; sgl; b. & res. Fqr; (lic) 4 Feb 1884; (off) T. W. NEWMAN; Pg:Ln 186:09

JONES, Marshall; s/o Marshall & Betsy; 25y; sgl; laborer; b. & res. Fqr; m. 26 Sep 1887 in Fqr to MOORE, Fancy; d/o Edw'd & Martha; 18y; sgl; b. & res. Fqr; (lic) 26 Sep 1887; (off) Robt. L. RUFFIN; oath; Pg:Ln 203:05

JONES, Marshall (col); s/o Marshall & Betty; 26y; div; laborer; b. & res. Fqr; m. 18 Sep 1894 in Fqr to WHITE, Susan (col); d/o George & Susan; 21y; sgl; b. & res. Fqr; (lic) 18 Sep 1894; (off) C. H. TYLER; Pg:Ln 242:13

JONES, Nelson (col); s/o Richard & Ann; 57y; wid; laborer; b. & res. Fqr; m. 8 Nov 1901 in Fqr to TIMBERS, Margaret (col); d/o ___ & ___; 64y; sgl; b. RappVA; res. Fqr; (lic) 6 Nov 1901; (off) James C. COLBERT; Pg:Ln 288:15

JONES, Orlando C.; s/o H. B. & Margaret; 34y; sgl; carpenter; b. & res. Fqr; m. 4 Mar 1897 in Fqr to CURTIS, Mary D.; d/o Wm. H. & Sallie J.; 18y; sgl; b. & res. Fqr; (lic) 26 Feb 1897; (off) C. W. BROOKEs; consent filed; Pg:Ln 258:01

JONES, R. L.; s/o Lewis & Lucinda; 29y; sgl; laborer; b. & res. Fqr; m. 16 Jul 1885 in Fqr to BROWN, Nannie Eliza; d/o Thomas & Nancy; 30y; sgl; b. & res. Fqr; (lic) 9 Jul 1885; (off) F. H. JAMES; Pg:Ln 192:16

JONES, Robert Catesby; s/o Walter F. & Frances E.; 35y; sgl; clerk; b. Petersburg, VA; res. Gloucester Co. VA; m. 10 Nov 1887 in Fqr to

HOOE, Sarah; d/o Howson & Catharine; 35y; sgl; b. & res. Fqr; (lic) 9 Nov 1887; (off) A. A. McDONOUGH; oath; Pg:Ln 203:23
JONES, S. H.; s/o J. W. & R. J.; 21y; sgl; farmer; b. & res. Fqr; m. 21 Dec 1899 in Fqr to KANE, Mary J.; d/o W. A. & Matilda; 22y; sgl; b. & res. Fqr; (lic) 19 Dec 1899; (off) T. W. NEWMAN; Pg:Ln 276:08
JONES, Stuart (col); s/o Thornton & Lavinia; 24y; sgl; laborer; b. & res. Fqr; m. 14 Jan 1905 in Fqr to CASH, Sarah (col); d/o Humphrey & Martha; 20y; sgl; b. & res. Fqr; (lic) 14 Jan 1905; (off) F. R. BOSTON; consent of father in person; Pg:Ln 307:24
JONES, T. T.; s/o A. B. & Jane E.; 45y; wid; farmer; b. & res. Fqr; m. 16 Mar 1889 in Fqr to CAMERON, V. B.; d/o H. B. & Martha D.; 25y; sgl; b. Cecil Co. MD; res. Fqr; (lic) 16 Mar 1889; (off) Walter H. ROBERTSON; Pg:Ln 211:13
JONES, Walter A.; s/o D. M. & Sarah A.; 20y; sgl; farmer; b. & res. Fqr; m. 28 Dec 1902 in Fqr to STROTHER, Maggie J.; d/o ___ & Josephine; 22y; sgl; b. & res. Fqr; (lic) 23 Dec 1902; (off) not given; consent of father in person; Pg:Ln 295:21
JONES, William (col); s/o Anthony & Agnes; 21y; sgl; laborer; b. LdnVA; res. Fqr; m. 13 Nov 1884 in Fqr to ALLAN, Sarah (col); d/o George & Ann; 23y; sgl; b. Nelson Co. VA; res. Fqr; (lic) 12 Nov 1884; (off) R. P. LAWSON; oath of W. JONES & Milton RUNNER as to age; Pg:Ln 188:22
JONES, William (col); s/o Abram & Christina; 25y; sgl; laborer; b. & res. Fqr; m. 11 Nov 1889 in Fqr to DEARING, Ida (col); d/o Arthur & Susan; 24y; sgl; b. CulpVA; res. Fqr; (lic) 11 Nov 1889; (off) Robt. L. RUFFIN; Pg:Ln 214:18
JONES, William (col); s/o Robert Fucery & Christiana Miles; 38y; div; farmer; b. Smith Co. Va; res. Fqr; m. 24 Dec 1903 in Fqr to THOMPSON, Eliz'th. (col); d/o Richard & Martha; 21y; sgl; b. & res. Fqr; (lic) 24 Dec 1903; (off) Vincent LACEY; cerf. of divorce shown; Pg:Ln 300:20
JONES, Wm. A.; s/o D. M. & Sara A.; 24y; sgl; farmer; b. & res. Fqr; m. 11 Jan 1905 in Fqr to ANDERSON, Eugenia; d/o Boston & Lucy; 26y; sgl; b. & res. Fqr; (lic) 11 Jan 1905; (off) W. H. BALLENGEE; Pg:Ln 307:23
JONES, Wm. F.; s/o Walter F. & Fannie E.; 40y; sgl; physician; b. Dinwiddie Co. VA; res. Gloucester Co. VA; m. 29 Oct 1884 in Fqr to HOOE, Catharine; d/o Howson & Catharine; 33y; sgl; b. & res. Fqr; (lic) 28 Oct 1884; (off) Arthur P. GRAY; Pg:Ln 188:18
JONES, Wm. J.; s/o H. B. & Margaret; 29y; sgl; carpenter; b. & res. Fqr; m. 3 May 1892 in Fqr to TAYLOR, Annie E.; d/o J. E. & E. J.; 23y; sgl; b. & res. Fqr; (lic) 2 May 1892; (off) C. W. BROOKS; Pg:Ln 230:04
JORDAN, Hedgman (col); s/o Edw'd. & Edmonia; 21y; sgl; laborer; b. RappVA; res. Fqr; m. 19 Jun 1892 in Fqr to DESPOT, Lilly (col); d/o Sidney & Ada; 18y; sgl; b. & res. WashDC; (lic) 18 Jun 18892; (off) R. L. RUFFIN; Pg:Ln 230:21
JORDAN, Jas. Edw. (col); s/o Henry & Lizzie; 23y; sgl; laborer; b. & res. Fqr; m. 27 Dec 1883 in Fqr to YATES, Alice (col); d/o ___ & Delilah;

17y; sgl; b. & res. Fqr; (lic) 27 Dec 1883; (off) J. W. WEBB; consent proved by Wm. ROY (col); Pg:Ln 185:05

JORDAN, Thos. (col); s/o ___ & Elizabeth; 21y; sgl; laborer; b. & res. Fqr; m. 12 Aug 1885 in Fqr to GASKINS, Mary (col); d/o Moses & Henrietta; 18y; sgl; b. & res. Fqr; (lic) 10 Aug 1885; (off) J. N. WEBB; consent of father; Pg:Ln 192:20

JORDAN, Wm. H.; s/o J. H. & Sarah C.; 22y; sgl; farmer; b. RockVA; res. Fqr; m. 20 May 1888 in Fqr to HUMPHREY, Harriet A.; d/o Jas. H. & Jane; 21y; sgl; b. & res. Fqr; (lic) 17 May 1888; (off) not given; oath; Pg:Ln 207:08

JORDON, Henry; s/o Jas. & Catharine; 22y; sgl; farmer; b. & res. RappVA; m. 23 Nov 1887 in Fqr to SETTLE, Lucy; d/o Moses & Melinda; 19y; sgl; b. & res. Fqr; (lic) 19 Nov 1887; (off) Cornelius GADDIS; oath; Pg:Ln 204:05

JOYCE, W. H. H.; s/o C. A. & M. F.; 25y; sgl; minister; b. Pocahontas Co. WV; res. Montgomery Co. VA; m. 10 Aug 1892 in Fqr to WALKER, Bessie; d/o ___ & Judith K.; 20y; sgl; b. & res. Fqr; (lic) 10 Aug 1892; (off) C. A. JOYCE; consent of mother sworn to by Jas. H. MADDUX; Pg:Ln 231:07

JUDD, Harry Weston; s/o Jas. H. & Rhoda C.; 23y; sgl; physician; b. & res. CulpVA; m. 16 Dec 1903 in Fqr to CRITTENDEN, Mary Henry; d/o Wm. L. & Laura L.; 20y; sgl; b. & res. Fqr; (lic) 15 Dec 1903; (off) A. J. CUMMINGS; consent of mother filed; Pg:Ln 300:17

JULIUS, Beverly (col); s/o Henry & Charlotte; 31y; wid; cook; b. & res. Fqr; m. 29 Dec 1886 in Fqr to WHITTINGHAM, Berta (col); d/o Marshall & Catharine; 21y; wid; b. & res. Fqr; (lic) 29 Dec 1886; (off) W. HUGHES; Pg:Ln 199:24

JULIUS, Harrison (col); s/o Henry & Laurinda; 50y; wid; laborer; b. & res. Fqr; m. 12 Sep 1901 in Fqr to ROSS, Nancy (col); d/o Henry & Annie; 35y; sgl; b. & res. Fqr; (lic) 10 Sep 1901; (off) P. W. AUSTIN; Pg:Ln 286:12

JULIUS, Wm.; s/o Henry & Charlotte; 21y; sgl; laborer; b. & res. Fqr; m. 11 Aug 1886 in Fqr to MARSHALL, Harriet R.; d/o Jno. & Patsy; 20y; sgl; b. & res. Fqr; (lic) 9 Aug 1886; (off) T. M. AMBLER; consent filed; Pg:Ln 197:09

KAISER, Louis A.; s/o N. & A.; 31y; sgl; naval officer; b. Warren Co. Ill; res. WashDC; m. 25 Jan 1906 in Fqr to RICHARDS, Cynthia L.; d/o B. S. & L. M.; 26y; sgl; b. Norfolk, VA; res. Fqr; (lic) 22 Jan 1906; (off) Wm. H. LAIRD; Pg:Ln 313:03

KANE, A. D.; s/o A. D. & E. J.; 35y; sgl; farmer; b. & res. Fqr; m. 24 Feb 1892 in Fqr to HEFLIN, Maggie S.; d/o John & Susan; 18y; sgl; b. & res. Fqr; (lic) 24 Feb 1892; (off) H. H. WYER; consent of father in person; Pg:Ln 229:04

KANE, George D.; s/o Davenport & Eliza Jane; 25y; sgl; farmer; b. & res. Fqr; m. 29 Mar 1883 in Fqr to TIMMONS, Josephine; d/o Charles & Lucy; 24y; sgl; b. & res. Fqr; (lic) 26 Mar 1883; (off) T. W. NEWMAN, M. B. D.; Pg:Ln 179:23

KANE, James W.; s/o Wm. A. & Matilda J.; 25y; sgl; farmer; b. & res. Fqr; m. 5 Jul 1899 in Fqr to SMITH, Annie E.; d/o Geo. M. & Francis E.; 22y; sgl; b. & res. Fqr; (lic) 5 Jul 1899; (off) Walter H. ROBERTSON; Pg:Ln 273:06
KANE, R. F.; s/o Ambrose & Matilda; 23y; sgl; merchant; b. & res. Fqr; m. 18 Mar 1888 in Fqr to TIMMONS, Annie B.; d/o Charles & Lucy; 21y; sgl; b. & res. Fqr; (lic) 9 Mar 1888; (off) T. W. NEWMAN; oath; Pg:Ln 206:20
KANE, Scott J.; s/o Scott J. & Martha; 24y; sgl; farmer; b. & res. Fqr; m. 28 Dec 1904 in Fqr to TAYLOR, Mildred; d/o Arthur W. & Ada A.; 22y; sgl; b. & res. Fqr; (lic) 27 Dec 1904; (off) A. V. VONDERSMITH; Pg:Ln 307:09
KANE, Wm. A.; s/o Davenport & Emily; 39y; wid; farmer; b. & res. Fqr; m. 27 Dec 1883 in Fqr to SMITH, Mary C.; d/o Dudley & Rebecca; 28y; sgl; b. & res. Fqr; (lic) 24 Dec 1883; (off) C. W. BROOKS; Pg:Ln 184:17
KANE, Wm. A.; s/o Ambrose & Matilda; 25y; sgl; carpenter; b. & res. Fqr; m. 8 Oct 1885 in Fqr to DAVIS, Mary V.; d/o Wm. & Fanny YATES; 32y; div; b. CulpVA; res. Fqr; (lic) 8 Oct 1885; (off) J. A. KERN; Pg:Ln 193:12
KAYS, Wm. H.; s/o Wm. T. & Oria A.; 29y; sgl; painter; b. Scotland Co. Mo; res. Fqr; m. 30 Mar 1906 in Fqr to FOLEY, Jeanette E.; d/o Robt. E. & M. B.; 23y; sgl; b. & res. Fqr; (lic) 30 Mar 1906; (off) Wm. CHINN; Pg:Ln 313:22
KEARNS, Frank; s/o Marshall & Frances; 22y; sgl; farmer; b. & res. Fqr; m. 3 Feb 1892 in Fqr to WINES, Ida Lee; d/o W. T. & Carrie; 21y; sgl; b. & res. Fqr; (lic) 3 Feb 1892; (off) Jas. W. GRUBB; Pg:Ln 228:21
KEARNS, W. D.; s/o W. D. & Mary; 26y; sgl; farmer; b. & res. Fqr; m. 28 Jan 1885 in Fqr to TIMMONS, Leathe L.; d/o Chas. W. & Lucy Ann; 22y; sgl; b. & res. Fqr; (lic) 26 Jan 1885; (off) T. W. NEWMAN; Pg:Ln 191:02
KEISER, Junius N.; s/o Geo. K. & Mary Ann; 42y; sgl; farmer; b. AugVA; res. Fqr; m. 4 Feb 1886 in Fqr to WYNANT, Adeline H.; d/o Henry H. & Lydia; 41y; sgl; b. RockVA; res. Fqr; (lic) 27 Jan 1886; (off) L. W. HASLUP; Pg:Ln 195:08
KEITH, Charles (col); s/o Nelson & Susan; 24y; sgl; laborer; b. Fluvanna Co. VA; res. Fqr; m. 20 Jun 1889 in Fqr to TAYLOR, Annie (col); d/o Fenly & Catharine; 19y; sgl; b. & res. Fqr; (lic) 20 Jun 1889; (off) James GRAMMAR; consent of father sworn to by Noble FORD & filed; Pg:Ln 212:19
KEITH, Chas. (col); s/o Nelson & Susan; 28y; wid; laborer; b. Fluvanna Co. VA; res. Fqr; m. 30 Sep 1896 in Fqr to RILEY, Senora (col); d/o Jno. & Annie; 27y; sgl; b. & res. Fqr; (lic) 28 Sep 1896; (off) Vincent LACY; Pg:Ln 254:20
KEITH, James; s/o Isham & Juliet; 47y; wid; Ck. Ct. Ct.; b. & res. Fqr; m. 16 Feb 1887 in Fqr to MORSON, Frances Barksdale; d/o Arthur A. & Maria S.; 30y; sgl; b. Richmond, VA; res. Fqr; (lic) 15 Feb 1887; (off) Geo. W. NELSON; Pg:Ln 200:22

KEITH, James (col); s/o Hannibal & Mary; 24y; sgl; laborer; b. & res. Fqr;
m. 23 Dec 1886 in Fqr to HULL, Elizabeth (col); d/o Strother & Clara;
22y; sgl; b. & res. Fqr; (lic) 22 Dec 1886; (off) James MILES; Pg:Ln
199:13
KEITH, John A. C.; s/o Isham & Sarah A.; 33y; sgl; attorney at law; b. &
res. Fqr; m. 27 May 1903 in Fqr to SCOTT, Mary W.; d/o R. Taylor &
Fanny C.; 33y; sgl; b. & res. Fqr; (lic) 27 May 1903; (off) Robert A.
GIBSON; Pg:Ln 297:22
KEITH, Julian C.; s/o Isham & Sarah; 45y; wid; farmer; b. & res. Fqr; m.
22 Oct 1904 in Fqr to BARRY, Margaret N.; d/o R. P. & Julia K.; 32y;
sgl; b. Wilmington NC; res. Fqr; (lic) 22 Oct 1904; (off) Wm. H. LAIRD;
Pg:Ln 305:14
KELLER, C. L.; s/o Wm. & Mary; 21y; sgl; manufacturer; b. & res.
FredVA; m. 26 Jun 1888 in Fqr to CARTER, Ella; d/o Geo. & Mary;
24y; sgl; b. LdnVA; res. Fqr; (lic) 26 Jun 1888; (off) T. A. HALL; oath;
Pg:Ln 207:14
KELLY, David Wright; s/o Granville J. & Harriet E.; 24y; sgl; farmer; b.
Fqr; res. CulpVA; m. 7 Nov 1883 in Fqr to STONE, Mary Emma; d/o
Jno. & Susan J.; 21y; sgl; b. & res. Fqr; (lic) 5 Nov 1883; (off) F. H.
JAMES; Pg:Ln 182:21
KELLY, G. Frank; s/o John & Louisa; 41y; sgl; merchant; b. LdnVA; res.
AlexVA; m. 23 Oct 1883 in Fqr to PAYNE, Dora E.; d/o Robt. H. &
Catharine; 28y; sgl; b. & res. Fqr; (lic) 20 Oct 1883; (off) T. W.
NEWMAN; Pg:Ln 182:14
KEMP, Hugh L.; s/o Lafayette & Elizabeth; 26y; sgl; farmer; b. & res.
Page Co. Va; m. 7 Aug 1901 in Fqr to MOORE, Bertha B.; d/o John &
Martha; 25y; sgl; b. & res. Fqr; (lic) 6 Aug 1901; (off) S. M. ATHEY;
Pg:Ln 285:24
KEMPER, Jas. S.; s/o Jno. J. & Nancy; 22y; sgl; farmer; b. & res. Fqr; m.
20 Jan 1892 in Fqr to KINES, Lilly F.; d/o Geo. & Martha; 23y; sgl; b.
RappVA; res. Fqr; (lic) 18 Jan 1892; (off) Jas. W. GRUBB; Pg:Ln
228:16
KEMPER, Loudoun (col); s/o Loudoun & Susan; 34y; wid; farmer; b.
AlbmVA; res. RockVA; m. 26 Dec 1889 in Fqr to DUGLAS, Katie (col);
d/o Jacob & Sally; 21y; sgl; b. & res. Fqr; (lic) 26 Dec 1889; (off) G. C.
BANISTER; Pg:Ln 216:10
KEMPER, Otis M.; s/o J. M. & J. E.; 27y; sgl; mechanic; b. & res. Fqr; m.
20 Nov 1898 in Fqr to HOLMES, Hattie J.; d/o E. B. & S. L.; 24y; sgl;
b. & res. Fqr; (lic) 16 Nov 1898; (off) James F. BRANNIN; Pg:Ln
268:18
KEMPER, Rich'd.; s/o Henry & Eliza; 60y; wid; miller; b. & res. Fqr; m. 18
Apr 1893 in Fqr to EDWARDS, Josephine; d/o Wm. & Margaret; 35y;
wid; b. & res. Fqr; (lic) 18 Apr 1893; (off) F. R. BOSTON; Pg:Ln
235:11
KENARD, Harrison F.; s/o Jas. W. & Julia F.; 20y; sgl; farmer; b. & res.
Fqr; m. 24 Nov 1887 in Fqr to WELLS, Lillie B.; d/o Jas. H. & Annie
M.; 17y; sgl; b. & res. Fqr; (lic) 23 Nov 1887; (off) J. C. C. NEWTON;
consent of father in person; Pg:Ln 204:09

KENARD, Jos.; s/o Geo. W. & Lucy; 25y; sgl; farmer; b. & res. Fqr; m. 29 Dec 1897 in Fqr to JARMANS, Etha Inman; d/o Jas. W. & Ella Lewis; 18y; sgl; b. & res. Fqr; (lic) 27 Dec 1897; (off) F. P. BERKLEY; consent of father in person; Pg:Ln 263:10
KENDALL, Edwin J.; s/o George & Julia; 32y; sgl; laborer; b. & res. Fqr; m. 8 Jun 1903 in Fqr to BETTIS, Minnie L.; d/o Hamilton & Mary; 22y; sgl; b. & res. Fqr; (lic) 8 Jun 1903; (off) F. R. BOSTON; Pg:Ln 298:13
KENDALL, Lemuel; s/o Ransom & Lucy; 56y; wid; farmer; b. FredVA; res. Fqr; m. 28 Dec 1891 in Fqr to GORDON, Susan; d/o Jefferson & Mary; 29y; wid; b. WrnVA; res. Fqr; (lic) 23 Sep 1891; (off) C. W. HOLLIS; Pg:Ln 225:24
KENNEDY, Lee W.; s/o Jas. S. & Eliz'th; 22y; sgl; carpenter; b. & res. AugVA; m. 14 Jun 1894 in Fqr to HANBACK, Rosa A.; d/o Jas. H. & Martha A.; 30y; sgl; b. & res. Fqr; (lic) 14 Jun 1894; (off) F. R. BOSTON; Pg:Ln 241:12
KENNEY, B. M. (col); s/o Archie & Sarah; 32y; sgl; laborer; b. & res. Fqr; m. 4 Feb 1892 in Fqr to WALKER, Annie (col); d/o ___ & Louise; 30y; sgl; b. & res. Fqr; (lic) 3 Feb 1892; (off) R. L. RUFFIN; Pg:Ln 228:22
KENNEY, Jas. H. (col); s/o Archer & Sarah; 22y; sgl; laborer; b. & res. Fqr; m. 26 Feb 1884 in Fqr to FREEMAN, Eliza (col); d/o J. Baptist & Alice P.; 18y; sgl; b. & res. Fqr; (lic) 25 Feb 1884; (off) J. D. HINES; consent of Guard'n in person; Pg:Ln 186:17
KENNEY, John (col); s/o George & Evelina; 27y; sgl; farmer; b. AugVA; res. Fqr; m. 4 Aug 1886 in Fqr to BROWN, Ada (col); d/o Robert & Marg't.; 20y; sgl; b. & res. Fqr; (lic) 2 Aug 1886; (off) L. WARRING; consent of mother in person; Pg:Ln 197:08
KERBY, Andrew J.; s/o Wm. & Barbara S.; 44y; sgl; carpenter; b. & res. PrGMD; m. 21 Feb 1906 in Fqr to JEFFRIES, Mardulia E.; d/o Benjamin & Nancy; 34y; wid; b. & res. Fqr; (lic) 20 Feb 1906; (off) Wm. T. GOVER; Pg:Ln 313:07
KERN, James W.; s/o Ephraim & Mary E.; 29y; sgl; merchant; b. FredVA; res. Fqr; m. 9 Apr 1883 in Fqr to AMISS, Kate O.; d/o Jno. N. & Lucy A.; 32y; wid; b. & res. Fqr; (lic) 31 Mar 1883; (off) H. B. LEE; Pg:Ln 180:02
KERN, Ulysses; s/o Joseph & Agnes; 21y; sgl; laborer; b. & res. Fqr; m. 26 Sep 1900 in Fqr to MONROE, Lillie D.; d/o M. J. & Mary E.; 25y; sgl; b. & res. Fqr; (lic) 22 Sep 1900; (off) J. Howard WELLS; Pg:Ln 280:21
KERNES, J. V.; s/o Wm. & Catharine; 39y; wid; farmer; b. & res. Fqr; m. 1 Feb 1888 in Fqr to POWELL, Annie F.; d/o W. H. & Melville; 27y; wid; b. & res. Fqr; (lic) 18 Jan 1888; (off) not given; oath; Pg:Ln 206:06
KERNS, Bud Vincent; s/o Vincent & Lovie; 21y; sgl; farmer; b. & res. Fqr; m. 26 Dec 1903 in Fqr to GRAY, Kath; d/o J. W. & Katharine; 22y; sgl; b. & res. Fqr; (lic) 24 Dec 1903; (off) W. H. BALLENGEE; Pg:Ln 300:21
KERNS, George; s/o Wm. & Mary; 28y; sgl; stone mason; b. & res. Fqr; m. 24 Dec 1884 in Fqr to GREEN, Josephine; d/o Robt. & A. Jane;

23y; sgl; b. & res. Fqr; (lic) 23 Dec 1884; (off) Jacob HEDRICK; Pg:Ln 190:04
KERNS, Jacob A.; s/o Marshall & Frances C.; 29y; wid; stonemason; b. PrWmVA; res. Fqr; m. 28 Dec 1886 in Fqr to ELKINS, Eliz'th A.; d/o Jno. H. & Bettie; 23y; sgl; b. & res. Fqr; (lic) 24 Dec 1886; (off) J. D. MARTIN; Pg:Ln 199:15
KERNS, Jas. R.; s/o ___ & Sarah E.; 22y; sgl; farmer; b. & res. Fqr; m. 28 Dec 1893 in Fqr to JARMANS, Nancy E.; d/o Marshall & Eliza; 20y; sgl; b. & res. Fqr; (lic) 28 Dec 1893; (off) Walter H. ROBERTSON; consent of father in person; Pg:Ln 239:11
KERNS, John R.; s/o Marshall & Catharine; 42y; wid; farmer; b. & res. Fqr; m. 30 Nov 1898 in Fqr to KERNS, Dora; d/o Thos. L. & Alberta; 20y; sgl; b. & res. Fqr; (lic) 26 Nov 1898; (off) M. R. GRIMSLEY; consent of father in person; Pg:Ln 268:23
KERNS, John R. Jr.; s/o John R. & Mary A.; 21y; sgl; farmer; b. & res. Fqr; m. 26 Dec 1901 in Fqr to HITT, Lucy; d/o Wm. & Emma; 22y; sgl; b. & res. Fqr; (lic) 24 Dec 1901; (off) F. R. BOSTON; Pg:Ln 290:02
KERNS, Marshall; s/o Marshall & Francis; 33y; div; laborer; b. & res. Fqr; m. 1 Feb 1900 in Fqr to WINES, Umela; d/o Wm. & Annie; 23y; sgl; b. & res. Fqr; (lic) 29 Jan 1900; (off) Isaac G. MICHAEL; (see letter of Jas. R. GREEN); Pg:Ln 277:16
KERNS, William; s/o Jeremiah & Mary; 70y; wid; stonemason; b. & res. Fqr; m. 21 Dec 1897 in Fqr to JAMES, Virginia; d/o John & Catharine SMITH; 52y; wid; b. & res. Fqr; (lic) 16 Dec 1897; (off) Wm. S. JACKSON; Pg:Ln 262:12
KERSEY, W. W.; s/o Eli & Sarah; 45y; wid; lawyer; b. Wayne Co. IN; res. LdnVA; m. 6 Dec 1883 in Fqr to MOREHEAD, Fannie; d/o P. W. & Mildred; 24y; sgl; b. & res. Fqr; (lic) 6 Dec 1883; (off) J. N. BADGER; Pg:Ln 183:23
KESLER, W. E.; s/o Jno. & Jenny; 21y; sgl; farmer; b. AlexVA; res. Fqr; m. 6 Feb 1889 in Fqr to EMBREY, Mollie E.; d/o Wm. & Virginia; 21y; sgl; b. & res. Fqr; (lic) 4 Feb 1889; (off) Jno. F. POULTON; consent of father in person; Pg:Ln 210:22
KESSLER, John H.; s/o John H. & Jennie; 23y; sgl; farmer; b. AlexVA; res. Fqr; m. 18 Dec 1895 in Fqr to LEACH, Ella; d/o Lewis H. & Marg't. A.; 19y; sgl; b. & res. Fqr; (lic) 7 Dec 1895; (off) J. L. SHIPLEY; consent of father in person; Pg:Ln 250:07
KEYES, John W.; s/o Charles & Julia; 334; sgl; farmer; b. & res. Fqr; m. 30 Dec 1903 in Fqr to WOODWARD, Mary V.; d/o J. W. & Nannie M.; 21y; sgl; b. & res. Fqr; (lic) 28 Dec 1903; (off) Wm. T. GOVER; Pg:Ln 301:04
KEYS, Clay T.; s/o Wm. A. & Mary A.; 23y; sgl; farmer; b. & res. LdnVA; m. 18 Dec 1889 in Fqr to DOWNS, Ida T.; d/o Rich'd H. & Eliz'th Jane; 22y; sgl; b. & res. Fqr; (lic) 16 Dec 1889; (off) Chas. M. BROWN; Pg:Ln 215:13
KEYS, Henry L.; s/o Charles W. & Julia; 32y; sgl; farmer; b. & res. Fqr; m. 16 Jul 1902 in Fqr to SPRING, Rebecca; d/o ___ & ___; 27y; sgl; b.

PrWmVA; res. Fqr; (lic) 14 Jul 1902; (off) William T. GOVER; Pg:Ln 292:23
KEYS, Jas.; s/o Jas. H. & Mary Ann; 26y; sgl; farmer; b. Fqr; res. PrWmVA; m. 11 Mar 1883 in Fqr to CARTER, Laura M.; d/o George & Mary; 28y; sgl; b. LdnVA; res. Fqr; (lic) 8 Mar 1883; (off) J. S. TRONE; Pg:Ln 179:18
KEYS, Kirman K.; s/o Jas. H. & Mary A.; 23y; sgl; farmer; b. PrWmVA; res. Fqr; m. 19 Dec 1894 in Fqr to KENNEDY, Mary C.; d/o Andrew J. & Annie E.; 22y; sgl; b. & res. Fqr; (lic) 14 Dec 1894; (off) Edwin S. HINKS; Pg:Ln 244:07
KEYS, Saml. (col); s/o Jno. T. & Melinda; 23y; sgl; laborer; b. & res. Fqr; m. 19 May 1889 in Fqr to BANNION, Nellie (col); d/o Marshall & Marg't.; 26y; sgl; b. & res. Fqr; (lic) 18 May 1889; (off) M. B. STROTHER; Pg:Ln 212:03
KEYSER, William N.; s/o A. H. & Belle V.; 31y; sgl; bookkeeper; b. Page Co. Va; res. FfxVA; m. 24 Sep 1902 in Fqr to GRANT, Mary L.; d/o John R. & Anna C.; 24y; sgl; b. & res. Fqr; (lic) 23 Sep 1902; (off) W. S. JACKSON; Pg:Ln 294:04
KIBLER, Luther J.; s/o George H. & Mary C.; 25y; sgl; farmer; b. & res. ShenVA; m. 12 Oct 1886 in Fqr to FOLEY, Angeline P.; d/o Fenton M. & Mary F.; 22y; sgl; b. & res. Fqr; (lic) 11 Oct 1886; (off) Robt. B. WHITE; Pg:Ln 198:04
KIBLER, Omar E.; s/o Luther & Angie; 21y; sgl; farmer; b. & res. Fqr; m. 27 Jun 1906 in Fqr to BODMER, Mary J.; d/o Geo. & Mary; 23y; sgl; b. LdnVA; res. Fqr; (lic) 26 Jun 1906; (off) J. P. STUMP; Pg:Ln 314:21
KIDWELL, J. W.; s/o J. W. & Lucy L.; 22y; sgl; blacksmith; b. Fqr; res. LdnVA; m. 5 Jun 1890 in Fqr to JAMES, Mary M.; d/o Duncan & Jenny; 17y; sgl; b. & res. Fqr; (lic) 4 Jun 1890; (off) B. P. DULIN; consent of father sworn to by W. H. MARTIN & filed; Pg:Ln 218:17
KIDWELL, Jas. L.; s/o Wm. & Sarah; 36y; wid; blacksmith; b. FfxVA; res. Fqr; m. 24 Dec 1885 in Fqr to ELLIOTT, Rebecca L.; d/o Aldridge & Betty; 33y; sgl; b. & res. Fqr; (lic) 21 Dec 1885; (off) R. B. WHITE; Pg:Ln 194:04
KIDWELL, Julius L.; s/o Jno. L. & Cath. A.; 47y; sgl; miner; b. WashDC; res. LdnVA; m. 7 Jun 1900 in PrWmVA to EMBREY, Eliza N.; d/o James J. & Susan R.; 34y; sgl; b. & res. Fqr; (lic) 26 May 1900; (off) Patrick DONLON; see letter filed; Pg:Ln 279:10
KIDWELL, Lawrence W.; s/o Edward & Clara; 21y; sgl; plasterer; b. FfxVA; res. WashDC; m. 26 Jun 1906 in Fqr to PULLIAM, Elizabeth F.; d/o Jas. S. & Mary J.; 20y; sgl; b. RappVA; res. Fqr; (lic) 25 Jun 1906; (off) B. D. HARRISON; consent of father sworn to; Pg:Ln 314:18
KILBY, R. S.; s/o Frank & Caraline; 23y; sgl; farmer; b. CulpVA; res. LdnVA; m. 25 Dec 1889 in Fqr to WYSOR, Mary E.; d/o Joseph & Louisa; 21y; sgl; b. & res. Fqr; (lic) 24 Dec 1889; (off) H. H. WYER; Pg:Ln 216:09
KILPATRICK, Wm. (col); s/o James & Maria; 28y; sgl; laborer; b. RockVA; res. Fqr; m. 17 May 1891 in Fqr to TIBBS, Annie (col); d/o not given;

26y; wid; b. & res. Fqr; (lic) 16 May 1891; (off) R. P. DAWSON; Pg:Ln 224:06

KIMES, James M.; s/o Geo. W. & M. F.; 30y; sgl; farmer; b. & res. Fqr; m. 24 Jan 1901 in Fqr to JEFFRIES, Willie A.; d/o John & Jennie; 21y; sgl; b. PrWmVA; res. Fqr; (lic) 24 Jan 1901; (off) F. R. BOSTON; Pg:Ln 283:24

KINCHELOE, Jno. W. Jr.; s/o C. B. & Vidie; 28y; sgl; merchant; b. & res. Fqr; m. 7 Oct 1896 in Fqr to GREEN, May; d/o Daniel H. & Susan; 23y; sgl; b. & res. Fqr; (lic) 6 Oct 1896; (off) C. F. HERNDON; Pg:Ln 255:02

KINCHELOE, R. W. P.; s/o Brandt & Mary; 43y; sgl; farmer; b. & res. Fqr; m. 16 Dec 1891 in Fqr to CARTER, Mary Louisa; d/o John L. & Virginia E.; 29y; sgl; b. FredVA; res. Fqr; (lic) 3 Dec 1891; (off) I. B. LAKE; Pg:Ln 227:06

KINCHELOE, Thos. J.; s/o Hardwick & Mary Ann; 52y; sgl; clerk; b. & res. Fqr; m. 18 Nov 1891 in Fqr to WOOLF, Kate S.; d/o Andrew & Ann C.; 37y; sgl; b. & res. Fqr; (lic) 4 Nov 1891; (off) Wm. E. WOOLF; Pg:Ln 226:16

KINES, Benjamin D.; s/o Daniel & Catharine; 25y; sgl; farmer; b. & res. Fqr; m. 8 Sep 1904 in Fqr to PEARSON, C. Blanche; d/o R. D. & Annie E.; 19y; sgl; b. & res. Fqr; (lic) 8 Sep 1904; (off) W. H. BALLINGEE; consent of father in person; Pg:Ln 304:09

KINES, Daniel R.; s/o Daniel & Catharine; 23y; sgl; laborer; b. & res. Fqr; m. 30 Aug 1900 in Fqr to UTTERBACK, Annie A.; d/o John & Maria; 23y; sgl; b. & res. Fqr; (lic) 29 Aug 1900; (off) S. M. ATHEY; Pg:Ln 280:10

KINES, James Wm.; s/o Daniel J. & Sarah C.; 28y; sgl; farmer; b. & res. Fqr; m. 16 Apr 1903 in Fqr to PEARSON, R. Virginia; d/o R. D. & Ann E.; 21y; sgl; b. & res. Fqr; (lic) 15 Apr 1903; (off) Wm. S. JACKSON; Pg:Ln 297:13

KINES, John M.; s/o ___ & Tena; 26y; sgl; farmer; b. RappVA.; res. MontMD; m. 4 Dec 1900 in Fqr to CHEEK, Maggie M.; d/o ___ &Eliza; 22y; sgl; b. RappVA; res. Fqr; (lic) 3 Dec 1900; (off) Isaac N. CAMPBELL; Pg:Ln 282:07

KINES, Lee; s/o Thomas & Ann; 22y; sgl; laborer; b. & res. Fqr; m. ___ Dec 1896 in Fqr to STILLIONS, Annie; d/o Frank & Susan; 21y; sgl; b. & res. Fqr; (lic) 18 Dec 1896; (off) J. F. FINNELL; by J. A. DOWNING; Pg:Ln 256:11

KINES, Thos. E.; s/o Thos. F. & Albina; 24y; sgl; farmer; b. & res. Fqr; m. 7 Oct 1903 in Fqr to REDMON, Mary V.; d/o Welby & Rose; 20y; sgl; b. & res. Fqr; (lic) 6 Oct 1903; (off) W. P. C. COE; Pg:Ln 299:17

KING, Albert (col); s/o Chas. & Louisa; 23y; sgl; laborer; b. & res. Fqr; m. 16 May 1891 in Fqr to CHRISTIAN, Lizzie (col); d/o Thos. & Mary; 19y; sgl; b. WashDC; res. Fqr; (lic) 16 May 1891; (off) J. W. WEBB; consent of Guardian sworn to and filed; Pg:Ln 224:07

KING, Albert (col); s/o Benj. & Lucinda; 53y; wid; laborer; b. & res. Fqr; m. 21 Nov 1897 in Fqr to FIELDS, Patsy (col); d/o ___ & ___; 39y; sgl; b. & res. Fqr; (lic) 18 Nov 1897; (off) T. W. BROOKE; Pg:Ln 261:21

KING, Alonzo; s/o Craven & Virginia; 21y; sgl; laborer; b. & res. Fqr; m. 11 Oct 1888 in Fqr to SMALLWOOD, Mary; d/o George & ___; 21y; sgl; b. PrWmVA; res. Fqr; (lic) 10 Oct 1888; (off) not solemnized; oath; Pg:Ln 208:05
KING, Baylis (col); s/o Windsor& Susan; 47y; wid; laborer; b. & res. Fqr; m. 10 Jun 1894 in Fqr to SMITH, Mary (col); d/o James & Maria; 27y; wid; b. & res. Fqr; (lic) 8 Jun 1894; (off) C. H. MINOR; Pg:Ln 241:11
KING, Charles (col); s/o James & Mary; 36y; sgl; laborer; b. CulpVA; res. Fqr; m. 8 Jul 1897 in Fqr to MERCER, Anna (col); d/o ___ & Hester; 34y; wid; b. & res. Fqr; (lic) 8 Jul 1897; (off) M. B. STROTHER; Pg:Ln 259:15
KING, Edwin B.; s/o J. Francis & Susan L.; 29y; sgl; teacher; b. Wilmington NC; res. Southboro, Mass; m. 24 Jun 1905 in Fqr to FORBES, Mary S.; d/o Murray & Emily N.; 26y; sgl; b. & res. Fqr; (lic) 23 Jun 1905; (off) Wm. H. LAIRD; Pg:Ln 309:15
KING, Frank; s/o George T. & Margaret S.; 26y; sgl; clerk; b. & res. WashDC; m. 29 Oct 1902 in Fqr to BALLARD, Clara M.; d/o J. M. & Fannie; 24y; sgl; b. & res. Fqr; (lic) 29 Oct 1902; (off) W. P. C. COE; Pg:Ln 294:10
KING, George E.; s/o W. A. & Sallie J.; 23y; sgl; liveryman; b. Alleghany Co. Va; res. Wetzel Co. W Va; m. 29 Apr 1903 in Fqr to EMBREY, Carroll E.; d/o S. D. & Cassandra D.; 22y; sgl; b. & res. Fqr; (lic) 27 Apr 1903; (off) L. H. SHUCK; Pg:Ln 297:17
KING, J. Henry J. (col); s/o J. H. J. & Celia; 22y; sgl; laborer; b. & res. Fqr; m. 15 Sep 1901 in Fqr to KING, Susie P. (col); d/o Taliaferro & Eliza; 21y; sgl; b. & res. Fqr; (lic) 14 Sep 1901; (off) G. C. BANISTER; Pg:Ln 286:16
KING, Rossil; s/o Alfred J. & Frances; 22y; sgl; laborer; b. & res. Fqr; m. 21 Sep 1884 in Fqr to BLACK, Betsy Ann; d/o Nelson & Eveline; 21y; sgl; b. & res. Fqr; (lic) 20 Sep 1884; (off) Wormley HUGHES; Danl. STROTHER certifyed age of wife; Pg:Ln 188:03
KING, Thomas F.; s/o F. P. & Sarah; 24y; sgl; railroad foreman; b. & res. PrWmVA; m. 14 Jun 1906 in Fqr to GLASCOCK, Kathryn, T.; d/o E. Cook & N. A.; 18y; sgl; b. & res. Fqr; (lic) 11 Jun 1906; (off) V. H. COUNCILL; consent of father in person; Pg:Ln 314:14
KING, Winfield (col); s/o John & Melinda; 23y; sgl; laborer; b. CulpVA; res. Fqr; m. 20 Dec 1894 in Fqr to PINN, Mattie (col); d/o Jacob & ___; 18y; sgl; b. & res. Fqr; (lic) 20 Dec 1894; (off) R. L. RUFFIN; consent of father in person; Pg:Ln 244:18
KING, Wm. A.; s/o M. W. & Jane; 42y; wid; farmer; b. Alleghany Co. VA; res. Fqr; m. 23 May 1896 in Fqr to SMITH, Evelyn B.; d/o A. J. & E. O.; 29y; sgl; b. & res. Fqr; (lic) 14 May 1896; (off) Walter H. ROBERSTON; Pg:Ln 253:07
KING, Wm. C. (col); s/o Toliver & Eliza; 24y; sgl; laborer; b. & res. Fqr; m. 12 Jun 1902 in Fqr to RANDOLPH, Annie (col); d/o ___ & Alice GASKINS; 21y; sgl; b. & res. Fqr; (lic) 3 Jun 1902; (off) T. W. BROOKE; see letter E. T. PHILLIPS; Pg:Ln 292:13

KING, Wm. T.; s/o Olonzo H. & Anna M.; 25y; sgl; engineer; b. & res. WashDC; m. 3 Jun 1902 in Fqr to EMBREY, Maggie M.; d/o S. D. & Cassandra D.; 24y; sgl; b. & res. Fqr; (lic) 2 Jun 1902; (off) L. H. SHUCK; Pg:Ln 292:12

KINNEY, Thos. F.; s/o Geo. & Sarah; 50y; wid; gov't clerk; b. WI; res. WashDC; m. 7 Apr 1896 in Fqr to SHUMATE, Minnie; d/o Whitson G. & Virg'a. A.; 22y; sgl; b. & res. Fqr; (lic) 1 Apr 1896; (off) T. W. NEWMAN; Pg:Ln 252:21

KIRBY, Geo. F.; s/o Jas. & Emily; 24y; sgl; farmer; b. & res. Fqr; m. 19 Aug 1895 in Fqr to SILMAN, Flora M.; d/o Benj. & Mary; 22y; sgl; b. & res. Fqr; (lic) 19 Aug 1895; (off) Isaac N. CAMPBELL; Pg:Ln 247:23

KIRBY, Gray C.; s/o J. R. & Emily J.; 25y; sgl; farmer; b. & res. Fqr; m. 17 Dec 1902 in Fqr to PEARSON, Mary E.; d/o Jno. W. & Alice; 23y; sgl; b. & res. Fqr; (lic) 17 Dec 1902; (off) W. S. JACKSON; Pg:Ln 295:10

KIRBY, HAMMON; s/o Richard R. & Emma; 30y; sgl; farmer; b. & res. Fqr; m. 7 Dec 1898 in Fqr to PEARSON, Annie G.; d/o John W. & Alice; 24y; sgl; b. & res. Fqr; (lic) 7 Dec 1898; (off) Geo. T. TYLER; Pg:Ln 269:04

KIRBY, Jas. E.; s/o Jas. R. & Emily; 24y; sgl; farmer; b. & res. Fqr; m. 20 Nov 1888 in Fqr to LEONARD, Esther V.; d/o Josiah & Eldevine; 17y; sgl; b. & res. Fqr; (lic) 19 Nov 1888; (off) C. A. JOYCE; oath; Pg:Ln 208:12

KIRBY, Jno. G.; s/o Jas. D. & Julia C.; 24y; sgl; painter; b. & res. Fqr; m. 5 Jun 1895 in Fqr to SIMS, Carrie L.; d/o M. A. & Luvenia; 25y; sgl; b. & res. Fqr; (lic) 5 Jun 1895; (off) F. R. BOSTON; Pg:Ln 247:02

KIRBY, Jos.; s/o Joseph & Annie; 24y; sgl; farmer; b. & res. Fqr; m. 10 Jan 1899 in Fqr to HALL, Nannie; d/o Alfred & Amanda; 22y; sgl; b. & res. Fqr; (lic) 10 Jan 1899; (off) not given; Pg:Ln 271:01

KIRBY, Wm. J.; s/o James & Emma; 30y; sgl; farmer; b. & res. Fqr; m. 28 Dec 1892 in Fqr to PEARSON, Estella; d/o H. C. & Mary; 25y; sgl; b. & res. Fqr; (lic) 26 Dec 1892; (off) T. G. NEVITT; Pg:Ln 233:14

KIRKPATRICK, Ashby; s/o Hugh & Mary; 23y; sgl; farmer; b. & res. Fqr; m. 29 Dec 1896 in Fqr to KERNS, Lilly C.; d/o J. W. & S. F.; 17y; sgl; b. & res. Fqr; (lic) 28 Dec 1896; (off) W. F. DUNAWAY; consent of father in person; Pg:Ln 256:23

KIRKPATRICK, Edw'd.; s/o Hugh F. & Mary C.; 21y; sgl; farmer; b. & res. Fqr; m. 17 Aug 1887 in Fqr to EDWARDS, Venia; d/o Ricey & Lulu; 20y; sgl; b. & res. Fqr; (lic) 13 Aug 1887; (off) L. H. CRENSHAW; consent of Jno. W. EDWARDS uncle & natural guard'n in person; Pg:Ln 202:17

KIRKPATRICK, Geo. E.; s/o Marcellus & Nancy Ann; 25y; sgl; farmer; b. & res. Fqr; m. 26 Feb 1896 in Fqr to PAYNE, Matie; d/o ___ & Mary; 21y; sgl; b. & res. Fqr; (lic) 26 Feb 1896; (off) F. R. BOSTON; Pg:Ln 252:11

KIRKPATRICK, Harley F.; s/o Hugh & Mary; 21y; sgl; laborer; b. & res. Fqr; m. 11 Dec 1895 in Fqr to SUTHARD, Annie B.; d/o Jos. & Mary; 22y; sgl; b. & res. Fqr; (lic) 9 Dec 1895; (off) L. H. CRENSHAW; consent of father in person; Pg:Ln 250:09

KIRKPATRICK, Hugh F.; s/o Jno. & Eliz'th; 57y; wid; farmer; b. LdnVA; res. Fqr; m. 25 Jul 1895 in Fqr to EDWARDS, Mary J.; d/o ___ & Sarah; 53y; wid; b. & res. Fqr; (lic) 22 Jul 1895; (off) L. H. CRENSHAW; Pg:Ln 247:15
KIRKPATRICK, Jas. F.; s/o Enoch & Delilah; 30y; sgl; farmer; b. & res. Fqr; m. 12 Jan 1898 in Fqr to BROWN, Martha L.; d/o Jno. & Sarah; 29y; sgl; b. & res. Fqr; (lic) 10 Jan 1898; (off) A. M. STRICKLER; Pg:Ln 263:21
KIRKPATRICK, Jno.; s/o Hugh F. & Mary; 22y; sgl; farmer; b. & res. Fqr; m. 15 Feb 1887 in Fqr to EDWARDS, Laura L.; d/o ___ & Lavenia; 21y; sgl; b. & res. Fqr; (lic) 12 Feb 1887; (off) L. H. CRENSHAW; Pg:Ln 200:21
KIRKPATRICK, W. L. M.; s/o Hugh F. & Mary C.; 21y; sgl; farmer; b. & res. Fqr; m. 21 Feb 1894 in Fqr to EDWARDS, Ida; d/o not given; 22y; sgl; b. & res. Fqr; (lic) 20 Feb 1894; (off) L. H. CRENSHAW; consent of father in person; Pg:Ln 240:15
KIRWEN, Danl. F.; s/o Jno. & Eliz'th; 22y; sgl; farmer; b. & res. Fqr; m. 15 Oct 1896 in Fqr to FLETCHER, Susan P.; d/o Edw'd & Alice; 19y; sgl; b. & res. Fqr; (lic) 14 Oct 1896; (off) H. M. STRICKLER; consent filed; Pg:Ln 255:04
KLINE, B. F.; s/o D. B. & Sallie; 25y; sgl; farmer; b. RockVA; res. Fqr; m. 1 May 1904 in Fqr to SPITZER, Fanny C.; d/o John & Sarah; 24y; sgl; b. ShenVA; res. Fqr; (lic) 29 Apr 1904; (off) Dennis WEIMER; Pg:Ln 302:20
KLINE, Jno. M.; s/o D. B. & Sallie; 20y; sgl; farmer; b. RockVA; res. Fqr; m. 30 Apr 1896 in Fqr to KANE, Hettie E.; d/o J. T. & Martha J.; 18y; sgl; b. & res. Fqr; (lic) 28 Apr 1896; (off) Abraham CONNER; consent of father in person; Pg:Ln 253:04
KLINE, Wm. D.; s/o D. B. & Sally M.; 22y; sgl; farmer; b. RockVA; res. Fqr; m. 25 Dec 1900 in Fqr to SHIFFLET, Virtie O.; d/o A. C. & Hetty J.; 19y; sgl; b. RockVA; res. Fqr; (lic) 20 Dec 1900; (off) Abraham CONNER; consent of father in person; Pg:Ln 283:03
KREISEL, Theo. W.; s/o Kerl & Theresa; 59y; wid; merchant; b. Saxony Germany; res. Fqr; m. 28 Jun 1898 in Fqr to BREWER, Lena M.; d/o Herman & ___; 27y; sgl; b. Wisconsin; res. Fqr; (lic) 27 Jun 1898; (off) Geo. W. NELSON; Pg:Ln 266:02
KREISEL, Theodore; s/o Charles & Amelia; 54y; wid; baker; b. Saxony, Germany; res. Fqr; m. 2 Nov 1893 in Fqr to SANFORD, Amanda; d/o not given; 34y; wid; b. Tell City, IN; res. Fqr; (lic) 1 Nov 1893; (off) Geo. W. NELSON; Pg:Ln 237:13
LACEY, Luther B. (col); s/o Vincent & Martha; 21y; sgl; laborer; b. & res. Fqr; m. 25 Aug 1897 in Fqr to VOWLES, Lizzie B.; d/o Scott & Sarah; 18y; sgl; b. & res. Fqr; (lic) 23 Aug 1897; (off) R. L. RUFFIN; consent of father in person; Pg:Ln 260:05
LACEY, Wallace (col); s/o Vincent & Martha; 35y; wid; farmer; b. & res. Fqr; m. 12 Apr 1905 in Fqr to REDD, Mary E. (col); d/o Benj. F. & Martha E.; 30y; sgl; b. & res. Fqr; (lic) 12 Apr 1905; (off) D. W. JONES; Pg:Ln 308:22

LACY, Henry (col); s/o John & Lou; 21y; sgl; laborer; b. & res. Fqr; m. 7 Jun 1896 in Fqr to HATHAWAY, Nannie (col); d/o Sowell & Sarah; 22y; sgl; b. & res. Fqr; (lic) 6 Jun 1896; (off) M. D. WILLIAMS; Pg:Ln 253:13

LACY, Jackson (col); s/o James & Betty; 25y; sgl; laborer; b. & res. Fqr; m. 26 Dec 1889 in Fqr to THOMPSON, Emily (col); d/o James & Eliza; 19y; sgl; b. & res. Fqr; (lic) 23 Dec 1889; (off) G. C. BANISTER; sworn to by Geo. THOMPSON & filed, consent of father; Pg:Ln 216:03

LACY, Jno. (col); s/o ___ & Mary; 32y; wid; laborer; b. & res. Fqr; m. 17 Nov 1886 in Fqr to ACRES, Susan (col); d/o ___ & Emily; 17y; sgl; b. & res. Fqr; (lic) 16 Nov 1886; (off) Marshall D. WILLIAMS; consent of mother in writing sworn to by Edw. GRANT; Pg:Ln 198:21

LACY, Robt. (col); s/o George & Annie; 28y; sgl; laborer; b. & res. Fqr; m. 25 Apr 1906 in Fqr to CRAIG, Della; d/o Lewis & Sarah; 23y; sgl; b. & res. Fqr; (lic) 23 Apr 1906; (off) T. W. BROOKS; Pg:Ln 314:04

LACY, Wallace (col); s/o Vincent & Martha; 22y; sgl; laborer; b. & res. Fqr; m. 12 Jul 1894 in Fqr to THOMAS, Edmonia (col); d/o John & Amelia; 18y; sgl; b. & res. Fqr; (lic) 11 Jul 1894; (off) R. L. RUFFIN; consent of father in person; Pg:Ln 241:22

LACY, Whitten (col); s/o James & Bettie; 24y; sgl; teacher; b. & res. Fqr; m. 23 Jul 1896 in Fqr to ROSS, Laura (col); d/o ___ & Nancy; 25y; sgl; b. & res. Fqr; (lic) 23 Jul 1896; (off) G. C. BANISTER; Pg:Ln 253:19

LACY, William (col); s/o Lewis & Kate; 23y; sgl; laborer; b. & res. Fqr; m. 27 Dec 1896 in Fqr to BALTIMORE, Catharine (col); d/o Reuben & Harriet; 22y; sgl; b. & res. Fqr; (lic) 26 Dec 1896; (off) M. A. RUSSELL; Pg:Ln 256:18

LAKE, Frederick O.; s/o Thomas & Florence; 26y; sgl; insurance agent; b. LdnVA; res. WashDC; m. 30 Nov 1899 in Fqr to RECTOR, Carrie Lee; d/o Wm. A. & Sarah J.; 26y; sgl; b. & res. Fqr; (lic) 24 Nov 1899; (off) I. B. LAKE; Pg:Ln 275:14

LAKE, Percy J.; s/o L. F. W. & Levinder; 26y; sgl; farmer; b. & res. Fqr; m. 15 Jul 1890 in Fqr to PAYNE, S. Mildred; d/o Marshall & Harriet; 34y; sgl; b. StafVA; res. Fqr; (lic) 14 Jul 1890; (off) S. M. ATHEY; Pg:Ln 219:04

LAKE, Thos.; s/o Robt. & Mildred; 26y; sgl; farmer; b. & res. Fqr; m. 11 Sep 1895 in Fqr to HERRELL, Rosa L.; d/o Adolphus & Mary S.; 21y; sgl; b. & res. Fqr; (lic) 11 Sep 1895; (off) Frank P. BERKELEY; 7/16/45 this man changed his name to LEACH, see page 47 for his parents marriage; Pg:Ln 248:11

LAMBDON, W. H.; s/o Wm. H. & Emma; 38y; sgl; merchant; b. Bath, England; res. Fqr; m. 12 Jul 1894 in Fqr to MIDDLETON, Mary T.; d/o Jno. W. & Sarah C.; 28y; sgl; b. & res. Fqr; (lic) 11 Jul 1894; (off) W. F. DUNAWAY; Pg:Ln 241:21

LAMBERT, Benjamin (col); s/o ___ & Arnicia; 45y; sgl; laborer; b. PrWmVA; res. Fqr; m. 1 Dec 1899 in Fqr to PAYNE, Harriet (col); d/o George & Caroline; 30y; sgl; b. & res. Fqr; (lic) 1 Dec 1899; (off) M. D. WILLIAMS; Pg:Ln 275:17

LAMBERT, Horace (col); s/o Charter & ___; 23y; sgl; laborer; b. & res. Fqr; m. 31 May 1902 in Fqr to PAYNE, Carrie (col); d/o ___ & Caroline; 21y; sgl; b. & res. Fqr; (lic) 26 May 1902; (off) G. C. BANISTER; Pg:Ln 292:09

LAMBERT, James W.; s/o Henry P. & Sarah W.; 19y; sgl; farmer; b. & res. Fqr; m. 1 May 1900 in Fqr to HALL, Elizabeth F.; d/o John H. & Susan; 22y; sgl; b. & res. Fqr; (lic) 1 May 1900; (off) F. R. BOSTON; consent sworn to & filed; Pg:Ln 279:04

LAMBERT, Luther (col); s/o Lycurgus & Elizabeth; 32y; sgl; laborer; b. PrWmVA; res. Fqr; m. 3 Jan 1899 in Fqr to THORNTON, Emma (col); d/o Knox & Jinney; 18y; sgl; b. PrWmVA; res. Fqr; (lic) 3 Jan 1899; (off) D. W. JONES; consent authorized by Judge Co. Ct. & filed; Pg:Ln 270:21

LAMBERT, Robt. (col); s/o John & Margrett; 40y; wid; laborer; b. PrWmVA; res. Fqr; m. 28 Jan 1890 in Fqr to LAWSON, Lucy (col); d/o ___ & Fanny; 17y; sgl; b. & res. Fqr; (lic) 24 Jan 1890; (off) R. L. RUFFIN; consent of mother sworn to by Lewis N. BEALL; Pg:Ln 217:06

LAMBUS, Strother W. (col); s/o Robt. & Judy; 31y; sgl; laborer; b. CulpVA; res. Fqr; m. 29 Dec 1897 in Fqr to BROOKS, Emma (col); d/o Moses & Judy; 21y; sgl; b. & res. Fqr; (lic) 28 Dec 1897; (off) Geo. W. HORNER; Pg:Ln 263:13

LANDRUM, Jackson (col); s/o Wm. & Ann; 35y; sgl; plasterer; b. Louisa Co. VA; res. Fqr; m. 5 Jul 1889 in Fqr to MASON, Annie (col); d/o Wm. & Annie; 22y; sgl; b. & res. Fqr; (lic) 4 Jul 1889; (off) Jacob HEDRICK; Pg:Ln 213:01

LANE, Chas. E.; s/o Samuel & Sabbie; 21y; sgl; farmer; b. Maddison Co. OH; res. LdnVA; m. 19 Aug 1891 in Fqr to HERRELL, Orra E.; d/o Jno. W. & Sarah E.; 21y; sgl; b. LdnVA; res. Fqr; (lic) 17 Aug 1891; (off) L. H. CRENSHAW; Pg:Ln 225:08

LANE, David (col); s/o Wm. & Easter; 40y; wid; laborer; b. & res. Fqr; m. 21 Oct 1883 in Fqr to WANZER, Susan Elmira (col); d/o Robt. & Frances; 24y; sgl; b. & res. Fqr; (lic) 20 Oct 1883; (off) R. P. DAWSON; Pg:Ln 182:13

LANE, Moses (col); s/o William & Eliza; 40y; sgl; laborer; b. & res. Fqr; m. 28 Sep 1899 in Fqr to PEYTON, Cora L. (col); d/o John & Anna; 17y; sgl; b. RappVA; res. Fqr; (lic) 25 Sep 1899; (off) Lewis BROWN; consent of father in person; Pg:Ln 274:14

LANHAM, Jno. W.; s/o Jno. B. & Margaret; 27y; sgl; farmer; b. & res. LdnVA; m. 23 Dec 1884 in Fqr to HURST, Annah; d/o Jno. W. & Mary A.; 17y; sgl; b. & res. Fqr; (lic) 22 Dec 1884; (off) A. A. P. NEEL; consent of father filed; Pg:Ln 190:02

LANKFORD, Jno. H.; s/o James & Susan; 24y; sgl; rail roading; b. & res. Fqr; m. 21 Dec 1892 in Fqr to McDONALD, Mamie; d/o E. H. & Almedia; 17y; sgl; b. & res. Fqr; (lic) 19 Dec 1892; (off) J. K. BOOTON; consent of father in person; Pg:Ln 233:07

LATHAM, L. H.; s/o Jno. & Sarah; 34y; sgl; saw milling; b. & res. StafVA; m. 11 May 1898 in Fqr to JONES, Mollie F.; d/o Chas. & Mary; 26y; sgl; b. & res. Fqr; (lic) 9 May 1898; (off) C. W. BROOKS; Pg:Ln 265:04

LATHAM, Robert J.; s/o John & Somerfield; 26y; sgl; mechanic; b. & res. StafVA; m. 25 Dec 1904 in Fqr to BROWN, Maud M.; d/o Thomas & Queen V.; 22y; sgl; b. & res. Fqr; (lic) 24 Dec 1904; (off) J. R. COOKE; letter of Jno. L. CRITTENDEN; Pg:Ln 307:07

LATHAM, Wm. M.; s/o Robert & Susan; 44y; wid; farmer; b. & res. Fqr; m. 31 Dec 1902 in Fqr to LEITH, Hester L.; d/o Henry & Louisa; 35y; sgl; b. & res. Fqr; (lic) 30 Dec 1902; (off) Isaac N. CAMPBELL; Pg:Ln 296:10

LAW, Ellsworth; s/o George & Margaret; 39y; wid; farmer; b. Cambridge NY; res. Midland Va; m. 11 Sep 1900 in Fqr to LIGHTNER, Alice M.; d/o ___ & Mary; 25y; sgl; b. Warren, Pa; res. Fqr; (lic) 8 Sep 1900; (off) Jno. J. COMPTON; Pg:Ln 280:15

LAWLER, Edward C.; s/o Francis W. & Eveline; 25y; sgl; farmer; b. & res. Fqr; m. 23 Nov 1892 in Fqr to LAWLER, Sarah R.; d/o Jas. W. & Sarah Ann; 21y; sgl; b. & res. Fqr; (lic) 23 Nov 1892; (off) F. R. BOSTON; Pg:Ln 232:18

LAWLER, George C.; s/o Francis & Eveline; 36y; sgl; farmer; b. Page Co. VA; res. Fqr; m. 8 Dec 1896 in Fqr to LAWLER, Lettie F.; d/o James W. & Sarah Ann; 35y; sgl; b. & res. Fqr; (lic) 8 Dec 1896; (off) F. R. BOSTON; Pg:Ln 255:22

LAWLER, James; s/o Wm. & Margaret; 27y; sgl; ag't & tel operater; b. Rochester, NY; res. Fqr; m. 4 Jun 1885 in Fqr to SCANLON, Annie; d/o James & Mary; 20y; sgl; b. WashDC; res. Fqr; (lic) 14 May 1885; (off) P. DONAHUE; consent sworn to by Mary SCANLON sister of bride; Pg:Ln 192:04

LAWLER, Joseph H.; s/o Jas. W. & Sarah A.; 29y; sgl; farmer; b. & res. Fqr; m. 14 Dec 1892 in Fqr to ROYSTON, Mary E.; d/o Z. V. & Jane F.; 24y; sgl; b. & res. Fqr; (lic) 12 Dec 1892; (off) W. S. DORST; Pg:Ln 232:23

LAWRENCE, Jas. H.; s/o Thos. A. & Frances; 21y; sgl; farmer; b. & res. Fqr; m. 23 Dec 1890 in Fqr to SUDDUTH, Nannie; d/o A. O. & Annie E.; 20y; sgl; b. & res. Fqr; (lic) 22 Dec 1890; (off) S. M. ATHEY; consent of father in person; Pg:Ln 221:10

LAWRENCE, John R.; s/o Thos. L. & Frances M.; 21y; sgl; farmer; b. & res. Fqr; m. 16 Mar 1886 in Fqr to SUDDUTH, Elizabeth; d/o Albert O. & Ann Eliza; 19y; sgl; b. & res. Fqr; (lic) 13 Mar 1886; (off) S. M. ATHEY; consent of father in person; Pg:Ln 195:24

LAWRENCE, Lewis J.; s/o Josiah & Aldevine; 22y; sgl; farmer; b. & res. Fqr; m. 16 Dec 1884 in Fqr to BELLARD, Betty J.; d/o Joseph & Eliza; 22y; sgl; b. & res. Fqr; (lic) 15 Dec 1884; (off) J. H. WAUGH; Pg:Ln 189:20

LAWS, Ira E.; s/o Ebin T. & Emma D.; 22y; div; farmer; b. & res. Fqr; m. 12 Dec 1900 in Fqr to WELLER, Carrie M.; d/o Frank R. & Clara A.; 19y; sgl; b. WashDC; res. Fqr; (lic) 11 Dec 1900; (off) W. J. GOVER; consent of father in person, decree of divorce exhibited; Pg:Ln 282:13

LAWSON, James; s/o Thos. & Susan; 29y; sgl; laborer; b. LdnVA; res. Fqr; m. 17 Mar 1887 in Fqr to TUCKER, Nannie; d/o ___ & Rachael; 30y; sgl; b. & res. Fqr; (lic) 15 Mar 1887; (off) W. HUGHES; Pg:Ln 201:12
LEACH, Eddie; s/o Saml. & Mittie; 28y; sgl; farmer; b. & res. Fqr; m. 8 Feb 1905 in Fqr to HALL, Carrie; d/o John & Sally; 17y; sgl; b. & res. Fqr; (lic) 4 Feb 1905; (off) V. H. COUNCILL; consent of Judge filed; Pg:Ln 308:03
LEACH, Ephraim; s/o Joshua & Susan; 31y; sgl; farmer; b. & res. Fqr; m. 29 May 1901 in Fqr to FURR, Ida E.; d/o Geo. S. & Rachel; 19y; sgl; b. PrWmVA; res. Fqr; (lic) 29 May 1901; (off) W. P. C. COE; consent of father in person; Pg:Ln 284:24
LEACH, Jackson; s/o Lewis & Margaret; 23y; sgl; farmer; b. & res. Fqr; m. 6 Sep 1883 in Fqr to LEGG, Sarah C.; d/o Geo. T. & Sarah Jane; 18y; sgl; b. & res. Fqr; (lic) 5 Sep 1883; (off) J. H. WAUGH; consent of father in person; Pg:Ln 181:15
LEACH, Peter; s/o Joshua & Susan; 31y; sgl; farmer; b. & res. Fqr; m. 2 Aug 1899 in Fqr to McSWEENEY, Theresa; d/o McBryant & Ann; 28y; div; b. & res. Fqr; (lic) 2 Aug 1899; (off) J. Howard WELLS; Pg:Ln 273:14
LEACH, Thos. see LAKE, Thos.
LEACH, Thornton; s/o Robt. E. & Mildred; 26y; wid; farmer; b. & res. Fqr; m. 12 Aug 1897 in Fqr to HERRELL, Hardy B.; d/o Adolphus & Mary; 21y; sgl; b. & res. Fqr; (lic) 10 Aug 1897; (off) L. H. CRENSHAW; Pg:Ln 259:24
LEACH, Thornton K.; s/o Robt. M. & ___; 21y; sgl; farmer; b. & res. Fqr; m. 28 Dec 1892 in Fqr to GRIMES, Annie C.; d/o Jas. W. & Mary J.; 21y; sgl; b. & res. Fqr; (lic) 24 Dec 1892; (off) Edwin S. HINKS; see letter of C. H. WALKER; Pg:Ln 233:11
LEACH, Tony; s/o Joshua & Susan; 21y; sgl; farmer; b. & res. Fqr; m. 30 Aug 1905 in Fqr to FEWELL, Violet; d/o James W. & Elizth. A.; 22y; sgl; b. & res. Fqr; (lic) 30 Aug 1905; (off) W. D. KEEN; ages sworn to; Pg:Ln 310:05
LEACH, Turner A.; s/o Joshua & Susan; 27y; sgl; farmer; b. & res. Fqr; m. 27 Nov 1890 in Fqr to FLETCHER, Anna M.; d/o J. T. & Elizabeth F.; 18y; sgl; b. & res. Fqr; (lic) 26 Nov 1890; (off) Jno. F. POULTON; consent of father in person; Pg:Ln 220:19
LEACH, Turner A.; s/o Joshua & Susan; 35y; sgl; farmer; b. & res. Fqr; m. 28 Dec 1899 in Fqr to MOORE, Nancy E.; d/o Geo. W. & Mary Ann; 22y; sgl; b. & res. Fqr; (lic) 28 Dec 1899; (off) Jno. F. POULTON; Pg:Ln 277:04
LEACH, Wade; s/o R. M. & Mildred J.; 23y; sgl; laborer; b. not given; res. Fqr; m. ___ in Fqr to GRIMES, Maggie B.; d/o Jas. & Mary; 21y; sgl; b. not given; res. Fqr; (lic) 29 Dec 1890; (off) L. H. CRENSHAW; Pg:Ln 221:18
LEACHMAN, John P.; s/o J. T. & J. E. A.; 30y; sgl; farmer; b. & res. PrWm; m. 6 Feb 1884 in Fqr to STROTHER, Mary V.; d/o James &

Cath. M.; 24y; sgl; b. & res. Fqr; (lic) 29 Jan 1884; (off) J. M. STROTHER; Pg:Ln 186:04

LEACHMAN, Thos. R.; s/o Jno. T. & Elizabeth; 34y; wid; merchant; b. PrWmVA; res. Fqr; m. 16 Apr 1900 in Fqr to ASHBY, Alice S.; d/o Jno. T. & Lou; 22y; sgl; b. & res. Fqr; (lic) 9 Apr 1900; (off) Chas. T. HERNDON; Pg:Ln 278:19

LEE, Anthony (col); s/o Anthony & Alice; 25y; sgl; laborer; b. & res. Fqr; m. 8 Mar 1906 in Fqr to HALLEY, Bertha E. (col); d/o Robt. J. & Bertha; 24y; sgl; b. & res. Fqr; (lic) 7 Mar 1906; (off) J. D. WARD; Pg:Ln 313:14

LEE, Caroll A.; s/o Jno. & Amanda; 22y; sgl; farmer; b. & res. Fqr; m. 17 May 1893 in Fqr to PEARSON, Annie E.; d/o Leroy & Texana; 21y; sgl; b. & res. Fqr; (lic) 15 May 1893; (off) S. M. ATHEY; Pg:Ln 235:12

LEE, Edward (col); s/o Ollie & Jane; 24y; sgl; laborer; b. & res. Fqr; m. 24 Nov 1883 in Fqr to WHITLEY, Adelaide (col); d/o Robt. & Disey; 18y; sgl; b. & res. Fqr; (lic) 23 Nov 1883; (off) J. D. HOWE; consent of father proved by oath of Geo. TAYLOR; Pg:Ln 183:11

LEE, H. H. Jr.; s/o H. H. & O. O.; 29y; sgl; farmer; b. & res. Fqr; m. 23 Dec 1891 in Fqr to PAYNE, M. A.; d/o Henry & M. C.; 19y; sgl; b. & res. Fqr; (lic) 19 Dec 1891; (off) Walter H. ROBERTSON; consent sworn to by W. D. PAYNE & filed; Pg:Ln 227:14

LEE, J. T. (col); s/o ___ & Hannah; 21y; sgl; laborer; b. & res. Fqr; m. 17 Dec 1884 in Fqr to WILSON, Rosa (col); d/o Joseph & Sallie; 21y; sgl; b. & res. Fqr; (lic) 13 Dec 1884; (off) Rev. James MILES; Pg:Ln 189:15

LEE, James F. (col); s/o Abraham & Agnes; 23y; sgl; laborer; b. & res. Fqr; m. 24 Dec 1891 in Fqr to HELM, Lucy (col); d/o Enoch & Caroline; 24y; sgl; b. & res. Fqr; (lic) 23 Dec 1891; (off) M. D. WILLIAMS; Pg:Ln 227:20

LEE, Jas. F. (col); s/o James E. & Jennie; 24y; sgl; laborer; b. & res. Fqr; m. 29 Jan 1903 in Fqr to COLES, Rosa Bell (col); d/o T. H. & Ellen; 21y; sgl; b. & res. Fqr; (lic) 27 Jan 1903; (off) C. M. TYLER; letter of T. T. JONES; Pg:Ln 296:20

LEE, Jonah (col); s/o Chas. & Maria; 23y; sgl; laborer; b. & res. Fqr; m. 8 Feb 1883 in Fqr to OLIVER, Elizabeth (col); d/o Lewis & Elizabeth; 21y; sgl; b. & res. Fqr; (lic) 6 Feb 1883; (off) J. D. HAINES; Pg:Ln 179:12

LEE, Ludwell A.; s/o H. H. & O. G.; 29y; sgl; farmer; b. & res. Fqr; m. 17 Jan 1905 in Fqr to NEWHOUSE, Margaret L.; d/o Silas M. & Belle; 30y; sgl; b. & res. Fqr; (lic) 16 Jan 1905; (off) B. D. HARRISON; Pg:Ln 308:01

LEE, Robt. E.; s/o H. H. & Olivia; 27y; sgl; merchant; b. & res. Fqr; m. 26 Jan 1893 in Fqr to SHUMATE, Meta M.; d/o Jno. W. & Mary W.; 24y; sgl; b. & res. Fqr; (lic) 24 Jan 1893; (off) Walter H. ROBERTSON; Pg:Ln 234:14

LEE, Zach; s/o Charles & Marie; 24y; sgl; laborer; b. & res. Fqr; m. 1 Dec 1886 in Fqr to WANSER, Martha; d/o Henry & Jane; 20y; sgl; b. & res. Fqr; (lic) 30 Nov 1886; (off) G. MAUZEY; Pg:Ln 199:03

LEGG, Jas. W.; s/o Walter & Lucy; 65y; wid; laborer; b. & res. Fqr; m. 26 Jun 1895 in Fqr to KINES, Amanda; d/o not given; 30y; sgl; b. & res. Fqr; (lic) 24 Jun 1895; (off) H. M. STRICKLER; Pg:Ln 247:12

LEGG, Jno. W.; s/o Geo. & Sarah J.; 28y; sgl; laborer; b. & res. Fqr; m. 31 Dec 1890 in Fqr to GERMANS, Sarah; d/o Marshall & Lila; 22y; sgl; b. & res. Fqr; (lic) 29 Dec 1890; (off) Walter H. ROBERTSON; Pg:Ln 221:23

LEGG, Luke A.; s/o Wm. & Sarah; 24y; sgl; farmer; b. & res. Fqr; m. 2 Mar 1887 in Fqr to KIRKPATRICK, Saluda; d/o Jas. F. & Sarah E.; 18y; sgl; b. & res. Fqr; (lic) 2 Mar 1887; (off) J. C. C. NEWTON; Pg:Ln 201:06

LEGG, Thos. S.; s/o Jas. A. & Agnes L.; 22y; sgl; farmer; b. & res. Fqr; m. 17 Jan 1906 in Fqr to GRAY, Daisy E.; d/o James B. & Va. R.; 22y; sgl; b. & res. Fqr; (lic) 13 Jan 1906; (off) Wm. H. LAND; Pg:Ln 313:01

LEHEW, J. A.; s/o Wm. H. & Frances; 22y; wid; railroading; b. Fqr; res. AlbmVA; m. 26 Jun 1895 in Fqr to SHACKLETT, E. M.; d/o Edw'd. & Ollie; 24y; sgl; b. AlbmVA; res. Fqr; (lic) 24 Jun 1895; (off) H. M. STRICKLER; Pg:Ln 247:11

LEITH, Albert; s/o Henry & Jannie; 20y; sgl; farmer; b. & res. Fqr; m. 7 Dec 1904 in Fqr to WINES, Mary Lee; d/o Elias & Mary; 16y; sgl; b. & res. Fqr; (lic) 7 Dec 1904; (off) Wm. CHINN; consent of his mother filed, consent of her mother in person; Pg:Ln 306:14

LEMOX [LENOX], William P.; s/o Edward & Susananna; 28y; sgl; farmer; b. & res. Fqr; m. 4 Apr 1900 in Fqr to HEFLIN, Sarah A.; d/o W. B. & Isabel; 24y; sgl; b. & res. Fqr; (lic) 3 Apr 1900; (off) A. J. CUMMINGS; Pg:Ln 278:14

LENARD, Jno. Henry; s/o Jno. & Eliza; 25y; sgl; farmer; b. & res. Fqr; m. 3 Jan 1884 in Fqr to ENNIS, Lovisey; d/o John & Lovisey; 22y; sgl; b. StafVA; res. Fqr; (lic) 2 Jan 1884; (off) Jas. H. WOLFF; Pg:Ln 185:12

LENOX, William P; see LEMOX, William P.

LEONARD, E. V.; s/o Zero & Laura; 23y; sgl; laborer; b. & res. Fqr; m. 23 Oct 1895 in Fqr to BRIDGE, Mollie; d/o Jas. E. & Sarah; 21y; sgl; b. & res. Fqr; (lic) 22 Oct 1895; (off) F. C. BOSTON; Pg:Ln 249:07

LEONARD, Geo. J.; s/o Joshua & Eldevina; 24y; sgl; farmer; b. & res. Fqr; m. 25 Aug 1890 in Fqr to WINE, Virginia M.; d/o Wm. A. & Virginia W.; 17y; sgl; b. & res. Fqr; (lic) 25 Aug 1890; (off) S. M. ATHEY; consent of father in person; Pg:Ln 219:09

LEONARD, Grady; s/o Toblend & Rhoda Ann; 26y; sgl; laborer; b. & res. Fqr; m. 12 May 1898 in Fqr to CARTER, Fanny; d/o Bushrod & Jennie; 16y; sgl; b. & res. Fqr; (lic) 12 May 1898; (off) F. R. BOSTON; consent filed; Pg:Ln 265:06

LEONARD, James H.; s/o ___ & Alsinda; 18y; sgl; farmer; b. & res. PrWmVA; m. 6 Nov 1901 in Fqr to DAWSON, Catharine L.; d/o Wm. & Martha E.; 19y; sgl; b. & res. Fqr; (lic) 6 Nov 1901; (off) F. R. BOSTON; consent of mother of husband sworn to & filed & consent of mother in person; Pg:Ln 287:23

LEONARD, James W.; s/o Josiah & Ella; 38y; wid; farmer; b. & res. Fqr; m. 4 Aug 1898 in Fqr to KIRBY, Mollie; d/o Richard & Catherine; 40y; sgl; b. & res. Fqr; (lic) 1 Aug 1898; (off) Geo. T. TYLER; Pg:Ln 266:15
LEONARD, Jno. R.; s/o Josiah & L. Dovina; 21y; sgl; farmer; b. & res. Fqr; m. 25 Mar 1890 in Fqr to EMBREY, Mary E.; d/o Meredith & Ann V.; 21y; sgl; b. & res. Fqr; (lic) 24 Mar 1890; (off) not given; Pg:Ln 218:05
LEONARD, Jno. W.; s/o Josiah & Ella; 31y; sgl; farmer; b. & res. Fqr; m. 23 Dec 1890 in Fqr to PEARSON, Octavia; d/o Lewis & Agnes P.; 29y; sgl; b. & res. Fqr; (lic) 22 Dec 1890; (off) T. G. NEVITT; Pg:Ln 221:13
LEONARD, John R.; s/o Josiah & Eldevina; 28y; wid; farmer; b. & res. Fqr; m. 18 May 1899 in Fqr to PEARSON, Virgie Lee; d/o R. D. & Ann Eliza; 20y; sgl; b. & res. Fqr; (lic) 17 May 1899; (off) Jefferson R. TAYLOR; consent of father in person; Pg:Ln 272:14
LEONARD, Walter; s/o Levi & Alcinda; 22y; sgl; teacher; b. & res. PrWmVA; m. 19 Jul 1896 in Fqr to DAWSON, Eliz'th; d/o Wm. & Susan; 19y; sgl; b. & res. Fqr; (lic) 17 Jul 1896; (off) C. Wirt TRAINHAM; consent of mother filed; Pg:Ln 253:18
LEONARD, William; s/o ___ & Rody Ann; 22y; sgl; laborer; b. & res. Fqr; m. 13 Jun 1901 in Fqr to CARTER, Bessie; d/o John & Martha; 16y; sgl; b. & res. Fqr; (lic) 13 Jun 1901; (off) F. R. BOSTON; consent of father in person; Pg:Ln 285:07
LEVY, Moe; s/o D. E. & Janie; 25y; sgl; attorney; b. & res. Norfolk Va; m. 17 Dec 1901 in Fqr to ULLMAN, Miriam; d/o A. & Caroline; 22y; sgl; b. & res. Fqr; (lic) 16 Dec 1901; (off) Simon R. COHEN; Pg:Ln 289:05
LEWIS, Albert; s/o Albert & Fanny; 25y; sgl; laborer; b. & res. Fqr; m. 17 Nov 1887 in Fqr to BROY, Delia; d/o Jeff & Lizzie; 20y; sgl; b. RappVA; res. Fqr; (lic) 17 Nov 1887; (off) Walter H. ROBINSON; oath & consent; Pg:Ln 204:03
LEWIS, Chas. J. (col); s/o Jno. & Amanda; 36y; sgl; laborer; b. AugVA; res. Fqr; m. 18 Jun 1893 in Fqr to SPENCER, Annie L. (col); d/o ___ & Harriet; 19y; sgl; b. & res. Fqr; (lic) 18 Jun 1893; (off) C. M. TYLER; consent filed; Pg:Ln 235:19
LEWIS, James (col); s/o James & Annie; 21y; sgl; laborer; b. & res. Fqr; m. 17 Oct 1895 in Fqr to SHARPE, Nellie (col); d/o John & Alsie; 19y; sgl; b. & res. Fqr; (lic) 17 Oct 1895; (off) Geo. W. HORNER; consent of mother in person; Pg:Ln 249:04
LEWIS, John B.; s/o Wm. & Elizabeth; 48y; wid; farmer; b. LdnVA; res. Fqr; m. 18 Mar 1884 in Fqr to BURGESS, Georgianna; d/o Moses & Caroline; 35y; sgl; b. PrWmVA; res. Fqr; (lic) 17 Mar 1884; (off) John B. TURPIN; Pg:Ln 186:21
LEWIS, Milton (col); s/o Charles & Maggie; 24y; sgl; laborer; b. & res. Fqr; m. 30 Nov 1904 in Fqr to SPENCE, Virginia (col); d/o Morgan & ___; 23y; sgl; b. & res. Fqr; (lic) 28 Nov 1904; (off) C. M. TYLER; Pg:Ln 306:09
LEWIS, P. B.; s/o Geo. H. & Catharine B.; 24y; sgl; miller; b. SpotVA; res. Fqr; m. 21 Nov 1883 in Fqr to HOUGHTON, Emma J.; d/o W. J. & Ann

Elizabeth; 18y; sgl; b. RappVA; res. Fqr; (lic) 20 Nov 1883; (off) Jas.
H. WOLFF; consent of father in person; Pg:Ln 183:05
LEWIS, P. E.; s/o Jno. H. & Eliza E.; 34y; sgl; farmer; b. & res. Fqr; m. 15 Jan 1902 in Fqr to GLASCOCK, Mary E.; d/o E. Cook & Annie; 22y; sgl; b. & res. Fqr; (lic) 14 Jan 1902; (off) Isaac N. CAMPBELL; Pg:Ln 290:17
LEWIS, Thomas; s/o Henry & Eliza; 48y; sgl; laborer; b. AlbmVA; res. Fqr; m. 10 May 1896 in Fqr to ALLEN, Sarah; d/o not given; 60y; wid; b. & res. Fqr; (lic) 9 May 1896; (off) J. I. Loving; Pg:Ln 253:05
LEWIS, William H.; s/o F. M. & Julia; 35y; sgl; merchant; b. PrWmVA; res. Fqr; m. 25 Apr 1900 in Fqr to TURNER, Alys Mae; d/o John R. & Sallie A.; 25y; sgl; b. & res. Fqr; (lic) 25 Apr 1900; (off) F. R. BOSTON; Pg:Ln 279:01
LIGHTBOURN, Jno. S.; s/o Francis & Madeline E.; 28y; sgl; minister; b. Magna, West Indies; res. Bermuda; m. 14 Nov 1894 in Fqr to KLOMAN, Minnie; d/o E. F. & Agnes P.; 25y; sgl; b. & res. Fqr; (lic) 13 Nov 1894; (off) Geo. W. NELSON; Pg:Ln 243:18
LILLARD, Wm. A.; s/o Silas & Mary; 20y; sgl; farmer; b. & res. Page Co. VA; m. 23 Feb 1896 in Fqr to STRICKLER, Lizzie F.; d/o Saml. & Martha; 18y; sgl; b. Page Co. VA; res. Fqr; (lic) 18 Feb 1896; (off) J. A. NORTON; consent filed; Pg:Ln 252:08
LINDSEY, Jas. W.; s/o Jos. & Mary; 21y; sgl; farmer; b. & res. ClrkVA; m. 15 Sep 1897 in Fqr to SLACK, Lula H.; d/o Jno. T. & Neely; 20y; sgl; b. & res. Fqr; (lic) 14 Sep 1897; (off) Geo. P. TYLER; consent filed; Pg:Ln 260:09
LINTON, Wm. A.; s/o Wm. & Julia M.; 39y; sgl; compositor; b. & res. WashDC; m. 23 Feb 1886 in Fqr to CHICHESTER, Sallie C.; d/o George B. & Catharine L.; 30y; sgl; b. PrWmVA; res. Fqr; (lic) 22 Feb 1886; (off) Geo. W. NELSON; Pg:Ln 195:14
LIPPINCOTT, Ephraim V.; s/o Jno. A. & Emma; 26y; sgl; farmer; b. Clarke Co. OH; res. Fqr; m. 16 Sep 1889 in Fqr to RHODES, Augusta; d/o J. W. & Rebecca; 27y; sgl; b. WI; res. Fqr; (lic) 16 Sep 1889; (off) Wm. A. WADE; Pg:Ln 213:18
LIVINGSTON, Arthur B.; s/o James & Jane; 56y; wid; billing clerk; b. Richmond Va; res. Pulaski Va; m. 30 Apr 1902 in Fqr to JAMES, Nannie S.; d/o Benj. H. & Nancie M.; 38y; sgl; b. & res. Fqr; (lic) 18 Apr 1902; (off) B. C. JAMES; Pg:Ln 291:14
LLOYD, B. J.; s/o A. J. & Mary C.; 23y; sgl; farmer; b. JeffWV; res. ClrkVA; m. 30 Dec 1897 in Fqr to LONGERBEAM, Nannie; d/o J. D. & J. E.; 16y; sgl; b. ClrkVA; res. Fqr; (lic) 30 Dec 1897; (off) H. M. STRICKLER; consent of mother sworn to & filed; Pg:Ln 263:15
LOCKWOOD, Chas. A.; s/o R. J. & A. P.; 22y; sgl; farmer; b. St. Louis, MO; res. Barton Co. MO; m. 2 Oct 1883 in Fqr to CAMPBELL, Flora; d/o B. M. & E. J.; 25y; sgl; b. BaltMD; res. Fqr; (lic) 1 Oct 1883; (off) John AMBLER; Pg:Ln 182:03
LOGAN, Hugh M.; s/o Hugh & Mary; 31y; sgl; physician; b. WashMD; res. Fqr; m. 26 Jan 1887 in Fqr to WOODWARD, Nannie A.; d/o Rich'd. &

Virginia; 18y; sgl; b. & res. Fqr; (lic) 25 Jan 1887; (off) W. D. WHITE; Pg:Ln 200:18

LOGAN, Lewis; s/o Ashby & Rachael; 23y; sgl; farmer; b. & res. RappVA; m. 1 Dec 1887 in Fqr to CORBIN, Mandy; d/o Ephraim & Betsy; 23y; sgl; b. & res. Fqr; (lic) 30 Nov 1887; (off) Cornelius GADDIS; consent of father in person; Pg:Ln 204:15

LOGAN, William (col); s/o Robert & Virginia; 22y; sgl; laborer; b. Chesterfield Co. VA; res. Fqr; m. 2 Jan 1889 in Fqr to WHITE, Elvira (col); d/o Moses & Jane; 21y; sgl; b. & res. Fqr; (lic) 2 Jan 1889; (off) R. L. RUFFIN; age sworn to & filed; Pg:Ln 210:09

LOMAX, Clarence J.; s/o Thos. M. & Eliza; 21y; sgl; farmer; b. & res. Fqr; m. 31 Jan 1883 in Fqr to BOTTES, Elizabeth J.; d/o F. H. & Virginia; 16y; sgl; b. & res. Fqr; (lic) 29 Jan 1883; (off) T. W. NEWMAN, M. B. D.; consent of mother proved by oath of F. J. LOMAX; Pg:Ln 179:08

LOMAX, Rollie (col); s/o Thomas & Susan; 40y; sgl; farmer; b. & res. Fqr; m. 6 Sep 1899 in Fqr to VESSEN, Ida L. (col); d/o Joseph & Rosa; 21y; sgl; b. & res. Fqr; (lic) 4 Sep 1899; (off) C. M. TYLER; Pg:Ln 274:02

LONG, Aaron J. (col); s/o Willis & Rebecca; 28y; sgl; laborer; b. & res. Fqr; m. 27 Apr 1895 in Fqr to FITZHUGH, Fanny (col); d/o not given; 25y; sgl; b. StafVA; res. Fqr; (lic) 27 Apr 1895; (off) H. CRUTCHER; Pg:Ln 246:20

LONG, Chas. W.; s/o Robt. & Joanna; 45y; wid; farmer; b. Fqr; res. ClrkVa; m. 27 Jan 1897 in Fqr to ANDERSON, Mary A.; d/o George & ___; 48y; sgl; b. ClrkVA; res. Fqr; (lic) 22 Jan 1897; (off) Geo. V. TYLER; Pg:Ln 257:14

LONG, Geo. (col); s/o Jos. & Vianna; 33y; wid; laborer; b. & res. Fqr; m. 15 Sep 1887 in Fqr to CAMPBELL, Sidney (col); d/o ___ & Lucy; 22y; wid; b. & res. Fqr; (lic) 14 Sep 1887; (off) G. G. BANISTER; oath of Ludwell BROWN (col) father; Pg:Ln 202:24

LONG, George (col); s/o Jos. & Vianna; 30y; sgl; laborer; b. & res. Fqr; m. 28 Aug 1884 in Fqr to MONROE, Martha (col); d/o Wm. & Eliza; 23y; sgl; b. & res. Fqr; (lic) 27 Aug 1884; (off) John M. BEARD; Pg:Ln 187:24

LONG, Louis (col); s/o Jos. & Vianna; 23y; sgl; laborer; b. & res. Fqr; m. 7 Nov 1895 in Fqr to TRACEY, Bettie (col); d/o Wm. & Rebecca; 21y; sgl; b. & res. Fqr; (lic) 7 Nov 1895; (off) G. C. BANISTER; Pg:Ln 249:16

LONG, Randell (col); s/o Jos. & Vianna; 41y; wid; laborer; b. & res. Fqr; m. 2 Mar 1892 in Fqr to BROOKINS, Rachael (col); d/o Major & ___; 38y; sgl; b. King Queen Co. VA; res. Fqr; (lic) 1 Mar 1892; (off) G. C. BANISTER; Pg:Ln 229:06

LOUIS, Addison (col); s/o Robt. & Isabella; 65y; wid; gardener; b. LdnVA; res. Fqr; m. 27 Apr 1883 in Fqr to MONDAY, Matilda (col); d/o Henry & ___; 39y; sgl; b. & res. Fqr; (lic) 26 Apr 1883; (off) G. C. BANISTER; Pg:Ln 180:09

LUCAS, Mura; s/o Chas. & Mary; 33y; sgl; laborer; b. & res. Fqr; m. 16
May 1886 in Fqr to FREEMAN, Charlotte; d/o Paul & Phillis; 27y; sgl;
b. & res. Fqr; (lic) 15 May 1886; (off) Rot. L. RUFFIN; Pg:Ln 196:13
LUCAS, Wesley (col); s/o Thos. & Maria; 21y; sgl; bellman; b. & res. Fqr;
m. 14 Jul 1898 in Fqr to HITE, Bettie (col); d/o ___ & Maria; 23y; sgl;
b. Henrico Co.; res. WashDC; (lic) 14 Jul 1898; (off) Vincent LACY;
Pg:Ln 266:09
LUCAS, Wm. (col); s/o ___ & Malinda; 21y; sgl; laborer; b. WV; res. Fqr;
m. 18 Sep 1895 in Fqr to RAY, Maria (col); d/o Wm. & Margaret; 21y;
sgl; b. & res. Fqr; (lic) 18 Sep 1895; (off) C. M. TYLER; Pg:Ln 248:16
LUNCEFORD, Chas. W.; s/o Jno. M. & Ann; 23y; sgl; farmer; b. & res.
Fqr; m. 18 Jun 1885 in Fqr to MOFFETT, Annie C.; d/o Jno. A. &
Martha A.; 25y; sgl; b. & res. Fqr; (lic) 15 Jun 1885; (off) S. M. ATHEY;
Pg:Ln 192:09
LUNCEFORD, G. S.; s/o B. R. & Amanda; 28y; sgl; farmer; b. & res. Fqr;
m. 14 Dec 1898 in Fqr to HURST, Rosa W.; d/o B. F. & Melinda; 21y;
sgl; b. & res. Fqr; (lic) 12 Dec 1898; (off) W. S. JACKSON; Pg:Ln
269:08
LUNCEFORD, Jno. S.; s/o John M. & Ann; 27y; sgl; farmer; b. & res. Fqr;
m. 28 Jul 1892 in Fqr to MARTIN, Minnie; d/o Jas. & Emler; 21y; sgl;
b. & res. Fqr; (lic) 28 Jul 1892; (off) Walter H. ROBERTSON; Pg:Ln
231:03
LUNCEFORD, R. Luther; s/o John H. & Mary; 26y; sgl; farmer; b. & res.
Fqr; m. 14 Jan 1903 in Fqr to TAVENER, Amanda Virginia; d/o
Adolphus & Dianna; 23y; sgl; b. & res. Fqr; (lic) 12 Jan 1903; (off)
Isaac N. CAMPBELL; Pg:Ln 296:15
LUNCEFORD, Robert C.; s/o B. R. & Amanda; 24y; sgl; laborer; b. & res.
Fqr; m. 27 Dec 1899 in Fqr to CLATTERBUCK, Lula L.; d/o John M. &
Sarah; 29y; sgl; b. & res. Fqr; (lic) 26 Dec 1899; (off) F. R. BOSTON;
consent of father in person; Pg:Ln 276:20
LUNCEFORD, Walter; s/o John & Mary; 22y; sgl; farmer; b. & res. Fqr; m.
18 Dec 1895 in Fqr to ALEXANDER, Maggie; d/o Geo. & Sarah; 22y;
sgl; b. & res. Fqr; (lic) 17 Dec 1895; (off) Isaac N. CAMPBELL; Pg:Ln
250:16
LUNSFORD, B. F.; s/o J. W. & Harriette; 38y; wid; carpenter; b. Fqr; res.
WrnVA; m. 24 Jun 1891 in Fqr to LUNSFORD, Jennie; d/o Baldwin &
Nancy; 34y; sgl; b. & res. Fqr; (lic) 23 Jun 1891; (off) C. P. SCOTT;
Pg:Ln 224:15
LUNSFORD, Henry F.; s/o Wormley & Mahala; 36y; wid; farmer; b. & res.
Fqr; m. 9 Feb 1888 in Fqr to BALL, Mary M.; d/o Jas. & Lucy; 24y; sgl;
b. & res. Fqr; (lic) 1 Feb 1888; (off) James GRAMMAR; oath; Pg:Ln
206:10
LUNSFORD, J. B.; s/o John M. & Ann; 23y; sgl; farmer; b. & res. Fqr; m.
22 Dec 1892 in Fqr to HARRISON, Matilda; d/o Geo. W. & Mary; 22y;
sgl; b. & res. Fqr; (lic) 19 Dec 1892; (off) not given; not issued; Pg:Ln
233:08
LUNSFORD, J. B.; s/o Jno. M. & Ann; 24y; sgl; laborer; b. & res. Fqr; m.
28 Dec 1893 in Fqr to HARRISON, Matilda; d/o Geo. W. & Mary E.;

16y; sgl; b. & res. Fqr; (lic) 27 Dec 1893; (off) Jno. F. POULTON; consent of father in person; Pg:Ln 239:08
LUNSFORD, Jno.; s/o Chilton & Harriette; 26y; sgl; farmer; b. & res. Fqr; m. 1 Dec 1891 in Fqr to SMITH, Madie; d/o G. H. & Eliza; 22y; sgl; b. & res. Fqr; (lic) 30 Nov 1891; (off) W. F. DUNAWAY; Pg:Ln 227:05
LUNSFORD, Jno. R.; s/o B. R. & Amanda L.; 24y; sgl; farmer; b. & res. Fqr; m. 24 Nov 1896 in Fqr to CREEL, Toy S.; d/o B. G. & Alwilda A.; 22y; sgl; b. & res. Fqr; (lic) 23 Nov 1896; (off) W. F. DUNAWAY; Pg:Ln 255:16
LUNSFORD, Thos.; s/o John & Mary; 22y; sgl; laborer; b. & res. Fqr; m. 29 Mar 1893 in Fqr to CRUPPER, Mollie; d/o Geo. & Sarah; 25y; wid; b. & res. Fqr; (lic) 27 Mar 1893; (off) I. B. LAKE; Pg:Ln 235:05
LUNSFORD, Thos. E.; s/o John & Ann; 22y; sgl; farmer; b. & res. Fqr; m. 4 Jan 1894 in Fqr to ANDERSON, Laura A.; d/o Elijah & Adeline; 27y; sgl; b. & res. Fqr; (lic) 1 Jan 1894; (off) S. M. ATHEY; Pg:Ln 239:15
LUNSFORD, Wm.; s/o John & Mary; 27y; sgl; farmer; b. & res. Fqr; m. 27 Nov 1895 in Fqr to JEFFRIES, Eliz'th; d/o Enoch J. & Mary C.; 27y; sgl; b. & res. Fqr; (lic) 25 Nov 1895; (off) F. R. BOSTON; Pg:Ln 250:01
LUTTRELL, H. M.; s/o Burrell & Mary; 26y; sgl; farmer; b. CulpVA; res. RappVA; m. 10 Jul 1894 in Fqr to SINGLETON, E. A.; d/o A. J. & E. M.; 25y; sgl; b. BaltMD; res. Fqr; (lic) 2 Jul 1894; (off) Isaac N. CAMPBELL; Pg:Ln 241:17
LYNCH, John Owen; s/o M. A. & E.; 23y; sgl; engineer; b. PrWmVA; res. AlexVA; m. 30 Jan 1902 in Fqr to BROWN, Clara W.; d/o J. W. & Sally; 23y; sgl; b. & res. Fqr; (lic) 30 Jan 1902; (off) Patrick DONLON; Pg:Ln 290:22
LYNN, Henry F. Jr.; s/o Henry F. & Mary; 23y; sgl; farmer; b. & res. PrWmVA; m. 19 Oct 1898 in Fqr to JONES, Bessie F.; d/o C. P. & C. Gay; 18y; sgl; b. & res. Fqr; (lic) 17 Oct 1898; (off) J. J. NORWOOD; consent of father in person; Pg:Ln 267:23
MacLEAD, Wm. Scott; s/o Wm. & Catharine M.; 44y; sgl; elect. eng.; b. PrGMD; res. WashDC; m. 16 Nov 1904 in Fqr to SLAUGHTER, Cornelia Long; d/o Jno. P. & Katherine F.; 30y; sgl; b. & res. Fqr; (lic) 16 Nov 1904; (off) J. J. NORWOOD; Pg:Ln 306:02
MACRAE, Jno.; s/o Jno. H. & S. A.; 27y; sgl; salesman; b. Richmond, VA; res. NY City; m. 20 Sep 1893 in Fqr to GREEN, Cath. E.; d/o Chas. & ___; 25y; sgl; b. Savannah, GA; res. Fqr; (lic) 19 Sep 1893; (off) J. J. NORWOOD; Pg:Ln 236:12
MADDUX, James L.; s/o Arnold & Mary M.; 25y; sgl; farmer; b. Harrison Co. WV; res. Fqr; m. 27 Apr 1887 in Fqr to HERNDON, Sarah C.; d/o Joseph & Nancy; 21y; sgl; b. & res. Fqr; (lic) 23 Apr 1887; (off) W. F. DUNAWAY; Pg:Ln 202:02
MADDUX, Thomas Henderson; s/o F. W. & A. L.; 27y; sgl; merchant; b. & res. Fqr; m. 18 Nov 1903 in Fqr to MURRAY, Ida Melton; d/o E. M. & Virginia; 25y; sgl; b. & res. Fqr; (lic) 17 Nov 1903; (off) Frank P. BERKLEY; Pg:Ln 300:05

MADISON, Chas. D. (col); s/o Lee & Caroline; 33y; sgl; barber; b.
Rockbridge Co. VA; res. Fqr; m. 1 Sep 1892 in Fqr to NICKINS, Ida V.
(col); d/o James & Jennie; 23y; sgl; b. & res. Fqr; (lic) 1 Sep 1892;
(off) not given; Pg:Ln 231:13
MADISON, William R.; s/o John & Mary; 33y; sgl; farmer; b. Hanover Co.
Va; res. Fqr; m. 20 Sep 1899 in Fqr to KANE, Georgia; d/o Taylor &
Martha; 24y; sgl; b. & res. Fqr; (lic) 18 Sep 1899; (off) Jno. C.
SEDWICK; Pg:Ln 274:12
MALVIN, Richard (col); s/o Horace & Mary B.; 29y; sgl; laborer; b. & res.
Fqr; m. 13 Sep 1893 in Fqr to PORTER, Martha (col); d/o ___ &
Matilda; 21y; sgl; b. & res. Fqr; (lic) 12 Sep 1893; (off) H. H. WYER;
Pg:Ln 236:10
MANN, Joel Jr.; s/o Joel & S. A.; 24y; sgl; farmer; b. Herkimer Co. NY;
res. Fqr; m. 20 Dec 1888 in Fqr to CORDER, Cora M.; d/o Butler &
Eliza; 23y; sgl; b. RappVA; res. Fqr; (lic) 19 Dec 1888; (off) D. Frank
ENTSLER; Pg:Ln 209:06
MANN, R. T.; s/o Joel & Sallie; 32y; wid; lumber dealer; b. FfxVA; res.
Fqr; m. 7 Mar 1883 in Fqr to CORDER, Mary H.; d/o Butler & Eliza;
27y; sgl; b. & res. Fqr; (lic) 7 Mar 1883; (off) Jas. H. WOLFF; Pg:Ln
179:17
MANN, Rich'd. H. (col); s/o Peter & Nancy; 23y; sgl; laborer; b. & res. Fqr;
m. 26 Dec 1889 in Fqr to COLLINS Mary (col); d/o Henry & Mandy;
19y; sgl; b. & res. Fqr; (lic) 23 Dec 1889; (off) R. L. RUFFIN; to by
Henry BAKER & filed, consent of mother sworn; Pg:Ln 216:05
MANUEL, J. P.; s/o Anderson & Melinda; 52y; wid; farmer; b. & res.
PrWmVA; m. 23 Sep 1896 in Fqr to REID, Myrtie G.; d/o Robert &
Susan A.; 25y; sgl; b. & res. Fqr; (lic) 21 Sep 1896; (off) T. W.
NEWMAN; Pg:Ln 254:15
MANUEL, Jas. A.; s/o W. J. & Sarah J.; 30y; sgl; merchant; b. & res.
PrWmVA; m. 7 Nov 1883 in Fqr to DOWELL, Mary E.; d/o Thos. H. &
Mary J.; 21y; sgl; b. PrWmVA; res. Fqr; (lic) 5 Nov 1883; (off) T. W.
NEWMAN; Pg:Ln 182:22
MANUEL, John P.; s/o Wm. & Sarah; 31y; sgl; farmer; b. PrWmVA; res.
Fqr; m. 15 Nov 1899 in Fqr to PETTY, Julia F.; d/o Lemuel & Annie E.;
30y; sgl; b. PrWmVA; res. Fqr; (lic) 15 Nov 1899; (off) F. R. BOSTON;
Pg:Ln 275:09
MANUEL, Jos. B.; s/o Wm. F. & Annie P.; 22y; sgl; farmer; b. & res.
PrWmVA; m. 13 Dec 1893 in Fqr to MEEKS, Eva J.; d/o Chas. H. &
Susan F.; 21y; sgl; b. & res. Fqr; (lic) 11 Dec 1893; (off) W. E.
MILLER; Pg:Ln 238:10
MARKHAM, Jared (col); s/o ___ & ___; 85y; wid; blacksmith; b. & res.
Fqr; m. 15 May 1897 in Fqr to CLAY, Lucy (col); d/o Harry & ___; 60y;
sgl; b. & res. Fqr; (lic) 15 May 1897; (off) M. A. RUSSELL; Pg:Ln
258:21
MARLOW, Berryman T. (col); s/o ___ & Betty; 24y; sgl; laborer; b. Fqr;
res. PrWmVA; m. 26 Dec 1900 in PrWmVA to HELMS, Mary F. (col);
d/o James & Alice; 21y; sgl; b. PrWmVA; res. Fqr; (lic) 22 Dec 1900;
(off) M. D. WILLIAMS; Pg:Ln 283:07

MARLOW, Saml. (col); s/o John & Lizzie; 32y; wid; farmer; b. & res. Fqr; m. 27 Dec 1894 in Fqr to STEWART, Hannah (col); d/o Addison & Charity; 27y; sgl; b. & res. Fqr; (lic) 24 Dec 1894; (off) P. W. AUSTIN; Pg:Ln 245:01

MARSHALL, Henry (col); s/o Joseph & Lucinda; 24y; sgl; laborer; b. & res. Fqr; m. 17 Jul 1902 in Fqr to MYERS, Lillian A. (col); d/o Manuel & Fannie; 20y; sgl; b. & res. Fqr; (lic) 15 Jul 1902; (off) A. R. PINKETT; consent of mother sworn to & filed; Pg:Ln 292:24

MARSHALL, Henry M. Jr.; s/o H. M. & Elizabeth; 37y; sgl; farmer; b. & res. Fqr; m. 18 Oct 1892 in Fqr to TRUMBO, Nelly; d/o G. H. & Gertrude D.; 22y; sgl; b. & res. Fqr; (lic) 17 Oct 1892; (off) Chas. M. BROWN; Pg:Ln 232:07

MARSHALL, James J.; s/o Charles & Cary; 30y; sgl; teacher; b. & res. Fqr; m. 2 Sep 1899 in Fqr to MARSHALL, Lelia P.; d/o Edward C. & Belle; 27y; sgl; b. & res. Fqr; (lic) 31 Aug 1899; (off) Jefferson R. TAYLOR; Pg:Ln 273:23

MARSHALL, James R. (col); s/o Taylor & Lucinda; 28y; sgl; laborer; b. & res. Fqr; m. 26 Dec 1901 in Fqr to KERRY, Fannie (col); d/o Robert & Lizzie; 22y; sgl; b. & res. Fqr; (lic) 24 Dec 1901; (off) not given; Pg:Ln 290:03

MARSHALL, Jas. L. (col); s/o Jno. F. & Amanda; 30y; wid; blacksmith; b. & res. Fqr; m. 19 Apr 1899 in Fqr to MANN, Mary (col); d/o Henry & Amanda; 26y; div; b. & res. Fqr; (lic) 15 Apr 1899; (off) R. L. RUFFIN; Pg:Ln 272:06

MARSHALL, John (col); s/o Alex'r & Harriet; 50y; div; farmer; b. & res. Fqr; m. 15 Mar 1894 in Fqr to RECTOR, Mary Jane (col); d/o Beverly & Frances; 28y; sgl; b. & res. Fqr; (lic) 10 Feb 1894; (off) G. C. BANISTER; Pg:Ln 240:08

MARSHALL, Lindsay C.; s/o John R. & Angelina W.; 32y; sgl; editor; b. Fqr; res. Cambridge MD; m. 19 Nov 1902 in Fqr to SOWERS, Annie Adams; d/o J. R. & Mary F.; 29y; sgl; b. & res. Fqr; (lic) 19 Nov 1902; (off) F. R. BOSTON; Pg:Ln 294:19

MARSHALL, Robt. O. (col); s/o Jno. F. & Amanda; 25y; sgl; laborer; b. & res. Fqr; m. 11 Jul 1899 in Fqr to HILL, Lavinia (col); d/o Malvin & Delilah; 23y; sgl; b. & res. Fqr; (lic) 8 Jul 1899; (off) Geo.W. HORNER; Pg:Ln 273:08

MARSHALL, W. F.; s/o Jno. R. & A. W.; 32y; sgl; farmer; b. Louisa Co. VA; res. Fqr; m. 1 Dec 1891 in Fqr to CABLE, Lizzie T.; d/o Alfred & Mary; 31y; sgl; b. & res. Fqr; (lic) 21 Nov 1891; (off) Chas. M. BROWN; Pg:Ln 227:01

MARSHALL, Walter B. (col); s/o James & Sarah; 25y; sgl; laborer; b. & res. Fqr; m. 27 Dec 1903 in Fqr to BASSLE, Susie (col); d/o Jesse & Alice; 22y; sgl; b. LdnVA; res. Fqr; (lic) 26 Dec 1903; (off) G. C. BANISTER; D. F. DeBUTTS, letter; Pg:Ln 300:24

MARSHALL, Wm. Clarkson; s/o J. A. & R. P.; 22y; sgl; teacher; b. Fqr; res. Accomack Co. VA; m. 9 Sep 1885 in Fqr to MEREDITH, Lucy Page; d/o Wm. C. & Eliz. H.; 21y; sgl; b. Cumberland Co. VA; res. Fqr; (lic) 3 Sep 1885; (off) James GRAMMER; Pg:Ln 193:04

MARSHALL, Wm. D. (col); s/o Wm. & Catharine; 23y; sgl; laborer; b. & res. Fqr; m. 31 Oct 1893 in Fqr to EVANS, Marg't. (col); d/o James & Hebe; 21y; sgl; b. & res. Fqr; (lic) 31 Oct 1893; (off) G. C. BANISTER; Pg:Ln 237:12

MARSTELLER, A. L.; s/o Saml. A. & Nancy; 50y; wid; farmer; b. AlexVA; res. Fqr; m. 1 Jan 1883 in Fqr to ROUSE, Fanny; d/o J. V. & Mary; 30y; sgl; b. CulpVA; res. Fqr; (lic) 1 Jan 1883; (off) Isaac W. CANTER; Pg:Ln 179:01

MARSTELLER, Heiskell; s/o A. L. & M. C.; 20y; sgl; farmer; b. & res. Fqr; m. 16 Sep 1883 in Fqr to NASH, Elizabeth J.; d/o Jas. A. & Laura V.; 19y; sgl; b. & res. Fqr; (lic) 11 Sep 1883; (off) Jas. H. WOOLF; consent of A. T. MARSTELLER in person & consent of Mrs. NASH sworn by C. W. ROUSE; Pg:Ln 181:16

MARTIN, E. J.; s/o James & Emily; 24y; sgl; tinner; b. & res. Fqr; m. 20 Feb 1890 in Fqr to FAYER, Eunice V.; d/o John & Sarah J.; 16y; sgl; b. & res. Fqr; (lic) 14 Feb 1890; (off) Walter H. ROBERTSON; consent of father in person; Pg:Ln 217:15

MARTIN, E. J.; s/o James & Emily; 30y; wid; laborer; b. & res. Fqr; m. 16 Sep 1895 in Fqr to WALL, Jane E.; d/o James & Nancy O'BRIEN; 26y; div; b. & res. Fqr; (lic) 5 Sep 1895; (off) Jno. F. POULTON; Pg:Ln 248:07

MARTIN, F. J.; s/o James & Emily; 29y; sgl; carpenter; b. & res. Fqr; m. 10 Apr 1894 in Fqr to KIRKPATRICK, M. A.; d/o Enoch & Delilah; 23y; sgl; b. & res. Fqr; (lic) 10 Apr 1894; (off) W. H. ROBERTSON; Pg:Ln 241:02

MARTIN, James F.; s/o J. W. & Elizabeth; 23y; sgl; farmer; b. RappVA; res. Fqr; m. 26 Aug 1903 in Fqr to WADDELL, Etta R.; d/o Jno. W. & Mary; 21y; sgl; b. & res. Fqr; (lic) 26 Aug 1903; (off) Frank P. BERKLEY; Pg:Ln 298:23

MARTIN, Jefferson; s/o ___ & Maria; 25y; sgl; laborer; b. & res. Fqr; m. 17 Dec 1883 in Fqr to MARTIN, Leevy; d/o Charles & ___; 24y; sgl; b. & res. Fqr; (lic) 17 Dec 1883; (off) Isaac W. CANTER; Pg:Ln 184:03

MARTIN, Jesse B. (col); s/o Wm. & Olivia; 29y; wid; porter; b. Barber Co. AL; res. WashDC; m. 20 Feb 1894 in Fqr to MOXLEY, Amanda (col); d/o Wm. & Alice; 21y; sgl; b. & res. Fqr; (lic) 20 Feb 1894; (off) G. C. BANNISTER; consent of father in person; Pg:Ln 240:14

MARTIN, Jno. R. (col); s/o John & Maria; 28y; sgl; laborer; b. & res. Fqr; m. 20 Sep 1883 in Fqr to PINN, Mary (col); d/o Jacob & Lucy; 19y; sgl; b. & res. Fqr; (lic) 20 Sep 1883; (off) M. A. RUSSELL; consent of father in person; Pg:Ln 182:01

MARTIN, Lindley C.; s/o Jno. T. & Sarah B.; 30y; sgl; farmer; b. & res. Elizabeth City Co. VA; m. 5 Feb 1884 in Fqr to MARK, Virginia J.; d/o Nimrod & Isabella; 22y; sgl; b. & res. Fqr; (lic) 4 Feb 1884; (off) Jas. H. WOLFF; Pg:Ln 186:07

MARTIN, Mason (col); s/o Caleb & Georgie; 22y; sgl; laborer; b. & res. Fqr; m. 30 Dec 1904 in Fqr to HUDNALL, Minnie (col); d/o Richard & Queen V.; 18y; sgl; b. & res. Fqr; (lic) 29 Dec 1904; (off) N. A. MARRIOTT; consent of father in person; Pg:Ln 307:15

MARTIN, R. G.; s/o R. L. & Lucy A.; 31y; sgl; farmer; b. & res. Fqr; m. 6 Feb 1895 in Fqr to SMITH, Abbie; d/o Jos. H. & Alice; 25y; sgl; b. & res. Fqr; (lic) 4 Feb 1895; (off) C. W. BROOKS; Pg:Ln 245:22
MARTIN, W. G.; s/o Edw'd. J. & Alice; 22y; sgl; carpenter; b. Fqr; res. WashDC; m. 26 Nov 1891 in Fqr to McDONALD, Lilly J.; d/o J. W. & Margaret; 25y; sgl; b. & res. Fqr; (lic) 26 Nov 1891; (off) W. E. MILLER; Pg:Ln 227:04
MARTIN, Wm. H.; s/o Theophilas & Mollie; 23y; sgl; farmer; b. & res. Fqr; m. 23 Jul 1893 in Fqr to KIDWELL, Rosa L.; d/o Jas. L. & Lucy F.; 18y; sgl; b. & res. Fqr; (lic) 22 Jul 1893; (off) W. E. MILLER; consent of father in person; Pg:Ln 235:24
MARTZ, Samuel B.; s/o C. T. & Annie; 37y; sgl; merchant; b. LdnVA; res. Fqr; m. 31 Jan 1900 in Ldn to GIBSON, Mae Howard; d/o Howard & Kate; 30y; sgl; b. & res. Fqr; (lic) 23 Jan 1900; (off) I. B. LAKE; Pg:Ln 277:15
MASON, Charles C.; s/o James & Leona; 50y; sgl; farmer; b. & res. Fqr; m. 19 Sep 1901 in Fqr to SMOOT, Josie M.; d/o James & Mary Ellen; 36y; wid; b. & res. Fqr; (lic) 17 Sep 1901; (off) James W. HEFLIN; Pg:Ln 286:18
MASON, David F.; s/o Chas. C. & Mary E.; 22y; sgl; railroading; b. & res. Fqr; m. 12 Jun 1903 in Fqr to LENOX, Irene; d/o Edward & Mary; 22y; sgl; b. & res. Fqr; (lic) 10 Jun 1903; (off) James W. HEFLIN; Pg:Ln 298:14
MASON, George W.; s/o James & Nancy; 22y; sgl; farmer; b. & res. Fqr; m. 11 Oct 1883 in Fqr to CORBIN, Mildred; d/o Lewis & Mary; 24y; sgl; b. & res. Fqr; (lic) 11 Oct 1883; (off) Geo. W. NELSON; Pg:Ln 182:10
MASON, James; s/o Charles & Bettie; 22y; sgl; farmer; b. & res. Fqr; m. 7 Dec 1898 in Fqr to COOPER, Alice V.; d/o Jas. T. & Ophelia; 24y; sgl; b. & res. Fqr; (lic) 6 Dec 1898; (off) T. W. NEWMAN; Pg:Ln 269:03
MASON, Jno. W.; s/o Marshall & Bettie; 22y; sgl; farmer; b. & res. Fqr; m. 29 May 1894 in Fqr to PHILLIPS, Eddie; d/o Broadie & Cis; 21y; sgl; b. & res. Fqr; (lic) 29 May 1894; (off) W. H. ROBERTSON; Pg:Ln 241:09
MASON, Rich'd.; s/o Chas. & Bittie; 21y; sgl; r. r. hand; b. & res. Fqr; m. 23 Nov 1904 in Fqr to SUTHARD, Mary E.; d/o C. P. & Cath.; 22y; sgl; b. & res. Fqr; (lic) 23 Nov 1904; (off) F. R. BOSTON; Pg:Ln 306:06
MASON, W. W.; s/o Chas. & Elizabeth; 31y; sgl; sawing; b. & res. Fqr; m. 20 May 1902 in Fqr to COOPER, Bessie I.; d/o Edward & Louisa; 24y; sgl; b. & res. Fqr; (lic) 19 May 1902; (off) James W. HEFLIN; Pg:Ln 292:02
MASON, Wm. (col); s/o Bradford & Sarah; 23y; sgl; farmer; b. CT; res. Fqr; m. 27 Dec 1893 in Fqr to EPPERSON, Lucy (col); d/o Wm. & Voss; 18y; sgl; b. CulpVA; res. Fqr; (lic) 19 Dec 1893; (off) Jno. F. POULTON; consent of mother in person; Pg:Ln 238:18
MASSIE, William (col); s/o James & Grace; 21y; sgl; laborer; b. & res. Fqr; m. 19 Jun 1895 in Fqr to GRIGSBY, Elizabeth C. (col); d/o Daniel

& Eliza; 19y; sgl; b. & res. Fqr; (lic) 18 Jun 1895; (off) G. C.
BANISTER; consent of father in person; Pg:Ln 247:08
MASSOLETTI, Lewis E.; s/o Lewis E. & Harriet; 30y; sgl; farmer; b. & res. Fqr; m. 10 Nov 1891 in Fqr to SMITH, Lily; d/o Wm. & Julia; 23y; sgl; b. & res. Fqr; (lic) 9 Nov 1891; (off) Jno. O. TACKETT; Pg:Ln 226:21
MATCHETT, Harry Gerald Keith; s/o Henry H. & Emily R.; 36y; sgl; officer eng. army; b. Herefordshire Eng.; res. Cairo Egypt; m. 24 Jul 1902 in Fqr to CHARRINGTON, Mary Virginia; d/o Percy W. & Mary H.; 22y; sgl; b. Surrey Eng.; res. Fqr; (lic) 24 Jul 1902; (off) Geo. W. NELSON; Pg:Ln 293:03
MATHEWS, George (col); s/o George & Elizabeth; 21y; sgl; laborer; b. & res. Fqr; m. 5 Dec 1895 in Fqr to HATHAWAY, Lucy (col); d/o Sewell & Sarah; 27y; sgl; b. & res. Fqr; (lic) 30 Nov 1895; (off) V. LACY; Pg:Ln 250:05
MATHEWS, Henry (col); s/o Samuel & Amy; 23y; sgl; laborer; b. AlbmVA; res. Fqr; m. 30 Jan 1890 in Fqr to PEYTON, Dora (col); d/o Richard & Emily; 23y; sgl; b. & res. Fqr; (lic) 30 Jan 1890; (off) Geo. W. HORNER; Pg:Ln 217:07
MATTHEW, Robt. E.; s/o Richd. & Margaret; 35y; sgl; laborer; b. Kingdom Co. Ohio; res. Fqr; m. 30 Sep 1903 in Fqr to WATERS, Lottie S.; d/o Henry C. & Sarah E.; 35y; sgl; b. WrnVA; res. Fqr; (lic) 30 Sep 1903; (off) W. H. BALLENGEE; Pg:Ln 299:15
MAUCK, D. M.; s/o Jno. & Emily; 22y; sgl; farmer; b. & res. Page Co. VA; m. 28 Dec 1893 in Fqr to ATHEY, Ella; d/o W. S. & Albertus; 21y; sgl; b. & res. Fqr; (lic) 27 Dec 1893; (off) J. K. BOOTON; Pg:Ln 239:07
MAUCK, M. N.; s/o Jno. N. & Mary; 36y; wid; farmer; b. & res. Page Co Va; m. 27 Jan 1897 in Fqr to RHODES, Lydia M.; d/o Henry & Delilah; 24y; sgl; b. Rockingham Co.; res. Fqr; (lic) 27 Jan 1897; (off) D. Z. YODER; Pg:Ln 257:19
MAUPIN, John M.; s/o Rice & Mollie; 26y; sgl; merchant; b. AlbmVA; res. Fqr; m. 27 Sep 1900 in Fqr to EMBREY, Sadie Irene; d/o S. T. & Carrie; 21y; sgl; b. & res. Fqr; (lic) 25 Sep 1900; (off) L. H. SHUCK; Pg:Ln 280:24
MAXFIELD, A. V.; s/o A. M. & Mary C.; 23y; sgl; farmer; b. Delaware Co. OH; res. Fqr; m. 19 Aug 1886 in Fqr to RINES, Annie; d/o Wesley & Frances; 21y; sgl; b. & res. Fqr; (lic) 19 Aug 1886; (off) Gilson MAUZEY; Pg:Ln 197:15
MAXFIELD, O. M.; s/o A. M. & M. C.; 23y; sgl; barroom keeper; b. Columbus, OH; res. AlexVA; m. 4 Sep 1893 in Fqr to SHANHOLTZ, Eliz'th Ann; d/o Jno. C. & M. C.; 21y; sgl; b. Hampshire Co. WV; res. Fqr; (lic) 4 Sep 1893; (off) A. J. CUMMINGS; consent of father in person; Pg:Ln 236:09
MAXFIELD, Richard; s/o George & Edmonia E.; 26y; sgl; farmer; b. & res. StafVA; m. 23 Dec 1900 in StafVA to HEFLIN, Hattie B.; d/o W. B. & Isabelle; 18y; sgl; b. & res. Fqr; (lic) 22 Dec 1900; (off) A. J. CUMMINGS; consent of father in person; Pg:Ln 283:06
MAXHEIMER, Jas. C.; s/o Jos. S. & Elizabeth; 30y; sgl; painter; b. Luzerne Co. Pa; res. Fqr; m. 5 Sep 1903 in Fqr to SHIRLEY, Blanche;

d/o J. W. & J. A.; 23y; sgl; b. & res. Fqr; (lic) 5 Sep 1903; (off) V. H. COUNCILL; Pg:Ln 299:06

MAYHEW, P. M.; s/o Matthew & Eliza; 36y; wid; laborer; b. FfxVA; res. Fqr; m. 13 Jun 1889 in Fqr to ASH, Bettie; d/o C. T. & Fannie; 27y; sgl; b. & res. Fqr; (lic) 12 Jun 1889; (off) Chas. W. MARK; Pg:Ln 212:16

MAYHUGH, George; s/o John & Mary; 60y; wid; farmer; b. Fqr; res. PrWmVA; m. 8 Mar 1893 in LdnVA to SMITH, Frances N.; d/o Jas. W. & L. Frances; 24y; sgl; b. & res. Fqr; (lic) 6 Mar 1893; (off) W. T. DUNAWAY; Pg:Ln 234:25

McARTOR, Jos. W.; s/o R. C. & Sarah; 34y; sgl; farmer; b. & res. Fqr; m. 24 Oct 1883 in Fqr to PIERCE, Maria T.; d/o David T. & Opha Ann; 29y; sgl; b. LdnVA; res. Fqr; (lic) 17 Oct 1883; (off) A. A. P. NEAL; Pg:Ln 182:12

McBEE, James B.; s/o Jno. & Ellen; 27y; sgl; farmer; b. & res. Fqr; m. 4 Nov 1891 in Fqr to PRIEST, Lilly J.; d/o W. & Alberta; 24y; wid; b. & res. Fqr; (lic) 4 Nov 1891; (off) C. P. SCOTT; Pg:Ln 226:17

McCARTHY, Chas. J.; s/o Dennis & Margt.; 28y; sgl; telegraph operator; b. & res. Fqr; m. 17 Feb 1897 in Fqr to DAVIS, Laura M.; d/o Wm. & Rosselle; 20y; sgl; b. & res. Fqr; (lic) 17 Feb 1897; (off) E. J. WALSH; consent of mothers in person; Pg:Ln 257:23

McCARTHY, Daniel; s/o Timothy & Bridget; 26y; sgl; R R hand; b. Campbell Co. VA; res. Fqr; m. 9 Jun 1892 in Fqr to SCANLON, Bridget; d/o John & Julia; 18y; sgl; b. County Kerry Ireland; res. Fqr; (lic) 8 Jun 1892; (off) J. J. BOWLER; consent of father in person; Pg:Ln 230:17

McCARTHY, John; s/o Jno. & Sarah; 26y; sgl; farmer; b. Dublin, Ireland; res. Fqr; m. 18 Dec 1895 in Fqr to FREEMAN, Mary W.; d/o Martin & Bettie; 19y; sgl; b. & res. Fqr; (lic) 16 Dec 1895; (off) M. R. GRIMSLEY; consent filed; Pg:Ln 250:14

McCARTNEY, Edgar; s/o Jno. B. & Virginia W.; 37y; sgl; salesman; b. Lancaster Co. Pa; res. Chicage Ill; m. 7 Apr 1897 in Fqr to LUPTON, Josephine M.; d/o Wm. M. & Josephine; 26y; sgl; b. & res. Fqr; (lic) 3 Apr 1897; (off) I. B. LAKE; Pg:Ln 258:08

McCARTY, R. C.; s/o Dennis & Alice; 57y; wid; farmer; b. LdnVA; res. Fqr; m. 28 Jun 1898 in Fqr to BROWNING, T. L.; d/o Gibson & Eliza FLECHER [FLETCHER]; 47y; wid; b. & res. Fqr; (lic) 25 Jun 1898; (off) I. B. LAKE; Pg:Ln 265:24

McCARTY, Robert; s/o Dennis & Eliza; 34y; sgl; farmer; b. LdnVA; res. Fqr; m. 21 Jan 1885 in Fqr to ROBINSON, Ida; d/o Milton & Agnes; 28y; sgl; b. & res. Fqr; (lic) 17 Jan 1885; (off) A. A. P. NEEL; Pg:Ln 190:19

McCARTY, Wm. H.; s/o Richard & Martha; 28y; sgl; machinist; b. LdnVA; res. WashDC; m. 7 Dec 1897 in Fqr to PHILLIPS, Lula V.; d/o A. W. & Angelina; 27y; sgl; b. & res. Fqr; (lic) 6 Dec 1897; (off) T. Clagett SKINNER; Pg:Ln 262:06

McCAULEY, E. H.; s/o J. O. & C. A.; 27y; sgl; blacksmith; b. & res. Fqr; m. 26 Feb 1896 in Fqr to BRIDEWELL, Annie M.; d/o J. E. & S. W.;

17y; sgl; b. & res. Fqr; (lic) 26 Feb 1896; (off) J. L. SHIPLEY; consent of father in person; Pg:Ln 252:12
McCAULY, Henry C.; s/o Jno. O. & Christy A.; 23y; sgl; farmer; b. & res. Fqr; m. 3 Mar 1888 in Fqr to CLEMONS, E. P.; d/o Wm. & Mildred; 18y; sgl; b. & res. Fqr; (lic) 3 Mar 1888; (off) Chas. M. BROWN; oath; Pg:Ln 206:18
McCLANAHAN, Levi T.; s/o Charles & Sarah; 42y; sgl; farmer; b. & res. Fqr; m. 2 Mar 1899 in Fqr to HEFLIN, Catharine; d/o Duncan & Jennie; 34y; wid; b. & res. Fqr; (lic) 1 Mar 1899; (off) Jno. C. SEDWICK; Pg:Ln 271:16
McCONCHIE, Elmo F.; s/o Robt. H. & Mary C.; 25y; sgl; farmer; b. & res. Fqr; m. 7 Mar 1905 in Fqr to EDWARDS, Rosie L.; d/o Jas. R. & Sarah E.; 21y; sgl; b. & res. Fqr; (lic) 6 Mar 1905; (off) B. D. HARRISON; affidavit filed; Pg:Ln 308:12
McCONCHIE, Harry; s/o Robt. & Mary; 22y; sgl; railroading; b. & res. Fqr; m. 26 Jul 1893 in Fqr to OLIVER, Lillian E.; d/o Bernard & Polly A.; 18y; sgl; b. & res. Fqr; (lic) 26 Jul 1893; (off) W. H. ROBERTSON; Pg:Ln 236:01
McCONCHIE, Jno.; s/o Alex & Cath.; 45y; wid; farmer; b. & res. Fqr; m. 24 Mar 1887 in Fqr to TAYLOR, Kate P.; d/o James E. & Ellen K.; 28y; sgl; b. & res. Fqr; (lic) 21 Mar 1887; (off) F. H. JAMES; Pg:Ln 201:15
McCONCHIE, Jno. W.; s/o Robt. & Mary; 24y; sgl; railroading; b. & res. Fqr; m. 1 Nov 1893 in Fqr to TAYLOR, Ida C.; d/o George & Fanny; 21y; sgl; b. & res. Fqr; (lic) 30 Oct 1893; (off) Geo. F. COOK; Pg:Ln 237:11
McCONCHIE, S. M.; s/o Geo. & Mary; 28y; sgl; farmer; b. & res. Fqr; m. 28 Oct 1885 in Fqr to BURKE, Lula A.; d/o Henry & Lucy; 26y; sgl; b. & res. Fqr; (lic) 27 Oct 1885; (off) J. A. KERN; Pg:Ln 193:17
McCONCHIE, Ward H.; s/o Robert A. & Mary B.; 26y; sgl; farmer; b. & res. Fqr; m. 16 Nov 1904 in Fqr to EMBREY, Virginia C.; d/o Robt D. & Mary G.; 26y; sgl; b. & res. Fqr; (lic) 14 Nov 1904; (off) C. W. BROOKS; Pg:Ln 305:23
McCONCHIE, William C.; s/o James H. & Martha B.; 20y; sgl; farmer; b. & res. Fqr; m. 7 Nov 1900 in Fqr to DUVALL, Betty; d/o Lawrence & Elizabeth RYAN; 25y; wid; b. & res. Fqr; (lic) 3 Nov 1900; (off) Walter H. ROBERTSON; consent of mother filed; Pg:Ln 281:20
McCORMICK, J. T.; s/o Thos. & Mary; 27y; sgl; farmer; b. & res. PrWmVA; m. 29 Nov 1883 in Fqr to RECTOR, Ida L.; d/o Bushrod & Lucy; 18y; sgl; b. & res. Fqr; (lic) 27 Nov 1883; (off) Jno. F. POULTON; consent of father proved by oath of Jno. W. BURGESS; Pg:Ln 183:18
McCORMICK, Jos. B.; s/o Thomas & Elizabeth; 54y; sgl; farmer; b. & res. Fqr; m. 8 Jun 1898 in Fqr to SHAVER, Annie C.; d/o Geo. H. & Sarah; 32y; sgl; b. Shenandoah; res. Fqr; (lic) 7 Jun 1898; (off) W. S. JACKSON; Pg:Ln 265:22
McCUEN, Jno. H.; s/o James W. & Mary C.; 27y; sgl; farmer; b. WrnVA; res. Fqr; m. 20 Dec 1899 in Fqr to WHITE, Elizabeth; d/o James &

Elizabeth; 25y; sgl; b. & res. Fqr; (lic) 19 Dec 1899; (off) E. H. HENRY; Pg:Ln 276:07

McCUIN, William; s/o Thos. & Elizabeth; 22y; sgl; laborer; b. & res. PrWmVA; m. 4 Jun 1891 in Fqr to McCARTHY, Bridget; d/o Timothy & Bridget; 21y; sgl; b. & res. Fqr; (lic) 4 Jun 1891; (off) J. J. BOWLER; Pg:Ln 224:12

McDANIEL, E. W.; s/o Scorien & Mary; 41y; sgl; merchant; b. WrnVA; res. CulpVA; m. 12 Jan 1898 in Fqr to VANHORN, Ada M.; d/o D. W. & E. A.; 32y; sgl; b. & res. Fqr; (lic) 11 Jan 1898; (off) H. M. STRICKLER; Pg:Ln 263:22

McDONALD, Ernest; s/o Elias H. & Almedia; 22y; sgl; farmer; b. & res. Fqr; m. 14 Feb 1894 in Fqr to GOODS, Carrie E.; d/o R. R. & Sarah F.; 24y; sgl; b. & res. Fqr; (lic) 7 Feb 1894; (off) E. G. NEVITT; Pg:Ln 240:06

McDONALD, G. H.; s/o Horace & Emily; 26y; sgl; farmer; b. & res. CulpVA; m. 2 Jun 1897 in Fqr to FREEMAN, Nellie P.; d/o F. E. & Iphigenia; 22y; sgl; b. & res. Fqr; (lic) 1 Jun 1897; (off) W. H. ROBERTSON; Pg:Ln 259:02

McDONALD, Jordan (col); s/o Spencer & Charlotte; 52y; sgl; farmer; b. & res. Fqr; m. 11 Aug 1904 in Fqr to COLE, Sinah (col); d/o ___ & ___; 40y; wid; b. & res. Fqr; (lic) 9 Aug 1904; (off) J. D. HERBEN; Pg:Ln 303:22

McDONALD, Stephen P.; s/o Baylis & Eliza; 39y; wid; farmer; b. & res. Fqr; m. 28 Mar 1897 in Fqr to STONE, Sallie J.; d/o ___ & Susan; 43y; sgl; b. & res. Fqr; (lic) 22 Mar 1897; (off) W. S. ATHEY; Pg:Ln 258:05

McDONALD, Wm. A. Jr.; s/o Wm. A. & Virg'a G.; 26y; sgl; farmer; b. & res. CulpVA; m. 3 Dec 1895 in Fqr to HUMPHREYS, Jennie E.; d/o Chas. Wm. & Mary F.; 22y; sgl; b. & res. Fqr; (lic) 27 Nov 1895; (off) D. J. SHOPOFF; Pg:Ln 250:03

McDONALD, Wm. M.; s/o Seth & Jennie; 29y; sgl; policeman; b. RappVA; res. WashDC; m. 23 Oct 1901 in Fqr to CURTIS, Mary M.; d/o Marion & Lizzie; 23y; sgl; b. CulpVA; res. Fqr; (lic) 22 Oct 1901; (off) T. S. DALTON; Pg:Ln 287:14

McDONNELL, Eugene; s/o Jno. & Mary; 45y; wid; cotton broker; b. Cork Co., Ireland; res. BaltMD; m. 19 Sep 1883 in Fqr to CHILTON, Annie C.; d/o Jno. A. & Kate V.; 22y; sgl; b. & res. Fqr; (lic) 19 Sep 1883; (off) Patrick DONOHOE; Pg:Ln 181:21

McDOWELL, James (col); s/o Wert & Ellen; 32y; sgl; laborer; b. Little Rock Co. SC; res. WashDC; m. 19 Sep 1904 in Fqr to SMITH, Mildred (col); d/o Frank & Jane; 27y; sgl; b. & res. Fqr; (lic) 19 Sep 1904; (off) Silas DOWNELL; Pg:Ln 304:18

McGUIN, John W.; s/o Geo. W. & Sallie A.; 35y; div; farmer; b. RappVA; res. Fqr; m. 28 Oct 1886 in Fqr to LUNCEFORD, Adella C.; d/o Jno. H. & Mary L.; 19y; sgl; b. & res. Fqr; (lic) 27 Oct 1886; (off) W. D. WHITE; consent of father sworn to by W. A. LOW; Pg:Ln 198:13

McGUINN, Snowden; s/o J. B. & Jennie; 24y; sgl; laborer; b. & res. Fqr; m. 30 Jan 1904 in Fqr to EMBREY, Lillie; d/o Jno. P. & Alice; 18y; sgl;

b. & res. Fqr; (lic) 30 Jan 1904; (off) I. B. LAKE; consent of her father filed; Pg:Ln 301:20
McGUIRE, Ulyses S.; s/o Geo. & Kate; 27y; sgl; railroading; b. ClrkVA; res. Fqr; m. 28 Dec 1898 in Fqr to SEAY, Bessie, E.; d/o Jordan & Betsy; 20y; sgl; b. & res. Fqr; (lic) 27 Dec 1898; (off) C. M. TYLER; consent of father in person; Pg:Ln 270:11
McILHANY, Hugh M.; s/o T. M. & Ann; 43y; wid; secty ins. co.; b. LdnVA; res. Staunton, VA; m. 30 Apr 1884 in Fqr to JONES, Fannie B.; d/o Jas. F. & Ann L.; 33y; sgl; b. & res. Fqr; (lic) 28 Apr 1884; (off) W. Strother JONES; Pg:Ln 187:04
McINTURFF, Samuel E.; s/o Isaac & Flora; 42y; wid; farmer; b. ShenVA; res. Fqr; m. 5 Feb 1902 in Fqr to FRANCIS, Elizabeth H.; d/o William & Elizabeth; 44y; sgl; b. & res. Fqr; (lic) 5 Feb 1902; (off) F. R. BOSTON; Pg:Ln 290:23
McINTURFF, W. H.; s/o H. C. & Maria; 26y; sgl; wire worker; b. ShenVA; res. WashDC; m. 25 Oct 1896 in Fqr to GUNNETT, Emma K.; d/o not given; 21y; sgl; b. Frostburg, MD; res. WashDC; (lic) 24 Oct 1896; (off) J. S. GARDNER; Pg:Ln 255:08
McINTYRE, Benj. F.; s/o Wm. E. & Sarah F.; 21y; sgl; farmer; b. & res. Fqr; m. 28 Dec 1892 in Fqr to ASH, Mary S. A.; d/o Chas. F. & Susan F.; 22y; sgl; b. & res. Fqr; (lic) 26 Dec 1892; (off) T. G. NEVITT; Pg:Ln 233:17
McINTYRE, Wm. M.; s/o Levi & Sarah; 24y; sgl; farmer; b. & res. Fqr; m. 29 Dec 1892 in Fqr to MELTON, Cora; d/o Geo. & Julia; 23y; wid; b. & res. Fqr; (lic) 26 Dec 1892; (off) Jas. W. GRUBB; Pg:Ln 233:13
McKAY, L. L.; s/o Donald & Mary; 30y; sgl; manufacturer; b. Boston, MA; res. NC; m. 3 Jun 1890 in Fqr to BISPHAM, Ann N.; d/o Nichols & Ann; 30y; sgl; b. & res. Fqr; (lic) 3 Jun 1890; (off) Geo. W. NELSON; Pg:Ln 218:14
McKENNY, Inman A.; s/o Jno. & Kate; 21y; sgl; farmer; b. MI; res. Fqr; m. 31 Dec 1890 in Fqr to DINGLEDINE, F. H.; d/o not given; 22y; sgl; b. VA; res. Fqr; (lic) 29 Dec 1890; (off) J. W. GRUBB; Pg:Ln 222:01
McLEAREN, Douglas H.; s/o Horace M. & Cynthia Ann; 25y; sgl; telegraph operator; b. Fqr; res. CulpVA; m. 20 May 1902 in Fqr to HARDESTY, Annie E.; d/o Jos. J. & Mary P.; 21y; sgl; b. Ann Arundel Co. Md; res. Fqr; (lic) 19 May 1902; (off) William T. GOVER; Pg:Ln 292:01
McLEAREN, Howson H.; s/o H. M. & C. N.; 25y; sgl; farmer; b. & res. Fqr; m. 18 Dec 1900 in Fqr to MAYHUGH, Lillian G.; d/o Geo. & Virginia; 21y; sgl; b. & res. Fqr; (lic) 17 Dec 1900; (off) W. J. GOVER; Pg:Ln 282:18
McLEAREN, T. B.; s/o A. S. & Martha A.; 35y; sgl; farmer; b. & res. Fqr; m. 26 Feb 1896 in Fqr to RUSH, Jane M.; d/o R. H. & Sallie A.; 28y; sgl; b. CulpVA; res. Fqr; (lic) 24 Feb 1896; (off) J. L. SHIPLEY; Pg:Ln 252:10
McLELLAN, John (col); s/o Kendall & Rose; 25y; sgl; railroading; b. RappVA; res. Fqr; m. 16 Apr 1902 in Fqr to DISHMAN, Lucy E. (col);

d/o Benjamin & Petina; 28y; sgl; b. & res. Fqr; (lic) 15 Apr 1902; (off) Silas DOWNWELL; Pg:Ln 291:12
McNAIR, Edward A.; s/o John E. & Martha A.; 30y; sgl; joiner; b. AugVA; res. Warwick Co. Va; m. 5 Mar 1900 in Fqr to BELL, Josephine D.; d/o John C. & M. M.; 23y; sgl; b. AugVA; res. Fqr; (lic) 5 Mar 1900; (off) Walter H. ROBERTSON; Pg:Ln 278:03
McPHERSON, John (col); s/o Henry & Maria; 21y; sgl; laborer; b. PrWmVA; res. Fqr; m. 15 Dec 1891 in Fqr to ROBINSON, Susan (col); d/o Alfred & Susan; 20y; sgl; b. & res. Fqr; (lic) 15 Dec 1891; (off) R. T. TURNER; consent of father sworn to by Chas. ROBINSON & filed; Pg:Ln 227:10
McQUARY, Charles (col); s/o Robert & Lizzie; 21y; sgl; laborer; b. & res. LdnVA; m. 14 Sep 1905 in Fqr to DAVIS, Lucy (col); d/o James & Jennie; 20y; sgl; b. & res. Fqr; (lic) 13 Sep 1905; (off) A. R. PINKETT; consent of father in person; Pg:Ln 310:13
MEADE, William; s/o Wm. & Virginia W.; 33y; sgl; travelling salesman; b. ClrkVA; res. Waco, TX; m. 24 Sep 1896 in Fqr to MEADE, Lucy B.; d/o D. G. & Annie B.; 32y; sgl; b. Henrico Co. VA; res. Fqr; (lic) 23 Sep 1896; (off) J. J. NORWOOD; Pg:Ln 254:16
MEEKS, Turner A.; s/o Charles & Susan; 21y; sgl; farmer; b. & res. Fqr; m. 29 Dec 1897 in Fqr to MARTIN, Sallie; d/o ___ & Harriet; 18y; sgl; b. & res. Fqr; (lic) 28 Dec 1897; (off) Jno. F. POULTON; consent of mother sw'n to & filed; Pg:Ln 263:14
MELTON, Chas. L.; s/o Wilson N. & Sarah F.; 31y; sgl; teacher; b. RappVA; res. WrnVA; m. 24 Jun 1896 in Fqr to BLACKWELL, Gertrude; d/o Jno. D. & Anna; 30y; sgl; b. & res. Fqr; (lic) 23 Jun 1896; (off) Wm. E. JUNKINS; Pg:Ln 253:17
MELTON, George W.; s/o Geo. F. & J. B.; 23y; sgl; farmer; b. & res. Fqr; m. 27 Dec 1898 in Fqr to RILEY, Isabella; d/o Samue[l] & Susan; 22y; sgl; b. LdnVA; res. Fqr; (lic) 23 Dec 1898; (off) Isaac N. CAMPBELL; Pg:Ln 270:02
MELTON, James H.; s/o Robt. R. & Judith F.; 22y; sgl; farmer; b. Madison Co. VA; res. Fqr; m. 8 Dec 1889 in Fqr to RECTOR, Rebecca E.; d/o Marion & Janet; 17y; sgl; b. & res. Fqr; (lic) 6 Dec 1889; (off) Chas. L. YATES; consent of father in person; Pg:Ln 215:05
MELTON, Marvin S.; s/o Robt. R. & Julia F.; 24y; sgl; clerk; b. & res. Fqr; m. 28 Sep 1904 in Fqr to FEWELL, Lottie F.; d/o Ethelred & Annie; 23y; sgl; b. & res. Fqr; (lic) 27 Sep 1904; (off) L. R THORNHILL; Pg:Ln 304:24
MELVIN, George A.; s/o W. B. & Sophie; 27y; sgl; farmer; b. & res. Fqr; m. 31 Dec 1902 in Fqr to COMPTON, Margaret M.; d/o S. L. & Annie; 21y; sgl; b. CulpVA; res. Fqr; (lic) 26 Dec 1902; (off) Walter H. ROBERTSON; Pg:Ln 296:05
MELVIN, Wm. B.; s/o M. B. & Martha Allison; 34y; wid; laborer; b. WashDC; res. Fqr; m. 21 Nov 1883 in Fqr to WILLIS, Mildred; d/o Wm. & Matilda; 33y; sgl; b. & res. Fqr; (lic) 20 Nov 1883; (off) S. H. JAMES; Pg:Ln 183:07

MENEFEE, Henry T.; s/o Melville & Fanny; 21y; sgl; farmer; b. RappVA; res. Fqr; m. 26 Apr 1899 in Fqr to MOFFETT, Susie B.; d/o R. F. & Susannna B.; 19y; sgl; b. & res. Fqr; (lic) 24 Apr 1899; (off) not given; consent of father in person; Pg:Ln 272:08
MENEFEE, R. E.; s/o James A. & Sarah; 29y; sgl; contractor; b. RappVA; res. Buena Vista, VA; m. 25 Jun 1890 in Fqr to SHEPPERD, Lucy H.; d/o William & Eliza; 31y; sgl; b. England; res. Fqr; (lic) 25 Jun 1890; (off) Geo. W. NELSON; Pg:Ln 218:23
MERCER, Edw'd. (col); s/o Geo. & Hannah; 22y; sgl; laborer; b. & res. Fqr; m. 9 Oct 1890 in Fqr to PHILLIPS, Mary (col); d/o ___ & Anna; 17y; sgl; b. & res. Fqr; (lic) 8 Oct 1890; (off) Y. M. BADGER; consent of step father in person; Pg:Ln 220:03
MERCER, Gardiner; s/o Peter & Ann; 27y; sgl; blacksmith; b. Licking Co. OH; res. Fqr; m. 13 Mar 1890 in Fqr to BUTLER, Alice; d/o Daniel & Sarah; 16y; sgl; b. StafVA; res. Fqr; (lic) 13 Mar 1890; (off) Walker H. ROBERTSON; consent of father in person; Pg:Ln 218:02
MERCER, Henry (col); s/o Geo. & Hannah; 24y; sgl; laborer; b. & res. Fqr; m. 1 Jan 1889 in Fqr to ROBINSON, Ellen (col); d/o Wm. & Hester; 22y; sgl; b. & res. Fqr; (lic) 1 Jan 1889; (off) B. T. TURNER; Pg:Ln 210:08
MERCER, Sidney (col); s/o George & Hannah; 22y; sgl; laborer; b. & res. Fqr; m. 5 Jul 1883 in Fqr to DADE, Lavinia (col); d/o ___ & Caroline; 18y; sgl; b. & res. Fqr; (lic) 4 Jul 1883; (off) not given; consent of Guard'n in person; Pg:Ln 180:23
METZ, Charles W.; s/o Mel. & Margaret; 25y; sgl; mason; b. Roanoke Co Va; res. Lynchburg VA; m. 5 Nov 1902 in Fqr to JOHNSON, Thelma L.; d/o Jno. A. & Brigetha A.; 23y; sgl; b. Sweden; res. Fqr; (lic) 4 Nov 1902; (off) Geo. W. NELSON; Pg:Ln 294:14
MIDDLETHON, Gustav; s/o Isham L. & Caroline M.; 28y; sgl; sawmill business; b. Kristiana, Norway; res. Hazelhurst, GA; m. 24 Jun 1896 in Fqr to COOK, Nannie Keith; d/o John G. & Helen M.; 28y; sgl; b. StafVA; res. Fqr; (lic) 18 Jun 1896; (off) D. J. SHOPOFF; Pg:Ln 253:15
MIDDLETON, F. D.; s/o Alpheus & Frances; 26y; sgl; clerk; b. & res. WashDC; m. 23 May 1887 in Fqr to BROWN, Cora E.; d/o Wm. M. & Kate; 23y; sgl; b. Rich'd, VA; res. Fqr; (lic) 23 May 1887; (off) Geo. W. NELSON; Pg:Ln 202:05
MIDDLETON, Howard; s/o Lovell H. & Susan N.; 27y; sgl; farmer; b. & res. LdnVA; m. 25 May 1886 in Fqr to TEMPLEMAN, Mary F.; d/o Geo. B. & M. T.; 19y; sgl; b. & res. Fqr; (lic) 25 May 1886; (off) A. B. FRANCIS; consent of father in person; Pg:Ln 196:15
MILES, Henry C. (col); s/o Henry & Edna; 22y; sgl; laborer; b. & res. Fqr; m. 1 Sep 1903 in Fqr to KING, Fanny (col); d/o ___ &___; 25y; sgl; b. ___ Va; res. Pittsburg Pa; (lic) 1 Sep 1903; (off) Geo. W. HORNER; Pg:Ln 299:03
MILES, R. E.; s/o ___ & Hester; 30y; sgl; farmer; b. & res. Fqr; m. 28 Dec 1887 in Fqr to WELCH, Katie; d/o Henry & Mary; 20y; sgl; b. & res.

Fqr; (lic) 26 Dec 1887; (off) M. B. STROTHER; consent of father in person; Pg:Ln 205:11
MILES, Reuben (col); s/o Dally & Dony; 22y; sgl; laborer; b. & res. Fqr; m. 18 Feb 1904 in Fqr to WELLS, Mary (col); d/o Edwd. & Florida; 24y; sgl; b. & res. Fqr; (lic) 12 Feb 1904; (off) G. C. BANISTER; Pg:Ln 302:02
MILLER, Ernest (col); s/o Ash & Lucy; 21y; sgl; laborer; b. CulpVA; res. Fqr; m. 6 May 1900 in Fqr to CARTER, Mary E. (col); d/o William & Margaret; 21y; sgl; b. KGeoVA; res. Fqr; (lic) 5 May 1900; (off) M. A. RUSSELL; Pg:Ln 279:05
MILLER, J. P. F.; s/o James J. & Sarah; 32y; sgl; farmer; b. RockVA; res. Fqr; m. 26 Jun 1897 in Fqr to CAMERON, Nellie H.; d/o Hugh & Martha; 22y; sgl; b. & res. Fqr; (lic) 24 Jun 1897; (off) Walter H. ROBERTSON; Pg:Ln 259:10
MILLER, N. C.; s/o J. J. & Sarah; 30y; sgl; farmer; b. RockVA; res. Fqr; m. 2 Nov 1898 in Fqr to STRICKLER, Sarah C.; d/o S. W. & M. J.; 18y; sgl; b. Page Co Va; res. Fqr; (lic) 31 Oct 1898; (off) Walter H. ROBERTSON; consent of father in person; Pg:Ln 268:08
MILLER, Saml. S. (col); s/o George & Mary; 26y; sgl; waiter; b. WashMD; res. New York NY; m. 3 Dec 1899 in Fqr to CUSINBERY, Florence (col); d/o Henry & Ada; 20y; sgl; b. & res. Fqr; (lic) 2 Dec 1899; (off) R. L. RUFFIN; consent of mother filed; Pg:Ln 275:18
MILLER, Willie E.; s/o M. B. & Edna Jane; 24y; sgl; carriage maker; b. JeffWV; res. Fqr; m. 11 Feb 1890 in Fqr to BURGESS, Mattie P.; d/o H. P. & Elizabeth; 22y; sgl; b. & res. Fqr; (lic) 8 Feb 1890; (off) Chas. M. BROWN; Pg:Ln 217:12
MILLS, C. T.; s/o Washington & Polly; 40y; wid; farmer; b. & res. Fqr; m. 7 Jul 1885 in Fqr to SEALOCK, Marg't.; d/o Thos. & Henrietta; 21y; sgl; b. & res. Fqr; (lic) 29 Jun 1885; (off) J. D. MARTIN; Pg:Ln 192:14
MILLS, Harvey J.; s/o Jas. W. & Dorcas R.; 20y; sgl; laborer; b. WrnVA; res. CulpVA; m. 27 Dec 1883 in Fqr to MERCER, Martha; d/o not given; 24y; sgl; b. Hardin Co. OH; res. Fqr; (lic) 26 Dec 1883; (off) C. W. BROOKS; consent proved by oath of John H. BOLTON; Pg:Ln 184:23
MILLS, J. R.; s/o Wm. R. & Martha; 55y; wid; physician; b. Nottoway Co. VA; res. Fqr; m. 27 Sep 1894 in Fqr to CLEMENTS, Amelia J.; d/o Isaac & Sarah E.; 44y; sgl; b. & res. Fqr; (lic) 25 Sep 1894; (off) C. W. BROOKS; Pg:Ln 242:18
MILLS, J. Willis; s/o Jas. W. & Dorcas; 26y; sgl; farmer; b. RappVA; res. Fqr; m. 3 Oct 1889 in Fqr to MERCER, Mary E.; d/o Peter & Annie; 25y; sgl; b. & res. Fqr; (lic) 2 Oct 1889; (off) F. R. BOSTON; Pg:Ln 213:25
MILLS, Jos. F.; s/o S. S. & Martha; 24y; sgl; carpenter; b. & res. Fqr; m. 22 Jan 1896 in Fqr to EMBREY, Mary L.; d/o E. N. & Lois; 22y; sgl; b. & res. Fqr; (lic) 16 Jan 1896; (off) C. W. BROOKS; Pg:Ln 251:21
MILLS, Richard; s/o Chas. & Puss; 24y; sgl; farmer; b. & res. Fqr; m. 30 Dec 1896 in Fqr to HERRINGTON, Rosie; d/o Danl. C. & Frances;

18y; sgl; b. & res. Fqr; (lic) 29 Dec 1896; (off) F. A. GAINES; consent of father filed; Pg:Ln 257:05
MILLS, Wm.; s/o Wm. & Jane; 27y; sgl; laborer; b. RappVA; res. Page Co. VA; m. 9 Dec 1883 in Fqr to ALEXANDER, Georgianna; d/o Geo. T. & Ann Eliza; 21y; sgl; b. & res. Fqr; (lic) 8 Dec 1883; (off) Chas, L. YATES; Pg:Ln 183:24
MILTON, R. A.; s/o W. A. & Ann M.; 26y; sgl; laborer; b. & res. Fqr; m. 20 Jan 1886 in Fqr to ALLISON, Fannie B.; d/o John W. & Va W.; 16y; sgl; b. & res. Fqr; (lic) 19 Jan 1886; (off) Jno. F. POULTON; consent of father in person; Pg:Ln 195:05
MILTON, Russell; s/o Robert & Julia; 22y; sgl; blacksmith; b. Madison Co Va; res. Fqr; m. 14 Apr 1898 in Fqr to RECTOR, Nettie R.; d/o Marian & Jennette; 20y; sgl; b. & res. Fqr; (lic) 12 Apr 1898; (off) W. T. EATON; order of Judge filed; Pg:Ln 264:21
MINOR, Abner (col); s/o Saml. & Lucy; 27y; sgl; laborer; b. & res. Fqr; m. 30 Dec 1890 in Fqr to LANE, Rose (col); d/o Thompson & Liddie; 19y; sgl; b. & res. Fqr; (lic) 29 Dec 1890; (off) Vincent LACY; consent of father in person; Pg:Ln 221:21
MINOR, Raleigh C.; s/o Jno. B. & Nannie C.; 28y; sgl; professor of law; b. & res. AlbmVA; m. 7 Jun 1897 in Fqr to VENABLE, Notalie E.; d/o Chas. S. & Margt C.; 28y; sgl; b. AlbmVA; res. Fqr; (lic) 7 Jun 1897; (off) Jos. B. DUNN; Pg:Ln 259:05
MINOR, Samuel D. (col); s/o Saml. & Lucy; 28y; sgl; laborer; b. & res. Fqr; m. 25 Sep 1888 in Fqr to WOODFORK, Lina (col); d/o Henry & Emily; 26y; sgl; b. & res. Fqr; (lic) 22 Sep 1888; (off) Robt. L. RUFFIN; oath; Pg:Ln 208:01
MITCHELL, Jno. T.; s/o Jas. W. & Martha J.; 31y; sgl; laborer; b. & res. Fqr; m. 5 Jun 1889 in Fqr to PAYNE, Etta; d/o Bushrod & May; 17y; sgl; b. & res. Fqr; (lic) 3 Jun 1889; (off) C. A. JOYCE; consent of mother in person; Pg:Ln 212:12
MITCHELL, Sherman (col); s/o Webster & Mary; 21y; sgl; laborer; b. & res. Fqr; m. 29 May 1883 to DANGERFIELD, Georgianna (col); d/o Edw'd. & Betsy; 21y; sgl; b. & res. Fqr; (lic) 26 May 1883; (off) John M. BEAN, Min.; Pg:Ln 180:15
MITCHELL, Wm. (col); s/o Isaac & ___; 53y; sgl; laborer; b. & res. Fqr; m. 27 Mar 1900 in Fqr to COLEMAN, Matilda (col); d/o Samson & Emma; 40y; sgl; b. Caroline Co Va; res. Fqr; (lic) 26 Mar 1900; (off) Geo. W. HORNER; Pg:Ln 278:10
MOBLEY, James (col); s/o Moses & Edith; 23y; sgl; laborer; b. Gastonia Co NC; res. Fqr; m. 15 Oct 1903 in Fqr to BLACKWELL, Alice (col); d/o Richard & Mattie; 22y; sgl; b. & res. Fqr; (lic) 12 Oct 1903; (off) Silas DOWNNELL; Pg:Ln 299:21
MODENA, Chas. H.; s/o Jas. & Bettie; 21y; sgl; telegraphing; b. OrngVA; res. Fqr; m. 17 Nov 1892 in Fqr to GORRELL, Bertie S.; d/o Jas. L. & Nannie; 19y; sgl; b. & res. Fqr; (lic) 15 Nov 1892; (off) W. E. MILLER; consent of father in person; Pg:Ln 232:16
MOFFETT, Albert L.; s/o Jno. T. & Jane M.; 27y; sgl; farmer; b. & res. Fqr; m. 7 Feb 1900 in Fqr to SMITH, E. Mattie; d/o Horace & Ellen; 24y;

sgl; b. & res. Fqr; (lic) 3 Feb 1900; (off) Frank P. BERKELEY; Pg:Ln 277:19
MOFFETT, Harry L.; s/o Robt. & Susie; 24y; sgl; book agent; b. & res. Fqr; m. 21 May 1893 in Fqr to BALL, Lizzie L.; d/o W. J. & Sarah E.; 25y; sgl; b. RappVA; res. Fqr; (lic) 18 May 1893; (off) J. W. BOLTON; Pg:Ln 235:14
MOFFETT, Hugh R.; s/o Robt. F. & Susie B.; 23y; sgl; teacher; b. & res. Fqr; m. 19 Dec 1894 in Fqr to PAYNE, Vallie C.; d/o W. E. & Ella C.; 17y; sgl; b. & res. Fqr; (lic) 15 Dec 1894; (off) S. M. ATHEY; consent of father in person; Pg:Ln 244:08
MOFFETT, John T.; s/o R. F. & Susie B.; 23y; sgl; mechanic; b. & res. Fqr; m. 14 Jan 1890 in Fqr to JEFFRIES, Annie D.; d/o U. A. & Lucy B.; 27y; sgl; b. Page Co. VA; res. Fqr; (lic) 11 Jan 1890; (off) S. M. ATHEY; Pg:Ln 216:21
MOFFETT, Joseph H.; s/o Robt. F. & Susan B.; 31y; sgl; mail carrier; b. & res. Fqr; m. 16 Nov 1904 in Fqr to MENEFEE, Frances E.; d/o M. M. & F. F.; 21y; sgl; b. RappVA; res. Fqr; (lic) 15 Nov 1904; (off) S. M. ATHEY; Pg:Ln 305:24
MOLER, Harry H.; s/o Daniel J. & Anne V.; 27y; sgl; clerk; b. & res. Berkley Co. W Va; m. 19 Mar 1902 in Fqr to COE, Annie C.; d/o H. S. & Cornelia; 22y; sgl; b. Somers Co W Va; res. Fqr; (lic) 19 Mar 1902; (off) H. S. COE; Pg:Ln 291:07
MOLER, James E.; s/o James E. & ___; 29y; sgl; merchant; b. & res. Dorchester Co. Md; m. 26 Apr 1899 in Fqr to ROSZEL, Mary R.; d/o D. D. & S. A. E.; 29y; sgl; b. Leon Co, Fla.; res. Fqr; (lic) 8 Apr 1899; (off) Jno. O. KNOTT; Pg:Ln 272:03
MONCURE, Powhaton; s/o Powhatan & Dora; 28y; sgl; physician; b. StafVA; res. Fqr; m. 19 Jun 1889 in Fqr to CARTER, Lelia M.; d/o R. E. & Susan; 28y; sgl; b. & res. Fqr; (lic) 19 Jun 1889; (off) Walter H. ROBERTSON; Pg:Ln 212:18
MONK, Jay D. (col); s/o Philip H. & Mollie S.; 34y; sgl; machinist; b. Harford Co Md; res. Baltimore Co. Md; m. 4 Dec 1902 in Fqr to ROWE, Pauline C. (col); d/o Horace & Fannie; 24y; sgl; b. & res. Fqr; (lic) 3 Dec 1902; (off) Geo. W. HORNER; Pg:Ln 295:03
MONROE, Charles Cornelius; s/o James & Jane; 28y; sgl; railroading; b. & res. Fqr; m. 28 Dec 1898 in Fqr to CLATTERBUCK, Cora L.; d/o J. M. & Sarah J.; 21y; sgl; b. & res. Fqr; (lic) 27 Dec 1898; (off) Walter H. ROBERTSON; Pg:Ln 270:13
MONROE, Charles R.; s/o M. J. & Mary E.; 24y; sgl; milling; b. & res. Fqr; m. 11 Apr 1900 in Fqr to LEGG, Gertrude L.; d/o James A. & Agnes L.; 19y; sgl; b. & res. Fqr; (lic) 9 Apr 1900; (off) F. R. BOSTON; consent of father in person; Pg:Ln 278:17
MONROE, Edmond (col); s/o Shirley & Matilda; 23y; sgl; laborer; b. & res. Fqr; m. 5 Jan 1902 in Fqr to GRIGSBY, Louisa (col); d/o Clay & ___; 22y; sgl; b. & res. Fqr; (lic) 4 Jan 1902; (off) P. W. AUSTIN; C. S. EDWARDS?; Pg:Ln 290:13
MONROE, Geo. J.; s/o Matthew & Eliz'th; 23y; sgl; farmer; b. & res. Fqr; m. 27 Dec 1888 in Fqr to ALLISON, Annie L.; d/o Jno. T. & Masey;

20y; sgl; b. & res. Fqr; (lic) 24 Dec 1888; (off) S. M. ATHEY; consent of father in person; Pg:Ln 209:21
MONROE, James R.; s/o Robt. W. & Harriet; 25y; sgl; farmer; b. & res. Fqr; m. 16 Oct 1901 in Fqr to EDWARDS, Annie Florie; d/o J. H. & Elizabeth; 23y; sgl; b. & res. Fqr; (lic) 27 Sep 1901; (off) D. J. SHOPOFF; see letter of C. W. BURKS; Pg:Ln 287:06
MONROE, Joseph B.; s/o Robt. W. & Harriet E.; 24y; sgl; farmer; b. & res. Fqr; m. 28 Dec 1904 in Fqr to LIGHTNER, Lelia Agnes; d/o Wm. S. & Mary J.; 28y; sgl; b. Highland Co. Va; res. Fqr; (lic) 21 Dec 1904; (off) D. J. SHOPOFF; Pg:Ln 307:03
MONROE, Peyton (col); s/o Wm. & Eliza; 33y; sgl; laborer; b. & res. Fqr; m. 8 Jul 1897 in Fqr to FORD, Hattie (col); d/o Carter & Catharine; 26y; sgl; b. & res. Fqr; (lic) 8 Jul 1897; (off) P. W. AUSTIN; Pg:Ln 259:16
MONTAGUE, G. W.; s/o Wm. M. & Henrietta; 24y; sgl; farmer; b.& res. MontVA; m. 26 Dec 1888 in Fqr to ALLPORT, Cath.; d/o J. C. & Mary J.; 19y; sgl; b. Centre Co. PA; res. Fqr; (lic) 24 Dec 1888; (off) A. A. McDONOUGH; consent of father in person; Pg:Ln 209:19
MOONEY, G. T. C.; s/o Jessie & Sarah E.; 42y; sgl; farmer; b. & res. Fqr; m. 30 Dec 1885 in Fqr to ABLE, Dinah; d/o Jno. & Lavisa; 30y; wid; b. StafVA; res. Fqr; (lic) 26 Dec 1885; (off) D. Frank ENTSLER; Pg:Ln 194:10
MOONEY, Jno. R.; s/o Jesse R. & Sarah E.; 27y; sgl; farmer; b. & res. Fqr; m. 14 Apr 1887 in Fqr to SANFORD, Virginia; d/o Meredith J. & Sarah A.; 22y; sgl; b. & res. Fqr; (lic) 13 Apr 1887; (off) B. P. DULIN; Pg:Ln 201:23
MOORE, A. F.; s/o Thos. F. & Mildred; 27y; sgl; farmer; b. & res. Fqr; m. 18 Nov 1894 in Fqr to PAYNE, Lizzie V.; d/o Jas. Y. & ___; 32y; sgl; b. & res. Fqr; (lic) 16 Nov 1894; (off) J. K. BOOTON; Pg:Ln 243:19
MOORE, Adolphus; s/o Thos. F. & Lucy M.; 21y; sgl; farmer; b. & res. Fqr; m. 6 Nov 1890 in Fqr to AREY, M. E.; d/o Geo. & Mary; 35y; sgl; b. AugVA; res. Fqr; (lic) 5 Nov 1890; (off) Walter H. ROBERTSON; Pg:Ln 220:14
MOORE, Adolphus; s/o Thos. F. & Lucy M.; 24y; wid; farmer; b. & res. Fqr; m. 18 Dec 1892 in Fqr to PAYNE, Ellena; d/o Thos. & Nancy; 30y; sgl; b. & res. Fqr; (lic) 13 Dec 1892; (off) J. K. BOOTEN; Pg:Ln 232:24
MOORE, Arthur; s/o William & Frances; 27y; sgl; farmer; b. & res. StafVA; m. 18 Oct 1888 in Fqr to HAYNIE, Virginia M.; d/o W. J. & Mary A.; 29y; sgl; b. Baltimore City, MD; res. Fqr; (lic) 12 Oct 1888; (off) A. A. McDONOUGH; oath of S. C. MILBURN; Pg:Ln 208:06
MOORE, Benjamin (col); s/o Charles & Mary; 45y; div; laborer; b. & res. Fqr; m. 28 Sep 1899 in Fqr to ROBINSON, Mary A. (col); d/o Zachariah & Ann; 24y; sgl; b. & res. Fqr; (lic) 27 Sep 1899; (off) A. R. PINKETT; Pg:Ln 274:15
MOORE, C. C. (col); s/o Lewis & Fannie; 34y; sgl; farmer; b. & res. Fqr; m. 19 Dec 1895 in Fqr to NELSON, Minnie (col); d/o Danl. & Maggie;

20y; sgl; b. & res. Fqr; (lic) 19 Dec 1895; (off) C. M. TYLER; consent filed; Pg:Ln 250:18
MOORE, C. W. E.; s/o Felix & Virginia A.; 35y; sgl; merchant; b. AlbmVA; res. AugVA; m. 21 May 1902 in Fqr to SHACKLEFORD, Nannie J.; d/o J. W. & Nannie C.; 19y; sgl; b. & res. Fqr; (lic) 20 May 1902; (off) W. P. C. COE; consent filed; Pg:Ln 292:03
MOORE, Edgar (col); s/o Thos. L. & Millie; 30y; sgl; laborer; b. LdnVA; res. Fqr; m. 18 Oct 1893 in Fqr to LACY, Amanda (col); d/o John & Louisa; 20y; sgl; b. & res. Fqr; (lic) 17 Oct 1893; (off) A. R. PINKETT; consent of father in person; Pg:Ln 237:05
MOORE, Elias M.; s/o Thomas & Mildred; 28y; sgl; shoemaker; b. & res. Fqr; m. 15 Dec 1901 in Fqr to CURTIS, Susie L.; d/o Marion & Lizzie; 19y; sgl; b. & res. Fqr; (lic) 13 Dec 1901; (off) T. S. DALTON; consent of father in person; Pg:Ln 289:01
MOORE, George J.; s/o G. W. & Mary Ann; 22y; sgl; farmer; b. & res. Fqr; m. 18 Dec 1901 in Fqr to BAILEY, Gertrude; d/o N. B. & Nancy A.; 22y; sgl; b. & res. Fqr; (lic) 17 Dec 1901; (off) F. R. BOSTON; Pg:Ln 289:08
MOORE, George L.; s/o James & Emily; 28y; sgl; farmer; b. & res. Fqr; m. 16 Dec 1884 in Fqr to PAYNE, Dorathy; d/o Thomas & Nancy; 21y; sgl; b. & res. Fqr; (lic) 15 Dec 1884; (off) S. M. ATHEY; age of bride proved by oath of L. E. PAYNE her brother; Pg:Ln 189:16
MOORE, Henry; s/o ___ & ___; 25y; sgl; Ry Hand; b. & res. Fqr; m. 23 Mar 1904 in Fqr to SCOTT, Nannie; d/o John & Lucy; 21y; sgl; b. & res. Fqr; (lic) 23 Mar 1904; (off) F. R. BOSTON; Pg:Ln 302:09
MOORE, Howard F.; s/o Felix & Virginia; 25y; sgl; merchant; b. AlbmVA; res. AugVA; m. 7 Sep 1898 in Fqr to SHACKLEFORD, Acton N.; d/o J. W. & Annie; 20y; sgl; b. & res. Fqr; (lic) 3 Sep 1898; (off) Geo. T. TYLER; consent of J. W. SHACKLEFORD sworn to & filed; Pg:Ln 267:03
MOORE, J. W.; s/o J. W. & Julia; 24y; sgl; farmer; b. PrWmVA; res. Fqr; m. 19 Feb 1885 in Fqr to BUTLER, Lavinia; d/o J. W. & Matilda; 22y; sgl; b. & res. Fqr; (lic) 19 Feb 1885; (off) H. H. WYER; Pg:Ln 191:10
MOORE, James R.; s/o Jack & Kitty; 30y; sgl; laborer; b. & res. Fqr; m. 2 May 1902 in Fqr to FLETCHER, Virginia Lee; d/o Chas. W. & Mary C.; 16y; sgl; b. & res. Fqr; (lic) 2 May 1902; (off) Walter H. ROBERTSON; consent of father in person; Pg:Ln 291:21
MOORE, Jno. T.; s/o Thos. & Lucy M.; 20y; sgl; carpenter; b. & res. Fqr; m. 27 Jan 1887 in Fqr to ATHEY, Annie R.; d/o W. L. & Alburtus; 18y; sgl; b. & res. Fqr; (lic) 25 Jan 1887; (off) W. L. ATHEY; Pg:Ln 200:17
MOORE, Jno. W.; s/o ___ & Jane; 22y; sgl; farmer; b. & res. Fqr; m. 22 Nov 1893 in Fqr to ALLISON, Lula E.; d/o Wm. & Mary; 22y; sgl; b. & res. Fqr; (lic) 22 Nov 1893; (off) H. H. WYER; Pg:Ln 237:23
MOORE, Lewis B.; s/o G. W. & Mary A.; 20y; sgl; laborer; b. & res. Fqr; m. 16 Jul 1902 in Fqr to FLETCHER, Elizabeth; d/o John & Bettie; 17y; sgl; b. & res. Fqr; (lic) 16 Jul 1902; (off) F. R. BOSTON; consent of mother in person, consent of mother sworn to & filed; Pg:Ln 293:01

Fauquier County, Virginia Marriage Register Jan 1883- Jul 1906 177

MOORE, Nicholas; s/o Nicholas & Fanny; 21y; sgl; telegrapher; b. Clarke Co Va; res. Fqr; m. 6 Oct 1903 in Fqr to MILBURN, Olive; d/o Stephen C. & Alice D.; 20y; sgl; b. & res. Fqr; (lic) 5 Oct 1903; (off) Wm. P. GOVER; consent of her mother sworn to & filed; Pg:Ln 299:16
MOORE, Samuel Shelton; s/o Thos. F. & Lucy M.; 27y; sgl; shoemaker; b. & res. Fqr; m. 21 Dec 1899 in Fqr to PAYNE, Bessie E.; d/o Montagu & Lucy M.; 19y; sgl; b. & res. Fqr; (lic) 18 Dec 1899; (off) L. R. THORNHILL; consent of mother sworn to & filed; Pg:Ln 276:02
MOORE, Walter; s/o Washington & Mary; 21y; sgl; farmer; b. & res. Fqr; m. 31 Dec 1895 in Fqr to FLETCHER, Rosie; d/o Townshead & Martha Ann; 24y; sgl; b. & res. Fqr; (lic) 31 Dec 1895; (off) F. R. BOSTON; Pg:Ln 251:15
MOORE, Walter P.; s/o William & Julia; 22y; sgl; railroading; b. PrWmVA; res. Fqr; m. 13 Aug 1889 in Fqr to BUTLER, Alice; d/o James & Matilda; 21y; sgl; b. & res. Fqr; (lic) 13 Aug 1889; (off) H. H. WYER; Pg:Ln 213:08
MOORE, William (col); s/o Edw'd. & Martha A.; 23y; sgl; laborer; b. & res. Fqr; m. 25 Dec 1892 in Fqr to ALLEN, Louisa (col); d/o Wm. & Maria; 22y; wid; b. & res. Fqr; (lic) 24 Dec 1892; (off) C. M. TYLER; Pg:Ln 233:12
MOORE, William (col); s/o Edward & Martha; 31y; wid; butcher; b. & res. Fqr; m. 3 Jan 1904 in Fqr to JACKSON, Clara (col); d/o Henry & Frances; 21y; sgl; b. & res. Fqr; (lic) 1 Jan 1904; (off) Enoch D. TYLER; Pg:Ln 301:11
MORAN, Chas. (col); s/o Thos. & Jane; 36y; sgl; farmer; b. & res. Fqr; m. 3 Apr 1893 in Fqr to BAILEY, Margaretta (col); d/o Chapin & Annie; 29y; sgl; b. LdnVA; res. Fqr; (lic) 3 Apr 1893; (off) W. H. ROBERTSON; Pg:Ln 235:07
MORDECAI, Jno. B.; s/o Wm. J. & Helen N.; 26y; sgl; r. r. clerk; b. & res. Henrico Co. Va; m. 29 Sep 1904 in Fqr to RANDOLPH, Mary M.; d/o B. M. & Mary M.; 28y; sgl; b. & res. Fqr; (lic) 24 Sep 1904; (off) A. M. RANDOLPH; Pg:Ln 304:21
MORGAN, Geo. W. (col); s/o Heyward & Ellen; 34y; wid; laborer; b. & res. Fqr; m. 20 Dec 1891 in Fqr to GREEN, Alice (col); d/o W. H. & E. V.; 21y; sgl; b. & res. Fqr; (lic) 19 Dec 1891; (off) Cornelius GADDIS; Pg:Ln 227:12
MORGAN, Wm. Jr. (col); s/o Wm. & Mary; 29y; sgl; laborer; b. & res. Fqr; m. 26 May 1904 in Fqr to CLARK, Martha (col); d/o Jack & Roberta; 16y; sgl; b. & res. Fqr; (lic) 26 May 1904; (off) Vincent LACY; consent of father in person; Pg:Ln 303:03
MORGAN, Wm. S. (col); s/o Saml. & Harriet; 38y; sgl; farmer; b. & res. Fqr; m. 27 Dec 1894 in Fqr to MICKINS, Mary (col); d/o not given; 27y; sgl; b. & res. Fqr; (lic) 26 Dec 1894; (off) R. L. RUFFIN; Pg:Ln 245:04
MORRIS, James L. (col); s/o Cornelius & Mollie; 24y; sgl; school teacher; b. & res. Northampton Co. Va; m. 2 Aug 1899 in Fqr to ROBINSON, Nannie B. (col); d/o John & Martha; 21y; sgl; b. & res. Fqr; (lic) 1 Aug

1899; (off) G. C. BANNISTER; consent of father in person; Pg:Ln 273:13

MORRIS, James R. (col); s/o Robert & Mandy; 21y; sgl; laborer; b. & res. Fqr; m. 18 Aug 1889 in Fqr to GRIGSBY, Carry (col); d/o Daniel & Eliza; 20y; sgl; b. & res. Fqr; (lic) 17 Aug 1889; (off) R. P. DAWSON; consent of father in person; Pg:Ln 213:11

MORRIS, Tonny (col); s/o ___ & Hersley; 30y; sgl; laborer; b. & res. Fqr; m. 12 Nov 1891 in Fqr to MUDD, Alberta (col); d/o Peter & Celia; 21y; sgl; b. & res. Fqr; (lic) 11 Nov 1891; (off) C. H. KENNEY; Pg:Ln 226:23

MORTON, Albert (col); s/o Albert & Sallie; 24y; sgl; laborer; b. LdnVA; res. Fqr; m. 26 Apr 1906 in Fqr to WALKER, Amanda (col); d/o Taylor & Fannie; 20y; sgl; b. & res. Fqr; (lic) 26 Apr 1906; (off) Vincent LACY; consent of father in person; Pg:Ln 314:06

MORTON, Lucien (col); s/o Daniel & Grace; 20y; sgl; laborer; b. & res. Fqr; m. 31 Oct 1904 in Fqr to WHITE, Lucy Lucile (col); d/o Richard & Mary; 22y; sgl; b. & res. Fqr; (lic) 31 Oct 1904; (off) J. O. TACKETT; consent of mother filed; Pg:Ln 305:17

MOSELEY, J. W. (col); s/o Wm. A. & Ann; 28y; sgl; laborer; b. Buckingham Co. VA; res. Fqr; m. 29 May 1890 in Fqr to MARR, Roberta (col); d/o James & Rachael A.; 18y; sgl; b. & res. Fqr; (lic) 29 May 1890; (off) not given; consent of father in person; Pg:Ln 218:13

MOSS, Alpheus (col); s/o Elias & Arminty; 45y; status not given; laborer; b. RappVA; res. Fqr; m. ___ in Fqr to WHITE, Louisa (col); d/o Lee & Bettie; 36y; status not given; b. Richmond, VA; res. Fqr; (lic) 14 Jan 1886; (off) G. C. BANISTER; Pg:Ln 195:02

MOSS, B. F. (col); s/o Benj. & Charlotte; 21y; sgl; laborer; b. & res. OrngVA; m. 20 Jan 1892 in Fqr to FAIRFAX, E. F. (col); d/o Johnson & Lucy A.; 16y; sgl; b. & res. Fqr; (lic) 16 Jan 1892; (off) Vincent LACY; consent of father in person; Pg:Ln 228:14

MOULDEN, Rich'd; s/o John & Jane; 28y; sgl; farmer; b. RappVA; res. Fqr; m. 7 Mar 1895 in Fqr to RILEY, Eugenia; d/o Saml. & Susan; 22y; sgl; b. LdnVA; res. Fqr; (lic) 6 Mar 1895; (off) Frank P. BERKLEY; Pg:Ln 246:08

MOXLEY, John (col); s/o Wm. & Alice; 30y; sgl; laborer; b. & res. Fqr; m. 26 Dec 1905 in Fqr to GRANT, Eliza (col); d/o Taylor & Joanna; 23y; sgl; b. & res. Fqr; (lic) 23 Dec 1905; (off) R. P. DAWSON; Pg:Ln 312:13

MOXLEY, Lewis (col); s/o Wm. & Alice; 28y; sgl; laborer; b. & res. Fqr; m. 27 Dec 1905 in Fqr to JOHNSON, Susie (col); d/o Nathan & Julia; 22y; sgl; b. & res. Fqr; (lic) 23 Dec 1905; (off) G. C. BANISTER; Pg:Ln 312:11

MOXLEY, Pierce (col); s/o Gilbert & Mandy Monroe; 23y; sgl; laborer; b. & res. Fqr; m. 1 Sep 1901 in Fqr to STROTHER, Jeannie (col); d/o Robert & ___; 18y; sgl; b. & res. Fqr; (lic) 31 Aug 1901; (off) not given; oath of father filed; Pg:Ln 286:09

MUDD, Peter (col); s/o David & Mildred; 50y; wid; laborer; b. & res. Fqr; m. 17 Feb 1889 in Fqr to WASHINGTON, Amy (col); d/o ___ &

Priscilla; 45y; wid; b. Page Co. VA; res. Fqr; (lic) 14 Feb 1889; (off) Cornelius GADDIS; Pg:Ln 211:06

MULVIHILL, Michael; s/o James & Mary; 30y; sgl; farmer; b. Kerry, Ireland; res. Fqr; m. 8 Apr 1891 in Fqr to SCANLON, Hannah; d/o James & Mary; 25y; sgl; b. Kerry, Ireland; res. Fqr; (lic) 7 Apr 1891; (off) J. J. BOWLER; Pg:Ln 223:15

MUNDAY, Albert (col); s/o Wm. & Matilda; 23y; sgl; laborer; b. LdnVA; res. Fqr; m. 9 Jan 1896 in Fqr to BAYLISS, Beulah (col); d/o Alfred & Mary Ann; 21y; sgl; b. & res. Fqr; (lic) 7 Jan 1896; (off) G. C. BANISTER; Pg:Ln 251:18

MURPHEY, Horace (col); s/o ___ & Tamer; 47y; wid; farmer; b. & res. Fqr; m. 5 Jan 1905 in Fqr to HALEY, Molly (col); d/o Lewis & Sally; 29y; sgl; b. & res. Fqr; (lic) 5 Jan 1905; (off) N. A. MARRIOTT; Pg:Ln 307:22

MURPHEY, Jeremiah E.; s/o John W. & Mary J.; 32y; sgl; railroading; b. & res. Fqr; m. 20 Dec 1900 in Fqr to GLASCOCK, Rose L.; d/o E. Cook & Nannie; 23y; sgl; b. & res. Fqr; (lic) 19 Dec 1900; (off) Patrick DONLON; Pg:Ln 282:23

MURPHEY, Richard; s/o Loyd W. & Nancy; 46y; div; merchant; b. Randolph Co. Md; res. AlexVA; m. 10 May 1905 in Fqr to WHITE, Nannie J.; d/o Jno. W. & Lucy J.; 33y; sgl; b. & res. Fqr; (lic) 10 May 1905; (off) F. R. BOSTON; cerf of clerk filed; Pg:Ln 309:03

MURPHEY, Wm. (col); s/o ___ & Tamar; 24y; sgl; laborer; b. & res. Fqr; m. 3 Sep 1897 in Fqr to SLAUGHTER, Mary (col); d/o Chas. & Mary Jane; 22y; sgl; b. & res. Fqr; (lic) 3 Sep 1897; (off) D. W. JONES; Pg:Ln 260:06

MURPHY, Thos. E.; s/o Wm. & Ann; 21y; sgl; farmer; b. NY City; res. Fqr; m. 12 Feb 1884 in Fqr to BROWN, Mary E.; d/o Fleming & Louisa M.; 19y; sgl; b. & res. Fqr; (lic) 7 Feb 1884; (off) T. W. NEWMAN; consent of mother sworn to by Lud. HUFFMAN & filed; Pg:Ln 186:11

MURRAY, J. Shelton (col); s/o Edward & Eliza; 24y; sgl; laborer; b. & res. Fqr; m. 10 Feb 1904 in Fqr to BUTLER, Agnes (col); d/o Jacob & Ann; 26y; sgl; b. PrWmVA; res. Fqr; (lic) 9 Feb 1904; (off) M. B. STROTHER; Pg:Ln 301:24

MUSE, James (col); s/o Martin & Bert; 23y; sgl; laborer; b. & res. Fqr; m. 13 Aug 1896 in Fqr to HALEY, Agnes (col); d/o James & Jane; 21y; sgl; b. & res. Fqr; (lic) 12 Aug 1896; (off) G. C. BANISTER; Pg:Ln 253:21

MYERS, Charles C.; s/o Jno. H. & Mary; 36y; sgl; farmer; b. RappVA; res. Fqr; m. 19 Dec 1894 in Fqr to MOORE, Annie R.; d/o W. S. & Roberta ATHEY; 25y; wid; b. & res. Fqr; (lic) 17 Dec 1894; (off) J. K. BOOTON; Pg:Ln 244:10

MYERS, Henry (col); s/o Enoch & Hester; 22y; sgl; farmer; b. & res. Fqr; m. 26 Dec 1888 in Fqr to WHITTINGHAM, Willie (col); d/o Marshall & Cath.; 16y; sgl; b. & res. Fqr; (lic) 24 Dec 1888; (off) M. B. STROTHER; oath; Pg:Ln 209:22

MYERS, Moses (col); s/o ___ & ___; 50y; sgl; laborer; b. & res. Fqr; m. 8 Jun 1901 in Fqr to PROCTOR, Letitia (col); d/o John & Betsy; 45y; sgl; b. & res. Fqr; (lic) 7 Jun 1901; (off) G. C. BANISTER; Pg:Ln 285:06
MYERS, R. C.; s/o M. L. & Mary E.___; 30y; sgl; farmer; b. RappVA; res. Fqr; m. 7 Jan 1885 in Fqr to HALL, Cecie A.; d/o Alfred & Amanda; 20y; sgl; b. & res. Fqr; (lic) 5 Jan 1885; (off) Augustus DAVISON; consent of father proved by oath of Jno. K. HALL & filed; Pg:Ln 190:17
MYERS, William (col); s/o Alfred MYERS & Lucy Green; 25y; sgl; laborer; b. & res. Fqr; m. 17 May 1900 in Fqr to PROCTOR, Caroline (col); d/o John & Betsy; 27y; sgl; b. & res. Fqr; (lic) 16 May 1900; (off) R. P. DAWSON; see letter J. H. MACRAE; Pg:Ln 279:07
NAILOR, Chester B.; s/o W. E. & A. E.; 27y; sgl; salesman; b. & res. WrnVA; m. 24 Nov 1897 in Fqr to RUFFNER, Annie M.; d/o J. W. & S. J.; 22y; sgl; b. Rockbridge Co Va; res. Fqr; (lic) 23 Nov 1897; (off) J. S. GRANT; Pg:Ln 261:23
NALLS, F. P.; s/o Jno. W. & Caroline; 30y; sgl; builder; b. PrWmVA; res. WashDC; m. 19 Mar 1890 in Fqr to CAMPBELL, Fannie; d/o R. H. & Isabella; 18y; sgl; b. ShenVA; res. Fqr; (lic) 19 Mar 1890; (off) R. B. WHITE; consent of mother in writing; Pg:Ln 218:03
NALLS, Robt. B.; s/o Robt. B. & Elizabeth; 40y; sgl; farmer; b. & res. Fqr; m. 8 Aug 1893 in Fqr to KEYS, Catharine; d/o James H. & Mary Ann; 35y; sgl; b. & res. Fqr; (lic) 5 Aug 1893; (off) H. H. WYER; Pg:Ln 236:04
NASH, Jno. J. (col); s/o Augustus & Kitty; 47y; wid; laborer; b. RappVA; res. Fqr; m. 19 Sep 1894 in Fqr to ASH, Maria (col); d/o Noble & Rebecca FORD; 27y; wid; b. & res. Fqr; (lic) 19 Sep 1894; (off) G. W. HORNER; Pg:Ln 242:14
NASH, Robt. (col); s/o ___ & Adelaide; 27y; sgl; laborer; b. & res. CulpVA; m. 7 Oct 1895 in Fqr to LEE, Mary (col); d/o Geo. & Bettie; 22y; sgl; b. & res. Fqr; (lic) 7 Oct 1895; (off) F. R. BOSTON; Pg:Ln 248:23
NASH, Wm. T.; s/o Jas. A. & Laura V.; 21y; sgl; b. & res. Fqr; m. 26 Aug 1883 in Fqr to MARSTELLER, Paulina C.; d/o A. L. & Mary C.; 16y; sgl; b. & res. Fqr; (lic) 25 Aug 1883; (off) Wm. WHITMER; consent of father sworn to by H. MARSTELLER & filed; Pg:Ln 181:12
NEAL, John (col); s/o Nat & Mary J.; 34y; wid; farmer; b. & res. Fqr; m. 4 Sep 1895 in Fqr to CREAM, Susan (col); d/o ___ & Mary GAINES; 31y; sgl; b. & res. Fqr; (lic) 31 Aug 1895; (off) A. R. PINKETT; Pg:Ln 248:03
NEAL, Wm. O. (col); s/o Willis & Sidney; 22y; sgl; laborer; b. & res. Fqr; m. 6 Jun 1898 in Fqr to BOSS, Leslie (col); d/o Payne & Mary; 21y; sgl; b. & res. Fqr; (lic) 6 Jun 1898; (off) T. W. BROOKE; Pg:Ln 265:20
NEALE, Jno. B. (col); s/o Nat & Mary Jane; 22y; sgl; laborer; b. & res. Fqr; m. 29 Aug 1883 in Fqr to NELSON, Laura Ann (col); d/o ___ & Bettie; 20y; sgl; b. & res. Fqr; (lic) 27 Aug 1883; (off) R. P. DAWSON; consent of mother sworn to by Otho JAMES & filed; Pg:Ln 181:13
NEALE, Wayland D.; s/o Silas C. & Bettie H.; 28y; sgl; farmer; b. & res. Fqr; m. 13 May 1903 in Fqr to JAMES, Mary Virginia; d/o B. D. & Mary

E.; 17y; sgl; b. & res. Fqr; (lic) 11 May 1903; (off) C. W. BROOKS; consent of father superan.; Pg:Ln 297:20
NELSON, Chas. (col); s/o Moses & Mahala; 35y; sgl; farmer; b. & res. Fqr; m. 28 Dec 1893 in Fqr to MERCER, Mollie (col); d/o Geo. & Hannah; 18y; sgl; b. & res. Fqr; (lic) 25 Dec 1893; (off) V. LACY; consent of father in person; Pg:Ln 239:02
NELSON, Hugh M.; s/o Hugh M. & A. M. A.; 37y; sgl; farmer; b. & res. ClrkVA; m. 22 Apr 1885 in Fqr to NELSON, Sallie P.; d/o Geo. W. & M. N.; 18y; sgl; b. JeffWV; res. Fqr; (lic) 22 Apr 1885; (off) Geo. W. NELSON; consent of father in person; Pg:Ln 191:24
NELSON, James A.; s/o Benjamin L. & Alice; 20y; sgl; book keeper; b. & res. Baltimore Co. MD; m. 7 Oct 1896 in Fqr to TRIPLETT, Kate L.; d/o Arthur W. & Ella D.; 20y; sgl; b. & res. Fqr; (lic) 5 Oct 1896; (off) J. S. GARDNER; consent of judge & of A. W. TRIPLETT father in person; Pg:Ln 254:23
NELSON, Johnson (col); s/o Moses & Mahala; 37y; sgl; laborer; b. & res. Fqr; m. 28 Dec 1898 in Fqr to BUTLER, Annie L. (col); d/o Sandy & Laura; 24y; sgl; b. & res. Fqr; (lic) 24 Dec 1898; (off) Vincent LACY; Pg:Ln 270:05
NELSON, Wm. (col); s/o Daniel & Margaret; 22y; sgl; laborer; b. & res. Fqr; m. 20 Aug 1896 in Fqr to PATRICK, Martha (col); d/o Henry & Lucy; 21y; sgl; b. & res. Fqr; (lic) 20 Aug 1896; (off) John F. POULTON; Pg:Ln 253:24
NEVILLE, George C.; s/o Alexander & Bettie; 23y; sgl; blacksmith; b. LdnVA; res. ClrkVA; m. 3 Oct 1883 in Fqr to BROWN, Susan F.; d/o Mandley & Lucy E.; 20y; sgl; b. & res. Fqr; (lic) 29 Sep 1883; (off) A. A. P. NEAL; consent of father in person; Pg:Ln 182:02
NEWBY, P. R.; s/o Ja. Wm. & Eliza Ann; 25y; sgl; farmer; b. & res. CulpVA; m. 10 Jun 1886 in Fqr to HOUGHTON, Sarah M.; d/o Wm. & Ann Eliz'th; 22y; sgl; b. RappVA; res. Fqr; (lic) 9 Jun 1886; (off) F. H. JAMES; Pg:Ln 196:21
NEWLON, Jefferson D.; s/o Geo. W. & Amanda; 27y; sgl; printer; b. Fqr; res. WashDC; m. 25 Jul 1888 in Fqr to HEREFORD, Grace; d/o Thos. B. & Mildred; 24y; sgl; b. PrWmVA; res. Fqr; (lic) 25 Jul 1888; (off) Jefferson D. MARTIN; oath; Pg:Ln 207:16
NEWMAN, Jas. (col); s/o ___ & Sophia; 30y; wid; laborer; b. & res. Fqr; m. 28 Dec 1892 in Fqr to GAINES, Emma (col); d/o Jno. & Frances; 21y; sgl; b. & res. Fqr; (lic) 26 Dec 1892; (off) Cornelius GADDIS; Pg:Ln 233:20
NEWMAN, Thaddeus H.; s/o Theron W. & Eugenia E.; 26y; sgl; farmer; b. PrWmVA; res. Fqr; m. 10 Dec 1890 in Fqr to LAWLER, Mary C.; d/o Robt. A. & Lucy A.; 26y; sgl; b. & res. Fqr; (lic) 9 Dec 1890; (off) T. W. NEWMAN; Pg:Ln 221:01
NEWTON, Edward Marshall; s/o Willoughby & Bessie Lewis; 28y; sgl; clerk; b. Fqr; res. WashDC; m. 3 Nov 1898 in Fqr to YATES, Elizabeth Silcott; d/o James E. & M. E.; 26y; sgl; b. RappVA; res. Fqr; (lic) 2 Nov 1898; (off) Jefferson R. TAYLOR; Pg:Ln 268:10

NICKELS, Clarence E.; s/o James & Eliza A.; 26y; sgl; liveryman; b. Berkly Co. W Va; res. Beaver Co. Penn; m. 5 Jun 1906 in Fqr to EDWARDS, Nannie L.; d/o Wm. H. & Priscilla; 22y; wid; b. & res. Fqr; (lic) 4 Jun 1906; (off) Dennis WEIMAR; Pg:Ln 314:11
NICKENS, Armistead (col); s/o Reuben & Jane; 21y; sgl; laborer; b. & res. Fqr; m. 13 Oct 1889 in Fqr to KIRKPATRICK, Emma (col); d/o James & Maria; 18y; sgl; b. & res. Fqr; (lic) 11 Oct 1889; (off) R. P. DAWSON; consent of mother sworn to by Beverly NICKENS & filed; Pg:Ln 214:04
NICKENS, Beverly; s/o Reuben & Jane; 22y; sgl; laborer; b. & res. Fqr; m. 11 Aug 1887 in Fqr to BRAXTON, Martha; d/o Henry & Mary; 22y; sgl; b. & res. Fqr; (lic) 11 Aug 1887; (off) Thomas EDMOND; age of NICKENS sworn to by Charles GREEN & filed; Pg:Ln 202:16
NICKENS, E.H. Randolph (col); s/o James T. & Francis; 21y; sgl; laborer; b. Fqr; res. LdnVA; m. 20 Sep 1903 in Fqr to ADAMS, Lola; d/o John & Caroline; 21y; sgl; b. & res. Fqr; (lic) 18 Sep 1903; (off) G. C. BANISTER; Pg:Ln 299:11
NICKENS, Jno. (col); s/o Spencer & Marg't.; 23y; sgl; laborer; b. & res. Fqr; m. 13 Aug 1886 in Fqr to HILLEARY, Eliza (col); d/o___ & Nancy; 25y; sgl; b. WV; res. Fqr; (lic) 13 Aug 1886; (off) Geo. W. NELSON; Pg:Ln 197:13
NICKENS, Jno. C. (col); s/o James & Kate; 21y; sgl; farmer; b. & res. Fqr; m. 7 Feb 1894 in Fqr to MANN, Susie (col); d/o Robt. & Margt.; 21y; sgl; b. & res. Fqr; (lic) 6 Feb 1894; (off) M. A. RUSSELL; Pg:Ln 240:05
NICKENS, Jno. W. (col); s/o Henry & Annie; 21y; sgl; laborer; b. & res. Fqr; m. 13 May 1894 in Fqr to WILLIS, Hattie L. (col); d/o ___ & Jennie; 21y; sgl; b. & res. Fqr; (lic) 12 May 1894; (off) C. H. MINOR; Pg:Ln 241:07
NICKENS, Julius (col); s/o Isaac & Lucy; 30y; sgl; porter; b. & res. Fqr; m. 18 Dec 1889 in Fqr to FOX, Lucy C. (col); d/o ___ & Mary SMITH; 30y; wid; b. & res. Fqr; (lic) 17 Dec 1889; (off) Geo. W. HORNER; Pg:Ln 215:16
NICKENS, Louis (col); s/o Jas. & Ann; 43y; sgl; laborer; b. & res. Fqr; m. 30 Mar 1893 in Fqr to NICKENS, Rebecca (col); d/o Geo. & Mary; 42y; sgl; b. & res. Fqr; (lic) 25 Mar 1893; (off) Cornelius GADDIS; Pg:Ln 235:04
NICKENS, Reuben (col); s/o Richard & Peggy; 39y; wid; laborer; b. & res. Fqr; m. 15 Oct 1884 in Fqr to TURNER, Ann (col); d/o John & Judith; 24y; sgl; b. & res. Fqr; (lic) 14 Oct 1884; (off) G. C. BANISTER; Pg:Ln 188:11
NICKENS, Richard C. (col); s/o James & Kate; 23y; sgl; farmer; b. & res. Fqr; m. 9 Aug 1899 in Fqr to CLARK, Susan A. (col); d/o John & Lucy; 23y; sgl; b. & res. Fqr; (lic) 8 Aug 1899; (off) M. A. RUSSELL; Pg:Ln 273:16
NICKENS, Robt. (col); s/o Jas. & Louisa; 25y; sgl; laborer; b. & res. Fqr; m. 5 Dec 1894 in Fqr to PROCTOR, Caroline (col); d/o John & Betsy; 24y; sgl; b. & res. Fqr; (lic) 28 Nov 1894; (off) not given; Pg:Ln 244:02

NICKENS, Webster; s/o Helenius & Jennie; 28y; sgl; carpenter; b. & res. Fqr; m. 29 Sep 1896 in Fqr to BLUE, Carrie; d/o Robt. & Emily; 22y; sgl; b. & res. Fqr; (lic) 28 Sep 1896; (off) T. W. BROOKS; Pg:Ln 254:21
NICKENS, Wm. (col); s/o Sam & Lucy; 45y; wid; laborer; b. & res. Fqr; m. 1 Jan 1886 in Fqr to TIBBS, Binton (col); d/o not given; 26y; sgl; b. & res. Fqr; (lic) 29 Dec 1885; (off) not given; Pg:Ln 194:14
NICKLES, Hugh W.; s/o Anderson & Eliza Jane; 26y; sgl; farmer; b. AugVA; res. Fqr; m. 28 Dec 1887 in Fqr to KENNY, Elizabeth Ann; d/o W. D. & Selethea E.; 18y; sgl; b. & res. Fqr; (lic) 27 Dec 1887; (off) Wm. K. MARSHALL; consent of parents sworn to by Jno. R. HERRALL & fled; Pg:Ln 205:17
NOLAN, Millard P.; s/o John & Helen Ann; 22y; sgl; railroading; b. CulpVA; res. Fqr; m. 22 Sep 1895 in Fqr to FOSTER, E. V.; d/o D. W. & Lynn; 21y; sgl; b. Monroe Co. WV; res. Fqr; (lic) 21 Sep 1895; (off) S. B. DOLLY; Pg:Ln 248:17
NOLAND, James; s/o James & Mollie; 23y; sgl; farmer; b. & res. Fqr; m. 26 Nov 1902 in Fqr to GREY, Catharine C.; d/o Isaac & Nancy; 19y; sgl; b. & res. Fqr; (lic) 25 Nov 1902; (off) W. H. BALLINGEE; consent of father in person; Pg:Ln 294:24
O'BANNION, Moses; s/o Manford & Marg't.; 22y; sgl; laborer; b. & res. Fqr; m. 26 Oct 1887 in Fqr to PINKETT, Amelia O.; d/o Albert & Amelia; 22y; sgl; b. & res. Fqr; (lic) 24 Oct 1887; (off) not given; consent of Guardian in person; Pg:Ln 203:15
O'BANNON, Corban; s/o E. W. & Sarah J.; 22y; sgl; tinner; b. & res. LdnVA; m. 8 Aug 1888 in Fqr to SMALLWOOD, Georgiana; d/o Geo. W. & Elizabeth; 21y; sgl; b. & res. Fqr; (lic) 7 Aug 1888; (off) Chas. M. BROWN; oath; Pg:Ln 207:17
O'BANNON, Ernest; s/o Jno. & Josephine; 22y; sgl; farmer; b. & res. Fqr; m. 29 Oct 1895 in Fqr to LEONARD, Lillie A.; d/o Josiah & Eldevina; 22y; sgl; b. & res. Fqr; (lic) 28 Oct 1895; (off) Chas. H. LEE Jr.; Pg:Ln 249:09
O'DONNELL, Jas.; s/o John & Mary; 48y; wid; laborer; b. Ireland; res. Fqr; m. 3 Nov 1887 in Fqr to CARTER, Kate; d/o Frank & Delilah; 30y; wid; b. & res. Fqr; (lic) 3 Nov 1887; (off) F. R. BOSTON; oath; Pg:Ln 203:20
O'BANNON, James K.; s/o John & Josephine; 21y; sgl; farmer; b. & res. Fqr; m. 31 Aug 1905 in Fqr to PEARSON, Elizabeth; d/o Albert A. & Josephine; 19y; sgl; b. & res. Fqr; (lic) 31 Aug 1905; (off) W. D. KEENE; consent of father in person; Pg:Ln 310:06
ODEN, Robt. H.; s/o Thomas & Nancy; 50y; wid; farmer; b. RappVA; res. Fqr; m. 29 Dec 1897 in Fqr to SPICER, Sarah F.; d/o Mat & Sarah J.; 26y; sgl; b. CulpVA; res. Fqr; (lic) 27 Dec 1897; (off) S. M. ATHEY; Pg:Ln 263:06
ODEN, William B.; s/o Philip C. & Sallie; 30y; sgl; clerk; b. RappVA; res. Fqr; m. 10 Jan 1900 in Fqr to WOOD, Sadie T.; d/o Thomas & Keziah; 26y; sgl; b. CulpVA; res. Fqr; (lic) 9 Jan 1900; (off) F. R. BOSTON; Pg:Ln 277:10

OLINGER, Chas. E.; s/o John E. & Louisa; 25y; sgl; farmer; b. & res. Fqr; m. 20 Dec 1905 in Fqr to WILSON, Nannie R.; d/o Peyton & Lucy; 21y; sgl; b. & res. Fqr; (lic) 18 Dec 1905; (off) S. M. ATHEY; Pg:Ln 312:04

OLINGER, James Wm.; s/o James P. & Rebecca; 22y; sgl; clerk; b. & res. Fqr; m. 9 Jul 1906 in Fqr to JASPER, Lola; d/o John & Mary; 22y; sgl; b. CulpVA; res. Fqr; (lic) 7 Jul 1906; (off) W. D. KEENE; Pg:Ln 314:22

OLINGER, O. H.; s/o O. L. & Elizabeth; 42y; sgl; farmer; b. & res. Fqr; m. 17 Jun 1903 in Fqr to GOFF, Maude E.; d/o G. W. & Annie E.; 18y; sgl; b. AugVA; res. Fqr; (lic) 13 Jun 1903; (off) Walter H. ROBERTSON; consent of father in person; Pg:Ln 298:07

OLINGER, S. G.; s/o G. E. & Martha; 32y; sgl; farmer; b. & res. Fqr; m. 30 Dec 1896 in Fqr to TEATS, Alice; d/o R. M. & Elizabeth; 22y; sgl; b. Snyder Co. VA; res. Fqr; (lic) 23 Dec 1896; (off) J. L. GRANT; Pg:Ln 256:16

OLINGER, William R.; s/o Oscar L. & Elizabeth; 38y; sgl; farmer; b. & res. Fqr; m. 5 Dec 1901 in Fqr to PAYNE, Hattie M.; d/o Robert W. & Virginia; 26y; sgl; b. & res. Fqr; (lic) 2 Dec 1901; (off) Walter H. ROBERTSON; Pg:Ln 288:13

OLIVER, Charles H.; s/o Wm. R. & V. Ellen; 36y; sgl; merchant; b. & res. Fqr; m. 9 Dec 1903 in Fqr to JAMES, Hattie R.; d/o Jno. R. & Sarah C.; 21y; sgl; b. & res. Fqr; (lic) 7 Dec 1903; (off) C. W. BROOKS; Pg:Ln 300:11

OLIVER, Charles W.; s/o Bernard & Mary Ann; 21y; sgl; farmer; b. & res. Fqr; m. 15 Feb 1894 in Fqr to GROVES, Annie L.; d/o Edw'd M. & Lucy P.; 20y; sgl; b. & res. Fqr; (lic) 15 Feb 1894; (off) F. R. BOSTON; consent of J. F. GIVEN legal Gdn in person; Pg:Ln 240:12

OLIVER, G. W. (col); s/o Wm. & Landonia; 28y; sgl; laborer; b. & res. Fqr; m. 26 Dec 1895 in Fqr to ESKRIDGE, Ella (col); d/o ___ & Louisa; 28y; sgl; b. & res. Fqr; (lic) 25 Dec 1895; (off) R. H. GOFREY; Pg:Ln 251:07

OLIVER, Geo. W.; s/o Bernard & Polly A.; 28y; sgl; farmer; b. & res. Fqr; m. 28 Oct 1894 in Fqr to RECTOR, Martha A.; d/o Benj. S. & Rosa; 27y; sgl; b. & res. Fqr; (lic) 26 Oct 1894; (off) T. W. NEWMAN; Pg:Ln 243:13

OLIVER, George W.; s/o Bernard & Polly A.; 35y; wid; farmer; b. & res. Fqr; m. 4 Apr 1901 in Fqr to RECTOR, Susan J.; d/o Benj. F. & Rosie; 28y; sgl; b. & res. Fqr; (lic) 4 Apr 1901; (off) F. R. BOSTON; Pg:Ln 284:11

OLIVER, H. P.; s/o Bernard & Polly Ann; 28y; sgl; farmer; b. & res. Fqr; m. 18 Nov 1894 in Fqr to RECTOR, Alice; d/o Benj. & Rosie; 28y; sgl; b. & res. Fqr; (lic) 17 Nov 1894; (off) T. W. NEWMAN; Pg:Ln 243:20

OLIVER, J. W.; s/o W. R. & Virginia; 30y; sgl; farmer; b. StafVA; res. Fqr; m. 30 Dec 1891 in Fqr to JACOBS, Georgie A.; d/o Spencer & Susan A.; 24y; sgl; b. & res. Fqr; (lic) 25 Dec 1891; (off) C. W. BROOKS; Pg:Ln 227:23

OLIVER, Jas. B.; s/o Josiah & Linnie E.; 35y; sgl; clerk; b. Fqr; res. WashDC; m. 28 Jun 1891 in Fqr to COPPAGE, M. M.; d/o L. F. &

Mary E.; 18y; sgl; b. & res. Fqr; (lic) 27 Jun 1891; (off) Jas. W.
HEFLIN; consent of father in person; Pg:Ln 224:16
OLIVER, Jesse (col); s/o ___ & Bettie; 22y; sgl; laborer; b. & res. Fqr; m.
24 Dec 1902 in Fqr to NEVERDONE, Rebecca (col); d/o Solomon &
Zock; 25y; sgl; b. & res. Fqr; (lic) 24 Dec 1902; (off) C. M. TYLER;
Pg:Ln 295:22
OLIVER, Jno. L.; s/o Fleming & Ann E.; 44y; sgl; merchant; b. & res. Fqr;
m. 17 Feb 1904 in Fqr to JONES, Bell V.; d/o Thos. C. & Mary J.; 23y;
sgl; b. & res. Fqr; (lic) 12 Feb 1904; (off) C. W. BROOKS; Pg:Ln
302:01
OLIVER, John S.; s/o Bernard & Polly Ann; 30y; sgl; farmer; b. & res. Fqr;
m. 6 Jan 1904 in Fqr to BROOKS, Lucy E.; d/o James T. & Rachel L.;
21y; sgl; b. & res. Fqr; (lic) 6 Jan 1904; (off) F. R. BOSTON; Pg:Ln
301:13
OLIVER, Sansford C.; s/o Wm. R. & V. Ellen; 21y; sgl; farmer; b. & res.
Fqr; m. 13 Apr 1892 in Fqr to BROWN, Nina M.; d/o E. R. & Susan F.;
18y; sgl; b. & res. Fqr; (lic) 12 Apr 1892; (off) C. W. BROOKS; consent
of parents sworn to by E. B. EDWARDS & filed; Pg:Ln 229:22
OLIVER, Thaddeus T.; s/o David T. & Palney F.; 21y; sgl; farmer; b. &
res. Fqr; m. 22 Jan 1899 in Fqr to HUMPHREYS, Leona C.; d/o John
W. & Annette C.; 23y; sgl; b. & res. Fqr; (lic) 11 Jan 1899; (off) T. W.
NEWMAN; Pg:Ln 271:03
OLIVER, Wm. F. (col); s/o Wm. F. & Louisa E.; 25y; sgl; carpenter; b. &
res. Fqr; m. 13 Dec 1893 in Fqr to WHITING, Bettie A. (col); d/o Robt.
H. & Dicey; 21y; sgl; b. & res. Fqr; (lic) 8 Dec 1893; (off) C. M. TYLER;
Pg:Ln 238:08
OREBAUGH, Joseph O.; s/o David & Sarah C.; 22y; sgl; laborer; b.
ShenVA; res. Fqr; m. 26 Jul 1898 in Fqr to WHITMER, Nina M.; d/o
Wm. & Mary A.; 31y; sgl; b. Woodford Co. Ill; res. Fqr; (lic) 23 Jul
1898; (off) J. S. GARDNER; Pg:Ln 266:11
O'ROARK, Oscar; s/o Timothy & Catherine; 21y; sgl; plumber; b. RocVA.;
res. Wise co. Va; m. 31 Dec 1900 in Fqr to KANE, Martha J.; d/o J. T.
& Martha J.; 20y; sgl; b. & res. Fqr; (lic) 29 Dec 1900; (off) J. Howard
WELLS; consent of father in person; Pg:Ln 283:18
O'ROARKE, Clarence P.; s/o Timothy & Cath.; 23y; sgl; farmer; b.
RockVA; res. Fqr; m. 26 Dec 1904 in Fqr to HEFLIN, Mimie M.; d/o
James & ___; 22y; sgl; b. & res. Fqr; (lic) 20 Dec 1904; (off) A. V.
VONDERSMITH; Pg:Ln 307:01
OWENS, Carl Clifton; s/o N. W. & Emma; 26y; sgl; merchant; b. BaltMD;
res. Fqr; m. 26 Oct 1897 in Fqr to YATES, Florence S.; d/o H. C. &
Lizzie c.; 23y; sgl; b. & res. Fqr; (lic) 26 Oct 1897; (off) F. R. BOSTON;
Pg:Ln 261:06
OWENS, Charles A.; s/o Chas. B. & Mary H.; 27y; sgl; agent; b. Jersey
City NJ; res. Durham Co. NC; m. 27 Dec 1902 in Fqr to PAYNE,
Mattie Byrne; d/o C. E. F. & Jeanie M.; 23y; sgl; b. & res. Fqr; (lic) 27
Dec 1902; (off) Walter H. ROBERTSON; Pg:Ln 296:07
OWENS, Edwd. L.; s/o J. M. & M. E.; 26y; sgl; farmer; b. PrWmVA; res.
Fqr; m. 12 Oct 1898 in Fqr to BALL, Roberta; d/o B. B. & C. A.; 19y;

sgl; b. & res. Fqr; (lic) 6 Oct 1898; (off) Geo. T. TYLER; consent of father sworn to & filed; Pg:Ln 267:20

OWENS, John S.; s/o James & O. S.; 22y; sgl; farmer; b. & res. Fqr; m. 31 Dec 1901 in Fqr to EDWARDS, Maggie; d/o John & Sarah; 24y; sgl; b. & res. Fqr; (lic) 31 Dec 1901; (off) F. R. BOSTON; Pg:Ln 290:09

OWENS, Wm. P.; s/o J. M. & Melinda; 21y; sgl; farmer; b. & res. Fqr; m. 19 Dec 1888 in Fqr to HINSON, Nannie A.; d/o Jas. E. & Nancy; 20y; sgl; b. & res. Fqr; (lic) 19 Dec 1888; (off) James GRAMMAR; oath; Pg:Ln 209:04

PAGE, Dennis (col); s/o Dennis & Fanny; 32y; wid; laborer; b. Madison Co. VA; res. Fqr; m. 12 Sep 1889 in Fqr to LEE, Mary (col); d/o Ollie & Jane; 30y; sgl; b. & res. Fqr; (lic) 12 Sep 1889; (off) Walter H. ROBERTSON; Pg:Ln 213:16

PAGE, Edward (col); s/o Chester & Betsy; 23y; sgl; laborer; b. OrngVA; res. Fqr; m. 11 Sep 1887 in Fqr to WHITING, Mary (col); d/o George & Emily; 21y; sgl; b. MontMD; res. Fqr; (lic) 8 Sep 1887; (off) James ROBINSON; oath ___; Pg:Ln 202:23

PAGE, Edw'd. (col); s/o Chesley & Betsy; 35y; wid; mason; b. OrngVA; res. Fqr; m. 3 Jul 1892 in Fqr to NELSON, Eliza (col); d/o Moses & Norah; 22y; sgl; b. & res. Fqr; (lic) 2 Jul 1892; (off) M. D. WILLIAMS; Pg:Ln 230:24

PAGE, J. Wesley (col); s/o Alex & Didney [first letter written over]; 54y; wid; laborer; b. & res. Fqr; m. 26 Dec 1900 in Fqr to DIGGS, Joanna Virgil (col); d/o Philip & ___; 29y; sgl; b. & res. Fqr; (lic) 10 Dec 1900; (off) R. P. DAWSON; Pg:Ln 282:11

PANKEY, H. E.; s/o James A. & Harriet E.; 29y; sgl; merchant; b. VA; res. Harrisonburg, VA; m. 1 Oct 1890 in Fqr to EMBREY, Ida L.; d/o Sinclair & L. E.; 26y; sgl; b. & res. Fqr; (lic) 29 Sep 1890; (off) T. W. NEWMAN; Pg:Ln 219:22

PANNALL, Madison (col); s/o ___ & Maria; 35y; div; laborer; b. & res. Fqr; m. 31 Jan 1884 in Fqr to ROBINSON, Cornelia Jane (col); d/o Willis & Cornelia; 19y; sgl; b. CulpVA; res. Fqr; (lic) 29 Jan 1884; (off) L. WARRING; paper filed consent of father in person; Pg:Ln 186:06

PARIS, Wm. (col); s/o Chas. & Susan; 26y; sgl; laborer; b. Memphis, TN; res. Fqr; m. 12 Apr 1883 in Fqr to MORGAN, Fannie (col); d/o Saml. & Harriet; 24y; sgl; b. & res. Fqr; (lic) 12 Apr 1883; (off) Rev. Geo. W. THOMAS; Pg:Ln 180:06

PARKER, Howard (col); s/o Jacob & Mary; 40y; wid; laborer; b. LdnVA; res. Fqr; m. 28 Sep 1884 in Fqr to PETERSON, Maria (col); d/o Martin & Kitty; 39y; wid; b. LdnVA; res. Fqr; (lic) 24 Sep 1884; (off) John M. BEAN; Pg:Ln 188:05

PARKER, James; s/o Whitfield & ___; 22y; sgl; laborer; b. & res. CulpVA; m. 27 May 1886 in Fqr to ADAMS, Nancy Jane; d/o ___ & Mory; 20y; sgl; b. & res. Fqr; (lic) 25 May 1886; (off) not given; consent of Guardian Edmund ASBURY in person; Pg:Ln 196:14

PARKER, William (col); s/o Chas. & Ellen; 43y; sgl; laborer; b. LdnVA; res. Fqr; m. 27 Sep 1891 in Fqr to TURNER, Martha (col); d/o ___ &

Mary; 32y; sgl; b. & res. Fqr; (lic) 27 Aug 1891; (off) Walter H.
ROBERTSON; Pg:Ln 225:13
PARKER, William (col); s/o William & ___; 57y; wid; laborer; b. LdnVA;
res. Fqr; m. 3 Nov 1905 in Fqr to WEB, Elizabeth (col); d/o Henry &
Eveline; 44y; wid; b. & res. Fqr; (lic) 3 Nov 1905; (off) G. C.
BANISTER; Pg:Ln 311:04
PARR, Geo. Draper; s/o J. W. & Addie C.; 27y; sgl; merchant; b. & res.
Fqr; m. 29 Jun 1898 in Fqr to MENEFEE, Elinor E.; d/o M. M. & F. F.;
17y; sgl; b. RappVA; res. Fqr; (lic) 28 Jun 1898; (off) M. R.
GRIMSLEY; consent of father in person; Pg:Ln 266:04
PARR, J. W., Jr.; s/o J. W. & A. C.; 25y; sgl; miller; b. & res. Fqr; m. 31
Mar 1891 in Fqr to RUSSELL, Celia; d/o T. A. & E. J.; 19y; sgl; b. &
res. Fqr; (lic) 30 Mar 1891; (off) J. J. BOWLER; consent of father
sworn to & filed; Pg:Ln 223:13
PATTON, Ludwell F.; s/o Joel & Senie; 66; sgl; farmer; b. & res. Fqr; m. 2
Oct 1904 in Fqr to COGAN, Jane F.; d/o Wm. & Fanni; 45y; sgl; b.
PrWmVA; res. Fqr; (lic) 30 Sep 1904; (off) C. W. MOORE; Pg:Ln
305:02
PATTON, W. A.; s/o W. A. & Rebeca; 41y; wid; farmer; b. StafVA; res.
Fqr; m. 21 Jan 1890 in Fqr to JACOBS, Mary C.; d/o Aleck & Susan;
41y; sgl; b. & res. Fqr; (lic) 21 Jan 1890; (off) H. H. WYER; Pg:Ln
217:04
PAUGH, Walter S.; s/o James & Hester; 27y; sgl; mining; b. & res. Garrett
Co. MD; m. 26 Sep 1903 in Fqr to WADDELL, Lucy M.; d/o James &
Mary M.; 19y; sgl; b. & res. Fqr; (lic) 26 Sep 1903; (off) F. R.
BOSTON; consent of her father sworn to & filed; Pg:Ln 299:13
PAULITT, Lewis E.; s/o S. W. & Jennie; 24y; sgl; farmer; b. & res. Prince
Edwd. Co. Va; m. 18 Oct 1905 in Fqr to JONES, Janie L.; d/o T. T. &
L. Byrdie; 23y; sgl; b. & res. Fqr; (lic) 13 Oct 1905; (off) A. J.
CUMMINGS; Pg:Ln 310:20
PAYNE, Addison (col); s/o Addison & Maria; 22y; sgl; laborer; b. & res.
Fqr; m. 4 Jan 1906 in Fqr to THOMAS, Maude (col); d/o James &
Martha; 21y; sgl; b. & res. Fqr; (lic) 2 Jan 1906; (off) see license &
memo filed; Pg:Ln 312:22
PAYNE, Addison (col); s/o Addison & Maria; 22y; sgl; laborer; b. & res.
Fqr; m. 4 Jan 1906 in Fqr to BUTLER, Maude (col); d/o James &
Martha; 21y; sgl; b. & res. Fqr; (lic) 3 Jan 1906; (off) G. C. BANISTER;
Pg:Ln 312:23 [same as line above except surname of wife, see note
on line above]
PAYNE, Albert B.; s/o Arthur & Dolly; 21y; sgl; farmer; b. & res. Fqr; m. 29
Dec 1885 in Fqr to SAFFELL, Alice M.; d/o William & Mary; 20y; sgl;
b. & res. Fqr; (lic) 28 Dec 1885; (off) S. M. ATHEY; consent proved by
M. S. HALL & filed; Pg:Ln 194:12
PAYNE, Alfred J.; s/o Marshall & Olivia; 30y; sgl; farmer; b. & res. Fqr; m.
27 Dec 1899 in Fqr to COURTNEY, Mary E.; d/o Broadus & M. C.;
28y; sgl; b. StafVA; res. Fqr; (lic) 22 Dec 1899; (off) C. W. BROOKE;
Pg:Ln 276:12

PAYNE, Appleton; s/o Bernard & Sarah C.; 21y; sgl; farmer; b. & res. Fqr; m. 18 Feb 1890 in Fqr to KIRBY, Emma N.; d/o Joseph & Ann Eliza; 18y; sgl; b. & res. Fqr; (lic) 14 Feb 1890; (off) C. W. MARK; consent of father in person; Pg:Ln 217:14

PAYNE, Burr; s/o Silas & Caroline; 23y; sgl; laborer; b. & res. Fqr; m. 18 Nov 1886 in Fqr to OWENS, Olive S.; d/o Wm. & Maria; 28y; wid; b. & res. Fqr; (lic) 16 Nov 1886; (off) Jno. F. POULTON; Pg:Ln 198:22

PAYNE, C. Thurston; s/o Richard & Kate F.; 23y; sgl; farmer; b. & res. Fqr; m. 28 Dec 1903 in Fqr to ROYSTON, Susan S.; d/o Z. V. & Jane F.; 20y; sgl; b. & res. Fqr; (lic) 26 Dec 1903; (off) V. H. COUNCILL; consent of father filed; Pg:Ln 301:01

PAYNE, Chas. E. (col); s/o Jeff & Catharine; 22y; sgl; laborer; b. PrWmVA; res. Fqr; m. 7 Feb 1895 in Fqr to HOLMES, Henrietta (col); d/o ___ & Henrietta; 17y; sgl; b. & res. Fqr; (lic) 7 Feb 1895; (off) A. B. CARRINGTON; consent filed; Pg:Ln 245:24

PAYNE, Clarence; s/o Thomas & Georgiana; 23y; sgl; farmer; b. & res. Fqr; m. 24 Dec 1901 in Fqr to THARPE, Alice; d/o Frank & Agnes; 21y; sgl; b. & res. Fqr; (lic) 20 Dec 1901; (off) Isaac N. CAMPBELL; Pg:Ln 289:13

PAYNE, Eppa W.; s/o C. W. & Sarah; 21y; sgl; farmer; b. & res. Fqr; m. 12 Dec 1900 in Fqr to PEARSON, Katie C.; d/o H. C. & Mary J.; 22y; sgl; b. & res. Fqr; (lic) 11 Dec 1900; (off) W. P. C. COE; Pg:Ln 282:12

PAYNE, Ewell A.; s/o Armistead & Betty; 21y; sgl; farmer; b. & res. Fqr; m. 8 Feb 1883 in Fqr to PAYNE, Susie; d/o Elijah & Eliza F.; 18y; sgl; b. & res. Fqr; (lic) 6 Feb 1883; (off) J. K. BOOTON; Pg:Ln 179:11

PAYNE, Fleming; s/o Silas & Caroline; 27y; sgl; farmer; b. FfxVA; res. Fqr; m. 20 May 1884 in Fqr to KENT, Elizabeth C.; d/o Rich'd. & Louisa A.; 24y; sgl; b. PrWmVA; res. Fqr; (lic) 20 May 1884; (off) H. H. WYER; Pg:Ln 187:07

PAYNE, Hamilton E.; s/o Lafayette & Marg't. A.; 23y; sgl; farmer; b. & res. Fqr; m. 27 Dec 1883 in Fqr to REID, Mary P.; d/o Jos. M. & Lucretia A.; 18y; sgl; b. & res. Fqr; (lic) 26 Dec 1883; (off) S. M. ATHEY; consent proved by oath of Wm. F. REID; Pg:Ln 184:24

PAYNE, Harvey L.; s/o Alex & Elnora; 28y; sgl; farmer; b. & res. Fqr; m. 31 Oct 1895 in Fqr to McCORMICK, Saluda A.; d/o Robt. & Jane F.; 18y; sgl; b. & res. Fqr; (lic) 31 Oct 1895; (off) F. R. BOSTON; consent of father in person; Pg:Ln 249:12

PAYNE, Imdrel?; s/o Berryman & Fannie; 23y; sgl; machinist; b. & res. Fqr; m. 27 Dec 1900 in Fqr to JEFFRIES, Minne Davis; d/o Enoch & Nannie; 21y; sgl; b. & res. Fqr; (lic) 26 Dec 1900; (off) W. P. C. COE; Pg:Ln 283:14

PAYNE, Inman H.; s/o Stephen & Sarah; 33y; sgl; farmer; b. & res. Fqr; m. 5 Jan 1888 in Fqr to PAYNE, Ida; d/o Alex & Ella; 26y; sgl; b. & res. Fqr; (lic) 4 Jan 1888; (off) F. R. BOSTON; oath; Pg:Ln 205:24

PAYNE, Isaiah; s/o Bernard & Sarah C.; 23y; sgl; farmer; b. & res. Fqr; m. 16 Dec 1896 in Fqr to KIRBY, Sarah C.; d/o Joseph & Ann Eliza; 22y; sgl; b. & res. Fqr; (lic) 16 Dec 1896; (off) J. S. GARDNER; Pg:Ln 256:04

PAYNE, Jeff (col); s/o ___ & Winnie; 46y; sgl; laborer; b. PrWmVA; res. Fqr; m. 27 Sep 1890 in Fqr to BRENT, Mary Catherine (col); d/o Adam & Fannie; 39y; sgl; b. PrWmVA; res. Fqr; (lic) 27 Sep 1890; (off) M. A. RUSSELL; Pg:Ln 219:19

PAYNE, Lewis; s/o Wm. & Lucretia; 33y; sgl; laborer; b. & res. Fqr; m. 9 May 1886 in Fqr to GORDAN, Grace; d/o Sandy & Fanny; 25y; sgl; b. & res. Fqr; (lic) 8 May 1886; (off) R. L. RUFFIN; Pg:Ln 196:11

PAYNE, Luther (col); s/o ___ & Siggie; 24y; sgl; laborer; b. & res. Fqr; m. 24 Jan 1884 in Fqr to SIMMS, Cora (col); d/o ___ & Eliza; 18y; sgl; b. & res. Fqr; (lic) 22 Jan 1884; (off) John M. BEAN; Pg:Ln 185:23

PAYNE, Luther (col); s/o Addison & Maria; 23y; sgl; laborer; b. & res. Fqr; m. 22 Jun 1893 in Fqr to LONG, Mary (col); d/o Randall & Mary; 21y; sgl; b. & res. Fqr; (lic) 20 Jun 1893; (off) P. W. AUSTIN; Pg:Ln 235:20

PAYNE, Mahlon S.; s/o Stephen & Saran [Sarah?] Ann; 30y; sgl; farmer; b. & res. Fqr; m. 16 Dec 1886 in Fqr to PAYNE, Fanny; d/o Elijah & Eliza F.; 29y; wid; b. & res. Fqr; (lic) 16 Dec 1886; (off) S. M. ATHEY; Pg:Ln 199:09

PAYNE, R. G.; s/o Jas. Y. & Eliz'th; 43y; wid; farmer; b. & res. Fqr; m. 8 Aug 1895 in Fqr to HOLTZCLAW, Jacquelina; d/o A. J. & Frances; 38y; sgl; b. & res. Fqr; (lic) 7 Aug 1895; (off) Walter H. ROBERTSON; Pg:Ln 247:19

PAYNE, Reather (col); s/o Thos. & Harriet; 21y; sgl; laborer; b. & res. Fqr; m. 28 Dec 1899 in Fqr to PAYNE, Nannie (col); d/o Addison & Maria; 20y; sgl; b. & res. Fqr; (lic) 27 Dec 1899; (off) P. W. AUSTIN; consent of father in person; Pg:Ln 277:01

PAYNE, Roy B.; s/o Charles W. & Sarah; 23y; sgl; farmer; b. & res. Fqr; m. 18 Apr 1900 in Fqr to SMITH, Ollie E.; d/o ___ & Fannie M.; 22y; sgl; b. & res. Fqr; (lic) 16 Apr 1900; (off) Isaac N. CAMPBELL; Pg:Ln 278:20

PAYNE, Stephen; s/o Bernard & Sarah C.; 22y; sgl; farmer; b. & res. Fqr; m. 26 Dec 1893 in Fqr to EDWARDS, Aleny; d/o Hugh F. & Mary C; 24y; wid; b. LdnVA; res. Fqr; (lic) 23 Dec 1893; (off) I. B. LAKE; Pg:Ln 238:20

PAYNE, Thomas; s/o W. H. & Virginia; 21y; sgl; farmer; b. & res. Fqr; m. 18 Mar 1903 in Fqr to PEARSON, Pearlie; d/o H. Clay & Mary; 18y; sgl; b. & res. Fqr; (lic) 14 Mar 1903; (off) W. P. C. COE; consent of her father filed; Pg:Ln 297:09

PAYNE, Thos. (col); s/o Thos. & Harriet; 21y; sgl; farmer; b. & res. Fqr; m. 28 Dec 1892 in Fqr to WASHINGTON, Maria (col); d/o Jas. & Sarah; 20y; sgl; b. & res. Fqr; (lic) 26 Dec 1892; (off) R. P. DAWSON; consent of father in person; Pg:Ln 233:16

PAYNE, Thos. Keith; s/o Danl. J. & Mary C.; 28y; sgl; farmer; b. & res. Fqr; m. 16 Dec 1903 in Fqr to BEALE, Fanny Steptor?; d/o S. F. G. & Richie; 28y; sgl; b. & res. Fqr; (lic) 15 Dec 1903; (off) J. J. CLOPTON; Pg:Ln 300:16

PAYNE, Vinton E.; s/o Alex'r. & Eleanora; 23y; sgl; farmer; b. & res. Fqr; m. 1 Nov 1893 in Fqr to THARPE, Ada; d/o Thos. & Eliza; 21y; sgl; b. & res. Fqr; (lic) 30 Oct 1893; (off) S. M. ATHEY; Pg:Ln 237:09

PAYNE, Wade; s/o W. E. & Ella; 21y; sgl; farmer; b. & res. Fqr; m. 2 Jan 1902 in Fqr to ALLISON, Rosie B.; d/o Jno. T. & Mary; 17y; sgl; b. & res. Fqr; (lic) 31 Dec 1901; (off) F. R. BOSTON; consent of father in person; Pg:Ln 290:10

PAYNE, Warland M.; s/o Wilson V. & Lucretia; 24y; sgl; farmer; b. & res. Fqr; m. 25 Mar 1885 in Fqr to PAYNE, Fanny M.; d/o Marshall & Matilda N.; 18y; sgl; b. & res. Fqr; (lic) 23 Mar 1885; (off) S. M. ATHEY; consent of father in person; Pg:Ln 191:17

PAYNE, William (col); s/o Tom & Harriette; 22y; sgl; laborer; b. & res. Fqr; m. 21 Oct 1890 in Fqr to LACEY, Ella (col); d/o Jas. & Bettie; 18y; sgl; b. & res. Fqr; (lic) 20 Oct 1890; (off) R. P. DAWSON; consent of father sworn to & filed; Pg:Ln 220:06

PAYNE, William (col); s/o Jeff & Kate; 25y; sgl; laborer; b. PrWmVA; res. Fqr; m. 19 Oct 1902 in Fqr to JAMES, Mattie V.; d/o Manuel & Evelina; 22y; sgl; b. & res. Fqr; (lic) 18 Oct 1902; (off) A. B. CARRINGTON; Pg:Ln 294:08

PAYNE, William A.; s/o Addison S. & Emma A.; 29y; sgl; merchant; b. Chicot Co., AR; res. Fqr; m. 18 Oct 1893 in Fqr to PAYNE, Mary Wilson; d/o Wilson & Lucretia; 29y; sgl; b. & res. Fqr; (lic) 12 Oct 1893; (off) not given; Pg:Ln 237:03

PAYNE, Wm. S.; s/o Jessee F. & Emily M. J.; 28y; sgl; farmer; b. & res. Fqr; m. 10 Aug 1904 in Fqr to HEFLIN, Bessie A.; d/o Thos. & Eliza Ann; 17y; sgl; b. & res. Fqr; (lic) 9 Aug 1904; (off) L. BUTT; consent of Gdn. in person, W. E. WILLIS; Pg:Ln 303:20

PEACH, R. M.; s/o W. S. & Tacy G.; 23y; sgl; farmer; b. & res. Fqr; m. 1 Jul 1891 in Fqr to DICE, Sallie R.; d/o Jno. C. & Sallie R.; 20y; sgl; b. Harvey Co. WV; res. Fqr; (lic) 30 Jun 1891; (off) David BUSH; consent sworn to and filed; Pg:Ln 224:18

PEARCE, George W.; s/o H. C. & Mary J.; 27y; sgl; blacksmith; b. & res. Fqr; m. 8 Mar 1900 in Fqr to HERRELL, Maude; d/o Adolphus & Mary; 21y; sgl; b. & res. Fqr; (lic) 8 Mar 1900; (off) F. R. BOSTON; Pg:Ln 278:04

PEARSON, Charles C.; s/o John W. & Alice; 22y; sgl; farmer; b. & res. Fqr; m. 27 Dec 1899 in Fqr to POWELL, Mary C. A.; d/o Charles & Nan; 21y; sgl; b. & res. Fqr; (lic) 26 Dec 1899; (off) Isaac N. CAMPBELL; Pg:Ln 276:17

PEARSON, Clarence H.; s/o Robert & Annie; 23y; sgl; farmer; b. & res. Fqr; m. 14 Dec 1899 in Fqr to MOORE, Ida L.; d/o Robert & Mary; 23y; sgl; b. & res. Fqr; (lic) 13 Dec 1899; (off) W. S. JACKSON; Pg:Ln 275:24

PEARSON, George A.; s/o Robt. A. & Julia; 33y; sgl; section foreman; b. PrWmVA; res. Fqr; m. 3 Jun 1903 in Fqr to SULLIVAN, Annie E.; d/o Dennis & Ellen; 21y; sgl; b. & res. Fqr; (lic) 2 Jun 1903; (off) Patrick DONLON; Pg:Ln 298:05

PEARSON, Henry T.; s/o James & Alma; 21y; sgl; farmer; b. & res. Fqr; m. 16 Jun 1885 in Fqr to STROTHER, Mary E.; d/o Wm. G. & Josephine M.; 16y; sgl; b. & res. Fqr; (lic) 16 Jun 1885; (off) Jno. F.

POULTON; consent of mother sworn to by Jas. S. STROTHER & filed; Pg:Ln 192:10
PEARSON, Howard L.; s/o Jas. S. & Elmira; 30y; sgl; farmer; b. & res. Fqr; m. 29 Dec 1903 in Fqr to LUNCEFORD, Edith May; d/o John Henry & Mary L.; 21y; sgl; b. & res. Fqr; (lic) 28 Dec 1903; (off) Isaac N. CAMPBELL; Pg:Ln 301:03
PEARSON, J. H.; s/o James & Lizzie; 24y; sgl; farmer; b. Fqr; res. LdnVA; m. 15 Dec 1901 in Fqr to PAYNE, Mamie E.; d/o Richard & Kate F.; 23y; sgl; b. & res. Fqr; (lic) 14 Dec 1901; (off) W. P. C. COE; Pg:Ln 289:02
PEARSON, James T.; s/o John & Mary; 22y; sgl; farmer; b. & res. Fqr; m. 8 Dec 1887 in Fqr to CREEL, Lurilda; d/o Geo. H. & Cath. F.; 26y; sgl; b. & res. Fqr; (lic) 1 Dec 1887; (off) Chas. L. YATES; oath; Pg:Ln 204:16
PEARSON, Jos.; s/o Allie & Josephine; 22y; sgl; laborer; b. & res. Fqr; m. 17 Sep 1897 in Fqr to O'BANNON, Ann; d/o Jno. W. & Josephine; 18y; sgl; b. & res. Fqr; (lic) 17 Sep 1897; (off) J. S. GARDNER; consent of father in person; Pg:Ln 260:12
PEARSON, Joseph W.; s/o R. D. & Annie E.; 21y; sgl; farmer; b. & res. Fqr; m. 31 Jan 1906 in Fqr to HUMPHREY, Jennie B.; d/o Thomas & Agnes; 18y; sgl; b. LdnVA; res. Fqr; (lic) 29 Jan 1906; (off) James M. HAWLEY; consent of Judge filed; Pg:Ln 313:04
PEARSON, Joshua; s/o Wm. & Elizabeth; 38y; sgl; farmer; b. & res. Fqr; m. 22 Dec 1887 in Fqr to LEONARD, Emma C.; d/o Jos.& Edwina; 22y; sgl; b. & res. Fqr; (lic) 21 Dec 1887; (off) C. A. JOYCE; oath; Pg:Ln 205:04
PEARSON, Robert L.; s/o H. C. & Mary J.; 21y; sgl; carpenter; b. & res. Fqr; m. 26 Dec 1901 in Fqr to HARRELL, Katie J.; d/o Adolphus & Mary S.; 19y; sgl; b. & res. Fqr; (lic) 23 Dec 1901; (off) Isaac N. CAMPBELL; consent of father in person; Pg:Ln 289:21
PEARSON, Saml. T.; s/o Martin & Mary C.; 21y; sgl; farmer; b. & res. Fqr; m. 25 Dec 1888 in Fqr to SMITH, Sarah A.; d/o Chas. & Mary E.; 17y; sgl; b. & res. Fqr; (lic) 22 Dec 1888; (off) T. W. NEWMAN; consent sworn to by Jno. M. SMITH filed; Pg:Ln 209:10
PEARSON, Walter A.; s/o Rich'd. & ___; 24y; sgl; blacksmith; b. & res. Fqr; m. 21 Jan 1894 in Fqr to GRIMES, Emily C.; d/o Wm. & Lucy; 22y; sgl; b. & res. Fqr; (lic) 19 Jan 1894; (off) I. B. LAKE; Geo. S. AYRES vouched; Pg:Ln 239:19
PEARSON, William; s/o James & Elmira; 31y; sgl; farmer; b. & res. Fqr; m. 28 Dec 1899 in Fqr to PEARSON, Bessie; d/o R. D. & Annie; 21y; sgl; b. & res. Fqr; (lic) 26 Dec 1899; (off) E. H. HENRY; Pg:Ln 276:18
PEARSON, Wm. W.; s/o Albert & Josephine; 22y; sgl; farmer; b. & res. Fqr; m. 27 Dec 1894 in Fqr to O'BANNON, Florence; d/o John & Josephine; 18y; sgl; b. & res. Fqr; (lic) 26 Dec 1894; (off) J. L. SHIPLEY; consent of father in person; Pg:Ln 245:08
PENDLETON, Jas. (col); s/o Wm. & Eliza; 25y; sgl; laborer; b. & res. Fqr; m. 18 Jun 1893 in Fqr to HALEY, Lizzie (col); d/o Lewis & Alice; 21y;

sgl; b. & res. Fqr; (lic) 17 Jun 1893; (off) G. C. BANISTER; Pg:Ln 235:18

PENDLETON, Saml. (col); s/o Lewis & Eliza; 21y; sgl; laborer; b. & res. Fqr; m. 1 Apr 1896 in Fqr to HALEY, Lizzie A. (col); d/o Nelson & Emily; 21y; sgl; b. & res. Fqr; (lic) 31 Mar 1896; (off) G. C. BANISTER; Pg:Ln 252:20

PENDLETON, Wm. (col); s/o Lewis & Eliza; 25y; sgl; laborer; b. & res. Fqr; m. 15 Aug 1897 in Fqr to GASKINS, Mary; d/o Wm. & Alice; 20y; sgl; b. & res. Fqr; (lic) 14 Aug 1897; (off) G. C. BANNISTER; Pg:Ln 259:25

PENDLETON, Wm. (col); s/o Lewis & ___; 22y; sgl; laborer; b. & res. Fqr; m. 26 Dec 1904 in Fqr to BRAXTON, Sallie (col); d/o ___ & Sallie; 21y; sgl; b. & res. Fqr; (lic) 24 Dec 1904; (off) P. W. AUSTIN; Pg:Ln 307:08

PERKINS, Coleman M.; s/o Stephen J. & Mattie W.; 27y; sgl; farmer; b. & res. Fluvanna Co. Va; m. 5 Dec 1900 in Fqr to DODD, Cora L.; d/o Joseph H. & Lucy S.; 25y; sgl; b. & res. Fqr; (lic) 5 Dec 1900; (off) J. P. BROWN; Pg:Ln 282:08

PERKINS, Wm. B.; s/o Nathen & Mary E.; 38y; sgl; clerk; b. Chowan Co. NC; res. PrWmVA; m. 18 Jun 1890 in Fqr to HOWDERSHELL, Corrie E.; d/o George W. & Virginia; 21y; sgl; b. & res. Fqr; (lic) 17 Jun 1890; (off) James GRAMMAR; Pg:Ln 218:19

PERROW, B. F.; s/o A. J. & Nannie; 30y; sgl; merchant; b. Bedford Co. VA; res. Fqr; m. 6 Feb 1894 in Fqr to WISE, B. S.; d/o W. H. & Mary E.; 24y; sgl; b. RockVA; res. Fqr; (lic) 2 Feb 1894; (off) W. E. MILLER; Pg:Ln 240:03

PETERS, Edw'd. E.; s/o Isaac E. & Sarah F.; 33y; sgl; farmer; b. & res. Fqr; m. 21 Aug 1889 in Fqr to BOTELER, Ida E.; d/o Wm. H. & Elizabeth A.; 30y; sgl; b. & res. Fqr; (lic) 16 Aug 1889; (off) N. N. HALL; Pg:Ln 213:10

PETERS, Lacy W.; s/o Whitfield & Nannie; 29y; sgl; farmer; b. & res. Fqr; m. 12 Dec 1905 in Fqr to CRITTENDEN, Adeline L.; d/o Jno. L. & Susan; 33y; sgl; b. & res. Fqr; (lic) 9 Dec 1905; (off) H. W.TRIBBLE; Pg:Ln 311:19

PETERSON, John (col); s/o James & Lucy; 21y; sgl; laborer; b. & res. Fqr; m. 19 Oct 1887 in Fqr to GAINES, Lucinda J. (col); d/o Turner & Kate; 17y; sgl; b. & res. Fqr; (lic) 17 Oct 1887; (off) S. Scolley MOORE; oath &c; Pg:Ln 203:11

PETTYJOHN, Chas. R.; s/o Chas. & Sallie A.; 33y; sgl; farmer; b. nr. Stapleton Va; res. nr McIvors Va; m. 27 Apr 1898 in Fqr to THOMPSON, Rosa L.; d/o Clarke H. & Edwina; 33y; sgl; b. nr. Stapleton Va; res. Fqr; (lic) 5 Apr 1898; (off) C. W. BROOKS; Pg:Ln 264:19

PEYTON, Adolphus; s/o Harvey & Lucy; 21y; sgl; farmer; b. & res. RappVA; m. 15 Jan 1896 in Fqr to GROVES, Belle; d/o Sanford & Lucy; 20y; sgl; b. & res. Fqr; (lic) 14 Jan 1896; (off) S. M. ATHEY; con't of father in person; Pg:Ln 251:20

PEYTON, Amon H.; s/o Harvey & Lucy; 27y; sgl; farmer; b. & res. RappVA; m. 2 Feb 1893 in Fqr to THARPE, Daisy; d/o Moses & Mary; 17y; sgl; b. & res. Fqr; (lic) 30 Jan 1893; (off) S. M. ATHEY; consent sworn to & filed; Pg:Ln 234:17
PEYTON, Henry A.; s/o John & Sarah; 28y; sgl; minister; b. RappVA; res. Pine Co. Mo; m. 14 Sep 1898 in Fqr to UTTERBACK, Lillian R.; d/o John & ___; 26y; sgl; b. & res. Fqr; (lic) 14 Sep 1898; (off) F. R. BOSTON; Pg:Ln 267:08
PEYTON, Howard T.; s/o Harvey & Lucy Ann; 19y; sgl; farmer; b. & res. RappVA; m. 29 Jan 1885 in Fqr to CARTER, Mollie J.; d/o Nathaniel W. & Eliz't.; 17y; sgl; b. & res. Fqr; (lic) 29 Jan 1885; (off) S. M. ATHEY; consent of father filed; Pg:Ln 191:05
PFEIFFER, Donat; s/o Joseph & Marie; 58y; wid; saloon keeper; b. Baden, Germany; res. Fqr; m. 14 Sep 1883 in Fqr to KRANBERGER, Anna; d/o not given; 45y; wid; b. Baden, Germany; res. Fqr; (lic) 14 Sep 1883; (off) Jno. F. POULTON; Pg:Ln 181:20
PHILLIPS, A.; s/o Jno. & Susan; 23y; sgl; farmer; b. & res. Fqr; m. 22 Mar 1883 in Fqr to BROWN, Eliza Ann; d/o Phlegm & Louisa; 25y; sgl; b. & res. Fqr; (lic) 22 Mar 1883; (off) Jno. F. POULTON; Pg:Ln 179:21
PHILLIPS, E. T.; s/o A. W. & Angelina; 23y; sgl; merchant; b. & res. Fqr; m. 13 Jan 1886 in Fqr to CABLE, Emma L.; d/o Alfred & Mary; 22y; sgl; b. & res. Fqr; (lic) 11 Jan 1886; (off) J. D. MARTIN; Pg:Ln 194:24
PHILLIPS, Henry (col); s/o Ambrose & Elizabeth; 21y; sgl; waiter; b. & res. Fqr; m. 21 Mar 1883 in Fqr to THOMPSON, Sarah (col); d/o James & Eliza; 19y; sgl; b. & res. Fqr; (lic) 17 Mar 1883; (off) T. H. SHORTS; consent of father proved by oath of Robt. THOMPSON; Pg:Ln 179:20
PHILLIPS, Henry (col); s/o Alfred & Maria; 26y; sgl; laborer; b. RappVA; res. Fqr; m. 10 Jan 1895 in Fqr to JOHNSON, Melinda (col); d/o Albert & Lucy; 21y; sgl; b. RappVA; res. Fqr; (lic) 10 Jan 1895; (off) R. H. CAREY; Pg:Ln 245:12
PHILLIPS, Henry (col); s/o Alfred & Maria; 34y; wid; laborer; b. & res. Fqr; m. 24 Nov 1901 in Fqr to MORGAN, Hannah (col); d/o Ephraim & Martha; 19y; sgl; b. AlexVA; res. Fqr; (lic) 23 Nov 1901; (off) Jas. C. COLBERT; consent of Court filed; Pg:Ln 288:10
PHILLIPS, James Curley; s/o John R. & Mary E.; 26y; sgl; bookkeeper; b. & res. BaltMD; m. 27 Feb 1901 in AlexVA to PEAKE, Mary Catherine; d/o B. Franklin & Mary C.; 28y; sgl; b. AlexVA; res. Fqr; (lic) 19 Feb 1901; (off) J. J. NORWOOD; Pg:Ln 284:05
PHILLIPS, Jno. R. (col); s/o Joe & Susan; 26y; sgl; farmer; b. & res. Fqr; m. 20 Dec 1884 in Fqr to CORAM, Mary E. (col); d/o Thos. & Lucy Ann; 16y; sgl; b. & res. Fqr; (lic) 20 Dec 1884; (off) H. H. WYER; consent of mother in person; Pg:Ln 190:01
PHOENIX, Jno. (col); s/o Gus & Amanda; 22y; sgl; laborer; b. & res. Fqr; m. 29 Nov 1888 in Fqr to CAMPBELL, Eliz'th (col); d/o Robt. & Patsy; 18y; sgl; b. & res. Fqr; (lic) 28 Nov 1888; (off) G. C. BANISTER; oath; Pg:Ln 208:18

PICKERILL, J. D.; s/o Henry & Martha; 33y; sgl; farmer; b. RappVA; res. Fqr; m. 19 Jan 1898 in Fqr to O'BRIEN, Elizth.; d/o Patrick & Virginia; 16y; sgl; b. & res. Fqr; (lic) 19 Jan 1898; (off) J. S. GARDNER; consent of father in person; Pg:Ln 264:01

PIERCE, Graham; s/o A. C. & Cordelia; 24y; sgl; farmer; b. & res. Fqr; m. 15 Dec 1897 in Fqr to GREEN, Catherine P.; d/o D. H. & Elizabeth; 22y; sgl; b. & res. Fqr; (lic) 10 Dec 1897; (off) I. B. LAKE; Pg:Ln 262:08

PIERCE, Jno. M.; s/o John & Hannah; 27y; sgl; machine agent; b. & res. Fqr; m. 27 Jul 1886 in Fqr to HARRIS, Annie E.; d/o Freeman & Marg't. S.; 21y; sgl; b. & res. Fqr; (lic) 27 Jul 1886; (off) J. A. KERN; Pg:Ln 197:05

PIERCE, Wm. H. (col); s/o Jas. W. & Alice; 21y; sgl; laborer; b. & res. Fqr; m. 2 Nov 1904 in Fqr to CLARK, Josephine (col); d/o John & ___; 23y; sgl; b. & res. Fqr; (lic) 2 Nov 1904; (off) D. W. JONES; Pg:Ln 305:19

PIERCY, Thos. M.; s/o Jno. M. W. & Sarah L.; 26y; sgl; farmer; b. Leicestershire, England; res. PrWm; m. 18 Mar 1884 in Fqr to LOW, Marion W.; d/o Andrew & Elizabeth; 19y; sgl; b. & res. Fqr; (lic) 17 Mar 1884; (off) A. B. CARRINGTON; consent of father proved by oath of Douglas M. LOW; Pg:Ln 186:20

PILLAR, James W.; s/o Walter & Jennie; 22y; sgl; weaver; b. & res. PhilPA; m. 28 May 1903 in Fqr to WELLS, Ida; d/o James & Annie; 28y; sgl; b. & res. Fqr; (lic) 28 May 1903; (off) F. R. BOSTON; Pg:Ln 297:23

PINCKNEY, Thomas; s/o Chas. C. & Caroline; 63y; wid; planter; b. & res. Charleston, SC; m. 12 Jul 1892 in Fqr to SCOTT, Camilla; d/o Robt. E. & Herringham W.; 36y; sgl; b. & res. Fqr; (lic) 12 Jul 1892; (off) John K. MASON; Pg:Ln 231:01

PINKARD, Asbury; s/o Henry & Ann; 33y; wid; minister; b. & res. Fqr; m. 17 Oct 1886 in Fqr to WHITTINGHAM, Lucy B.; d/o Marshall & Catharine; 18y; sgl; b. & res. Fqr; (lic) 14 Oct 1886; (off) Wormley HUGHES; consent of father in person; Pg:Ln 198:08

PINKNEY, Thos. (col); s/o Wm. & Fanny; 24y; sgl; laborer; b. & res. Fqr; m. 10 Jan 1897 in Fqr to WATSON, Ida (col); d/o Henry & Margaret; 18y; sgl; b. Albemarle Co.; res. Fqr; (lic) 9 Jan 1897; (off) Geo. W. HORNER; consent of mother in person; Pg:Ln 257:11

PINKNEY, William (col); s/o Thos. & Lucinda; 43y; wid; laborer; b. Jasper Co. GA; res. Fqr; m. 7 Mar 1889 in Fqr to PAYNE, Maria (col); d/o not given; 40y; wid; b. CulpVA; res. Fqr; (lic) 7 Mar 1889; (off) Robt. L. RUFFIN; Pg:Ln 211:11

PINN, Edward (col); s/o Jacob & Lucy; 32y; sgl; laborer; b. & res. Fqr; m. 17 Nov 1898 in Fqr to PINN, Lily (col); d/o Charles & Mary; 17y; sgl; b. & res. Fqr; (lic) 17 Nov 1898; (off) Vincent LACY; consent of father in person; Pg:Ln 268:19

PINN, Enos (col); s/o Chas. & Mary; 46y; sgl; laborer; b. & res. Fqr; m. 25 Nov 1903 in Fqr to CRAIG, Fanny (col); d/o Joshua & Millie; 45y; sgl; b. & res. Fqr; (lic) 25 Nov 1903; (off) D. W. JONES; Pg:Ln 300:08

PINN, Henry (col); s/o Jacob & Lucy; 43y; sgl; laborer; b. & res. Fqr; m. 6 May 1897 in Fqr to MARSHALL, Hattie; d/o California & Lucinda; 22y; sgl; b. & res. Fqr; (lic) 6 May 1897; (off) D. W. JONES; Pg:Ln 258:18
PINN, Inman (col); s/o Jacob & Lucy; 22y; sgl; laborer; b. & res. Fqr; m. 1 Jul 1897 in Fqr to FORD, Annie (col); d/o Adolphus & Sarah; 21y; sgl; b. & res. Fqr; (lic) 1 Jul 1897; (off) Walter H. ROBERTSON; Pg:Ln 259:12
PINN, James W. (col); s/o Richard & Sally; 33y; sgl; laborer; b. & res. Fqr; m. 11 May 1905 in Fqr to BROOKS, Mary (col); d/o Peter & Mary; 31y; div; b. & res. Fqr; (lic) 11 May 1905; (off) D. W. JONES; BUTLER & BUTLER (decree); Pg:Ln 309:04
PINN, Jas. W. (col); s/o Sandy & Betsy; 53y; wid; farmer; b. & res. Fqr; m. 6 Jun 1901 in Fqr to PORTER, Mintie (col); d/o ___ & Winny; 45y; sgl; b. & res. Fqr; (lic) 4 Jun 1901; (off) D. W. JONES; Pg:Ln 285:04
PINN, Robt. (col); s/o Jacob & Lucy; 23y; sgl; laborer; b. & res. Fqr; m. 26 Oct 1897 in Fqr to BUTLER, Emma (col); d/o Geo. & Mely; 22y; sgl; b. & res. Fqr; (lic) 26 Oct 1897; (off) D. W. JONES; Pg:Ln 261:07
PINN, Thomas (col); s/o Charles & Mary; 54y; sgl; stone mason; b. & res. Fqr; m. 7 Nov 1901 in Fqr to ASHBY, Nancy (col); d/o Squire & Caroline; 41y; sgl; b. LdnVA; res. Fqr; (lic) 7 Nov 1901; (off) G. W. NELSON; Pg:Ln 288:16
PINN, Walton W. (col); s/o Middleton & Sarah; 23y; sgl; teacher; b. & res. PrWmVA; m. 28 Dec 1886 in Fqr to BUCKNER, Lucy A. (col); d/o James & Lucy; 18y; sgl; b. & res. Fqr; (lic) 23 Dec 1886; (off) Josiah THOMAS; consent of uncle Jackson RILEY Guard'n.; Pg:Ln 199:14
PINN, William (col); s/o Wm. & Sallie; 21y; sgl; laborer; b. & res. Fqr; m. 17 May 1896 in Fqr to WITHERS, Grace (col); d/o Isaac & Ann; 18y; sgl; b. & res. Fqr; (lic) 16 May 1896; (off) C. M. TYLER; consent filed; Pg:Ln 253:08
PITTMAN, Silas W.; s/o Williamson & Lucinda; 43y; sgl; Capitalist; b. Marion Co. MO; res. Vicksburg, MS; m. 31 Aug 1895 in Fqr to PITTMAN, Charlotte L.; d/o John T. & Elenora; 50y; wid; b. Marengo Co. AL; res. Fqr; (lic) 30 Aug 1895; (off) Geo. W. NELSON; Pg:Ln 248:02
POLEND, J. B.; s/o Robert & Julia Ann; 27y; sgl; farmer; b. & res. LdnVA; m. 17 Dec 1885 in Fqr to DOWNS, Lillie A.; d/o Richard & Elizabeth; 23y; sgl; b. & res. Fqr; (lic) 14 Dec 1885; (off) J. N. BADGER; Pg:Ln 194:02
POLES, Andrew (col); s/o John & Mollie; 22y; sgl; laborer; b. & res. Fqr; m. 21 Sep 1902 in Fqr to CHLOW, Bessie (col); d/o Anthony & Emily; 21y; sgl; b. & res. Fqr; (lic) 20 Sep 1902; (off) G. C. BANISTER; Pg:Ln 293:23
POLK, C. E.; s/o H. & Savellia; 20y; sgl; farmer; b. ShenVA; res. Fqr; m. 10 Dec 1902 in Fqr to OLINGER, Katie A.; d/o J. P. & Adelia R.; 16y; sgl; b. & res. Fqr; (lic) 6 Dec 1902; (off) W. N. MARSH; consent of Savellia POKE sworn to & filed & consent of J. P. OLINGER in person; Pg:Ln 295:04

POLLARD, Henry (col); s/o Frank D. & Lucretia; 26y; sgl; laborer; b. & res. Fqr; m. 30 Apr 1899 in Fqr to SINCLAIR, Catharine (col); d/o Archie & Catharine; 17y; sgl; b. & res. Fqr; (lic) 28 Apr 1899; (off) C. M. TYLER; consent of father in person; Pg:Ln 272:11

POLLARD, Samuel (col); s/o James & Lydia; 67y; wid; farmer; b. & res. Fqr; m. 19 Dec 1896 in Fqr to JENKINS, Maria (col); d/o Armistead & Elizabeth; 60y; wid; b. & res. Fqr; (lic) 16 Dec 1896; (off) C. M TYLER; Pg:Ln 256:05

POMEROY, Marion L.; s/o George & Frances; 24y; sgl; farmer; b. WrnVA; res. Fqr; m. 20 Dec 1894 in Fqr to WINES, Lilly L.; d/o Robt. E. & Mary; 24y; sgl; b. WrnVA; res. Fqr; (lic) 17 Dec 1894; (off) Chas. H. LEE Jr.; Pg:Ln 244:09

PORTER, Jessee Lee; s/o Jessee L. & Lucy A.; 24y; sgl; gentleman of leisure; b. & res. Kansas City, Jackson Co. KS; m. 15 Apr 1885 in Fqr to SHUMATE,Ada B.; d/o Wm. J. & Virginia; 22y; sgl; b. Staunton, AugVA; res. Fqr; (lic) 14 Apr 1885; (off) Jno. McGILL; Pg:Ln 191:22

PORTER, John (col); s/o Jno. M. & Julia; 22y; sgl; farmer; b. & res. Fqr; m. 27 Dec 1897 in Fqr to MARSHALL, Maria (col); d/o Jno. F. & Amanda; 22y; sgl; b. & res. Fqr; (lic) 27 Dec 1897; (off) Robt. L. RUFFIN; Pg:Ln 263:08

PORTER, W. J. (col); s/o Wm. & Eliza; 22y; sgl; laborer; b. & res. Fqr; m. 12 Apr 1891 in Fqr to DEAN, Fanny (col); d/o ___ & Betty; 23y; sgl; b. not given; res. Fqr; (lic) 11 Apr 1891; (off) Geo. W. HORNER; Pg:Ln 223:18

PORTER, Withers (col); s/o John & Julia; 29y; sgl; laborer; b. & res. Fqr; m. 20 Oct 1901 in Fqr to DORES, Alice (col); d/o James & Phenie; 27y; sgl; b. CulpVA; res. Fqr; (lic) 19 Oct 1901; (off) D. W. JONES; Pg:Ln 287:12

PORTMAN, F. A. B.; s/o H. F. B. & Elizabeth; 27y; sgl; farmer; b. Somersetshire, Eng.; res. Fqr; m. 12 Nov 1894 in Fqr to LUKE, Caroline H.; d/o Walter E. & Elizabeth; 26y; sgl; b. Christ Church, New Zealand; res. Fqr; (lic) 10 Nov 1894; (off) Geo. W. NELSON; Pg:Ln 243:16

POTZ, Edward; s/o Wm. & Louisa; 43y; sgl; watchmaker; b. St. Petersburg, Russia; res. LdnVA; m. 9 Jan 1889 in Fqr to DOWNS, Emma R.; d/o Chas. M. & Emily F.; 24y; sgl; b. & res. Fqr; (lic) 4 Jan 1889; (off) Chas. M. BROWN; Pg:Ln 210:12

PRESTON, Hamilton (col); s/o John & Hariott; 26y; sgl; laborer; b. & res. Fqr; m. 26 Jun 1889 in Fqr to TAPSCOTT, Girtrude (col); d/o William & Elizabeth; 17y; sgl; b. & res. Fqr; (lic) 25 Jun 1889; (off) M. A. RUSSELL; consent of mother in person; Pg:Ln 212:20

PRESTON, Jno. (col); s/o John & Harriet; 30y; sgl; laborer; b. & res. Fqr; m. 1 Oct 1895 in Fqr to MARTIN, Louisa (col); d/o John & Maria; 30y; sgl; b. & res. Fqr; (lic) 26 Sep 1895; (off) M. A. RUSSELL; Pg:Ln 248:18

PRESTON, Seymour S.; s/o Henry M. & Josephine B.; 26y; sgl; oil; b. Alleghany Co Va; res. PhilPA.; m. 19 Nov 1904 in Fqr to FOX, Jessie;

d/o Jno. W. & Phoebe F.; 22y; sgl; b. Cincinnatti Ohio; res. Fqr; (lic) 19 Nov 1904; (off) J. J. CLOPTON; Pg:Ln 306:04

PRICE, Barrett (col); s/o Archie & Judith; 60y; wid; laborer; b. Charlotte Co Va; res. Fqr; m. 28 Dec 1899 in Fqr to DOSE, Annie (col); d/o John & Rachel; 28y; wid; b. & res. Fqr; (lic) 27 Dec 1899; (off) Vincent LACY; Pg:Ln 277:02

PRICE, G. J.; s/o Wm. & Amanda; 21y 1m; sgl; clerk; b. & res. Fqr; m. 4 Apr 1888 in Fqr to HOLDER, Virgie A.; d/o Talioferro & Virginia; 18y; sgl; b. & res. Fqr; (lic) 2 Apr 1888; (off) T. W. NEWMAN; oath; Pg:Ln 207:01

PRICE, James U.; s/o James B. & Ida L.; 23y; sgl; railroading; b. KGeoVA; res. WashDC; m. 5 Nov 1901 in Fqr to SKINNER, Eloise; d/o E. B. & Texanna R.; 18y; sgl; b. & res. Fqr; (lic) 28 Oct 1901; (off) no return; consent of mother filed; Pg:Ln 287:19

PRICE, Jesse; s/o Barry & Minnie; 27y; sgl; laborer; b. & res. Fqr; m. 8 Dec 1889 in Fqr to SMITH, Emeline; d/o Arthur & Mary F.; 20y; sgl; b. & res. Fqr; (lic) 7 Dec 1889; (off) C. M. TYLER; consent of mother proved by Brian MORTON; Pg:Ln 215:06

PRICE, Preston (col); s/o Barrett & Mittie; 24y; sgl; hostler; b. & res. Fqr; m. 28 Jun 1903 in Fqr to FRANCES, Hattie (col); d/o Henry & ___; 24y; sgl; b. & res. Fqr; (lic) 28 Jun 1903; (off) D. W. JONES; Pg:Ln 298:17

PRIEST, Mason; s/o Peter & Susanna E.; 38y; sgl; farmer; b. Fqr; res. RappVA; m. 25 Nov 1884 in Fqr to PAYNE, Jaqulina; d/o Bushrod & Mary; 25y; sgl; b. & res. Fqr; (lic) 24 Nov 1884; (off) not given; Pg:Ln 189:07

PRIEST, Robert E.; s/o Robert & Sarah; 26y; sgl; farmer; b. Fqr; res. StafVA; m. 29 Nov 1883 in Fqr to REESE, Sarah L.; d/o Thomas & Catharine; 26y; sgl; b. & res. Fqr; (lic) 27 Nov 1883; (off) Jas. H. WOLFF; Pg:Ln 183:17

PRIEST, William F.; s/o John F. & Mary L.; 21y; sgl; farmer; b. & res. Fqr; m. 28 Jul 1901 in Fqr to PRIEST, Sarah W.; d/o Willie & Lillie J.; 16y; sgl; b. RappVA; res. Fqr; (lic) 22 Jul 1901; (off) W. T. EATON; oath of mother filed; Pg:Ln 285:20

PRIEST, Wm. A.; s/o Wm. N. & Sarah R.; 21y; sgl; farmer; b. & res. RappVA; m. 7 Sep 1884 in RappVA to ATHEY, Lillie J.; d/o W. S. & A. A.; 17y; sgl; b. & res. Fqr; (lic) 2 Sep 1884; (off) J. K. BOOTON; consent of father of wife in person; Pg:Ln 188:01

PRINCE, K. L.; s/o J. P. & C. P.; 20y; sgl; telegraph operator; b. Page Co VA; res. Fqr; m. 27 Jan 1897 in Fqr to COWNE, Fannie A.; d/o T. W. & A. J.; 18y; sgl; b. & res. Fqr; (lic) 25 Jan 1897; (off) J. L. GRANT; consent of fathers; Pg:Ln 257:16

PROCTER, Thos.; s/o not given; 25y; sgl; laborer; b. & res. Fqr; m. 24 Sep 1890 in Fqr to DALE, Lucinda; d/o not given; 24y; wid; b. & res. Fqr; (lic) 22 Sep 1890; (off) W. H. GAINES; Pg:Ln 219:16

PRUETT, Andrew; s/o Henry & Mary; 23y; sgl; farmer; b. Tazwell Co. Va; res. Fqr; m. 7 Oct 1904 in Fqr to WINES, Lula; d/o Alex & Mary; 18y;

sgl; b. & res. Fqr; (lic) 7 Oct 1904; (off) Wm. CHINN; consent of mother in person; Pg:Ln 305:04

PULLER, Albert (col); s/o Daniel & Lucy; 40y; wid; laborer; b. RappVA; res. Fqr; m. 21 Jan 1891 in Fqr to FORD, Mary [col?]; d/o Dolphus & Sarah; 16y; sgl; b. & res. Fqr; (lic) 21 Jan 1891; (off) Vincent LACY; consent of mother filed; Pg:Ln 222:10

PUTMAN, Allen D.; s/o Joseph & Annie L.; 23y; sgl; farmer; b. & res. Fqr; m. 21 Mar 1906 in Fqr to LANHAM, Elizabeth; d/o George & Fannie M.; 19y; sgl; b. & res. Fqr; (lic) 19 Mar 1906; (off) John M. KLINE; consent of R. E. WINE filed; Pg:Ln 313:16

PUTNAM, J. P.; s/o Thornberry & Agnes; 46y; sgl; farmer; b. & res. Fqr; m. 6 Dec 1905 in Fqr to McCORMICK, Eva; d/o Robert & Virginia; 21y; sgl; b. & res. Fqr; (lic) 4 Dec 1905; (off) S. M. ATHEY; Pg:Ln 311:17

PUTNAM, Jno. B. Jr.; s/o Jno. B. & Eliz'th; 31y; sgl; farmer; b. RappVA; res. Fqr; m. 6 Sep 1894 in Fqr to PAYNE, Estelle B.; d/o Jno. Rice & Alice; 23y; sgl; b. RappVA; res. Fqr; (lic) 6 Sep 1894; (off) H. H. WYER; Pg:Ln 242:10

QUACKENBUSH, Leslie R.; s/o Isaac & Mary; 35y; wid; physician; b. NY; res. Florida; m. 24 Oct 1887 in Fqr to MARINER, Lillian A.; d/o R. A & M. A.; 26y; sgl; b. & res. Fqr; (lic) 22 Oct 1887; (off) H. B. LEE; Pg:Ln 203:13

QUARLES, Jno. E.; s/o Preston M. & Mary S.; 28y; sgl; ins. agent; b. Louisa Co. VA; res. Fqr; m. 21 Feb 1889 in Fqr to RUST, Agnes M.; d/o R. S. & M. M.; 18y; sgl; b. & res. Fqr; (lic) 20 Feb 1889; (off) B. T. TURNER; consent of father in person; Pg:Ln 211:07

QUEEN, Lynwood; s/o Fenlon & Mary; 23y; sgl; laborer; b. PrWmVA; res. Fqr; m. 15 Feb 1898 in Fqr to NELSON, Martha; d/o Moses & Mary; 22y; sgl; b. & res. Fqr; (lic) 12 Feb 1898; (off) M. B. STROTHER; Pg:Ln 264:09

RALLS, W. C.; s/o Harvey B. & Sallie; 35y; sgl; merchant; b. & res. Fqr; m. 21 Sep 1887 in Fqr to HELM, Alice; d/o Jas. H. & Virginia; 21y; sgl; b. & res. Fqr; (lic) 17 Sep 1887; (off) T. W. NEWMAN; Pg:Ln 203:02

RAMEY, Ashton; s/o Thos. & Helana; 37y; sgl; farmer; b. RappVA; res. Fqr; m. 16 Nov 1887 in Fqr to SCHWAB, Mamie; d/o Anton & Susan; 19y; sgl; b. & res. Fqr; (lic) 11 Nov 1887; (off) Walter H. ROBERTSON; consent of father in person; Pg:Ln 204:02

RAMEY, Chas. F.; s/o Thos. A. & E. J.; 31y; sgl; farmer; b. & res. RappVA; m. 17 Dec 1895 in Fqr to SKINNER, Lucy L.; d/o Benj. & Landonia; 23y; sgl; b. & res. Fqr; (lic) 14 Dec 1895; (off) I. B. LAKE; Pg:Ln 250:12

RAMEY, Edw'd. L.; s/o Alfred & Eliza; 27y; sgl; farmer; b. & res. RappVA; m. 7 Jul 1891 in Fqr to RUSSELL, Appolonia; d/o Thos. & Emma J.; 18y; sgl; b. & res. Fqr; (lic) 4 Jul 1891; (off) J. J. BOWLER; consent of father sworn to & filed; Pg:Ln 224:21

RAMEY, Jno. Thos.; s/o Jno. M. & Mary F.; 23y; sgl; farmer; b. & res. Fqr; m. 10 Feb 1904 in Fqr to MASON, Jane Carter; d/o John S. & Eliza

R.; 22y; sgl; b. & res. Fqr; (lic) 8 Feb 1904; (off) John McGILL; Pg:Ln 301:23
RANDOLPH, Jno. P. (col); s/o ___ & Susan; 23y; sgl; laborer; b. & res. Fqr; m. 29 Dec 1898 in Fqr to KING, Caroline (col); d/o Chas. & Louisa; 21y; sgl; b. & res. Fqr; (lic) 26 Dec 1898; (off) G. C. BANISTER; Pg:Ln 270:08
RAVENEL, Robt. T.; s/o W. C. & E.; 31y; sgl; broker; b. & res. Charleston, SC; m. 14 Oct 1891 in Fqr to CARTER, Eva B.; d/o Josiah & S. B.; 30y; sgl; b. & res. Fqr; (lic) 7 Oct 1891; (off) James GRAMMER; Pg:Ln 226:02
RAWLES, J.; s/o Samuel & Harriet; 26y; sgl; laborer; b. & res. Fqr; m. 15 Jul 1900 in Fqr to RILEY, Nancy E.; d/o Marcus & Sarah; 22y; sgl; b. RappVA; res. Fqr; (lic) 13 Jul 1900; (off) W. S. ATHEY; Pg:Ln 280:02
RAWLINGS, Arthur A.; s/o J. W. & Elvira; 21y; sgl; farmer; b. & res. Fqr; m. 11 Jun 1895 in Fqr to PIERCE, Laura; d/o A. C. & Delia; 23y; sgl; b. & res. Fqr; (lic) 10 Jun 1895; (off) H. M. STRICKLER; Pg:Ln 247:03
RAWLINGS, Wm. S.; s/o James W. & Mary F.; 30y; sgl; farmer; b. & res. Fqr; m. 7 Jan 1903 in Fqr to RAWLING, Lela S.; d/o John W. & Elvira F.; 23y; sgl; b. & res. Fqr; (lic) 6 Jan 1903; (off) W. P. C. COE; Pg:Ln 296:14
RAY, John (col); s/o Sam & Maria; 50y; wid; laborer; b. & res. Fqr; m. 1 Jul 1895 in Fqr to LUCAS, Dinah (col); d/o Dan & Judy; 50y; wid; b. & res. Fqr; (lic) 1 Jul 1895; (off) R. L. RUFFIN; Pg:Ln 247:13
RAYWORTH, William; s/o Thomas & Sarah Ann; 51y; wid; farmer; b. Ernestown Canada; res. WashDC; m. 25 Feb 1903 in Fqr to COX, Luella T.; d/o Wm. A. & Elizabeth JONES; 36y; wid; b. & res. Fqr; (lic) 19 Feb 1903; (off) D. J. SHOPOFF; Pg:Ln 297:06
RECTOR, Bushrod (col); s/o Louis & Elizabeth; 28y; sgl; laborer; b. & res. Fqr; m. 21 Dec 1904 in Fqr to WILLIAMS, Mary E. (col); d/o Wm. & Mary F.; 19y; sgl; b. & res. Fqr; (lic) 19 Dec 1904; (off) A. R. PINKETT; consent of father in person; Pg:Ln 306:22
RECTOR, Calvin M.; s/o Wm. N. & Margaret; 21y; sgl; farmer; b. & res. Fqr; m. 26 Dec 1895 in Fqr to SAFFELL, Fannie M.; d/o Wm. & Mary; 23y; sgl; b. & res. Fqr; (lic) 23 Dec 1895; (off) S. M. ATHEY; Pg:Ln 250:24
RECTOR, Edw'd. V.; s/o B. H. & Lucy; 22y; sgl; laborer; b. & res. Fqr; m. 6 Nov 1893 in Fqr to OWENS, Pauline; d/o James & Olive; 18y; sgl; b. & res. Fqr; (lic) 6 Nov 1893; (off) Geo. W. NELSON; consent of mother in person; Pg:Ln 237:15
RECTOR, F. H.; s/o Marian & Janet; 27y; sgl; farmer; b. & res. Fqr; m. 25 May 1898 in Fqr to PAYNE, Achse M.; d/o Charles & Sarah; 25y; sgl; b. & res. Fqr; (lic) 24 May 1898; (off) Geo. T. TYLER; Pg:Ln 265:10
RECTOR, Geo. V.; s/o L. T. & Addie; 30y; sgl; civil eng.; b. RappVA; res. Wash. DC; m. 14 Oct 1903 in Fqr to COLVIN, Janet A.; d/o Jno. R. & Judith A.; 27y; sgl; b. & res. Fqr; (lic) 14 Oct 1903; (off) F. R. BOSTON; Pg:Ln 299:23

RECTOR, J. T. B.; s/o Thos. B. & Mary L.; 28y; sgl; farmer; b. & res. Fqr; m. 26 Nov 1902 in Fqr to BAILEY, Lillie; d/o Saml. & Ella; 21y; sgl; b. & res. Fqr; (lic) 24 Nov 1902; (off) F. R. BOSTON; Pg:Ln 294:23

RECTOR, James (col); s/o Elias & Polly; 27y; sgl; laborer; b. & res. Fqr; m. 15 Jun 1887 in Fqr to PINN, Fanny (col); d/o Jake & Lucy; 25y; sgl; b. & res. Fqr; (lic) 15 Jun 1887; (off) R. L. RUFFIN; Pg:Ln 202:12

RECTOR, James (col); s/o James & Fannie; 23y; sgl; laborer; b. & res. Fqr; m. 26 Dec 1901 in Fqr to HALEY, Kate (col); d/o ___ & Jane; 19y; sgl; b. & res. Fqr; (lic) 26 Dec 1901; (off) D. W. JONES; consent of Judge filed; Pg:Ln 290:07

RECTOR, James W.; s/o Channing P. & Sarah; 26y; sgl; farmer; b. & res. Fqr; m. 2 Feb 1899 in Fqr to McCORMICK, Meta; d/o Jno. T. & Ida L.; 15y; sgl; b. & res. Fqr; (lic) 26 Jan 1899; (off) F. R. BOSTON; consent of mother filed; Pg:Ln 271:12

RECTOR, Jaquelin; s/o Marion & Janet; 22y; sgl; farmer; b. & res. Fqr; m. 18 Dec 1889 in Fqr to CARTER, Annie M.; d/o Geo. W. & Eliza; 20y; sgl; b. & res. Fqr; (lic) 16 Dec 1889; (off) Chas. L. YATES; consent of father in person; Pg:Ln 215:12

RECTOR, Jaquelin; s/o Marion & Jennett; 25y; wid; carpenter; b. & res. Fqr; m. 25 Jan 1893 in Fqr to RECTOR, Eliz'th F.; d/o Thos. B. & Mary L.; 25y; sgl; b. & res. Fqr; (lic) 19 Jan 1893; (off) Jas. W. GRUBB; Pg:Ln 234:12

RECTOR, Jas. (col); s/o Lawson & Mary; 23y; sgl; laborer; b. RappVA; res. Fqr; m. 2 Jul 1893 in Fqr to KING, Rachael (col); d/o ___ & Malinda; 22y; sgl; b. CulpVA; res. Fqr; (lic) 1 Jul 1893; (off) Vincent LACY; Pg:Ln 235:21

RECTOR, John; s/o Bushrod & Lucy; 22y; sgl; laborer; b. & res. Fqr; m. 14 Mar 1900 in Fqr to WINES, Fanny B.; d/o Alexander & Mary V.; 22y; sgl; b. & res. Fqr; (lic) 13 Mar 1900; (off) Chas. S. Stanton; Pg:Ln 278:07

RECTOR, Jos. (col); s/o Jno. & Mary; 21y; sgl; laborer; b. RappVA; res. Fqr; m. 2 Mar 1892 in Fqr to MORGAN, Lesbia (col); d/o Saml. & Lucinda; 23y; sgl; b. & res. Fqr; (lic) 2 Mar 1892; (off) R. L. RUFFIN; Pg:Ln 229:07

RECTOR, Jos. E.; s/o Chas. H. & Julia; 21y; sgl; farmer; b. & res. Fqr; m. 29 Jan 1891 in Fqr to WIGFIELD, Lorena; d/o Jas. & Emma; 22y; sgl; b. & res. Fqr; (lic) 27 Jan 1891; (off) W. E. MILLER; Pg:Ln 222:16

RECTOR, Marion; s/o Elias & Lucinda; 47y; wid; farmer; b. & res. Fqr; m. 11 Dec 1890 in Fqr to RECTOR, Mary E.; d/o Wm. & Eveline; 42y; sgl; b. & res. Fqr; (lic) 5 Dec 1890; (off) J. K. BOOTON; Pg:Ln 220:22

RECTOR, William H.; s/o Thomas W. & Susan; 37y; sgl; farmer; b. & res. Fqr; m. 10 Oct 1900 in Fqr to RECTOR, Lizzie; d/o B. H. & Lucy F.; 24y; sgl; b. & res. Fqr; (lic) 10 Oct 1900; (off) Walter H. ROBERTSON; Pg:Ln 281:05

RECTOR, Wm. E.; s/o Thos. B. & Marg't.; 31y; sgl; carpenter; b. WV; res. Fqr; m. 10 Dec 1890 in Fqr to HUGHLETT, Sally V.; d/o R. H. & ___; 25y; sgl; b. & res. Fqr; (lic) 9 Dec 1890; (off) J. K. BOOTON; Pg:Ln 220:24

RECTOR, Wm. H.; s/o Marshall & Sarah; 46y; wid; farmer; b. & res. Fqr; m. 12 Oct 1893 in Fqr to BUTLER, Susan; d/o Robert & Virginia; 23y; sgl; b. & res. Fqr; (lic) 10 Oct 1893; (off) C. W. BROOKS; Pg:Ln 237:01
REDD, Benj. (col); s/o Albert & May Ann; 50y; wid; farmer; b. & res. Fqr; m. 1 Jun 1898 in Fqr to OWSLEY, Martha (col); d/o ___ & ___; 40y; sgl; b. & res. Fqr; (lic) 31 May 1898; (off) H. D. HOWE; Pg:Ln 265:13
REDD, James D. (col); s/o Benj. & Martha E.; 25y; sgl; bartender; b. & res. Fqr; m. 10 Sep 1902 in Fqr to POLLARD, Marea (col); d/o Sam & Sophia; 29y; sgl; b. & res. Fqr; (lic) 9 Sep 1902; (off) C. M. TYLER; Pg:Ln 293:19
REDD, Milton (col); s/o Albert & Mitt; 23y; sgl; farmer; b. & res. Fqr; m. 24 Dec 1893 in Fqr to EDWARDS, Selina (col); d/o Wilson & Maria; 23y; sgl; b. StafVA; res. Fqr; (lic) 22 Dec 1893; (off) J. D. HOWE; Pg:Ln 238:19
REDD, Polk D.; s/o Doddridge & Susan; 54y; wid; farmer; b. & res. Fqr; m. 9 Nov 1898 in Fqr to TULLOSS, Jane M.; d/o J. D. & Mary J.; 40y; sgl; b. & res. Fqr; (lic) 5 Nov 1898; (off) Rev. D. J. SHOPOFF; Pg:Ln 268:14
REDD, W. A.; s/o Doddridge & Susan W.; 38y; sgl; farmer; b. AlexVA; res. Fqr; m. 16 Jan 1893 in Fqr to COLVIN, Lula M.; d/o Wm. H. & Virginia C.; 19y; sgl; b. & res. Fqr; (lic) 14 Jan 1893; (off) W. E. MILLER; oath; Pg:Ln 234:10
REDMAN, Saml. D.; s/o Welford & Martha; 24y; sgl; farmer; b. LdnVA; res. Fqr; m. 7 Jan 1885 in Fqr to HOLLIDAY, Rosa L.; d/o Colwell & Mary J.; 17y; sgl; b. LdnVA; res. Fqr; (lic) 6 Jan 1885; (off) A. A. P. NEEL; consent of mother Mary J. REDMON proved by oath of John W. BENTON; Pg:Ln 190:16
REDMON, Carl B.; s/o Welby J. & R. L.; 23y; sgl; bridge carpenter; b. & res. Fqr; m. 29 Aug 1903 in Fqr to PEARSON, Corrie E.; d/o James L. & Elmonie; 22y; sgl; b. & res. Fqr; (lic) 28 Aug 1903; (off) not given; Pg:Ln 299:01
REDMOND, Saml. M.; s/o W. J. & Rosie Lee; 23y; sgl; farmer; b. & res. Fqr; m. 27 Apr 1904 in Fqr to PEARSON, Eliz'th. A.; d/o Jas. L. & Elmira; 24y; sgl; b. & res. Fqr; (lic) 27 Apr 1904; (off) W. H. BALLANGEE; Pg:Ln 302:18
REED, Geo. Wesley; s/o Jos. M. & Lucretia A.; 23y; sgl; farmer; b. & res. Fqr; m. 1 Feb 1883 in Fqr to MARTIN, Emma; d/o Jas. & Emily; 22y; sgl; b. & res. Fqr; (lic) 1 Feb 1883; (off) Jno. B. TURPIN; Pg:Ln 179:09
REED, Lewis S.; s/o James & Julia; 23y; sgl; farmer; b. & res. Fqr; m. 2 Oct 1889 in Fqr to EDWARDS, Rosie Lee; d/o Thos. & Mollie; 19y; sgl; b. & res. Fqr; (lic) 2 Oct 1889; (off) S. M. ATHEY; Pg:Ln 213:23
REID, Geo. B.; s/o Geo. W. & Miriam; 33y; wid; farmer; b. RappVA; res. Fqr; m. 17 Jan 1906 in Fqr to GORE, Maggie M.; d/o John W. & Lucy; 22y; sgl; b. & res. Fqr; (lic) 17 Jan 1906; (off) W. D. KEENE; Pg:Ln 313:02
REID, Geo. D.; s/o Geo. W. & Mamie; 25y; sgl; laborer; b. RappVA; res. Fqr; m. 19 Dec 1897 in Fqr to CORNWELL, Eliza J.; d/o Jonas &

Lucinda; 20y; sgl; b. & res. Fqr; (lic) 15 Dec 1897; (off) W. T. EATON; Pg:Ln 262:11

REID, Herbert B.; s/o Geo. W. & Miriam; 23y; sgl; weaver; b. & res. Fqr; m. 23 Dec 1901 in Fqr to RECTOR, Mary S.; d/o Albin & Annie; 23y; sgl; b. & res. Fqr; (lic) 21 Dec 1901; (off) W. T. EATON; Pg:Ln 289:15

REID, James (col); s/o Harvey & Minnie; 27y; sgl; laborer; b. & res. Fqr; m. 5 Jun 1898 in Fqr to YOUNG, Fancy (col); d/o Frank & Fanny; 20y; sgl; b. & res. Fqr; (lic) 4 Jun 1898; (off) Vincent LACY; consent of father in person; Pg:Ln 265:17

REID, James H.; s/o Jos. M. & L. A.; 21y; sgl; farmer; b. & res. Fqr; m. 14 Nov 1883 in Fqr to COURTNEY, Emma J.; d/o M. F. & Louisa; 20y; sgl; b. & res. Fqr; (lic) 13 Nov 1883; (off) T. W. NEWMAN; consent of father in person; Pg:Ln 183:02

REID, Jno. A.; s/o Coleman & Angeline; 41y; sgl; farmer; b. & res. Fqr; m. 30 Dec 1890 in Fqr to MARTIN, Mary E.; d/o Peter & Jennie; 28y; wid; b. & res. Fqr; (lic) 24 Dec 1890; (off) Walter H. ROBERTSON; Pg:Ln 221:15

REID, Jno. A.; s/o Coleman & Angelina; 48y; wid; laborer; b. & res. Fqr; m. 29 Dec 1896 in Fqr to WEEKS, Annie J.; d/o ___ & Huldah; 34y; wid; b. & res. Fqr; (lic) 26 Dec 1896; (off) W. H. ROBERTSON; Pg:Ln 256:17

REID, P. F.; s/o Coleman & Angeline; 38y; sgl; farmer; b. & res. Fqr; m. 30 Mar 1899 in Fqr to OLINGER, Elizabeth N.; d/o Oscar & Elizabeth; 38y; sgl; b. & res. Fqr; (lic) 30 Mar 1899; (off) Geo. W. NELSON; Pg:Ln 271:22

RENALDS, Edward S.; s/o James & Martha E.; 36y; sgl; merchant; b. & res. Madison C. VA; m. 4 Nov 1896 in Fqr to SKINNER, Sally Bessie; d/o B. F. & Landonia; 29y; sgl; b. & res. Fqr; (lic) 20 Oct 1896; (off) I. B. LAKE; Pg:Ln 255:07

RENOE, Jno.; s/o ___ & Mary; 33y; sgl; laborer; b. & res. Fqr; m. 7 Jun 1883 in Fqr to CAMPBELL, Elizabeth; d/o Jno. & Mary; 24y; sgl; b. & res. Fqr; (lic) 7 Jun 1883; (off) H. H. WYER; Pg:Ln 180:17

RENOUF, Edward D.; s/o Edward & Annie V.; 27y; sgl; farmer; b. Boston Mass; res. Fqr; m. 28 Dec 1899 in Fqr to TAYLOR, Eliza; d/o Thos. & Annie L.; 30y; sgl; b. BaltMD; res. Fqr; (lic) 20 Dec 1899; (off) J. J. CLOPTON; Pg:Ln 276:09

REYNOLDS, Thos. S.; s/o George & Mary; 22y; sgl; harness maker; b. BaltMD; res. Fqr; m. 29 Jul 1897 in Fqr to SANDY, Sarah; d/o David & Malinda; 27y; sgl; b. ShenVA; res. Fqr; (lic) 29 Jul 1897; (off) J. S. GARDNER; Pg:Ln 259:20

RHODES, C. F.; s/o John & Celia; 21y; sgl; laborer; b. & res. Fqr; m. 23 Apr 1896 in Fqr to WEEKS, Marg't. C.; d/o Jno. H. & Helena; 21y; sgl; b. & res. Fqr; (lic) 20 Apr 1896; (off) L. H. CRENSHAW; Pg:Ln 253:01

RHODES, David O.; s/o John & Celia; 21y; sgl; farmer; b. & res. Fqr; m. 21 Aug 1900 in Fqr to FLETCHER, Bessie M.; d/o William & Mary M.; 15y; sgl; b. & res. Fqr; (lic) 21 Aug 1900; (off) C. B. SUTTON; consent of mother sworn to & filed; Pg:Ln 280:08

RHODES, Frederick H.; s/o Henry L. & Delilah B.; 30y; sgl; farmer; b. RockVA; res. Fqr; m. 18 Nov 1896 in Fqr to PATTERSON, Ella Lee; d/o E. T. & Elizabeth E.; 23y; sgl; b. StafVA; res. Fqr; (lic) 17 Nov 1896; (off) J. S. GARDNER; Pg:Ln 255:14

RHODES, George W.; s/o John & Celia; 21y; sgl; farmer; b. LdnVA; res. Fqr; m. 3 Jun 1890 in Fqr to GROVES, Anna C.; d/o Albert & ___; 21y; sgl; b. Frederick City, MD; res. Fqr; (lic) 28 May 1890; (off) F. C. DICK; oath; Pg:Ln 218:12

RHODES, Jno. W.; s/o John & Celia; 22y; sgl; farmer; b. & res. LdnVA; m. 6 Dec 1893 in Fqr to LUNSFORD, Mary E.; d/o Shelton & Harriet; 24y; sgl; b. & res. Fqr; (lic) 4 Dec 1893; (off) W. F. DUNAWAY; Pg:Ln 238:05

RHODES, Maurice (col); s/o Wolts & Lelia; 24y; sgl; jockey; b. AlexVA; res. Lynchburg, VA; m. 5 Mar 1894 in Fqr to WHITING, Roberta (col); d/o Jno. & Priscilla; 18y; sgl; b. & res. Fqr; (lic) 1 Mar 1894; (off) A. R. PINCKETT; consent of father in person; Pg:Ln 240:18

RIBBLE, Fred'k G.; s/o Wm. H. & Frances A.; 27y; sgl; minister; b. Nelson Co. VA; res. Brunswick Co. VA; m. 27 Jun 1894 in Fqr to MARSHALL, Caroline S.; d/o ___ & Mildred P.; 27y; sgl; b. & res. Fqr; (lic) 15 Jun 1894; (off) J. F. RIBBLE; Pg:Ln 241:13

RICHARDS, James E.; s/o John W. & Dosia; 26y; sgl; brakesman; b. OrngVA; res. Fqr; m. 27 Apr 1899 in Fqr to GARRETT, Anna L.; d/o Lewis H. & Ella M.; 25y; sgl; b. & res. Fqr; (lic) 27 Apr 1899; (off) F. R. BOSTON; Pg:Ln 272:10

RICHARDS, Jesse W.; s/o W. L. & M. C.; 26y; sgl; teacher; b. LdnVA; res. Fqr; m. 29 Jun 1905 in Fqr to BAKER, Carrie M.; d/o Wm. & Mollie; 29y; sgl; b. & res. Fqr; (lic) 26 Jun 1905; (off) Isaac N. CAMPBELL; Pg:Ln 309:17

RICHARDSON, Gabriel (col); s/o Richard & Laura; 21y; sgl; laborer; b. & res. Fqr; m. 26 Dec 1900 in Fqr to FOX, Rose (col); d/o Wayne & Hebe; 16y; sgl; b. & res. Fqr; (lic) 26 Dec 1900; (off) G. C. BANISTER; consent sworn to & filed; Pg:Ln 283:12

RIDER, Jas. F.; s/o Martin L. & Lucy J.; 23y; sgl; blacksmith; b. CulpVA; res. Fqr; m. 10 Dec 1895 in Fqr to WINES, Susie S.; d/o Willie & Caroline; 21y; sgl; b. & res. Fqr; (lic) 9 Dec 1895; (off) S. M. ATHEY; Pg:Ln 250:08

RIDGEWAY, Jackson; s/o R. R. & Adeline; 23y; sgl; laborer; b. LdnVA; res. Fqr; m. 10 Jan 1889 in Fqr to HOUGH, Mary; d/o Alpheus & Nancy; 22y; sgl; b. ClrkVA; res. Fqr; (lic) 9 Jan 1889; (off) C. C. CALVERT; Pg:Ln 210:14

RILEY, Arthur (col); s/o Wm. & Jane; 45y; wid; farmer; b. & res. Fqr; m. 16 Jun 1897 in Fqr to GREEN, Annie (col); d/o ___ & ___; 42y; wid; b. PrWmVA; res. Fqr; (lic) 16 Jun 1897; (off) M. A. RUSSELL; Pg:Ln 259:07

RILEY, Burney; s/o George & Mary; 22y; sgl; farmer; b. & res. Fqr; m. 5 Jun 1890 in Fqr to GREEN, M. E. (col); d/o not given; 22y; sgl; b. MontMD; res. Fqr; (lic) 4 Jun 1890; (off) B. R. DULIN; Pg:Ln 218:16

RILEY, Chas. E.; s/o J. W. & H. C.; 22y; sgl; farmer; b. & res. Fqr; m. 26 Dec 1889 in Fqr to FEWELL, Molly E.; d/o W. B. & Julia; 21y; sgl; b. & res. Fqr; (lic) 26 Dec 1889; (off) S. M. ATHEY; Pg:Ln 216:12

RILEY, Elijah (col); s/o William & Jane; 25y; sgl; laborer; b. & res. Fqr; m. 29 Oct 1884 in Fqr to GREEN, Eliza (col); d/o Silas & Lucy; 20y; sgl; b. Campbell Co. VA; res. Fqr; (lic) 27 Oct 1884; (off) B. P. DULIN; consent of father of wife in person; Pg:Ln 188:16

RILEY, Elijah S.; s/o ___ & ___; 21y; sgl; laborer; b. & res. Fqr; m. 3 Mar 1899 in Fqr to GROVES, Julia; d/o Amos & Mary Frances; 16y; sgl; b. & res. Fqr; (lic) 28 Feb 1899; (off) Isaac N. CAMPBELL; Pg:Ln 271:15

RILEY, Henry; s/o Willis & Sarah; 22y; sgl; farmer; b. & res. Fqr; m. 11 Feb 1891 in Fqr to HARRINGTON, Agnes; d/o D. C. & Virginia; 20y; sgl; b. & res. Fqr; (lic) 10 Feb 1891; (off) C. W. MARK; consent sworn to & filed; Pg:Ln 222:24

RILEY, James (col); s/o Jack & Anne; 22y; sgl; laborer; b. & res. Fqr; m. 20 Dec 1900 in Fqr to FORD, Louisa (col); d/o Joseph & Nancy; 20y; sgl; b. & res. Fqr; (lic) 19 Dec 1900; (off) M. D. WILLIAMS; consent sworn to & filed; Pg:Ln 282:24

RILEY, James W.; s/o Alex & Addia; 22y; sgl; farmer; b. & res. Fqr; m. 25 Aug 1885 in Fqr to ENNIS, Rosa Anna; d/o Thos. E. & Lucy; 19y; sgl; b. StafVA; res. Fqr; (lic) 24 Aug 1885; (off) S. M. ATHEY; consent of father in person; Pg:Ln 193:01

RILEY, Jos. A.; s/o Alex'r & Aberilla; 25y; sgl; farmer; b. & res. Fqr; m. 5 Mar 1891 in Fqr to THARPE, Frances; d/o Moses & Mary; 23y; sgl; b. & res. Fqr; (lic) 28 Feb 1891; (off) S. M. ATHEY; Pg:Ln 223:07

RILEY, Joseph E.; s/o Jos.& Amelia Ann; 21y; sgl; farmer; b. & res. Fqr; m. 21 Apr 1892 in Fqr to UTTERBACK, Rosa L.; d/o ___ & Alrinda; 22y; sgl; b. & res. Fqr; (lic) 19 Apr 1892; (off) S. M. ATHEY; Pg:Ln 229:24

RILEY, Peter J.; s/o Willis & Sarah; 24y; sgl; carpenter; b. & res. Fqr; m. 4 Nov 1885 in Fqr to TURNER, Willie H.; d/o William & Martha; 21y; sgl; b. & res. Fqr; (lic) 2 Nov 1885; (off) J. D. MARTIN; Pg:Ln 193:19

RILEY, Richard H.; s/o James & Ann; 39y; sgl; laborer; b. Kings Co. NJ; res. Fqr; m. 29 Sep 1886 in Fqr to GRAY, Rosalie; d/o Chas. H. & Roxiie Ann; 18y; sgl; b. & res. Fqr; (lic) 29 Sep 1886; (off) not given; consent of father in person; Pg:Ln 198:01

RILEY, Rollo B.; s/o Samuel & Susan; 21y; sgl; farmer; b. & res. Fqr; m. 19 Sep 1900 in Fqr to MELTON, Fannie L.; d/o George & Judith B.; 17y; sgl; b. & res. Fqr; (lic) 17 Sep 1900; (off) J. E. RAYMOND; consent of mother sworn to; Pg:Ln 280:16

RILEY, Wm. H.; s/o Wm. H. & Lavinia; 31y; sgl; laborer; b. & res. Fqr; m. 21 Aug 1901 in Fqr to RILEY, Mars; d/o James & Ada; 21y; sgl; b. & res. Fqr; (lic) 21 Aug 1901; (off) F. R. BOSTON; Pg:Ln 286:05

RILEY, Wm. S.; s/o Willis & Sarah A.; 24y; sgl; farmer; b. WrnVA; res. Fqr; m. 5 Nov 1884 in Fqr to HALL, Lucy B.; d/o J. J. & Catherine; 22y; sgl; b. & res. Fqr; (lic) 3 Nov 1884; (off) Augustus DAVISON; Pg:Ln 188:20

RINES, Jno. W.; s/o Mort & Mary; 26y; sgl; farmer; b. & res. Fqr; m. 29 Jun 1904 in Fqr to ABEL, Mary V.; d/o Doc & Bettie; 21y; sgl; b. & res. Fqr; (lic) 28 Jun 1904; (off) James W. HEFLIN; Pg:Ln 303:10
RINES, Mortimer; s/o Jno. W. & Frances; 48y; wid; farmer; b. & res. Fqr; m. 22 Apr 1903 in Fqr to HEFLIN, Eugenia E.; d/o Edward & Eugenia LENNOX; 38y; wid; b. & res. Fqr; (lic) 17 Apr 1903; (off) A. J. CUMMINGS; Pg:Ln 297:14
RISDON, Charles W.; s/o Wm. J. & Mary; 21y; sgl; painter; b. & res. Fqr; m. 8 Mar 1886 in Fqr to MORTYN [MARTYN], Rose L.; d/o Thornton & Matilda; 21y; sgl; b. & res. Fqr; (lic) 8 Mar 1886; (off) F. R. BOSTON; Pg:Ln 195:23
RITENOUR, F. P.; s/o Daniel & Frances; 37y; wid; farmer; b. ShenVA; res. Fqr; m. 24 Nov 1887 in Fqr to SOAPER, Ida; d/o W. R. & Maria; 23y; sgl; b. & res. Fqr; (lic) 22 Nov 1887; (off) F. R. BOSTON; Pg:Ln 204:08
RITNOUR, F. P.; s/o Danl. & Frances; 40y; wid; farmer; b. ShenVA; res. FfxVA; m. 24 Dec 1898 in Fqr to SMITH, Rosie; d/o John & ___; 32y; sgl; b. & res. Fqr; (lic) 24 Dec 1898; (off) F. R. BOSTON; Pg:Ln 270:03
RITNOUR, Milton; s/o Henry & ___; 50y; wid; physician; b. RappVA; res. Fqr; m. 25 Oct 1894 in Fqr to DOWDELL, Rosalie S.; d/o Alex M. SMITH & ___; 32y; wid; b. & res. Fqr; (lic) 22 Oct 1894; (off) W. F. DUNAWAY; Pg:Ln 243:09
RITNOUR, Willmer H.; s/o Milton & Jacalina C.; 30y; sgl; farmer; b. RappVA; res. Fqr; m. 12 Aug 1886 in Fqr to KEMPER, Mollie F.; d/o Hugh T. & Sallie M.; 22y; sgl; b. & res. Fqr; (lic) 12 Aug 1886; (off) Jno. B. TURPIN; Pg:Ln 197:12
ROANE, Chas. H. (col); s/o ___ & ___; 22y; sgl; butler; b. King William Co. Va; res. WashDC; m. 29 Dec 1902 in Fqr to THOMPSON, Betsy (col); d/o Moses & Julia; 21y; sgl; b. & res. Fqr; (lic) 26 Dec 1902; (off) R. P. DAWSON; appln. of Moses THOMPSON; Pg:Ln 296:04
ROBERSON, James (col); s/o Sam & Polly; 27y; sgl; laborer; b. & res. Fqr; m. 2 Nov 1884 in Fqr to DOW, Maria (col); d/o Lorenzo & Vena; 18y; sgl; b. & res. Fqr; (lic) 1 Nov 1884; (off) Cornelius GADIS; consent of father sworn to & subscribed by Jas. BALTIMORE; Pg:Ln 188:19
ROBERTS, Archie M.; s/o James & Rebecca; 28y; sgl; blacksmith; b. LdnVA; res. Fqr; m. 23 Aug 1902 in Fqr to HIBBS, Laura J.; d/o John & Martha; 29y; sgl; b. & res. Fqr; (lic) 23 Aug 1902; (off) W. H. BALLENGEE; Pg:Ln 293:13
ROBERTS, Franklin; s/o ___ & ___; 29y; sgl; laborer; b. & res. Fqr; m. 13 Mar 1898 in Fqr to SETTLES, Roberta; d/o Moses & ___; 19y; sgl; b. & res. Fqr; (lic) 11 Mar 1898; (off) M. A. RUSSELL; consent of father sworn to & filed; Pg:Ln 264:15
ROBERTS, Henry (col); s/o William & Lucy; 22y; sgl; laborer; b. & res. Fqr; m. 14 Aug 1902 in Fqr to CHINN, Nora (col); d/o William & Louisa; 21y; sgl; b. & res. Fqr; (lic) 14 Aug 1902; (off) N. A. MARRIOTT; Pg:Ln 293:11

ROBERTS, James (col); s/o Wm. & Lucy M.; 32y; sgl; farmer; b. & res. Fqr; m. 27 Dec 1894 in Fqr to HOSEBY, Maria (col); d/o ___ & Lucy A.; 27y; sgl; b. & res. Fqr; (lic) 26 Dec 1894; (off) G. C. BANISTER; Pg:Ln 245:05

ROBERTS, James K. (col); s/o Phillip & Elvira; 29y; sgl; laborer; b. RappVA; res. Fqr; m. 28 Oct 1902 in Fqr to DANGERFIELD, Sallie J. (col); d/o Anthony & Jane; 25y; sgl; b. & res. Fqr; (lic) 23 Oct 1902; (off) A. R. PINKETT; Pg:Ln 294:09

ROBERTS, John (col); s/o Wm. & Lucy; 21y; sgl; laborer; b. & res. Fqr; m. 31 Mar 1898 in Fqr to WALKER, Estelle (col); d/o Chas. & Georgianna; 21y; sgl; b. & res. Fqr; (lic) 31 Mar 1898; (off) M. A. RUSSELL; Pg:Ln 264:18

ROBERTS, Philip (col); s/o Wm. & Lucy Ann; 28y; sgl; laborer; b. & res. Fqr; m. 27 Dec 1894 in Fqr to COMBS, Joanna (col); d/o Geo. & Lucy Ann; 25y; sgl; b. & res. Fqr; (lic) 26 Dec 1894; (off) G. C. BANISTER; Pg:Ln 245:03

ROBERTS, Robert (col); s/o Wm. & Lucie; 23y; sgl; laborer; b. & res. Fqr; m. 17 Jul 1890 in Fqr to SUMMONS, Sealey (col); d/o Daniel & Nancy; 21y; sgl; b. & res. Fqr; (lic) 16 Jul 1890; (off) Cornelius GADDIS; aged certified by brother Arthur SUMMONS; Pg:Ln 219:06

ROBERTS, William; s/o Saml & Polly; 52y; wid; laborer; b. & res. Fqr; m. 25 Dec 1897 in Fqr to WELLS, Bessie; d/o Robt. & Rebecca; 30y; sgl; b. & res. Fqr; (lic) 20 Dec 1897; (off) G. C. BANNISTER; Pg:Ln 262:15

ROBERTS, Wm. (col); s/o Saml. & Polly; 45y; wid; laborer; b. & res. Fqr; m. 25 Dec 1890 in Fqr to POLES, Hester (col); d/o Wm. & Lucy; 34y; wid; b. & res. Fqr; (lic) 24 Dec 1890; (off) Cornelius GADDIS; Pg:Ln 221:14

ROBERTSON, Geo. A.; s/o John & Melissa A.; 22y; sgl; farmer; b. & res. PrWmVA; m. 24 Feb 1904 in Fqr to ARMSTRONG, Alice Pearl; d/o C. N. & Josephine; 19y; sgl; b. & res. Fqr; (lic) 23 Feb 1904; (off) Wm. T. GOVER; consent of her father in person; Pg:Ln 302:03

ROBERTSON, Holcombe McG.; s/o W. H. & Sallie; 28y; sgl; physician; b. & res. Wythe Co. Va; m. 2 Jun 1903 in Fqr to CURTIS, Sarah Irvine; d/o A. M. & Roberta H.; 24y; sgl; b. & res. Fqr; (lic) 1 Jun 1903; (off) Walter H. ROBERTSON; Pg:Ln 298:03

ROBERTSON, Moses J. (col); s/o Alfred & Susan; 21y; sgl; laborer; b. & res. Fqr; m. 17 Apr 1902 in Fqr to WOODSON, Katie (col); d/o George & Anna; 21y; sgl; b. & res. Fqr; (lic) 17 Apr 1902; (off) M. B. STROTHER; Pg:Ln 291:13

ROBINSON, Alec (col); s/o George & Judy; 26y; sgl; laborer; b. & res. Fqr; m. 27 Dec 1888 in Fqr to FORD, Maria (col); d/o Wm. & Milly; 24y; sgl; b. & res. Fqr; (lic) 27 Dec 1888; (off) Robt. L. RUFFIN; Pg:Ln 210:05

ROBINSON, Arthur (col); s/o ___ & Caroline; 22y; sgl; laborer; b. & res. Fqr; m. 11 Dec 1884 in Fqr to BRADFORD, Rachel (col); d/o Alfred & Matilda; 21y; sgl; b. & res. Fqr; (lic) 9 Dec 1884; (off) R. P. DAWSON; Pg:Ln 189:11

ROBINSON, Ben. (col); s/o Zach & Maria; 25y; sgl; laborer; b. RappVA; res. Fqr; m. 15 Nov 1899 in Fqr to ANDERSON, Mary E. (col); d/o Chas. & Adeline; 16y; sgl; b. & res. Fqr; (lic) 13 Nov 1899; (off) Lewis BROWN; consent of father sworn to & filed; Pg:Ln 275:06
ROBINSON, Benton; s/o Wm. & Aneglina; 28y; sgl; farmer; b. RappVA; res. Fqr; m. 8 Nov 1899 in Fqr to DOWNS, Annie L.; d/o Rush & Elizabeth; 27y; sgl; b. & res. Fqr; (lic) 7 Nov 1899; (off) J. J. NORWOOD; Pg:Ln 275:04
ROBINSON, Cartor; s/o Alfred & Susan; 23y; sgl; laborer; b. & res. Fqr; m. 1 Dec 1887 in Fqr to SIMMS, Rosie; d/o Henry & Mary; 24y; sgl; b. & res. Fqr; (lic) 30 Nov 1887; (off) Robt. L. RUFFIN; oath; Pg:Ln 204:14
ROBINSON, Charles (col); s/o Henry & Eliza; 25y; sgl; farmer; b. & res. Fqr; m. 24 Nov 1887 in Fqr to MOORE, Lucy (col); d/o Edw'd & Martha; 20y; sgl; b. & res. Fqr; (lic) 24 Nov 1887; (off) Robt. L. RUFFIN; consent filed; Pg:Ln 204:10
ROBINSON, Charles (col); s/o Clinton & Mary; 21y; sgl; laborer; b. & res. Fqr; m. 12 Mar 1891 in Fqr to BAILEY, Anna (col); d/o James & Mary; 22y; sgl; b. & res. Fqr; (lic) 11 Mar 1891; (off) P. W. AUSTIN; Pg:Ln 223:09
ROBINSON, Chas. (col); s/o Alfred & Susan; 22y; sgl; farmer; b. & res. Fqr; m. 17 Aug 1894 in Fqr to RILEY, Roberta (col); d/o John & Annie; 21y; sgl; b. & res. Fqr; (lic) 17 Aug 1894; (off) W. H. ROBINSON; Pg:Ln 242:03
ROBINSON, Clinton; s/o Jordan & Hannah; 40y; wid; laborer; b. CulpVA; res. Fqr; m. 9 May 1886 in Fqr to DABNER, Evaline; d/o ___ & Vinie; 35y; wid; b. & res. Fqr; (lic) 8 May 1886; (off) Cornelius GADIS; Pg:Ln 196:10
ROBINSON, Edward C.; s/o James E. & Susan A.; 32y; sgl; farmer; b. & res. Fqr; m. 30 Nov 1898 in Fqr to CARY, Lucy M.; d/o J. O. & Mary A.; 26y; sgl; b. & res. Fqr; (lic) 26 Nov 1898; (off) Geo. T. TYLER; Pg:Ln 268:21
ROBINSON, Geo. A.; s/o Thos. & Sarah; 26y; sgl; farmer; b. Hancock Co Ky; res. Fqr; m. 15 Nov 1899 in Fqr to THARPE, Maggie Bowen; d/o Wm. & Martha V.; 22y; sgl; b. & res. Fqr; (lic) 14 Nov 1899; (off) T. W. NEWMAN; Pg:Ln 275:07
ROBINSON, Geo. W.; s/o Jas. E. & Susan E.; 28y; sgl; farmer; b. & res. Fqr; m. 28 Dec 1902 in Fqr to JONES, Mandie D.; d/o D. M. & Sarah A.; 21y; sgl; b. & res. Fqr; (lic) 23 Dec 1902; (off) W. T. EATON; consent of father in person; Pg:Ln 295:20
ROBINSON, H. L. (col); s/o Isaac & Emily; 60y; sgl; farmer; b. CulpVA; res. Fqr; m. 5 Oct 1898 in Fqr to BLAND, Anna P. (col); d/o Benton & Harriet; 26y; sgl; b. & res. Fqr; (lic) 5 Oct 1898; (off) John O. TACKETT; Pg:Ln 267:19
ROBINSON, Henry (col); s/o Saml. & Annie; 21y; sgl; laborer; b. & res. Fqr; m. 2 Mar 1898 [?, see date of license] in Fqr to WASHINGTON, Margt. (col); d/o ___ & Agnes; 18y; sgl; b. & res. Fqr; (lic) 5 Mar 1898; (off) ___; consent sworn to & filed; Pg:Ln 264:12

ROBINSON, J. J.; s/o Wm. & Rose; 28y; sgl; lumber dealer; b. Washington Co. PA; res. Fayette Co. WV; m. 12 Sep 1883 in Fqr to SMITH, Cathleen B.; d/o P. A. L. & A. M.; 22y; sgl; b. & res. Fqr; (lic) 12 Sep 1883; (off) Arthur P. GRAY; Pg:Ln 181:17

ROBINSON, Jno. (col); s/o Nelson & Caroline; 29y; sgl; laborer; b. & res. Fqr; m. 24 May 1896 in Fqr to BLAND, Celia (col); d/o Ned & Elnora; 23y; sgl; b. & res. Fqr; (lic) 23 May 1896; (off) M. A. RUSSELL; Pg:Ln 253:09

ROBINSON, John (col); s/o ___ & Caroline; 21y; sgl; farmer; b. & res. Fqr; m. 3 Sep 1885 in Fqr to LEWIS, Sallie (col); d/o ___ & Mollie; 21y; sgl; b. & res. Fqr; (lic) 2 Sep 1885; (off) Cornelius GADDIS; Pg:Ln 193:03

ROBINSON, Lewis (col); s/o not given; 28y; sgl; laborer; b. & res. Fqr; m. 7 Oct 1893 in Fqr to BUTLER, Mahala (col); d/o not given; 23y; sgl; b. & res. Fqr; (lic) 5 Oct 1893; (off) not given; (see letter of Geo. J. DYRE); Pg:Ln 236:18

ROBINSON, Luther B.; s/o Thos. H. & Laura B.; 25y; sgl; merchant; b. & res. Fqr; m. 10 Jun 1903 in Fqr to OLINGER, Daisy V.; d/o Grayson E. & Martha A.; 27y; sgl; b. & res. Fqr; (lic) 9 Jun 1903; (off) W. H. MARSH; Pg:Ln 298:06

ROBINSON, R. H. (col); s/o Wm. & Ann; 35y; sgl; laborer; b. & res. Fqr; m. 10 May 1883 in Fqr to FOSTER, Sophia (col); d/o Robt. & Susan; 22y; sgl; b. & res. Fqr; (lic) 10 May 1883; (off) not given; Pg:Ln 180:13

ROBINSON, Thos.; s/o Thos. & Sarah; 23y; sgl; laborer; b. Perry Co. IN; res. Fqr; m. 24 Dec 1895 in Fqr to GREEN, Mary C.; d/o Geo. & Amanda; 18y; sgl; b. RockVA; res. Fqr; (lic) 21 Dec 1895; (off) J. L. SHIPLEY; consent of father in person; Pg:Ln 250:22

ROBINSON, Thos. (col); s/o Wm. & Hester; 24y; sgl; laborer; b. & res. Fqr; m. 13 Feb 1889 in Fqr to MERCER, Alice (col); d/o Geo. & Hannah; 17y; sgl; b. & res. Fqr; (lic) 13 Feb 1889; (off) C. H. KINNEY; consent of father in person; Pg:Ln 211:05

ROBINSON, Vincent; s/o Vincent, & Tacy; 34y; sgl; farmer; b. WrnVA; res. Fqr; m. 31 Jul 1883 in Fqr to MOODY, Lucy P.; d/o not given; 30y; sgl; b. & res. Fqr; (lic) 25 Jul 1883; (off) H. B. LEE; Pg:Ln 181:02

ROBINSON, Walter L.; s/o Willis & Olivia; 21y; sgl; farmer; b. SpotVA; res. Fqr; m. 26 Dec 1899 in Fqr to SMITH, Cassie I.; d/o Robert L. & Catherine; 17y; sgl; b. & res. Fqr; (lic) 23 Dec 1899; (off) F. R. BOSTON; consent of father in person; Pg:Ln 276:15

ROBINSON, Willis (col); s/o Isaac & Emily; 40y; wid; farmer; b. CulpVA; res. Fqr; m. 12 Mar 1885 in Fqr to SNOWDEN, Martha A. (col); d/o ___ & Mandy; 18y; sgl; b. & res. Fqr; (lic) 11 Mar 1885; (off) Leland WARRING; consent proved by oath of H. L. ROBINSON & filed; Pg:Ln 191:15

ROBINSON, Willis (col); s/o Isaac & Emily; 65y; div; farmer; b. CulpVA; res. Fqr; m. 11 Nov 1897 in Fqr to WITHERS, Ann; d/o ___ & ___; 55y; wid; b. & res. Fqr; (lic) 11 Nov 1897; (off) C. N. MINOR; Pg:Ln 261:15

ROBINSON, Winter (col); s/o Wm. & Judith; 28y; wid; laborer; b. & res. Fqr; m. 9 Jan 1890 in Fqr to WASHINGTON, Harriet (col); d/o Geo. & Martha; 17y; sgl; b. & res. Fqr; (lic) 7 Jan 1890; (off) R. L. RUFFIN; consent of mother sworn to by Hedgman WASHINGTON & filed; Pg:Ln 216:19
ROBINSON, Wm. (col); s/o Geo. & Caroline; 22y; sgl; laborer; b. & res. Fqr; m. 1 Jun 1892 in Fqr to NICHOLAS, Rebecca (col); d/o Thos. & Polly; 21y; sgl; b. & res. Fqr; (lic) 30 May 1892; (off) C. H. KENNEY; oath; Pg:Ln 230:12
ROBINSON, Zachariah (col); s/o Henry & Ellen; 52y; sgl; laborer; b. RappVA; res. Fqr; m. 10 Oct 1904 in Fqr to LACY, Martha (col); d/o ___ & Mary; 45y; sgl; b. & res. Fqr; (lic) 10 Oct 1904; (off) A. R. PINKETT; Pg:Ln 305:06
ROBISON, William H. (col); s/o William & Margaret; 24y; sgl; laborer; b. York Co Va; res. Fqr; m. 11 May 1899 in Fqr to MARSHALL, Elizabeth (col); d/o John & Amanda; 24y; sgl; b. & res. Fqr; (lic) 9 May 1899; (off) R. L. RUFFNER; Pg:Ln 272:13
RODGERS, Rich'd. D.; s/o Lorenzo & Eliza; 41y; wid; clerk; b. FfxVA; res. AlexVA; m. 20 Mar 1895 in Fqr to McSWEENY, Theresa M.; d/o Bryant & Ann; 24y; sgl; b. & res. Fqr; (lic) 20 Mar 1895; (off) J. J. NORWOOD; Pg:Ln 246:12
RODGERS, Robt. C.; s/o Robt. & Mary; 41y; sgl; farmer; b. StafVA; res. Fqr; m. 17 Jan 1889 in Fqr to WRIGHT, Lucy F.; d/o Wm. & Lucy; 26y; sgl; b. & res. Fqr; (lic) 14 Jan 1889; (off) A. M. GRIMSLEY; Pg:Ln 210:16
RODGERS, Wm. B.; s/o Robt. & Mary K.; 35y; sgl; farmer; b. StafVA; res. Fqr; m. 31 Jan 1889 in Fqr to WRIGHT, Robbie M.; d/o Wm. B. & A. L.; 22y; sgl; b. & res. Fqr; (lic) 23 Jan 1889; (off) A. M. GRIMSLEY; Pg:Ln 210:18
ROGERS, Charles S.; s/o Jas. R. & Elizabeth; 22y; sgl; real estate agt.; b. BaltMD; res. WashDC; m. 14 Dec 1892 in Fqr to LAWS, Dora N.; d/o Ebin T. & E. F.; 24y; sgl; b. & res. Fqr; (lic) 13 Dec 1892; (off) W. E. MILLER; Pg:Ln 232:25
ROGERS, Geo.; s/o Geo. & Delia; 28y; sgl; farmer; b. StafVA; res. Fqr; m. 7 Oct 1893 in Fqr to THRISEL, Alice E.; d/o Channon & Bettie; 27y; sgl; b. StafVA; res. Fqr; (lic) 7 Oct 1893; (off) F. R. BOSTON; Pg:Ln 236:22
ROGERS, James Milton; s/o J. S. & Margaret; 27y; sgl; machinist; b. LdnVA; res. Grafton W Va; m. 25 Nov 1902 in Fqr to WHITACRE, Hester Ann; d/o Robert & Fannie; 27y; sgl; b. LdnVA; res. Fqr; (lic) 20 Nov 1902; (off) W. P. C. COE; Pg:Ln 294:22
ROGERS, Stephen; s/o Alfred & Catherine; 56y; div; farmer; b. Harrison Co. W Va; res. Fqr; m. 8 Dec 1898 in Fqr to KANE, Matilda J.; d/o Ambrose & Matilda; 38y; sgl; b. & res. Fqr; (lic) 8 Dec 1898; (off) Walter H. ROBERTSON; Pg:Ln 269:06
ROLLEY, Albert A.; s/o Serdon & Kath; 31y; sgl; lumberman; b. Clearfield Co. Pa; res. Crawdsville Ark; m. 16 Dec 1903 in Fqr to TRIPLETT,

Minerva D.; d/o Arthur W. & Ellen; 21y; sgl; b. & res. Fqr; (lic) 10 Dec 1903; (off) W. H. BALLENGEE; Pg:Ln 300:12

ROLLINS, Alfred T.; s/o Wormley & Mary M.; 23y; sgl; farmer; b. & res. PrWmVA; m. 22 Jan 1885 in Fqr to GROVES, Belle C.; d/o William & Margaret; 23y; sgl; b. & res. Fqr; (lic) 20 Jan 1885; (off) Jno. F. POULTON; Pg:Ln 190:24

ROLLINS, Jas.; s/o Wm. & Frances; 45y; wid; laborer; b. Caroline Co. VA; res. Fqr; m. 6 May 1887 in Fqr to CAMPBELL, Isabella; d/o George & ___; 45y; sgl; b. & res. Fqr; (lic) 5 May 1887; (off) Geo. W. HORNER; Pg:Ln 202:04

ROLLINS, Milton J.; s/o W. A. & Mary M.; 22y; sgl; farmer; b. & res. PrWmVA; m. 5 Feb 1883 in Fqr to DEVLIN, Martha C.; d/o Bernard W. & Martha; 20y; sgl; b. Wilmington, DE; res. Fqr; (lic) 5 Feb 1883; (off) P. DONOHOE; consent of father proved by certificate of P. DONOHOE; Pg:Ln 179:10

ROLLINS, Robert (col); s/o James & Maria; 21y; sgl; laborer; b. & res. Fqr; m. 3 Aug 1900 in Fqr to WASHINGTON, Martha (col); d/o ___ & Mary; 23y; sgl; b. & res. Fqr; (lic) 3 Aug 1900; (off) Nathl. A. MARRIOTT; Pg:Ln 280:06

ROLLINS, Thos. H.; s/o James A. & Julia A.; 24y; sgl; carpenter; b. & res. RappVA; m. 15 Sep 1904 in Fqr to CARTER, Eva M.; d/o James F. & Mary F.; 24y; sgl; b. & res. Fqr; (lic) 15 Sep 1904; (off) F. R. BOSTON; Pg:Ln 304:14

ROLLINS, Walter A.; s/o James D. & Sarah J.; 30y; sgl; carpenter; b. & res. PrWmVA; m. 28 Dec 1905 in Fqr to NORMAN, Annie E.; d/o Jas. W. & C. E.; 20y; sgl; b. & res. Fqr; (lic) 27 Dec 1905; (off) C. W. BROOKS; consent of father in person; Pg:Ln 312:19

ROSE, Alton G. (col); s/o Polk & Polly; 20y; sgl; laborer; b. & res. Fqr; m. 17 Jun 1903 in Fqr to WANZER, Mary F. (col); d/o ___ & Sally; 18y; sgl; b. & res. Fqr; (lic) 17 Jun 1903; (off) D. W. JONES; consent of court for both parties filed; Pg:Ln 298:10

ROSE, Joseph; s/o Charles & Rosella; 24y; sgl; farmer; b. WrnVA; res. Fqr; m. 20 Dec 1900 in Fqr to COCKRELL, Addie L.; d/o John & Mary E.; 19y; sgl; b. & res. Fqr; (lic) 17 Dec 1900; (off) Isaac N. CAMPBELL; consent of father in persno; Pg:Ln 282:19

ROSE, Sylvester; s/o Chas. A. & Rosella; 21y; sgl; farmer; b. WrnVA; res. Fqr; m. 21 Dec 1904 in Fqr to YOWELL, Mary E.; d/o James P. & Sarah V.; 20y; sgl; b. & res. Fqr; (lic) 19 Dec 1904; (off) I. B. LAKE; consent of father in person; Pg:Ln 306:20

ROSE, Virgil; s/o Charles & Rosa; 23y; sgl; farmer; b. WrnVA; res. Fqr; m. 29 Dec 1898 in Fqr to McGUIN, Tacie C.; d/o C. T. & Virginia; 18y; sgl; b. & res. Fqr; (lic) 27 Dec 1898; (off) Chas. T. HERNDON; consent of father sworn to & filed; Pg:Ln 270:17

ROSE, Welton; s/o Charles & Rosella; 22y; sgl; laborer; b. WrnVA; res. Fqr; m. 26 Dec 1900 in Fqr to EMBREY, Nannie; d/o John P. & Alice; 21y; sgl; b. & res. Fqr; (lic) 22 Dec 1900; (off) W. P. C. COE; Pg:Ln 283:05

ROSENBERGER, Abraham; s/o Levi & Barbara; 28y; sgl; farmer; b. ShenVA; res. CulpVA; m. 4 Sep 1889 in Fqr to BALL, Mary A.; d/o John & Ella; 19y; sgl; b. & res. Fqr; (lic) 2 Sep 1889; (off) I. R. GRIFFITH; oath by bro. as to consent of father filed; Pg:Ln 213:14
ROSS, Arthur Merwin; s/o Albert & Alice; 28y; sgl; civil engineer; b. Annapolis, Mn; res. Portsmouth NH; m. 19 Jun 1900 in Fqr to KENNEDY, Margaret Hughes; d/o Stephen D. & Mary S.; 23y; sgl; b. & res. Fqr; (lic) 19 Jun 1900; (off) Joseph P. McCOWAS; Pg:Ln 279:19
ROSS, Henry (col); s/o ___ & ___; 25y; sgl; laborer; b. & res. Fqr; m. 5 Jun 1906 in Fqr to WASHINGTON, Amanda (col); d/o Wm. & Patsy; 21y; sgl; b. & res. Fqr; (lic) 4 Jun 1906; (off) G. C. BANISTER; Pg:Ln 314:12
ROSS, Olonzo H.; s/o R. H. & Abi; 24y; sgl; merchant; b. & res. Fqr; m. 26 Jun 1883 in Fqr to WARE, Sallie K.; d/o Wm. H. & Ann E.; 17y; sgl; b. PhilPA; res. Fqr; (lic) 25 Jun 1883; (off) J. E. JACKSON; consent of father proved by oath Mrs. Ann E. WARE; Pg:Ln 180:20
ROSS, Robert L.; s/o John T. & Amanda; 29y; sgl; farmer; b. & res. LdnVA; m. 25 Dec 1900 in Fqr to PIERCE, Delia Rebecca; d/o Z. T. & Annie; 24y; sgl; b. & res. Fqr; (lic) 21 Dec 1900; (off) Chas. T. HERNDON; see letter F. T. ROSS; Pg:Ln 283:04
ROSS, Tell (col); s/o George & Nancy; 25y; sgl; laborer; b. & res. Fqr; m. 5 Jul 1900 in Fqr to ASH, Emma (col); d/o Albert & Kittie; 23y; sgl; b. & res. Fqr; (lic) 3 Jul 1900; (off) P. W. AUSTIN; Pg:Ln 280:01
ROSS, Walter (col); s/o Wm. & Ara; 21y; sgl; laborer; b. & res. Fqr; m. 12 Jun 1900 in Fqr to LACY, Ida (col); d/o James & Betty; 22y; sgl; b. & res. Fqr; (lic) 11 Jun 1900; (off) P. W. AUSTIN; Pg:Ln 279:16
ROWE, Ernest M. (col); s/o Jas. D. & Willie; 33y; wid; clerk; b. & res. WashDC; m. 23 May 1898 in Fqr to MORAN, Anna (col); d/o James & Kate; 18y; sgl; b. & res. Fqr; (lic) 21 May 1898; (off) F. R. BOSTON; consent of father in person; Pg:Ln 265:09
ROY, Armistead (col); s/o Henderson & Matilda; 22y; sgl; laborer; b. & res. Fqr; m. 7 Apr 1892 in Fqr to WILLIAMS, Lizzie (col); d/o John & Emma; 21y; sgl; b. CulpVA; res. Fqr; (lic) 7 Apr 1892; (off) R. L. RUFFIN; Pg:Ln 229:18
ROY, Armistead (col); s/o Henderson & Matilda; 28y; div; laborer; b. & res. Fqr; m. 15 Jan 1900 in Fqr to BRADFORD, Mollie (col); d/o Thos. J. & Jennie; 21y; sgl; b. & res. Fqr; (lic) 13 Jan 1900; (off) Vincent LACY; consent of father in person; Pg:Ln 277:14
ROY, Chas. (col); s/o Henderson & Matilda; 24y; sgl; laborer; b. & res. Fqr; m. 26 Dec 1894 in Fqr to PINN, Lustatia (col); d/o Thos. & Nancy; 20y; sgl; b. & res. Fqr; (lic) 20 Dec 1894; (off) G. W. HORNER; Pg:Ln 244:17
ROY, Gabriel (col); s/o Reuben & Ann; 26y; sgl; laborer; b. & res. Fqr; m. 26 Jun 1904 in Fqr to HACKLEY, Frankie (col); d/o Thornton & Mary; 30y; sgl; b. & res. Fqr; (lic) 21 Jun 1904; (off) J. C. COLBERT; Pg:Ln 303:09

ROY, Geo. (col); s/o ___ & Rebecca; 24y; sgl; laborer; b. & res. Fqr; m. 26 Jun 1895 in Fqr to WHITE, Rosa (col); d/o Geo. & Winnie; 22y; sgl; b. & res. Fqr; (lic) 22 Jun 1895; (off) P. W. AUSTIN; Pg:Ln 247:10
ROY, Jas. H.; s/o Wm. & Mary; 21y; sgl; laborer; b. FfxVA; res. Fqr; m. 29 Dec 1886 in Fqr to WALDEN, Mary E.; d/o James & Nancy; 18y; sgl; b. & res. Fqr; (lic) 24 Dec 1886; (off) Cornelius GADDIS; Pg:Ln 199:16
ROY, William (col); s/o Joseph & Susan; 58y; wid; farmer; b. & res. Fqr; m. 22 May 1897 in Fqr to MORRIS, Amy (col); d/o Salf & Haistly; 35y; sgl; b. & res. Fqr; (lic) 17 May 1897; (off) M. A. RUSSELL; Pg:Ln 258:22
ROYSTON, Jno. W.; s/o Z. V. & Jane F.; 21y; sgl; farmer; b. & res. Fqr; m. 2 Aug 1898 in Fqr to POE, Mary Emma; d/o John L. & Delaney; 20y; sgl; b. RappVA; res. Fqr; (lic) 2 Aug 1898; (off) J. S. GARDNER; consent of father in person; Pg:Ln 266:16
RUDASILL, Jas. E.; s/o Wm. & Lucy; 26y; sgl; physician; b. RappVA; res. Fqr; m. 19 Oct 1898 in Fqr to JOHNSON, Katharine M.; d/o P. M. & Lavinia; 20y; sgl; b. & res. Fqr; (lic) 17 Oct 1898; (off) F. R. BOSTON; consent of father in person; Pg:Ln 267:24
RUNNER, Adolphus; s/o Nelson & Ellen; 30y; wid; laborer; b. & res. Fqr; m. 28 Dec 1891 in Fqr to CARTER, Virginia; d/o Martin & Caroline; 23y; sgl; b. & res. Fqr; (lic) 26 Dec 1891; (off) G. C. BANISTER; Pg:Ln 228:03
RUNNER, Adolphus (col); s/o Nelson & Ellen; 22y; sgl; laborer; b. & res. Fqr; m. 20 Sep 1883 in Fqr to THORNLEY, Elizabeth (col); d/o John & Adelaide; 16y; sgl; b. & res. Fqr; (lic) 19 Sep 1883; (off) Jno. M. BEAN; consent of father sworn to Robt. SCOTT & filed; Pg:Ln 181:24
RUNNER, Arch; s/o Alfred & Nancy; 30y; wid; farmer; b. FfxVA; res. Fqr; m. 28 Dec 1886 in Fqr to GASKINS, Mary Frances; d/o Aaron & Mary Jane; 24y; sgl; b. & res. Fqr; (lic) 24 Dec 1886; (off) Cornelius GADDIS; Pg:Ln 199:17
RUNNER, Henry (col); s/o ___ & Ann; 22y; sgl; laborer; b. Fqr; res. ClrkVA; m. 27 Dec 1888 in Fqr to NICKENS, Annie (col); d/o James & Frances; 21y; sgl; b. & res. Fqr; (lic) 24 Dec 1888; (off) J. F. MOTON; Pg:Ln 209:16
RUNNER, James (col); s/o Jas. & Delilah; 25y; sgl; laborer; b. & res. Fqr; m. 28 Oct 1896 in Fqr to LONG, Martha (col); d/o Randall & Rose; 22y; sgl; b. & res. Fqr; (lic) 27 Oct 1896; (off) P. W. AUSTIN; Pg:Ln 255:10
RUNNER, Welton (col); s/o Nelson & Ellen; 24y; sgl; laborer; b. & res. Fqr; m. 4 Jul 1884 in Fqr to JONES, Belle (col); d/o Anthony & Agnes; 20y; sgl; b. LdnVA; res. Fqr; (lic) 2 Jul 1884; (off) G. C. BANISTER; consent of father in person; Pg:Ln 187:14
RUPP, Frank M.; s/o Reuben F. & Amelia P.; 32y; sgl; bookkeeper; b. & res. BaltMD; m. 12 Jun 1900 in Fqr to SHIRLEY, Toye Pauline; d/o J. W. & J. A.; 22y; sgl; b. & res. Fqr; (lic) 12 Jun 1900; (off) J. R. BOSTON; Pg:Ln 279:17
RUSH, Chas. C.; s/o Rich'd H. & Sallie___; 28y; sgl; fireman; b. CulpVA; res. Roanola [Roanoke?], VA; m. 29 Nov 1888 in Fqr to OLIVER,

Mary E.; d/o Peyton & Lucy E.; 30y; sgl; b. & res. Fqr; (lic) 28 Nov 1888; (off) J. J. BOWLER; Pg:Ln 208:17
RUSSELL, Alex (col); s/o Henderson & Bettie; 26y; sgl; farmer; b. RappVA; res. Fqr; m. 26 Feb 1885 in Fqr to GREEN, Dolly (col); d/o Isaac & Mary Jane; 18y; sgl; b. RappVA; res. Fqr; (lic) 25 Feb 1885; (off) Cornelius GADDIS; consent of father in person; Pg:Ln 191:12
RUSSELL, Edward M.; s/o Jno. & Emily; 23y; sgl; laborer; b. & res. Fqr; m. 4 Apr 1889 in Fqr to HEWETT, Margaret Ellen; d/o Wm. & Elizabeth; 25y; sgl; b. & res. Fqr; (lic) 27 Mar 1889; (off) James F. BRANNIN; oath of Wm. HINTON filed; Pg:Ln 211:15
RUSSELL, Edwin Allen; s/o James E. & Minerva C.; 25y; sgl; accountant; b. Grant Co. W Va; res. Marion Co. W Va; m. 17 Jun 1903 in Fqr to MASON, Maria Page; d/o Wiley R. & Susan G.; 24y; sgl; b. Fredericksburg, Va; res. San Antonio Texas; (lic) 16 Jun 1903; (off) Jno. McGILL; Pg:Ln 298:09
RUSSELL, Geo. C. (col); s/o M. A. & Mary T.; 29y; sgl; laborer; b. & res. Fqr; m. 31 Dec 1895 in Fqr to PRESTON, Lillie B. (col); d/o Jno. S. & Louisa; 17y; sgl; b. & res. Fqr; (lic) 30 Dec 1895; (off) C. M. TYLER; consent of father in person; Pg:Ln 251:13
RUSSELL, Geo. J.; s/o Jno. W. & Mary F.; 27y; sgl; merchant; b. & res. Fqr; m. 7 Jan 1890 in Fqr to COCKRILLE, Della D.; d/o Jos. & Martha D.; 22y; sgl; b. & res. Fqr; (lic) 6 Jan 1890; (off) C. A. JOYCE; Pg:Ln 216:18
RUSSELL, Jas. (col); s/o James & Lucy; 22y; sgl; farmer; b. & res. Fqr; m. 26 Dec 1888 in Fqr to GRIGSBY, Lillie (col); d/o Robt. & Roxanna; 19y; sgl; b. & res. Fqr; (lic) 24 Dec 1888; (off) M. A. RUSSELL; oath; Pg:Ln 209:17
RUSSELL, Philip V.; s/o John & Emily; 35y; sgl; farmer; b. & res. Fqr; m. 15 Oct 1889 in Fqr to TAYLOR, Mary E.; d/o Wm. S. & Maudy J.; 23y; wid; b. Rockingham; res. Fqr; (lic) 8 Oct 1889; (off) Jas. F. BRANNON; Pg:Ln 214:02
RUSSELL, Robert (col); s/o Eli & Lucinda; 30y; sgl; laborer; b. & res. Fqr; m. 3 Nov 1904 in Fqr to GASKINS, Ida (col); d/o Henry H. & Delzy; 16y; sgl; b. & res. Fqr; (lic) 2 Nov 1904; (off) Eld. M. A. RUSSELL; consent of father in person; Pg:Ln 305:18
RUSSELL, Robt. (col); s/o Henderson & Elizth; 25y; sgl; butler; b. RappVA; res. Fqr; m. 28 Dec 1897 in Fqr to DANGERFIELD, Minnie (col); d/o Anthony & Jane; 22y; sgl; b. & res. Fqr; (lic) 27 Dec 1897; (off) A. R. PINKETT; Pg:Ln 263:04
RUTHERFORD, J. R.; s/o Jno. & Mary Ann; 28y; sgl; laborer; b. WrnVA; res. Fqr; m. 3 Oct 1887 in Fqr to EDWARDS, Emma J.; d/o J. T. & Mildred J.; 19y; sgl; b. & res. Fqr; (lic) 3 Oct 1887; (off) J. C. C. NEWTON; oath; Pg:Ln 203:06
RUTHERFORD, Thos.; s/o Bzrd? [Byrd?] & Sarah; 24y; sgl; farmer; b. RappVA; res. Fqr; m. 24 Mar 1897 in Fqr to HEFLIN, Ida B.; d/o Thos. & Eliza; 22y; sgl; b. & res. Fqr; (lic) 22 Mar 1897; (off) Jas. F. FINNELL; Pg:Ln 258:03

RYAN, Chas. B.; s/o Michal & Maria L.; 29y; sgl; railroad business; b. Maysville, KY; res. Richmond VA; m. 23 Jun 1885 in Fqr to CHILTON, Sallie W.; d/o Jno. A. & Kate M.; 18y; sgl; b. & res. Fqr; (lic) 23 Jun 1885; (off) P. DONHOE; consent of father in person; Pg:Ln 192:13

RYAN, Cleveland L.; s/o Lawrence & Elizth; 18y; sgl; farmer; b. & res. Fqr; m. 21 Jan 1904 in Fqr to WINES, Lula W.; d/o Jno. W. & Lizzie; 17y; sgl; b. & res. Fqr; (lic) 21 Jan 1904; (off) F. R. BOSTON; consent of her father in person, consent of his father in person; Pg:Ln 301:17

RYAN, James; s/o Lat & Elizabeth; 27y; sgl; laborer; b. & res. Fqr; m. 2 Dec 1903 in Fqr to TAYLOR, Ida; d/o Armistead & Bettie; 19y; sgl; b. & res. Fqr; (lic) 2 Dec 1903; (off) F. R. BOSTON; consent of Judge filed; Pg:Ln 300:10

RYAN, Mike; s/o Lawrence & Eliz'th; 24y; sgl; farmer; b. & res. Fqr; m. 29 Dec 1892 in Fqr to MARTIN, Mollie; d/o Jas. F. & Emily; 22y; sgl; b. & res. Fqr; (lic) 26 Dec 1892; (off) Walter H. ROBERTSON; Pg:Ln 233:19

RYAN, Thos.; s/o Lawrence & Eliz'th; 23y; sgl; farmer; b. & res. Fqr; m. 27 Dec 1893 in Fqr to TAYLOR, Julia; d/o Armistead & Eliz'th; 23y; sgl; b. & res. Fqr; (lic) 26 Dec 1893; (off) F. R. BOSTON; Pg:Ln:239:03

RYAN, William; s/o Lawrence & Elizabeth; 24y; sgl; laborer; b. & res. Fqr; m. 18 Dec 1884 in Fqr to EDMONDS, Josephine; d/o Rodney & Mary; 19y; sgl; b. & res. Fqr; (lic) 8 Dec 1884; (off) Jno. T. POULTON; Guardian of wife V. KEARNS gave his consent personally.; Pg:Ln 189:10

SALOMONSKY, Jacob; s/o Joseph & Julia; 32y; sgl; salesman; b. Elizabeth City NC; res. Norfolk Va; m. 26 Mar 1906 in Fqr to ULLMAN, Adolphine C.; d/o Adolph & Caroline; 22y; sgl; b. & res. Fqr; (lic) 24 Mar 1906; (off) Simon R. COHEN; Pg:Ln 313:19

SAMPSELL, Bladen F.; s/o Andrew J. & Sarah; 40y; sgl; wheelwright; b. & res. Fqr; m. 17 Dec 1905 in Fqr to McDONALD, Ida; d/o E. H. & Araminta; 27y; sgl; b. & res. Fqr; (lic) 16 Dec 1905; (off) T. S. DALTON; Pg:Ln 311:24

SANDERS, S. B.; s/o Geo. W. & Roberta H.; 30y; sgl; farmer; b. & res. PrWmVA; m. 27 Apr 1887 in Fqr to KLIPSTEIN, Nellie H.; d/o P. A. & Amanda L.; 28y; sgl; b. & res. Fqr; (lic) 25 Apr 1887; (off) C. A. JOYCE; Pg:Ln 202:03

SANDERS, W. H.; s/o George W. & Roberta H.; 30y; sgl; merchant; b. PrWmVA; res. Fqr; m. 13 Nov 1889 in Fqr to WOOLF, An[n]ie M.; d/o H. M. & C. E.; 22y; sgl; b. & res. Fqr; (lic) 11 Nov 1889; (off) W. H. WOOLF; Pg:Ln 214:17

SANDFORD, Wm. (col); s/o ___ & Sarah; 36y; sgl; laborer; b. & res. Fqr; m. 2 Sep 1900 in Fqr to O'NEILL, Mary C., (col); d/o Willis & Sidney; 22y; sgl; b. & res. Fqr; (lic) 29 Aug 1900; (off) R. P. DAWSON; Pg:Ln 280:12

SANDS, Robert (col); s/o John & Hannah; 23y; sgl; laborer; b. & res. Fqr; m. 12 Apr 1885 in Fqr to WALKER, Evelina (col); d/o William & Julia; 17y; sgl; b. & res. Fqr; (lic) 11 Aug 1885; (off) J. F. HINES; consent of mother in person; Pg:Ln 192:21

Fauquier County, Virginia Marriage Register Jan 1883- Jul 1906   215

SANFORD, Benj. (col); s/o Daniel & Louisa; 35y; wid; gardner; b. & res. Fqr; m. 13 Dec 1896 in Fqr to GREEN, Lucy (col); d/o not given; 26y; sgl; b. & res. Fqr; (lic) 10 Dec 1896; (off) not given; Pg:Ln 255:23
SANFORD, Benjamin (col); s/o Daniel & Louisa; 47y; wid; laborer; b. & res. Fqr; m. 8 Feb 1900 in Fqr to ELLIOT, Harriett (col); d/o Charles & Mary GAINES; 40y; wid; b. & res. Fqr; (lic) 6 Feb 1900; (off) G. C. BANISTER; (see letter G. C. BANISTER); Pg:Ln 277:20
SANFORD, Jno. W.; s/o Meredith & Sarah; 21y; sgl; farmer; b. & res. Fqr; m. 6 Nov 1890 in Fqr to PAYNE, Isabel F.; d/o Levi & Margaret; 23y; sgl; b. & res. Fqr; (lic) 5 Nov 1890; (off) B. P. DULIN; Pg:Ln 220:15
SANKER, William (col); s/o Simm & Rhody; 45y; sgl; blacksmith; b. Jasper Co. GA; res. Fqr; m. 7 Jan 1892 in Fqr to FITZHUGH, Lydia M. (col); d/o Jesse & Lydia; 22y; sgl; b. & res. Fqr; (lic) 7 Jan 1892; (off) V. LACY; Pg:Ln 228:08
SAUNDERS, J. H.; s/o Henry & Frances; 30y; sgl; teacher; b. LdnVA; res. Pyttsylvania Co. VA; m. 1 Nov 1893 in Fqr to NORRIS, Marie A.; d/o H. DeB. & Edna; 20y; sgl; b. LA; res. Fqr; (lic) 30 Oct 1893; (off) J. J. NORWOOD; Pg:Ln 237:10
SAUNDERS, Rich'd.; s/o Edw. & Mary E.; 18y; sgl; farmer; b. & res. Fqr; m. 4 Jan 1884 in Fqr to SUTHARD, Harriet; d/o Harrison & Sarah; 14y; sgl; b. & res. Fqr; (lic) 31 Dec 1883; (off) Isaac W. CANTER; consent of Elias WINES in person as to boy's natural guard'n. , consent of father of girl sworn to by Jno. W. WINES; Pg:Ln 185:09
SAUNDERS, Wm. H.; s/o Henry & Sarah Frances; 28y; sgl; teacher; b. & res. Leesburg, LdnVA; m. 3 Sep 1884 in Fqr to NORRIS, Golda C.; d/o H. D. B. & Edna; 22y; sgl; b. Havana, Cuba; res. Fqr; (lic) 1 Sep 1884; (off) James GRAMMER; oath administered to Henry C. NORRIS; Pg:Ln 187:25
SAVAGE, Ralph; s/o L. E. & Amelia; 27y; sgl; distiller; b. & res. FredVA; m. 9 Aug 1886 in Fqr to TRIPLETT, Eva; d/o Jeremiah D. & Margaret; 30y; sgl; b. FredVA; res. Fqr; (lic) 9 Aug 1886; (off) G. W. NELSON; affdt. filed; Pg:Ln 197:10
SCHOOLFIELD, R. A.; s/o Wm. M. & Sarah Anne; 47y; wid; manufacturer; b. Henry Co Va; res. Pittsylvania Co. Va; m. 12 Dec 1900 in Fqr to VASS, Isabella Fontaine; d/o James & Sally T.; 30y; sgl; b. CulpVA; res. Fqr; (lic) 12 Dec 1900; (off) Geo. W. NELSON; Pg:Ln 282:14
SCHOOLS, Charles H. (col); s/o James & Maria; 50y; wid; laborer; b. & res. Fqr; m. 26 Jan 1902 in Fqr to JOHNSON, Martha (col); d/o Albert & Lucy; 40y; sgl; b. RappVA; res. Fqr; (lic) 23 Jan 1902; (off) A. R. PINKETT; Pg:Ln 290:19
SCHOOLS, Chas. H.; s/o James & Maria; 34y; sgl; laborer; b. RappVA; res. Fqr; m. 16 Jan 1887 in Fqr to ROBINSON, Jennie; d/o Henry & Ellen; 30y; sgl; b. RappVA; res. Fqr; (lic) 15 Jan 1887; (off) Thornton HILL; Pg:Ln 200:10
SCHWAB, Julius; s/o Anton & Susan; 25y; sgl; farmer; b. CulpVA; res. Fqr; m. 21 Dec 1892 in Fqr to REID, Mary W.; d/o Geo. W. & Myra A.;

18y; sgl; b. RappVA; res. Fqr; (lic) 17 Dec 1892; (off) Walter H. ROBERTSON; consent of father filed; Pg:Ln 233:09

SCHWAB, Maurice; s/o Anton & Susan; 21y; sgl; clerk; b. & res. Fqr; m. 17 Nov 1897 in Fqr to McDONALD, Lucy Ann; d/o Seth & Virginia; 22y; sgl; b. RappVA; res. Fqr; (lic) 15 Nov 1897; (off) J. K. BOSTON; Pg:Ln 261:19

SCHWAB, T. Richardson; s/o Anton & Susan; 26y; sgl; merchant; b. & res. Fqr; m. 24 Oct 1899 in Fqr to MARTYN, Gertrude A.; d/o B. F. & E. E.; 20y; sgl; b. & res. Fqr; (lic) 24 Oct 1899; (off) J. Howard WELLS; consent of father in person; Pg:Ln 275:03

SCOTT, Alexander; s/o Robt. D. & Mary; 21y; sgl; farmer; b. & res. Fqr; m. 23 Dec 1891 in Fqr to SINCLAIR, Dellah; d/o Chas. H. & M. N.; 21y; sgl; b. & res. Fqr; (lic) 21 Dec 1891; (off) W. F. DUNAWAY; Pg:Ln 227:17

SCOTT, J. Clarke (col); s/o Henry & Isabelle; 35y; div; physician; b. Franklin Co. Va; res. Fqr; m. 24 Nov 1901 in Fqr to LAMBERT, Dora (col); d/o Martin & Susan; 24y; sgl; b. & res. Fqr; (lic) 22 Nov 1901; (off) Richard JACKSON; cert of divorce exhibited; Pg:Ln 288:09

SCOTT, James (col); s/o Peter & Martha; 22y; sgl; laborer; b. Fqr; res. CulpVA; m. 20 Jul 1904 in Fqr to MILES, Lizzie (col); d/o James & Jane; 21y; sgl; b. & res. Fqr; (lic) 19 Jul 1904; (off) C. M. TYLER; Pg:Ln 303:15

SCOTT, James E.; s/o Frank E. & Mary A.; 23y; sgl; farmer; b. & res. Scottsmore, Canada; m. 26 Sep 1900 in Fqr to MAY, Katharine O.; d/o Wm. A. & Jennie; 21y; sgl; b. Pottstown, NY; res. Fqr; (lic) 24 Sep 1900; (off) J. J. COMPTON; Pg:Ln 280:22

SCOTT, Jno. F.; s/o Wm. S. & Marion C.; 27y; sgl; merchant; b. & res. Fredericksburg, VA; m. 7 Dec 1887 in Fqr to HAMILTON, Lillie F.; d/o Geo. S. & Marianna; 22y; sgl; b. PrWmVA; res. Fqr; (lic) 6 Dec 1887; (off) H. B. LEE; Pg:Ln 204:18

SCOTT, Jno. T.; s/o Robt & Mary; 37y; sgl; farmer; b. & res. Fqr; m. 3 Nov 1898 in Fqr to FLETCHER, Lucy; d/o Elias & Mary WINES; 40y; wid; b. & res. Fqr; (lic) 2 Nov 1898; (off) S. M. ATHEY; Pg:Ln 268:12

SCOTT, John (col); s/o Rich'd. L. & Charlotte; 21y; sgl; laborer; b. & res. Fqr; m. 4 Oct 1894 in Fqr to FOSTER, Alice (col); d/o Wm. & Harriet; 21y; sgl; b. & res. Fqr; (lic) 4 Oct 1894; (off) R. L. RUFFIN; Pg:Ln 242:24

SCOTT, Peter (col); s/o Benjamin & Charlotte; 43y; wid; laborer; b. & res. Fqr; m. 28 Feb 1900 in Fqr to MASSIE, Carrie (col); d/o Henry & ___; 35y; sgl; b. & res. Fqr; (lic) 26 Feb 1900; (off) P. W. AUSTIN; Pg:Ln 278:01

SCOTT, Saml. T.; s/o John T. & Lucy; 20y; sgl; rail roading; b. & res. Fqr; m. 21 Dec 1904 in Fqr to CAMERON, Lena; d/o John & Lilly; 21y; sgl; b. & res. Fqr; (lic) 20 Dec 1904; (off) Geo.W. STAPLES; consent of father in person; Pg:Ln 306:24

SCOTT, Wm.; s/o R. R. & Mary; 25y; sgl; farmer; b. & res. Fqr; m. 28 Dec 1893 in Fqr to REDMOND, Emma; d/o Tilman & Mary; 26y; sgl; b. & res. Fqr; (lic) 28 Dec 1893; (off) S. M. ATHEY; Pg:Ln 239:09

SCOTT, Wm. H. (col); s/o Henry & Lucy; 34y; sgl; farmer; b. & res. CulpVA; m. 28 Mar 1906 in Fqr to FERGUSON, Blanch R. (col); d/o ___ & Octavia; 17y; sgl; b. & res. Fqr; (lic) 28 Mar 1906; (off) A. R. PINKETT; consent of mother filed; Pg:Ln 313:21
SCREVEN, Thos. E.; s/o Jno. H. & Ellen W.; 31y; wid; gentleman; b. Grenville Co. SC; res. Fqr; m. 1 Jun 1886 in Fqr to MADDEX, Lillie L.; d/o Jas. H. & Jane F.; 23y; sgl; b. & res. Fqr; (lic) 31 May 1886; (off) Geo. N. NELSON; Pg:Ln 196:18
SCROGGINS, Herbert (col); s/o John & Nellie; 22y; sgl; laborer; b. & res. Fqr; m. 19 Dec 1894 in Fqr to O'BANNON, Mollie (col); d/o Enoch & Eliza; 21y; sgl; b. & res. Fqr; (lic) 18 Dec 1894; (off) A. R. PINKETT; Pg:Ln 244:12
SCROGGINS, Philip; s/o John & Nellie; 23y; sgl; laborer; b. & res. Fqr; m. 21 Jan 1885 in Fqr to THOMPSON, Eliza; d/o James & Eliza; 20y; sgl; b. & res. Fqr; (lic) 20 Jan 1885; (off) R. P. DAWSON; consent of father sworn to & filed; Pg:Ln 191:01
SEALOCK, Dorsey; s/o Owen T. & Virginia; 22y; sgl; laborer; b. WrnVA; res. Fqr; m. 20 Dec 1887 in Fqr to KERNES, Martha; d/o Marshall & Frances; 25y; sgl; b. & res. Fqr; (lic) 17 Dec 1887; (off) Wm. K. MARSHALL; oath; Pg:Ln 204:24
SEAY, Robt. L.; s/o Zachariah H. & Eliza A.; 48y; sgl; laborer; b. Henrico Co. VA; res. Fqr; m. 26 Oct 1893 in Fqr to FEWELL, Sarah E.; d/o Francis & Lucinda; 30y; sgl; b. & res. Fqr; (lic) 24 Oct 1893; (off) T. G. NEVITT; Pg:Ln 237:07
SEINOR, Charles; s/o Joseph C. & Louisa; 41y; wid; engineer; b. Cleveland Ohio; res. Youngstown Ohio; m. 24 Jun 1897 in Fqr to RECTOR, Sarah L.; d/o Chas. W. & Susan N.; 31y; sgl; b. & res. Fqr; (lic) 16 Jun 1897; (off) Frank P. BERKLEY; Pg:Ln 259:08
SELBY, Gilbert A.; s/o Julian & Alice; 25y; sgl; printer; b. & res. Columbia, SC; m. 8 Nov 1892 in Fqr to KNIGHT, Anna M.; d/o Benj. & Mary; 21y; sgl; b. Columbia, SC; res. Fqr; (lic) 7 Nov 1892; (off) Walter H. ROBERTSON; Pg:Ln 232:13
SELDON, Leonard W. (col); s/o Henry & Judy; 30y; wid; sailor; b. & res. WestVA; m. 25 Jun 1902 in Fqr to YOUNG, Lucy A. (col); d/o McKinser & Amanda; 20y; sgl; b. & res. Fqr; (lic) 23 Jun 1902; (off) M. B. STROTHER; consent of mother filed; Pg:Ln 292:20
SETTLE, Fred'k; s/o Moses & Melinda; 23y; sgl; farmer; b. & res. Fqr; m. 22 Nov 1887 in Fqr to MYERS, Mame; d/o Wm. & Catharine; 18y; sgl; b. & res. Fqr; (lic) 19 Nov 1887; (off) R. P. DAWSON; consent of father in person; Pg:Ln 204:04
SHACKELFORD, H. A.; s/o Jno. A. & Ella V.; 25y; sgl; wheelwright; b. & res. Fqr; m. 12 May 1904 in Fqr to JACOBS, Cath. V.; d/o Silas & Virginia; 20y; sgl; b. & res. Fqr; (lic) 11 May 1904; (off) W. H. BALLANGEE; consent of her father in person; Pg:Ln 302:24
SHAFER, Luther; s/o Harrold & Rachel; 24y; sgl; farmer; b. & res. Fqr; m. 18 Dec 1890 in Fqr to GARRETT, Lula; d/o Jno. & Ann; 21y; sgl; b. & res. Fqr; (lic) 18 Dec 1890; (off) J. W. GRUBB; Pg:Ln 221:08

SHAFFER, George H.; s/o Jno. T. & Dorcas; 27y; sgl; laborer; b. ClrkVA; res. Fqr; m. 27 Dec 1904 in Fqr to RIDGEWAY, Grace; d/o Edwd. S. & Katie M.; 18y; sgl; b. & res. Fqr; (lic) 23 Dec 1904; (off) I. B. LAKE; consent of father filed; Pg:Ln 307:06

SHANNON, Clifton; s/o Geo. T. & Annie E.; 26y; sgl; merchant; b. Cecil Co. Md; res. Fqr; m. 8 Jun 1897 in Fqr to EMBREY, Cassie D.; d/o S. D. & ___; 23y; sgl; b. & res. Fqr; (lic) 5 Jun 1897; (off) M. R. GRIMSLEY; Pg:Ln 259:04

SHANNON, Geo.; s/o Geo. T. & Annie E.; 27y; sgl; policeman; b. Cecil Co. MD; res. WashDC; m. 30 Nov 1893 in Fqr to DENEALE, Lena R.; d/o Geo. E. & Martha E.; 20y; sgl; b. & res. Fqr; (lic) 29 Nov 1893; (off) not given; consent of father in person; Pg:Ln 237:24

SHAVER, Emanuel B.; s/o Geo. H. & Sarah; 23y; sgl; bookkeeper; b. ShenVA; res. WashDC; m. 12 Feb 1902 in Fqr to RISDON, Mary E.; d/o Wm. H. & Lucy A.; 21y; sgl; b. WrnVA; res. Fqr; (lic) 11 Feb 1902; (off) F. R. BOSTON; Pg:Ln 291:01

SHEARMAN, Saml. T.; s/o Thos. & Syvilla; 26y; sgl; painter; b. CulpVA; res. Fqr; m. 16 Jul 1884 in Fqr to LOFLAND, Melissa C.; d/o Harry M. & M. C.; 30y; sgl; b. AugVA; res. Fqr; (lic) 15 Jul 1884; (off) Isaac W. CANTER; Pg:Ln 187:17

SHEEHAN, James J.; s/o Daniel & Ellen; 35y; sgl; barrister-at-law; b. Ireland; res. Dublin, Ireland; m. 11 Sep 1900 in Fqr to HIRST, Lydia Barton; d/o Wm. L. & Lydia B.; 36y; sgl; b. PhilPA; res. Fqr; (lic) 29 Aug 1900; (off) Patrick DONLON; Pg:Ln 280:11

SHEETS, Wm. Stokes; s/o Harry H. & Hettie Stokes SHEETS; 28y; sgl; traveling salesman; b. Wilson Co Tenn; res. New York NY; m. 1 Feb 1899 in Fqr to SCOTT, Mary P.; d/o Jno. M. & Mary M.; 25y; sgl; b. & res. Fqr; (lic) 16 Jan 1899; (off) Claudius F. SMITH; Pg:Ln 271:04

SHELTON, Bruin (col); s/o not given; 52y; sgl; laborer; b. & res. Fqr; m. 13 Dec 1894 in Fqr to ROBINSON, Eveline (col); d/o not given; 40y; sgl; b. & res. Fqr; (lic) 13 Dec 1894; (off) R. L. RUFFIN; Pg:Ln 244:06

SHELTON, Edwd.; s/o Wm. & Mary; 24y; sgl; farmer; b. StafVA; res. Fqr; m. 19 May 1898 in Fqr to HEFLIN, Martha A.; d/o Wm. B. & Isabella; 17y; sgl; b. & res. Fqr; (lic) 16 May 1898; (off) A. J. CUMMINGS; consent of father in person; Pg:Ln 265:07

SHEPPERD, A. H.; s/o Hambleton & Mary G.; 28y; sgl; lawyer; b. Fqr; res. Anneston, AL; m. 25 Feb 1890 in Fqr to NEWBY, Lucy L.; d/o R. C. & Georgianna; 28y; sgl; b. & res. Fqr; (lic) 25 Feb 1890; (off) H. H. WYER; Pg:Ln 217:20

SHERMAN, Luther; s/o Thomas & Malissa C.; 19y; sgl; farmer; b. & res. Fqr; m. 27 Jun 1906 in Page Co Va to DYE, Estelle; d/o James & Mary; 22y; sgl; b. & res. Fqr; (lic) 26 Jun 1906; (off) S. W. COLE; consent of mother sworn to; Pg:Ln 314:20

SHIPE, Clarence A.; s/o John W. & Mary L.; 26y; sgl; blacksmith; b. WrnVA; res. Fqr; m. 17 Dec 1902 in Fqr to THOMSPSON, Louise M.; d/o Lewis M. & Mollie; 21y; sgl; b. CulpVA; res. Fqr; (lic) 17 Dec 1902; (off) W. H. BALLINGEE; Pg:Ln 295:13

Fauquier County, Virginia Marriage Register Jan 1883- Jul 1906   219

SHIPE, Jas. R.; s/o Joseph & Debe; 30y; sgl; blacksmith; b. ClrkVA; res. Fqr; m. 17 Apr 1889 in Fqr to VAUGHN, Kate M.; d/o Alfred & Mildred; 21y; sgl; b. & res. Fqr; (lic) 10 Apr 1889; (off) I. B. LAKE; Pg:Ln 211:20
SHIPP, Homer B.; s/o Wm. H. & P. A.; 21y; sgl; blacksmith; b. FredVA; res. Fqr; m. 4 Jun 1899 in Fqr to KANE, Caroline V.; d/o W. A. & Matilda; 21y; sgl; b. & res. Fqr; (lic) 27 May 1899; (off) T. W. NEWMAN; consent of father filed; Pg:Ln 272:15
SHIPP, Jacob H.; s/o William H. & Priscilla A.; 18y; sgl; farmer; b. FredVA; res. Fqr; m. 14 Jan 1900 in Fqr to WILLINGHAM, Ida M.; d/o James A. & L. F.; 20y; sgl; b. & res. Fqr; (lic) 10 Jan 1900; (off) T. W. NEWMAN; consent of father filed, consent of father in person; Pg:Ln 277:13
SHIPP, M. H.; s/o W. H. & P. A.; 21y; sgl; farmer; b. FredVA; res. Fqr; m. 8 May 1894 in Fqr to BALL, Lena; d/o J. W. & M. E.; 21y; sgl; b. & res. Fqr; (lic) 5 May 1894; (off) W. H. ROBERTSON; Pg:Ln 241:04
SHIPP, Sam'l. G.; s/o Wm. & Priscilla; 28y; sgl; farmer; b. RockVA; res. Fqr; m. 30 May 1901 in Fqr to ATKINS, Grace; d/o Jefferson & Virinda; 23y; sgl; b. RappVA; res. Fqr; (lic) 27 May 1901; (off) T. W. NEWMAN; Pg:Ln 284:23
SHOWERS, Philip H.; s/o William & L.; 50y; wid; farmer; b. ___ PA; res. Fqr; m. 23 Nov 1905 in Fqr to KEMY [KENNY], Fanny S.; d/o W. D. & S. C.; 27y; sgl; b. & res. Fqr; (lic) 17 Nov 1905; (off) John M. KLINE; Pg:Ln 311:07
SHRIVER, Christopher Columbis; s/o Wm. & Mary M. J. O.; 47y; sgl; banker; b. Carroll Co. MD; res. BaltMD; m. 12 Feb 1889 in Fqr to PAYNE, Cora Bernard; d/o Rice W. & America; 34y; sgl; b. & res. Fqr; (lic) 11 Feb 1889; (off) W. Gaston PAYNE; Pg:Ln 211:03
SHULER, Harry T.; s/o Isaac & Emma; 23y; sgl; gas maker; b. Page Co Va; res. Logan Co. Ohio; m. 5 Apr 1900 in Fqr to RECTOR, Lelia A.; d/o Franklin & Sarah Ann; 23y; sgl; b. & res. Fqr; (lic) 4 Apr 1900; (off) T. S. DALTON; Pg:Ln 278:16
SHUMATE, Arthur N.; s/o W. G. & Virginia A.; 22y; sgl; farmer; b. & res. Fqr; m. 3 Jun 1893 in Fqr to SMITH, Ellen J.; d/o Johnson & Mary E.; 22y; sgl; b. CulpVA; res. Fqr; (lic) 31 May 1893; (off) J. O. TACKETT; Pg:Ln 235:17
SHUMATE, Douglas T. (col); s/o Shelton & Betsy; 35y; sgl; laborer; b. & res. Fqr; m. 1 Dec 1889 in Fqr to CARTER, Martha F. (col); d/o Sophie & Richard; 26y; sgl; b. & res. Fqr; (lic) 29 Nov 1889; (off) Robt. L. RUFFIN; Pg:Ln 215:01
SHUMATE, Jas. H.; s/o Chilton & Eliz'th; 58y; wid; farmer; b. & res. Fqr; m. 8 Jun 1887 in Fqr to CHICHESTER, Mollie; d/o Weedin & Jane; 31y; sgl; b. & res. Fqr; (lic) 8 Jun 1887; (off) R. L. RUFFIN; Pg:Ln 202:10
SHUMATE, Oscar W.; s/o John W. & Mary W.; 29y; sgl; merchant; b. & res. Fqr; m. 14 Oct 1903 in Fqr to MIDDLETON, Edith B.; d/o Frank & Ida M.; 22y; sgl; b. WashDC; res. Fqr; (lic) 13 Oct 1903; (off) F. R. BOSTON; Pg:Ln 299:22

SHUMATE, Robt. W.; s/o Whit and Virginia; 26y; sgl; farmer; b. & res.
Fqr; m. 29 Jun 1898 in Fqr to EDWARDS, Hattie G.; d/o Inman &
Mary; 24y; sgl; b. & res. Fqr; (lic) 28 Jun 1898; (off) T. W. NEWMAN;
Pg:Ln 266:03
SHUMATE, Wm. O.; s/o Wm. J. & Virginia; 29y; sgl; farmer; b. AugVA;
res. Fqr; m. 19 Jan 1887 in Fqr to MIDDLETON, Ida M.; d/o H. C. &
Virginia B. BALDWIN; 27y; wid; b. WashDC; res. Fqr; (lic) 18 Jan
1887; (off) Walter H. ROBERTSON; Pg:Ln 200:13
SILCOTT, F. M.; s/o Noval & Margt.; 43y; sgl; farmer; b. & res. LdnVA; m.
7 Dec 1897 in Fqr to IDEN, C. L.; d/o Abner & Catharine; 24y; sgl; b. &
res. Fqr; (lic) 27 Nov 1897; (off) W. T. EATON; Pg:Ln 262:01
SILCOTT, Wm. Henry; s/o Wm. & Frances E.; 28y; sgl; carpenter; b. &
res. LdnVA; m. 24 Mar 1886 in Fqr to DOWNS, Laura A.; d/o C. M. &
Emily F.; 28y; sgl; b. & res. Fqr; (lic) 20 Mar 1886; (off) C. L.
DAMARON; Pg:Ln 196:01
SILLING, Cameron A.; s/o A. J. & Mary E.; 30y; sgl; merchant; b. Fqr; res.
PrWmVA; m. 10 Jan 1899 in Fqr to FLYNN, Bessie V.; d/o J. B. &
Rachael; 21y; sgl; b. & res. Fqr; (lic) 10 Jan 1899; (off) Geo. W.
NELSON; Pg:Ln 270:24
SILLS, John A.; s/o John & Mary N.; 33y; sgl; occ. not given; b. RappVA;
res. Fqr; m. 29 Dec 1887 in Fqr to SEALOCK, Mary E.; d/o Thos. &
Henrietta K.; 33y; sgl; b. & res. Fqr; (lic) 26 Dec 1887; (off) Wm. K.
MARSHALL; consent of father in person; Pg:Ln 205:12
SILMAN, Peter M.; s/o Benjamin T. & Sarah C.; 21y; sgl; farmer; b.
ClrkVA; res. Fqr; m. 4 Jul 1889 in Fqr to COCKRELL, Lilly; d/o John &
Molly; 20y; sgl; b. & res. Fqr; (lic) 1 Jul 1889; (off) Chas. T.
HERNDON; consent of father in person; Pg:Ln 212:23
SIMMS, Jas. R.; s/o Walter & Sarah; 21y; sgl; blacksmith; b. & res. Fqr;
m. 17 Nov 1897 in Fqr to SINCLAIR, Ella J. E.; d/o Geo. B. & Lyddie
M.; 23y; sgl; b. & res. Fqr; (lic) 15 Nov 1897; (off) W. F. DUNAWAY;
Pg:Ln 261:18
SIMPSON, John (col); s/o Jack & Hannah; 22y; sgl; laborer; b. & res. Fqr;
m. 7 Aug 1898 in Fqr to CRAIG, Louisa (col); d/o Louis & Josephine;
21y; sgl; b. & res. Fqr; (lic) 6 Aug 1898; (off) Vincent LACY; Pg:Ln
266:18
SIMPSON, S. S.; s/o Jno. F. & Fannie A.; 26y; sgl; physician; b. LdnVA;
res. FfxVA; m. 28 Feb 1888 in Fqr to HARRISON, Bessie S.; d/o
Edwin R. & Eliz'th S.; 22y; sgl; b. ClrkVA; res. Fqr; (lic) 28 Feb 1888;
(off) D. Frank ENTSLER; consent of guardian in person; Pg:Ln 206:16
SIMPSON, W. E.; s/o Samil? J. & Catherine; 26y; sgl; street car cond.; b.
& res. WrnVA; m. 11 May 1904 in Fqr to HARRELL, Blanche; d/o E. B.
& Lizzie; 26y; sgl; b. & res. Fqr; (lic) 9 May 1904; (off) James M.
BROWN; Pg:Ln 302:22
SIMS, Geo. W. (col); s/o Wm. & Jane; 29y; sgl; farmer; b. JeffWV; res.
Fqr; m. 26 Jun 1898 in Fqr to BAKER, Mariana (col); d/o Andrew &
Mildred; 21y; sgl; b. & res. Fqr; (lic) 25 Jun 1898; (off) M. A.
RUSSELL; Pg:Ln 266:01

SINCLAIR, A. E.; s/o C. H. & A. E.; 22y; sgl; farmer; b. & res. Fqr; m. 20 Dec 1894 in Fqr to BALL, Lucy D.; d/o A. P. & N. A.; 22y; sgl; b. PrWmVA; res. Fqr; (lic) 19 Dec 1894; (off) J. J. NORWOOD; Pg:Ln 244:14
SINCLAIR, Archibald C.; s/o Chas. H. & Ann E.; 23y; sgl; painter; b. & res. Fqr; m. 6 Jun 1900 in Fqr to DOWNS, Elizabeth J.; d/o Rush W. & Elizabeth J.; 21y; sgl; b. & res. Fqr; (lic) 6 Jun 1900; (off) Walter H. ROBERTSON; Pg:Ln 279:15
SINCLAIR, Archie (col); s/o Spot & Louisa; 53y; wid; gardener; b. & res. Fqr; m. 24 Dec 1893 in Fqr to BARBER, Carrie (col); d/o Albert & Rose; 21y; sgl; b. RappVA; res. Fqr; (lic) 23 Dec 1893; (off) C. M. TYLER; Pg:Ln 238:21
SINCLAIR, E. L.; s/o Elijah B. & Mariam P.; 21y; sgl; farmer; b. LdnVA; res. Fqr; m. 7 Jan 1883 in Fqr to LAWLER, Mary E.; d/o Francis N. & Evalina; 25y; sgl; b. Page Co. VA; res. Fqr; (lic) 30 Dec 1882; (off) James GRAMMER; Pg:Ln 178:23
SINCLAIR, Evan; s/o Elijah & Miriam; 31y; sgl; farmer; b. LdnVA; res. Fqr; m. 1 Nov 1887 in Fqr to FEWELL, Fannie A.; d/o Alexander & Cordelia; 25y; sgl; b. & res. Fqr; (lic) 31 Oct 1887; (off) J. N. DOFFERMYER; oath; Pg:Ln 203:17
SINCLAIR, Wm.; s/o E. O. & Fanny; 20y; sgl; farmer; b. & res. Fqr; m. 12 Nov 1903 in Fqr to BRADLEY, A. Ethel; d/o N. C. & Nancy P.; 22y; sgl; b. & res. Fqr; (lic) 12 Nov 1903; (off) W. P. C. COE; consent of his father in person; Pg:Ln 300:04
SISK, Ashton; s/o Jas. H. & Pattie; 21y; sgl; farmer; b. & res. Fqr; m. 3 Mar 1891 in Fqr to DARNELL, Lily M.; d/o Wm. & Elizabeth; 20y; sgl; b. & res. Fqr; (lic) 3 Mar 1891; (off) T. G. NEVITT; consent of father in person; Pg:Ln 223:08
SISK, Foley; s/o Lewis & Caroline B.; 21y; sgl; farmer; b. & res. Fqr; m. 20 Oct 1886 in Fqr to PEARSON, Senora B.; d/o Hiram & Sarah; 26y; sgl; b. & res. Fqr; (lic) 20 Oct 1886; (off) G. W. NELSON; age of husband sworn to by R. M. WINES; Pg:Ln 198:10
SISK, James K.; s/o James & Patsy; 25y; sgl; laborer; b. & res. Fqr; m. 20 Feb 1901 in Fqr to ROSE, Minnie; d/o Charles & Rosella; 28y; sgl; b. WrnVA; res. Fqr; (lic) 18 Feb 1901; (off) C. SNYDENSTRICKER; Pg:Ln 284:03
SKINKER, Chas. B.; s/o Jas. K. & Eliz'th E.; 52y; sgl; farmer; b. & res. Fqr; m. 12 Oct 1893 in Fqr to MORSON, Roberta W.; d/o Arthur & Maria; 36y; sgl; b. & res. Fqr; (lic) 10 Oct 1893; (off) W. H. ROBERTSON; Pg:Ln 237:02
SKINKER, H. G.; s/o Thos. J. & Ann E.; 27y; sgl; farmer; b. StafVA; res. Fqr; m. 10 Oct 1894 in Fqr to RUCKER, Annie L.; d/o Wm. A. & Annie C.; 21y; sgl; b. & res. Fqr; (lic) 3 Oct 1894; (off) I. B. LAKE; Pg:Ln 242:22
SKINKER, William; s/o Wm. K. & Annette; 24y; sgl; farmer; b. & res. Fqr; m. 19 Jun 1901 in Fqr to COCHRAN, Fanny D.; d/o J. H. & Charlotte; 25y; sgl; b. & res. Fqr; (lic) 17 Jun 1901; (off) J. J. NORWOOD; Pg:Ln 285:10

SKINNER, Charles L.; s/o Chas. G. & Lucy M.; 24y; sgl; physician; b. RockVA; res. Fqr; m. 12 Oct 1899 in Fqr to SKINNER, Edna E.; d/o Jas. H. & Ellen; 22y; sgl; b. & res. Fqr; (lic) 7 Oct 1899; (off) Christopher SYDENSTRICKER; Pg:Ln 274:21

SKINNER, E. W.; s/o Williamson & Mary; 29y; sgl; farmer; b. & res. Fqr; m. 20 Nov 1884 in LdnVA to SMITH, Kattie; d/o Alex'r. M. & Martha; 25y; sgl; b. & res. Fqr; (lic) 17 Nov 1884; (off) W. F. DUNAWAY; Pg:Ln 188:23

SKINNER, L. J.; s/o B. F. & Landonia; 32y; sgl; farmer; b. LdnVA; res. Fqr; m. 13 Dec 1893 in Fqr to SMITH, Janie M.; d/o Horace & Ella; 24y; sgl; b. & res. Fqr; (lic) 9 Dec 1893; (off) Frank B. BERKELEY; Pg:Ln 238:09

SLACUM, Luther M.; s/o Jno. S. M. & Mary C.; 25y; sgl; farmer; b. & res. Northumberland Co. VA; m. 9 Aug 1883 in Fqr to FLORANCE, Mary V.; d/o Luther & Elizabeth; 21y; sgl; b. & res. Fqr; (lic) 9 Aug 1883; (off) Isaac W. CANTER; Pg:Ln 181:05

SLATER, Edw'd B.; s/o Beverly & Sally A.; 32y; sgl; attorney; b. James City Co. VA; res. BaltMD; m. 6 Nov 1895 in Fqr to DAY, Virginia; d/o Douglas & Virginia; 27y; sgl; b. & res. Fqr; (lic) 5 Nov 1895; (off) Geo. W. NELSON; Pg:Ln 249:14

SLAUGHTER, Alexander (col); s/o Alex & Susan; 23y; sgl; laborer; b. & res. Fqr; m. 1 Nov 1885 in Fqr to PARKER, Mary E. (col); d/o John & Harriet; 25y; sgl; b. LdnVA; res. Fqr; (lic) 31 Oct 1885; (off) L. WARRING; Pg:Ln 193:18

SLAUGHTER, Joseph H. (col); s/o Eli & Ella; 25y; sgl; laborer; b. & res. Fqr; m. 11 Apr 1903 in Fqr to HALEY, Etta E. (col); d/o Lewis & Sallie; 22y; sgl; b. & res. Fqr; (lic) 9 Apr 1903; (off) N. A. MARRIOTT; Pg:Ln 297:12

SLAUGHTER, Wash (col); s/o Alex'r & Celia; 24y; sgl; laborer; b. & res. Fqr; m. 3 Mar 1895 in Fqr to CARTER, Alice (col); d/o not given; 21y; sgl; b. RappVA; res. Fqr; (lic) 2 Mar 1895; (off) R. L. RUFFIN; Pg:Ln 246:07

SMALLWOOD, Cornelius; s/o Geo. W. & Eliza; 29y; sgl; farmer; b. & res. Fqr; m. 26 Dec 1894 in Fqr to LOVETT, Laura H.; d/o Charles & ___; 22y; sgl; b. & res. Fqr; (lic) 22 Dec 1894; (off) Frank R. BERKLEY; Pg:Ln 244:22

SMALLWOOD, Jackson E.; s/o Jno. W. & Mary E.; 28y; sgl; farmer; b. PrWmVA; res. Fqr; m. 27 Nov 1890 in Fqr to FLETCHER, Mary W.; d/o Jno. W. & Virginia M.; 28y; wid; b. & res. Fqr; (lic) 26 Nov 1890; (off) J. N. BADGER; Pg:Ln 220:20

SMALLWOOD, Newton E.; s/o John T. & May F.; 23y; sgl; merchant; b. Fqr; res. PrWmVA; m. 2 May 1900 in PrWmVA to THARPE, Dixie Duritha; d/o Moses & Mary Ellen; 18y; sgl; b. & res. Fqr; (lic) 30 Apr 1900; (off) J. W. BAIN; consent of father sworn to & filed; Pg:Ln 279:03

SMITH, A. A.; s/o Arthur & Mary; 25y; sgl; farmer; b. & res. Fqr; m. 21 Dec 1890 in Fqr to SMITH, Lucy J.; d/o Benj. & Susannah; 20y; sgl; b. &

res. Fqr; (lic) 20 Dec 1890; (off) not given; consent of father sworn to by Julius NICKINS; Pg:Ln 221:09
SMITH, Addison (col); s/o William & Jane; 26y; sgl; laborer; b. & res. Fqr; m. 6 Nov 1898 in Fqr to CARTER, Anna (col); d/o ___ & Alice; 21y; sgl; b. & res. Fqr; (lic) 5 Nov 1898; (off) C. M. TYLER; Pg:Ln 268:16
SMITH, Anthony R. (col); s/o Anthony & Mary; 32y; sgl; laborer; b. & res. Fqr; m. 31 Jul 1905 in Fqr to FITZHUGH, Nanie (col); d/o ___ & Fannie; 15y; sgl; b. & res. Fqr; (lic) 31 Jul 1905; (off) D. W. JONES; consent of mother filed; Pg:Ln 309:23
SMITH, Archibald Magill; s/o Chas. M. & Catherine S.; 28y; sgl; lumber dealer; b. Franklin, St. Mary Parish, Louisiana; res. Bowie LaFourche Parish Louisianna; m. 16 Nov 1905 in Fqr to TURNER, Mary Bolling; d/o Robert F. & Pocahontas; 21y; sgl; b. & res. Fqr; (lic) 15 Nov 1905; (off) James GRAMMER; Pg:Ln 311:06
SMITH, B. F.; s/o John & L.; 29y; sgl; railroad hand; b. & res. Fqr; m. 8 Oct 1890 in Fqr to HARTMAN, Mattie; d/o J. A. & M. J.; 20y; sgl; b. PA; res. Fqr; (lic) 7 Oct 1890; (off) Walter H. ROBERTSON; consent of father in person; Pg:Ln 220:02
SMITH, Benj. F. (col); s/o Elijah & Mandy; 32y; sgl; laborer; b. & res. Fqr; m. 15 Apr 1888 in Fqr to ADAMS, Champ (col); d/o ___ & Maria; 45y; sgl; b. & res. Fqr; (lic) 14 Apr 1888; (off) R. P. DAWSON; oath; Pg:Ln 207:02
SMITH, Bernard (col); s/o ___ & Sarah; 32y; sgl; laborer; b. & res. Fqr; m. 17 May 1905 in Fqr to MORAN, Agnes (col); d/o John & Annie; 26y; sgl; b. & res. Fqr; (lic) 17 May 1905; (off) D. W. JONES; Pg:Ln 309:07
SMITH, Charles (col); s/o Wm. & Octavia; 26y; div; laborer; b. & res. Fqr; m. 18 Dec 1889 in Fqr to FORD, Sarah (col); d/o ___ & Louisa; 31y; wid; b. & res. Fqr; (lic) 18 Dec 1889; (off) Jno. F. POULTON; Pg:Ln 215:17
SMITH, Chas. (col); s/o Wm. & Octavia; 21y; sgl; laborer; b. & res. Fqr; m. 15 Nov 1883 in Fqr to JACKSON, Lucy (col); d/o Lyttleton & Lucy; 19y; sgl; b. & res. Fqr; (lic) 15 Nov 1883; (off) Ellzey ROBERSON; consent of father proved by oath of Willis WHITE (col); Pg:Ln 183:04
SMITH, Clarence (col); s/o Wm. H. & Emma; 26y; sgl; tinner; b. & res. Fqr; m. 8 Jul 1899 in Fqr to CARTER, Emma (col); d/o John & Alice; 18y; sgl; b. & res. Fqr; (lic) 1 Jul 1899; (off) Robt L. RUFFIN; consent of mother in person; Pg:Ln 273:04
SMITH, Decutur (col); s/o Hinson & Mary; 28y; sgl; laborer; b. & res. Fqr; m. 15 Nov 1891 in Fqr to STEWART, Mary (col); d/o Cap & Hannah; 24y; sgl; b. & res. Fqr; (lic) 13 Nov 1891; (off) R. R. DAWSON; Pg:Ln 226:24
SMITH, Edwd. (col); s/o Bristee & Bettie; 44y; wid; laborer; b. & res. Fqr; m. 28 Nov 1897 in Fqr to WEST, Lucinda (col); d/o Richd. & Caroline; 34y; sgl; b. & res. Fqr; (lic) 27 Nov 1897; (off) R. N. GODFREY; Pg:Ln 262:02
SMITH, Floyd M.; s/o Joseph H. & Susan J.; 26y; sgl; farmer; b. & res. Fqr; m. 21 Dec 1904 in Fqr to McCONCHIE, Rosa A.; d/o Robt. A. &

Mary J.; 27y; sgl; b. & res. Fqr; (lic) 17 Dec 1904; (off) C. W.
BROOKS; see letter of J. L. CRITTENDEN; Pg:Ln 306:18
SMITH, G. M.; s/o Robt. A. & Susan; 35y; wid; farmer; b. & res. Fqr; m. 22
Nov 1894 in Fqr to EDWARDS, Delia A.; d/o Jas. A. & Mary; 28y; sgl;
b. & res. Fqr; (lic) 22 Nov 1894; (off) C. W. BROOKS; Pg:Ln 243:22
SMITH, Geo. (col); s/o Geo. H. & Josephine; 30y; sgl; laborer; b. CulpVA;
res. Fqr; m. 12 Apr 1905 in Fqr to LEE, Fannie (col); d/o ___ &
Martha; 25y; sgl; b. & res. Fqr; (lic) 12 Apr 1905; (off) D. W. JONES;
Pg:Ln 308:23
SMITH, Geo. T.; s/o Roley & Jane; 27y; sgl; farmer; b. & res. Fqr; m. 18
Jan 1893 in Fqr to HARRISON, Martha D.; d/o Geo. W. & Eliz'th; 19y;
sgl; b. & res. Fqr; (lic) 16 Jan 1893; (off) W. F. DUNAWAY; consent of
father in person; Pg:Ln 234:11
SMITH, George S.; s/o John & Anna D.; 48y; sgl; farmer; b. & res. Fqr; m.
19 Jul 1897 in Fqr to JOHNSON, Rosena D.; d/o Wm. & Sarah C.;
37y; sgl; b. & res. Fqr; (lic) 19 Jul 1897; (off) F. R. BOSTON; Pg:Ln
259:17
SMITH, George W.; s/o John & Luvenia; 25y; sgl; laborer; b. & res. Fqr;
m. 28 Dec 1899 in Fqr to MARTIN, Martha; d/o ___ & ___; 22y; sgl; b.
& res. Fqr; (lic) 21 Dec 1899; (off) (no return of Minister); Pg:Ln 276:10
SMITH, Gillison (col); s/o Gillison & Mary; 22y; sgl; laborer; b. & res. Fqr;
m. 25 Aug 1885 in Fqr to KILPATRICK, Mary (col); d/o Wm. & Eliza;
21y; sgl; b. & res. Fqr; (lic) 24 Aug 1885; (off) R. P. DAWSON; Pg:Ln
192:24
SMITH, Henry (col); s/o Jess & Amanda; 38y; sgl; laborer; b. LdnVA; res.
Fqr; m. 26 Dec 1893 in Fqr to RUNNER, Lottie (col); d/o Stephen &
Ann; 21y; sgl; b. & res. Fqr; (lic) 25 Dec 1893; (off) G. C. BANISTER;
Pg:Ln 239:01
SMITH, Henry (col); s/o Bony & Kiss; 23y; sgl; laborer; b. & res. Fqr; m.
23 Jan 1895 in Fqr to WASHINGTON, Maggie (col); d/o Geo. &
Martha; 21y; sgl; b. & res. Fqr; (lic) 23 Jan 1895; (off) R. L. RUFFIN;
Pg:Ln 245:16
SMITH, Henry (col); s/o Jesse & Susan; 30y; sgl; laborer; b. & res. Fqr; m.
4 Feb 1896 in Fqr to SHELTON, Julia (col); d/o ___ & Sarah; 25y; sgl;
b. & res. Fqr; (lic) 3 Feb 1896; (off) not given; Pg:Ln 252:03
SMITH, J. A.; s/o Chas. E. & M. C.; 21y; sgl; farmer; b. & res. Fqr; m. 29
Jul 1891 in Fqr to FEWELL, Cora S.; d/o J. A. & Cordelia; 18y; sgl; b.
& res. Fqr; (lic) 28 Jul 1891; (off) James GRAMMER; consent of father
in person; Pg:Ln 225:01
SMITH, J. E. (col); s/o Harrison & Minnie; 46y; wid; farmer; b. AlbmVA;
res. Fqr; m. 21 Dec 1894 in Fqr to LONG, Rebecca (col); d/o Willis &
Rebecca; 19y; sgl; b. & res. Fqr; (lic) 21 Dec 1894; (off) not given; not
consumated, consent of Judge SPILMAN; Pg:Ln 244:19
SMITH, J. Gordon; s/o B. F. & H. E.; 27y; sgl; merchant; b. CulpVA; res.
Fqr; m. 12 Jan 1887 in Fqr to SMITH, Sarah F.; d/o Henry & Frances
E.; 32y; sgl; b. & res. Fqr; (lic) 10 Jan 1887; (off) J. C. C. NEWTON;
Pg:Ln 200:08

SMITH, Jacob E. (col); s/o Harrison & Minnie; 48y; wid; farmer; b. AlbmVA; res. Fqr; m. 5 Dec 1897 in Fqr to CONWAY, Mary; d/o John & Betsy; 22y; sgl; b. & res. Fqr; (lic) 3 Dec 1897; (off) C. M. TYLER; Pg:Ln 262:04

SMITH, James H.; s/o Adrian & Sarah; 50y; wid; farmer; b. & res. Fqr; m. 10 Apr 1902 in Fqr to GLASCOCK, Eliz'th E.; d/o George & Mary E.; 45y; sgl; b. & res. Fqr; (lic) 10 Apr 1902; (off) F. R. BOSTON; Pg:Ln 291:11

SMITH, Jas. (col); s/o Rich'd. & Lizzie; 21y; sgl; farmer; b. & res. Fqr; m. 27 Dec 1893 in Fqr to TAYLOR, Mary (col); d/o Elias & Annie; 21y; sgl; b. & res. Fqr; (lic) 25 Dec 1893; (off) G. C. BANISTER; Pg:Ln 238:22

SMITH, Jas. W.; s/o Wm. & Mary; 67y; wid; farmer; b. LdnVA; res. Fqr; m. 13 Nov 1895 in Fqr to DOWNS, Jennie B.; d/o Richard & Martha; 39y; wid; b. & res. Fqr; (lic) 12 Nov 1895; (off) Frank P. BERKLEY; Pg:Ln 249:19

SMITH, Jerome J.; s/o Robert & Emma; 23y; sgl; farmer; b. & res. Fqr; m. 30 Dec 1903 in Fqr to CURTIS, Nelly T.; d/o Geo. T. & Fannie; 16y; sgl; b. & res. Fqr; (lic) 28 Dec 1903; (off) C. W. BROOKS; consent of father filed; Pg:Ln 301:02

SMITH, Jno. F.; s/o Robt. & Susan; 24y; sgl; milling; b. & res. Fqr; m. 27 Sep 1894 in Fqr to BALL, Lizzie; d/o Wm. & Hannah; 27y; sgl; b. RockVA; res. Fqr; (lic) 24 Sep 1894; (off) F. H. JAMES; Pg:Ln 242:17

SMITH, Jno. W.; s/o C. W. & Mary E.; 25y; sgl; farmer; b. & res. Fqr; m. 1 Mar 1892 in Fqr to HEFLIN, Jennie; d/o Edw'd. & Catharine; 25y; sgl; b. & res. Fqr; (lic) 27 Feb 1892; (off) Jas. W. HEFLIN; Pg:Ln 229:05

SMITH, Jno. W.; s/o R. L. & Catherine; 25y; sgl; farmer; b. & res. Fqr; m. 23 Oct 1901 in Fqr to LEE, Alice C.; d/o H. H. & Olivia; 19y; sgl; b. & res. Fqr; (lic) 22 Oct 1901; (off) W. H. ROBERTSON; consent of father filed; Pg:Ln 287:15

SMITH, John T.; s/o Jno. T. & Luvenia; 26y; sgl; laborer; b. & res. Fqr; m. 18 Sep 1898 in Fqr to BRYANT, Irene; d/o Wm. & Mary; 25y; sgl; b. StafVA; res. Fqr; (lic) 17 Sep 1898; (off) Walter H. ROBERTSON; Pg:Ln 267:10

SMITH, Joseph A.; s/o Charles E. & Molly; 29y; sgl; railroading; b. Fqr; res. WashDC; m. 27 Dec 1899 in Fqr to ROBINSON, Lizzie M.; d/o W. H. & Fanny; 21y; sgl; b. & res. Fqr; (lic) 27 Dec 1899; (off) F. R. BOSTON; Pg:Ln 277:03

SMITH, Lucien L. Jr.; s/o L. L. & J. V.; 22y; sgl; gov. clerk; b. WashDC; res. Hyattsville MD; m. 6 Jun 1901 in Fqr to MARTYN, Annette C.; d/o B. F. & E. E.; 20y; sgl; b. & res. Fqr; (lic) 6 Jun 1901; (off) H. S. COE; consent of father in person; Pg:Ln 285:05

SMITH, Mercer (col); s/o ___ & ___; 43y; sgl; laborer; b. Madison Co. Va; res. Fqr; m. 24 Nov 1902 in Fqr to MITCHELL, Hannah A. J.; d/o ___ & ___; 52y; sgl; b. & res. Fqr; (lic) 18 Nov 1902; (off) M. A. RUSSELL; see letter; Pg:Ln 294:18

SMITH, Peter (col); s/o Thomas & Annie; 41y; sgl; laborer; b. & res. Fqr; m. 28 Feb 1900 in Fqr to NELSON, Ellen (col); d/o Daniel & Margaret;

23y; sgl; b. & res. Fqr; (lic) 27 Feb 1900; (off) C. M. TYLER; Pg:Ln 278:02

SMITH, Robert (col); s/o Elijah & Amanda; 24y; sgl; laborer; b. & res. Fqr; m. 13 Dec 1888 in Fqr to SHACKLETT, Adaline (col); d/o James & Hannah; 27y; sgl; b. & res. Fqr; (lic) 12 Dec 1888; (off) G. C. BANISTER; age sworn to by Alfred BROWN & filed; Pg:Ln 209:02

SMITH, Sidney; s/o Cage & Julia; 21y; sgl; laborer; b. & res. Fqr; m. 28 Sep 1887 in Fqr to NEAL, Louisa; d/o Nat & Mary Jane; 20y; sgl; b. & res. Fqr; (lic) 26 Sep 1887; (off) R. P. DAWSON; oath; Pg:Ln 203:04

SMITH, Silas (col); s/o ___ & Chrissey Perry; 54y; wid; laborer; b. & res. Fqr; m. 27 Jul 1905 in Fqr to McINTYRE, Annie (col); d/o ___ & ___; 42y; sgl; b. & res. Fqr; (lic) 27 Jul 1905; (off) D. W. JONES; Pg:Ln 309:22

SMITH, Stewart (col); s/o Benj. & Eliza; 26y; sgl; laborer; b. & res. Fqr; m. 19 Dec 1894 in Fqr to BERRY, Mary E. (col); d/o ___ & Louisa; 19y; sgl; b. & res. Fqr; (lic) 19 Dec 1894; (off) R. L. RUFFIN; Pg:Ln 244:15

SMITH, Thomas (col); s/o Boney & Eliza; 29y; sgl; laborer; b. & res. Fqr; m. 19 Nov 1902 in Fqr to ADDISON, Evalina (col); d/o Joseph & Elizabeth; 19y; sgl; b. & res. Fqr; (lic) 19 Nov 1902; (off) M. A. RUSSELL; consent of father in person; Pg:Ln 294:20

SMITH, Thornton (col); s/o Carter & Letty; 23y; sgl; farmer; b. & res. Fqr; m. 26 Apr 1896 in Fqr to ROBINSON, Mary (col); d/o ___ & Olivia; 19y; sgl; b. & res. Fqr; (lic) 25 Apr 1896; (off) H. CRUTCHER; consent filed; Pg:Ln 253:03

SMITH, Thos.; s/o Wm. & Eliz'th H.; 55y; sgl; lawyer; b. CulpVA; res. San Miguel Co. NM; m. 10 Oct 1894 in Fqr to GAINES, Eliz'th Fairfax; d/o Wm. H. & Mary F.; 37y; sgl; b. & res. Fqr; (lic) 9 Oct 1894; (off) Geo. W. NELSON; Pg:Ln 243:01

SMITH, Thos. W.; s/o A. D. & Susan N.; 30y; sgl; physician; b. & res. Fqr; m. 15 Sep 1886 in Fqr to BLACKWELL, Mary J.; d/o M. C. & S. F.; 25y; sgl; b. & res. Fqr; (lic) 14 Sep 1886; (off) Geo. W. NELSON; Pg:Ln 197:22

SMITH, Uriah (col); s/o Wm. & Malinda; 25y; sgl; laborer; b. CulpVA; res. Fqr; m. 6 Dec 1883 in Fqr to ROBINSON, Lucinda (col); d/o Clinton & Mary; 20y; sgl; b. & res. Fqr; (lic) 6 Dec 1883; (off) J. H. WAUGH; consent of father proved by oath of Peter W. TIBBES; Pg:Ln 183:22

SMITH, W. H.; s/o Henry & Fanny E.; 27y; sgl; farmer; b. & res. Fqr; m. 1 Apr 1885 in Fqr to BOUTWELL, L. M.; d/o John & Mary; 28y; sgl; b. Caroline Co. VA; res. Fqr; (lic) 28 Mar 1885; (off) Isaac W. CANTER; Pg:Ln 191:21

SMITH, William S.; s/o Joseph & Susan; 24y; sgl; farmer; b. & res. Fqr; m. 27 Sep 1905 in Fqr to DAY, Lola C.; d/o Joseph R. & Ella J.; 23y; sgl; b. CulpVA; res. Fqr; (lic) 25 Sep 1905; (off) L. Hunter EARLY; Pg:Ln 310:15

SMITH, Wm. (col); s/o Bony & Louisa; 30y; sgl; laborer; b. & res. Fqr; m. 15 Mar 1897 in Fqr to FERGUSON, Octavia (col); d/o Turner & ___; 21y; sgl; b. & res. Fqr; (lic) 15 Mar 1897; (off) A. R. PINKET; Pg:Ln 258:11

SMITH, Wm. M. (col); s/o William & Lizzie; 22y; sgl; laborer; b. & res. Fqr; m. 14 Oct 1897 in Fqr to NICKENS, Susan (col); d/o ___ & Frances; 21y; sgl; b. & res. Fqr; (lic) 13 Oct 1897; (off) G. C. BANNISTER; letter of C. M. SMITH; Pg:Ln 260:21

SMITH, Wm. W.; s/o David & Louisa; 22y; sgl; laborer; b. & res. Fqr; m. 17 Jul 1901 in Fqr to CEPHAS, Hattie (col); d/o John & Ann; 21y; sgl; b. & res. Fqr; (lic) 16 Jul 1901; (off) D. W. JONES; Pg:Ln 285:17

SMITHERS, Wm. B.; s/o Wm. & Catharine; 33y; sgl; railroading; b. & res. Fqr; m. 24 Nov 1886 in Fqr to HULFISH, S. E.; d/o Garrett & Susan; 25y; sgl; b. PrWmVA; res. Fqr; (lic) 22 Nov 1886; (off) C. A. JOYCE; Pg:Ln 198:24

SMOOT, Edward; s/o John & Martha; 24y; sgl; laborer; b. WrnVA; res. Fqr; m. 22 Aug 1892 in Fqr to DARR, Catherine M.; d/o James C. & Lucy Ann; 26y; sgl; b. RappVA; res. Fqr; (lic) 19 Aug 1892; (off) S. M. ATHEY; Pg:Ln 231:10

SMOOT, Thos. (col); s/o Travis & Mary; 21y; sgl; laborer; b. & res. CulpVA; m. 12 Jul 1894 [?, see date of license] in Fqr to WHITE, Rosa (col); d/o Ben & ___; 21y; sgl; b. & res. Fqr; (lic) 16 Jul 1894; (off) R. H. CAREY; Pg:Ln 241:23

SMOOT, West (col); s/o John & Eve; 28y; sgl; laborer; b. & res. CulpVA; m. 27 Jan 1889 in Fqr to WOODROW, Alice (col); d/o ___ & Amanda; 27y; sgl; b. & res. Fqr; (lic) 24 Jan 1889; (off) D. JOHNSON; Pg:Ln 210:19

SMYTHE, J. D.; s/o J. L. & Emma B.; 43y; wid; physician; b. Attala Co. Miss; res. Greenville Miss; m. 2 Sep 1905 in Fqr to RANDOLPH, Hebe G.; d/o Wm. F. & Nannie G.; 26y; sgl; b. Washington Co. Miss; res. Fqr; (lic) 2 Sep 1905; (off) A. M. RANDOLPH; Pg:Ln 310:10

SNYDER, Danl. C.; s/o David H. & Sarah A.; 59y; wid; farmer; b. JeffWV; res. ClrkVA; m. 23 Dec 1889 in Fqr to FITZHUGH, B. F.; d/o N. N. & Sarah A.; 49y; wid; b. & res. Fqr; (lic) 21 Dec 1889; (off) A. R. CARRINGTON; Pg:Ln 215:21

SOAPER, Edgar; s/o W. R. & Maria W.; 23y; sgl; farmer; b. & res. Fqr; m. 10 May 1888 in Fqr to ELGIN, Lou; d/o Thos. R. & Lizzie R.; 28y; sgl; b. & res. Fqr; (lic) 8 May 1888; (off) B. T. TURNER; oath; Pg:Ln 207:06

SOAPER, Wm. F.; s/o T. B. & Julia F.; 20y; sgl; farmer; b. & res. Fqr; m. 15 Sep 1896 in Fqr to WELLS, Fannie; d/o Jas. H. & Annie; 21y; sgl; b. & res. Fqr; (lic) 12 Sep 1896; (off) J. S. GARDNER; consent of father in person; Pg:Ln 254:08

SOUTHARD, Wm.; s/o Phineas & Catherine; 21y; sgl; railroading; b. & res. Fqr; m. 15 Nov 1899 in Fqr to HUFFMAN, Jenna; d/o Ludwell & Martha A.; 20y; sgl; b. & res. Fqr; (lic) 14 Nov 1899; (off) F. R. BOSTON; consent of father in person; Pg:Ln 275:08

SOWAGE, Joseph; s/o Amanser & Virginia; 25y; sgl; plumber; b. & res. Edgecombe Co NC; m. 25 Dec 1902 in Fqr to PATTIE, Gertrude; d/o T. E. & Ellas B.; 20y; div; b. & res. Fqr; (lic) 25 Dec 1902; (off) W. H. BALLINGEE; Pg:Ln 296:03

SOWERS, H. Wise; s/o Jno. W. & Mary E.; 29y; sgl; farmer; b. & res. ClrkVA; m. 4 Jun 1884 in LdnVA to RECTOR, Rose; d/o Samuel & Anna; 30y; sgl; b. & res. Fqr; (lic) 30 May 1884; (off) S. W. HADDAWAY; Pg:Ln 187:09

SPEER, James A.; s/o Matthew & Martha; 58y; wid; carpenter; b. JeffWV; res. Fqr; m. 18 Jun 1895 in Fqr to GROVES, Annie C.; d/o Fielding & Abigail; 44y; sgl; b. & res. Fqr; (lic) 18 Jun 1895; (off) Walter H. ROBERTSON; Pg:Ln 247:07

SPEIDEN, Henry W.; s/o C. C. & E. D.; 28y; sgl; clerk; b. Fqr; res. Mercer Co. WV; m. 25 Aug 1896 in Fqr to UTTERBACK, Harriet N.; d/o H. C. & P. A.; 22y; sgl; b. & res. Fqr; (lic) 22 Aug 1896; (off) L. H. CRENSHAW; Pg:Ln 254:02

SPEIDEN, Marion; s/o C. C. & E. D.; 25y; sgl; salesman; b. Fqr; res. New York; m. 17 Jan 1900 in Fqr to SLAUGHTER, Sophie C.; d/o Dr. J. P. & Catharine F.; 24y; sgl; b. & res. Fqr; (lic) 4 Jan 1900; (off) W. F. DUNAWAY; Pg:Ln 277:09

SPENNIE, Alfred (col); s/o Dawson & Lily; 21y; sgl; laborer; b. & res. Fqr; m. 3 Nov 1898 in Fqr to RICHARDSON, Roxie (col); d/o Richard & Laura; 20y; sgl; b. & res. Fqr; (lic) 2 Nov 1898; (off) G. C. BANNISTER; consent of father sworn to & filed; Pg:Ln 268:11

SPENNIE, Alfred (col); s/o Dorsey & Lillie; 25y; wid; laborer; b. & res. Fqr; m. 27 Aug 1902 in Fqr to ASH, Annie (col); d/o Albert & Kittie; 27y; wid; b. LdnVA; res. Fqr; (lic) 21 Aug 1902; (off) J. W. MEREDITH; Pg:Ln 293:12

SPICER, Wade A.; s/o Powhatan & Mary; 28y; sgl; farming; b. & res. CulpVA; m. 21 Feb 1900 in Fqr to SIMS, Maude R.; d/o M. A. & Maria L.; 24y; sgl; b. RappVA; res. Fqr; (lic) 21 Feb 1900; (off) J. Howard WELLS; Pg:Ln 277:24

SPILMAN, W. R.; s/o B. H. & Virginia L.; 28y; sgl; merchant; b. & res. RappVA; m. 6 Dec 1893 in Fqr to MOFFETT, Rose V.; d/o Jno. T. & Jane; 28y; sgl; b. & res. Fqr; (lic) 6 Dec 1893; (off) W. F. DUNAWAY; Pg:Ln 238:07

SPINDLE, M. W.; s/o Jefferson & Maria; 35y; sgl; merchant; b. StafVA; res. CulpVA; m. 15 Jan 1890 in Fqr to BURROUGHS, Lena G.; d/o John & Mary __; 29y; sgl; b. & res. Fqr; (lic) 13 Jan 1890; (off) F. H. JAMES; Pg:Ln 216:22

SPINKS, R. S.; s/o Chas. & Bettie; 21y; sgl; farmer; b. & res. Fqr; m. 16 Dec 1896 in Fqr to SMITH, Etta; d/o Jas. H. & Amanda; 17y; sgl; b. & res. Fqr; (lic) 12 Dec 1896; (off) J. M. CAMPBELL; consent of father in person; Pg:Ln 255:24

SPITZER, Saml. F.; s/o John & Susan; 23y; sgl; farmer; b. RockVA; res. Fqr; m. 24 Dec 1895 in Fqr to PONCE, Cora A.; d/o W. E. & Eliz'th; 20y; sgl; b. RockVA; res. Fqr; (lic) 23 Dec 1895; (off) M. G. EARLY; consent of father in person; Pg:Ln 251:03

SPRING, James E.; s/o George & Mary Jane; 22y; sgl; harness maker; b. PrWmVA; res. Fqr; m. 26 Jul 1897 in Fqr to HURST, Edna; d/o Jno. W. & Mary A.; 21y; sgl; b. & res. Fqr; (lic) 26 Jul 1897; (off) J. S. GARDNER; oath & consent; Pg:Ln 259:18

SPROUSE, J. C.; s/o David & Susan Jane; 31y; wid; farmer; b. AugVA; res. Fqr; m. 27 Oct 1889 in Fqr to GERMANS, Mary Elizabeth; d/o Marshall & Lila; 22y; sgl; b. & res. Fqr; (lic) 26 Oct 1889; (off) B. T. TURNER; Pg:Ln 214:09

SPROUSE, James E.; s/o Albert & Cath; 27y; sgl; merchant; b. & res. AlbmVA; m. 26 Mar 1906 in Fqr to GREEN, Stella L.; d/o Andrew & Susan; 22y; sgl; b. & res. Fqr; (lic) 26 Mar 1906; (off) B. D. HARRISON; Pg:Ln 313:20

STAFFORD, Carl L.; s/o John & Athie; 21y; sgl; r. r. hand; b. Catawba Co. NC; res. Fqr; m. 13 Jan 1904 in Fqr to CROCKETT, Maria; d/o White COWNE & Belle; 27y; wid; b. & res. Fqr; (lic) 11 Jan 1904; (off) W. T. GOVER; Pg:Ln 301:15

STAFFORD, Joseph (col); s/o Daniel & Hannah; 29y; sgl; laborer; b. FfxVA; res. PrWmVA; m. 31 Dec 1885 in Fqr to WALKER, Mary (col); d/o ___ & Agnes; 33y; wid; b. PrWmVA; res. Fqr; (lic) 31 Dec 1885; (off) G. C. BANISTER; Pg:Ln 194:17

STANFORD, Jno. T.; s/o Jno. C. & Isabella; 21y; sgl; farmer; b. & res. Fqr; m. 17 Sep 1896 in Fqr to SMITH, Laura; d/o Jno. & Lavenia; 18y; sgl; b. & res. Fqr; (lic) 16 Sep 1896; (off) Walter H. ROBERSTON; consent of mother in person; Pg:Ln 254:11

STANFORD, M. F.; s/o Jno. C. & Isabella; 25y; sgl; farmer; b. & res. Fqr; m. 13 Jan 1892 in Fqr to YATES, Elnora; d/o Wm. C. & F. J.; 20y; sgl; b. CulpVA; res. Fqr; (lic) 11 Jan 1892; (off) Frank P. BERKELEY; consent of father sworn to by C. W. YATES & filed; Pg:Ln 228:11

STAPLES, G[e]o. W.; s/o Geo. & Elizabeth; 27y; sgl; minister; b. FredVA; res. Fqr; m. 22 Mar 1905 in Fqr to GIBSON, Maude N.; d/o Howard & Kate N.; 25y; sgl; b. & res. Fqr; (lic) 18 Mar 1905; (off) James M. HAWLEY; Pg:Ln 308:14

STEARNS, Wm W.; s/o Jno. O. & Marg't. C.; 46y; sgl; rail roading; b. Eliz'th City, NJ; res. Fqr; m. 28 Jun 1892 in Fqr to BRODIE, Evelyn C.; d/o Wm. H. & Mary F.; 36y; sgl; b. NY City; res. Fqr; (lic) 27 Jun 1892; (off) A. M. RANDOLPH; Pg:Ln 230:22

STEELE, R. R.; s/o Andrew & Jane; 62y; wid; carpenter; b. FfxVA; res. Fqr; m. 12 Oct 1904 in Fqr to BOLEY, Laura; d/o Beverley & Sara J.; 50y; sgl; b. PrWmVA; res. Fqr; (lic) 8 Oct 1904; (off) C. W. MOORE; Pg:Ln 305:05

STEWART, Addison (col); s/o Willoughby & Hannah; 66y; wid; farmer; b. & res. Fqr; m. 23 Oct 1904 in Fqr to JOHNSON, Mary (col); d/o ___ & Mariah; 30y; sgl; b. & res. Fqr; (lic) 21 Oct 1904; (off) Eld. M. A. RUSSELL; Pg:Ln 305:13

STEWART, Arthur (col); s/o Benj. & Agnes; 49y; wid; laborer; b. PrWmVA; res. Fqr; m. 28 Jun 1883 in Fqr to WALKER, Sarah (col); d/o Alex & Martha; 28y; sgl; b. Madison Co. VA; res. Fqr; (lic) 28 Jun 1883; (off) not given; Pg:Ln 180:21

STEWART, Henry (col); s/o Addison & Charity; 24y; sgl; laborer; b. & res. Fqr; m. 30 Dec 1896 in Fqr to MOXLEY, Mary (col); d/o William & Alice; 20y; sgl; b. & res. Fqr; (lic) 28 Dec 1896; (off) P. W. AUSTIN; consent of father in person; Pg:Ln 256:24

STEWART, Moses (col); s/o Elias & Emily; 48y; sgl; laborer; b. & res. Fqr; m. 10 Nov 1892 in Fqr to BROWN, Hannah (col); d/o Lee & Susanna; 43y; sgl; b. & res. Fqr; (lic) 10 Nov 1892; (off) G. C. BANISTER; Pg:Ln 232:14

STEWART, Robt. (col); s/o Norman & Annie; 22y; sgl; laborer; b. & res. Fqr; m. 18 Nov 1897 in Fqr to HATCHER, Lizzie (col); d/o Henry & Rebecca; 22y; sgl; b. LdnVA; res. Fqr; (lic) 17 Nov 1897; (off) R. P. DAWSON; Pg:Ln 261:20

STEWART, Wm. A. Jr.; s/o Wm. A. & Emily G.; 22y; sgl; lawyer; b. & res. BaltMD; m. 14 Jun 1892 in Fqr to CARTER, Saidy B.; d/o Edward & Janey; 22y; sgl; b. & res. Fqr; (lic) 13 Jun 1892; (off) James GRAMMER; Pg:Ln 230:20

STINSON, John (col); s/o John & Mary; 26y; sgl; ice merchant; b. Mechlenburg Co NC; res. WashDC; m. 3 Sep 1902 in Fqr to BREWER, Jennie (col); d/o Morris & Jane; 25y; sgl; b. & res. Fqr; (lic) 3 Sep 1902; (off) Geo. W. HORNER; Pg:Ln 293:17

STIPE, George W.; s/o Wm. & Annie; 28y; sgl; harness maker; b. & res. Fqr; m. 28 Apr 1901 in Fqr to PAYNE, Edith; d/o Buck & Fannie B.; 21y; sgl; b. & res. Fqr; (lic) 22 Apr 1901; (off) W. P. C. COE; Pg:Ln 284:15

STIPE, Howard; s/o Wm. R. & Annie; 22y; wid; farmer; b. Fqr; res. LdnVA; m. 19 Jan 1899 in Fqr to HACKLEY, Elizabeth B.; d/o Louis & Sarah B.; 21y; sgl; b. RappVA; res. Fqr; (lic) 19 Jan 1899; (off) S. M. ATHEY; Pg:Ln 271:07

STOKES, Samuel A.; s/o Jas. W. & Elizabeth; 26y; sgl; farmer; b. & res. WrnVA; m. 26 Dec 1901 in Fqr to HARRELL, Stella W.; d/o E. B. & Elizabeth; 26y; sgl; b. & res. Fqr; (lic) 21 Dec 1901; (off) L. FOX; see letter E. T. PHILLIPS; Pg:Ln 289:14

STOKES, Travers (col); s/o Spencer & Nancy; 23y; sgl; laborer; b. & res. Fqr; m. 27 Apr 1904 in Fqr to HALL, Phillipa (col); d/o Eli & Louisa; 21y; sgl; b. & res. Fqr; (lic) 25 Apr 1904; (off) M. D. WILLIAMS; Pg:Ln 302:17

STONE, Wilbur F.; s/o Richd. & Ann E.; 40y; sgl; post office clk.; b. & res. Fqr; m. 8 Dec 1897 in Fqr to GREEN, Georgianna; d/o Chas. T. & Lucy E.; 27y; sgl; b. & res. Fqr; (lic) 7 Dec 1897; (off) F. R. BOSTON; Pg:Ln 262:07

STONE, William J.; s/o Thos. G. & E. F.; 18y; sgl; farmer; b. & res. Fqr; m. 11 Dec 1894 in Fqr to SUDDUTH, Clara B.; d/o James & M. B.; 23y; sgl; b. & res. Fqr; (lic) 1 Dec 1894; (off) Frank P. BERKLEY; consent of father in person; Pg:Ln 244:03

STOWERS, Peter (col); s/o Wm. & Dinah; 45y; wid; laborer; b. & res. Fqr; m. 11 Oct 1883 in Fqr to HARROD, Martha (col); d/o Thos. & Mary; 24y; sgl; b. & res. Fqr; (lic) 9 Oct 1883; (off) Arthur WHITE; Pg:Ln 182:07

STRIBLING, A. P.; s/o Geo. H. & Mary A.; 32y; sgl; merchant; b. SpotVA; res. OrngVA; m. 11 Jan 1888 in Fqr to LEWIS, Annie B.; d/o Geo. & Catharine; 28y; sgl; b. SpotVA; res. Fqr; (lic) 10 Jan 1888; (off) C. W. BROOKS; Pg:Ln 206:02

STRIBLING, Fred (col); s/o Horace & Sophie; 21y; sgl; laborer; b. & res. Fqr; m. 3 Jun 1905 in Fqr to GAINES, Nancy (col); d/o ___ & Kitty; 18y; sgl; b. & res. Fqr; (lic) 3 Jun 1905; (off) P. D. THOMPSON; consent filed; Pg:Ln 309:09

STRICKLER, J. G.; s/o Jos. F. & Sarah J.; 42y; sgl; farmer; b. & res. Page Co. Va; m. 22 Dec 1898 in Fqr to KINES, Edith E.; d/o Rust & Delilah; 21y; sgl; b. RappVA; res. Fqr; (lic) 21 Dec 1898; (off) W. T. EATON; Pg:Ln 269:22

STRICKLER, Willis P.; s/o S. W. & Nancy; 28y; sgl; farmer; b. Page Co.; res. Fqr; m. 1 Sep 1898 in Fqr to SUTHARD, Lora E.; d/o Jno. T. & ___; 25y; sgl; b. & res. Fqr; (lic) 31 Aug 1898; (off) F. R. BOSTON; Pg:Ln 267:01

STROTHER, A. W.; s/o A. J. & Ann M.; 45y; wid; farmer; b. & res. Fqr; m. 11 Sep 1895 in Fqr to TURNER, Zaidec B.; d/o B. B. & Rose; 25y; sgl; b. & res. Fqr; (lic) 9 Sep 1895; (off) Frank A. STROTHER; Pg:Ln 248:09

STROTHER, Albert (col); s/o Daniel & Eliza; 25y; sgl; farmer; b. & res. Fqr; m. 8 Jun 1899 in Fqr to GRANT, Janie G. (col); d/o Edward & Martha; 19y; sgl; b. & res. Fqr; (lic) 6 Jun 1899; (off) M. B. STROTHER; consent of father in person; Pg:Ln 272:17

STROTHER, Benjamin (col); s/o Wm. & Caroline; 22y; sgl; laborer; b. Richmond City, VA; res. Fqr; m. 6 Dec 1885 in Fqr to NELSON, Sarah (col); d/o Wm. & Marg't.; 21y; sgl; b. & res. Fqr; (lic) 3 Dec 1885; (off) Leland WARRING; Pg:Ln 193:24

STROTHER, Edwd. L. (col); s/o Wm. & Laura; 21y; sgl; laborer; b. & res. Fqr; m. 5 Dec 1897 in Fqr to GREEN, Lottie (col); d/o Levi & Mat; 22y; sgl; b. & res. Fqr; (lic) 2 Dec 1897; (off) J. C. LOVE; Pg:Ln 262:03

STROTHER, G. T.; s/o Jas. & Mildred; 33y; sgl; farmer; b. & res. Fqr; m. 13 Feb 1889 in Fqr to BAYLY, Lou; d/o S. P. & Fanny; 22y; sgl; b. & res. Fqr; (lic) 7 Feb 1889; (off) F. A. STROTHER; Pg:Ln 210:23

STROTHER, James A.; s/o Wm. Geo. & Josephine M.; 21y; sgl; farmer; b. LdnVA; res. Fqr; m. 16 Aug 1887 in Fqr to HALL, Sarah M.; d/o David & Polly; 19y; sgl; b. & res. Fqr; (lic) 16 Aug 1887; (off) John F. POULTON; consent of father sworn to by Wm. C. ROBINSON & filed; Pg:Ln 202:18

STROTHER, Jno. W.; s/o Wm. & Mary J.; 24y; sgl; farmer; b. & res. Fqr; m. 13 May 1889 in Fqr to BROWN, Mary E.; d/o D. F. & Frances; 22y; sgl; b. & res. Fqr; (lic) 13 May 1889; (off) W. D. WHITE; Pg:Ln 212:01

STROTHER, Robt. (col); s/o Henry & Maria; 57y; wid; laborer; b. Fqr; res. LdnVA; m. 31 Aug 1896 in Fqr to PRIEST, Lucy (col); d/o not given; 52y; wid; b. & res. Fqr; (lic) 31 Aug 1896; (off) G. C. BANISTER; Pg:Ln 254:03

STROTHER, Robt. F.; s/o Jno. & Julia; 51y; sgl; farmer; b. & res. Fqr; m. 1 Jun 1892 in Fqr to STROTHER, Fanny; d/o Wm. & ___; 52y; sgl; b. & res. Fqr; (lic) 23 May 1892; (off) J. L. Shipley; Pg:Ln 230:08

STROTHER, Rosey; s/o Benj. & Letitia; 22y; sgl; farmer; b. Hampshire Co. WV; res. Fqr; m. 3 Sep 1891 in Fqr to STROTHER, Eliza; d/o

Wm. & Mary; 21y; sgl; b. CulpVA; res. Fqr; (lic) 2 Sep 1891; (off) T. G.
NEVITT; Pg:Ln 225:16
STROTHER, Wm. H.; s/o Jas. & Cath. M.; 39y; sgl; farmer; b. & res. Fqr;
m. 19 Sep 1888 in Fqr to ANDERSON, Nannie D.; d/o Thos. E. &
Martha A.; 23y; sgl; b. & res. Fqr; (lic) 14 Sep 1888; (off) F. A.
STROTHER; Pg:Ln 207:23
STUART, Arthur (col); s/o Cap & ___; 21y; sgl; laborer; b. & res. Fqr; m.
14 Nov 1901 in Fqr to STROTHER, Jane (col); d/o Robert & ___; 18y;
sgl; b. & res. Fqr; (lic) 9 Nov 1901; (off) R. P. DAWSON; consent filed;
Pg:Ln 287:25
STUART, Reuben (col); s/o Henry & Charlotte; 27y; sgl; laborer; b. & res.
Fqr; m. 30 Dec 1897 in Fqr to REDCROSS, Maggie; d/o Jo. & Lucy;
25y; sgl; b. & res. Fqr; (lic) 30 Dec 1897; (off) Jno. O. TACKETT;
Pg:Ln 263:17
STUART, Walter (col); s/o Elias & Hannah; 21y; sgl; laborer; b. & res. Fqr;
m. 16 Oct 1892 in Fqr to HARRIS, Annie (col); d/o Edward & Millie;
20y; sgl; b. & res. Fqr; (lic) 14 Oct 1892; (off) R. P. DAWSON; consent
of mother sworn to by Thornton STRINGFELLOW & filed; Pg:Ln
232:03
STUART, Wm.; s/o Norman & Annie; 23y; sgl; laborer; b. & res. LdnVA;
m. 21 Oct 1897 in Fqr to TAYLOR, Anna; d/o ___ & Kitty; 21y; sgl; b.
& res. Fqr; (lic) 20 Oct 1897; (off) R. P. DAWSON; Pg:Ln 261:02
STYLES, Henry (col); s/o Humphrey & Mary; 29y; sgl; laborer; b. LdnVA;
res. Fqr; m. 24 Dec 1887 in Fqr to JACKSON, Catherine (col); d/o
Andrew & Catharine; 20y; sgl; b. & res. Fqr; (lic) 24 Dec 1887; (off) R.
L. RUFFIN; oath, consent of mother sworn to by Elizabeth BROWN;
Pg:Ln 205:07
SUDDOTH, Welford (col); s/o ___ & Summerfield; 35y; wid; farmer; b. &
res. Fqr; m. 5 Jan 1893 in Fqr to WHEATLEY, Mollie (col); d/o Arthur
& Catherine; 22y; sgl; b. & res. Fqr; (lic) 4 Jan 1893; (off) Wm.
WHITMER; Pg:Ln 234:02
SUDDUTH, Albert S.; s/o Albert O. & Eliza; 24y; sgl; farmer; b. & res. Fqr;
m. 26 Jan 1898 in Fqr to PRIEST, Mary J.; d/o Cordova & Drusilla;
28y; sgl; b. Lewis Co. W Va; res. Fqr; (lic) 24 Jan 1898; (off) M. R.
GRIMSLEY; Pg:Ln 264:05
SUDDUTH, Alpheus S.; s/o A. O. & Eliza; 22y; sgl; farmer; b. & res. Fqr;
m. 8 Feb 1905 in Fqr to JARMAN, Eva Rust; d/o Chas. L. &
Josephine; 20y; sgl; b. & res. Fqr; (lic) 7 Feb 1905; (off) W. S.
JACKSON; consent of her father in person; Pg:Ln 308:05
SUDDUTH, B. F.; s/o Joseph & Catharine; 31y; wid; laborer; b. & res. Fqr;
m. 7 Jul 1897 in Fqr to FLETCHER, Sarah H.; d/o Chas. W. & Mary
C.; 20y; sgl; b. & res. Fqr; (lic) 7 Jul 1897; (off) J. S. GARDNER;
consent of father in person; Pg:Ln 259:14
SUDDUTH, Chas.; s/o Joseph & Catherine; 25y; sgl; laborer; b. & res.
Fqr; m. 13 Sep 1899 in Fqr to KENNEY, Bessie; d/o W. D. & Cecelie;
21y; sgl; b. & res. Fqr; (lic) 12 Sep 1899; (off) Chas. S. STANTON;
Pg:Ln 274:09

SUDDUTH, John; s/o Joseph & Kate; 21y; sgl; farmer; b. & res. Fqr; m. 26 Dec 1889 in Fqr to WINES, Sally B.; d/o Daniel & Mary; 20y; sgl; b. & res. Fqr; (lic) 26 Dec 1889; (off) Jno. F. POULTON; sworn to by Henry D. WINES & filed, consent of mother; Pg:Ln 216:11
SUDDUTH, John; s/o Joseph & Katharine; 35y; wid; farmer; b. & res. Fqr; m. 9 Nov 1904 in Fqr to WINES, Adeline; d/o Henry & Martha; 19y; sgl; b. & res. Fqr; (lic) 9 Nov 1904; (off) A. H. BALLANGEE; consent of father in person; Pg:Ln 305:21
SUDDUTH, Lemuel; s/o Joseph & Catharine; 25y; sgl; farmer; b. & res. Fqr; m. 7 Nov 1889 in Fqr to LEGG, Virginia; d/o George & Sarah Jane; 22y; sgl; b. & res. Fqr; (lic) 6 Nov 1889; (off) B. T. TURNER; Pg:Ln 214:15
SUDDUTH, W. G.; s/o James & Martha B.; 25y; sgl; farmer; b. & res. Fqr; m. 22 Jan 1895 in Fqr to HALL, Susannah V.; d/o Chas. E. & Sarah R.; 21y; sgl; b. & res. Fqr; (lic) 17 Jan 1895; (off) not given; consent of father in person (LICENSE RETURNED); Pg:Ln 245:14
SUDDUTH, Wm.; s/o Albert & Eliza; 25y; sgl; farmer; b. & res. Fqr; m. 3 Jan 1894 in Fqr to SMITH, Attie N.; d/o J. W. & Lewenia F.; 26y; sgl; b. & res. Fqr; (lic) 2 Jan 1894; (off) W. F. DUNAWAY; Pg:Ln 239:16
SULLIVAN, C. N.; s/o Jno. F. & Mary E.; 31y; sgl; stockman; b. & res. Fqr; m. 10 Nov 1897 in Fqr to LAWS, Annie N.; d/o E. T. & Emma; 23y; sgl; b. & res. Fqr; (lic) 8 Nov 1897; (off) Chas. W. MARK; Pg:Ln 261:12
SULLIVAN, John W.; s/o Jno. F. & Mary; 30y; sgl; merchant; b. & res. Fqr; m. 5 Jan 1886 in Fqr to DOUGLAS, Mary; d/o G. W. & Eveline; 19y; sgl; b. AlbmVA; res. Fqr; (lic) 4 Jan 1886; (off) A. FLEET; consent of father in person; Pg:Ln 194:19
SULLIVAN, R. J.; s/o J. F. & Mary E.; 26y; sgl; hotel keeper; b. & res. Fqr; m. 20 Feb 1895 in Fqr to LAWS, Lula L.; d/o E. T. & Emma; 22y; sgl; b. & res. Fqr; (lic) 18 Feb 1895; (off) S. B. DOLLY; Pg:Ln 246:02
SULLIVAN, Timothy; s/o Timothy & Mary; 42y; wid; farmer; b. Cork, Ireland; res. Fqr; m. 28 Oct 1885 in Fqr to MARA, Margaret Ellen; d/o John & Kate; 27y; sgl; b. CulpVA; res. Fqr; (lic) 26 Oct 1885; (off) P. DONAHUE; Pg:Ln 193:15
SUMMERS, Alvin; s/o John & Cecelia; 28y; sgl; atty at law; b. Landsdale, Penn.; res. New York NY; m. 20 Sep 1899 in Fqr to SPEIDEN, Mary D.; d/o Clement C. & Ellen D.; 29y; sgl; b. & res. Fqr; (lic) 4 Sep 1899; (off) E. H. HENRY; Pg:Ln 274:01
SUMMERS, Arthur (col); s/o Daniel & Nancy; 23y; sgl; laborer; b. & res. Fqr; m. 28 Jun 1894 in Fqr to VASS, Annie (col); d/o Kerry & Margaret; 21y; sgl; b. & res. Fqr; (lic) 27 Jun 1894; (off) A. R. PICKETT; Pg:Ln 241:16
SUMMONDS, William (col); s/o Daniel & Nancy; 22y; sgl; laborer; b. Amherst Co. VA; res. Fqr; m. 28 Dec 1889 in Fqr to THOMPSON, Harriott (col); d/o Lewis & Mary Ann; 18y; sgl; b. & res. Fqr; (lic) 27 Dec 1889; (off) Cornelius GADDIS; consent of father in person; Pg:Ln 216:14

SUTHARD, Benj.; s/o Jas. & Kittie; 24y; sgl; farmer; b. & res. Fqr; m. 25 Dec 1889 in Fqr to CARTER, Sarah; d/o Bush CARTER & Marthy; 24y; sgl; b. & res. Fqr; (lic) 23 Dec 1889; (off) W. F. DUNAWAY; Pg:Ln 216:02
SUTHARD, Craven; s/o P. G. & Kate; 21y; sgl; farmer; b. & res. Fqr; m. 10 May 1894 in Fqr to GROVES, Bettie J.; d/o Edw'd M. & Lucy P.; 22y; sgl; b. & res. Fqr; (lic) 10 May 1894; (off) F. R. BOSTON; Pg:Ln 241:06
SUTHARD, Elisha; s/o Fenn & Kate; 21y; sgl; laborer; b. & res. Fqr; m. 18 Dec 1902 in Fqr to MASON, Gertrude; d/o Charles & Martha; 22y; sgl; b. & res. Fqr; (lic) 17 Dec 1902; (off) Wm. T. GOVER; Pg:Ln 295:11
SUTHARD, J. L.; s/o Jno. T. & Elizabeth; 21y; sgl; farmer; b. & res. Fqr; m. 21 Jan 1885 in Fqr to ROUTT, Laura; d/o Ande & Harriet; 22y; sgl; b. & res. Fqr; (lic) 19 Jan 1885; (off) T. W. NEWMAN; Pg:Ln 190:23
SUTHURLAND, C. N.; s/o A. V. & Fanny C.; 20y; sgl; farmer; b. AlbmVA; res. Fqr; m. 15 Dec 1891 in Fqr to HART, Caroline H.; d/o W. G. & A. C.; 21y; sgl; b. SpotVA; res. Fqr; (lic) 14 Dec 1891; (off) Geo. W. NELSON; consent of Guardian in person; Pg:Ln 227:09
SUTPHIN, A. Benton; s/o Wm. & Emily; 21y; sgl; farmer; b. & res. Fqr; m. 28 Jun 1891 in Fqr to SUTPHIN, Mary; d/o Rich'd. & Margarette; 21y; sgl; b. & res. Fqr; (lic) 27 Jun 1891; (off) T. G. NEVITT; Pg:Ln 224:17
SUTPHIN, Chas.; s/o Jas. R. & Mary; 24y; sgl; laborer; b. CulpVA; res. Fqr; m. 29 Apr 1888 in Fqr to RILEY, Lou A. A.; d/o Alec & Abarilla; 26y; sgl; b. & res. Fqr; (lic) 27 Apr 1888; (off) S. M. ATHEY; oath; Pg:Ln 207:05
SUTPHIN, Emmett N.; s/o Rich'd. L. & Marg't. J.; 21y; sgl; laborer; b. & res. Fqr; m. 20 Dec 1885 in Fqr to GRIFFITH, Sarepta; d/o Wm. & Harriet; 25y; sgl; b. & res. Fqr; (lic) 14 Dec 1885; (off) J. H. WAUGH; Pg:Ln 194:01
SUTPHIN, Ewell; s/o Wm. & Emily; 21y; sgl; farmer; b. RappVA; res. Fqr; m. 28 Dec 1893 in Fqr to HODGSON, Belle; d/o Rush & Malvina; 21y; sgl; b. & res. Fqr; (lic) 28 Dec 1893; (off) H. H. WYER; Pg:Ln 239:10
SUTPHIN, Howard; s/o R. B. & Harriet; 23y; sgl; farmer; b. & res. Fqr; m. 18 Jan 1899 in Fqr to CLEGG, Alice; d/o Daniel & Elnora; 22y; sgl; b. & res. Fqr; (lic) 16 Jan 1899; (off) S. M. ATHEY; Pg:Ln 271:05
SUTPHIN, Jas. R.; s/o Thos. T. & Kitty; 27y; sgl; farmer; b. & res. Fqr; m. 27 Dec 1888 in Fqr to SUTPHIN, Mary C.; d/o Wm. & Emily; 26y; sgl; b. & res. Fqr; (lic) 27 Dec 1888; (off) Jno. F. POULTON; Pg:Ln 210:04
SUTPHIN, John W.; s/o John W. & Hattie; 23y; sgl; railroading; b. & res. Fqr; m. 20 May 1903 in Fqr to CARY, Martha V.; d/o John O. & Mary A.; 17y; sgl; b. & res. Fqr; (lic) 20 May 1903; (off) V. H. COUNCILL; consent of father sworn to & filed; Pg:Ln 297:21
SUTPHIN, Oscar; s/o Wm. & Emily; 24y; sgl; farmer; b. RappVA; res. PrWmVA; m. 11 Feb 1886 in Fqr to FARMER, Mattie Belle; d/o Nelson & Ann; 23y; sgl; b. & res. Fqr; (lic) 10 Feb 1886; (off) James GRAMMER; Pg:Ln 195:11
SUTPHIN, Robt. F.; s/o Jas. H. & M. M.; 23y; sgl; farmer; b. & res. CulpVA; m. 29 Dec 1891 in Fqr to FOX, Annie G.; d/o Henry & Sally;

22y; sgl; b. & res. Fqr; (lic) 26 Dec 1891; (off) Jas. W. GRUBB; Pg:Ln 228:02
SUTPHIN, Walter D.; s/o Thos. & Catharine; 20y; sgl; farmer; b. & res. Fqr; m. 19 Mar 1885 in Fqr to MOORE, S. Jane; d/o James W. & Julia; 20y; sgl; b. & res. Fqr; (lic) 18 Mar 1885; (off) F. R. BOSTON; consent proved by oath of Jno. MOORE & filed and consent of husband's father filed; Pg:Ln 191:16
SWAIN, James F.; s/o Thomas & Mary; 21y; sgl; farmer; b. & res. Fqr; m. 28 Aug 1889 in Fqr to FURR, Nannie; d/o Newton & Sarah Jane; 21y; sgl; b. & res. Fqr; (lic) 20 Aug 1889; (off) S. M. ATHEY; Pg:Ln 213:12
SWART, Danl. W.; s/o Hugh T. & Annie E.; 30y; sgl; farmer; b. ClrkVA; res. Fqr; m. 1 Dec 1886 in Fqr to MURRAY, Anna R.; d/o E. M. & Virginia S.; 22y; sgl; b. & res. Fqr; (lic) 29 Nov 1886; (off) W. F. DUNAWAY; Pg:Ln 199:02
SWART, T. W.; s/o Hugh & Mary; 27y; sgl; farmer; b. & res. Fqr; m. 4 Jun 1895 in Fqr to BENNETT, Ella O.; d/o Marshall & Julia F.; 25y; sgl; b. & res. Fqr; (lic) 1 Jun 1895; (off) A. J. CUMMINGS; Pg:Ln 247:01
SWEENEY, John R.; s/o Richard & Joanna; 35y; sgl; farmer; b. Fqr; res. PrWmVA; m. 20 Feb 1900 in Fqr to SWEENEY, Mary J.; d/o Timothy & Margaret; 31y; sgl; b. & res. Fqr; (lic) 19 Feb 1900; (off) Patrick DONLON; Pg:Ln 277:22
SWEENY, Rich'd. (col); s/o Jno. & Dolly; 24y; sgl; laborer; b. & res. Fqr; m. 2 Nov 1891 in Fqr to NICKINS, Cora (col); d/o Nee? H. & Jane; 22y; sgl; b. & res. Fqr; (lic) 2 Nov 1891; (off) D. G. HENDERSON; Pg:Ln 226:09
SWITZER, B. F.; s/o B. B. & Susan; 22y; sgl; farmer; b. Fulton Co. IL; res. Fqr; m. 18 Oct 1896 in Fqr to DETTWEILER, Susanna S.; d/o H. B. & Matilda; 28y; sgl; b. Waterloo Co. Ontario; res. Fqr; (lic) 16 Oct 1896; (off) M. G. EARLY; Pg:Ln 255:06
SWITZER, Chas. E.; s/o B. B. & Susan; 20y; sgl; farmer; b. Fulton Co. Ill.; res. Fqr; m. 26 Dec 1897 in Fqr to BUSTLE, Georgia V.; d/o Geo. & Susan; 19y; sgl; b. & res. Fqr; (lic) 24 Dec 1897; (off) Andrew CHAMBERS; consent filed; Pg:Ln 263:02
TABB, Wm. Lively; s/o Shield & Susan; 29y; sgl; draughtsman; b. Elizabeth City Co. Va; res. Newport News Va; m. 26 Aug 1905 in Fqr to LEAR, Alice Taliaferro; d/o Robt. & Jennie S.; 25y; sgl; b. & res. Fqr; (lic) 25 Aug 1905; (off) F. R. BOSTON; Pg:Ln 310:04
TACKETT, James (col); s/o Eli & Myra; 22y; sgl; laborer; b. & res. Fqr; m. 11 Oct 1883 in Fqr to SCOTT, Mary Jane (col); d/o Richard & Sallie; 19y; sgl; b. & res. Fqr; (lic) 11 Oct 1883; (off) Jno. F. POULTON; consent of father sworn to by Eli SLAUGHTER & filed; Pg:Ln 182:09
TALBOTT, Richard H.; s/o Wm. H. & Delilah; 25y; sgl; carpenter; b.& res. WashDC; m. 21 Nov 1892 in Fqr to FLETCHER, Rachel A.; d/o Harrison & Mary E.; 18y; sgl; b. & res. Fqr; (lic) 21 Nov 1892; (off) Jas. W. GRUBB; consent of father in person; Pg:Ln 232:17
TANNEHILL, G. W.; s/o Geo. & Margaret; 31y; sgl; farmer; b. & res. Fqr; m. 28 Jan 1896 in Fqr to ALLISON, Annie L.; d/o Bailey & Margaret;

28y; sgl; b. & res. Fqr; (lic) 28 Jan 1896; (off) Walter H. ROBERTSON; Pg:Ln 252:01
TANNEHILL, Wm. C.; s/o Geo. S. & Margarett J.; 22y; sgl; farmer; b. & res. Fqr; m. 23 Dec 1891 in Fqr to JACOBS, Virginia C.; d/o Acquilla & Sarah E.; 17y; sgl; b. & res. Fqr; (lic) 22 Dec 1891; (off) Jno. O. TACKETT; consent sworn to by Jas. R. EDWARDS & filed; Pg:Ln 227:19
TANNER, Bernard (col); s/o Thornton & Camilla; 28y; sgl; laborer; b. & res. Fqr; m. 11 Sep 1890 in Fqr to SINCLAIR, Louisa (col); d/o Archie & Catharine; 19y; sgl; b. & res. Fqr; (lic) 11 Sep 1890; (off) not given; consent of father in person; Pg:Ln 219:14
TAPP, J. B.; s/o Wm. & Susan Ann; 24y; sgl; farmer; b. & res. Fqr; m. 29 Apr 1884 in Fqr to JACOBS, E. H. R.; d/o E. A. & Elizabeth; 23y; sgl; b. & res. Fqr; (lic) 26 Apr 1884; (off) T. W. NEWMAN; Pg:Ln 187:03
TAPP, William; s/o Wm. & Susan E.; 31y; sgl; farmer; b. CulpVA; res. Fqr; m. 18 Dec 1895 in Fqr to LAMB, Martha; d/o not given; 25y; sgl; b. RockVA; res. Fqr; (lic) 16 Dec 1895; (off) Walter H. ROBERTSON; Pg:Ln 250:15
TAPSCOTT, Edw'd. A. (col); s/o Edw'd & Ellen; 29y; sgl; farmer; b. WashDC; res. Fqr; m. 13 Sep 1894 in Fqr to TAPSCOTT, Alice S. (col); d/o ___ & Annie V.; 21y; sgl; b. & res. Fqr; (lic) 13 Sep 1894; (off) Jno. F. POULTON; Pg:Ln 242:12
TAPSCOTT, George (col); s/o ___ & Amanda; 22y; sgl; laborer; b. & res. Fqr; m. 22 May 1902 in Fqr to JOHNSON, Mary (col); d/o ___ & ___; 20y; sgl; b. & res. Fqr; (lic) 22 May 1902; (off) D. W. JONES; consent of Judge filed; Pg:Ln 292:07
TAPSCOTT, Jas. T. (col); s/o ___ & Cordelia; 35y; sgl; laborer; b. & res. Fqr; m. 28 Apr 1892 in Fqr to COLVIN, Mary E. (col); d/o Jas. & Alutha; 27y; sgl; b. & res. Fqr; (lic) 27 Apr 1892; (off) M. A. RUSSELL; Pg:Ln 230:03
TAPSCOTT, John (col); s/o Thomas & Delia; 23y; sgl; janitor; b. Fqr; res. WashDC; m. 18 Aug 1896 in Fqr to TAPSCOTT, Roberta (col); d/o Edward & Ellen; 20y; sgl; b. & res. Fqr; (lic) 17 Aug 1896; (off) M. A. RUSSELL; consent of mother filed; Pg:Ln 253:23
TAPSCOTT, Shelton (col); s/o Wm. & Amanda; 40y; sgl; cook; b. Fqr; res. BaltMD, Cook; m. 30 Mar 1894 in Fqr to TOLIVER, Callie (col); d/o not given; 25y; sgl; b. & res. Fqr; (lic) 30 Mar 1894; (off) M. A. RUSSELL; Pg:Ln 240:22
TAPSCOTT, Wm. (col); s/o Telane & Peggy; 41y; sgl; laborer; b. & res. Fqr; m. 22 Oct 1895 in Fqr to SMITH, Mildred (col); d/o not given; 29y; wid; b. AlbmVA; res. Fqr; (lic) 21 Oct 1895; (off) M. A. RUSSELL; Pg:Ln 249:05
TARMAN, Atville; s/o Jesse & Mary CARTER; 21y; sgl; farmer; b. & res. Fqr; m. 9 Apr 1889 in Fqr to THARP, Elizabeth Frances; d/o J. N. & Frances Ann; 20y; sgl; b. & res. Fqr; (lic) 4 Apr 1889; (off) C. A. JOYCE; consent filed; Pg:Ln 211:19
TARMAN, Edward; s/o ___ & Mary; 22y; sgl; laborer; b. & res. Fqr; m. 30 Jun 1898 in Fqr to WISOR, Luly D.; d/o Joseph & Louisa; 18y; sgl; b.

& res. Fqr; (lic) 28 Jun 1898; (off) S. M. ATHEY; consent of mother filed; Pg:Ln 266:06
TARMAN, Wm. M.; s/o Jesse & Mary; 20y; sgl; farmer; b. & res. Fqr; m. 13 Dec 1899 in Fqr to LAWLER, Mary F.; d/o Francis & Ann; 23y; sgl; b. & res. Fqr; (lic) 13 Dec 1899; (off) F. R. BOSTON; consent of mother in person; Pg:Ln 275:23
TASCOE, Wm. (col); s/o Richard & Lucy; 20y; sgl; laborer; b. & res. Fqr; m. 15 Oct 1895 in Fqr to BROWN, Evalina (col); d/o Sandy & Celia; 19y; sgl; b. & res. Fqr; (lic) 14 Oct 1895; (off) M. A. RUSSELL; consent filed; Pg:Ln 249:01
TATE, J. P.; s/o Thos. & Margaret; 22y; sgl; farmer; b. & res. Fqr; m. 21 Feb 1895 in Fqr to GROVES, Laura V.; d/o Edw'd. M. & Lucy P.; 21y; sgl; b. & res. Fqr; (lic) 21 Feb 1895; (off) J. L. SHIPLEY; Pg:Ln 246:05
TATES, Isaac (col); s/o Nelson & Matilda; 23y; sgl; carpenter; b. CulpVA; res. Fqr; m. 19 Dec 1905 in Fqr to GREEN, Annie (col); d/o Thos. & Patsy; 19y; sgl; b. & res. Fqr; (lic) 19 Dec 1905; (off) A. R. PINKETT; consent of father in person; Pg:Ln 312:05
TATES, John (col); s/o Nelson & Matilda; 21y; sgl; carpenter; b. CulpVA; res. Fqr; m. 26 Dec 1905 in Fqr to ROSS, Dora (col); d/o ___ & ___; 21y; sgl; b. & res. Fqr; (lic) 23 Dec 1905; (off) A. R. PINKETT; oath of C. B. ASLEY N. Gdn.; Pg:Ln 312:12
TAYLOR, Alex Payne; s/o George & Fannie; 22y; sgl; farmer; b. & res. Fqr; m. 24 Jul 1901 in Fqr to WILLINGHAM, Rosa Frances; d/o James A. & L. F.; 19y; sgl; b. & res. Fqr; (lic) 23 Jul 1901; (off) Walter H. ROBERTSON; consent of father in person; Pg:Ln 285:21
TAYLOR, Aubrey; s/o Edward & Susan; 21y; sgl; laborer; b. & res. Fqr; m. 28 May 1889 in Fqr to BALL, Agnes; d/o A. P. & Narcissa; 20y; sgl; b. & res. Fqr; (lic) 28 May 1889; (off) James GRAMMAR; consent of father in writing sworn to; Pg:Ln 212:09
TAYLOR, Charles (col); s/o Richard & Ellen; 26y; sgl; laborer; b. & res. PrWmVa; m. 25 Aug 1897 in Fqr to VESSEN, Ella (col); d/o Joseph & Rose; 25y; sgl; b. & res. Fqr; (lic) 21 Aug 1897; (off) C. M. TYLER; Pg:Ln 260:04
TAYLOR, Chas. W.; s/o Armistead & Elizabeth; 22y; sgl; farmer; b. & res. Fqr; m. 26 Dec 1888 in Fqr to FURR, Mary E.; d/o Chapman & Elizabeth; 21y; sgl; b. & res. Fqr; (lic) 22 Dec 1888; (off) S. M. ATHEY; age of wife sworn to by Jno. C. FURR brother & filed; Pg:Ln 209:09
TAYLOR, Daniel; s/o Armistead & Elizth.; 22y; sgl; laborer; b. & res. Fqr; m. 6 Oct 1897 in Fqr to GRAY, Maggie A.; d/o Wm. & Catharine; 19y; sgl; b. & res. Fqr; (lic) 2 Oct 1897; (off) Jno. F. POULTON; consent of father in person; Pg:Ln 260:19
TAYLOR, Earnest (col); s/o Moses & Sophie; 22y; sgl; laborer; b. & res. Fqr; m. 31 Jan 1902 in Fqr to SMOOT, Martha (col); d/o Tralve? & Mary; 22y; sgl; b. CulpVA; res. Fqr; (lic) 25 Jan 1902; (off) James C. COLBERT; Pg:Ln 290:20
TAYLOR, Edmund (col); s/o Frank & Esther; 53y; wid; laborer; b. Gloucester Co. VA; res. Fqr; m. 22 Nov 1883 in Fqr to POLES, Eliza

(col); d/o Moses & Judith; 52y; sgl; b. RappVA; res. Fqr; (lic) 21 Nov 1883; (off) Cornelius GADIS; Pg:Ln 183:08
TAYLOR, Fenly F. (col); s/o Fenly F. & Catharine; 22y; sgl; laborer; b. & res. Fqr; m. 25 Jan 1903 in Fqr to THOMPSON, Anna L. (col); d/o ___ & Sarah; 21y; sgl; b. & res. Fqr; (lic) 24 Jan 1903; (off) J. J. NORWOOD; Pg:Ln 296:18
TAYLOR, Geo. M. (col); s/o Wm. & Laura; 32y; sgl; farmer; b. & res. Fqr; m. 21 Jan 1894 in Fqr to HALL, Louisa (col); d/o Strother & Clara; 24y; sgl; b. & res. Fqr; (lic) 20 Jan 1894; (off) James MILES; Pg:Ln 239:20
TAYLOR, George L. (col); s/o ___ & Maria; 23y; sgl; laborer; b. & res. Fqr; m. 22 Jul 1883 in Fqr to THORNTON, Catharine (col); d/o Lewis & Caroline; 22y; sgl; b. StafVA; res. Fqr; (lic) 20 Jul 1883; (off) J. D. HOWE; age sworn to by Milton STONE; Pg:Ln 181:01
TAYLOR, J. C. W. (col); s/o Louisa & William; 36y; wid; laborer; b. & res. Fqr; m. 8 Jun 1904 in Fqr to RICHARDSON, V. M. (col); d/o Lee & Fannie; 22y; sgl; b. & res. Fqr; (lic) 7 Jun 1904; (off) Homer WELCH; Pg:Ln 303:06
TAYLOR, James (col); s/o Edmund & Mary E.; 22y; sgl; laborer; b. & res. Fqr; m. 14 Nov 1889 in Fqr to FURR, Mary (col); d/o ___ & Anna; 20y; sgl; b. & res. Fqr; (lic) 14 Nov 1889; (off) Cornelius GADDIS; Pg:Ln 214:19
TAYLOR, John; s/o Armistead & Bettie; 19y; sgl; farmer; b. & res. Fqr; m. 2 Jan 1893 in Fqr to RYAN, Annie; d/o Lawrence & Eliz'th; 25y; sgl; b. & res. Fqr; (lic) 2 Jan 1893; (off) J. J. BOWLER; Pg:Ln 234:01
TAYLOR, John (col); s/o Frank & Sofy; 40y; wid; laborer; b. ClrkVA.; res. Fqr; m. 10 Feb 1906 in Fqr to NELSON, Lucy (col); d/o ___ & ___; 25y; sgl; b. & res. Fqr; (lic) 8 Jan [Feb] 1906; (off) G. C. BANISTER; R. W. P. KINCHELOE; Pg:Ln 313:06
TAYLOR, Jos. F.; s/o Henry & Susan; 30y; sgl; farmer; b. FfxVA; res. PrWmVA; m. 6 Nov 1890 in Fqr to McCLANAHAN, Virginia L.; d/o Chas. T. & Sarah; 25y; sgl; b. & res. Fqr; (lic) 4 Nov 1890; (off) B. P. DULIN; Pg:Ln 220:13
TAYLOR, Joseph (col); s/o Wm. & Laura; 22y; sgl; laborer; b. & res. Fqr; m. 22 Dec 1887 in Fqr to WEST, Cornelia (col); d/o Richard & Caroline; 21y; sgl; b. & res. Fqr; (lic) 19 Dec 1887; (off) D. Frank ENTSLER; oath; Pg:Ln 205:02
TAYLOR, M. B.; s/o Armistead & Elizab'th; 22y; sgl; farmer; b. & res. Fqr; m. 27 Dec 1894 in Fqr to COURTNEY, Ida B.; d/o Quimby & Octavia; 21y; sgl; b. & res. Fqr; (lic) 26 Dec 1894; (off) F. R. BOSTON; Pg:Ln 245:06
TAYLOR, Posey (col); s/o Taliaferro & Mat; 21y; sgl; laborer; b. & res. Fqr; m. 12 Sep 1895 in Fqr to SHARP, Rose (col); d/o ___ & Alice; 21y; sgl; b. & res. Fqr; (lic) 12 Sep 1895; (off) Jno. F. POULTON; Pg:Ln 248:14
TAYLOR, Stephen; s/o Armistead & Bettie; 22y; sgl; farmer; b. & res. Fqr; m. 28 Dec 1898 in Fqr to O'BRIAN, Maggie; d/o Patrick & Virg'a. C.; 18y; sgl; b. & res. Fqr; (lic) 28 Dec 1898; (off) Jno. F. POULTON; consent of father in person; Pg:Ln 270:15

Fauquier County, Virginia Marriage Register Jan 1883- Jul 1906 239

TAYLOR, W. W.; s/o Geo. W. & Mary F.; 26y; sgl; street car conductor; b. Fqr; res. WashDC; m. 20 Aug 1891 in Fqr to EWERS, Sarah; d/o Geo. H. & Ellen; 20y; sgl; b. Knox Co., OH; res. Fqr; (lic) 20 Aug 1891; (off) Walter H. ROBERTSON; Pg:Ln 225:09
TEATES, A. W.; s/o R. M. & Elizabeth; 21y; sgl; farmer; b. Snyder Co. PA; res. Fqr; m. 11 Nov 1891 in Fqr to OLINGER, Maude E.; d/o G. E. & Martha A.; 19y; sgl; b. & res. Fqr; (lic) 9 Nov 1891; (off) W. E. MILLER; consent of father in person; Pg:Ln 226:22
TEATS, Henry W.; s/o Levi & Mary; 33y; wid; salesman; b. Snyder Co Pa; res. Fqr; m. 10 Feb 1897 in Fqr to GROVE, Estella; d/o Noah & Ellen; 18y; sgl; b. AugVa; res. Fqr; (lic) 9 Feb 1897; (off) T. W. NEWMAN; consent of father in person; Pg:Ln 257:21
TEBBS, Granville (col); s/o ___ & Bainton; 22y; sgl; laborer; b. & res. Fqr; m. 27 Sep 1899 in Fqr to PULLER, Mollie (col); d/o Adolphus & Sarah; 26y; wid; b. & res. Fqr; (lic) 27 Sep 1899; (off) J. C. COLBERT; oath as to age; Pg:Ln 274:16
TEBBS, Saml. (col); s/o Willis & Martha; 24y; sgl; laborer; b. PrWmVA; res. Fqr; m. 8 May 1892 in Fqr to BRIT, Jeannie (col); d/o James & Charlotte; 18y; sgl; b. & res. Fqr; (lic) 6 May 1892; (off) R. B. WHITE; consent of father filed; Pg:Ln 230:05
TEMPLEMAN, Robt. L.; s/o Jas. B. & Louisa; 31y; sgl; farmer; b. & res. StafVA; m. 1 Jun 1892 in Fqr to TEMPLEMAN, Sarah E.; d/o Geo. B. & Matilda; 21y; sgl; b. & res. Fqr; (lic) 21 May 1892; (off) Jas. W. GRUBB; Pg:Ln 230:06
TERRELL, Jno. F.; s/o Nathl. A. & Emma J.; 26y; sgl; telegrapher; b. AlbmVA; res. Bristol Tenn; m. 23 Jan 1901 in Fqr to MADDOX, Lena L.; d/o R. E. & Mary E.; 24y; sgl; b. & res. Fqr; (lic) 23 Jan 1901; (off) J. Howard WELLS; Pg:Ln 283:21
TERRY, Tandy B.; s/o Allen & Eliza; 32y; wid; laborer; b. AlbmVA; res. Fqr; m. 22 Oct 1890 in Fqr to PINN, Odina; d/o ___ & Mary; 18y; sgl; b. & res. Fqr; (lic) 21 Oct 1890; (off) not given; consent of guardian sworn to & filed; Pg:Ln 220:07
THARP, David F.; s/o Jas. H. & Ann A.; 27y; sgl; farmer; b. & res. Fqr; m. 25 Jan 1891 in Fqr to CARTER, Alma L.; d/o Wm. H. & Susan; 18y; sgl; b. & res. Fqr; (lic) 24 Jan 1891; (off) S. M. ATHEY; consent of father in person; Pg:Ln 222:12
THARP, E. J.; s/o John & Frances; 27y; sgl; farmer; b. & res. Fqr; m. 15 Jan 1891 in Fqr to CARTER, Susan; d/o James F. & Mahala; 18y; sgl; b. & res. Fqr; (lic) 5 Jan 1891; (off) S. M. ATHEY; parents being dead, the uncle N. W. CARTER Jr. gave his consent; Pg:Ln 222:06
THARP, Marion; s/o Frank & Agnes; 22y; sgl; farmer; b. & res. Fqr; m. 3 Jul 1899 in Fqr to GROVES, Rebecca M.; d/o George & Amanda; 18y; sgl; b. & res. Fqr; (lic) 3 Jul 1899; (off) J. Howard WELLS; consent of father in person; Pg:Ln 273:05
THARPE, Ashton; s/o J. M. & Frances; 26y; sgl; school teacher; b. & res. Fqr; m. 29 Aug 1893 in Fqr to SMITH, Mary M.; d/o Jas. H. & Amanda; 18y; sgl; b. & res. Fqr; (lic) 28 Aug 1893; (off) T. G. NEVITT; Pg:Ln 236:07

THARPE, Clarance; s/o Richard H. & Texanna; 21y; sgl; farmer; b. & res. Fqr; m. 26 Sep 1901 in Fqr to KENDALL, Martha; d/o Robert B. & Isadora; 21y; sgl; b. Missiouri; res. Fqr; (lic) 26 Sep 1901; (off) F. R. BOSTON; Pg:Ln 287:05
THARPE, E. G.; s/o Thomas & Eliza; 32y; sgl; farmer; b. & res. Fqr; m. 5 Apr 1899 in Fqr to CREEL, Roberta M.; d/o Elijah & Margaret; 20y; sgl; b. & res. Fqr; (lic) 1 Apr 1899; (off) S. M. ATHEY; consent of mother sworn to & filed; Pg:Ln 271:24
THARPE, Henry; s/o John & Ella; 22y; sgl; farmer; b. & res. RappVA; m. 19 Dec 1893 in Fqr to RILEY, Tasie; d/o Wm. H. & Lavenia; 18y; sgl; b. & res. Fqr; (lic) 18 Dec 1893; (off) S. M. ATHEY; consent of father in person; Pg:Ln 238:16
THARPE, Jas. T.; s/o Thos. & Eliza; 27y; sgl; farmer; b. & res. Fqr; m. 24 Oct 1889 in Fqr to ROBINSON, Matilda F.; d/o Alpheus & Jane; 21y; sgl; b. & res. Fqr; (lic) 22 Oct 1889; (off) S. M. ATHEY; Pg:Ln 214:08
THARPE, John; s/o Frank & Agnes F.; 24y; sgl; laborer; b. & res. Fqr; m. 24 Dec 1900 in Fqr to SHOFER, Alice; d/o ___ & Rachel; 17y; sgl; b. & res. Fqr; (lic) 19 Dec 1900; (off) Isaac N. CAMPBELL; consent of mother in person; Pg:Ln 282:22
THARPE, Lucian; s/o Richd. A. & Texana; 24y; sgl; farmer; b. & res. Fqr; m. 27 Oct 1897 in Fqr to THARPE, Corrie; d/o Silas & Susan E.; 28y; sgl; b. & res. Fqr; (lic) 26 Oct 1897; (off) H. M. STRICKLER; Pg:Ln 261:04
THARPE, Moses; s/o Tilman & Sally; 61y; wid; farmer; b. & res. Fqr; m. 6 Sep 1899 in Fqr to SMITH, Lelia; d/o Henry & Amanda; 25y; sgl; b. & res. Fqr; (lic) 6 Sep 1899; (off) Isaac N. CAMPBELL; Pg:Ln 274:04
THARPE, Richard H.; s/o Martin & Mary; 55y; wid; stonemason; b. & res. Fqr; m. 19 Nov 1895 in Fqr to RILEY, Cora; d/o Alex & Aberilla; 25y; sgl; b. & res. Fqr; (lic) 18 Nov 1895; (off) S. M. ATHEY; Pg:Ln 249:21
THARPE, Wm. A.; s/o Tilman & Eliz'th; 36y; sgl; laborer; b. & res. Fqr; m. 14 Feb 1894 in Fqr to CARTER, Georgianna; d/o Gilmore & Mildred; 37y; sgl; b. & res. Fqr; (lic) 13 Feb 1894; (off) S. M. ATHEY; Pg:Ln 240:09
THARPE, Wm. H.; s/o Frank & Agnes F.; 21y; sgl; laborer; b. & res. Fqr; m. 23 May 1889 in Fqr to SHAFER, Anna H.; d/o ___ & Rachael; 16y; sgl; b. & res. Fqr; (lic) 20 May 1889; (off) W. D. WHITE; consent of mother in writing & oath; Pg:Ln 212:05
THAYER, Henry; s/o Albert & Patsy; 29y; sgl; farmer; b. Fqr; res. LdnVA; m. 6 Jul 1886 in Fqr to BUTLER, Mary; d/o ___ & John; 24y; sgl; b. & res. Fqr; (lic) 6 Jul 1886; (off) H. H. WYER; Pg:Ln 197:02
THOMAS, Albert (col); s/o Lemuel & Sarah; 22y; sgl; laborer; b. & res. Fqr; m. 19 May 1895 in Fqr to JACKSON, Anni Bell (col); d/o Frank & Elvira; 20y; sgl; b. & res. Fqr; (lic) 18 May 1895; (off) R. P. DAWSON; consent of father in person; Pg:Ln 246:24
THOMAS, Cornelius (col); s/o Anthony & Hannah; 41y; wid; blacksmith; b. FrdkVA; res. PrWmVA; m. 16 Dec 1883 in Fqr to LUCAS, Mary (col); d/o ___ & Elizabeth; 40y; wid; b. & res. Fqr; (lic) 10 Dec 1883; (off) P. HUGHES; Pg:Ln 184:01

THOMAS, Dawson (col); s/o Robert & Nancy; 39y; wid; laborer; b. & res. Fqr; m. 11 Nov 1886 in Fqr to HEDGMAN, Lucy (col); d/o Henry & Lucy; 22y; sgl; b. & res. Fqr; (lic) 11 Nov 1886; (off) Leeland WARRING; Pg:Ln 198:16

THOMAS, George (col); s/o James & Agnes; 24y; sgl; laborer; b. & res. Fqr; m. 17 Sep 1904 in Fqr to SALES, Mary E. (col); d/o Jack & Emely; 21y; sgl; b. & res. Fqr; (lic) 17 Sep 1904; (off) d. W. JONES; Pg:Ln 304:15

THOMAS, James A. (col); s/o James & Agnes; 27y; sgl; laborer; b. & res. Fqr; m. 6 Mar 1905 in Fqr to SLAUGHTER, Martha (col); d/o Charles & Mary Jane; 24y; sgl; b. & res. Fqr; (lic) 6 Mar 1905; (off) D. W. JONES; Pg:Ln 308:11

THOMAS, James W. (col); s/o Samuel & Harriet; 30y; sgl; laborer; b. & res. Fqr; m. 18 Dec 1901 in Fqr to TYLER, Annie E. (col); d/o Grant & Clara; 23y; sgl; b. & res. Fqr; (lic) 4 Dec 1901; (off) C. W. Tyler; Pg:Ln 288:14

THOMAS, Jas.; s/o Armistead & Huldah; 31y; sgl; laborer; b. LdnVA; res. Fqr; m. 29 Nov 1887 in Fqr to THOMAS, Alice; d/o Austin & Alice; 25y; sgl; b. & res. Fqr; (lic) 29 Nov 1887; (off) Robt. L. RUFFIN; oath; Pg:Ln 204:13

THOMAS, John Clinton; s/o Griffith & Rebecca; 43y; sgl; farmer; b. & res. LdnVA; m. 27 Feb 1900 in Fqr to REED, Lillie Maude; d/o Jno. M. & Sarah A.; 31y; sgl; b. LdnVA; res. Fqr; (lic) 20 Feb 1900; (off) Christopher SYDENSTRICKER; (see letter of G. B. GIBSON); Pg:Ln 277:23

THOMAS, Jos.; s/o Taliaferro & Maria; 28y; sgl; laborer; b. & res. Fqr; m. 17 Mar 1887 in Fqr to MARRS, Lucinda; d/o ___ & Nancy; 26y; sgl; b. & res. Fqr; (lic) 14 Mar 1887; (off) Leland WARRING; Pg:Ln 201:10

THOMAS, Robert (col); s/o James & Agnes; 30y; sgl; laborer; b. & res. Fqr; m. 19 Dec 1901 in Fqr to WHITE, Clara (col); d/o Peter & Harriet; 20y; sgl; b. & res. Fqr; (lic) 19 Dec 1901; (off) N. A. MARRIOTT; consent of Judge Co. Ct. filed; Pg:Ln 289:12

THOMAS, Walker; s/o Henry & ___; 58y; wid; landlord; b. & res. Fqr; m. 1 May 1887 in Fqr to DOUGLAS, Bettie; d/o John & Eliza; 35y; sgl; b. & res. Fqr; (lic) 22 Mar 1887; (off) Robt. L. RUFFIN; Pg:Ln 201:16

THOMAS, Willie; s/o S. A. & Mary; 24y; sgl; engineer; b. FfxVA; res. WashDC; m. 2 Oct 1888 in Fqr to HODGKIN, Virginia W.; d/o W. F. & L. C.; 26y; sgl; b. & res. Fqr; (lic) 2 Oct 1888; (off) Wm. A. WADE; oath; Pg:Ln 208:02

THOMAS, Wm. (col); s/o Jos. & Elexiue; 23; sgl; laborer; b. PrWmVA; res. Fqr; m. 19 Aug 1897 in Fqr to HATCHER, Maggie; d/o Henry & Rebecca; 21y; sgl; b. & res. Fqr; (lic) 16 Aug 1897; (off) J. C. LOVE; Pg:Ln 260:01

THOMAS, Wm. D.; s/o Jos. & Mary C.; 57y; wid; minister & professor; b. Caroline Co. VA; res. Richmond, VA; m. 27 Jan 1891 in Fqr to POWELL, Maria L.; d/o Jno. L. & Maria L.; 37y; sgl; b. LdnVA; res. Warrenton; (lic) 27 Jan 1891; (off) H. H. WYER; Pg:Ln 222:15

THOMAS, Wm. H. (col); s/o Joseph & Lucinda; 21y; sgl; laborer; b. & res. Fqr; m. 5 Sep 1904 in Fqr to MURRAY, Sadie (col); d/o Wm. & Martha; 21y; sgl; b. & res. Fqr; (lic) 3 Sep 1904; (off) not given; Pg:Ln 304:06

THOMAS, Wm. Henry (col); s/o Chas. & Clara; 27y; sgl; laborer; b. & res. Fqr; m. 20 Feb 1887 in Fqr to BOWLES, Roberta (col); d/o ___ & Charlotte; 23y; sgl; b. & res. Fqr; (lic) 17 Feb 1887; (off) James MILLS; Pg:Ln 200:24

THOMPSON, Clayton M. (col); s/o Wallace & Julia; 28y; sgl; farmer; b. & res. Fqr; m. 4 Sep 1895 in Fqr to MADISON, Hannah L. (col); d/o Rich'd & Maria; 18y; sgl; b. & res. Fqr; (lic) 4 Sep 1895; (off) Geo. W. HORNER; consent of father in person; Pg:Ln 248:05

THOMPSON, Esau (col); s/o Nelson & Fannie; 27y; sgl; laborer; b. & res. Fqr; m. 27 Sep 1903 in Fqr to HACKLEY, Belle (col); d/o Wm. & Maria; 22y; sgl; b. & res. Fqr; (lic) 25 Sep 1903; (off) I. B. LAKE; see letter of J. K. MACRAE; Pg:Ln 299:12

THOMPSON, Geo. (col); s/o Jas. & Eliza; 40y; wid; laborer; b. & res. Fqr; m. 13 Apr 1892 in Fqr to BRAXTON, Fannie (col); d/o not given; 30y; wid; b. & res. Fqr; (lic) 11 Apr 1892; (off) G. C. BANISTER; Pg:Ln 229:21

THOMPSON, Geo. R.; s/o Geo. R. & Eliz'th V.; 25y; sgl; book keeper; b. PrGMD; res. WashDC; m. 12 Nov 1890 in Fqr to MADDUX, Emma G.; d/o F. W. & Alice L.; 21y; sgl; b. & res. Fqr; (lic) 11 Nov 1890; (off) Edwin S. HINKS; consent of father of E. G. M. in person; Pg:Ln 220:17

THOMPSON, Irving A. (col); s/o David & Georgie; 22y; sgl; hostler; b. LdnVA; res. Fqr; m. 26 Apr 1900 in Fqr to PINKNEY, Jennie V. (col); d/o William & Fanny; 20y; sgl; b. & res. Fqr; (lic) 26 Apr 1900; (off) Geo. W. HORNER; consent of father in person; Pg:Ln 279:02

THOMPSON, James A. (col); s/o Albert & Lucy; 21y; sgl; laborer; b. & res. Fqr; m. 26 Dec 1901 in Fqr to PAYNE, Kate (col); d/o Addison & Maria; 21y; sgl; b. & res. Fqr; (lic) 24 Dec 1901; (off) P. W. AUSTIN; Pg:Ln 290:01

THOMPSON, Joseph (col); s/o Jonah & Frances; 23y; sgl; laborer; b. & res. Fqr; m. 29 Dec 1887 in Fqr to BOLDEN, Letitia (col); d/o Jesse & Roberta; 21y; sgl; b. & res. Fqr; (lic) 28 Dec 1887; (off) Arthur P. GRAY; oath; Pg:Ln 205:18

THOMPSON, Lewis M. (col); s/o Lewis T. & Mary; 24y; sgl; laborer; b. & res. Fqr; m. 7 Jul 1887 in Fqr to BALTIMORE, Sarah (col); d/o Nelson & Amanda; 21y; sgl; b. & res. Fqr; (lic) 6 Jul 1887; (off) S. Scolley MOORE; Pg:Ln 202:13

THOMPSON, Lewis M. (col); s/o Lewis & Mary Ann; 39y; wid; laborer; b. & res. Fqr; m. 21 Nov 1901 in Fqr to BRAXTON, Mary (col); d/o Virgil & Tish; 50y; wid; b. & res. Fqr; (lic) 20 Nov 1901; (off) M. A. RUSSELL; Pg:Ln 288:08

THOMPSON, Lucius (col); s/o ___ & Fannie; 28y; sgl; laborer; b. & res. Fqr; m. 19 Oct 1904 in Fqr to CASH, Lula (col); d/o ___ & Louisa; 28y; sgl; b. & res. Fqr; (lic) 18 Oct 1904; (off) D. W. JONES; Pg:Ln 305:11

Fauquier County, Virginia Marriage Register Jan 1883- Jul 1906   243

THOMPSON, Marion (col); s/o Alex & Mary; 26y; sgl; farmer; b. & res. Fqr; m. 5 Jun 1890 in Fqr to RECTOR, Fannie (col); d/o Arthur & Sally; 19y; sgl; b. & res. Fqr; (lic) 4 Jun 1890; (off) C. W. MARK; consent of father filed; Pg:Ln 218:15

THOMPSON, Mason E.; s/o Baylis & Amanda; 23y; sgl; R. R. brakesman; b. LdnVA; res. Cumberland Md; m. 25 Aug 1904 in Fqr to BROWN, Carrie M.; d/o Jno. A. & Sarah A.; 21y; sgl; b. & res. Fqr; (lic) 25 Aug 1904; (off) F. R. BOSTON; Pg:Ln 304:04

THOMPSON, Paul (col); s/o Joe Thompson & Ella Brooks; 23y; sgl; laborer; b. PrWmVA; res. Fqr; m. 26 Mar 1903 in Fqr to HEDGMAN, Emma (col); d/o ___ & Lucy; 22y; sgl; b. & res. Fqr; (lic) 23 Mar 1903; (off) D. W. JONES; Pg:Ln 308:16

THOMPSON, Philip S.; s/o Wm. H. & Lucy A.; 23y; sgl; farmer; b. & res. ClrkVA; m. 10 Aug 1898 in Fqr to RAMEY, Maude J.; d/o D. W. & Mary E.; 23y; sgl; b. & res. Fqr; (lic) 6 Aug 1898; (off) J. S. ENGLE; Pg:Ln 266:17

THOMPSON, R. A.; s/o Willis & Minnie; 62y; wid; farmer; b. & res. Fqr; m. 14 Apr 1895 in Fqr to HINSON, Eliza N.; d/o Jno. J. & Lucy Ann; 35y; sgl; b. RappVA; res. Fqr; (lic) 13 Apr 1895; (off) H. M. STRICKLER; Pg:Ln 246:17

THOMPSON, Richard (col); s/o Bayliss & Jane; 46y; wid; laborer; b. & res. Fqr; m. 26 Nov 1901 in Fqr to STOWERS, Martha (col); d/o ___ & ___; 39y; wid; b. & res. Fqr; (lic) 7 Nov 1901; (off) Geo. W. HORNER; Pg:Ln 288:19

THOMPSON, Thomas W.; s/o Elijah & Elizabeth; 52y; wid; salesman; b. Huntingdon Co Pa; res. Camden NJ; m. 24 Oct 1901 in Fqr to ALLPORT, Sarah B.; d/o J. C. & Mary J.; 26y; sgl; b. & res. Fqr; (lic) 23 Oct 1901; (off) J. J. CLOPTON; Pg:Ln 287:16

THOMPSON, Thornton; s/o Fred'k. & Jane; 28y; sgl; carpenter; b. & res. Fqr; m. 10 Nov 1897 in Fqr to ROWE, Mary V.; d/o Horace & Fanny Miles; 21y; sgl; b. & res. Fqr; (lic) 8 Nov 1897; (off) A. R. PINKETT; Pg:Ln 261:11

THOMPSON, Thos. (col); s/o Fred'k & Mary J.; 26y; sgl; teacher; b. & res. Fqr; m. 25 Dec 1895 in Fqr to EMBREY, Sarah J. (col); d/o Jas. & Mary; 19y; sgl; b. & res. Fqr; (lic) 21 Dec 1895; (off) R. H. GOFREY; consent sworn to; Pg:Ln 250:23

THOMPSON, Wallace (col); s/o Jacob & Selina; 59y; wid; farmer; b. PrWmVA; res. Fqr; m. 24 Mar 1900 in Fqr to QUESENBERRY, Ada (col); d/o ___ & Betsey; 53y; wid; b. & res. Fqr; (lic) 17 Mar 1900; (off) Geo. W. HORNER; Pg:Ln 278:08

THOMPSON, Wm. A.; s/o A. A. & Susan A.; 34y; sgl; publisher; b. & res. Fqr; m. 17 Apr 1900 in Fqr to MAXHEIMER, Katherine J.; d/o Jos. S. & Eliz J.; 21y; sgl; b. & res. Fqr; (lic) 17 Apr 1900; (off) F. R. BOSTON; Pg:Ln 278:21

THORN, E. N.; s/o Wm. N. & Maria; 25y; sgl; farmer; b. & res. Fqr; m. 12 Feb 1885 in Fqr to HUMPHREY, M. C.; d/o Jas. H. & Jane; 23y; sgl; b. & res. Fqr; (lic) 11 Feb 1885; (off) F. H. JAMES; Pg:Ln 191:09

THORNLEY, Hilton E. (col); s/o John & Adelaide; 22y; sgl; laborer; b. & res. Fqr; m. 21 Sep 1890 in Fqr to JOHNSON, Ida (col); d/o Thomas & Eliza; 22y; sgl; b. & res. Fqr; (lic) 20 Sep 1890; (off) W. H. GAINES; Pg:Ln 219:15

THORNLEY, Inman (col); s/o Wm. & Mary; 25y; sgl; laborer; b. & res. Fqr; m. 27 Mar 1883 in Fqr to STEPHENSON, Julia (col); d/o Andrew & Catharine; 17y; sgl; b. & res. Fqr; (lic) 26 Mar 1883; (off) G. N. BANISTER; consent of mother proved by oath of Nelson SUMMERS; Pg:Ln 179:22

THORNLEY, Jno. (col); s/o Solomon & Cynthia; 42y; wid; laborer; b. & res. Fqr; m. 3 Jan 1884 in Fqr to CHARITY, Nancy (col); d/o Peter & Julia; 28y; sgl; b. & res. Fqr; (lic) 2 Jan 1884; (off) John M. BEAN; Pg:Ln 185:13

THORNLEY, John; s/o John & Julia H.; 28y; sgl; lawyer; b. AlbmVA; res. New York City; m. 17 May 1905 in Fqr to STONE, Isabella G.; d/o Thos. G. & Elizth. F.; 21y; sgl; b. & res. Fqr; (lic) 16 May 1905; (off) Wm. H. LAIRD; Pg:Ln 309:05

THORNLEY, Vernon (col); s/o Jno. & Adelaide; 22y; sgl; laborer; b. & res. Fqr; m. 20 Sep 1898 in Fqr to BOSS, Maria (col); d/o Alfred & Mary; 18y; sgl; b. & res. Fqr; (lic) 19 Sep 1898; (off) G. C. BANNISTER; consent of father in person; Pg:Ln 267:11

THORNTON, Jas. T.; s/o Thos. & Helen; 24y; sgl; farmer; b. RappVA; res. Fqr; m. 27 Dec 1894 in Fqr to PEARSON, Cornelia; d/o Jas. & Elevyra; 25y; sgl; b. & res. Fqr; (lic) 26 Dec 1894; (off) H. M. STRICKLER; Pg:Ln 245:02

THORNTON, Jno. L. (col); s/o Hery [Henry?] & Lucy M.; 33y; sgl; laborer; b. RappVA; res. Fqr; m. 8 Oct 1893 in Fqr to BRIER, Mary (col); d/o ___ & Q. Victoria; 16y; sgl; b. & res. Fqr; (lic) 4 Oct 1893; (off) A. R. PINKETT; consent sworn to before H. C. PFEIFER, N. P. & filed; Pg:Ln 236:20

TIBBS, Brent (col); s/o Chas. & Hannah; 29y; sgl; laborer; b. & res. Fqr; m. 5 Jan 1905 in Fqr to ROBINSON, Mary (col); d/o ___ & ___; 24y; sgl; b. & res. Fqr; (lic) 5 Jan 1905; (off) D. W. JONES; Pg:Ln 307:21

TIBBS, Geo. F. (col); s/o John & Ellen; 27y; sgl; farmer; b. & res. Fqr; m. 25 Dec 1895 in Fqr to CAMPBELL, Mattie E. (col); d/o Elijah & Maria; 21y; sgl; b. & res. Fqr; (lic) 24 Dec 1895; (off) R. H. GODREY; Pg:Ln 251:06

TIBBS, Hill; s/o James & Benton; 25y; sgl; laborer; b. & res. Fqr; m. 29 Dec 1898 in Fqr to MATTHEWS, Frances; d/o George & Lizzie; 26y; sgl; b. & res. Fqr; (lic) 24 Dec 1898; (off) Vincent LACY; Pg:Ln 270:06

TIFFANY, Hugh F.; s/o Hugh & Sarah H.; 23y; sgl; farmer; b. Monroe Co. VA; res. Fqr; m. 2 Feb 1886 in Fqr to COCHRAN, Lizzie J.; d/o J. T. & Elizebeth; 28y; sgl; b. & res. Fqr; (lic) 30 Jan 1886; (off) C. L. DAMARON; Pg:Ln 195:09

TIGNEY, William M. (col); s/o Newman & Betsy; 52y; div; laborer; b. Page Co. Va; res. WrnVA; m. 24 Jul 1900 in Fqr to CAMPBELL, Anna (col); d/o Reuben & Mary; 35y; sgl; b. & res. Fqr; (lic) 24 Jul 1900; (off) M. A. RUSSELL; cerf. of divorce filed; Pg:Ln 280:04

TIMBERS, Andrew (col); s/o Jos. & Milly; 25y; sgl; farmer; b. & res. Fqr; m. 11 Feb 1889 in Fqr to PRIMM, Mary (col); d/o Jas. & Mary; 23y; sgl; b. PrWmVA; res. Fqr; (lic) 10 Feb 1889; (off) M. B. STROTHER; Pg:Ln 211:01

TIMBERS, Charlie (col); s/o Charles & Annie; 28y; sgl; laborer; b. & res. Fqr; m. 21 Feb 1906 in Fqr to WASHINGTON, Mamie (col); d/o George & Sarah; 22y; sgl; b. & res. Fqr; (lic) 21 Feb 1906; (off) D. W. JONES; Pg:Ln 313:09

TIMBERS, Elijah; s/o Geo. & Milly; 26y; sgl; farmer; b. & res. Fqr; m. 30 Mar 1887 in Fqr to BROOKS, Anna; d/o Presley & Sarah; 22y; sgl; b. & res. Fqr; (lic) 28 Mar 1887; (off) S. M. ATHEY; Pg:Ln 201:17

TIMBERS, Enoch (col); s/o Geo. & Millie; 36y; sgl; farmer; b. & res. Fqr; m. 30 Sep 1896 in Fqr to TIMBERS, Kate (col); d/o Jos.& Ann; 25y; sgl; b. & res. Fqr; (lic) 28 Sep 1896; (off) A. R. PINKETT; Pg:Ln 254:19

TIMBERS, Ernest (col); s/o Turner & Mary; 22y; sgl; laborer; b. & res. Fqr; m. 17 Sep 1903 in Fqr to WALKER, Kitty (col); d/o Taylor & Fanny; 19y; sgl; b. & res. Fqr; (lic) 17 Sep 1903; (off) Vincent LACY; consent of her father in person; Pg:Ln 299:09

TIMMONS, Jos. C.; s/o A. T. & L. E.; 23y; sgl; carpenter; b. & res. Fqr; m. 9 Jan 1898 in Fqr to EMBREY, Mary A.; d/o Alex. & Harriet; 19y; sgl; b. & res. Fqr; (lic) 8 Jan 1898; (off) J. S. GARDNER; judges consent filed; Pg:Ln 263:19

TINES, James (col); s/o Spencer & Marthy; 27y; sgl; farmer; b. & res. Fqr; m. 27 Dec 1898 in Fqr to CRAIG, Laura B.; d/o Lewis & Sarah; 21y; sgl; b. & res. Fqr; (lic) 22 Dec 1898; (off) P. W. AUSTIN; Pg:Ln 270:01

TINES, Spencer (col); s/o Chas. & Diley; 61y; wid; farmer; b. Halifax Co. VA; res. Fqr; m. 4 Apr 1895 in Fqr to WRIGHT, Adaline (col); d/o ___ & Sally; 45y; sgl; b. & res. Fqr; (lic) 25 Mar 1895; (off) C. H. MINOR; Pg:Ln 246:14

TODD, Geo. Carroll; s/o Jno. W. & Everallin; 26y; sgl; lawyer; b. Isle of Wight Co. va; res. New York NY; m. 20 Sep 1905 in Fqr to SMITH, Pocahonta Bolling; d/o A. Magill & Mary; 28y; sgl; b. FredVA; res. Fqr; (lic) 9 Sep 1905; (off) P. D. THOMPSON; Pg:Ln 310:12

TODD, Saml. D.; s/o Samuel & Ann G.; 45y; wid; farmer; b. Hinds Co., MS; res. Louisa Co. VA; m. 24 Aug 1892 in Fqr to MARSHALL, Eliza C.; d/o Jno. R. & Angelina W.; 36y; sgl; b. Louisa Co. VA; res. Fqr; (lic) 22 Aug 1892; (off) Chas. T. HERNDON; Pg:Ln 231:11

TOLER, Wm. Henry (col); s/o Elisha & Jane; 45y; wid; laborer; b. & res. Fqr; m. 31 Aug 1892 in Fqr to PRESTON, Olivia (col); d/o ___ & Mary; 35y; sgl; b. PrWmVA; res. Fqr; (lic) 30 Aug 1892; (off) A. B. CARRINGTON; Pg:Ln 231:12

TOLIVER, Benj. (col); s/o Sam & Sue; 22y; sgl; laborer; b. Campbell Co. Va; res. Fqr; m. 24 Feb 1906 in Fqr to MOORE, Dolly (col); d/o ___ & Sarah; 21y; sgl; b. Campbell Co. Va; res. Fqr; (lic) 24 Feb 1906; (off) D. W. JONES; age sworn to; Pg:Ln 313:11

TOLIVER, Robert (col); s/o ___ & Lucinda; 37y; wid; laborer; b. Middlesex Co. VA; res. Fqr; m. 22 Nov 1884 in Fqr to MOORE, Ellen (col); d/o

Raleigh & Hannah; 35y; wid; b. & res. Fqr; (lic) 22 Nov 1884; (off) J. F. HINES; Pg:Ln 189:06

TOMLIN, Edwd.; s/o ___ & Mary; 26y; wid; farmer; b. & res. Fqr; m. 26 Sep 1905 in Fqr to GLASCOCK, Jennie; d/o ___ & Mary; 22y; sgl; b. & res. Fqr; (lic) 25 Sep 1905; (off) Isaac N. CAMPBELL; Pg:Ln 310:16

TOTTEN, Geo. M.; s/o M. S. & Cath. H.; 51y; wid; carpenter; b. RappVA; res. WashDC; m. 8 Oct 1900 in Fqr to CARDER, Lucy R.; d/o ___ & Mary A.; 33y; wid; b. RappVA; res. Fqr; (lic) 8 Oct 1900; (off) J. Howard WELLS; Pg:Ln 281:04

TRAVIS, John (col); s/o John & Maria; 28y; sgl; laborer; b. & res. Fqr; m. 1 Apr 1888 in Fqr to SETTLE, Jennie (col); d/o ___ & Delia; 21y; sgl; b. RappVA; res. Fqr; (lic) 31 Mar 1888; (off) M. B. STROTHER; oath; Pg:Ln 206:24

TRENIS, Lemuel W.; s/o E. B. & J. E.; 24y; sgl; merchant; b. & res. Fqr; m. 17 Jul 1901 in Fqr to McKEE, Hattie M.; d/o J. H. & Sarah J.; 21y; sgl; b. Bradford Co. Pa; res. Fqr; (lic) 15 Jul 1901; (off) W. T. GOVER; Pg:Ln 285:15

TRIPLETT, Charles B.; s/o Saml. B. & Sarah; 29y; sgl; farmer; b. & res. Fqr; m. 5 Feb 1890 in Fqr to ELLISON, Emma; d/o Chas. E. & Emma; 21y; sgl; b. Somersetshire, Eng.; res. Fqr; (lic) 3 Feb 1890; (off) W. F. DUNAWAY; age sworn to by F. ELLISON & filed; Pg:Ln 217:10

TRIPLETT, Charlie S.; s/o Robt. C. & Virginia E.; 26y; sgl; farmer; b. CulpVA; res. Fqr; m. 8 Sep 1886 in Fqr to COX, Ada F.; d/o J. W. & A. T.; 26y; sgl; b. & res. Fqr; (lic) 3 Sep 1886; (off) Lemuel W. HASLUP; Pg:Ln 197:18

TRIPLETT, Jas. E.; s/o Jas. W. & Marg't. J.; 25y; sgl; merchant; b. Fqr; res. Roanoke Co. VA; m. 25 Nov 1891 in Fqr to BRADFIELD, Elizabeth L.; d/o Benj. & Elizabeth; 18y; sgl; b. & res. Fqr; (lic) 23 Nov 1891; (off) I. B. LAKE; consent of father in writing sworn to before mayor; Pg:Ln 227:02

TRIPLETT, Samuel P.; s/o William & Frances; 64y; wid; farmer; b. & res. Fqr; m. 18 Dec 1890 in Fqr to SAMPSELL, Leonora J.; d/o Hanson & Jane; 48y; wid; b. & res. Fqr; (lic) 18 Dec 1890; (off) Geo. W. NELSON; Pg:Ln 221:06

TROUT, Wm. E.; s/o James R. & ___; 34y; sgl; merchant; b. RockVA; res. Alleghany Co. VA; m. 30 Jun 1902 in Fqr to LIGHTNER, Nora; d/o W. S. & ___; 33y; sgl; b. Highland Co. Va; res. Fqr; (lic) 18 Jun 1902; (off) D. J. SHOPOFF; Pg:Ln 292:18

TURNER Jas. H. (col); s/o James & Delphia; 22y; sgl; laborer; b. & res. Fqr; m. 25 Dec 1904 in Fqr to REID, Lottie (col); d/o ___ & ___; 25y; sgl; b. & res. Fqr; (lic) 23 Dec 1904; (off) Eld. M. A. RUSSELL; Pg:Ln 307:04

TURNER, E. S.; s/o Jno. R. & Sallie A.; 26y; sgl; lawyer; b. CulpVA; res. Fqr; m. 15 Oct 1896 in Fqr to BOSTON, Mela May; d/o F. R. & Annie L.; 22y; sgl; b. Petersburg, VA; res. Fqr; (lic) 14 Oct 1896; (off) L. R. MILBOURNE; Pg:Ln 255:05

TURNER, Edward C. (col); s/o Robert & Betty; 24y; sgl; laborer; b. PrWmVA; res. Fqr; m. 3 Jan 1906 in Fqr to RILEY, Lucy Jane (col);

d/o Elijah & Eliza; 20y; sgl; b. & res. Fqr; (lic) 2 Jan 1906; (off) Richard JACKSON; consent of mother sworn to; Pg:Ln 312:20
TURNER, H. C.; s/o Thos. A. & O. G.; 47y; wid; farmer; b. & res. Fqr; m. 26 Aug 1891 in Fqr to PARNELL, Jennie; d/o Josiah & ___; 32y; wid; b. RappVA; res. Fqr; (lic) 12 Aug 1891; (off) W. F. DUNAWAY; Pg:Ln 225:07
TURNER, H. D.; s/o John R. & Sally A.; 22y; sgl; salesman; b. CulpVA; res. Roanoke City; m. 20 Nov 1889 in Fqr to MONTAGUE, Willetta; d/o Wm. McC. & Henrietta K.; 20y; sgl; b. MontVA; res. Fqr; (lic) 19 Nov 1889; (off) Walter H. ROBERTSON; written consent of father; Pg:Ln 214:21
TURNER, Jno. R.; s/o Lewis C. & Ellen L.; 52y; wid; Clk of Circuit Ct; b. CulpVA; res. Fqr; m. 10 Jul 1890 in Warrenton to NEWLY, Emma S.; d/o George & Lucy; 47y; wid; b. CulpVA; res. Fqr; (lic) 10 Jul 1890; (off) C. P. SCOTT; Pg:Ln 219:03
TURNER, Marshall; s/o John & Sallie; 23y; sgl; laborer; b. & res. Fqr; m. 29 Apr 1886 in Fqr to DANGERFIELD, Eliza Bell; d/o Edmund & Betsey; 21y; sgl; b. & res. Fqr; (lic) 26 Apr 1886; (off) J. T. MOTEN; Pg:Ln 196:08
TURNER, Richard (col); s/o Lewis & Maria; 21y; sgl; laborer; b. & res. Fqr; m. 20 Aug 1883 in Fqr to GREEN, Elizabeth (col); d/o Harry & Evelina; 22y; sgl; b. & res. Fqr; (lic) 18 Aug 1883; (off) J. W. WEBB; Pg:Ln 181:06
TURNER, Robert F.; s/o Edw. C. & Sarah J.; 31y; wid; farmer; b. & res. Fqr; m. 23 Aug 1883 in Fqr to MEREDITH, Pocahontas; d/o ___ & Pocahontas; 28y; sgl; b. Buckingham Co. VA; res. Fqr; (lic) 20 Aug 1883; (off) James GRAMMAR; Pg:Ln 181:08
TURNER, Thos. W. (col); s/o Gabriel & Dulcenia; 24y; sgl; laborer; b. & res. Fqr; m. 28 Dec 1898 in Fqr to BLAND, Mary J. (col); d/o Edward & Elnora; 24y; sgl; b. & res. Fqr; (lic) 28 Dec 1898; (off) G. C. BANISTER; Pg:Ln 270:18
TURNER, William Beverley; s/o B. B. & R. D.; 30y; sgl; farmer; b. Fqr; res. Alleghany Co. Pa; m. 11 Sep 1902 in Fqr to SKINKER, Sarah Cornelia; d/o W. K. & S. E.; 27y; sgl; b. Madison Co Va; res. Fqr; (lic) 3 Sep 1902; (off) Jno. McGILL; Pg:Ln 293:18
TYLER, Enoch D. (col); s/o George & Margie; 43y; wid; minister; b. Fqr; res. Altoona, Pa; m. 30 Jan 1901 in Fqr to FITZHUGH, J. A. Elizabeth (col); d/o Wesley & Queen; 24y; sgl; b. & res. Fqr; (lic) 28 Jan 1901; (off) C. M. TYLER; Pg:Ln 284:01
TYLER, Jno. R. (col); s/o Henry & Lucy; 31y; sgl; laborer; b. & res. Fqr; m. 23 Apr 1885 in Fqr to BLACKBURN, Easter A. (col); d/o ___ & Hartley; 25y; sgl; b. & res. Fqr; (lic) 23 Apr 1885; (off) J. T. HINES; Pg:Ln 192:01
TYLER, Marion G.; s/o Wm. H. & Marietta J. Tyler; 24y; sgl; civil engineer; b. Henrico Co. VA; res. AlexVA; m. 26 Oct 1887 in Fqr to McLEAN, Virginia B.; d/o Wilmer & Virginia B. McLEAN; 22y; sgl; b. Appomattox Co. VA; res. Fqr; (lic) 24 Oct 1887; (off) A. A. McDONOUGH; Pg:Ln 203:14

ULARY, W. C.; s/o E. H. & Martha; 36y; wid; carpenter; b. DE; res. Fqr; m. 28 Jan 1891 in Fqr to GUM, Lou E.; d/o G. W. & A. C.; 18y; sgl; b. RockVA; res. Fqr; (lic) 27 Jan 1891; (off) Jas. W. GRUBB; consent of father in person; Pg:Ln 222:17

UTTERBACK, Alpheus; s/o Porter & Serena; 29y; sgl; farmer; b. & res. Fqr; m. 20 Nov 1884 in Fqr to CARTER, Roberta; d/o Isaiah & Eliza Ann; 17y; sgl; b. & res. Fqr; (lic) 17 Nov 1884; (off) S. M. ATHEY; consent of father in person; Pg:Ln 189:01

UTTERBACK, G. W.; s/o William & Alice; 24y; sgl; farmer; b. & res. Fqr; m. 7 Dec 1904 in Fqr to SPINKS, Elsie; d/o Joseph & Belle; 18y; sgl; b. & res. Fqr; (lic) 7 Dec 1904; (off) Wm. CHINN; consent of father filed; Pg:Ln 306:13

UTTERBACK, James E.; s/o Alfred & Puss; 25y; sgl; farmer; b. & res. Fqr; m. 12 Aug 1899 in Fqr to BROWN, Willie J.; d/o Arthur & Annie; 24y; wid; b. & res. Fqr; (lic) 12 Aug 1899; (off) W. S. JACKSON; Pg:Ln 273:18

UTTERBACK, Jas. H.; s/o Jas.& Eliz'th; 42y; wid; farmer; b. Fqr; res. PrWmVA; m. 1 Jun 1892 in Fqr to McDONALD, Lizzie F.; d/o John & Lydia; 21y; sgl; b. & res. Fqr; (lic) 30 May 1892; (off) L. H. CRENSHAW; Pg:Ln 230:11

UTTERBACK, Jno. A.; s/o Western & Julia; 38y; wid; farmer; b. & res. Fqr; m. 22 Sep 1891 in Fqr to FOSTER, Roena; d/o Oscar & Matilda GOVES; 35y; wid; b. & res. Fqr; (lic) 21 Sep 1891; (off) B. P. DULIN; Pg:Ln 225:22

UTTERBACK, Joseph; s/o Jos. N. & Elizabeth; 24y; sgl; farmer; b. Fqr; res. PrWmVA; m. 29 Nov 1883 in Fqr to COCKRILL, Ida L.; d/o Thomas & Letty; 17y; sgl; b. & res. Fqr; (lic) 26 Nov 1883; (off) J. N. BADGER; consent of father sworn to by D. McDONALD & filed; Pg:Ln 183:14

UTTERBACK, Marion; s/o Wm. & Alice; 22y; sgl; farmer; b. & res. Fqr; m. 26 Dec 1897 in Fqr to MOORE, Annie; d/o ___ & Lucy; 17y; sgl; b. & res. Fqr; (lic) 24 Dec 1897; (off) H. M. STRICKLER; consent of mother filed; Pg:Ln 263:01

VANHORN, Wm. D.; s/o Wm. D. & Virginia; 22y; sgl; farmer; b. & res. Fqr; m. 27 Jul 1899 in Fqr to HEREFORD, Margaret P.; d/o Thos. P. & M. R.; 23y; sgl; b. PrWmVA; res. Fqr; (lic) 27 Jul 1899; (off) J. Howard WELLS; Pg:Ln 273:12

VASS, KEMP (col); s/o Tony & Lucy; 50y; wid; farmer; b. & res. Fqr; m. 27 Jan 1895 in Fqr to ANDERSON, Sallie (col); d/o James & ___; 40y; wid; b. & res. Fqr; (lic) 25 Jan 1895; (off) M. A. RUSSELL; Pg:Ln 245:17

VAUGHAN, James W.; s/o Alfred & Mildred; 34y; wid; Blacksmith; b. & res. Fqr; m. 29 Nov 1900 in Fqr to HEFLIN, Fannie C.; d/o Thomas & Eliza A.; 18y; sgl; b. & res. Fqr; (lic) 21 Nov 1900; (off) J. G. MICHAEL; oath of mother filed; Pg:Ln 282:04

VAUGHAN, Orbie B.; s/o Franklin & Ella; 22y; sgl; carpenter; b. & res. Fqr; m. 28 Dec 1904 in Fqr to GARRISON, Effie B.; d/o William &

Fauquier County, Virginia Marriage Register Jan 1883- Jul 1906 249

Bettie; 24y; sgl; b. & res. Fqr; (lic) 23 Dec 1904; (off) Frank P. BERKLEY; Pg:Ln 307:05
VAUGHN, Jas. W.; s/o Alfred & Mildred; 22y; sgl; blacksmith; b. WrnVA; res. Fqr; m. 14 Nov 1888 in Fqr to WINE, Nannie L.; d/o James & Sarah; 19y; sgl; b. & res. Fqr; (lic) 12 Nov 1888; (off) Chas. F. HERNDON; oath; Pg:Ln 208:09
VENABLE, Wm. P.; s/o W. G. & V. E.; 28y; sgl; bank teller & ins.agt.; b. & res. Farmville, VA; m. 30 Sep 1896 in Fqr to RITNOUR, Bessie W.; d/o M. & Jacqueline C.; 19y; sgl; b. Madison Co. VA; res. Fqr; (lic) 25 Sep 1896; (off) I. B. LAKE; consent of father certified; Pg:Ln 254:18
VOGT, Geo. W.; s/o John & Mary; 30y; sgl; laborer; b. & res. Fqr; m. 8 Jul 1890 in Fqr to BOLLING, Willie Ann; d/o ___ & Ann; 25y; sgl; b. StafVA; res. Fqr; (lic) 7 Jul 1890; (off) W. E. MILLER; Pg:Ln 218:24
VOROUS, James; s/o Aaron & Catharine; 22y; sgl; farmer; b. Martinsburg, WV; res. Fqr; m. 24 Dec 1895 in Fqr to WOODWARD, Lula; d/o J. B. & Anna; 20y; sgl; b. & res. Fqr; (lic) 20 Dec 1895; (off) Chas. H. LEE Jr.; consent filed; Pg:Ln 250:19
VOSE, Fred'k E.; s/o Geo. & Susan; 32y; wid; hatter; b. Woonsocket, RI; res. BaltMD; m. 9 Oct 1893 in Fqr to ANDERSON, Laura G.; d/o Jno. & Frances; 27y; sgl; b. CulpVA; res. Fqr; (lic) 9 Oct 1893; (off) W. H. ROBERTSON; Pg:Ln 236:23
VOWLES, Napoleon (col); s/o Washington & Winnie; 33y; sgl; laborer; b. & res. Fqr; m. 16 Oct 1887 in Fqr to PARKER, Julia (col); d/o Henry & Margaret; 31y; sgl; b. & res. Fqr; (lic) 15 Oct 1887; (off) Robt. L. RUFFIN; oath; Pg:Ln 203:10
VOWLES, Scott (col); s/o Richard & Winnie; 46y; sgl; laborer; b. & res. Fqr; m. 22 Jan 1899 in Fqr to ANDERSON, Estelle (col); d/o Lewis & Mary; 22y; sgl; b. & res. Fqr; (lic) 21 Jan 1899; (off) Vincent LACY; Pg:Ln 271:08
WADDELL, Asa; s/o William & Susan; 27y; sgl; farmer; b. & res. Fqr; m. 23 May 1900 in Fqr to WINE, Alice; d/o A. L. & Mildred A.; 19y; sgl; b. & res. Fqr; (lic) 23 May 1900; (off) J. Howard WELLS; consent of father in person; Pg:Ln 279:09
WADDELL, Bernard; s/o John & Mildred; 21y; sgl; farmer; b. & res. Fqr; m. 23 Jan 1901 in Fqr to SUTHARD, Rebecca; d/o Joseph & Catherine; 23y; sgl; b. & res. Fqr; (lic) 23 Jan 1901; (off) J. Howard WELLS; Pg:Ln 283:22
WADDELL, E. T.; s/o James & Mary; 27y; wid; machinist; b. & res. Fqr; m. 12 Sep 1895 in Fqr to DOWNS, Alwilda; d/o George & Alice; 28y; sgl; b. & res. Fqr; (lic) 11 Sep 1895; (off) W. F. DUNAWAY; Pg:Ln 248:12
WADDELL, Edw'd. T.; s/o James W. & Mary; 23y; sgl; farmer; b. & res. Fqr; m. 21 Jul 1891 in Fqr to DOWNS, Beulah B.; d/o Geo. & Sallie; 21y; sgl; b. & res. Fqr; (lic) 20 Jul 1891; (off) David BUSH; Pg:Ln 224:23
WADDELL, Geo. W.; s/o James & Mary; 25y; sgl; farmer; b. & res. Fqr; m. 3 Oct 1899 in Fqr to CARTER, Alice E.; d/o James & Mary Ann; 28y; sgl; b. & res. Fqr; (lic) 3 Oct 1899; (off) F. R. BOSTON; Pg:Ln 274:20

WADDELL, J. W.; s/o Jas. W. & Mary M.; 21y; sgl; farmer; b. & res. Fqr; m. 16 Jul 1884 in Fqr to PEACOCK, Virginia A.; d/o Chas. W. & Jane B.; 22y; sgl; b. & res. Fqr; (lic) 14 Jul 1884; (off) Hamilton W. KINZER; Pg:Ln 187:16

WADDELL, L. W.; s/o Wm. & I. J.; 29y; sgl; machinist; b. Fqr; res. LdnVA; m. 27 May 1897 in Fqr to KEARNS, Lillie; d/o J. V. & Ephalonia; 19y; sgl; b. & res. Fqr; (lic) 27 May 1897; (off) J. S. GARDNER; consent of father in person; Pg:Ln 259:01

WADDELL, Thos.; s/o John & Mildred; 24y; sgl; farmer; b. & res. Fqr; m. 18 Jul 1894 in Fqr to PEARSON, Mittie; d/o Jas. & Elmira; 22y; sgl; b. & res. Fqr; (lic) 17 Jul 1894; (off) I. B. LAKE; Pg:Ln 241:24

WALDEN, Hezekiah (col); s/o James & Nancy; 39y; sgl; school teacher; b. Fqr; res. Nashville, Tenn; m. 24 Sep 1900 in Fqr to WILLIAMS, Mary Louisa (col); d/o Charles L. & Edmonia; 21y; sgl; b. & res. Fqr; (lic) 19 Sep 1900; (off) A. R. PINKETT; Pg:Ln 280:19

WALDEN, Jas. R. (col); s/o ___ & Nancy; 28y; sgl; laborer; b. & res. Fqr; m. __ Oct 1889 in Fqr to CRAIG, Roxanna (col); d/o Nelson & Mary; 23y; sgl; b. & res. Fqr; (lic) 21 Oct 1889; (off) Zachariah S. T. REID; Pg:Ln 214:06

WALDEN, Luther (col); s/o Henry & Belle; 21y; sgl; laborer; b. & res. Fqr; m. 10 Nov 1903 in Fqr to PROCTOR, Pinkney (col); d/o ___ & Betsey; 25y; sgl; b. & res. Fqr; (lic) 9 Nov 1903; (off) G. C. BANISTER; Pg:Ln 300:03

WALDEN, Pearl Hedgeman (col); s/o James & Nancy; 26y; sgl; laborer; b. & res. Fqr; m. 20 Sep 1900 in Fqr to BOLDEN, Martha (col); d/o ___ & Ida; 23y; sgl; b. & res. Fqr; (lic) 20 Sep 1900; (off) G. C. BANISTER; Pg:Ln 280:20

WALKER, Adolphus E.; s/o Adolphus D. & Mary E.; 26y; sgl; painter; b. & res. Fqr; m. 20 Jul 1887 in Fqr to DUNCAN, Hattie L.; d/o Elzey & Elizabeth; 26y; sgl; b. & res. Fqr; (lic) 19 Jul 1887; (off) W. D. WHITE; Pg:Ln 202:14

WALKER, Alexander (col); s/o John & Harriet; 50y; wid; laborer; b. Madison Co. VA; res. Fqr; m. 18 Feb 1892 in Fqr to WAITES, Nancy (col); d/o not given; 42y; wid; b. & res. Fqr; (lic) 18 Feb 1892; (off) not given; Pg:Ln 229:01

WALKER, Elijah (col); s/o Henry & Mar Julia; 54y; wid; laborer; b. & res. Fqr; m. 15 Sep 1892 in Fqr to HALEY, Mary (col); d/o James & Jane; 18y; sgl; b. & res. Fqr; (lic) 7 Sep 1892; (off) C. H. KENNY; consent of father sworn to by Jas. L. STROTHER & filed; Pg:Ln 231:16

WALKER, Frank (col); s/o Taylor & Fanny; 23y; sgl; laborer; b. & res. Fqr; m. 17 Jul 1901 in Fqr to CURTIS, Eliza (col); d/o Frank & Aggie; 19y; sgl; b. & res. Fqr; (lic) 15 Jul 1901; (off) Vincent LACY; consent of mother in person; Pg:Ln 285:16

WALKER, Frank (col); s/o Taylor & Fannie; 26y; wid; laborer; b. & res. Fqr; m. 30 Dec 1904 in Fqr to CARTER, Fannie (col); d/o John & ___; 18y; sgl; b. & res. Fqr; (lic) 30 Dec 1904; (off) N. A. MARRIOTT; consent sworn to; Pg:Ln 307:17

WALKER, Henry (col); s/o Alex & Martha; 21y; sgl; laborer; b. Madison Co. VA; res. Fqr; m. 13 Sep 1883 in Fqr to BLACKWELL, Jennie (col); d/o ___ & Lucy; 18y; sgl; b. & res. Fqr; (lic) 13 Sep 1883; (off) not given; consent of mother sworn to by Alex WALKER & filed; Pg:Ln 181:19

WALKER, Jas. A. (col); s/o Saml. & Quintanna; 33y; wid; farmer; b. & res. Fqr; m. 4 Apr 1889 in Fqr to CLARKE, Florence E. (col); d/o Jno. & Lucy H.; 19y; sgl; b. & res. Fqr; (lic) 3 Apr 1889; (off) M. A. RUSSELL; consent of mother in person; Pg:Ln 211:18

WALKER, Jno. F.; s/o Lewis & Fannie; 23y; sgl; farmer; b. & res. Fqr; m. 6 Jan 1904 in Fqr to HOLMES, Gracie E.; d/o W. C. & Bettie; 22y; sgl; b. & res. Fqr; (lic) 2 Jan 1904; (off) W. P. C. COE; Pg:Ln 301:12

WALKER, Lewis F.; s/o Garrett & Nancy; 45y; wid; painter; b. LdnVA; res. Fqr; m. 22 Dec 1891 in Fqr to LAWLER, Laura V.; d/o Robt. A. & Lucy A.; 30y; sgl; b. & res. Fqr; (lic) 21 Dec 1891; (off) T. G. NEVITT; Pg:Ln 227:16

WALKER, Morris (col); s/o Frank & Ellen; 28y; sgl; farmer; b. FfxVA; res. Fqr; m. 7 Mar 1895 in Fqr to CARTER, Marg't. (col); d/o John & Rachael; 28y; sgl; b. & res. Fqr; (lic) 6 Mar 1895; (off) Geo. W. HORNER; Pg:Ln 246:09

WALKER, William H. (col); s/o Taylor & Ellen; 26y; sgl; laborer; b. & res. Fqr; m. 22 Sep 1899 in Fqr to GEORGE, Maria L. (col); d/o Samuel & Sarah; 21y; sgl; b. & res. Fqr; (lic) 22 Sep 1899; (off) R. L. RUFFIN; Pg:Ln 274:13

WALL, Wm. J.; s/o A. J. & Eliza Jane; 27y; sgl; farmer; b. CulpVA; res. Fqr; m. 5 Feb 1885 in Fqr to SMITH, Agnes Ida; d/o John & Lavinia; 24y; sgl; b. & res. Fqr; (lic) 5 Feb 1885; (off) Jno. F. POULTON; Pg:Ln 191:07

WALLACE, Jack (col); s/o Armstead & Matilda; 26y; wid; laborer; b. & res. Fqr; m. 30 Aug 1888 in Fqr to ADAMS, Bettie L. (col); d/o Marshall & Molly; 20y; sgl; b. & res. Fqr; (lic) 28 Aug 1888; (off) Thomas EDMONDS; oath; Pg:Ln 207:19

WALLACE, Jos. H. (col); s/o Simon & Priscilla; 34y; sgl; laborer; b. Caroline Co. VA; res. WashDC; m. 14 Sep 1893 in Fqr to SHEPPERD, Laura M. (col); d/o E. L. & Nancy V.; 21y; sgl; b. & res. Fqr; (lic) 14 Sep 1893; (off) not given; Pg:Ln 236:11

WALLIS, Wm.J.; s/o Alfred & Eliza; 39y; sgl; physician; b. York Co., Ontario, Canada; res. StafVA; m. 24 Oct 1894 in Fqr to BOSWELL, Lucy S.; d/o Wm. S. & Matilda E.; 33y; sgl; b. & res. Fqr; (lic) 15 Oct 1894; (off) D. J. SHOPOFF; Pg:Ln 243:04

WALRAVEN, Geo. E.; s/o Jno. W. & Pleasant C.; 28y; sgl; salesman; b. JeffWV; res. BaltMD; m. 5 Jan 1887 in Fqr to CALDWELL, Jessie; d/o L. W. & Susan E.; 26y; sgl; b. & res. Fqr; (lic) 4 Jan 1887; (off) Walter H. ROBERTSON; Pg:Ln 200:04

WALTER, Frank M.; s/o Chas. & Harriet; 23y; sgl; merchant; b. RappVA; res. Fqr; m. 22 Oct 1895 in Fqr to DENEALE, Ida M.; d/o Geo. E. & Martha E.; 26y; sgl; b. RappVA; res. Fqr; (lic) 17 Oct 1895; (off) M. R. GRIMSLEY; Pg:Ln 249:03

WALTER, Jno. A.; s/o Chas. & Harriet; 30y; sgl; teacher; b. RappVA; res. WrnVA; m. 20 Jan 1885 in Fqr to PARR, Sarah B.; d/o A. J. & J. A.; 20y; sgl; b. & res. Fqr; (lic) 17 Jan 1885; (off) J. H. WAUGH; consent of father filed; Pg:Ln 190:20

WALTER, Wm. R.; s/o Chas. S. & Harriet J.; 28y; sgl; farmer; b. RappVA; res. Fqr; m. 19 Jan 1887 in Fqr to McDONALD, Viola; d/o E. H. & Almedia; 18y; sgl; b. & res. Fqr; (lic) 17 Jan 1887; (off) C. A. JOYCE; consent of father in person; Pg:Ln 200:12

WALTER, Wm. W.; s/o A. L. & M. P.; 22y; sgl; railroading; b. & res. Fqr; m. 6 Feb 1895 in Fqr to SMITH, Annie C.; d/o R. T. & Sallie A.; 18y; sgl; b. & res. Fqr; (lic) 5 Feb 1895; (off) C. W. BROOKS; Pg:Ln 245:23

WALTERS, Chas. (col); s/o Geo. & Martha; 21y; sgl; laborer; b. WashDC; res. Fqr; m. 28 Dec 1893 in Fqr to MYERS, Josephine (col); d/o HEDGMAN & Tulip; 22y; sgl; b. & res. Fqr; (lic) 25 Dec 1893; (off) P. W. AUSTIN; Pg:Ln 238:23

WALTON, John M.; s/o Wm. & Sarah; 25y; sgl; farmer; b. Louisa Co Va; res. Louisa Co. Va; m. 20 Dec 1900 in Fqr to FREEMAN, Nannie P.; d/o Martin & Elizabeth; 26y; sgl; b. & res. Fqr; (lic) 18 Dec 1900; (off) H. D. COFFEY; Pg:Ln 282:20

WALTON, Thos. J.; s/o William & Sallie; 21y; sgl; farmer; b. & res. Louisa Co. Va; m. 4 Jan 1905 in Fqr to FREEMAN, Virginia B.; d/o Martin & Bettie M.; 21y; sgl; b. & res. Fqr; (lic) 2 Jan 1905; (off) L. R. THORNHILL; Pg:Ln 307:19

WANSER, Charles H. (col); s/o Grenville & Anne; 27y; wid; laborer; b. & res. Fqr; m. 7 Mar 1897 in Fqr to PECK, Frances (col); d/o ___ & Eliza; 28y; sgl; b. & res. Fqr; (lic) 6 Mar 1897; (off) Wm. MILLER; Pg:Ln 258:10

WANSER, Chas. (col); s/o Grandville & Annie; 23y; sgl; laborer; b. & res. Fqr; m. 10 Nov 1893 in Fqr to COOPER, Lula (col); d/o ___ & Salina; 20y; sgl; b. & res. Fqr; (lic) 7 Nov 1893; (off) C. M. TYLER; consent filed; Pg:Ln 237:17

WANSER, Gillison (col); s/o Robt. & Frances; 37y; wid; farmer; b. & res. Fqr; m. 19 Oct 1892 in Fqr to GASKINS, Anna Maria (col); d/o Robt. & Jane; 17y; sgl; b. & res. Fqr; (lic) 17 Oct 1892; (off) G. C. BANISTER; consent of father sworn to & filed; Pg:Ln 232:04

WANSER, Isaac (col); s/o Marshall & Maria; 27y; sgl; farmer; b. & res. Fqr; m. 4 Jun 1892 in Fqr to BROWN, Bettie (col); d/o Thornton & Jane; 23y; sgl; b. & res. Fqr; (lic) 4 Jun 1892; (off) C. M. TYLER; Pg:Ln 230:15

WANSER, John (col); s/o Marshall & Maria; 21y; sgl; railroading; b. & res. Fqr; m. 9 Aug 1896 in Fqr to JOHNSON, Celia (col); d/o Wm. & Columbia; 19y; sgl; b. & res. Fqr; (lic) 8 Aug 1896; (off) C. M. TYLER; Pg:Ln 253:20

WANSER, Marshall (col); s/o Marshall & Maria; 21y; sgl; laborer; b. & res. Fqr; m. 15 Feb 1891 in Fqr to FOULKS, Martha E.; d/o Marshall & Jane; 18y; sgl; b. & res. Fqr; (lic) 12 Feb 1891; (off) C. M. TYLER; consent of mother sworn to by brother T. Horace FOULKES & filed; Pg:Ln 223:03

WANSER, R. D. (col); s/o Chas. & Celia; 43y; wid; laborer; b. & res. Fqr; m. 9 Jul 1890 in Fqr to PATTERSON, S. J. (col); d/o ___ & Renia; 22y; sgl; b. & res. Fqr; (lic) 9 Jul 1890; (off) C. M. TYLER; Pg:Ln 219:02

WANZER, Luther (col); s/o Whitfield & Sallie; 21y; sgl; laborer; b. & res. Fqr; m. 10 Nov 1901 in Fqr to MOORE, Agnes (col); d/o ___ & Martha; 21y; sgl; b. & res. Fqr; (lic) 9 Nov 1901; (off) Silas DOWNNELL; Pg:Ln 288:02

WARNER, Francis K.; s/o Isaac & Annie; 23y; sgl; printer; b. Fqr; res. LdnVA; m. 6 Dec 1905 in Fqr to DAVIS, Edyth A.; d/o J. M. & Sarah; 20y; sgl; b. & res. Fqr; (lic) 27 Nov 1905; (off) Thomas COOPER; Pg:Ln 311:13

WARNER, Geo. (col); s/o Jake & Phoebe; 27y; sgl; laborer; b. & res. Fqr; m. 28 Oct 1884 in Fqr to CARTER, Jennie (col); d/o George & Charlotte; 28y; sgl; b. & res. Fqr; (lic) 28 Oct 1884; (off) Jno. F. POULTON; Pg:Ln 188:17

WARNER, George (col); s/o Jake & Phoebe; 43y; wid; horse training; b. Fqr; res. Queens Co NY; m. 7 Jan 1897 in Fqr to SMITH, Sarah (col); d/o Chas. & Daphne; 35y; sgl; b. Spottsylvania Co.; res. Queens Co NY; (lic) 7 Jan 1897; (off) Jno. F. POULTON; Pg:Ln 257:10

WARNER, J. Clifton; s/o Isaac & Annie; 25y; sgl; farmer; b. & res. LdnVA; m. 6 Dec 1905 in Fqr to DAVIS, Susan E.; d/o J. M. & Sarah; 22y; sgl; b. LdnVA; res. Fqr; (lic) 27 Nov 1905; (off) Thomas COOPER; Pg:Ln 311:12

WARNER, Jno. R. (col); s/o Jos. & Emma; 22y; sgl; laborer; b. & res. Fqr; m. 27 Mar 1895 in Fqr to FORD, Anna E. (col); d/o Douglas & Ella; 20y; sgl; b. & res. Fqr; (lic) 25 Mar 1895; (off) A. R. PINKETT; consent of father in person; Pg:Ln 246:13

WARREN, Fred (col); s/o Leland & Katie; 46y; wid; farmer; b. & res. Fqr; m. 15 Sep 1904 in Fqr to MARS, Rachel (col); d/o ___ & Anne; 48y; wid; b. & res. Fqr; (lic) 15 Sep 1904; (off) Geo. A. GRILLBORTZER; Pg:Ln 304:13

WASHINGTON, Alley (col); s/o Wesley & Harriet; 22y; sgl; laborer; b. & res. Fqr; m. 27 Dec 1900 in Fqr to EVERHART, Lucy (col); d/o John & Millie; 17y; sgl; b. & res. Fqr; (lic) 27 Dec 1900; (off) N. A. MARRIOTT; consent of mother in person; Pg:Ln 283:16

WASHINGTON, Arthur (col); s/o George & Lizzie; 27y; wid; farmer; b. & res. Fqr; m. 16 Nov 1904 in Fqr to GIBSON, Ella (col); d/o Joseph & Harriet; 19y; sgl; b. & res. Fqr; (lic) 16 Nov 1904; (off) d. W. JONES; consent of father in person; Pg:Ln 306:03

WASHINGTON, Charles G. (col); s/o George & Martha; 21y; sgl; laborer; b. & res. Fqr; m. 23 Jan 1901 in Fqr to JENNINGS, Phyllis Margaret (col); d/o Joseph & Matilda; 18y; sgl; b. & res. Fqr; (lic) 23 Jan 1901; (off) Vincent LACY; consent of father in person; Pg:Ln 283:23

WASHINGTON, Conway (col); s/o John & Emily; 23y; sgl; laborer; b. & res. Fqr; m. 26 Nov 1899 in Fqr to SHUMATE, Cassie (col); d/o Taylor & Nannie; 21y; sgl; b. & res. Fqr; (lic) 24 Nov 1899; (off) A. R. PINKETT; Pg:Ln 275:13

WASHINGTON, Edw. (col); s/o Wm. & Mary; 45y; wid; laborer; b. & res.
Fqr; m. 1 Nov 1883 in Fqr to SUMMERS, Amanda (col); d/o Danl. &
Nancy; 23y; sgl; b. RappVA; res. Fqr; (lic) 31 Oct 1883; (off) Cornelius
GAD[D]IS; Pg:Ln 182:19

WASHINGTON, Geo. (col); s/o Lewis & Eve; 49y; wid; laborer; b.
OrngVA; res. Fqr; m. 8 Nov 1883 in Fqr to WATSON, Millie (col); d/o
not given; 48y; wid; b. & res. Fqr; (lic) 8 Nov 1883; (off) J. F.
HENSON; Pg:Ln 182:24

WASHINGTON, Geo. (col); s/o Eli & Lucy; 43y; wid; farmer; b. & res. Fqr;
m. 1 Sep 1887 in Fqr to BLUE, Susan (col); d/o Fred'k & Mary Jane;
29y; wid; b. & res. Fqr; (lic) 1 Sep 1887; (off) Robt. L. RUFFIN; Pg:Ln
202:20

WASHINGTON, Geo. (col); s/o Lewis & Eve; 68y; wid; farmer; b. OrngVA;
res. Fqr; m. 26 Dec 1889 in Fqr to PATRICK, Lucy (col); d/o not given;
50y; wid; b. & res. Fqr; (lic) 26 Dec 1889; (off) Walter H.
ROBERTSON; Pg:Ln 216:13

WASHINGTON, Geo. (col); s/o Lewis & Louisa; 27y; sgl; laborer; b.
Caroline Co. VA; res. Fqr; m. 16 Dec 1892 in Fqr to THOMS, Eliza
(col); d/o Jno. & Violet; 24y; sgl; b. CulpVA; res. Fqr; (lic) 15 Dec
1892; (off) R. L. RUFFIN; Pg:Ln 233:03

WASHINGTON, Geo. (col); s/o Geo. & Harriet; 25y; sgl; laborer; b. & res.
Fqr; m. 6 Oct 1895 in Fqr to POLLARD, Margie (col); d/o ___ & Maria;
26y; wid; b. & res. Fqr; (lic) 5 Oct 1895; (off) R. L. RUFFIN; Pg:Ln
248:21

WASHINGTON, Geo. W. (col); s/o George & Lizzie; 27y; sgl; laborer; b. &
res. Fqr; m. 29 Apr 1899 in Fqr to HILL, Annie M. (col); d/o Addison &
Valley; 19y; sgl; b. CulpVA; res. Fqr; (lic) 29 Apr 1899; (off) R. L.
RUFFIN; consent of mother filed; Pg:Ln 272:12

WASHINGTON, Isaac (col); s/o Solman & Annie; 36y; sgl; laborer; b. &
res. Fqr; m. 19 Sep 1901 in Fqr to WELLS, Maggie (col); d/o Robert &
Rebecca; 20y; sgl; b. & res. Fqr; (lic) 18 Sep 1901; (off) G. C.
BANISTER; oath of father filed; Pg:Ln 286:20

WASHINGTON, J. H. (col); s/o Geo. & Martha; 21y; sgl; laborer; b. & res.
Fqr; m. 20 Apr 1892 in Fqr to JAMES, Harriet (col); d/o Robert & Kitty;
18y; sgl; b. & res. Fqr; (lic) 20 Apr 1892; (off) R. L. RUFFIN; consent
of father sworn to by Thornton JAMES & filed; Pg:Ln 230:01

WASHINGTON, James (col); s/o Albert & Sarah Ann; 22y; sgl; laborer; b.
RappVA; res. Fqr; m. 29 Jun 1902 in Fqr to GAINES, Lavinia (col); d/o
Ottoway & Kittie; 18y; sgl; b. & res. Fqr; (lic) 26 Jun 1902; (off) M. B.
STROTHER; consent of mother sworn to & filed; Pg:Ln 292:21

WASHINGTON, Jno.; s/o Geo. & ___; 40y; wid; laborer; b. CulpVA; res.
Fqr; m. 28 Jun 1898 in Fqr to WATERS, Lucinda; d/o ___ & ___; 23y;
sgl; b. & res. Fqr; (lic) 28 Jun 1898; (off) R. L. RUFFIN; Pg:Ln 266:05

WASHINGTON, Luther (col); s/o Henson & Adelaide; 32y; sgl; laborer; b.
& res. Fqr; m. 28 Dec 1899 in Fqr to JOHNSON, Sally (col); d/o Albert
& Martha; 25y; sgl; b. & res. Fqr; (lic) 26 Dec 1899; (off) P. W.
AUSTIN; Pg:Ln 276:19

WASHINGTON, Mosby (col); s/o Henry & Eliza; 23y; sgl; farmer; b. & res. Fqr; m. 29 Dec 1886 in Fqr to CRAIG, Susan (col); d/o Henry & Eliz'th; 34y; wid; b. & res. Fqr; (lic) 27 Dec 1886; (off) Thornton HILL; Pg:Ln 199:21
WASHINGTON, Nathl. (col); s/o Geo. & Martha; 21y; sgl; laborer; b. & res. Fqr; m. 6 Apr 1898 in Fqr to HAMM, Margt. (col); d/o Wm. & Bettie; 17y; sgl; b. & res. Fqr; (lic) 6 Apr 1898; (off) Robt. L. RUFFIN; consent of mother filed; Pg:Ln 264:20
WASHINGTON, ROSS (col); s/o Geo. & Lizzie; 24y; sgl; laborer; b. & res. Fqr; m. 26 Nov 1903 in Fqr to TATE, Alice (col); d/o ___ & Phoebe; 19y; sgl; b. & res. Fqr; (lic) 26 Nov 1903; (off) N. A. MARRIOTT; consent of Judge filed; Pg:Ln 300:09
WASHINGTON, Scott (col); s/o ___ & Maria; 38y; wid; laborer; b. & res. Fqr; m. 23 Dec 1888 in Fqr to TAYLOR, Ella (col); d/o Wm. & Laura; 27y; sgl; b. & res. Fqr; (lic) 22 Dec 1888; (off) R. H. Gafney; Pg:Ln 209:11
WASHINGTON, Scott (col); s/o ___ & Maria; 40y; wid; laborer; b. & res. Fqr; m. 7 Jan 1892 in Fqr to WHITE, Catherine (col); d/o Bennett & Drusilla; 23y; sgl; b. SpotVA; res. Fqr; (lic) 5 Jan 1892; (off) G. W. TAYLOR; Pg:Ln 228:06
WASHINGTON, Wesley (col); s/o George & Jannie; 54y; wid; farmer; b. & res. Fqr; m. 16 Mar 1897 in Fqr to McCOY, Mary (col); d/o Wm. & ___; 35y; sgl; b. & res. Fqr; (lic) 15 Mar 1897; (off) R. L. RUFFIN; Pg:Ln 258:02
WASHINGTON, Wm. (col); s/o George & Martha; 21y; sgl; laborer; b. & res. Fqr; m. 10 Jun 1888 in Fqr to PINN, Ida (col); d/o Thos. & Nancy; 18y; sgl; b. CulpVA; res. Fqr; (lic) 8 Jun 1888; (off) R. L. RUFFIN; oath & consenting of father in person; Pg:Ln 207:10
WASHINGTON, Wm. R. (col); s/o George & Martha; 28y; wid; laborer; b. & res. Fqr; m. 17 Dec 1896 in Fqr to PINN, Josephine (col); d/o Thomas & Nancy; 18y; sgl; b. & res. Fqr; (lic) 17 Dec 1896; (off) G. W. NELSON; consent of father sworn to & filed; Pg:Ln 256:08
WATERS, Jas. H. (col); s/o Henry & Rebecca; 29y; sgl; laborer; b. LdnVA; res. Fqr; m. 12 Feb 1891 in Fqr to JOHNSON, Maria (col); d/o Alexander & Mehala; 21y; sgl; b. & res. Fqr; (lic) 11 Feb 1891; (off) C. H. KENNEY; Pg:Ln 223:02
WATERS, Norbbert; s/o Henry & Elizabeth; 26y; sgl; farmer; b. RappVA; res. Fqr; m. 9 Jan 1900 in Fqr to LAMBERT, Mary; d/o Henry & Sarah; 21y; sgl; b. & res. Fqr; (lic) 3 Jan 1900; (off) Walter H. ROBERTSON; Pg:Ln 277:08
WATERS, Wm. (col); s/o Joseph & Judy; 45y; sgl; laborer; b. Caswell Co. NC; res. Fqr; m. 26 Jan 1891 in Fqr to GAINES, Julia (col); d/o ___ & Elvira; 40y; sgl; b. & res. Fqr; (lic) 22 Jan 1891; (off) not given; Pg:Ln 222:11
WATERS, Wm. M.; s/o Zack & Elizabeth; 27y; sgl; minister; b. MontMD; res. PrGMD; m. 18 Feb 1891 in Fqr to WOOLF, Bessie; d/o Henry M. & Elizabeth; 21y; sgl; b. & res. Fqr; (lic) 10 Feb 1891; (off) W. H. WOOLF; Pg:Ln 222:23

WATSON, W. A.; s/o Robt. & Mary; 32y; sgl; farmer; b. & res. Fqr; m. 11 Feb 1889 in Fqr to LANHAM, Sarah C.; d/o Manly & M. A.; 21y; sgl; b. & res. Fqr; (lic) 11 Feb 1889; (off) D. Frank ENTSLER; Pg:Ln 211:02
WATTLER, Robt. D.; s/o Chas. W. & Harriet R.; 33y; sgl; clerk; b. AlexVA; res. Portsmouth VA; m. 9 Jun 1904 in Fqr to CREEL, Ruth A.; d/o Eppa H. & Lucelia; 27y; sgl; b. & res. Fqr; (lic) 1 Jun 1904; (off) Isaac N. CAMPBELL; Pg:Ln 303:05
WAUMSLY, Hawkins S.; s/o Benjamin C. & Eliza; 25y; sgl; farmer; b. & res. StafVA; m. 22 Oct 1884 in Fqr to HICKERSON, Mary V.; d/o Wm. E. & Jane; 32y; sgl; b. & res. Fqr; (lic) 17 Oct 1884; (off) William CHINN; Pg:Ln 188:12
WAYMAN, H. C.; s/o Wm. B. & Frances; 43y; sgl; farmer; b. & res. CulpVA; m. 7 Sep 1892 in Fqr to SINCLAIR, Kate O.; d/o Wm. B. & Maria; 43y; sgl; b. & res. Fqr; (lic) 6 Sep 1892; (off) Jas.W. GRUBB; Pg:Ln 231:15
WEADON, John W.; s/o James A. & Mary; 31y; sgl; machinist; b. & res. Fqr; m. 22 Nov 1905 in Fqr to OLINGER, Annie Lee; d/o John E. & Louisa S.; 25y; sgl; b. & res. Fqr; (lic) 21 Nov 1905; (off) V. H. COUNCILL; Pg:Ln 311:08
WEADON, Sanford J.; s/o Wm. & Polly; 48y; wid; farmer; b. LdnVA; res. Fqr; m. 19 Dec 1889 in Fqr to CLARK, Susan A.; d/o Violet & ___; 27y; sgl; b. PrWmVA; res. Fqr; (lic) 17 Dec 1889; (off) A. M. GRIMSLEY; Pg:Ln 215:15
WEATHERHEAD, C. L.; s/o Willard & Rhoda; 39y; wid; farmer; b. Wyndham, VT; res. CulpVA; m. 7 Jun 1896 in Fqr to McCONCHIE, Kate; d/o Lemuel & Julia; 23y; sgl; b. & res. Fqr; (lic) 5 Jun 1896; (off) W. J. WILLIAMS; Pg:Ln 253:12
WEAVER, Bushrod H.; s/o Joseph S. & Susannah; 24y; sgl; farmer; b. Fqr; res. PrWmVA; m. 18 Feb 1903 in Fqr to FREEMAN, Hannah K.; d/o Martin & Elizabeth M.; 22y; sgl; b. & res. Fqr; (lic) 17 Feb 1903; (off) L. R. THORNHILL; Pg:Ln 297:04
WEAVER, J. S.; s/o Jas. S. & Susanah; 29y; sgl; farmer; b. Fqr; res. CulpVA; m. 10 Feb 1891 in Fqr to PAYNE, Elvira; d/o John C. & Mirnerva; 18y; sgl; b. & res. Fqr; (lic) 9 Feb 1891; (off) S. M. ATHEY; consent of father in person; Pg:Ln 222:22
WEAVER, James A. (col); s/o Bushrod & Susan; 24y; sgl; blacksmith; b. & res. Fqr; m. 15 Jan 1890 in Fqr to LEE, Elizabeth A. (col); d/o Jno. H. & Amanda; 21y; sgl; b. & res. Fqr; (lic) 15 Jan 1890; (off) C. A. JOYCE; Pg:Ln 217:01
WEAVER, Jno. A.; s/o Jos. S. & Susannah; 30y; sgl; farmer; b. Fqr; res. CulpVA; m. 17 Oct 1894 in Fqr to HOLDER, Letitia; d/o Jno. & Mary F.; 22y; sgl; b. & res. Fqr; (lic) 15 Oct 1894; (off) F. R. BOSTON; Pg:Ln 243:05
WEAVER, John; s/o John & Elizabeth; 43y; sgl; laborer; b. & res. Fqr; m. 17 Oct 1900 in Fqr to SMITH, Elizabeth; d/o ___ & ___; 33y; wid; b. & res. Fqr; (lic) 17 Oct 1900; (off) S. M. ATHEY; Pg:Ln 281:12

Fauquier County, Virginia Marriage Register Jan 1883- Jul 1906 257

WEAVER, John; s/o Horace & Mary J.; 38y; sgl; farmer; b. & res. Fqr; m. 12 Mar 1906 in Fqr to RECTOR, Dulcie; d/o E. B. & Lucy A.; 29y; sgl; b. & res. Fqr; (lic) 12 Mar 1906; (off) Wm. CHINN; Pg:Ln 313:15
WEAVER, Mac Carter; s/o Wm. & Ellen; 34y; sgl; farmer; b. & res. Fqr; m. 20 Dec 1904 in Fqr to HITT, Annie E.; d/o Albert & Lucy Ann; 27y; sgl; b. & res. Fqr; (lic) 15 Dec 1904; (off) F. R. BOSTON; Pg:Ln 306:17
WEAVER, Mason E.; s/o Jos. S. & Susannah; 28y; sgl; farmer; b. Fqr; res. CulpVA; m. 12 Nov 1901 in Fqr to FREEMAN, Lucy E.; d/o Martin & Elizabeth; 23y; sgl; b. & res. Fqr; (lic) 9 Nov 1901; (off) L. R. THORNHILL; Pg:Ln 288:20
WEAVER, Robert C.; s/o Jos. & Roberta; 23y; sgl; RR agent; b. Fqr; res. WrnVA; m. 31 Oct 1883 in Fqr to DODD, Annie L.; d/o R. H. & Susan; 20y; sgl; b. & res. Fqr; (lic) 25 Oct 1883; (off) Jno. B. TURPIN; consent of father in person; Pg:Ln 182:15
WEAVER, Virgil V.; s/o Horace & Mary; 21y; sgl; merchant; b. Fqr; res. WashDC; m. 13 Oct 1885 in Fqr to CLAGGETT, Sallie E.; d/o I. N. & Sallie C.; 18y; sgl; b. & res. Fqr; (lic) 13 Oct 1885; (off) Jno. F. POULTON; consent sworn to by Jno. W. CLAGGETT & filed; Pg:Ln 193:13
WEBB, Lewis (col); s/o Lewis & Maria; 50y; wid; laborer; b. & res. Fqr; m. 7 Nov 1901 in Fqr to TURNER, Elizabeth (col); d/o Henry & Eveline; 42y; wid; b. & res. Fqr; (lic) 4 Nov 1901; (off) G. C. BANISTER; see letter Jas. L. STROTHER; Pg:Ln 287:22
WEBSTER, Whitfield (col); s/o Elzie & Lucy; 28y; sgl; laborer; b. & res. Fqr; m. 13 Jan 1904 in Fqr to TAYLER, Rose G. (col); d/o Geo. L. & Kate; 21y; sgl; b. & res. Fqr; (lic) 12 Jan 1904; (off) J. D. HAWE; Pg:Ln 301:16
WEEDON, Isaac S.; s/o John J. & Virginia E.; 39y; sgl; farmer; b. CulpVA; res. Fqr; m. 9 Sep 1900 in Fqr to EMBREY, Dulcie B.; d/o John J. & Susan R.; 25y; sgl; b. CulpVA; res. Fqr; (lic) 7 Sep 1900; (off) W. S. ATHEY; Pg:Ln 280:14
WEEKLEY, Decatur; s/o Jos. & Mary Jane; 23y; sgl; laborer; b. & res. RappVA; m. 25 Aug 1896 in Fqr to WOODWARD, Fannie E.; d/o Saml. J. & Laura; 18y; sgl; b. & res. Fqr; (lic) 14 Aug 1896; (off) Chas. H. LEE Jr.; Pg:Ln 253:22
WEEKS, J. Addison; s/o Wm. H. & Virginia R.; 27y; sgl; merchant; b. & res. Fqr; m. 14 Jun 1905 in Fqr to BISHOP, Clara M.; d/o Hez & Martha A.; 24y; sgl; b. & res. Fqr; (lic) 14 Jun 1905; (off) V. H. COUNCILL; Pg:Ln 309:11
WEEKS, Jas. H.; s/o John & Sarah; 27y; sgl; farmer; b. & res. Fqr; m. 25 Dec 1883 in Fqr to HALEY, Anna J.; d/o David & Huldah; 20y; sgl; b. & res. Fqr; (lic) 22 Dec 1883; (off) Isaac W. CANTER; sworn to by Mrs. I. HALEY as to mother; Pg:Ln 184:15
WEEKS, Wm. F.; s/o John & Sarah; 29y; sgl; mariner; b. & res. Fqr; m. 9 Aug 1897 in Fqr to GARRETT, Julia F.; d/o Wm. A. & Elizabeth; 17y; sgl; b. & res. Fqr; (lic) 6 Aug 1897; (off) F. B. BOSTON; consent of father in person; Pg:Ln 259:22

WEIMER, IRA; s/o Dennis & Catharine; 22y; sgl; farmer; b. Grant Co. WV; res. Fqr; m. 1 Jan 1895 in Fqr to HINER, Lillie; d/o C. K. & ___; 22y; sgl; b. Howard Co. WV; res. Fqr; (lic) 29 Dec 1894; (off) M. B. E. KLINE; Pg:Ln 245:09

WEIMER, Inie Michael; s/o Dennis & Catharine; 24y; sgl; farmer; b. Grant Co. W. Va; res. Fqr; m. 29 Jun 1903 in Fqr to SMITH, Maxey Elizabeth; d/o W. M. & Laura V.; 18y; sgl; b. CulpVA; res. Fqr; (lic) 27 Jun 1903; (off) C. W. BROOKS; consent of her father in person; Pg:Ln 298:16

WEIR, Samuel Tasker; s/o Wm. T. & Rebecca M.; 34y; sgl; merchant; b. PrGMD; res. PrWmVA; m. 18 Oct 1899 in Fqr to GREEN, Grace Foster; d/o James F. & Mary C.; 29y; sgl; b. ClrkVA; res. Fqr; (lic) 13 Oct 1899; (off) J. S. GARDNER; Pg:Ln 274:22

WELCH, Alpheus; s/o James & Eliza; 22y; sgl; farmer; b. & res. Fqr; m. 18 Apr 1886 in Fqr to BETTIS, Alice; d/o John & Julia; 25y; sgl; b. not given; res. Fqr; (lic) 17 Apr 1886; (off) W. F. DUNAWAY; Pg:Ln 196:05

WELCH, Geo. F. (col); s/o Henry & Margaret; 22y; sgl; laborer; b. & res. Fqr; m. 26 May 1896 in Fqr to MILES, Ella (col); d/o Wm. & Catharine; 19y; sgl; b. & res. Fqr; (lic) 25 May 1896; (off) A. R. PINKETT; consent of father in person; Pg:Ln 253:10

WELCH, Wm. Alphis; s/o Richard J. & Mildred F.; 23y; wid; farmer; b. RappVA; res. Fqr; m. 20 Sep 1885 in Fqr to MONROE, Leannah; d/o John & Anna; 21y; sgl; b. & res. Fqr; (lic) 19 Sep 1885; (off) E. V. WHITE; Pg:Ln 193:09

WELCOME, Walter W. (col); s/o Sterling & Lou; 24y; sgl; laborer; b. & res. Fqr; m. 29 Dec 1904 in Fqr to WASHINGTON, Cath. (col); d/o Willis & Patsy; 21y; sgl; b. & res. Fqr; (lic) 27 Dec 1904; (off) T. W. BROOKS; Pg:Ln 307:10

WELFLEY, John David; s/o Andrew J. & Viola E.; 31y; wid; merchant; b. Page Co. Va; res. Brooklyn NY; m. 27 Nov 1902 in Fqr to KINCHELOE, Bertha Virginia; d/o Elisha D. & Emily; 23y; sgl; b. & res. Fqr; (lic) 26 Nov 1902; (off) I. B. LAKE; Pg:Ln 295:02

WELLS, Boyd (col); s/o Edward & Florida; 26y; sgl; laborer; b. & res. Fqr; m. 2 Aug 1900 in Fqr to JACKSON, Ella (col); d/o Frank & Ella; 22y; sgl; b. & res. Fqr; (lic) 1 Aug 1900; (off) P. W. AUSTIN; Pg:Ln 280:05

WELLS, Frank (col); s/o Armstead & Betsy; 40y; wid; plaster; b. & res. Fqr; m. 24 Dec 1889 in Fqr to BALTIMORE, Georganna (col); d/o Sampson & Ceasly?; 30y; wid; b. & res. Fqr; (lic) 24 Dec 1889; (off) J. W. WEBB; Pg:Ln 216:06

WELLS, Henry (col); s/o Henry & Agnes; 25y; sgl; farmer; b. & res. PrWmVA; m. 28 Mar 1895 in Fqr to PETERSON, Mary (col); d/o Frank & Matilda; 21y; sgl; b. & res. Fqr; (lic) 27 Mar 1895; (off) M. D. WILLIAMS; Pg:Ln 246:15

WELLS, J. W. (col); s/o Robert & Rebecca; 23y; sgl; laborer; b. & res. Fqr; m. 25 Dec 1889 in Fqr to GASKINS, Courtney (col); d/o Moses & Nettie; 21y; sgl; b. & res. Fqr; (lic) 23 Dec 1889; (off) J. W. WEBB; oath filed; Pg:Ln 216:01

WELLS, John (col); s/o Armistead & Betsey; 42y; sgl; laborer; b. & res. Fqr; m. 17 Oct 1886 in Fqr to NICKENS, Frances (col); d/o Hez. & Annie; 32y; wid; b. & res. Fqr; (lic) 15 Oct 1886; (off) J. W. WEBB; Pg:Ln 198:09
WELLS, Thos. (col); s/o Robt. & Rebecca; 21y; sgl; laborer; b. & res. Fqr; m. 10 Feb [Mar] 1892 in Fqr to TURNER, Kate (col); d/o Elias & Martha; 17y; sgl; b. & res. Fqr; (lic) 8 Mar 1892; (off) C. H. KINNEY; consent of mother sworn to by Willie HAILEY & filed; Pg:Ln 229:08
WEST, Henry Skinner; s/o Mary A. & H. Montgomery; 29y; sgl; professor; b. & res. BaltMD; m. 17 Nov 1900 in Fqr to DOWNMAN, Anne Brown; d/o R. H. & Frances S.; 24y; sgl; b. & res. Fqr; (lic) 10 Nov 1900; (off) Geo. W. NELSON; Pg:Ln 281:22
WEST, Richard (col); s/o William & Patsy; 55y; wid; farmer; b. CulpVA; res. Fqr; m. 20 Sep 1899 in Fqr to SUDDEN, Mary (col); d/o Henson & Fanny; 35y; sgl; b. & res. Fqr; (lic) 18 Sep 1899; (off) Natus WASHINGTON; Pg:Ln 274:11
WEST, Wm. D.; s/o Wm. & Eliz'th S.; 37y; sgl; lawyer; b. & res. WestVA; m. 2 Oct 1894 in Fqr to PENDLETON, Garnet P.; d/o Wm. H. & Henrietta; 27y; sgl; b. & res. Fqr; (lic) 2 Oct 1894; (off) E. S. HINKS; Pg:Ln 242:21
WETHERS, S. M.; s/o Jesse H. & Fannie; 60y; sgl; salesman; b. & res. Fqr; m. 4 Mar 1905 in Fqr to HUDDLESON, Julia A.; d/o Henry W. & Mary F.; 30y; sgl; b. Preston Co. Va; res. Fqr; (lic) 3 Mar 1905; (off) L. R. THORNHILL; Pg:Ln 308:10
WHARTON, Geo.; s/o John & Ellen; 25y; wid; farmer; b. Wheeling, WV; res. CulpVA; m. 28 Jul 1892 in Fqr to HEWITT, Fannie; d/o Wm. & Jane; 30y; sgl; b. & res. Fqr; (lic) 28 Jul 1892; (off) Jas. W. GRUBB; Pg:Ln 231:02
WHEATLEY, Luther (col); s/o Arthur & Catharine; 27y; sgl; laborer; b. & res. Fqr; m. 18 Feb 1894 in Fqr to HUMPHREYS, Annie (col); d/o Walker & Alice; 27y; wid; b. & res. Fqr; (lic) 16 Feb 1894; (off) C. M. TYLER; Pg:Ln 240:13
WHEELER, William (col); s/o Nathan & Lathia; 24y; sgl; laborer; b. & res. Fqr; m. 19 Jan 1899 in Fqr to FOUTZ, Laura (col); d/o James & Laura; 25y; sgl; b. & res. Fqr; (lic) 19 Jan 1899; (off) D. W. JONES; Pg:Ln 271:06
WHITACRE, Jno.; s/o James & Margaret; 50y; sgl; farmer; b. & res. LdnVA; m. 3 Nov 1897 in Fqr to BARBEE, Virginia; d/o Geo. S. & Mary Ann Ayre; 48y; wid; b. & res. Fqr; (lic) 1 Nov 1897; (off) I. B. LAKE; see letter of Geo. S. AYRE; Pg:Ln 261:08
WHITE, Adolphus (col); s/o Frank & Lucy; 30y; sgl; laborer; b. & res. Fqr; m. 23 Jan 1884 in Fqr to ROBINSON, Mattie (col); d/o ___ & Julia; 30y; wid; b. & res. Fqr; (lic) 23 Jan 1884; (off) J. T. Hines; Pg:Ln 186:01
WHITE, Alfred C.; s/o Jas. W. & Mary E.; 23y; sgl; laborer; b. & res. Fqr; m. 29 May 1889 in Fqr to KIRKPATRICK, Josie; d/o Marcellus & Nancy; 21y; sgl; b. & res. Fqr; (lic) 27 May 1889; (off) S. M. ATHEY; oath; Pg:Ln 212:07

WHITE, Andrew (col); s/o Wm. & Grace; 21y; sgl; laborer; b. CulpVA; res. Fqr; m. 24 Mar 1896 in Fqr to BUNDY, Louisa (col); d/o Geo. & Rowena; 23y; sgl; b. & res. Fqr; (lic) 23 Mar 1896; (off) F. H. JAMES; Pg:Ln 252:17

WHITE, Chas. (col); s/o Pearson & Margaret; 23y; sgl; laborer; b. & res. Fqr; m. 15 Aug 1889 in Fqr to CHICHESTER, Charlotte (col); d/o ___ & Bettie; 24y; sgl; b. & res. Fqr; (lic) 15 Aug 1889; (off) Walter H. ROBERTSON; Pg:Ln 213:09

WHITE, Chas. L.; s/o James & Eliz'th; 23y; sgl; farmer; b. & res. Fqr; m. 17 Dec 1896 in Fqr to EDWARDS, Nannie B.; d/o Alex & Catharine; 20y; sgl; b. & res. Fqr; (lic) 17 Dec 1896; (off) J. S. GARDNER; consent of father in person; Pg:Ln 256:09

WHITE, Daniel P.; s/o Daniel P. & Mildred; 30y; sgl; stonemason; b. Fqr; res. FredMD; m. 30 Nov 1898 in Fqr to FLETCHER, Alice; d/o William E. & Mary M.; 17y; sgl; b. & res. Fqr; (lic) 30 Nov 1898; (off) J. J. NORWOOD; consent of father in person; Pg:Ln 268:24

WHITE, Edwin J.; s/o John W. & Lucy E.; 20y; sgl; farmer; b. & res. Fqr; m. 28 Mar 1900 in Fqr to ROUTT, Cliffie A.; d/o Francella & Alice V.; 22y; sgl; b. & res. Fqr; (lic) 28 Mar 1900; (off) Walter H. ROBERTSON; consent of father filed; Pg:Ln 278:13

WHITE, Euger E.; s/o Jno. W. & Mary Elizabeth; 21y; sgl; farmer; b. & res. Fqr; m. 19 Dec 1889 in Fqr to HIBBS, Emma Nora; d/o Jno. A. & Martha L.; 16y; sgl; b. LdnVA; res. Fqr; (lic) 16 Dec 1889; (off) Wm. A. WADE; consent of father in person; Pg:Ln 215:10

WHITE, George C.; s/o Jno. W. & Mary E.; 28y; sgl; policeman; b. Fqr; res. WashDC; m. 4 Jun 1902 in Fqr to ROBINSON, Neta; d/o Thos. H. & Laura B.; 26y; sgl; b. & res. Fqr; (lic) 4 Jun 1902; (off) W. H. MARSH; Pg:Ln 292:15

WHITE, H. M.; s/o Jno. L. & C. A.; 24y; sgl; farmer; b. & res. Fqr; m. 22 Dec 1885 in Fqr to STONE, Kate E.; d/o Rich'd. & Ann E.; 25y; sgl; b. & res. Fqr; (lic) 22 Dec 1885; (off) Jas. H. CROWN; Pg:Ln 194:05

WHITE, Harrison (col); s/o Frank & Lucy; 24y; sgl; laborer; b. & res. Fqr; m. 29 May 1898 in Fqr to SUMMERFIELD, Malvina (col); d/o ___ & Josephine; 25y; sgl; b. & res. Fqr; (lic) 28 May 1898; (off) Geo. W. HORNER; Pg:Ln 265:11

WHITE, James; s/o Wm. & Gracie; 21y; sgl; laborer; b. & res. Fqr; m. 18 Feb 1886 in Fqr to BUNDY, Nellie; d/o George & Rhene; 18y; sgl; b. & res. Fqr; (lic) 17 Feb 1886; (off) F. H. JAMES; consent sworn to by Saml. WHITE & Edw. SMITH; Pg:Ln 195:12

WHITE, John S. (col); s/o Bennett & Priscilla; 35y; sgl; cook; b. OrngVA; res. Fqr; m. 18 Mar 1902 in Fqr to COOPER, Lina (col); d/o Strother & Priscilla; 50y; sgl; b. & res. Fqr; (lic) 17 Mar 1902; (off) Wm. A. SETES; Pg:Ln 291:06

WHITE, John William; s/o John & Jane Marshall; 27y; wid; farmer; b. & res. Fqr; m. 9 Aug 1883 in Fqr to GROVES, Bettie B.; d/o Fielding & Abigail; 21y; sgl; b. & res. Fqr; (lic) 9 Aug 1883; (off) F. H. JAMES; age sworn to by N. J. TAYLOR; Pg:Ln 181:04

WHITE, L. P.; s/o Jno. W. & Mary E.; 23y; sgl; farmer; b. & res. Fqr; m. 14 Feb 1894 in Fqr to WOODZELL, Eliz'th J.; d/o Geo. & Martha; 25y; sgl; b. Bath Co. VA; res. Fqr; (lic) 13 Feb 1894; (off) Jas. W. GRUBB; Pg:Ln 240:10
WHITE, Nuton C.; s/o Geo. W. & Elizabeth A.; 23y; sgl; farmer; b. Fqr; res. CulpVA; m. 3 Feb 1890 in Fqr to WILLINGHAM, R. B.; d/o Alexander & Eliza; 23y; sgl; b. & res. Fqr; (lic) 1 Feb 1890; (off) Frank P. BERKELEY; Pg:Ln 217:09
WHITE, Walter; s/o James R. & Mary E.; 30y; sgl; laborer; b. & res. Fqr; m. 20 Dec 1905 in Fqr to LEACH, Mildred Jane; d/o R. M. & Mildred Jane; 22y; sgl; b. & res. Fqr; (lic) 15 Dec 1905; (off) James M. HAWLEY; letter of C. G. SKINNER; Pg:Ln 311:23
WHITE, Warren; s/o Adolphus & Hannah; 26y; sgl; laborer; b. & res. Fqr; m. 27 May 1886 in Fqr to PARKER, Alice; d/o Reuben & Julia; 19y; sgl; b. & res. Fqr; (lic) 27 May 1886; (off) Robt. L. RUFFIN; consent of mother in person; Pg:Ln 196:16
WHITE, William (col); s/o West & Bettie; 24y; sgl; laborer; b. LdnVA; res. Fqr; m. 25 Sep 1900 in Fqr to FLETCHER, Vernie McV. (col); d/o John & Edmonia; 22y; sgl; b. LdnVA; res. Fqr; (lic) 24 Sep 1900; (off) T. W. BROOKE; Pg:Ln 280:23
WHITING, Lawyer (col); s/o John & Priscilla; 21y; sgl; merchant; b. & res. Fqr; m. 16 Oct 1904 in Fqr to DODSON, Eva (col); d/o Randolph & Nannie; 19y; sgl; b. & res. Fqr; (lic) 15 Oct 1904; (off) R. P. DAWSON; consent of mother filed; Pg:Ln 305:09
WHITING, Saml. T.; s/o John & Louisa; 25y; sgl; farmer; b. Lynchburg, VA; res. Fqr; m. 10 Dec 1890 in Fqr to WILLIAMS, Mary L.; d/o ___ & Alice; 22y; sgl; b. Lynchburg, VA; res. Fqr; (lic) 9 Dec 1890; (off) R. P. DAWSON; Pg:Ln 220:23
WHITMER, Jno. H.; s/o Wm. & Mary A.; 25y; sgl; farmer; b. Woodford Co. IL; res. Fqr; m. 10 Apr 1890 in Fqr to THORN, Alice G.; d/o George A. & Belle; 21y; sgl; b. Nichols Co. WV; res. Fqr; (lic) 10 Apr 1890; (off) Frank P. BERKELEY; oath of J. K. WHITMER to age of wife filed & letter; Pg:Ln 218:07
WHITMORE, Edwd. (col); s/o Wesley & Margaret; 38y; wid; laborer; b. & res. ClrkVA; m. 24 Sep 1905 in Fqr to GIBBS, Annie (col); d/o Edward & Louisa; 20y; sgl; b. & res. Fqr; (lic) 19 Sep 1905; (off) M. A. RUSSELL; consent of father filed; Pg:Ln 310:14
WHITMORE, R. E. (col); s/o Wesley & Harriet; 28y; sgl; laborer; b. Fqr; res. WrnVA; m. 28 Dec 1899 in Fqr to GIBBS, Mary (col); d/o Edward & Louisa; 19y; sgl; b. & res. Fqr; (lic) 23 Dec 1899; (off) M. A. RUSSELL; consent of father sworn to & filed; Pg:Ln 276:13
WHITTAKER, Robert; s/o David & Anna F.; 24y; sgl; farmer; b. Hennipin Co. Minn; res. Cumberland Co. Va; m. 5 Jun 1900 in Fqr to SULLIVAN, Katie R.; d/o Jerry & Johanna; 23y; sgl; b. & res. Fqr; (lic) 4 Jun 1900; (off) Patrick DONLON; Pg:Ln 279:12
WHITTINGHAM, Marshall; s/o Rice & Peggy; 59y; wid; cooper; b. & res. Fqr; m. 31 Oct 1887 in Fqr to RUSSELL, Eliz'th; d/o not given; 51y; wid; b. & res. Fqr; (lic) 6 Oct 1887; (off) Jesse LEE; Pg:Ln 203:07

WHITTINGHAM, Marshall (col); s/o ___ & Margaret; 66y; wid; minister; b. & res. Fqr; m. 27 Dec 1894 in Fqr to PINKETT, Matilda (col); d/o Moses & Joanna; 62y; wid; b. & res. Fqr; (lic) 18 Dec 1894; (off) A. R. PINKETT; Pg:Ln 244:11

WHITTINGTON, Henry B.; s/o Robt. & Helen; 22y; sgl; farmer; b. & res. Fqr; m. 8 Apr 1901 in Fqr to UTTERBACK, Ellanorah; d/o John & Maria; 22y; sgl; b. & res. Fqr; (lic) 8 Apr 1901; (off) F. R. BOSTON; Pg:Ln 284:12

WHITTINGTON, Wm. M.; s/o Taylor & Alberta; 22y; sgl; farmer; b. & res. Berkeley Co. W Va; m. 22 Nov 1900 in Fqr to KERRICK, Daisy D.; d/o Matthew & Emma; 20y; sgl; b. & res. Fqr; (lic) 20 Nov 1900; (off) W. S. JACKSON; consent of judge filed; Pg:Ln 282:03

WIGHTMAN, F. A.; s/o James & Emma; 31y; sgl; salesman; b. Franklinc Co. Penn; res. WashDC; m. 21 Oct 1897 in Fqr to BELL, Loula W.; d/o Jno. C. & Mattie M.; 30y; sgl; b. AugVA; res. Fqr; (lic) 11 Oct 1897; (off) G. O. MEAD; Pg:Ln 260:20

WILBURN, L. S.; s/o Wm. H. & L. E.; 29y; sgl; machinist; b. AlexVA; res. Fqr; m. 4 Nov 1891 in Fqr to MILLS, Addie B.; d/o Saml. S. & Martha; 21y; sgl; b. & res. Fqr; (lic) 3 Nov 1891; (off) C. W. BROOKS; Pg:Ln 226:12

WILKES, Geo. B.; s/o Corbin & Rubinetta; 33y; sgl; travelling salesman; b. Bedford Co Va; res. Fqr; m. 25 Oct 1899 in Fqr to EMBREY, Eva C.; d/o S. D. & ___; 28y; sgl; b. & res. Fqr; (lic) 21 Oct 1899; (off) L. H. SHUCK; Pg:Ln 275:02

WILKINS, John (col); s/o California & Matilda; 23y; sgl; laborer; b. & res. Fqr; m. 12 Nov 1901 in Fqr to COLES, Lucy (col); d/o ___ & Frances; 21y; sgl; b. StafVA; res. Fqr; (lic) 7 Nov 1901; (off) not given; Pg:Ln 288:17

WILKINS, Robert (col); s/o Jeffrey & Margaret; 23y; sgl; laborer; b. RappVA; res. Fqr; m. 27 Dec 1887 in Fqr to CRAIG, Kitty (col); d/o Simon & Fanny; 17y; sgl; b. & res. Fqr; (lic) 27 Dec 1887; (off) Geo. W. NELSON; consent of father in person; Pg:Ln 205:16

WILKINS, Wm. (col); s/o ___ & Peggy; 70y; wid; laborer; b. & res. Fqr; m. 17 Aug 1893 in Fqr to JACKSON, Minnie (col); d/o Jos. & Ann; 23y; sgl; b. & res. Fqr; (lic) 12 Aug 1893; (off) Cornelius GADDIS; Pg:Ln 236:06

WILLIAMS, Alfred H. (col); s/o Henry & Mita; 22y; sgl; laborer; b. & res. Fqr; m. 22 Sep 1886 in Fqr to GRAYSON, Susan (col); d/o Thomas Jane; 21y; sgl; b. CulpVA; res. Fqr; (lic) 22 Sep 1886; (off) F. R. BOSTON; age of wife sworn to & filed; Pg:Ln 197:25

WILLIAMS, Arthur; s/o ___ & Martha; 24y; sgl; farmer; b. & res. Fqr; m. 24 Nov 1887 in Fqr to GREEN, Jennie B.; d/o Isaac & Mary Jane; 18y; sgl; b. RappVA; res. Fqr; (lic) 21 Nov 1887; (off) Cornelius GADDIS; present of father in person; Pg:Ln 204:06

WILLIAMS, Arthur F. (col); s/o Arthur & Martha; 29y; wid; laborer; b. & res. Fqr; m. 4 Aug 1892 in Fqr to TURNER, Mary (col); d/o Elias & Martha; 18y; sgl; b. & res. Fqr; (lic) 1 Aug 1892; (off) Jesse LEE; consent of mother sworn to & filed; Pg:Ln 231:04

Fauquier County, Virginia Marriage Register Jan 1883- Jul 1906   263

WILLIAMS, Frank (col); s/o Philip & Frances; 27y; sgl; laborer; b. Madison Co. VA; res. Fqr; m. 6 Nov 1889 in Fqr to PINKETT, Winnie E. (col); d/o Sidn[e]r & Virginia; 18y; sgl; b. & res. Fqr; (lic) 31 Oct 1889; (off) G. C. BANISTER; consent of father in person; Pg:Ln 214:11
WILLIAMS, Frank (col); s/o Frank & Jane; 30y; sgl; laborer; b. & res. Fqr; m. 19 Sep 1897 in Fqr to ADAMS, Betsy (col); d/o James & Nellie; 25y; sgl; b. & res. Fqr; (lic) 17 Sep 1897; (off) A. R. PINKETT; Pg:Ln 260:11
WILLIAMS, Geo. (col); s/o Robt. & Martha; 45y; wid; laborer; b. & res. Fqr; m. 31 Mar 1892 in Fqr to FERGUSON, Georgianna (col); d/o ___ & Judy; 41y; sgl; b. & res. Fqr; (lic) 28 Mar 1892; (off) C. H. KENNY; Pg:Ln 229:14
WILLIAMS, Gus (col); s/o Esan & Martha; 45y; wid; farmer; b. Campbell Co. Va; res. Fqr; m. 27 Dec 1900 in Fqr to PHILIPS, Agnes (col); d/o ___ & ___; 35y; wid; b. CulpVA; res. Fqr; (lic) 24 Dec 1900; (off) D. JOHNSON; Pg:Ln 283:09
WILLIAMS, Gustavus (col); s/o Evan & Martha; 24y; sgl; laborer; b. Rockbridge Co. VA; res. Fqr; m. 27 Dec 1883 in Fqr to SCOTT, Rose (col); d/o ___ & Harriet; 23y; sgl; b. & res. Fqr; (lic) 27 Dec 1883; (off) F. H. JAMES; Pg:Ln 185:04
WILLIAMS, Hamilton (col); s/o James Bundy and Ida Bundy; 27y; sgl; laborer; b. & res. Fqr; m. 3 Sep 1901 in Fqr to RUNNER, Ella (col); d/o Nelson & Ella; 23y; sgl; b. & res. Fqr; (lic) 2 Sep 1901; (off) Isaac N. CAMPBELL; Pg:Ln 286:07
WILLIAMS, Henry; s/o Edward & ___; 23y; sgl; laborer; b. LdnVA; res. Fqr; m. 26 Mar 1890 in Fqr to CARTER, Melville; d/o ___ & Eliza J.; 23y; sgl; b. & res. Fqr; (lic) 20 Mar 1890; (off) not given; Pg:Ln 218:04
WILLIAMS, Hunter (col); s/o Barnet & Delia; 25y; sgl; laborer; b. & res. Fqr; m. 26 Dec 1887 in Fqr to JOHNSON, Lucy (col); d/o ___ & Harriet; 23y; sgl; b. & res. Fqr; (lic) 23 Dec 1887; (off) R. P. DAWSON; oath; Pg:Ln 205:06
WILLIAMS, James (col); s/o Jno. & Ann; 35y; wid; laborer; b. Baltimore Co., MD; res. Fqr; m. 4 Nov 1891 in Fqr to GAINES, Martha (col); d/o ___ & Lucy; 38y; wid; b. & res. Fqr; (lic) 2 Nov 1891; (off) Edwin S. HINKS; Pg:Ln 226:10
WILLIAMS, Jas. (col); s/o ___ & Rose; 21y; sgl; laborer; b. & res. Fqr; m. 10 Feb [Mar] 1892 in Fqr to SINCLAIR, Fanny (col); d/o Archie & Catharine; 20y; sgl; b. & res. Fqr; (lic) 10 Mar 1892; (off) C. M. TYLER; consent of father in person; Pg:Ln 229:09
WILLIAMS, Jas. R. (col); s/o Jefferson & Elizabeth; 21y; sgl; farmer; b. & res. ClrkVA; m. 4 Nov 1890 in Fqr to FORD, Mary E. (col); d/o Taylor & Kitty; 21y; sgl; b. & res. Fqr; (lic) 4 Nov 1890; (off) R. P. DAWSON; Pg:Ln 220:12
WILLIAMS, Jno. A. (col); s/o John A. & Abbie; 53y; wid; farmer; b. North Carolina; res. Fqr; m. 6 Apr 1893 in Fqr to DAVIS, Julia A. (col); d/o Geo. & Rebecca; 37y; wid; b. & res. Fqr; (lic) 5 Apr 1893; (off) P. W. AUSTIN; Pg:Ln 235:08

WILLIAMS, Jno. S.; s/o Henry & Fanny; 21y; sgl; farmer; b. & res. Fqr; m. 1 Sep 1885 in Fqr to CARTER, Georgeanna; d/o Bushrod & Virginia; 18y; sgl; b. & res. Fqr; (lic) 27 Aug 1885; (off) Jno. F. POULTON; consent of father in person; Pg:Ln 193:02
WILLIAMS, Joseph B.; s/o Wm. J. & Adeline; 29y; sgl; farmer; b. & res. RappVA; m. 7 Jun 1899 in Fqr to HART, Agnes G.; d/o Wm. G. & Agnes; 23y; sgl; b. CulpVA; res. Fqr; (lic) 5 Jun 1899; (off) F. R. BOSTON; Pg:Ln 272:16
WILLIAMS, Nathaniel (col); s/o James & Nancy; 47y; wid; laborer; b. ClrkVA; res. Fqr; m. 5 Jul 1883 in Fqr to MITCHELL, Julia (col); d/o Webb & Mary Ann; 21y; sgl; b. & res. Fqr; (lic) 3 Jul 1883; (off) T. H. SHORTS; letter filed; Pg:Ln 180:22
WILLIAMS, Robert (col); s/o Simon & Martha; 30y; wid; farmer; b. & res. Fqr; m. 18 Oct 1899 in Fqr to BUSHROD, Amanda (col); d/o James & Louisa; 22y; sgl; b. & res. Fqr; (lic) 17 Oct 1899; (off) A. R. PINKETT; Pg:Ln 275:01
WILLIAMS, Robt.; s/o Simon & Martha; 21y; sgl; laborer; b. & res. Fqr; m. 3 Mar 1888 in Fqr to STROTHER, Mandy; d/o Jas. & Delia; 24y; sgl; b. & res. Fqr; (lic) 3 Mar 1888; (off) M. B. STROTHER; oath; Pg:Ln 206:17
WILLIAMS, Seth S. (col); s/o Jno. L. & Mittie; 23y; sgl; laborer; b. & res. Fqr; m. 15 Jun 1904 in Fqr to LEE, Marie (col); d/o Zach & Martha L.; 17y; sgl; b. & res. Fqr; (lic) 13 Jun 1904; (off) T. T. HEDGMAN; consent of father in person; Pg:Ln 303:07
WILLIAMS, Simon (col); s/o Garrett & Becky; 45y; wid; laborer; b. Martinsburg W Va; res. Fqr; m. 8 Dec 1904 in Fqr to LAMBERT, Annie (col); d/o John & Frances; 36y; sgl; b. PrWmVA; res. Fqr; (lic) 26 Nov 1904; (off) Vincent LACY; Pg:Ln 306:07
WILLIAMS, Thomas (col); s/o Wm. & Malinda; 21y; sgl; laborer; b. WrnVA; res. Fqr; m. 22 Nov 1883 in Fqr to STOKES, Mary Frances (col); d/o Wm. & Harriet; 22y; sgl; b. & res. Fqr; (lic) 22 Nov 1883; (off) J. F. HINES; Pg:Ln 183:10
WILLIAMS, Thomas (col); s/o George & Lucy; 26y; sgl; laborer; b. RappVA; res. Fqr; m. 29 Aug 1900 in Fqr to RECTOR, Rebecca B. (col); d/o Louis & Elizabeth; 19y; sgl; b. & res. Fqr; (lic) 25 Aug 1900; (off) A. R. PINKETT; consent of father in person; Pg:Ln 280:09
WILLIAMS, W. H. (col); s/o Robin & Ellen; 48y; wid; carpenter; b. & res. Fqr; m. 15 Dec 1889 in Fqr to DADE, Louisa (col); d/o Welby & Jane; 17y; sgl; b. & res. Fqr; (lic) 7 Dec 1889; (off) not given; consent of father in person; Pg:Ln 215:07
WILLIAMS, Willie (col); s/o Taylor & Jennie; 25y; sgl; laborer; b. & res. Fqr; m. 21 Jun 1899 in Fqr to TURNER, Sophia (col); d/o Robert & Bettie; 22y; sgl; b. & res. Fqr; (lic) 20 Jun 1899; (off) C. M. TYLER; Pg:Ln 272:23
WILLIAMS, York (col); s/o Alexander & Candis; 37y; sgl; blick [brick?] maker; b. NC; res. Fqr; m. 2 Jun 1884 in Fqr to JOHNSON, Ellen (col); d/o ___ & Catherine; 30y; wid; b. Henrico Co. VA; res. Fqr; (lic) 2 Jun 1884; (off) Arthur WHITE; Pg:Ln 187:10

WILLIAMSON, James O.; s/o Albert R. & S. Frances; 21y; sgl; farmer; b. RappVA; res. Fqr; m. 3 Feb 1891 in Fqr to JOHN, Lucy M.; d/o Wm. H. & Mary E.; 27y; sgl; b. & res. Fqr; (lic) 2 Feb 1891; (off) C. W. MARK; consent of father filed; Pg:Ln 222:20

WILLIAMSON, Wm. B.; s/o Jos. A. & F. M.; 30y; sgl; merchant; b. Georgetown, DC; res. Fqr; m. 24 Feb 1886 in Fqr to SHEPPERD, Mary F.; d/o Hambleton & Mary G.; 21y; sgl; b. Forsythe Co. NC; res. Fqr; (lic) 24 Feb 1886; (off) Geo. W. NELSON; Pg:Ln 195:16

WILLINGHAM, H. E.; s/o J. A. & L. F.; 18y; sgl; farmer; b. & res. Fqr; m. 28 Nov 1894 in Fqr to GROVES, L. J.; d/o E. F. & M. E.; 21y; sgl; b. & res. Fqr; (lic) 28 Nov 1894; (off) F. R. BOSTON; consent of father in person; Pg:Ln 244:01

WILLINGHAM, James R.; s/o James A. & L. F.; 24y; sgl; farmer; b. & res. Fqr; m. 19 Jun 1901 in Fqr to HACKLEY, Annie Belle; d/o Frank & Sallie; 24y; sgl; b. & res. Fqr; (lic) 18 Jun 1901; (off) T. W. NEWMAN; Pg:Ln 285:11

WILLINGHAM, Jno. G.; s/o Alex'r. & Elizabeth; 25y; sgl; laborer; b. Fqr; res. PrWmVA; m. 24 Apr 1889 in Fqr to TAYLOR, Susan C.; d/o Jas. E. & Ellen J.; 25y; sgl; b. & res. Fqr; (lic) 23 Apr 1889; (off) F. R. BOSTON; Pg:Ln 211:23

WILLINGHAM, Nelson B.; s/o James & Mary E.; 26y; sgl; farmer; b. & res. Fqr; m. 28 Jul 1902 in Fqr to GRAY, Roxie Anna; d/o C. H. & Roxie Anna; 20y; sgl; b. & res. Fqr; (lic) 28 Jul 1902; (off) Geo. W. NELSON; consent of father in person; Pg:Ln 293:04

WILLIS, Charles B.; s/o Wm. L. & Matilda; 34y; sgl; merchant; b. & res. Fqr; m. 24 Jan 1903 in Fqr to BEALE, M. Alice; d/o S. F. G. & Richie R.; 32y; sgl; b. & res. Fqr; (lic) 22 Jan 1903; (off) J. J. CLOPTON; Pg:Ln 296:17

WILLIS, Geo. H.; s/o Robt. & Martha; 40y; sgl; blacksmith; b. & res. Fqr; m. 11 Mar 1896 in Fqr to DODD, Marion W.; d/o R. H. & Susan H.; 30y; sgl; b. & res. Fqr; (lic) 9 Mar 1896; (off) Walter H. ROBERTSON; Pg:Ln 252:14

WILLIS, Robert L.; s/o Wm. L. & Matilda; 29y; sgl; merchant; b. & res. Fqr; m. 26 Dec 1889 in Fqr to MELVIN, Minnie M.; d/o M. D. & ___; 27y; sgl; b. & res. Fqr; (lic) 19 Dec 1889; (off) Walter H. ROBERTSON; Pg:Ln 215:19

WILLIS, Robert W.; s/o Robert & Martha; 45y; sgl; farmer; b. & res. Fqr; m. 29 Sep 1903 in Fqr to LEE, Mary L.; d/o H. H. & Olivia; 30y; sgl; b. & res. Fqr; (lic) 28 Sep 1903; (off) D. J. SHOPOFF; Pg:Ln 299:14

WILLIS, Turner A.; s/o Robt. & Martha; 23y; sgl; merchant; b. & res. Fqr; m. 26 Jan 1886 in Fqr to HARRIS, Kate F.; d/o A. J. & E. J.; 19y; sgl; b. CulpVA; res. Fqr; (lic) 19 Jan 1886; (off) D. Frank ENTSLER; consent of father in person; Pg:Ln 195:06

WILLIS, Wm. Edward; s/o ___ & Mary; 24y; sgl; laborer; b. & res. Fqr; m. 10 Dec 1896 in Fqr to HEFLIN, Eliza Jane; d/o Jno. Thomas & Eliza; 25y; sgl; b. & res. Fqr; (lic) 2 Dec 1896; (off) Fred A. GAINES; Pg:Ln 255:19

WILSON, Ambrose (col); s/o Jos. & Candis; 44y; sgl; laborer; b. Union Co. NC; res. Fqr; m. 20 Apr 1884 in Fqr to THOMAS, Eliza (col); d/o David & Harriet; 38y; sgl; b. & res. Fqr; (lic) 19 Apr 1884; (off) J. T. HINES; Pg:Ln 187:02

WILSON, Carter (col); s/o Eli & Sophia; 42y; wid; laborer; b. widow; res. Fqr; m. 24 Oct 1900 in Fqr to CHANCELLOR, Kitty (col); d/o Weedon & Jane; 39y; wid; b. & res. Fqr; (lic) 24 Oct 1900; (off) N. A. MARRIOTT; Pg:Ln 281:16

WILSON, Edwards F.; s/o F. E. & Jane L.; 29y; sgl; chemist; b. Darlington Co SC; res. Bristol Tenn; m. 19 Dec 1899 in Fqr to KLOMAN, Lily Marshall; d/o E. F. & Agnes P.; 21y; sgl; b. & res. Fqr; (lic) 18 Dec 1899; (off) Henry F. KLOMAN; Pg:Ln 276:05

WILSON, Green (col); s/o John & Harriet; 21y; sgl; laborer; b. & res. Fqr; m. 29 Dec 1892 in Fqr to ELLIOTT, Rose (col); d/o ___ & Harriet; 17y; sgl; b. & res. Fqr; (lic) 28 Dec 1892; (off) G. C. BANISTER; consent of mother certified by Wm. A. RUCKER & filed; Pg:Ln 233:25

WILSON, Jno. T.; s/o J. P. & Lucy A.; 24y; sgl; blacksmith; b. & res. Fqr; m. 16 Apr 1891 in Fqr to THARPE, Laura; d/o Moses & Mary Ellen; 19y; sgl; b. & res. Fqr; (lic) 15 Apr 1891; (off) T. G. NEVITT; consent of father in person; Pg:Ln 223:20

WILSON, Robert S.; s/o J. P. & Lucy; 29y; sgl; merchant; b. & res. Fqr; m. 28 Jun 1900 in Fqr to PEARSON, Loulie J.; d/o John C. & Mary E.; 32y; sgl; b. & res. Fqr; (lic) 22 Jun 1900; (off) W. P. C. COE; Pg:Ln 279:20

WILSON, Wallac[e?] W.; s/o John P. & Lucy A.; 29y; sgl; farmer; b. & res. Fqr; m. 6 Apr 1904 in Fqr to MOORE, Carey B.; d/o John M. & Martha F.; 24y; sgl; b. & res. Fqr; (lic) 5 Apr 1904; (off) S. M. ATHEY; Pg:Ln 302:12

WINE, Edgar H.; s/o R. E. & Mary; 23y; sgl; farmer; b. WrnVA; res. Fqr; m. 13 Dec 1893 in Fqr to POMEROY, Bettie E.; d/o Geo. & Frances; 20y; sgl; b. & res. Fqr; (lic) 11 Dec 1893; (off) H. A. WILSON; consent of father in person; Pg:Ln 238:12

WINE, Richard G.; s/o James M. & Cary A.; 24y; sgl; farmer; b. & res. Fqr; m. 1 Apr 1885 in Fqr to COCKERILL, Mary A.; d/o John & Mary E.; 20y; sgl; b. & res. Fqr; (lic) 24 Mar 1885; (off) J. H. WAUGH; consent of father in person; Pg:Ln 191:19

WINE, Robt. E.; s/o Phillip E. & Elizabeth; 51y; wid; miller; b. & res. Fqr; m. 7 Jan 1891 in Fqr to ADAMS, Mary M.; d/o Chas. & Elizabeth; 50y; sgl; b. & res. Fqr; (lic) 5 Jan 1891; (off) C. W. MARK; Pg:Ln 222:07

WINE, William A.; s/o Thomas & Emma C.; 28y; sgl; farmer; b. & res. StafVA; m. 10 Apr 1900 in Fqr to HERNDON, Ella W.; d/o R. W. & Lucinda M.; 29y; sgl; b. & res. Fqr; (lic) 9 Apr 1900; (off) C. W. BROOKS; Pg:Ln 278:18

WINE, Wm. M.; s/o James & Sarah; 21y; sgl; farmer; b. Madison Co. VA; res. Fqr; m. 2 Nov 1887 in Fqr to BRADY, Mary A.; d/o Wm. & Eveline; 22y; sgl; b. PrWmVA; res. Fqr; (lic) 1 Nov 1887; (off) Chas. F. Herndon; oath; Pg:Ln 203:18

WINES, Benjamin; s/o W. T. & Caroline; 23y; sgl; farmer; b. & res. Fqr; m. 5 Mar 1902 in Fqr to LEGG, Carrie M.; d/o James A. & Agnes L.; 21y; sgl; b. & res. Fqr; (lic) 3 Mar 1902; (off) H. S. COE; consent of father sworn to; Pg:Ln 291:04

WINES, Ernest; s/o Robt. & Martha; 22y; sgl; farmer; b. & res. Fqr; m. 21 Dec 1898 in Fqr to PAYNE, Hester L.; d/o R. T. & Georgianna; 18y; sgl; b. & res. Fqr; (lic) 20 Dec 1898; (off) Wm. S. JACKSON; consent of Guardian in person; Pg:Ln 269:16

WINES, George M.; s/o Robt. M. & Martha M.; 24y; sgl; farmer; b. & res. Fqr; m. 23 Aug 1903 in Fqr to JOHN, Cora; d/o Thos. J. & Mildred L.; 21y; sgl; b. WrnVA; res. Fqr; (lic) 22 Aug 1903; (off) I. B. LAKE; Pg:Ln 298:20

WINES, Harry (col); s/o Saml. & Mary Garnes; 21y; sgl; laborer; b. & res. Fqr; m. 31 Dec 1903 in Fqr to YOUNG, Amanda (col); d/o Frank & Fanny; 17y; sgl; b. & res. Fqr; (lic) 31 Dec 1903; (off) Vincent LACEY; consent of father in person; Pg:Ln 301:10

WINES, Harvey C.; s/o James & Sarah H.; 22y; sgl; laborer; b. & res. Fqr; m. 15 Jul 1899 in Fqr to CHILDS, Martha C.; d/o Robt. S. & Lucy A.; 19y; sgl; b. Berkley Co Va; res. Fqr; (lic) 13 Jul 1899; (off) Jefferson R. TAYLOR; consent authorized by Judge; Pg:Ln 273:09

WINES, Henry Danl.; s/o Danl. & Mary; 21y; sgl; farmer; b. & res. Fqr; m. 27 Dec 1883 in Fqr to FLETCHER, Martha Warren; d/o Townsend & Martha A.; 16y; sgl; b. & res. Fqr; (lic) 26 Dec 1883; (off) not given; consent of father in person; Pg:Ln 185:02

WINES, Henry J.; s/o Robert E. & Mary; 33y; sgl; farmer; b. FredVA; res. Fqr; m. 28 Sep 1899 in Fqr to CHADWELL, Nannie L.; d/o Gallie & Georgie; 22y; sgl; b. RappVA; res. Fqr; (lic) 28 Sep 1899; (off) Jefferson R. TAYLOR; Pg:Ln 274:17

WINES, James; s/o Edw'd. & Frances; 32y; sgl; farmer; b. & res. Fqr; m. 12 Mar 1891 in Fqr to WINES, Clora; d/o Elias & Mary Ann; 17y; sgl; b. & res. Fqr; (lic) 12 Mar 1891; (off) W. S. ATHEY; consent of father in person; Pg:Ln 223:10

WINES, Jno. W.; s/o Danl. & Mary; 21y; sgl; laborer; b. & res. Fqr; m. 18 Jan 1883 in Fqr to FLETCHER, Elizabeth; d/o Townsend & Martha A.; 16y; sgl; b. & res. Fqr; (lic) 13 Jan 1883; (off) Jno. F. POULTON; consent of father in person; Pg:Ln 179:07

WINES, Saml. G.; s/o ___ & Amanda; 36y; sgl; carpenter; b. & res. Fqr; m. 10 Nov 1887 in Fqr to GAINES, Marianna; d/o not given; 22y; sgl; b. & res. Fqr; (lic) 10 Nov 1887; (off) Robt. L. RUFFIN; oath; Pg:Ln 204:01

WINES, Scott; s/o Buck & Mary; 21y; sgl; laborer; b. & res. Fqr; m. 14 Jun 1899 in Fqr to SUDDUTH, Dixie; d/o Joseph & Sarah C.; 21y; sgl; b. & res. Fqr; (lic) 12 Jun 1899; (off) W. F. DUNAWAY; Pg:Ln 272:19

WINES, Willis W.; s/o Edw'd. & Maria; 53y; wid; farmer; b. & res. Fqr; m. 19 Jun 1888 in Fqr to WINES, Nancy Ida; d/o Elias & Mary; 22y; sgl; b. & res. Fqr; (lic) 19 Jun 1888; (off) F. R. BOSTON; oath; Pg:Ln 207:12

WINES, Wm. A.; s/o Jas. M. & Cary A.; 42y; wid; farmer; b. & res. Fqr; m. 22 Sep 1886 in Fqr to LEONARD, Nanny L.; d/o Josiah & Eldelina; 22y; sgl; b. & res. Fqr; (lic) 20 Sep 1886; (off) C. A. JOYCE; father in person; Pg:Ln 197:24

WINES, Wm. H.; s/o Edward & Frances; 26y; sgl; farmer; b. & res. Fqr; m. 10 Aug 1898 in Fqr to TYSON, Mary L.; d/o ___ & Mary; 17y; sgl; b. & res. Fqr; (lic) 10 Aug 1898; (off) John C. SEDWICK; consent of mother sworn to & filed; Pg:Ln 266:19

WINES, Wm. H.; s/o John W. & Cordelia; 22y; sgl; farmer; b. & res. Fqr; m. 15 May 1901 in Fqr to SUDDUTH, Lizzie L.; d/o Joseph & Kitty; 20y; sgl; b. & res. Fqr; (lic) 15 May 1901; (off) F. R. BOSTON; consent of judge filed; Pg:Ln 284:21

WINSTON, Jerry (col); s/o Francis & Kate; 33y; wid; laborer; b. & res. Fqr; m. 14 Dec 1898 in Fqr to MUDD, Plata (col); d/o Reuben & Frances; 21y; sgl; b. & res. Fqr; (lic) 14 Dec 1898; (off) D. W. JONES; Pg:Ln 269:10

WINTER, Francis A.; s/o Wm. D. & Sarah; 30y; sgl; officer U. S. A.; b. West Feliciard La; res. West Point NY; m. 27 Oct 1897 in Fqr to SMITH, Mary D.; d/o Henry & Francis; 26y; sgl; b. & res. Fqr; (lic) 26 Oct 1897; (off) W. H. K. PENDLETON; Pg:Ln 261:05

WISE, Floyd (col); s/o ___ & Matt; 22y; sgl; laborer; b. & res. Fqr; m. 3 Sep 1899 in Fqr to WALLACE, Belle (col); d/o Wm. & Mildred; 20y; sgl; b. & res. Fqr; (lic) 2 Sep 1899; (off) Vincent LACY; consent sworn to & filed; Pg:Ln 273:24

WISE, James E. (col); s/o James E. & Martha; 22y; sgl; laborer; b. & res. Fqr; m. 25 Dec 1902 in Fqr to JOHNSON, Lelia (col); d/o Chas. H. & Martha; 19y; sgl; b. & res. Fqr; (lic) 24 Dec 1902; (off) J. C. COLBERT; consent of father in person; Pg:Ln 296:01

WISE, Minor (col); s/o Dennis & Sally; 53y; sgl; laborer; b. CulpVA; res. Fqr; m. 8 Feb 1894 in Fqr to VOSS, Martha (col); d/o Dennis & ___; 29y; sgl; b. CulpVA; res. Fqr; (lic) 8 Feb 1894; (off) Vincent LACY; Pg:Ln 240:07

WISE, Minor (col); s/o Dennis & Sallie; 55y; sgl; laborer; b. CulpVA; res. Fqr; m. 29 Oct 1905 in Fqr to WARD, Millie; d/o Saml. & Bettie; 34y; sgl; b. AlbmVA; res. Fqr; (lic) 28 Oct 1905; (off) Vincent LACY; Pg:Ln 310:24

WISE, Robert (col); s/o Chas. Dean & Matt Voss; 21y; sgl; laborer; b. CulpVA; res. Fqr; m. 17 Oct 1905 in Fqr to BYRNES, Blaine (col); d/o William & ___; 21y; sgl; b. & res. Fqr; (lic) 16 Oct 1905; (off) D. W. JONES; ages sworn to; Pg:Ln 310:21

WISE, Wm. Harvey; s/o Wm. H. & Mary E.; 30y; sgl; Dentist; b. RockVA; res. Fqr; m. 3 Jun 1903 in Fqr to CULLEN, Margaret Lockridge; d/o D. C. & Jennie; 27y; sgl; b. & res. Fqr; (lic) 1 Jun 1903; (off) William T. GOVER; Pg:Ln 298:04

WISER, John F.; s/o Jno. L. & Frances; 25y; sgl; farmer; b. & res. Fqr; m. 10 Jan 1884 in Fqr to ALLISON, Nancy A.; d/o ___ & Catharine E.; 16y; sgl; b. & res. Fqr; (lic) 10 Jan 1884; (off) S. M. ATHEY; consent of mother proved by oath of Benj. ALLISON; Pg:Ln 185:18

WITHERS, Charles (col); s/o David & Winnie; 55y; wid; laborer; b. & res. Fqr; m. 21 Apr 1892 in Fqr to LEWIS, Annie (col); d/o Harrison & ___; 41y; wid; b. & res. Fqr; (lic) 21 Apr 1892; (off) R. L. RUFFIN; Pg:Ln 230:02
WITHERS, Robt.; s/o Henry & Mary; 22y; sgl; laborer; b. & res. Fqr; m. 14 Sep 1898 in Fqr to GLASCOCK, Mary; d/o ___ & Harriet; 23y; sgl; b. & res. Fqr; (lic) 14 Sep 1898; (off) G. C. BANISTER; Pg:Ln 267:07
WITHERS, S. Melville; s/o Jesse H. & Frances; 38y; wid; farmer; b. & res. Fqr; m. 21 Nov 1883 in Fqr to MOREHEAD, Antoinette; d/o P. W. & Mildred; 30y; sgl; b. & res. Fqr; (lic) 21 Nov 1883; (off) Jas. N. BADGER; Pg:Ln 183:09
WITMER, George C.; s/o George K. & Elizabeth; 31y; sgl; manufacturer's agent; b. AlexVA; res. BaltMD; m. 20 Oct 1886 in Fqr to BOSWELL, Maud DeG; d/o Wm. S. & Mattie E.; 23y; sgl; b. Fluvanna Co. VA; res. Fqr; (lic) 11 Oct 1886; (off) James P. SMITH; Pg:Ln 198:05
WITT, Samuel B.; s/o Daniel & Marianna; 32y; sgl; lawyer; b. Pr. Ed. Co. VA; res. Richmond, VA; m. 12 Nov 1884 in Fqr to FOSTER, Marianna; d/o Thos. R. & Mary E.; 19y; sgl; b. & res. Fqr; (lic) 11 Nov 1884; (off) Wm. C. HATCHER; consent of father proved; Pg:Ln 188:21
WOLBERTON, Irven; s/o Peter & Lovina; 22y; sgl; farmer; b. & res. PrWmVA; m. 28 Sep 1892 in Fqr to PRIEST, Fannie; d/o Robt. & Sarah; 28y; sgl; b. & res. Fqr; (lic) 27 Sep 1892; (off) Jas. W. GRUBB; Pg:Ln 231:23
WOOD Sylvester; s/o Robert & Hattie; 31y; sgl; carpenter; b. AlbmVA; res. Fqr; m. 24 Jul 1904 in Fqr to HOLLIDAY, Lizzie; d/o Samuel & Mary; 23y; sgl; b. & res. Fqr; (lic) 23 Jul 1904; (off) W. H. BALLANGEE; Pg:Ln 303:17
WOOD, Critine; s/o Preceptor & Fannie; 24y; sgl; farmer; b. Bradford Co. PA; res. Fqr; m. 5 Dec 1888 in Fqr to ROYSTON, Ann H.; d/o ___ & M. R.; 26y; sgl; b. & res. Fqr; (lic) 5 Dec 1888; (off) J. N. BADGER; Pg:Ln 208:20
WOOD, Vern L.; s/o Precepta & Mary R.; 22y; sgl; farmer; b. & res. Fqr; m. 23 Feb 1899 in Fqr to JONES, Mattie L.; d/o T. C. & Mary R.; 20y; sgl; b. StafVA; res. Fqr; (lic) 22 Feb 1899; (off) T. W. NEWMAN; consent of father sworn to & filed; Pg:Ln 271:14
WOOD, Waddy B.; s/o Chas. & Clara F.; 29y; sgl; architect; b. St. Louis Co Mo; res. WashDC; m. 20 Oct 1898 in Fqr to LOMAX, Lindsay L.; d/o L. L. & Elizabeth L.; 24y; sgl; b. & res. Fqr; (lic) 19 Oct 1898; (off) Geo. W. NELSON; Pg:Ln 268:03
WOOD, Wm. P.; s/o T. W. & E.; 36y; sgl; seedsman; b. Nottingham, Eng.; res. Richmond VA; m. 3 Jul 1901 in Fqr to RUCKER, Sudie S.; d/o W. A. & Annie C.; 29y; sgl; b. & res. Fqr; (lic) 24 Jun 1901; (off) J. B. LAKE; Pg:Ln 285:13
WOODEN, Jesse (col); s/o Jesse & ___; 36y; wid; laborer; b. KY; res. Fqr; m. 29 Dec 1883 in Fqr to RAMEY, Mary (col); d/o ___ & Rebecca; 21y; sgl; b. & res. Fqr; (lic) 29 Dec 1883; (off) John M. BEAN; Pg:Ln 185:08

WOODFORK, Henry B. (col); s/o Henry & Emily; 23y; sgl; laborer; b. & res. Fqr; m. 16 Aug 1898 in Fqr to JORDAN, Mary (col); d/o Edward & Edmonia; 17y; sgl; b. & res. Fqr; (lic) 16 Aug 1898; (off) Geo. W. HORNER; consent of father in person; Pg:Ln 266:21

WOODFORK, Spencer L.; s/o Henry & Emily; 25y; sgl; laborer; b. AlbmVA; res. Fqr; m. 7 Jan 1891 in Fqr to JORDAN, Lucy E.; d/o Ned & Edmonia; 25y; sgl; b. RappVA; res. Fqr; (lic) 3 Jan 1891; (off) not given; Pg:Ln 222:05

WOODSON, Arthur W. (col); s/o Wm. & Mary; 23y; sgl; laborer; b. & res. Fqr; m. 24 Jul 1901 in Fqr to NELSON, Amelia M. (col); d/o Zed & Nancy; 22y; sgl; b. & res. Fqr; (lic) 24 Jul 1901; (off) T. W. BROOKE; Pg:Ln 285:22

WOODSON, Wm. (col); s/o Jessie & Annie; 40y; wid; laborer; b. & res. Fqr; m. 2 Aug 1891 in Fqr to BERRY, Susan (col); d/o not given; 29y; sgl; b. & res. Fqr; (lic) 31 Jul 1891; (off) M. D. WILLIAMS; Pg:Ln 225:03

WOODWARD, Clarence B.; s/o Saml. J. & ___; 21y; sgl; laborer; b. & res. Fqr; m. 22 Dec 1897 in Fqr to BUTLER, Elizth.; d/o Charles & Jennie; 18y; sgl; b. & res. Fqr; (lic) 15 Dec 1897; (off) F. P. BERKELY; consent of father sworn to & filed; Pg:Ln 262:10

WOODWARD, James W.; s/o Gabriel & Elizabeth; 30y; wid; laborer; b. RappVA; res. Fqr; m. 8 Sep 1885 in Fqr to SPROUSE, Mary C.; d/o David & Susan; 33y; sgl; b. AugVA; res. Fqr; (lic) 7 Sep 1885; (off) J. D. MARTIN; Pg:Ln 193:05

WOODWARD, S. J.; s/o Strother & Polly A.; 35y; sgl; farmer; b. RappVA; res. Fqr; m. 5 Apr 1893 in Fqr to REDMOND, Mary; d/o Absalom & Sallie; 29y; sgl; b. & res. Fqr; (lic) 5 Apr 1893; (off) F. R. BOSTON; Pg:Ln 235:09

WOODYARD, Moses; s/o Matthew & Cordelia; 23y; sgl; farmer; b. PrWmVA; res. Fqr; m. 30 Dec 1902 in Fqr to DOWNS, Leanora V.; d/o Geo. W. & Alice V.; 25y; sgl; b. & res. Fqr; (lic) 30 Dec 1902; (off) Walter H. ROBERTSON; Pg:Ln 296:08

WOOLF, James E.; s/o Henry M. & Elizabeth; 30y; sgl; farmer; b. & res. Fqr; m. 17 Dec 1890 in Fqr to RECTOR, Virginia M.; d/o W. A. & Sarah J.; 21y; sgl; b. & res. Fqr; (lic) 15 Dec 1890; (off) W. H. WOOLF; Pg:Ln 221:03

WOOLF, Walter E.; s/o Saml. A. & Sarah E.; 25y; sgl; farmer; b. & res. Fqr; m. 25 Jan 1899 in Fqr to DAVIS, Maude A.; d/o Jos. M. & Sarah E.; 27y; sgl; b. LdnVA; res. Fqr; (lic) 21 Jan 1899; (off) H. J. STEPHENS; Pg:Ln 271:09

WRIGHT, Charles (col); s/o John & Patsy; 24y; sgl; laborer; b. & res. Fqr; m. 6 Aug 1905 in Fqr to POLLARD, Ethel (col); d/o John & ___; 23y; sgl; b. StafVA; res. Fqr; (lic) 5 Aug 1905; (off) J. O. TACKETT; Pg:Ln 309:24

WRIGHT, Elijah (col); s/o ___ & Adeline; 24y; sgl; laborer; b. & res. Fqr; m. 30 Dec 1903 in Fqr to BUSHROD, Annie (col); d/o James & Louisa; 21y; sgl; b. & res. Fqr; (lic) 29 Dec 1903; (off) A. R. PICKETT; consent of her mother filed; Pg:Ln 301:09

WRIGHT, James (col); s/o John & Patsy; 21y; sgl; laborer; b. & res. Fqr; m. 2 Jan 1896 in Fqr to WILLIAMS, Charlotte (col); d/o ___ & Mary; 30y; sgl; b. CulpVA; res. Fqr; (lic) 2 Jan 1896; (off) not given; Pg:Ln 251:17
WRIGHT, James E.; s/o not given; 24y; sgl; laborer; b. & res. Fqr; m. 14 May 1891 in Fqr to WRIGHT, Mary E.; d/o not given; 22y; sgl; b. & res. Fqr; (lic) 13 May 1891; (off) David BUSH; Pg:Ln 224:03
WRIGHT, Jas. W.; s/o E. J. & M. E.; 25y; sgl; farmer; b. & res. Fqr; m. 23 Nov 1887 in Fqr to HALL, Dora F.; d/o M. E. & M. E.; 21y; sgl; b. & res. Fqr; (lic) 21 Nov 1887; (off) Chas. L. YATES; oath; Pg:Ln 204:07
WRIGHT, Jno. (col); s/o Geo. & Somerfield; 36y; sgl; laborer; b. & res. Fqr; m. 25 Oct 1885 in Fqr to LUCAS, Georgeanna (col); d/o not known; 27y; sgl; b. CulpVA; res. Fqr; (lic) 24 Oct 1885; (off) Jas. MILES; Pg:Ln 193:14
WRIGHT, Lewis (col); s/o Geo. & Somerville; 32y; wid; laborer; b. & res. Fqr; m. 12 Oct 1884 in Fqr to THOMPSON, Virginia (col); d/o ___ & Delia; 24y; sgl; b. & res. Fqr; (lic) 11 Oct 1884; (off) Samuel W. TOLIAFERRO; Pg:Ln 188:10
WYETH, Parker C.; s/o Francis & Sarah; 36y; sgl; hardware; b. Harrisburg, PA; res. St. Jos., MO; m. 11 Sep 1890 in Fqr to HORNER, Ellen A.; d/o Robt. L. & Ellen; 21y; sgl; b. & res. Fqr; (lic) 10 Sep 1890; (off) Geo. W. NELSON; Pg:Ln 219:13
WYTHES, George W.; s/o Walter & Mary; 32y; sgl; clerk; b. PhilPA; res. Philipburg, Centre Co. PA; m. 13 Mar 1883 in Fqr to ALLPORT, Matilda H.; d/o James C. & Mary Jane; 26y; sgl; b. Centre Co. PA; res. Fqr; (lic) 12 Mar 1883; (off) John AMBLER; Pg:Ln 179:19
YATES, B. B.; s/o Ben & Mary; 43y; wid; farmer; b. CulpVA; res. Fqr; m. 13 Jan 1892 in Fqr to BROWN, Eliz'th A.; d/o Jno. S. & Sarah; 25y; sgl; b. & res. Fqr; (lic) 12 Jan 1892; (off) T. G. NEVITT; Pg:Ln 228:12
YATES, C. W.; s/o Wm. C. & F. J.; 30y; sgl; farmer; b. CulpVA; res. Fqr; m. 30 Jan 1896 in Fqr to NEALE, M. B.; d/o S. C. & B. H.; 19y; sgl; b. & res. Fqr; (lic) 27 Jan 1896; (off) C. W. BROOKS; consent filed; Pg:Ln 252:02
YATES, Edw.; s/o Wm. & Frances; 21y; sgl; farmer; b. CulpVA; res. Fqr; m. 8 Feb 1883 in Fqr to COWHIG, Ellen; d/o Jno. & Nephta; 21y; sgl; b. & res. Fqr; (lic) 6 Feb 1883; (off) P. DONOHOE; Pg:Ln 179:13
YATES, Henry (col); s/o Jesse & Sallie; 23y; sgl; laborer; b. StafVA; res. Fqr; m. 3 Jan 1886 in Fqr to CORBIN, Laura (col); d/o Aaron & Mahala; 24y; sgl; b. & res. Fqr; (lic) 2 Jan 1886; (off) Leeland WARRING; Pg:Ln 194:18
YATES, Wm. (col); s/o Henry & Laura; 23y; sgl; laborer; b. & res. Fqr; m. 1 Jan 1903 in Fqr to HAMMOND, Arbelia (col); d/o Jack & Belle; 16y; sgl; b. & res. Fqr; (lic) 1 Jan 1903; (off) Walter H. ROBERTSON; consent of father in person; Pg:Ln 296:13
YOUNG, Isaiah S.; s/o John & Hannah; 55y; wid; farmer; b. LdnVA; res. Fqr; m. 24 Nov 1905 in Fqr to RILEY, Lavinia; d/o Elijah & Elizabeth; 20y; sgl; b. & res. Fqr; (lic) 24 Nov 1905; (off) F. R. BOSTON; consent of father in person; Pg:Ln 311:10

YOUNG, LUTHER (col); s/o Frank & Fannie; 21y; sgl; laborer; b. & res. Fqr; m. 22 Dec 1897 in Fqr to FREEMAN, Lucy (col); d/o Baptist & Lucy; 19y; sgl; b. & res. Fqr; (lic) 21 Dec 1897; (off) Vincent LACEY; consent filed; Pg:Ln 262:18

YOWELL, James P.; s/o Stuart & Mary; 24y; sgl; farmer; b. Madison Co. VA; res. Fqr; m. 11 Jul 1883 in Fqr to ALEXANDER, Virginia; d/o George & Sarah Va; 18y; sgl; b. MD; res. Fqr; (lic) 9 Jul 1883; (off) I. B. LAKE; consent proved by Chas. L. ALEXANDER the son; Pg:Ln 180:24

YOWELL, Joseph J.; s/o Jno. T. & Julia F.; 22y; sgl; machinist; b. Madison Co. Va; res. Chester Co. Penn; m. 27 Dec 1905 in Fqr to McCLANAHAN, Kate; d/o David & Mildred; 21y; sgl; b. & res. Fqr; (lic) 26 Dec 1905; (off) V. H. COUNCILL; Pg:Ln 312:16

ZIRKLE, Joshua F.; s/o Joseph & Mary A.; 28y; sgl; farmer; b. & res. Page Co. Va; m. 14 May 1901 in Fqr to PAYNE, Nettie C.; d/o James E. & Roberta; 21y; sgl; b. & res. Fqr; (lic) 13 May 1901; (off) W. T. EATON; Pg:Ln 284:19

Fauquier County, Virginia Marriage Register Jan 1883- Jul 1906   273

INDEX OF FEMALES

ABBOTT
  Bettie C., 11
ABEL
  Mary V., 205
ABLE
  Dinah, 175
ACRES
  Susan, 150
ADAMS
  Betsy, 263
  Bettie L., 251
  Champ, 223
  Lola, 182
  Mary M., 266
  Nancy J., 186
  Rebecca A., 125
ADDISON
  Evalina, 226
ALEXANDER
  Cora, 74
  Georgianna, 173
  Hattie, 58
  Ida M., 38
  Lucy C., 106
  Maggie, 159
  Mary C., 113
  Virginia, 272
ALLAN
  Sarah, 139
  Susie D., 73
ALLEN
  Lou, 127
  Louisa, 177
  Sarah, 157
ALLISON
  Amy T., 71
  Annie L., 174, 235
  Elizabeth, 73
  Fannie B., 173
  Laura, 104
  Lilly, 40
  Lizzie, 10
  Lula E., 176
  Mary E., 10
  Mary F., 36
  Minnie E., 31

Nancy A., 268
Rosie B., 190
ALLPORT
  Cath., 175
  Matilda H., 271
  Sarah B., 243
AMISS
  Kate O., 143
ANDERSON
  Alice J., 53
  Blanche, 90
  Eluetta, 5
  Estelle, 105, 249
  Eugenia, 139
  Kate, 5
  Laura A., 160
  Laura G., 249
  Lulah, 35
  Maggie, 136
  Mary A., 158
  Mary E., 207
  Mollie A., 104
  Nannie D., 232
  Roberta, 89
  Ruth, 5
  Sallie, 52, 248
  Vera, 58
ANNS
  Olive E., 5
AREY
  M. E., 175
ARMENTROUT
  Maggie H. F., 121
ARMISTEAD
  Mary M., 97
ARMSTRONG
  Alice P., 206
  Annie A., 134
  Cora L., 126
  Jennie, 61
  Lucy O., 106
  Mary H., 108
ASH
  Annie, 228
  Bettie, 166
  Emma, 211

Fanny, 100
Maria, 180
Mary S. A., 169
Sidney, 26
ASHBY
  Alice S., 154
  Emma V., 64
  Marrissa R., 98
  Nancy, 195
ASHTON
  Mildred, 105
ATHEY
  Annie R., 176, 179
  Beulah, 122
  Ella, 165
  Ida L., 23
  Lillie J., 197
  Madge, 24
ATKINS
  Grace, 219
AUSTIN
  Hattie, 118
Ayre
  Virginia, 259

BAGGETT
  Alice L., 110
BAILEY
  Anna, 207
  Gertrude, 176
  Lillie, 200
  Margaretta, 177
  Mary, 10
  Mary E., 90
  Mary F., 93
  Mary S., 9
BAILY
  Louisa, 70
BAKER
  Carrie M., 203
  Mariana, 220
  Mildred, 55
BALDWIN
  Ida M., 220
BALEY
  Lucinda, 84

BALL
 Agnes, 237
 Elizabeth, 70
 Lena, 219
 Lizzie, 80, 225
 Lizzie L., 174
 Louisa A., 58
 Lucy D., 221
 Mary A., 211
 Mary M., 159
 Roberta, 117, 185
 Rosine, 59
BALLARD
 Bessie, 117
 Clara M., 147
 Fannie M., 88
BALLS
 Louisa, 95
BALTIMORE
 Adelaide, 88
 Angeline, 12
 Catharine, 150
 Charlotte, 5
 Georganna, 258
 Sarah, 242
BANISTER
 Fannie, 39
BANNION
 Nellie, 145
BANNISTER
 Georgie, 63
BARBEE
 Virginia, 259
BARBER
 Anna L., 33
 Carrie, 221
 Easter M., 110
 Kate, 135
BARBOUR
 Kate, 96
BARRON
 Lucy, 18
 Minnie, 8
BARRY
 J. S., 122
 Margaret N., 142
BASSLE
 Susie, 162

BASTABLE
 Mary, 85
BAYLISS
 Beulah, 179
BAYLY
 Lou, 231
 Nannie, 18
BEACH
 Mable V., 18
BEAHM
 Lucy A., 73
BEALE
 Fanny S., 189
 M. Alice, 265
BEARD
 Cora M., 114
BELL
 Josephine D., 170
 Laura E., 99
 Loula W., 262
 Mary, 100
BELLARD
 Alice, 121
 Alice J., 100
 Betty J., 152
BELT
 Beulah B., 122
BENNETT
 Ella O., 235
 Mary A., 113
BENTON
 Jennie, 68
 Virginia, 68
BERRY
 Eliza, 64
 Julie, 136
 Mary C., 41
 Mary E., 226
 Minnie T., 64
 Rosa A., 133
 Susan, 270
BERRYMAN
 Mary E., 46
BETTIS
 Alice, 258
 Ella, 114
 Minnie L., 143
BEVERLY

Baynton C., 44
BIRD
 Lucy, 124
BISHOP
 Clara M., 257
BISPHAM
 Ann N., 169
BLACK
 Betsy A., 147
 Evelina, 131
BLACKBURN
 Easter A., 247
BLACKWELL
 Ada, 23
 Alice, 173
 Estelle F., 135
 Fanny, 9
 Gertrude, 170
 Jennie, 251
 Mary J., 226
 Matilda, 18
 Nettie M., 130
 Richard H.
   [Richardetta?],
   37
BLACKWOOD
 Winney, 29
BLAND
 Anna P., 207
 Caroline, 63
 Celia, 208
 Charlotte, 86
 Malvina, 22
 Martha, 136
 Mary J., 247
 Rosie, 89
 Sarah, 122
BLUE
 Anne M., 11
 Carrie, 183
 Susan, 254
BOBST
 Evaline, 49
BODMER
 Mary J., 145
BOLDEN
 Letitia, 242
 Martha, 250

BOLEY
  Laura, 229
BOLLING
  Willie A., 249
BOLTON
  Annie V., 47
  Ida, 136
  Laura F., 110
BOORMAN
  Mary C., 38
BOSS
  Leslie, 180
  Maria, 244
BOSTON
  Mela M., 246
BOSWELL
  Lucy S., 251
  Mary J., 98
  Maud D., 269
BOTELER
  Ida E., 192
BOTTES
  Elizabeth J., 158
BOTTS
  Helen, 65
BOUTWELL
  L. M., 226
BOWEN
  M. M., 133
BOWLES
  Roberta, 242
BRADFIELD
  Elizabeth L., 246
BRADFORD
  Dora, 32
  Mollie, 211
  Rachel, 206
BRADLEY
  A. Ethel, 221
BRADY
  Mary A., 266
BRAWNER
  Va. H., 74
BRAXTON
  Annie, 105
  Fannie, 242
  Lucy A., 128
  Martha, 182

Mary, 20, 242
Sallie, 192
Breckenridge
Hattie, 128
BRENT
  Kitty, 24
  Mary C., 189
BREWER
  Jennie, 230
  Lena M., 149
  Sarah J., 86
BRIDEWELL
  Annie M., 166
BRIDGE
  Mollie, 155
BRIDGES
  Nancy C., 31
BRIER
  Mary, 244
BRIGGS
  Georgianna F., 125
BRIT
  Jeannie, 239
BROADAS
  Jane, 81
BRODIE
  Evelyn C., 229
BROOK
  Bertie, 47
  L. V., 19
BROOKINS
  Rachael, 158
BROOKS
  Alice, 130
  Anna, 245
  Catharine, 11
  Elizabeth A., 27
  Ella M., 50
  Emma, 151
  Lucy E., 185
  Maggie, 89
  Mamie, 81
  Martha J., 41
  Mary, 195
  Mary F., 33
  Virginia, 129
BROWN

Ada, 143
Annie, 47
Bertha A., 119
Bettie, 97, 252
Carrie, 45
Carrie M., 243
Clara W., 160
Cora E., 171
Eliz., 86
Eliza, 88
Eliza A., 193
Elizabeth, 89
Eliz'th A., 271
Ellen, 99
Emma F., 28
Evalina, 237
Fannie, 134
Fanny, 66, 80
Hannah, 230
Josephine, 129
Josephine A., 90
Julia, 62
L. L., 101
Lilie, 38
Lizzie B., 131
Louise, 80
Lula, 124
Maria, 61
Marietta, 12
Martha L., 149
Mary E., 179, 231
Mary F., 49
Mary H., 2
Mary R., 78
Matilda, 26
Maud M., 152
Minnie, 32
Nancy A., 76
Nancy J., 119
Nannie E., 138
Nina M., 185
Rosa, 75
Sallie, 25, 64
Stella L., 72
Susan F., 181
Verna R., 46
Willie J., 248
BROWNING

T. L., 166
BROY
  Delia, 156
BRYANT
  Irene, 225
BUCKNER
  Lucy A., 195
BUMBREY
  Ella, 30
  No[r?]ah, 72
BUNDY
  Louisa, 260
  Nellie, 260
BURGESS
  Charlotte A., 42
  Dolly, 18
  Ella, 47
  Ester, 115
  Georgianna, 156
  Hettie G., 59
  Lena, 73
  Mattie P., 172
  Melissa A., 69
BURKE
  Effie G., 130
  Lula A., 167
  Mary E., 81
  Myrtle G., 113
  Rose E., 132
  Sarah E., 79
BURROUGHS
  E. A., 59
  Lena G., 228
  Nannie, 118
BUSHROD
  Amanda, 264
  Annie, 270
  Winnie, 18
BUSTLE
  Georgia V., 235
BUTLER
  Agnes, 32, 179
  Alice, 171, 177
  Annie L., 181
  Carrie, 18
  Cath., 37
  Charlotte, 62
  Elizth., 270

  Emma, 195
  Kate D., 26
  Lavinia, 176
  Luella, 118
  Maggie, 103
  Mahala, 208
  Maria L., 83
  Mary, 240
  Maude, 187
  Nannie, 19
  Rosa, 65
  Sarah, 117
  Sarah F., 81
  Susan, 6, 33, 201
BYRNE
  Willie G., 85
BYRNES
  Blaine, 268

CABLE
  Emma L., 193
  Lizzie T., 162
CALDWELL
  Jessie, 251
CAMERON
  Emma, 55
  Lena, 216
  Nellie H., 172
  V. B., 139
CAMPBELL
  Anna, 244
  Catherine, 4
  Eleanor G., 15
  Elizabeth, 202
  Eliz'th, 193
  Fannie, 180
  Flora, 157
  Isabella, 210
  Mattie E., 244
  Mollie, 135
  Patsey, 4
  Sidney, 158
  Theodosia, 53
  Virg'a B., 4
CANARD
  Mary E., 54
CARDER
  Lucy R., 246

CAREY
  Minnie, 136
CARR
  P. W., 39
CARRICO
  Ella G., 7
  Hattie E., 51
CARTER
  Alice, 23, 222
  Alice E., 249
  Alma L., 239
  Anna, 223
  Annie, 131
  Annie M., 200
  Bessie, 156
  Effie F., 39
  Elizabeth, 34
  Ella, 142
  Emma, 223
  Eva B., 199
  Eva M., 210
  Fannie, 82, 250
  Fannie S., 17
  Fanny, 155
  Georgeanna, 264
  Georgianna, 240
  Isabel T., 96
  Jeane, 124
  Jennie, 253
  Kate, 183
  Katie, 127
  Laura L., 72
  Laura M., 145
  Lelia M., 174
  Lizzie, 39
  Lucy, 100
  Lucy B., 11
  Lula M., 127
  M. N., 32
  Marg't., 251
  Martha, 34
  Martha F., 219
  Mary, 113
  Mary D., 87
  Mary E., 172
  Mary L., 81, 146
  Melville, 263
  Mollie, 193

Nina T., 116
Roberta, 248
Saidy B., 230
Sarah, 234
Susan, 239
Virginia, 212
CARY
Lucy M., 207
Martha V., 234
CASH
Lula, 242
Sarah, 139
CASKIE
Fannie D., 22
CASON
Delilah, 15
CASSELL
Mary J., 65
CATLETT
Bettie G., 49
CEPHAS
Hattie, 227
CHADWELL
Nannie L., 267
CHAMBERLAIN
Eva H., 92
Grace, 111
CHAMBLIN
Anna P., 37
CHANCELLOR
Bertha, 68
Kitty, 266
CHAPPELLE
Lillian B., 55
CHARITY
Mary E., 85
Nancy, 244
CHARRINGTON
Mary H., 52
Mary V., 165
CHEEK
Maggie M., 146
CHICHESTER
Charlotte, 260
Emily A., 51
Jennie V., 127
Mollie, 219
Pocahontas, 66

Sallie C., 157
CHILDS
Martha C., 267
CHILTON
Annie C., 168
Lucie S., 73
Phoebe, 57
Sallie W., 214
CHINN
Daisy E., 74
Mary C., 125
Nora, 205
CHLOE
Rebecca, 94
CHLOW
Bessie, 195
CHRISTIAN
Lizzie, 146
Mary F., 10
CHUNN
A. B., 70
CLAGGETT
Emma J., 107
Rosie, 97
Sallie E., 257
CLARK
Amanda M., 17
Anna L., 124
Josephine, 194
Martha, 177
Susan A., 182, 256
CLARKE
Cornelia J., 91
Elizabeth, 93
Fannie V., 54
Florence E., 251
CLATTERBUCK
Cora L., 174
Lula L., 159
Mary A., 137
CLAXTON
Hepsy A., 75
Mary N., 75
Susan J., 129
CLAY
Lucy, 161
Ricie, 45

CLEGG
Alice, 234
Elenora, 12
CLEIGH
Annie E., 134
CLEMENTS
Amelia J., 172
CLEMONS
E. P., 167
Mary G., 69
CLEWES
Mary, 99
CLOPTON
Sadie S., 131
COATES
Mabel, 8
Sarah P., 8
COCHRAN
C. C., 48
Fanny D., 221
Lizzie J., 244
COCKERILL
Laura H., 75
Mary A., 266
COCKRELL
Addie L., 210
Eleanor M., 114
Lilly, 220
COCKRILL
Ida L., 248
Jennie M., 97
Laura, 31
COCKRILLE
Della D., 213
COE
Annie C., 174
COGAN
Jane F., 187
COLE
Sinah, 168
COLEMAN
Beatrice, 127
Matilda, 173
COLES
Cassie, 100
Ella, 92
Jane, 94
Lucy, 262

Rosa B., 154
COLIN
  Laura V., 38
COLLIN
  Mary, 89
COLLINS
  Mary, 161
COLOGNE
  Fannie B., 15
COLONNE
  M. S., 81
COLSTON
  Sarah, 16
COLVIN
  Janet A., 199
  Lillie B., 115
  Lula M., 201
  Mary E., 236
COMBS
  Joanna, 206
  Laura V., 106
COMER
  M. F., 64
COMPTON
  Margaret M., 170
CONNER
  Celia B., 51
  Essieline, 31
  M. J., 79
CONWAY
  Mary, 225
COOK
  Elizabeth L., 74
  Nannie K., 171
COOKE
  Mary H., 89
COONS
  Annie T., 85
COOPER
  Alice V., 164
  Bessie I., 164
  H. F., 65
  Lina, 260
  Lula, 252
  Mary E., 100
  Nannie N., 78
COPPAGE
  Emma J., 123

Lydia M., 130
M. M., 184
Malvina, 123
Sarah F., 53
CORAM
  Belle, 119
  Mary E., 193
  Sallie F., 86
CORBIN
  Annie R., 17
  Hannah, 46
  Laura, 271
  Mandy, 158
  Mildred, 164
CORDER
  Achsa, 117
  Cora M., 161
  Maria, 94
  Mary H., 161
CORNES
  Hattie, 105
  Mamie, 2
CORNWELL
  Alice V., 54
  Amelia, 78
  Eliza J., 201
  Mary F., 54
  Susan, 99
CORUM
  Caroline, 86
COSTELLO
  Alice C., 75
  Lula, 125
  Millie T., 48
  Susan C., 76
COURTNEY
  Emma J., 202
  Ida B., 238
  Josephine T., 56
  Lizzie E., 77
  Mary E., 187
COWHIG
  Ellen, 271
Cowne
  Maria, 229
COWNE
  Fannie A., 197
COX

Ada F., 246
Luella T., 199
Mary A., 51
CRAIG
  Catharine, 28
  Della, 150
  Fanny, 194
  Kitty, 262
  Laura, 60
  Laura B., 245
  Louisa, 220
  Martha, 100
  Roxanna, 250
  Susan, 255
CRAWFORD
  Mary B., 85
CREAM
  Susan, 180
CREEL
  Elizabeth, 6
  Elizabeth E., 5
  Elizabeth P., 58
  Lucy, 89
  Lurilda, 191
  Maria C., 133
  Martha J., 113
  Roberta J., 89
  Roberta M., 240
  Ruth A., 256
  Toy, 160
CRITTENDEN
  Adeline L., 192
  Frances L., 52
  Mary H., 140
CROCKETT
  Maria, 229
CROPP
  Lelia, 92
  Lula B., 120
CRUPPER
  Mollie, 160
CRYER
  Roxianna, 40
CUBBAGE
  Bertha S., 21
CULLEN
  Margaret L., 268
CUNNINGHAM

Jennie, 67
Lizzie, 102
CURLETTE
Susan E., 14
CURTIS
Eliza, 250
Mary D., 138
Mary M., 168
Nelly T., 225
Sarah I., 206
Susie F., 43
Susie L., 176
CUSINBERY
Florence, 172
DABNER
Evaline, 207
DADE
Ida, 49
Lavinia, 171
Louisa, 105, 264
Lulie, 43
Mary F., 41
Mary J., 112
Nannie, 10
DALE
Lucinda, 197
DALES
Adelaid, 103
DANGERFIELD
Eliza B., 247
Georgianna, 173
Minnie, 213
Sallie J., 206
DANIEL
Ida N., 121
Minnie L., 87
DARNELL
Amanda, 88
Lily M., 221
DARR
Catherine M., 227
DAVENPORT
Eliza, 109
Martha, 136
DAVIS
Bertha B., 105
Edyth A., 253

Fannie, 111
Hester, 74
Julia A., 263
Laura M., 166
Lucy, 170
Mary V., 141
Maude A., 270
Roberta, 58
S. B., 105
Susan E., 253
DAWSON
Annie, 33, 38
Catharine, 155
Eliz'th, 156
DAY
Annis, 77
Lola C., 226
Mary O., 77
Virginia, 222
DAYMUDE
Emma M., 72
DEAN
Fanny, 196
DEARING
Ida, 139
DEMSEY
Mary V., 76
DENEALE
Ida M., 251
Lena R., 218
Nannie G., 30
DENNIS
Susan, 84
Virginia E., 83
DENNY
Bertie, 97
DESPOT
Lilly, 139
DETTWEILER
Susanna S., 235
DEVLIN
Martha C., 210
DICE
Sallie R., 190
DIGGS
Joanna V., 186
DINGLEDINE
F.H., 169

DISHMAN
Lucy E., 169
Mary, 95
DIXON
Lucy E., 72
DODD
Annie L., 257
Cora L., 192
Ida B., 117
Marion W., 265
Rosena, 117
DODSON
Eva, 261
Summer V., 112
DOLBY
Alice M., 42
DONALD
Jane L., 107
DONNELLY
Clara J., 126
DORES
Alice, 196
DOSE
Annie, 197
DOUGLAS
Bettie, 241
Mary, 233
Sue, 34
DOUGLASS
Mary, 93
Sarah, 82
DOVAL
Eliz'th, 66
DOVEL
Alice V., 60
Sarah, 66
DOW
Amanda, 26
Maria, 205
DOWDELL
Rosalie S., 205
DOWDY
Nannie, 13
Sarah, 65
DOWELL
Ida L., 17
Mary E., 161
DOWNES

Mary J., 68
DOWNMAN
  Anne B., 259
DOWNS
  Alwilda, 249
  Annie L., 207
  Beulah B., 249
  Eliza E., 12
  Elizabeth J., 221
  Emma R., 196
  Ida T., 144
  Jennie B., 225
  Laura A., 220
  Leanora V., 270
  Lillie A., 195
  Lula V., 20
  Mary A., 69
  Nannie R., 81
  R. E., 104
DUDLEY
  Luelen E., 96
  Maggie, 96
  Martha, 90
DUFFEY
  Cora, 24
DUGLAS
  Katie, 142
DULANY
  Annea L., 116
  Mary B., 116
DUNCAN
  Hattie L., 250
DUVALL
  Betty, 167
DYE
  Estelle, 218

EDMONDS
  Josephine, 214
  Mariah, 12
EDMUNDS
  Georgiana, 55
EDWARDS
  Aleny, 189
  Annie F., 175
  Bertha R. T., 71
  Cora E., 92
  Cora L., 64

Delia A., 224
Emma J., 213
Fanny, 66
Fanny B., 47
Hattie G., 220
Ida, 149
Josephine, 142
Katy L., 32
Laura L., 149
Lucy F., 120
Maggie, 186
Margaret R., 129
Mary E., 112, 119
Mary J., 4, 149
Nannie B., 260
Nannie L., 182
Nora B., 124
Rosie L., 167, 201
Selina, 201
Susan E., 17
Susan J., 138
Venia, 148
Willie J., 27
ELGIN
  Carry M., 52
  Lou, 227
Elkins
  Annie, 39
ELKINS
  Eliz'th A., 144
ELLICOTT
  Virginia V., 53
ELLIOT
  Harriett, 215
ELLIOTT
  Dasiy, 19
  Rebecca L., 145
  Rose, 266
  Virg. E., 116
ELLIS
  Sallie, 64
ELLISON
  Elizabeth G., 98
  Emma, 246
  Nannie, 116
EMBREY
  Alice V., 96
  Carrie V., 75

Carroll E., 147
Cassie D., 218
Celia A., 27
Dulcie B., 257
Eliza N., 145
Eva C., 262
Hattie, 69
Hattie F., 72
Ida L., 186
Lillie, 168
Lizzie W., 61
Lula M., 25
Maggie M., 148
Martha E., 26
Mary A., 245
Mary C., 49
Mary E., 109, 156
Mary L., 129, 172
Mattie A., 48
Mollie E., 144
Mollie T., 69
Nannie, 210
Nelly M., 76
Octavia, 65
S. L., 137
Sadie I., 165
Sarah J., 243
Susan E., 130
Susan J., 80
Virginia C., 167
ENNIS
  Lovisey, 155
  Rosa A., 204
ENSOR
  Ida J., 59
EPPERSON
  Lucy, 164
ESKRIDGE
  Ella, 184
EUSTACE
  Annie L., 41
  Lula, 77
  Mary L., 77
EVANS
  Marg't., 163
  Maude E., 6
EVERHART
  Lucy, 253

Mary, 133
EWELL
Elizabeth, 101
Mary, 104
EWERS
Sarah, 239
FAIRFAX
Delia T., 20
E. F., 178
FARMER
Mattie B., 234
FAYER
Eunice V., 163
Mary J., 109
FERGUSON
Ailsie, 63
Anne, 93
Blanch R., 217
Georgianna, 263
Martha L., 61
Octavia, 226
Rebecca F., 10
FERRIS
Anna, 133
FEWELL
Adelaide J., 117
Bertha E., 2
Cora S., 224
Eliza E., 65
Fannie A., 221
Gertrude, 132
Ida B., 28
L. H., 80
Lottie F., 170
M. E., 132
M. F., 44
Mary E., 132
Molly E., 204
Saluda A., 117
Sarah E., 217
Sarah F., 132
Violet, 153
FIELD
Mary F., 123
FIELDS
Alice, 44
Louisa, 31

Patsy, 146
FINKS
Maud L., 46
Sallie, 34
FISHER
Annie E., 136
Emma, 109
FITZCHEW
Louisa, 45
FITZHUGH
B. F., 227
Carrie, 10
Fanny, 158
J. A. Elizabeth, 247
Lydia M., 215
Minnie, 114
Nanie, 223
Nannie, 20
Queen, 68
FLETCHER
Alice, 260
Anna M., 153
Annie L., 37
Bessie M., 202
Elizabeth, 83, 176, 267
Fannie, 94
Georgianna, 110
Josephine, 36
Josie E., 60
Lucy, 216
Lula, 36
Martha A., 101
Martha W., 267
Mary A., 3
Mary W., 222
Mildred A., 84
Nellie L., 122
Omelene L., 52
Rachel A., 235
Rosie, 177
Sarah C., 109
Sarah H., 232
Susan E., 83
Susan P., 149
T. L., 166
Vernie M., 261

Virginia L., 176
FLORANCE
Mary V., 222
FLORINE
Annie L., 128
FLYNN
Bessie V., 220
Margaret G., 101
S. Janie, 134
FOLEY
Angeline P., 145
Grace L., 99
Jeanette E., 141
FORBES
Emely N., 82
Mary S., 147
FORD
Alice, 41
Anna E., 253
Annie, 195
Edie, 63
Emma, 27
Hattie, 175
Lena, 89
Louisa, 204
Mamie, 42
Maria, 180, 206
Mary, 198
Mary E., 263
Minnie, 134
Phillis, 44
Priscilla, 29
Sarah, 223
FOREMAN
Bessie, 20
FORREST
Mary F., 125
FORRESTER
Mary A., 1
FORTUNE
Susie S., 66
FOSTER
Alice, 216
E. V., 183
Lucelia P., 84
Lula M., 61
Marianna, 269
Roena, 248

Sophia, 208
FOUKES
  Louberta, 23
FOULKS
  Martha E., 252
FOUTZ
  Laura, 259
  Sallie, 68
FOX
  Annie G., 234
  Bettie L., 42
  Jessie, 196
  Lucy C., 182
  Mary V., 42
  Rose, 203
  S. G., 29
FRANCES
  Hattie, 197
FRANCIS
  Elizabeth H., 169
  Sarah A., 113
FRANEY
  Frances, 44
  Mary, 67
  Sarah E., 108
FRANKLIN
  Adelaide, 66
  Annie L., 5
  Mary F., 13
FRANY
  Mary, 40
FREEMAN
  Alice R., 55
  Carrie, 17
  Charlotte, 159
  Eliza, 143
  Fannie M., 128
  Hannah K., 256
  Jane M., 17
  Laura, 85
  Lucy, 272
  Lucy E., 257
  Mary V., 50
  Mary W., 166
  Nannie P., 252
  Nellie P., 168
  Rose, 87
  Virginia B., 252

FRENCH
  Joyce B., 99
  Nannie S., 16
  Sallie M., 95
FRYE
  Annie, 80
FURR
  Anna, 108
  Georgie B., 4
  Ida E., 153
  Louisa, 90
  Mary, 238
  Mary E., 237
  Nannie, 235
  Sallie, 110

GAINES
  Ann, 1
  Eliz'th F., 226
  Elizth. D., 6
  Emma, 181
  Harriett, 215
  Julia, 255
  Lavinia, 254
  Lillie, 13
  Lucinda J., 192
  Marianna, 267
  Martha, 263
  Mary, 180
  Nancy, 231
  Nannie, 66
  Nettie A., 59
GALLAWAY
  Ida M., 20
  Virgie G., 29
GANT
  Catharine, 7
GARBAR
  Fannie, 108
GARNER
  Katie, 136
  Lelia G., 7
GARRETT
  Anna L., 203
  Bertie, 94
  Ida, 109
  Julia F., 257
  Lula, 217

Nannie, 63
GARRISON
  Effie B., 248
  Lenora J., 67
GARVER
  Dora F., 86
Gaskins
  Alice, 147
  Anna M., 252
  Arrana, 46
  Bessie, 45
  Courtney, 258
  Eliza, 12
  Eliza J., 109
  Estelle, 56
  Ida, 213
  Lucy E., 69
  Margaret, 93
  Mary, 88, 140, 192
  Mary F., 212
  Mollie, 45
  Sue V., 67
  Susan, 13
GEORGE
  Janie, 62
  Maria L., 251
  Sallie B., 59
GERMANS
  Ethel R., 10
  Jane, 36
  Mary E., 229
  Sarah, 155
GHEEN
  Rosella F., 16
GIBBS
  Annie, 261
  Mary, 261
GIBSON
  Ada W., 138
  Ella, 253
  Estelle, 126
  Fanny, 71
  Helen M., 131
  Josephine, 19
  Lucy, 16
  Mae H., 164
  Mary F., 71

Maude N., 229
Rose, 128
Sallie, 103
Virginia, 97
GILES
　Nellie, 57
GILKERSON
　Carrie B., 107
GILLESPIE
　Isabel D., 99
GILPEN
　Virginia L., 61
GLASCOCK
　Eliz'a, 35
　Eliz'th E., 225
　Isabella H., 31
　Jennie, 246
　Kathryn T., 147
　Lucy, 97
　Mary, 269
　Mary E., 157
　Nannie J., 96
　Rose L., 179
　Sallie, 97
GOFF
　Jessie C., 122
　Maude E., 184
　Rosie M., 129
GOLD
　Isabelle A., 85
GOODS
　Carrie E., 168
GORDAN
　Grace, 189
GORDON
　Henrietta, 71
　Mary E., 87
　Susan, 143
GORE
　Maggie M., 201
GORRELL
　Bertie S., 173
　M. Virginia, 90
GOVES
　Rebecca, 248
GRAHAM
　Ella, 38, 132
GRANT

Eliza, 178
Janie G., 231
Mary A., 8
Mary L., 145
GRAY
　Daisy E., 155
　Ella L., 71
　Kath., 143
　Lucy C., 101
　Maggie A., 237
　Mary F., 15
　Rosalie, 204
　Roxie A., 265
　Sarah E. F., 76
GRAYSON
　Laura, 127
　Mary, 34
　Susan, 262
GREEN
　Alice, 177
　Amanda, 19
　Ann E., 94
　Annie, 203, 237
　Annie E., 95
　Cath. E., 160
　Catherine P., 194
　Dolly, 213
　Eliza, 204
　Elizabeth, 247
　Eliz'th T., 118
　Georgia, 79
　Georgianna, 230
　Grace F., 258
　Hattie, 105
　Helen, 28
　Jane, 2
　Jennie B., 262
　Josephine, 143
　Julia, 105
　Katie R., 35
　Kitty, 91
　Lottie, 231
　Lucinda, 8
　Lucy, 91, 215
　M. E., 203
　Maria, 19, 51
　Mary C., 208
　May, 146

Sadie, 61
Stella L., 229
Susan C., 60
Susie M., 65
GREY
　Catharine C., 183
　Mildred F., 4
GRIFFETH
　Sarah A., 6
GRIFFITH
　Emily, 125
　Juliet H., 59
　Laura E., 62
　Martha V., 59
　Sarepta, 234
GRIGG
　Kezia, 112
GRIGGSBY
　Eva, 27
GRIGSBY
　Carry, 178
　Elizabeth C., 164
　Lillie, 213
　Lily, 86
　Louisa, 174
GRIMES
　Annie C., 153
　Elizabeth, 74
　Emily C., 191
　Kate, 83
　Maggie B., 153
GRIMSLEY
　Annie, 106
　Roberta, 71
　Virginia, 106
GROHS
　Martha M., 124
GROOMES
　Lottie, 27
GROOMS
　Mary, 27
GROVE
　Estella, 239
GROVES
　Anna C., 203
　Annie C., 228
　Annie L., 184
　Belle, 192

284   Fauquier County, Virginia Marriage Register Jan 1883- Jul 1906

Belle C., 210
Bettie B., 260
Bettie J., 234
Edna E., 70
Emma, 75
Emma F., 107
Julia, 204
L. J., 265
Laura V., 237
Mary, 107
Rebecca M., 239
GULICK
  Margaretta B., 89
GUM
  Ida B., 7
  Lou E., 248
GUNNETT
  Emma K., 169
GUY
  Mamie, 111
  Roberta, 14

HACKLEY
  Alice, 78
  Annie B., 265
  Belle, 242
  Elizabeth B., 230
  Frankie, 211
HALDEMAN
  Almira R., 130
HALE
  Mary V., 18
HALEY
  Agnes, 179
  Anna J., 257
  Bettie, 110
  Etta E., 222
  Kate, 200
  Lena, 105
  Lizzia A., 192
  Lizzie, 191
  Lula, 32
  Mamie M., 5
  Mary, 250
  Mary J., 113
  Molly, 179
  Nannie R., 104
HALL

Annie G., 113
Annie L., 111
Carrie, 153
Cecie A., 180
Dora F., 271
Elizabeth F., 151
Elizabeth L., 98
Emma, 109
Ida L., 14
Jessie, 81
Lizzie, 112
Louisa, 238
Lucy B., 204
Lucy J., 84
Mary E., 6
Mary J., 122
Minnie M., 98
Nannie, 148
Phillipa, 230
Sally, 65
Sarah M., 231
Susanna V., 66
Susannah V., 233
HALLEY
  Bertha E., 154
HAM
  Mintie, 67
HAMILTON
  Harriet G., 45
  Janet S., 111
  Lillie F., 216
HAMM
  Margt., 255
  Mary J., 87
  Minnie, 67
HAMMOND
  Arbelia, 271
HANBACK
  Agnes E. A., 115
  Alice, 31
  Cora, 130
  Ida J., 112
  Julie A., 4
  Lucy E., 28
  Mary T., 52
  Mollie, 129
  Rosa A., 143
  Selina, 115

HANSBROUGH
  Lizzie, 93
  Mittie, 132
  Susan, 90
HARDESTY
  Annie E., 169
HARDWICK
  Mary H., 121
HARRELL
  Blanche, 220
  Katie J., 191
  Stella W., 230
HARRINGTON
  Agnes, 204
HARRIS
  Alice W., 13
  Annie, 232
  Annie E., 194
  Caroline, 87
  Kate F., 265
  Sallie E., 131
  Susan, 34
HARRISON
  Annie L., 84
  Bessie S., 220
  Martha D., 224
  Matilda, 159
  May S., 85
HARROD
  Martha, 230
HARRY
  Carrie, 96
  Florence L., 28
  Laura L., 13
  Maggie, 132
  Sallie R., 42
HART
  Agnes G., 264
  Caroline H., 234
  Meta R., 57
  Nannie C., 65
HARTMAN
  Mattie, 223
HARVEY
  Grace S., 42
HATCHER
  Lizzie, 230
  Maggie, 241

Meta, 102
HATHAWAY
  Lucy, 165
  Nannie, 150
HAWES
  Mary E., 16
HAWKINS
  Judith, 9
HAWS
  Ida, 16
HAYNIE
  Virginia M., 175
HEDDINGS
  Carrie S., 43
HEDGMAN
  Eliza, 30
  Emma, 243
  Florence, 128
  Harriet, 111
  Lucy, 241
HEDINGER
  Mary C., 8
  Mattie V., 8
HEDRICK
  Eva E., 118
HEFLIN
  Annie E., 111
  Bessie A., 190
  Beulah M., 71
  Catharine, 167
  Clara L., 15
  Eliza J., 265
  Estelle A., 114
  Eugenia E., 205
  Eva, 77
  Fannie C., 248
  Fannie P., 60
  Florence O., 66
  Hattie B., 165
  Hettie, 51
  Ida, 53
  Ida B., 213
  Jennie, 225
  Laura A., 129
  Maggie S., 140
  Martha A., 218
  Mary, 123
  Mary A., 53

  Mary E., 31, 70
  Mimie M., 185
  Minnie E., 110
  Roberta A., 17
  Sarah A., 155
  Sarah M., 114
HELM
  Alice, 198
  Bessie, 2
  Lucy, 154
  Maria, 41
HELMS
  Mary F., 161
HENDERSON
  Amanda, 13
  Emma, 137
  Sarah, 8
HEREFORD
  Grace, 181
  Margaret P., 248
HERNDON
  Ella W., 266
  Julia K., 43
  Sarah C., 160
HERRELL
  A. D., 94
  Bertha A., 79
  Ella, 48
  Hardy B., 153
  Ida L., 117
  Jane C., 62
  M. L., 75
  Mary V., 52
  Maude, 190
  Orra E., 151
  Rosa L., 150
HERRINGDON
  Mary E., 91
HERRINGTON
  Rosie, 172
  Sophia A., 133
HERSKELL
  Louise M., 90
HEWETT
  Angeler, 25
  Margaret E., 213
HEWITT
  Amanda B., 59

  Cis, 129
  Dallie, 124
  Fannie, 259
  Ida J., 66
  Isabella, 130
  Susan A., 56
HEWITTE
  Anna F., 119
HEYL
  Eliza A., 80
HIBBS
  Emma N., 260
  Laura J., 205
HICKERSON
  Mary V., 256
HICKEY
  Sudie R., 41
HICKS
  Margaret S., 71
  Mary R., 39
HILL
  Annie M., 254
  Lavinia, 162
HILLEARY
  Eliza, 182
HINER
  Lillie, 258
HINSON
  Eliza N., 243
  Nannie A., 186
HIRST
  Lydia B., 218
HITE
  Bettie, 159
HITT
  Annie E., 257
  Lucy, 144
HOCKLEY
  Eliza, 109
HODGKIN
  Virginia W., 241
HODGSON
  Belle, 234
HOFFMAN
  S. A., 114
HOLDER
  Dallie F., 125
  Letitia, 256

Virgie A., 197
HOLLAWAY
  Hattie F., 79
HOLLIDAY
  Lizzie, 269
  Nannie, 47
  Rosa L., 201
HOLLINS
  Maggie, 68
HOLMES
  Delma B., 131
  Dora, 127
  Dora J., 25
  Dosia E., 137
  Gracie E., 251
  Gussie W., 120
  Hattie J., 142
  Henrietta, 188
  Ida M., 35
  Jane, 20
  Lily S., 120
  Lucy F., 134
  Lula, 116
  Mary C., 56
  Mary F. V., 76
  Mary L., 73
  Musie J., 138
  Sydna, 36
HOLTZCLAW
  Alice J., 100
  Jacquelina, 189
HOMES
  Cora B., 118
HOOE
  Catharine, 139
  Eliza L., 61
  Sarah, 139
HOPKINS
  Cath. K., 87
  Lulah, 44
HOPP
  Cecie, 97
  Mary, 39, 90
HORNER
  Ellen A., 271
  Emma B., 16
  Mary B., 30
HOSEBY

  Maria, 206
HOUGH
  Mary, 203
HOUGHTON
  Emma J., 156
  Sarah M., 181
HOWARD
  Sarah, 104
HOWDERSHELL
  Baynton, 69
  Corrie E., 192
  Hattie M., 5
HUDDLESON
  Julia A., 259
HUDLEY
  Lydia, 11
HUDNALL
  Minnie, 163
HUFFMAN
  Jenna, 227
HUGHES
  Caroline L., 36
HUGHLETT
  Sally V., 200
HULFISH
  S. E., 227
HULL
  Elizabeth, 142
HUME
  Anna H., 22
  Mary, 131
  Mary M., 34
HUMPHREY
  Harriet A., 140
  Jennie B., 191
  M. C., 243
  Mollie, 70
HUMPHREYS
  Annie, 259
  Carrie B., 89
  Ella, 54
  Jennie E., 168
  Leona C., 185
HUNT
  Frenchie T., 37
HUNTON
  Bessie M., 41
  Louisa, 57

  Margaret C., 9
HURDER
  Fanny, 68
HURST
  Annah, 151
  Edna, 228
  Laura A., 21
  Lucy A., 74
  Rosa W., 159
HUTTON
  Ida E., 121

IDEN
  C. L., 220

JACKSON
  A. R., 49
  Anni B., 240
  Annie, 78
  Betsy, 113
  Catherine, 232
  Clara, 177
  Dolly, 113
  Ella, 108, 258
  Emma, 120
  Evelina, 130
  Laura, 22
  Lizzie, 27
  Lucy, 223
  Lucy C. V., 39
  Maggie, 95
  Mary, 113
  Mary L., 102
  Mary S., 30
  Minnie, 262
  Roxie, 73
JACOBS
  Annie, 47
  Cath. V., 217
  E. H. R., 236
  Georgie A., 184
  Ida, 76
  Martha L., 72
  Mary C., 187
  Mary E., 76
  Nannie J., 72
  Susan L., 56
  Virginia, 47

Virginia C., 236
JAMES
Daisey L., 58
Harriet, 254
Hattie R., 184
Lucinda, 25
M. T., 21
Mary J., 34
Mary M., 145
Mary V., 180
Mattie V., 190
Nannie S., 157
S. N. M., 111
Sallie J., 119
Sarah C., 29
Sarah E., 115
Susan, 45
Virginia, 144
JARMAN
Eva R., 232
JARMANS
Etha I., 143
Jeneva, 101
Malissa, 37
Nancy E., 144
Ophelia B., 37
JARMINS
Amelia, 91
JASPER
Lina, 3
Lola, 184
Lucy F., 80
JEFFRIES
A. V., 80
Agnes M., 55
Anna L., 63
Annie D., 174
Elizabeth, 36
Eliz'th, 160
Ella B., 79
Estelle, 99
Laura F., 55
Mardulia E., 143
Mary A., 36
Mary B., 12
Maude, 62
May C., 77
Mildred F., 47

Minne D., 188
Mollie, 99
William A., 146
JENKINS
Lula M., 10
Maria, 196
Susan, 95
JENNINGS
A. C., 4
Phyllis, 253
Tallulah, 4
Jett
Lucy C., 106
JETT
Laura V., 2
Lucy C., 2
JOHN
Cora, 267
Ida, 132
Lucy M., 265
JOHNSON
Ada B., 121
Amanda, 130
Angelina, 59
Belle, 78
Celia, 252
Della, 6
Eliz'th, 73
Ellen, 264
Fanny, 26
Hattie, 128
Henrietta, 33
Ida, 244
Janet D., 7
Katharine M., 212
Lelia, 268
Lucinda, 47
Lucy, 263
Lucy L., 121
Margaret S., 90
Maria, 255
Martha, 82, 215
Mary, 229, 236
Mary E., 25
Matilda, 58
Melinda, 193
Rosena D., 224
Sally, 254

Sarah E., 72
Susie, 178
Thelma L., 171
Virgie V., 3
JOHNSTON
Edith, 8
JOLLEY
Anna D., 110
Jones
Luella T., 199
JONES
Alberta B., 130
Annie M., 122
Bell V., 185
Belle, 212
Bessie F., 160
Caroline L., 18
Emma, 58
Fannie B., 169
Janie L., 187
Louella T., 57
Mandie D., 207
Mattie L., 269
Mollie F., 152
JORDAN
L. M., 78
Lucy E., 270
Mary, 270
JULIUS
Anna, 50
Charlotte, 109
KANE
Angeline, 115
Caroline V., 219
Georgia, 161
Hettie E., 149
Martha J., 185
Mary J., 139
Matilda, 209
KEARNES
Maggie L., 101
KEARNS
Alacton, 14
Annie, 67
Lillie, 250
KEMPER
Alice M., 61

Fauquier County, Virginia Marriage Register Jan 1883- Jul 1906

   Grace, 98
   Janet B., 98
   Mary V., 48
   Mollie F., 205
   Nannie, 111
KEMY
   Fanny S., 219
KENDALL
   Georgia W., 41
   Lulu A., 78
   Martha, 240
KENNEDY
   Margaret H., 211
   Mary C., 145
KENNEY
   Bessie, 232
KENNY
   Elizabeth A., 183
   Elternoor, 74
   Fanny S., 219
KENT
   Elizabeth C., 188
KERFOOT
   Susie E., 43
KERN
   Katie, 94
KERNES
   Alice, 84
   Martha, 217
KERNS
   Dora, 144
   Lilly C., 148
   Mary, 36
   Mary C., 7
KERRICK
   Daisy D., 262
KERRY
   Fannie, 162
KEYS
   Catharine, 180
   Minnie M., 126
KEYSER
   Nelly E., 8
KIDWELL
   Rosa L., 164
KILPATRICK
   Maria, 19
   Mary, 224

KINCHELOE
   Bertha V., 258
   Mary A., 84
KINES
   Amanda, 155
   Edith E., 231
   Fannie E., 119
   Lilly F., 142
   Mary A., 83
   Nannie, 6
   Virginia B., 115
KING
   Caroline, 199
   Fanny, 171
   Jessie, 131
   Lola L., 82
   Nelly, 48
   Rachael, 200
   Susie P., 147
KINSEL
   Maggie W., 69
   Permelia B., 104
KINSELL
   Annie F., 11
KIRBY
   Alice, 125
   Emma N., 188
   Maria B., 75
   Mollie, 156
   Sarah C., 188
KIRKPATRICK
   Alma F., 72
   Eliza H., 64
   Emma, 182
   Hannah E., 92
   Josie, 259
   M. A., 163
   Saluda, 155
   Virg'a H., 79
KLINE
   Izella C., 60
KLIPSTEIN
   Lucelia H., 24
   Nellie H., 214
KLOMAN
   Lily M., 266
   Minnie, 157
KNIGHT

   Anna M., 217
KRANBERGER
   Anna, 193
LACEY
   Ella, 190
LACY
   Amanda, 176
   Carrie, 13
   Harriet, 32
   Ida, 211
   Martha, 209
LAIRD
   Anne L., 16
LAKE
   Anna L., 41
   Anna M., 14
LAMB
   Martha, 236
LAMBERT
   Annie, 264
   Dora, 216
   Lillie, 39
   Louisa, 43
   Mary, 255
   Mary E., 45
   Susan, 10
LANE
   Mary C., 127
   Millie, 12
   Rose, 173
LANHAM
   Elizabeth, 198
   Sarah C., 256
LARSON
   Patsy, 103
LATHAM
   Alice M., 38
LAWLER
   Agnes A., 126
   Laura V., 251
   Lettie F., 152
   Mary C., 181
   Mary E., 221
   Mary F., 237
   Sarah R., 152
LAWRANCE
   Josephine, 93

LAWRENCE
  Alice, 51
  Jane, 94
  Sallie J., 9
LAWS
  Alice G., 21
  Annie N., 233
  Dora N., 209
  Isabel E., 28
  Lucy J., 14
  Lula L., 233
LAWSON
  Elizabeth, 9
  Fanny, 28
  Lucy, 151
LEACH
  Alice V., 106
  Elizabeth, 21, 101
  Elizabeth E., 106
  Ella, 144
  Jeanie C., 71
  Martha, 54
  Mildred J., 261
  Rachael, 90
  Susie, 126
  Va. B., 100
  Virginia L., 61
LEAR
  Alice T., 235
LEE
  Alice C., 225
  Annie C., 38
  Elizabeth, 123
  Elizabeth A., 256
  Fannie, 224
  Marie, 264
  Mary, 180, 186
  Mary L., 265
  Olivia T., 19
LEGG
  Carrie M., 267
  Gertrude L., 174
  Sarah C., 153
  Virginia, 233
LEITH
  Hester L., 152
Lennox
  Eugenia E., 205

LENOX
  Irene, 164
LEONARD
  Ada E., 49
  Elizabeth, 120
  Emma C., 191
  Esther V., 148
  Lillie A., 183
  Nanny L., 268
  Sarah E., 12
LEWIS
  Annie, 269
  Annie B., 230
  Flora, 58
  Lilly S., 16
  N. B., 96
  Sallie, 208
LIGHTNER
  Alice M., 152
  Lelia A., 175
  Mary E., 7
  Nora, 246
LIMBRICK
  Mildred, 75
LOFLAND
  Melissa C., 218
LOGAN
  Annie D., 10
LOMAX
  Lindsay L., 269
LONG
  Kate R., 16
  Martha, 212
  Mary, 189
  Rebecca, 224
LONGERBEAM
  Nannie, 157
Love
  Caroline L., 36
LOVETT
  Laura H., 222
LOW
  Jennie W., 112
  Marion W., 194
LOYD
  Addy M., 48
LUCAS
  Dinah, 199

Georgeanna, 271
  Isabelle, 40
  Mary, 240
LUCKETT
  Martha E., 117
LUKE
  Caroline H., 196
LUMPKINS
  Lucy, 78
LUNCEFORD
  Adella C., 168
  Edith M., 191
  Mary A., 79
  Rebecca J., 107
  Sarah A., 106
LUNSFORD
  Harriet E., 106
  Jennie, 159
  Lillian H., 11
  Mary E., 203
  Minnie, 2
  Tiny M., 2
LUPTON
  Josephine M., 166

MADDEX
  Lillie L., 217
MADDOX
  Lena, 239
MADDUX
  Emma G., 242
  Mary P., 46
MADISON
  Hannah L., 242
MAHORNEY
  Eliz'th, 135
MALCOLM
  Ellen, 69
MANN
  Emma, 68
  Jennie F., 23
  Mary, 162
  Susie, 182
MANUEL
  Emma J., 7
MARA
  Emma, 14
  Margaret E., 233

MARINER
  Lillian A., 198
MARK
  Virginia J., 163
MARLOW
  Lizzie, 63
MARR
  Roberta, 178
MARRS
  Lucinda, 241
MARS
  Rachel, 253
MARSHALL
  Adelaide T., 50
  Caroline S., 203
  Charlotte, 40
  Eliza C., 245
  Elizabeth, 209
  Fannie, 87
  Harriet R., 140
  Hattie, 195
  Lelia P., 162
  Maria, 196
  Maria W., 70
  Mary E., 52
  Rebecca, 66
MARSTELLER
  Mary A., 124
  Paulina C., 180
MARTIN
  A. L., 48
  Emma, 201
  Georganna, 132
  Leevy, 163
  Louisa, 196
  Martha, 224
  Mary E., 202
  Minnie, 159
  Mollie, 214
  Sallie, 170
MARTYN
  Annette C., 49, 225
  Gertrude A., 216
  Rose L., 205
MASON
  Annie, 53, 151
  Florence, 52
  Gertrude, 234
  Jane C., 198
  Maria P., 213
MASSIE
  Carrie, 216
MATTHEW
  M. F., 6
MATTHEWS
  Frances, 244
  Julia P., 36
  Sophia, 28
  Susan, 35
MAXHEIMER
  Katherine, 243
MAY
  Katharine O., 216
MAYHEW
  Stella, 110
MAYHUGH
  Lillian G., 169
McARTOR
  Mary R., 119
McBEE
  Susan E., 120
McCARTHY
  Bridget, 168
McCAULEY
  Ida L., 56
McCLANAHAN
  Kate, 272
  Virginia L., 238
McCONCHIE
  Fanny S., 15
  Kate, 256
  Louisa, 67
  Rosa A., 223
  Rosalie, 125
McCORMICK
  Eva, 198
  Kate L., 5
  Meta, 200
  Saluda A., 188
McCOY
  Mary, 255
McDONALD
  Ida, 214
  Jennie, 103
  Lilly J., 164
  Lizzie F., 248
  Loolah, 103
  Lucy A., 216
  Mamie, 151
  Mary F., 110
  Rosa, 88
  Viola, 252
McGUIN
  Tacie C., 210
McGUIRE
  Melville B., 126
McILHANY
  Madge S., 20
McINTOSH
  S. Mattie, 88
McINTYRE
  Annie, 226
  Eliza, 2
  Mary, 65
  Nannie, 138
McKEE
  Hattie M., 246
McLEAN
  Virginia B., 247
McLEAREN
  Ida M., 1
  Mary M., 92
McMULLEN
  Daisey B., 72
McSWEENEY
  Maria, 82
  Theresa, 153
  Verns, 111
McSWEENY
  Theresa M., 209
MEADE
  Lucy, 170
MEEKS
  Ann A., 30
  Elnora, 80
  Eva J., 161
MELTON
  Cora, 169
  Fannie L., 204
  Susan C., 52
MELVIN
  Minnie M., 265
MENEFEE

Elinor E., 187
Frances E., 174
MERCER
  Alice, 208
  Anna, 147
  Maggie, 105
  Martha, 172
  Mary E., 172
  Mollie, 181
MEREDITH
  Lucy, 162
  Pocahontas, 247
MERRITT
  Mahala, 90
MICKINS
  Mary, 177
MIDDLETON
  Edith B., 219
  Ida M., 220
  Mary T., 150
MILBURN
  Olive, 177
MILES
  Ella, 258
  Ellen, 41
  Lizzie, 216
  Lucy E., 49
MILLER
  Cora A., 103
MILLS
  Addie B., 262
  Eleanore, 61
  Lillie B., 3
  Martha C., 74
MINER
  Alice, 127
MINOR
  Evalina, 46
  Isabella, 46
  Lizzie, 53
  Lucelia, 63
  Susan, 40
MINTER
  Virg'a W., 99
MITCHELL
  Hannah A. J., 225
  Julia, 264
MOCK
  Rebecca, 40
MOFFETT
  A. Blanche, 8
  Annie C., 159
  Mary F., 11
  Rose V., 228
  Susie B., 171
MONDAY
  Matilda, 158
MONROE
  F. G., 33
  Fannie, 20
  Harriet E., 118
  Leannah, 258
  Lillie D., 143
  Lucinda, 78
  Martha, 158
MONTAGUE
  Willetta, 247
MOODY
  Lucy P., 208
MOORE
  Agnes, 253
  Annie, 248
  Annie R., 179
  Bertha B., 142
  Carey B., 266
  Cora A., 100
  Dolly, 245
  Dora, 83
  Ellen, 245
  Fancy, 138
  Fanny, 19
  Georgeanna, 18
  Gertrude, 8
  Ida L., 190
  Irena L., 23
  Lou C., 100
  Lucinda, 80
  Lucy, 207
  Mabelle C. F., 122
  Martha F., 58
  Nancy E., 153
  S. Jane, 235
MORAN
  Agnes, 223
  Anna, 211
  Mary, 116
MOREHEAD
  Antoinette, 269
  Fannie, 144
MORGAN
  Anna, 82
  Caroline A., 20
  Fannie, 186
  Hannah, 193
  Henrietta, 82
  Lesbia, 200
MORRIS
  Amy, 212
MORSON
  Frances B., 141
  Roberta W., 221
MORTON
  Nancy, 25
  Susie E., 98
  Virginia E., 87
MOUNTJOY
  Annie E., 121
  Florence, 91
MOXLEY
  Amanda, 163
  Mary, 229
  Valonia, 138
MUDD
  Alberta, 178
  Kitura, 13
  Martha, 37
  Plata, 268
MULLER
  Florence, 35
  Kate, 113
MUNROE
  Emma J., 44
  Susan J., 17
MURRAY
  Alice N., 79
  Anna R., 235
  Elizabeth M., 90
  Evelyn L., 62
  Ida M., 160
  Lila G., 24
  Sadie, 242
  Sallie, 11
MYERS
  Josephine, 252

Lillian A., 162
Mame, 217
NALLES
  Lena, 37
NASH
  Catharine, 28
  Elizabeth J., 163
  Jennie, 64
NEAL
  Louisa, 226
NEALE
  Alverta C., 138
  M. B., 271
NELSON
  Amelia M., 270
  Betty, 103
  Carah E., 5
  Eliza, 186
  Ellen, 225
  Laura A., 180
  Lena S., 6
  Lucy, 238
  Martha, 198
  Minnie, 175
  Sallie P., 181
  Sarah, 231
  Tacie, 98
NEVERDONE
  Matilda, 50
  Rebecca, 185
NEWBY
  Lucy L., 218
NEWHOUSE
  Margaret L., 154
NEWLY
  Emma S., 247
NEWTON
  Mary W., 14
NICHOLAS
  Rebecca, 209
NICHOLSON
  Ella, 87
NICKENS
  Ama, 44
  Annie, 212
  Bessie, 134
  Catherine, 88

  Frances, 259
  Rebecca, 182
  Susan, 227
NICKINS
  Cora, 235
  Ida V., 161
  Martha, 1
NOLAND
  Mary L., 101
NORMAN
  Annie E., 210
NORRIS
  E. Pepita, 91
  Golda C., 215
  Marie A., 215

O'BANNON
  Florence, 191
  Mollie, 217
O'BRIAN
  Lena, 101
O'BRIEN
  Jane E., 163
O'DONNELL
  Mary, 76
O'NEAL
  Maggie, 7
O'ROARK
  M. A., 7
O'ROURK
  Cora A., 108
O'BANNON
  Ann, 191
O'BRIAN
  Maggie, 238
O'BRIEN
  Elizth, 194
ODEN
  Nancy V., 14
OLINGER
  Annie L., 256
  Clara E., 131
  Daisy V., 208
  Elizabeth N., 202
  Katie A., 195
  Maude E., 239
OLIVER
  Elizabeth, 154

Lillian E., 167
Martha A., 77
Mary E., 212
Mary M., 87
Minneapolis, 24
Sarah C., 71
Susan R., 106
Virg'a P., 37
O'NEILL
  Mary C., 214
OWENS
  Bessie J., 112
  Irene, 101
  Lottie E., 122
  Minnie C., 132
  Olive S., 188
  Pauline, 199
OWSLEY
  Martha, 201

PAGE
  Laura, 25
PARKER
  Alice, 261
  Julia, 249
  Lillie, 43
  Mary E., 222
PARNELL
  Jennie, 247
PARR
  Sarah B., 252
PATRICK
  Lucy, 254
  Martha, 181
PATTERSON
  Ella L., 203
  S. J., 253
PATTIE
  Gertrude, 227
PAYNE
  Achse M., 199
  Ada G., 64
  Alice D., 37
  Bessie E., 177
  Caroline, 35
  Carrie, 151
  Cora B., 219
  Dixie M., 55

Dora E., 142
Dorathy, 176
Edith, 230
Eliza, 137
Eliza R., 62
Ellena, 175
Elvira, 256
Erva W., 124
Estelle B., 198
Ethel M., 44
Etta, 173
Fanny, 189
Fanny M., 190
Harriet, 150
Hattie M., 184
Hester L., 267
Ida, 188
Ida M., 136
Ires S., 11
Isabel F., 215
Jaqulina, 197
Kate, 242
Lena R., 60
Lilian L., 56
Lizzie V., 175
Lucinda R., 30
Lucy A., 108
Lucy L., 104
M. A., 154
Mamie E., 191
Maria, 194
Marion M., 67
Mary W., 190
Matie, 148
Mattie B., 185
May, 55
Mildred, 9
Nannie, 189
Nettie, 124
Nettie C., 272
Roberta E., 121
Rosie E., 16
S. Mildred, 150
Sallie E., 76
Sarah, 61
Sarah C., 1
Susie, 188
Vallie C., 174
Virginia S., 125
PAYNES
Ann, 94
Mary E., 29
PAYTON
Mary J., 54
PEACOCK
Virginia A., 250
PEAKE
Eva W., 44
Mary C., 193
PEARSON
Annie E., 154
Annie G., 148
Bessie, 191
C. Blanche, 146
Cornelia, 244
Corrie E., 120, 201
Elizabeth, 183
Eliz'th A., 201
Estella, 148
Eva M., 12
Kate N., 48
Katie C., 188
Lida, 56
Loulie J., 266
Maria N., 48
Mary, 81
Mary E., 148
Mittie, 250
Octavia, 156
Pearlie, 189
R. Virginia, 146
Sallie K., 44
Sarah, 4
Senora B., 221
Susan A., 7
Virgie L., 156
PECK
Frances, 252
PEMBERTON
Ella, 93
PENDLETON
E. S., 9
Garnet P., 259
Julia, 134
PERRY
Emma, 52
PETERS
Lillie F., 77
Mary, 33
Susan, 21
PETERSON
Maria, 186
Mary, 258
PETTY
Elizabeth A., 23
Julia F., 161
Sarah C., 76
PEYTON
Cora L., 151
Dora, 165
Eva, 120
Jane, 127
Marianne G., 46
PHILIPS
A. Elizabeth, 56
Agnes, 263
Susan, 38
PHILLIPS
Eddie, 164
Lula V., 166
Mary, 171
PIERCE
Annie, 102
Clara, 1
Delia R., 211
Laura, 199
Maria T., 166
PIERSON
Annie E., 104
PILCHER
Marie, 81
PINKARD
Susan, 25
PINKETT
Amelia O., 183
Matilda, 262
Winnie E., 263
PINKNEY
Jennie V., 242
PINN
Alice, 86
Daisy, 40
Elizabeth, 133

Fanny, 200
Georgeanna, 58
Hattie F., 57
Ida, 255
Josephine, 255
Lily, 194
Lustatia, 211
Mary, 163
Mattie, 147
Odina, 239
PITTMAN
  Charlotte L., 195
POE
  Mary E., 212
POLES
  Eliza, 237
  Hester, 206
  Mary K., 137
POLLARD
  Ethel, 270
  Maggie L., 84
  Marea, 201
  Margie, 254
POMEROY
  Bettie E., 266
PONCE
  Cora A., 228
PORTER
  Martha, 161
  Mildred, 39
  Mintie, 195
POWELL
  Annie E., 143
  Maria L., 241
  Mary C. A., 190
POWERS
  Sarah R., 137
PRESTON
  Lillie B., 213
  Martha C., 28
  Olivia, 245
  Sarah E., 93
PRIEST
  Elizabeth, 105
  Fannie, 269
  Lilly J., 166
  Lucy, 231
  Mary J., 232

Sarah W., 197
PRIMM
  Mary, 245
PRITCHARD
  Donna J., 41
PROCTER
  Sarah J., 122
PROCTOR
  Caroline, 180, 182
  Letitia, 180
  Lucy, 96
  Octavia, 85
  Pinkney, 250
PUCKETT
  Lizzie, 88
PULLER
  Mollie, 239
PULLIAM
  Elizabeth F., 145
PUTMAN
  Roberta A., 119
PUTNAM
  Ida, 75

QUEEN
  Mary, 29
QUESENBERRY
  Ada, 243

RAMEY
  Annie C., 79
  Mary, 121, 269
  Mary E., 10
  Maude J., 243
RANDALL
  Birdie, 82
  Eliza, 42
  Fannie G., 108
  Garnett V., 34
  Mamie A., 24
RANDOLPH
  Annie, 147
  Hebe G., 227
  Mary H., 52
  Mary M., 177
RANGE
  Mary H., 57
RAWLING

Lela S., 199
RAWLINGS
  Elizabeth D., 92
  Mary E., 1
RAY
  Maria, 159
RAYMOND
  Louisa, 87
  Mary, 135
READ
  Minnie, 9
RECTOR
  Albenia W., 54
  Alice, 184
  Alice J., 38
  Allie W., 95
  Anna D., 54
  Carrie L., 150
  Dellie F., 11
  Dulcie, 257
  Eliz'th F., 200
  Fannie, 243
  Ida L., 14, 110, 167
  Ida M., 35
  Josephine, 62
  Laura B., 104
  Lelia A., 219
  Lizzie, 200
  Martha A., 184
  Martha D., 107
  Mary A., 37
  Mary E., 200
  Mary J., 129, 162
  Mary S., 202
  Nettie R., 173
  Rebecca B., 264
  Rebecca E., 170
  Rose, 228
  Sarah L., 217
  Susan J., 53, 184
  Virginia M., 270
REDCROSS
  Maggie, 232
REDD
  Georgie, 135
  Martha M., 98
  Mary E., 149

Mary V., 77
Nannie, 86
REDMON
 Mary V., 146
REDMOND
 Emma, 216
 Mary, 27, 270
REED
 Lillie M., 241
 Mary E., 67
REELS
 Ella, 29
REESE
 Sarah L., 197
REEVES
 Rosa, 40
REID
 Anna, 91
 Capitola, 34
 Jennie L., 1
 Lottie, 246
 Margaret E., 14
 Mary P., 188
 Mary W., 215
 Mollie V., 83
 Myrtie G., 161
 Sarah J., 53
 Virginia A., 116
REILEY
 Annie, 32
 Mollie, 135
RHINE
 Edmonia, 43
RHODES
 Augusta, 157
 Luella, 107
 Lydia M., 165
 Mary E., 17
RICE
 Bettie S., 102
RICHARD
 Mary, 70
RICHARDS
 Cythia L., 140
RICHARDSON
 Anna, 95
 Mildred, 95
 Roxie, 228

V. M., 238
RIDGEWAY
 Grace, 218
RIDGLEY
 Susan C., 60
RILEY
 Amelia, 70
 Cora, 240
 Elizabeth, 70
 Eugenia, 178
 Florence V., 69
 Isabella, 170
 Josephine, 114
 Lavinia, 271
 Lizzie, 79
 Lou A. A., 234
 Lucy C., 23
 Lucy J., 246
 Mars, 204
 Mary E., 60
 Nancy E., 199
 Roberta, 207
 Senora, 141
 Tasie, 240
RINES
 Annie, 165
 Sarah A., 120
RISDON
 Cora C., 3
 Mary E., 218
RITENOUR
 Elizabeth F., 47
RITNOUR
 Bessie, 249
RIXEY
 Fannie A., 50
 Matilda B., 69
ROBERSON
 Elsie, 33
 Mary E., 50
ROBERTS
 Annie, 47
 Eliza, 93
 Ella, 137
 Lucie, 32
ROBINSON
 Alice L., 3
 Bettie, 124

Cornelia J., 186
Delilah, 18
Eliz'th, 32
Ellen, 171
Eveline, 218
Florence, 59
Hattie, 1
Ida, 166
Jennie, 215
Lillie S., 99
Lizzie M., 225
Lucinda, 226
Maggie, 137
Marie A., 30
Mary, 226, 244
Mary A., 175
Mary F., 123
Matilda F., 240
Mattie, 259
Nannie B., 177
Neta, 260
Roberta, 62
Saidie, 45
Sarah, 64
Susan, 170
ROBISON
 Susan E., 12
ROE
 Hattie, 26
ROGERS
 Anne W., 92
ROOTS
 Alice, 25
ROSE
 Mary, 123
 Minnie, 221
 Minnie L., 75
 Sally F., 24
 Sarah E. W., 55
ROSS
 Annie, 77
 Dora, 237
 Laura, 150
 Lucy, 123
 M. A., 94
 Nancy, 140
 Roberta A., 128
 Violet, 94

ROSZEL
 Mary R., 174
ROUSE
 Fanny, 163
ROUTT
 Chloe, 14
 Cliffie A., 260
 Laura, 234
ROWE
 Mary V., 243
 Pauline C., 174
ROY
 Letty, 33
ROYSTON
 Ann H., 269
 Mary E., 152
 Susan S., 188
RUCKER
 Annie L., 221
 Mary T., 123
 Sudie S., 269
RUFFIN
 Dora R., 50
RUFFNER
 Annie M., 180
 Mary L., 16
RUNNER
 Ella, 263
 Lottie, 224
RUSH
 Cora J., 48
 Jane M., 169
RUSSELL
 Agnes, 43
 Appolonia, 198
 Bessie, 58
 Celia, 187
 Eliz'th, 261
 Laura, 21
 M. F., 44
 Martha A., 29
 Mary S., 85
 Mollie, 27
RUST
 Agnes M., 198
RYAN
 Annie, 238
 Bettie, 70

Betty, 167
Minerva C., 56

SAFFELL
 Alice M., 187
 Fannie M., 199
SALES
 Mary E., 241
 Mattie, 55
SALLSBURY
 Emma, 63
SAMPSELL
 Leonora J., 246
SANDY
 Sarah, 202
SANFORD
 Amanda, 149
 Laura, 46
 Virginia, 175
SCANLON
 Annie, 152
 Bridget, 166
 Hannah, 179
 Hannah C., 104
SCHWAB
 Lena, 18
 Mamie, 198
SCOTT
 Annie, 4
 Betty, 29
 Camilla, 194
 Dora, 103
 Eliz'th, 10
 Maggie, 78
 Margaret D., 9
 Mary, 121
 Mary E., 133
 Mary J., 235
 Mary P., 218
 Mary W., 142
 Minnie, 91
 Nannie, 176
 Rosalie T., 112
 Rose, 263
SEALOCK
 Frances C., 60
 Marg't., 172
 Mary E., 220

SEAY
 Bessie, 169
 Kate, 101
SEDDEN
 Alice D., 49
SEELBACH
 Annie L., 26
SETTLE
 Jennie, 246
 Lucy, 140
 Mary T., 125
 Rosie, 51
SETTLES
 Roberta, 205
SHACKLEFORD
 Acton N., 176
 Mary G., 119
 Nannie J., 176
 Ola A., 51
SHACKLETT
 Adaline, 226
 E. M., 155
 Lilian M., 119
SHAFER
 Anna H., 240
SHANHOLTZ
 Eliz'th A., 165
SHANNON
 Mary, 26
SHARP
 Rose, 238
SHARPE
 Nellie, 156
SHAVER
 Annie C., 167
 Dora F., 38
 Sallie L., 88
SHAW
 Roberta, 55
SHELTON
 Julia, 224
 Mamie, 68
 Martha, 137
 Silva, 5
SHEPHERD
 Mary A., 124
SHEPPARD
 Amelia E., 54

Lizzie, 29
SHEPPERD
  Laura M., 251
  Lucy H., 171
  Mary F., 265
SHIFFLET
  Virtie O., 149
SHIPP
  N. L., 73
SHIRLEY
  Blanche, 165
  Toye P., 212
SHOBE
  Ethel, 116
SHOFER
  Alice, 240
SHUMATE
  Ada B., 196
  Alice, 134
  Carrie, 86
  Cassie, 253
  Mary J., 123
  Meta M., 154
  Minnie, 148
  Willie S., 98
SILMAN
  Flora M., 148
SIMMS
  Cora, 189
  Rosie, 207
SIMPERS
  Emma J., 116
SIMPSON
  N. A., 24
SIMS
  Carrie L., 148
  Lucy, 36
  Lula, 120
  Maude R., 228
  Virginia S., 64
SINCLAIR
  Bessie L., 72
  Catharine, 196
  Dellah, 216
  Ella J. E., 220
  Fanny, 263
  Jennie M., 132
  Kate O., 256

Lizzie, 136
Louisa, 236
Minnie J., 117
SINGLETON
  E. A., 160
SISK
  Minnie L., 75
  Sally, 38
SKINKER
  Sarah C., 247
SKINNER
  Blanche S., 22
  Edna E., 222
  Eloise, 197
  Lucy L., 198
  Sally B., 202
SLACK
  Amanda B., 26
  Lula H., 157
SLAUGHTER
  Cornelia L., 160
  Harriet, 95
  Martha, 241
  Mary, 179
  Sophie C., 228
SMALLWOOD
  Cassie R., 63
  Edith E., 119
  Georgiana, 183
  Mary, 147
  Sadie, 63
SMITH
  Abbie, 164
  Ada, 103
  Agnes I., 251
  Alice, 129
  Anna E., 26
  Annie C., 252
  Annie E., 141
  Annie J., 82
  Attie N., 233
  Bettie A., 31
  Carrie R., 30
  Cassie I., 208
  Catharine D., 15
  Cathleen B., 208
  Cora F., 25
  Dallie P., 60

E. Mattie, 173
Eliza, 126
Elizabeth, 256
Eliz'th, 43
Ellen J., 219
Ellen S., 100
Emeline, 197
Etta, 228
Etta K., 85
Eugenie L., 25
Evelyn B., 147
Fannie, 12
Frances N., 166
Hattie, 102
Helen, 97
Jane, 102
Janet L., 115
Janie M., 222
Kattie, 222
Laura, 229
Lelia, 240
Lily, 165
Lucy C., 182
Lucy J., 222
Lucy T., 76
Madie, 160
Marcie J., 33
Marie, 131
Mary, 84, 147
Mary C., 141
Mary D., 268
Mary E., 114
Mary L., 35
Mary M., 239
Mary Q., 24
Mary T., 35
Mary V., 74
Mattie A., 92
Maxey E., 258
Mildred, 168, 236
Mollie, 1
Ollie E., 189
Pocahonta B., 245
Rosa L., 48
Rosalie, 67
Rosalie S., 205
Rosie, 205
Sarah, 77, 253

Sarah A., 191
Sarah F., 63, 224
Susan M., 83
Virginia, 11, 144
SMOOT
  Josie M., 164
  Martha, 237
SNOW
  Fanny W., 89
SNOWDEN
  Martha A., 208
SOAPER
  Eliz'th, 54
  Ida, 205
  Rachel J., 100
SOPER
  Julia F., 101
SOUTTER
  Fannie, 76
SOWERS
  Annie A., 162
SPEER
  Amelia, 34
  Harriet C., 17
SPEIDEN
  Mary D., 233
SPENCE
  Virginia, 156
SPENCER
  Annie L., 156
SPICER
  Sarah F., 183
SPILMAN
  Mary A., 21
  Mary W., 86
SPINKS
  Elsie, 248
  Martha, 40
SPITZER
  Fanny C., 149
SPRING
  Rebecca, 144
SPROUSE
  Mary C., 270
SQUIRES
  Nannie C., 80
STANFORD
  G. B., 20

STEPHENS
  Henrietta C., 61
STEPHENSON
  Julia, 244
STEWART
  Hannah, 162
  Jane, 134
  Mary, 131, 223
STILLIONS
  Annie, 146
STOKES
  Mary F., 264
STONE
  Isabella G., 244
  Kate E., 260
  Mary E., 142
  Sallie J., 168
STOWERS
  Martha, 243
STRIBLING
  Annie, 19
  L. E., 74
  Mary D., 86
  Roberta, 64
  Sophie, 48
STRICKLER
  Clara, 22
  Lizzie F., 157
  Sarah C., 172
STRINGFELLOW
  Rebecca, 96
STROTHER
  Eliza, 231
  Fanny, 231
  Florence E., 102
  Jane, 232
  Jeannie, 178
  Lena M., 6
  Lottie, 45
  Maggie J., 139
  Mandy, 264
  Mary E., 190
  Mary V., 153
  Mazie, 13
SUDDEN
  Mary, 259
SUDDUTH
  Clara B., 230

Dixie, 267
Elizabeth, 152
Lizzie L., 268
Mary E., 111
Nannie, 152
Sallie, 71
SULLIVAN
  Annie E., 190
  Cath. E., 88
  Katie R., 261
  Margaret M., 118
  Mary E., 112
  Mary J., 99
SUMMERFIELD
  Malvina, 260
SUMMERS
  Amanda, 254
SUMMONS
  Sealey, 206
SUTHARD
  Annie B., 107, 148
  Bertha, 123
  Harriet, 215
  Lora E., 231
  Mary E., 164
  Rebecca, 249
SUTPHIN
  Connie, 125
  Mary, 234
  Mary C., 234
  Maude B., 106
SUTTON
  Nannie, 9
SWEENEY
  Mary J., 235
SWITZER
  Sarah M., 65

TACKET
  Nannie, 109
TACKETT
  Sarah, 81
TALBOT
  Kate H., 70
TANNEHILL
  Aurelia C., 21
  Valeria, 97
TANNER

Isabella, 125
TAPSCOTT
  Alice S., 236
  Annie, 1
  Ellen, 51
  Girtrude, 196
  Roberta, 236
TARMAN
  Emma J., 40
TATE
  Alice, 255
  Hattie, 84
  Roberta, 21
TAVENER
  Amanda V., 159
  Maude, 94
TAVENNER
  Orra H., 114
TAYLER
  Rose G., 257
TAYLOR
  Anna, 232
  Annie, 141
  Annie E., 139
  Betsey, 9
  Eliza, 202
  Elizabeth, 108
  Ella, 255
  Evelina, 3
  Florence, 13
  Frances J., 60
  Ida, 214
  Ida C., 167
  Ida E. W., 128
  Josephine, 56
  Julia, 214
  Kate P., 167
  Marg't., 126
  Mary, 130, 225
  Mary E., 50, 213
  Mildred, 141
  Susan C., 265
TEATS
  Alice, 184
TEBBS
  Mary E., 21
TEMPLEMAN
  Mary F., 171

Sarah E., 239
THARP
  Elizabeth F., 236
  Tacie, 33
THARPE
  Ada, 189
  Albena, 14
  Alice, 188
  Alice M., 118
  Anna, 22
  Corrie, 240
  Daisy, 193
  Dixie D., 222
  Eliz'th, 39
  Emma, 31
  Frances, 204
  Ida, 4
  Laura, 266
  Maggie B., 207
  Mary E., 92
  Minnie, 4
  Nettie, 8
  Rebecca, 40
THAYER
  Mattie, 114
THOMAS
  Alice, 241
  Clara, 79
  Edmonia, 150
  Eliza, 93, 266
  Maude, 187
THOMASSON
  Emily, 111
THOMPSON
  Anna L., 238
  Betsy, 205
  Cora, 2
  Dolly, 23
  Eliza, 217
  Eliz'th, 139
  Ella E., 52
  Emily, 150
  Emily E., 42
  Emma, 33
  Georgianna, 24
  Harriott, 233
  Margery L., 43
  Rosa L., 192

Salin J., 80
Sarah, 193
Susan E., 81
Virginia, 271
THOMS
  Eliza, 254
THOMSPSON
  Louise, 218
THORN
  Alice G., 261
  Otelia, 51
THORNHILL
  Martha J., 135
THORNLEY
  Ary, 43
  Elizabeth, 212
  Lucy, 61
THORNTON
  Addie, 62
  Catharine, 238
  Emma, 151
  Lucy E., 3
THRISEL
  Alice E., 209
TIBBS
  Annie, 145
  Binton, 183
TILLEARY
  Josephine, 46
TIMBERS
  Kate, 245
  Margaret, 138
TIMMONS
  Annie B., 141
  Emma, 53
  Josephine, 140
  Leathe L., 141
TINSMAN
  Cath., 110
TOBIN
  Johanna M., 42
TOLBERT
  Presse, 88
TOLER
  Susan, 49
TOLIVER
  Callie, 236
  Mary J., 126

TRACEY
　Bettie, 158
TRAVIS
　Mary, 136
　Susan J., 128
TRIPLETT
　Eva, 215
　Fannie A., 96
　Kate, 181
　Minerva D., 209
TRUMBO
　Nelly, 162
TUCKER
　Nannie, 153
TULLOSS
　Elizabeth, 57
　Jane M., 201
TURNER
　Alys M., 157
　Ann, 182
　Elizabeth, 257
　Ellen L., 6
　Julia, 127
　Kate, 259
　Lula, 133
　Martha, 186
　Mary, 107, 136, 262
　Mary B., 223
　Rebecca H., 137
　Sallie L., 15
　Sallie R., 133
　Sophia, 264
　Susan, 135
　Willie H., 204
　Zaidec B., 231
TWYMAN
　Rosa, 92
TYLER
　Annie E., 241
TYSON
　Mary L., 268

ULLMAN
　Adolphine C., 214
　Miriam, 156
UTTERBACK
　Annie A., 146

　Ellanorah, 262
　Harriet N., 228
　Lillian R., 193
　Lydia, 73
　Mamie M., 115
　Mary V., 49
　Rosa L., 204
　Tacey C., 69

VALENTINE
　Elizabeth, 118
　Fleecy, 128
VANHORN
　Ada M., 168
　Corrie B., 91
VASS
　Annie, 233
　Isabella F., 215
VAUGHN
　Kate M., 219
VENABLE
　Notalie E., 173
VESSEN
　Ella, 237
　Ida L., 158
VOSS
　Martha, 268
VOWLES
　Lizzie B., 149
　Martha, 22

WADDELL
　Etta R., 163
　Ida E., 58
　Lucy M., 187
WAITES
　Nancy, 250
WALDEN
　Eliza J., 30
　Mary, 102
　Mary E., 212
WALKER
　Agnes, 36
　Amanda, 178
　Annie, 143
　Bessie, 140
　Estelle, 206
　Evelina, 214

　Kitty, 245
　Kitty B., 103
　Lizzie, 109
　Lottie, 29
　Margaret, 24
　Mary, 229
　Mary E., 104
　Mary S., 39
　Mattie, 26
　Sarah, 229
　Victoria, 126
WALL
　Jane E., 163
　Nettie V., 112
WALLACE
　Belle, 268
WALTERS
　Dolly A., 83
WANSER
　Agnes, 108
　Bettie, 97
　Columbia, 137
　Harriet, 73
　Hester A., 103
　Maria, 44, 114
　Martha, 154
WANZER
　Mary F., 210
　Susan E., 151
WAPLE
　Carrie G., 62
　Lily, 115
WARD
　Lucy, 57
　Maria R., 113
　Millie, 268
WARE
　Sallie K., 211
WARNER
　Mary L., 51
WASHINGTON
　Amanda, 67, 211
　Amy, 178
　Annie D., 77
　Cath., 258
　Harriet, 209
　Kity, 32
　Louisa, 22, 127

Lucy M., 95
Maggie, 224
Mamie, 245
Margaret, 134
Margt., 207
Maria, 189
Martha, 210
Mary, 65
Mary F., 116
Millie A., 128
Sarah, 92
WATERS
  Lottie S., 165
  Lucinda, 254
  Martha, 137
WATKINS
  Louisa, 68
WATSON
  Ida, 194
  Millie, 254
WAUGH
  Andrea, 96
WEATHERS
  Jennie, 43
WEAVER
  Eliza E., 19
  Landonia M., 53
  Lucy A., 120
  Rosa O., 118
  Susanna, 31
WEB
  Elizabeth, 187
WEBB
  Ella, 17
WEBER
  Mary C., 42
WEBSTER
  Fanny, 50
  Rosa L., 123
  Rosie, 29
WEEKS
  Annie J., 202
  Marg't. C., 202
WELCH
  Katie, 171
  Lou, 84
  Maggie, 91
  Melvilla, 35

WELLER
  Carrie M., 152
WELLS
  Annie, 45
  Bessie, 206
  Fannie, 227
  Ida, 194
  Julia, 135
  Lillie, 45
  Lillie B., 142
  Maggie, 254
  Mary, 108, 172
WEST
  Clara, 50
  Cornelia, 238
  Lucinda, 223
WHEATLEY
  Mollie, 232
WHEELER
  Laura, 54
WHITACRE
  Hester A., 209
WHITE
  Ann E., 68
  Carrie V., 50
  Catherine, 255
  Clara, 241
  Daisy F., 126
  Elizabeth, 167
  Elvira, 158
  Emma A., 97
  Georgie, 128
  Jennie, 95
  Lily, 7
  Louisa, 178
  Lucy L., 178
  Lulie, 59
  Mary E., 15
  Nannie J., 179
  Olive A., 115
  Rosa, 212, 227
  Susan, 138
WHITING
  Bettie A., 185
  Ellen, 130
  Jane, 74
  Mary, 186
  Roberta, 203

WHITLEY
  Adelaide, 154
WHITMER
  Lorena K., 107
  Nina M., 185
WHITTINGHAM
  Berta, 140
  Lucy B., 194
  Mary C., 93
  Willie, 179
WHITTINGTON
  Blanche, 57
WIGFIELD
  Lorena, 200
WIGGINGTON
  Carrie, 135
WIGGINTON
  Columbia, 16
WILLIAMS
  Alice E., 79
  Annie, 32, 39
  Charlotte, 271
  Eliza, 13
  Elizabeth V., 3
  Ire L., 28
  Jessie, 15
  Lizzie, 211
  Lucy, 19
  Lula, 19
  Maria, 91
  Mary, 46, 133, 135
  Mary A., 33
  Mary E., 199
  Mary G., 23
  Mary L., 250, 261
  Mollie, 57
  Rena, 82
  Sarah, 3
WILLINGHAM
  Elizth O., 107
  Ida M., 219
  Maude P., 108
  R. B., 261
  Rosa F., 237
WILLIS
  Flora O., 133
  Hattie L., 182

Lou, 20
Mildred, 170
Nancy, 21
WILSON
Nannie R., 184
Rosa, 154
WINCE
Mary, 22
WINE
Alice, 249
Bertie H., 115
Lea E., 56
Lillie F., 82
Mary E., 81
Nannie L., 249
Virginia M., 155
WINES
Adeline, 233
Annie, 83
Catherine, 15
Clora, 267
Etta B., 106
Fanny B., 200
Ida L., 141
Josephine, 15
Kate, 30
Lilly L., 196
Lily C., 73
Lucy, 216
Lula, 197
Lula W., 214
Mary L., 155
Nancy I., 267
Sally B., 233
Susie S., 203
Umela, 144

WINGFIELD
Claudia V., 83
WISE
Alice A., 30
B. S., 192
Mary C., 75
WISOR
Luly D., 236
WITHERS
Ann, 208
Ella, 131
Grace, 195
WOOD
Bessie, 28
Sadie T., 183
Sophia A., 121
WOODFORK
Ada, 23
Lina, 173
Lucy, 82
WOODROW
Alice, 227
WOODSON
Annie, 102
Katie, 206
WOODWARD
Fannie E., 257
Lula, 249
Mary V., 144
Nannie A., 157
WOODZELL
Annie S., 102
Eliz'th J., 261
WOOLF
Annie M., 214
Bessie, 255

Kate S., 146
WRIGHT
Adaline, 245
Charlotte, 116
Lucy F., 209
Mary E., 271
Robbie M., 209
WYNANT
Adeline H., 141
WYSER
Alice L., 3
WYSOR
Mary E., 145

YATES
Alice, 139
Bessie T., 27
Elizabeth S., 181
Elnora, 229
Florence S., 185
Mary V., 141
YOST
Lizzie F., 35
YOUNG
Amanda, 23, 267
Fancy, 202
Florence B., 60
Gertrude, 117
Lucy, 134
Lucy A., 217
YOWELL
Mary E., 210
Mollie, 2

ZIRKLE
Maud O., 22

www.ingramcontent.com/pod-product-compliance
Lightning Source LLC
Chambersburg PA
CBHW071958220426
43662CB00009B/1188